Prävention und Freiheit. Zur Notwendigkeit eines Ethik-Diskurses

Ausgewählte Beiträge des 21. Deutschen Präventionstages

6. und 7. Juni 2016 in Magdeburg

Herausgegeben von
Erich Marks und Wiebke Steffen

Mit Beiträgen von:

Regina Ammicht Quinn, Dirk Baier, Tillmann Bartsch, Andreas Baur-Ahrens, Peter Bescherer, Sylwia Buzas, Marc Coester, Deutsche Gesellschaft für Internationale Zusammenarbeit (GIZ) GmbH, Bettina Doering, Arne Dreißigacker, Friedrich Gabel, Brigitte Gans, Thomas Görgen, Jessica Heesen, Thomas Hestermann, Belinda Hoffmann, Sally Hohnstein, Sabrina Hoops, Christian Issmer, Anne Kaplan, Leo Keidel, Hans-Jürgen Kerner, Daniel Köhler, Eva Kühne-Hörmann, Marco Krüger, Cheonhyun Lee, Matthias Leese, Olaf Lobermeier, Erich Marks, Karla Marks, Tobias Matzner, Adelina Michalk, Harkmo Daniel Park, Isabell Plich, Stefanie Roos, Stefan Saß, Lara Schartau, Laura Schlachzig, Lisa Schneider, Tillmann Schulze, Wiebke Steffen, Jost Stellmacher, Rainer Strobl, Anabel Taefi, Jan Tölle, Ulrich Wagner, Daniel Wagner, Gina Rosa Wollinger

Forum Verlag Godesberg GmbH 2017

Bibliographische Information der Deutschen Nationalbibliothek

Die Deutsche Nationalbibliothek verzeichnet diese Publikation in der Deutschen Nationalbibliographie: detaillierte bibliografische Daten sind im Internet über http://dnb.d-nb.de abrufbar.

© Forum Verlag Godesberg GmbH, Mönchengladbach
Alle Rechte vorbehalten
Mönchengladbach 2017

Satz und Layout: Isabell Becker, Claudia Heinzelmann, Karla Marks
Coverdesign: Konstantin Megas, Mönchengladbach

Gesamtherstellung: Books on Demand GmbH, Norderstedt
Printed in Germany

978-3-942865-71-5 (Printausgabe)
978-3-942865-72-2 (eBook)

Inhalt

Vorwort der Herausgeber

Der 21. Deutsche Präventionstag fand am 6. und 7. Juni 2016 in Magdeburg unter der Schirmherrschaft des Ministerpräsidenten des Landes Sachsen-Anhalt, Dr. Reiner Haseloff, statt. Mehr als 2500 Teilnehmende, darunter Gäste aus über 40 Staaten, kamen auf dem größten europäischen Kongress zur Kriminalprävention zusammen, um sich über das Schwerpunktthema „Prävention und Freiheit. Zur Notwendigkeit eines Ethik-Diskurses" sowie über nahezu alle anderen aktuellen Themen, Projekte und Programme der Kriminalprävention sowie angrenzender Präventionsbereiche zu informieren. Insgesamt engagierten sich über 500 Expertinnen und Experten sowie Fachorganisationen aktiv durch Vorträge, Moderationen, als Verantwortliche zahlreicher Einzelprojekte oder im Rahmen der begleitenden Ausstellung. Realisiert wurde der 21. Deutsche Präventionstag durch die Unterstützung von ca. 50 institutionellen Partnern.

Dieser Dokumentationsband, der wie in den Vorjahren als Printausgabe sowie als eBook im Forum Verlag Godesberg erscheint, enthält das wissenschaftliche Gutachten zum Schwerpunktthema, die ausführliche Kongressevaluation sowie insbesondere die Schriftfassungen jener Vorträge, die von den Kongressteilnehmenden in der Evaluation die höchsten Bewertungen erhalten haben. Weitere Dokumente zum Deutschen Präventionstag des Jahres 2016 finden sich auf der Internetseite des Kongresses (www.praeventionstag.de).

Im Namen des Deutschen Präventionstages bedanken sich die Herausgeber bei allen Personen und Institutionen, die durch ihre thematische, ideelle, personelle und finanzielle Unterstützung den Jahreskongress 2016 ermöglicht haben. Der herzliche Dank der Herausgeber gilt insbesondere allen Autorinnen und Autoren dieses Kongressbandes für die Bereitstellung ihrer Texte. Namentlich danken wir Isabell Becker und Tana Franke für die Texterfassung und Gestaltung dieses Sammelbandes, Jennifer Bergs und Dr. Claudia Heinzelmann für die Endredaktion sowie Carl Werner Wendland für die verlegerische Betreuung.

Hannover/Heiligenberg (Baden) im Januar 2017

Erich Marks und Wiebke Steffen

PS:
Während der abschließenden Druckvorbereitungen dieses Buches ist Dr. Wiebke Steffen am 22. Juli 2017 verstorben. In herzlicher Verbundenheit zu meiner Freundin und Kollegin findet sich der Text meiner Trauerrede auf den folgenden Seiten.

Erich Marks

In memoriam Dr. Wiebke Steffen

Sehr gerne, lieber Karl-Günter Bilger, entspreche ich dem Wunsch der Familie, im Rahmen dieser Trauerfeier zu sprechen und an einige Stationen des erfüllten Lebens dieser wahrlich großartigen Frau, unserer gemeinsamen Vertrauten, Freundin, Kollegin oder auch Nachbarin Dr. Wiebke Steffen zu erinnern.

Geboren wird Wiebke Steffen im Nachkriegsjahr 1946 im Niedersächsischen Delmenhorst. Als ein Beispiel für das engagierte familiäre Umfeld sei ihr Großvater erwähnt: als von den Nazis verfolgter Sozialdemokrat war er in jenen Jahren ein prominenter Politiker: er war Alterspräsident des 1. gewählten Niedersächsischen Landtages (1947-1951) sowie 20 Jahre Oberbürgermeister von Delmenhorst. Der Großvater war für Wiebke eine in vielerlei Hinsicht wichtige Person, denn er hat wohl auch den Keim für die Naturverbundenheit, das zivilgesellschaftliche Engagement und die Gradlinigkeit seiner Enkeltochter gelegt.

Von1965 bis 1973 studiert Wiebke Steffen nach dem Abitur Soziologie, Politische Wissenschaften sowie Wirtschafts- und Sozialgeschichte an den Universitäten Hamburg und Freiburg. Nach dem Master-Abschluss 1970 war sie zunächst für einige Jahre Mitarbeiterin im Forschungsbereich „Sozialarbeit" des Institutes für Soziologie der Universität Freiburg. Von 1973 bis 1978 war sie dann wissenschaftliche Referentin am Max-Planck-Institut für ausländisches und internationales Strafrecht in Freiburg, promovierte in dieser Zeit und legte auch den wissenschaftlichen Grundstein für ihren so erfolgreichen Berufsweg als Kriminologin.

1978 wechselte Wiebke Steffen zum Bayerischen Landeskriminalamt nach München. Dort baute sie die Kriminologische Forschungsgruppe der Bayerischen Polizei auf, die sie bis 2002 auch leitete. Von 1994 bis zur Beendigung ihres aktiven Dienstes Ende 2006 war sie die Leiterin des Dezernates „Forschung, Statistik, Prävention" im Bayerischen Landeskriminalamt.

Die Arbeits- und Forschungsschwerpunkte in dem erfüllten Berufsleben von Wiebke Steffen lagen in der Politik- und Praxisberatung, insbesondere durch die Erstellung sozialwissenschaftlich-kriminologischer Veröffentlichungen und Gutachten. Das breite Spektrum ihrer Forschungsthemen umfasste namentlich die Bereiche: Junge Menschen als Opfer und Täter von Kriminalität, Migration und Kriminalität, Gewalt im sozialen Nahraum, Kriminalprävention, Zielsetzung und Erfolgsmessung in der polizeilichen Kriminalitätskontrolle, Evaluationsforschung sowie die Aussagekraft und die Aussagegrenzen von Kriminalstatistiken.

Bereits bei ihrer Verabschiedung aus dem aktiven Bayerischen Landesdienst hieß es – mit Blick auf ihr thematisch breites Arbeitsspektrum – zwar launisch formuliert aber doch durchaus ernst gemeint: „Und wer soll uns jetzt die Kriminalität und ihre Präventionsmöglichkeiten erklären?"

Nach ihrer Pensionierung hat sich Wiebke Steffen mit all ihrer Fachkenntnis und Lebenserfahrung weiterhin um ihre zentralen Arbeits- und Forschungsfelder gekümmert.

Gerade auch in diesen letzten zehn Jahren haben zahlreiche Institutionen, Organisationen und Gremien in besonderer Weise von ihren Fachkenntnissen, ihrer Lebenserfahrung sowie ihrem freundlichen und humorvollen Engagement enorm profitiert.

Aus der sehr langen Liste ihres neben- und ehrenamtlichen Engagements möchte ich hier nur vier zentrale Themenkomplexe benennen, die Wiebke Steffen besonders am Herzen lagen:

1. Wiebke Steffen als Konzeptgeberin der Polizeiliche Kriminalprävention

Von 1997 bis 2006 war Wiebke Steffen Vorsitzende der Kommission Polizeiliche Kriminalprävention der Länder und des Bundes (KPK) sowie Mitglied der Projektleitung dieser sehr effizient arbeitenden Organisation aller polizeilichen Präventionsstrukturen in Deutschland. In diesen Jahren hat sie sich bereits zu der Expertin für Fragen der polizeilichen Kriminalprävention entwickelt. Wiebke Steffen hat in dieser Zeit erheblich dazu beigetragen, dass die deutsche Polizeilandschaft heute unter kriminologischen und kriminalpräventiven Aspekten so vorzüglich und vorbildlich aufgestellt ist.

Eine klare und eindeutige Rolle der Polizei war ihr in diesem Zusammenhang immer besonders wichtig. Dies zeigt sich beispielhaft in einem 2013 veröffentlichten Buchbeitrag, den sie wie folgt betitelte: „Prävention ist viel zu wichtig, als dass man sie der Polizei allein überlassen dürfte – Überlegungen zur Bedeutung der Polizeilichen Kriminalprävention im Kontext der Kriminalprävention als gesamtgesellschaftlicher Aufgabe".

Der Präsident des Bundeskriminalamtes, Holger Münch, hat in das digitale Kondolenzbuch u.a. geschrieben: „Frau Dr. Steffen war mit ihrer großen fachlichen Expertise und ihrem engagierten Einsatz für die Kriminalprävention eine wichtige und überaus geschätzte Ansprechpartnerin für das Bundeskriminalamt." Und dies galt auch für neuere Themenkomplexe wie beispielsweise die Notwendigkeit der Prävention von gewaltbereitem Salafismus. Zum Hauptvortrag anlässlich der BKA-Herbsttagung des Jahres 2015 verpflichtete der neu ernannte Präsident deshalb zu dieser Thematik auch die erfahrene Präventionsexpertin Wiebke Steffen.

2. Wiebke Steffen als Streiterin für eine bessere Gewaltprävention

Von 1988 bis 1990 war Wiebke Steffen Mitglied der Gewaltkommission der Bundesregierung und hat sich bereits seinerzeit sehr für kriminalitätsvorbeugende Strategien eingesetzt.

Drei Jahrzehnte später war sie im Frühjahr 2016 die Hauptrednerin des Berliner Symposions zum Stand der Gewaltprävention in Deutschland und Professor Kersten schreibt zu Recht im digitalen Kondolenzbuch: „Sie hat die positiven Veränderungen in vielen Reformbereichen angeregt und befördert. Zuletzt beim Symposion 25 Jahre Gewaltprävention..."

Und ihre Anregungen betrafen einerseits detaillierte Einzelvorschläge und die kleinen Schritte. Andererseits hatte sie aber immer auch das Ganze und die großen Strukturen im Blick. So endete beispielsweise ihr Schlussvortrag des Gewaltpräventions-Symposions im vergangenen Jahr mit der zentralen Forderung. „Erforderlich ist die Etablierung eines politisch verantworteten Nationalen Aktionsplans bzw. eines Masterplans für Prävention, mit den Haupt-Zielen eines gemeinsamen Präventionsverständnisses sowie der Verankerung von Gewaltprävention als Arbeitsprinzip statt der bisherigen Aktions- und Projektarbeit."

3. Wiebke Steffen, die Garantin für eine enge Verzahnung von Opferhilfe und Kriminalprävention

Wiebke Steffen war seit vielen Jahren den Themenkomplexen des Opferschutzes und der Opferhilfe sehr verbunden und engagierte sich ehrenamtlich in verschiedenen Gremien des WEISSEN RINGS. Seit Oktober 2010 war sie Vorsitzende des Fachbeirates Vorbeugung und in dieser Eigenschaft auch Mitglied des Bundesvorstandes des WEISSEN RINGS. Im Rahmen dieser Ehrenämter sowie in zahllosen Vorträgen und Interviews hat sich Wiebke Steffen stets aufs Neue zur unabdingbaren Notwendigkeit von Opferschutz und Opferhilfe in unserer Gesellschaft geäußert.

Hierbei waren Opferhilfe einerseits und Prävention andererseits für sie stets zwei Seiten der gleichen Medaille. Ihre grundsätzliche Sicht auf diesen Themenkomplex hat sie in ihrem vielbeachteten Gutachten unter dem Titel „Mehr Prävention – weniger Opfer" dargelegt, das sie zum 18. Deutschen Präventionstag im Jahre 2013 erstellte. In diesem Gutachten forderte sie u.a. eine neue Vision von Gerechtigkeit auch für die Opfer von Strafverfahren sowie die Etablierung von Ansätzen des Restorative Justice in Deutschland.

4. Wiebke Steffen, die Pionierin der Kriminalprävention

Prof. Dr. Thomas Feltes hat es im digitalen Kolenzbuch sehr treffend ausgedrückt, wenn er schreibt: „Wer Prävention sagt, denkt an Wiebke Steffen. Wie nur wenige andere war sie auch eine Grenzgängerin zwischen Theorie und Praxis. Beide Seiten wurden von ihr befruchtet, zwischen beiden Ebenen hat sie immer wieder vermittelt, und viele Vertreterinnen und Vertreter von Polizei und Justiz, von Wissenschaft und Forschungseinrichtungen hat sie nicht nur zum Nachdenken angeregt, sondern bis zuletzt mit ihrer sachlichen, tief fundierten Kenntnis beeindruckt. Ihre Zusammenstellungen von Forschungsergebnissen (z.B. für den Präventionstag), immer auf den Punkt gebracht, waren auch und besonders für den wissenschaftlichen Nachwuchs hilfreich. Im Beirat des Bundes Deutscher Kriminalbeamter durfte ich bis zuletzt ihre enorme Präsenz erleben. Sie wird uns als Person und als Wissenschaftlerin fehlen."

Über 20 Jahre hinweg waren Wiebke Steffen und ich Partner und Freunde in der Gestaltung der jährlichen Deutschen Präventionstage. Wiebke hat in dieser großen Zeitspanne nahezu alle denkbaren Rollen beim Deutschen Präventionstag eingenommen. Sie war Moderatorin, Vortragende, Gutachterin, wissenschaftliche Beraterin, Mitglied im Programmbeirat, im Kongressmanagement sowie Kuratoriumsmitglied der Deutschen Stiftung für Verbrechensverhütung und Straffälligenhilfe als Muttergesellschaft des Deutschen Präventionstages. Gemeinsam haben Wiebke Steffen und ich das DPT-Institut für angewandte Präventionsforschung konzipiert, wir haben gemeinsam zahlreiche Aufsätze veröffentlicht und 10 Bücher herausgegeben und, wir hatten noch so viele Ideen und Pläne für mindestens weitere 20 Jahre.

Seit vielen Jahren hat Wiebke Steffen den Deutschen Präventionstag in zahlreichen Gremien und Institutionen repräsentiert. Lediglich zwei zentrale Beispiele seien hier erwähnt: die Jury des XY-Preises für Zivilcourage und die Jahreskonferenzen des Europäischen Netzwerkes für Kriminalprävention. Nicht unerwähnt bleiben dürfen auch ihr Engagement im Kuratorium der Stiftung Deutsches Forum für Kriminalprävention und als Sprecherin des Fachbeirates im Nationalen Zentrum Kriminalprävention.

All dieses Engagement ist nur mit einer gehörigen Portion Energie, Disziplin und auch Ehrgeiz zu bewältigen. Abschließend möchte ich deshalb noch auf zwei wichtige Kraftquellen von Wiebke Steffen eingehen:

5. Wiebke Steffen als Ehefrau in Heiligenberg

1996 ist ein besonderes Jahr im Leben von Wiebke Steffen: Karl-Günter Bilger und sie begegnen einander, werden ein Paar und nach einige weiteren Jahren ein Ehepaar. Die Ehefrau arbeitet und wohnt an den Werktagen in München; der Ehemann lebt in Heiligenberg. Bereits nach kurzer Zeit etabliert sich ein angenehmer gemeinsamer Lebensrythmus: Am Freitag jeder Woche fährt Wiebke Steffen mit dem Zug ins Badische und wird in Ulm oder Ravensburg vom Ehemann abgeholt. Nach dem gemeinsamen Wochenende startet die neue Arbeitswoche dann wieder mit der Zugreise, jedoch nicht ohne den obligatorischen Blumenstrauß fürs Münchener Büro.

Mit der Pensionierung im Jahr 2011 wird dann Heiligenberg zum Lebensmittelpunkt von Wiebke Steffen und ein kleines Dokument belegt dies in Bild und Schrift: Ein Foto zeigt das Ehepaar beim Verlassen der bisherigen Münchener Arbeitsstelle und Wiebke hat darauf notiert: „Ich verlasse München und folge meinem Mann an den Heiligenberg".

Die Kontakte zu Nachbarn und Mitbewohnern vor Ort können sich nun noch leichter vertiefen und auch ist ihre fachliche Expertise in Heiligenberg von Interesse. So hielt sie in Heiligenberg vor einigen Jahren einen viel beachteten Fachvortrag unter der Überschrift eines afrikanischen Sprichwortes „Es braucht ein ganzes Dorf um ein Kind groß zu ziehen".

Und last but not least:

6. Wiebke Steffen als Frau des Sports und der Kultur

Körperliches Training und Bewegung spielen in Wiebke Steffens Leben eine zentrale Rolle, sind nicht selten mit Kultur verbunden und bilden eine wichtige Energie- und Kraftquelle für ihr wissenschaftliches Kriminalitäts-Bewältigungs-und-Präventions-Engagement.

Das Spektrum der bevorzugten Bewegungen reichte von der sehr geliebten Gartenarbeit und der möglichst täglichen Nutzung des heimischen Garten-Schwimmteiches, über lange Naturspaziergänge und Waldläufe bis hin zu teils extremen Rennradtouren. Stattgefunden hat dies alles sehr häufig in den Regionen rund um den Bodensee aber beispielsweise auch in Kanada, Neuseeland, Zypern oder auf dem Jacobsweg nach Santiago de Compostella.

Wiebke Steffen hatte ein breites kulturelles Interesse und insbesondere die klassische Musik hatte es ihr angetan. Regelmäßige Konzertbesuche in der Region, in München oder Baden-Baden sind ebenso zu nennen, wie Konzertreisen mit befreundeten Musikern beispielsweise nach Riga oder Bukarest.

Die besondere Begeisterung für Johannes Brahms hat vermutlich auch Pate gestanden bei ihrem Beschluss, mit Beginn des Rentenalters noch das aktive Klavierspiel zu erlernen.

Lieber Karl-Günter Bilger und liebe Angehörigen: die große Zahl der Teilnehmenden an dieser Trauerfeier und die so zahlreichen Kondolenzen aus dem Freundeskreis sowie dem beruflichen Wirkungsfeld von Wiebke Steffen bekunden die große und tief empfundene Trauer über ihren viel zu frühen Tod. Diese Trauer möchten wir alle gern mit ihnen teilen.

Lassen sie mich an dieser Stelle noch einmal aus dem digitalen Kondolenzbuch zitieren. Mit Blick auf Persönlichkeit und berufliches Wirken schreibt die Kollegin Dr. Anja Meyer dort sehr zutreffend:

„Wiebke Steffen war eine richtig „Große". Sie war eine Frau von Format: klar, scharfsinnig, analytisch. Aufrichtig nannte sie die Dinge beim Namen, war ohne Allüren und bescheiden im Auftreten. Zugleich forderte, bewegte und prägte sie die Kriminalprävention wie kaum eine andere Person. Für mich war sie eine beeindruckende Persönlichkeit, eine hervorragende Kriminologin, Vorbild und Wegbereiterin für eine qualitativ hochwertige Kriminalprävention. ...Eine kleine Frau, die den Schatten eines Riesen geworfen hat."

Liebe Wiebke, wenn wir nun hier in Heiligenberg voneinander Abschied nehmen, so verneige ich mich vor Deinem Lebenswerk und bin dir zutiefst dankbar, dass wir über so viele Jahre und in persönlicher Freundschaft miteinander arbeiten durften. Deine Freundschaft, Dein Engagement und Dein Wirken bleiben unvergessen und sind für mich – und viele von uns – gleichermaßen Vorbild und Verpflichtung. Adieu liebe Wiebke.

Erich Marks

Heiligenberg, den 28. Juli 2017

I. Der 21. Deutsche Präventionstag im Überblick

Deutscher Präventionstag und Veranstaltungspartner

„Magdeburger Erklärung" des 21. Deutschen Präventionstages

Seit dem 12. Deutschen Präventionstag (2007 in Wiesbaden) veröffentlichen der Deutsche Präventionstag und seine Veranstaltungspartner mit der jeweiligen „Erklärung" zum Schluss eines jeden Kongresses Aussagen zu den (kriminal-)politischen Konsequenzen, die sich aus dem jährlichen Schwerpunktthema sowie den weiteren Verhandlungen des Jahreskongresses zu aktuellen (kriminal-)präventiven Entwicklungen und Tendenzen ergeben. Dieser Tradition folgend richtet sich auch die „Magdeburger Erklärung" des 21. Deutschen Präventionstages primär an die in den Kommunen, den Ländern, dem Bund und in Europa für die (Kriminal-)Prävention politisch verantwortlichen Personen, Instanzen und Ebenen.

Bereits in den Vorjahren hat der Deutsche Präventionstag immer wieder darauf aufmerksam gemacht, dass Kriminalprävention auch riskante Aspekte haben kann. Darunter sind insbesondere diejenigen Entwicklungen der Kriminalprävention bedenklich, die geeignet sind, die menschliche Handlungsfreiheit bedrohlich einzuschränken. Der Deutsche Präventionstag hat deshalb eine Diskussion des Themas „Präventionsethik" für dringend erforderlich gehalten, darauf in seiner „Frankfurter Erklärung" zum 20. Deutschen Präventionstageshingewiesen und nun „Prävention und Freiheit. Zur Notwendigkeit eines Ethik-Diskurses" zu seinem diesjährigen Schwerpunktthema gemacht.

Die Sprecherin des Internationalen Zentrums für Ethik in den Wissenschaften (IZEW) der Eberhard Karls Universität Tübingen, Professorin Dr. Regina Ammicht Quinn, hat im Vorfeld des Kongresses zusammen mit Mitarbeiterinnen und Mitarbeitern das Gutachten „Prävention und Freiheit. Zur Notwendigkeit eines Ethik-Diskurses" erstellt.

Auf der Basis dieses Gutachtens sowie der Verhandlungen des 21. Deutschen Präventionstages geben der Deutsche Präventionstag und seine Veranstaltungspartner,

- das Bundesministerium für Familie, Senioren, Frauen und Jugend (BMFSFJ),
- der Fachverband für Soziale Arbeit, Strafrecht und Kriminalpolitik (DBH),
- das Land Sachsen-Anhalt,
- die Polizeiliche Kriminalprävention der Länder und des Bundes (ProPK),
- die Stadt Magdeburg,
- die Stiftung Deutsches Forum für Kriminalprävention (DFK) sowie
- der WEISSE RING,

diese „Magdeburger Erklärung" ab.

Ethik als Perspektive auf Sicherheit und Prävention: In welcher Gesellschaft wollen wir leben?

Das Gutachten stellt die vielfältigen Fragen nach Sicherheit und Prävention in den Kontext der Ethik. „Ethik ist die kritische Reflexion und Analyse herrschender gelebter Moral ... Ethik ist eine Perspektive auf Sicherheit neben anderen Perspektiven, aber eine entscheidende Perspektive: Denn sie stellt Sicherheit in den Kontext richtigen Handelns und guten Lebens." Sie stellt „eine doppelte Frage: Zum einen die Frage nach richtigem Handeln, vor allem in Konfliktsituationen, zum andern die Frage nach dem ‚guten Leben', die immer wieder heißt: In welcher Gesellschaft wollen wir leben?"

„In den letzten Jahren ist in vielen Lebensbereichen eine Werteverschiebung hin zu ‚Sicherheit' zu beobachten ... Sicherheit als Grundwert, der die politischen Debatten bestimmt, nimmt Einfluss auf die Lebensgestaltung."

Dabei ist Sicherheit unter ethischer Perspektive „ambivalent: Zum einen ist Sicherheit ein hoher Wert, so dass die Herstellung von Sicherheit ethisch geboten ist. Ohne ein Grundmaß an Sicherheit ist keine Handlungsplanung möglich, keine grundlegende kulturelle Entwicklung, keine Gerechtigkeit.

Zum andern sind aber mit der Verfolgung des Zieles ‚Sicherheit' häufig Einschränkungen auf anderen Gebieten verbunden," insbesondere mit Gütern wie Freiheit, Gerechtigkeit und Privatheit. „Im Versuch, jeweils mehr Sicherheit herzustellen ... (können diese) Güter verletzt oder eingeschränkt werden. Abwägungsüberlegungen fragen danach, welchen Preis – in Form von Geld, Freiheit, Gerechtigkeit oder Privatheit – wir bereit sind, für den Wert ‚Sicherheit' zu bezahlen."

„Die Produktion von Sicherheit ruft oft Nebenfolgen hervor, die einen negativen Einfluss" auf das ‚gute Leben' „ausüben und damit die Gesellschaft ... in eine weniger lebenswerte (aber dafür, widersprüchlicherweise mutmaßlich sicherere) verwandeln ... Sicherheitspolitik und Sicherheitsdenken, Sicherheitstechnologien und Sicherheitspraktiken – sie alle haben das Potential ... genau die Werte zu gefährden, die ursprünglich geschützt werden sollten."

Damit – *so das Gutachten – „lautet eine Faustregel für jedes Sicherheitshandeln: Die Lösung eines Problems soll nicht größere Probleme verursachen als ursprünglich vorhanden waren."*

Sicherheit und Prävention sind keine voneinander abweichenden Konzepte

„Die Herstellung von Sicherheit ist notwendigerweise immer präventiv, da auf die Verhinderung von zukünftigen Bedrohungen ausgelegt" ... „Sicherheit ist die Prognose über zukünftige Unsicherheit und Prävention die daraus resultierende Handlung mit dem Ziel, diese zukünftige Unsicherheit zu unterbinden" ... „Prävention ist damit gewissermaßen die notwendige Bedingung von Sicherheit ... Es ist nicht die Frage, ob Prävention an sich richtig oder falsch ist, sondern die Frage, wie sich Prävention ... so gestalten lässt, dass sie möglichst wenige negative (Neben-)Folgen produziert."

„Präventive Praktiken müssen" – so das Gutachten – „in diesem Sinne also auf ihre sozialen Konsequenzen und (Neben-)Effekte hin untersucht werden: Im Hinblick auf mögliche Verletzungen von Menschen- und Bürgerrechten, Unterdrückung von ethnischen und ökonomischen Minderheiten, Gewalt und Diskriminierung." Das „Spannungsverhältnis zwischen Sicherheit und Prävention (zeigt sich genau dann), wenn unter der Prämisse der Vermeidung von ungewollten Zukünften in der Gegenwart Handlungen legitimiert werden, die Menschen in ihrer Privat- und Intimsphäre und in ihrer Freiheit einschränken."

Allerdings stehen „die meisten Begriffe von Sicherheit nicht in Konkurrenz zu einem bürgerrechtlichen Verhältnis zu Freiheit, sondern sind Bausteine einer sozialen Ordnung mit verteilten Rollen, Kompetenzen und Regeln, die letztlich für die Sicherheit der gesellschaftlichen Institutionen und jeder/s Einzelnen sorgt." Freiheitseinschränkende Maßnahmen „zum Ziel der Herstellung von Sicherheit (beziehen sich) auf ein bestimmtes umgrenztes, aber sehr dominantes Feld": Auf das „Feld der Prävention und der Abwehr von kriminellen und terroristischen Gefahren."

Ein Gegengewicht hierzu und zugleich „bestimmender Beitrag zur Herstellung einer sicheren Gesellschaft" können „demokratische Verfahren und die hiermit verbundene Werteordnung sein ... Demokratische Partizipation schafft Bindungen an Gemeinschaften, Personen und Werte, die zur Verhinderung von Kriminalität – und ... auch von Terror – einen wichtigen Beitrag leisten."

Mit dem Konzept der Kommunalen Kriminalprävention, der „Stärkung kommunaler und bürgerschaftlicher Elemente", nimmt „die Kriminalprävention Überlegungen zur Verwirklichung von Demokratie in ihre Konzepte auf ... Teilhabe an demokratischer Verantwortung bedeutet immer auch Einbindung in soziale Gemeinschaften." „Partizipation schafft Sicherheit." Und auch wenn „eine im vollen Wortsinne partizipative Prävention von Unsicherheit selbst immer mit der Unsicherheit politischer und gesellschaftlicher Konflikte belastet sein wird", lohnt es „sich, dieses Risiko einzugehen."

Beitrag der Prävention zur Integration

Diese Aussagen des Gutachtens bestärken den **Deutschen Präventionstag** in seiner Einschätzung der Kommunalen Kriminalprävention als einer „Idee von bestechender Vernünftigkeit". Deswegen hält er an seiner Zielvorstellung fest (siehe dazu die *Karlsruher Erklärung* des 19. Deutschen Präventionstages), dass Politik und Praxis aufgefordert sind, entsprechende Gremien einzurichten. Sie sollten flächendeckend und auf eine institutionalisierte Sicherheitspolitik hin ausgerichtet sein. Beispiele dafür sind „Stabsstellen für Kriminalprävention" oder ressortübergreifende und interdisziplinäre Präventionszentren.

Diese Forderung gewinnt vor dem Hintergrund des Anstiegs der Zahl von Schutzsuchenden seit Beginn des Jahres 2015 noch erheblich an Bedeutung. Denn zum einen stehen vor allem die Kommunen vor der Aufgabe, die Integration dieser mehr als einer Million Menschen zu bewältigen, da das Zusammenleben der Menschen vor Ort, in den Städten und Gemeinden stattfindet. Zum andern kann – und muss deshalb auch – Prävention zur Bewältigung dieser Aufgabe einen wichtigen Beitrag leisten.

Wieso das so ist, stellt bereits die *„Hannoveraner Erklärung"* des 12. Deutschen Präventionstages 2009 zum Schwerpunktthema „Solidarität leben – Vielfalt sichern" fest:

„Wenn Kriminalprävention auf Inklusion, auf soziale Teilhabe und Partizipation gerichtet ist, den öffentlichen Raum sichert und das Sicherheitsgefühl verbessert, dann ist und schafft sie auch soziales Kapital: Eine Atmosphäre der Solidarität, der Zugehörigkeit und des sozialen Vertrauens, der Verlässlichkeit der gemeinsam geteilten Regeln, Normen und Werte und nicht zuletzt des Vertrauens in die Institutionen des Staates.

Dadurch leistet Kriminalprävention einen nicht zu unterschätzenden Beitrag zur Gewährleistung von Vielfalt, gerade in ‚unsicheren Zeiten'. Es geht namentlich darum, die Pluralität sozialer sowie ethnisch-kultureller Gruppierungen, Lebensstile, Verhaltensweisen, Werte und Normen zu sichern."

In Anbetracht der derzeitigen Entwicklung mit ihren gewaltigen Aufgaben ist auch der Appell des 12. Deutschen Präventionstages „an die Verantwortlichen in der Politik, in den Medien sowie zivilgesellschaftlichen Gruppierungen auf kommunaler, Landes- und Bundesebene" äußerst aktuell, nämlich „den Beitrag der Kriminalprävention zu sozialer Teilhabe, Integration und Solidarität wahrzunehmen, zu würdigen und diesen bewährten Weg der Verdeutlichung gesellschaftlich verbindlicher Normen und Werte zu unterstützen und auszubauen."

Neben diesen grundsätzlichen, für die Integration relevanten Merkmalen der Prävention gehört weiter zu ihrer Leistungsfähigkeit, dass Präventionsarbeit – zumindest auf der kommunalen Ebene – seit Jahrzehnten gesamtgesellschaftlich, ressortübergreifend und interdisziplinär angelegt ist sowie auf erprobte Konzepte und Maßnahmen zurückgreifen kann.

Mit dem Ziel der Integration von Flüchtlingen gibt es bundesweit bereits eine Vielzahl von Projekten und Initiativen, auch und gerade auf kommunaler Ebene. Zum einen richten sie sich darauf, den Flüchtlingen ganz konkret zu helfen – durch Spracherwerb, Arbeitsmarkteingliederung, Bildung etc. Zum andern aber – und das ist an der Schnittstelle der Prävention zur Integration besonders wichtig – zielen sie als universell ausgerichtete Strategien der Prävention darauf ab, Vorurteile, Ängste, Befürchtungen oder auch Ablehnung und Feindseligkeit abzubauen und ein gesellschaftliches Miteinander herzustellen.

Prävention durch direkt und indirekt wirkende (kriminal-)präventive Strategien, Programme und Maßnahmen

Prävention kann diesen Beitrag zur Integration vor allem dann leisten, wenn Sicherheitsfragen und soziale Fragen bewusst getrennt werden. Wie vom **Deutschen Präventionstag** bereits mehrmals gefordert, sollte zwischen direkt und indirekt wirkenden (kriminal-)präventiven Strategien, Programmen und Maßnahmen unterschieden werden:

Direkte kriminalpräventive Strategien, Programme und Maßnahmen zielen durch verhaltensorientierte und sicherheitstechnische Maßnahmen auf die Beeinflussung von Personen und Situationen mit dem Ziel, das Risiko zu vermindern, dass (wieder) Straftaten begangen und Menschen (wieder) zu Tätern oder Opfern von Kriminalität werden. Ein Beispiel dafür ist die Verhinderung bzw. Verminderung von Wohnungseinbrüchen durch die Förderung richtigen – sicherheitsbewussten – Verhaltens und den Einsatz (bereits einfacher) sicherheitstechnischer Maßnahmen.

Indirekte präventive Strategien, Programme und Maßnahmen etwa der Jugend-, Familien-, Gesundheits-, Sozial-, Bildungs- oder Arbeitsmarktpolitik, haben zwar nicht das Ziel und die Motivation, kriminalpräventiv zu wirken, sind aber für die Kriminalprävention unverzichtbar. Denn eine sozialstaatliche Absicherung der verschiedenen sozialen Risiken kann dabei helfen, Kriminalität und Kriminalitätsfurcht entgegen zu wirken. Kriminalpräventive Arbeit kann nur dann erfolgreich sein, wenn sie in eine sozial gerechte Gesellschaftspolitik – Lebenslagenpolitik – eingebettet ist.

Wegen dieser engen Zusammenhänge und Verflechtungen zwischen direkt und indirekt wirkenden (kriminal-)präventiven Maßnahmen wiederholt der **Deutsche Präventionstag** seine Forderung nach der Entwicklung integrativer Präventionsstrategien, nach einer Zusammenarbeit aller Akteure der Prävention: Von zivilgesellschaftlichen Einrichtungen, von Jugendhilfe, Polizei und Justiz, von Bildungs- und sozialpolitischen Einrichtungen, der Bereiche Public Health, Medien, Wirtschaft etc.

Mit diesen Aufgaben und Zielen sollten nach Auffassung des Deutschen Präventionstages ressortübergreifende Präventionszentren auf allen politischen Ebenen eingerichtet werden, in den Kommunen, in den Bundesländern und auf der Ebene des Bundes. Alle Präventionsbereiche könnten im Rahmen solcher Präventionszentren effektiv zusammenarbeiten und die Grundlage für eine systematische, gesamtgesellschaftliche und insbesondere nachhaltige Präventionsstrategie und Präventionspolitik legen. Der **Deutsche Präventionstag** regt an, entsprechende Modellprojekte zu erproben und – etwa für die kommunale Ebene – Fördermittel bereitzustellen.

Magdeburg, 7. Juni 2016

Erich Marks, Karla Marks

Zusammenfassende Gesamtdarstellung des 21. Deutschen Präventionstages

Die jährlich stattfindenden Deutschen Präventionstage verfolgen seit 1995 das Ziel, Kriminalprävention ressortübergreifend, interdisziplinär und in einem breiten gesellschaftlichen Rahmen darzustellen, zu erörtern und zu stärken.

Diese zusammenfassende Gesamtdarstellung gibt einen Überblick über die Struktur und die vielfältigen Themen, Sektionen und Foren des 21. Deutschen Präventionstages, der am 6. und 7. Juni 2016 in Magdeburg stattfand.

1. Leitbild des Deutschen Präventionstages

Das Selbstverständnis und die Rahmenziele sind kongressübergreifend in einem Leitbild formuliert: Der Deutsche Präventionstag wurde 1995 als nationaler jährlicher Kongress speziell für das Arbeitsfeld der Kriminalprävention begründet. Von Beginn an war es das Ziel, Kriminalprävention ressortübergreifend, interdisziplinär und in einem breiten gesellschaftlichen Rahmen darzustellen und zu stärken. Nach und nach hat sich der Deutsche Präventionstag auch für Institutionen, Projekte, Methoden, Fragestellungen und Erkenntnisse aus anderen Arbeitsfeldern der Prävention geöffnet, die bereits in mehr oder weniger direkten Arbeitszusammenhängen stehen. Neben der weiterhin zentral behandelten Kriminalprävention reicht das erweiterte Spektrum des Kongresses von der Suchtprävention oder der Verkehrsprävention bis hin zu den verschiedenen Präventionsbereichen im Gesundheitswesen.

Der Kongress wendet sich insbesondere an Verantwortungsträger der Prävention aus Behörden, Gemeinden, Städten und Kreisen, Gesundheitswesen, Jugendhilfe, Justiz, Kirchen, Medien, Politik, Polizei, Präventionsgremien, Projekten, Schulen, Sport, Vereinigungen und Verbänden, Wissenschaft, etc.

Der Deutsche Präventionstag will als jährlich stattfindender nationaler Kongress:

- aktuelle und grundsätzliche Fragen der verschiedenen Arbeitsfelder der Prävention und ihrer Wirksamkeit vermitteln und austauschen,

- Partner in der Prävention zusammenführen,

- Forum für die Praxis sein und Erfahrungsaustausch ermöglichen,

- Internationale Verbindungen knüpfen und Informationen austauschen helfen,

- Umsetzungsstrategien diskutieren,

- Empfehlungen an Praxis, Politik, Verwaltung und Wissenschaft erarbeiten und aussprechen.

2. Programmbeirat

Zur Vorbereitung eines jeden Präventionstages wird ein Programmbeirat[1] gebildet, in dem der Veranstalter sowie die gastgebenden und ständigen Veranstaltungspartner repräsentiert sind. Der Programmbeirat ist zuständig für inhaltliche Gestaltungsfragen des jeweilig anstehenden Kongresses sowie für Ausblicke und erste Vorplanungen künftiger Kongresse.

3. Partner

Das Engagement und die Verbundenheit der DPT-Partner sind ein zentraler Baustein für das Gelingen des Kongresses. Allen beteiligten Entscheidungsträgern und Repräsentanten der DPT-Partner sei besonders herzlich für ihr Engagement gedankt. Insgesamt 39 Organisationen und Institutionen haben sich in unterschiedlichen Formen und vielfältigen Rollen ausdrücklich als offizielle Partner des 21. Deutschen Präventionstages mit ihrem Logo, ihrem guten Namen sowie personellen und finanziellen Ressourcen eingebracht. Ein ebenso herzlicher Dank gilt erneut dem Bundesministerium für Familie, Senioren, Frauen und Jugend sowie weiteren Bundesministerien und nachgeordneten Behörden für die Förderung des 21. Deutschen Präventionstages. Im Einzelnen waren beteiligt:

Gastgebende Veranstaltungspartner

· Land Sachsen-Anhalt

· Landespräventionsrat Sachsen-Anhalt

· Landeshauptstadt Magdeburg

Fördernde Veranstaltungspartner

· Bundesministerium für Familie, Senioren, Frauen und Jugend (BMFSFJ)

· Bundesministerium der Justiz und für Verbraucherschutz (BMJV)

Ständige Veranstaltungspartner

· DBH-Fachverband für Soziale Arbeit, Strafrecht und Kriminalpolitik

· Polizeiliche Kriminalprävention der Länder und des Bundes (ProPK)

· Stiftung Deutsches Forum für Kriminalprävention (DFK)

· WEISSER RING e. V.

---

[1] Heike Bartesch (Bundesministerium für Familie, Senioren, Frauen und Jugend); Manfred Bunk (Landespräventionsrat Sachsen-Anhalt); Stefan Daniel (Deutsches Forum für Kriminalprävention – DFK); Renate Engels (DBH-Bildungswerk); Dr. Claudia Heinzelmann (DPT – Deutscher Präventionstag); Prof. Dr. Hans-Jürgen Kerner (Deutsche Stiftung für Verbrechensverhütung und Straffälligenhilfe – DVS); Erich Marks (DPT – Deutscher Präventionstag); Karla Marks (DPT – Deutscher Präventionstag); Andreas Mayer (Polizeiliche Kriminalprävention der Länder und des Bundes – ProPK); Jürgen Mutz (Deutsche Stiftung für Verbrechensverhütung und Straffälligenhilfe – DVS); Holger Platz (Landeshauptstadt Magdeburg); Anna Rau (WEISSER RING e.V.); Dr. Wiebke Steffen (DPT - Deutscher Präventionstag)

Kooperationspartner und Sponsoren

- Bundeszentrale für gesundheitliche Aufklärung (BZgA)
- Deutsche Post DHL
- Deutsche Sportjugend im Deutschen Olympischen Sportbund (dsj)
- Deutsches Jugendinstitut (dji)
- Deutsch-Europäisches Forum für Urbane Sicherheit (DEFUS)
- Glen Mills Academie Deutschland e. V.
- Hilfswerk der Deutschen Lions
- IMG – Investitions- und Marketinggesellschaft Sachsen-Anhalt mbH
- Initiative „Kein Raum für Missbrauch"
- Kriminologisches Forschungsinstitut Niedersachsen (KFN)
- Lotto-Toto GmbH Sachsen-Anhalt
- Magdeburg Marketing Kongress und Tourismus GmbH
- MDR Sachsen-Anhalt
- ÖSA Versicherungen
- Ostdeutscher Sparkassenverband
- proVal
- Stadtsparkasse Magdeburg
- Stiftung gegen Gewalt an Schulen / Aktionsbündnis Amoklauf Winnenden
- Stiftung Kriminalprävention
- Techniker Krankenkasse

Partnerkongresse

- Deutscher Familiengerichtstag (DFGT)
- Deutscher Jugendgerichtstag (DJGT)
- Österreichischer Präventionskongress

Internationale Partner

- Deutsche Gesellschaft für Internationale Zusammenarbeit (GIZ) GmbH
- European Forum for Urban Security, Paris (EFUS)
- International Centre for the Prevention of Crime, Montreal (ICPC)
- Korean Institute of Criminology (KIC)
- Radicalisation Awareness Network (RAN)
- UN Habitat
- Violence Prevention Alliance (VPA)

4. Plenumsveranstaltungen

Kongresseröffnung
Montag, 6. Juni 2016, 11:00 bis 12:30 Uhr

- *Erich Marks*
  Geschäftsführer des Deutschen Präventionstages

- *Holger Stahlknecht*
  Innenminister des Landes Sachsen-Anhalt in Vertretung des Schirmherrn des
  21. Deutschen Präventionstages, Dr. Reiner Haseloff

- *Dr. Lutz Trümper*
  Oberbürgermeister der Landeshauptstadt Magdeburg

- *Prof. Dr. Hans-Jürgen Kerner*
  Kongresspräsident und Vorsitzender der Deutschen Stiftung für Verbrechensverhütung und Straffälligenhilfe

- *Videobotschaft: Holger Münch*
  Präsident des Bundeskriminalamts

- *Prof. Dr. Regina Ammicht-Quinn*
  Gutachterin des 21. Deutschen Präventionstages, Eberhard-Karls-Universität
  Tübingen, Internationales Zentrum für Ethik in den Wissenschaften (IZEW)

- *Künstlerischer Beitrag*
  Klangzeit – Insassen-Chor der JVA Burg

Abendempfang
*des Landes Sachsen-Anhalt und der Stadt Magdeburg für die Teilnehmenden des
21. Deutschen Präventionstages am Montag, 6. Juni 2016, ab 18:00 Uhr im Ma-
ritim Hotel Magdeburg*

Abschlussplenum
Dienstag, 7. Juni 2016, 15:15 bis 16:15 Uhr

- *Dr. Wiebke Steffen, Wissenschaftliche Beraterin des Deutschen Präventionstages*
  „Magdeburger Erklärung" des Deutschen Präventionstages

- *Prof. Dr. Hans-Jürgen Kerner, Kongresspräsident und Vorsitzender der Deutschen Stiftung für Verbrechungsverhütung und Straffälligenhilfe*
  Résumé

- *Prof. Dr. Harald Welzer*
  Autonomie – Zur Verteidigung der Freiheit

- *Erich Marks, Geschäftsführer des Deutschen Präventionstages*
  Ausblick und Verabschiedung

5. Vortragsveranstaltungen

Bei den mit * gekennzeichneten Programmteilen handelt es sich um Firmenvorträge und -infostände sowie Kooperationen mit Wirtschaftsunternehmen.

Einzelvorträge

Anlässlich des 21. Deutschen Präventionstages wurden 20 Einzelvorträge mit einem Zeitfenster von 60 Minuten angeboten.

- Präventive Herausforderung bei der Integration von Flüchtlingen: Ein Überblick
  Prof. Dr. Rita Haverkamp, Stiftungsprofessur für Kriminalprävention und Risikomanagement
  Wolfgang Kahl, Stiftung Deutsches Forum für Kriminalprävention (DFK)
  Detlev Schürmann, Deutsches Forum für Kriminalprävention (DFK)

- Kompetenzzentrum zur Koordinierung des Präventionsnetzwerks gegen Extremismus in Baden-Württemberg
  Belinda Hoffmann, Innenministerium Baden-Württemberg

- Multiple Tötungsdelikte junger Täter
  Prof. Dr. Thomas Görgen, Deutsche Hochschule der Polizei
  Benjamin Kraus, Deutsche Hochschule der Polizei
  Anabel Taefi, Deutsche Hochschule der Polizei

- Wohnungseinbruchsprävention
  Dirk Baier, Zürcher Hochschule für Angewandte Wissenschaften
  Prof. Dr. Tillmann Bartsch, Eberhard-Karls-Universität Tübingen
  Arne Dreißigacker, Kriminologisches Forschungsinstitut Niedersachsen (KFN) e.V.
  Gina Rosa Wollinger, Kriminologisches Forschungsinstitut Niedersachsen (KFN) e.V.

- „Trau dich!" Die bundesweite Initiative zur Prävention des sexuellen Kindesmissbrauchs
  Stefanie Amann, Bundeszentrale für gesundheitliche Aufklärung (BZgA)

- Auf dem Weg zu einem integrativen und allgemeinen Präventionsverständnis
  Prof. Dr. Andreas Beelmann, Friedrich-Schiller-Universität Jena

- Cybercrime – Strategien der Kriminalprävention
  Eva Kühne-Hörmann, Hessisches Ministerium der Justiz

- Evaluation im Jugendvollzug
  Prof. Dr. Marc Coester, Hochschule für Wirtschaft und Recht Berlin
  Prof. Dr. Hans-Jürgen Kerner, Universität Tübingen
  Dr. Jost Stellmacher, Philipps-Universität Marburg
  Prof. Dr. Ulrich Wagner, Philipps-Universität Marburg

- Podiumsdiskussion mit Bürgermeistern aus Deutschland, Afrika und Zentral-
amerika
Nazira Cachalia, Joburg City Safety Programme
Joachim Fritz, Deutsche Gesellschaft für Internationale Zusammenarbeit (GIZ)
GmbH
Annekathrin Linck, Deutsche Gesellschaft für Internationale Zusammenarbeit
(GIZ) GmbH
Dr. Martin Schairer, Landeshauptstadt Stuttgart

- Bringing applied ethics into counterterrorism: strengthing professionalism &
legitimacy
Michael Kowalski, National Coordinator for Security and Counterterrorism

- Perspektiven und Projekte des Nationalen Zentrums für Kriminalprävention (NZK)
Dr. Andreas Armborst, Nationales Zentrum für Kriminalprävention (NZK)

- GewaltLos – Mädels in der extremen Rechten und geschlechtsspezifische Prävention
Prof. Dr. Karin Reimer-Godinskaya, Hochschule Magdeburg-Stendal

- Gratwanderung zwischen Schutz der Sicherheit und Ermöglichung von Freiheit
in München
Brigitte Gans, AKIM – Allparteiliches Konfliktmanagement in München

- Wie viel und welches Licht braucht erfolgreiche Kriminalprävention?*
Dr. Tillmann Schulze, Ernst Basler + Partner AG

- Förderung der Bereitschaft zur Zivilcourage bei direkter Verhinderung von
Gewalttaten*
Klaus Brand, International Academy of WingChun, Self-Defence
Ralph Dahl, International Academy of WingChun, Self-Defence

- Prävention in Kitas: Ansätze, Nutzen und Programme am Beispiel Papilio
Prof. Dr. Thomas Kliche, Hochschule Magdeburg-Stendal
Heidrun Mayer, Papilio e.V.
Prof. Dr. Herbert Scheithauer, Freie Universität Berlin

- „Der guckt schon so" – Eine praxisrelevante Differenzierung der Motive von
Gewalthandlungen
Dr. Rebecca Friedmann, Denkzeit-Gesellschaft e.V.

- Logische Modelle: Chance, Wirksamkeiten in der Kriminalitätsprävention
sichtbar zu machen
Dr. Annalena Yngborn, Deutsches Jugendinstitut e.V.

- Zusammenarbeit von Polizei, Bürgern und Verwaltung: Gewaltprävention in
Afrika. Was kann Deutschland von diesen Beispielen lernen?
Christian Hamm, Polizei Rheinland-Pfalz
Maren Huser, Deutsche Gesellschaft für Internationale Zusammenarbeit (GIZ)
GmbH

Hanna Meyer, Deutsche Gesellschaft für Internationale Zusammenarbeit (GIZ) GmbH

Dr. Marion Fopp, Deutsche Gesellschaft für Internationale Zusammenarbeit (GIZ) GmbH

Antje Wels, Hochschule der Polizei Rheinland-Pfalz

- Prospects for EU-funded security research – The ethics of impact outside the EU discourse

  Dr. Caroline L. Davey, University of Salford

  Andrew B. Wootton, University of Salford

Themenboxen

Anlässlich des 21. Deutschen Präventionstages wurden zu insgesamt 30 aktuellen Präventionsthemen „Themenboxen" angeboten. Die Boxen enthielten in der Regel drei thematisch zueinander passende Vorträge à 30 Minuten. Ergänzende Informationen zu den Vortragenden sowie Abstracts zu den Einzelthemen wurden im Kongresskatalog veröffentlicht und vorab auf der Webseite www.praeventionstag.de eingestellt.

Themenbox 1 – Ethische Fragen in der Prävention

- Präventionsethik

  Dr. Frank Greuel, Deutsches Jugendinstitut e.V., Außenstelle Halle (Saale)

  Frank König, Deutsches Jugendinstitut e.V.

- Kriminalprävention und Ethik

  Prof. Dr. Dieter Hermann, Universität Heidelberg

- Freiheit versus Neo-Salafismus

  Melike Dursun, Niedersächsisches Ministerium für Soziales, Gesundheit und Gleichstellung

  Christian Hantel, beRATen e.V.

Themenbox 2 – Radikalisierung

- Arbeitsgruppe islamistische Radikalisierung (AGiR)

  Dr. Arne Wieben, Justizvollzugsanstalt Bremervörde

- Salafismusprävention

  Dr. Menno Preuschaft, Landespräventionsrat Niedersachsen

- Radikalisierungsprävention

  Catrin Trautmann, Universität Bielefeld

  Prof. Dr. Andreas Zick, Universität Bielefeld

Themenbox 3 – Opferschutz

- Opferschutz häusliche Gewalt
  Prof. Dr. Thomas Görgen, Deutsche Hochschule der Polizei
  Barbara Nägele, Zoom – Gesellschaft für prospektive Entwicklungen e.V.
  Sabine Nowak, Deutsche Hochschule der Polizei
- Prävention: Sexuelle Ausbeutung
  Isabelle Brantl, Universität Vechta
  Mascha Körner, Universität Vechta
  Prof. Dr. Yvette Völschow, Universität Vechta
- Prostitutionsgesetzgebung
  Prof. Dr. Arthur Kreuzer

Themenbox 4 – Kinderschutz

- Tadel – Wandel – Lob?
  Steffen Schüler, Deutscher Kinderschutzbund (DKSB) LV Sachsen-Anhalt
- Haltung, Handlung, Hilfesystem
  Christian Kühne, Deutscher Kinderschutzbund BV Halle e.V.
  Carola Richter, Deutscher Kinderschutzbund BV Halle e.V.
  Andrea Wegner, Deutscher Kinderschutzbund (DKSB) LV Sachsen-Anhalt
- Hinschauen – Helfen – Handeln
  Heike Markovski, Deutscher Kinderschutzbund (DKSB) LV Sachsen-Anhalt
  Karin Sell, Deutscher Kinderschutzbund (DKSB) LV Sachsen-Anhalt

Themenbox 5 – Glücksspielsucht

- *Glücksspielsucht-Prävention*
  Helmolt Rademacher, HKM - Projekt Gewaltprävention und Demokratielernen
  (GuD)
- *Glücksspielsucht im Land Sachsen-Anhalt*
  Sandra Rust, LIGA der Freien Wohlfahrtspflege im Land Sachsen-Anhalt e.V.
- *Sozialkonzept versus Wirklichkeit*
  Tim Brosowski, Universität Bremen

Themenbox 6 – Schulische Gewaltprävention

- Ethik der Gewaltprävention
  Dr. Stefan Schanzenbächer
- Prävention in der Schule
  Dr. Dennis Nitkowski, Universität Bremen
- Wozu Ethik?
  Gisela Mayer, Aktionsbündnis Amoklauf Winnenden –
  Stiftung gegen Gewalt an Schulen

Themenbox 7 – Integration durch Sport

- Sport und Flüchtlinge
  Angelika Rib¹er, Sportjugend Hessen
- Demokratietraining
  Carina Weber, Deutsche Sportjugend im Deutschen Olympischen Sportbund e.V. (dsj)
- Sport im sozialen Brennpunkt
  Jannik Rienhoff, Universität Marburg

Themenbox 8 – Justiz und Wiedereingliederung

- Elektronische Überwachung
  Prof. Dr. Helmut Fünfsinn, Generalstaatsanwaltschaft Frankfurt am Main
  Alexander Kolz, Hessisches Ministerium der Justiz
- Offener Vollzug
  Dr. Susann Prätor, Kriminologischer Dienst im Bildungsinstitut des niedersächsischen Justizvollzuges

Themenbox 9 – Annual International Forum – Prävention und Freiheit aus der Perspektive Süd-Koreas

- Infektionsschutz und Grundrechtseinschränkung in Korea
  Dr. Cheonhyun Lee, Korean Institute of Criminology (KIC)
  Harkmo Daniel Park, Korean Institute of Criminology (KIC)
- Legal issues of drones
  Dr. Jee-Young Yun, Korean Institute of Criminology (KIC)
- Antiterrorism Act in Korea
  Dr. Jea-Hyen Soung, Korean Institute of Criminology (KIC)

Themenbox 10 – Annual International Forum – Safer Cities and Neighbourhoods

- Multilevel partnership example
  Tiina Ristmäe, NGO Estonian Neighbourhood Watch

Themenbox 11 – Flucht & Asyl

- Konfliktprävention
  Dr. Bettina Doering, Landespräventionsrat Niedersachsen
- Pädagogische Flüchtlingsarbeit
  Lisa Schneider, Technische Universität Dortmund

Themenbox 12 – Distanzierungsarbeit bei Rechtsextremismus

- Distanzierungsarbeit
  Sally Hohnstein, Deutsches Jugendinstitut e.V., Außenstelle Halle (Saale)

- Gender und Präventionsarbeit
  Silke Baer, cultures interactive e.v., Verein zur interkulturellen Bildung und Gewaltprävention

- AussteigerhilfeRechts
  Stefan Saß, Niedersächsisches Justizministerium Hannover

Themenbox 13 – Jugendliche Opfer

- Viktimisierungserfahrungen
  Dr. Diana Willems, Deutsches Jugendinstitut e.V.

- Opferbezogene Angebote
  Annemarie Schmoll, Deutsches Jugendinstitut e.V.

Themenbox 14 – Sexuelle Gewalt

- Forschungsethik – Gewalt
  Michaela Katzer, Hochschule Merseburg
  Katja Krolzik-Matthei, Hochschule Merseburg
  Torsten Linke, Hochschule Merseburg
  Prof. Dr. Heinz-Jürgen Voß, Hochschule Merseburg

- Institutionelle Schutzkonzepte
  Dr. Inken Tremel, Deutsches Jugendinstitut e.V.

- Prävention und Sexualität
  Regine Derr, Deutsches Jugendinstitut e.V.
  Johann Hartl, Deutsches Jugendinstitut e.v.

Themenbox 15 – Drogensucht

- Plädoyer für Paradigmenwechsel
  Prof. Dr. Gundula Barsch, Hochschule Merseburg

- Kulturelle Unterschiede
  Prof. Dr. Gundula Barsch, Hochschule Merseburg
  Prof. Dr. Ju-Ill Kim, University of Seoul

- Suchtpräventionsnetzwerke
  Helga Meeßen-Hühne, LIGA der Freien Wohlfahrtspflege im Land Sachsen-Anhalt e.V.

Themenbox 16 – Präventionsprogramme
- Stark fürs Leben
  Dr. Peter Sicking, Hilfswerk der Deutschen Lions e.V.
- Faustlos *
  Dr. Franziska Preis, Hogrefe Verlag GmbH & Co. KG
- wir2 für Trennungsfamilien
  Prof. Dr. Matthias Franz, Klinisches Institut für Psychosomatische Medizin und Psychotherapie des Universitätsklinikums Düsseldorf

Themenbox 17 – Gerechte Verteilung von Sicherheit in der Stadt
- Ethischer Diskurs
  Friedrich Gabel, Eberhard-Karls-Universität Tübingen
- Vertrauen und Sicherheit
  Prof. Dr. Rita Haverkamp, Stiftungsprofessur für Kriminalprävention und Risikomanagement
  Dr. Tim Lukas, Bergische Universität Wuppertal
- Subjektive (Un)Sicherheit
  Daniela Krüger, Freie Universität Berlin
  Kristina Seidelsohn, Freie Universität Berlin

Themenbox 18 – Risikoorientierung in der Bewährungshilfe
- Resozialisierung von Straftätern
  Peter Reckling, DBH Fachverband für Soziale Arbeit, Strafrecht und Kriminalpolitik
- Anti-Gewalt-Training Magdeburg
  Tim Marx, Anti-Gewalt-Training (AGT) Magdeburg
- Sozialarbeit in der Justiz
  Rudolf Grosser

Themenbox 19 – Annual International Forum – US Juvenile Justice Reform
- Juvenile Justice Model Data Project / National Center for Juvenile Justice
  Dr. Melissa H. Sickmund, National Center for Juvenile Justice (NCJJ)
- Standardized Program Evaluation Protocol (SPEP)
  Jeffrey G. Gregro, SPEP-State Advisory Committee
- Ethical Issues of Prevention
  Patricia Martin, US-National Council of Juvenile and Family Court Judges

Themenbox 20 – Annual International Forum – Early Intervention and Ethnic Aspects
- Senior Minority Outreach Team
  Ashley Jones, Avon and Somerset Constabulary
  Jon Williams, Senior Citizen Liaison Team
- Prevention via Ethics
  Ran Cohen, SDR® Academy

Themenbox 21 – Evidenzbasierte Präventionsarbeit
- Evidenzbasierte Präventionsarbeit mit Struktur
  Helmolt Rademacher, HKM – Projekt Gewaltprävention und Demokratielernen (GuD)
- Evidenzbasierte Präventionsarbeit mit Begleitung
  Ronja Dirscherl, Triple P – Deutschland GmbH
- Evidenzbasierte Präventionsarbeit mit Wirkungsorientierung
  Sarah Ulrich, buddY e.V.

Themenbox 22 – Extremismusprävention in Thüringen nach NSU
- Extremismusprävention nach NSU
  Heike Würstl, Thüringer Landespolizeidirektion
- Interene Extremismusprävention
  Prof. Dr. Thomas Ley, Thüringer Landespolizeidirektion
- Flucht und Asyl
  Martin Thüne, Thüringer Landespolizeidirektion

Themenbox 23 – Sicherheitslage und -empfinden älterer Menschen
- Sicherheitslage von Älteren
  PD Dr. Dietrich Oberwittler, Max-Planck-Institut für ausländisches und internationales Strafrecht
- Kriminalprävention im Alter
  Sylwia Buzas, PariSozial – Gemeinnützige Gesellschaft für paritätische Sozialdienste mbH
- Selbstbehauptungstraining
  Catrin Wagner, millimetertraining Gewaltprävention / Beratung / Fortbildung

Themenbox 24 – Polizeiliche Prävention
- Strategische Überlegungen
  Andreas Mayer, Polizeiliche Kriminalprävention der Länder und des Bundes
- Polizei im Spannungsfeld

Christian Hamm, Polizei Rheinland-Pfalz
Antje Wels, Hochschule der Polizei Rheinland-Pfalz
- Polizeiliche Prävention in Baden-Württemberg
  Tina Reinwald, Innenministerium Baden-Württemberg
  Rüdiger Schilling, Hochschule für Polizei Baden-Württemberg

Themenbox 25 – Prävention im Bereich von Pflege und Gesundheit
- Konflikte in der häuslichen Pflege
  Prof. Dr. Thomas Görgen, Deutsche Hochschule der Polizei
  Anabel Taefi, Deutsche Hochschule der Polizei
  Daniel Wagner, Deutsche Hochschule der Polizei

- Gesundheitsförderung / Frühe Hilfen
  Prof. Dr. Raimund Geene, Hochschule Magdeburg-Stendal

- Gewaltschutz im Alter
  Dr. Anna Schwedler, Goethe-Universität Frankfurt am Main

Themenbox 26 – Aktuelle Herausforderungen für die Jugendhilfe
- Jugendhilfe und Schule
  Thomas A. Fischer, Deutsches Jugendinstitut e.V.

- Freiheitsentzug in der Jugendhilfe
  Dr. Sabrina Hoops, Deutsches Jugendinstitut e.V.

- Flüchtlinge und Jugendhilfe
  Bernd Holthusen, Deutsches Jugendinstitut e.V.
  Dr. Diana Willems, Deutsches Jugendinstitut e.V.

Themenbox 27 – Medien
- Gewaltberichterstattung
  Prof. Dr. Thomas Hestermann, Macromedia Hochschule für Medien und Kommunikation MHMK

- Suizidhotspots
  Prof. Dr. Dr. Armin Schmidtke, Nationales Suizidpräventionsprogramm für Deutschland

- Inklusion und Medien
  Walter Staufer, Bundeszentrale für politische Bildung/bpb

Themenbox 28 – Justizvollzug
- Gewalt und Suizid im Vollzug
  Verena Boxberg, Universität zu Köln

- Muslime im Justizvollzug

Prof. Dr. Tillmann Bartsch, Eberhard-Karls-Universität Tübingen
Katharina Stelzel, Eberhard-Karls-Universität Tübingen

- Ethikkomitees im Justizvollzug
  Prof. Dr. Michelle Becka, Katholische Gefängnisseelsorge

Themenbox 29 – Annual International Forum – Internationale Erfahrungen zur Schaffung sicherer Nachbarschaften

- Praktische Ansätze aus internationalen Vorhaben der Deutschen Gesellschaft für Internationale Zusammenarbeit (GIZ)
  Kristina Beck, Deutsche Gesellschaft für Internationale Zusammenarbeit (GIZ) GmbH
  Christiane Erkens, Deutsche Gesellschaft für Internationale Zusammenarbeit (GIZ) GmbH
  Rubeena Esmail-Arndt, Deutsche Gesellschaft für Internationale Zusammenarbeit (GIZ) GmbH
  Henrike Hilgenfeld, Deutsche Gesellschaft für Internationale Zusammenarbeit (GIZ) GmbH
  Annekathrin Linck, Deutsche Gesellschaft für Internationale Zusammenarbeit (GIZ) GmbH

Themenbox 30 – Annual International Forum – Responses to Crime and Police Reform

- Religion in juvenile justice
  Dr. Alexander Shytov, Chiang Mai University
- Fines for corporate offenders
  Prof. Dr. Patricia Faraldo Cabana, University of A Corunna
- Police Auditing
  Prof. Dr. Allan Jiao, Rowan University

Projektspots

Projektspots sind Kurzvorträge zu verschiedenen Themen der Prävention mit einem Zeitrahmen von 10 bis 15 Minuten Dauer. Anlässlich des 21. Deutschen Präventionstages wurden 42 Projektspots angeboten. Ergänzende Informationen zu den Vortragenden sowie Abstracts zu den Einzelthemen wurden im Kongresskatalog veröffentlicht und vorab auf der Website www.praeventionstag.de eingestellt.

- Sicherheit, Freiheit & Dialog
  Johannes Maaser, Fachbereich Öffentliche Sicherheit, Ordnung und Brandschutz der Universitätsstadt Marburg
  Prof. Dr. Ulrich Wagner, Philipps-Universität Marburg

- Einbruchsprävention
  Gunter Schmidt, Stadt Stuttgart
- Nix rechts!
  Leo Keidel, Polizeipräsidium Aalen
- Sicherheitsgefühl und Terror
  Bent Freese, Institut für Polizei- und Sicherheitsforschung (IPoS)
- Einbruchsschutz zahlt sich aus
  Reinhold Hepp, Stiftung Deutsches Forum für Kriminalprävention (DFK)
  Sabrina Kolbe, Stiftung Deutsches Forum für Kriminalprävention (DFK)
- Mehr IT-Sicherheit für Europa
  Hanna Heuer, Bundesamt für Sicherheit in der Informationstechnik (BSI)
- Bedrohungsmanagement
  Martin Boess, Schweizerische Kriminalprävention SKP
- Viktimisierungserfahrungen von Zuwanderern
  Dirk Baier, Zürcher Hochschule für Angewandte Wissenschaften
  Stephanie Fleischer, Kriminologisches Forschungsinstitut Niedersachsen (KFN) e.V.
  Dr. Dominic Kudlacek, Kriminologisches Forschungsinstitut Niedersachsen (KFN) e.V.
- Goslarer Zivilcourage-Kampagne
  Günter Koschig, WEISSER RING e.V.
  Lothar Niemann, Polizeikommissariat Seesen
- Therapie statt Strafe
  Dr. Lukas Forschner, Medinet GmbH Fachklinik Alte Ölmühle
- Zusammenhalt in Wohnquartieren
  Daniel Wolter, DBH Fachverband für Soziale Arbeit, Strafrecht und Kriminal-
  politik
- Cybermobbing, Sexting & Co.
  Gesa Stückmann, Prävention 2.0 e.V.
- Werkzeuge Kriminalprävention
  Janina Hentschel, Stadt Augsburg
  Gunter Schmidt, Stadt Stuttgart
  Tanja Schwarzer, Kriminalpräventiver Rat der Landeshauptstadt Düsseldorf
- Bildungsraum Jugendarrest
  Dr. Anne Kaplan, Universität zu Köln
  Rainer Zimmermann, EXIT-Enter Life e.V.
- Gleiche Chancen mit ELTERN-AG
  Wencke Thiemann, MAPP-Empowerment gGmbH
  Linda Wolf, MAPP-Empowerment gGmbH

- Der TOA in Sachsen-Anhalt
  Delia Göttke, Landesverband für Kriminalprävention und Resozialisierung Sachsen-Anhalt e.V.

- Neue Medien im Kinderschutz
  Julia Kamenicek, Zentrum für Kinder- und Jugendforschung (ZfKJ) des Forschungs- und Innovationsverbundes (FIVE e.V.) an der Evangelischen Hochschule Freiburg

- Zivilcourage und Internet
  Melanie Blinzler, Präventionsrat Oldenburg (PRO)

- Jugendarbeit und Prävention
  Peer Wiechmann, cultures interactive e.V. Verein zur interkulturellen Bildung und Gewaltprävention

- Fäustling*
  Dr. Andreas Schick, Heidelberger Präventionszentrum

- Suchtpräventionsnetzwerke
  Claudia Hammer, AWO Erziehungshilfe Halle (Saale) gGmbH

- Sexuell aggressives Verhalten
  Dr. Marc Allroggen, Universitätsklinikum Ulm

- ECHTE SCHÄTZE!
  Ursula Schele, PETZE-Institut für Gewaltprävention gGmbH

- Zwangsverheiratung
  Lysann Häusler, BAFzA/Hilfetelefon Gewalt gegen Frauen

- Präventionsarbeit an Schule
  Christian Wild, HKM –Projekt Gewaltprävention und Demokratielernen (GuD)

- „Coole" Courage
  Gustav Haab, Landespolizeipräsidium Saarland

- „Schule atmosfairisch"
  Steffen Heil, Auerbach Stiftung
  Andrea Kersting, MW Malteser Werke gemeinnützige GmbH

- Fanprojektarbeit
  Rolf Hanselmann, Der PARITÄTISCHE Sachsen-Anhalt

- Das BKiSchG in der Praxis
  Julia Zimmermann, Deutsches Jugendinstitut e.V.

- Kampagne „Ausbl!ck"
  Dorit Schubert, Der PARITÄTISCHE Sachsen-Anhalt

- MUT
  Stephan Matecki, Landessportbund Sachsen-Anhalt e.V.
  Helge Tiede, Landessportbund Sachsen-Anhalt e.V.

- Anwendung verschiedener Rechtszweige
  Prof. Dr. Grygorii Moshak, Institut für Erforschung der Kriminalitätsproblemen an der Nationalen Akademie der Ukraine für Rechtswissenschaften
- FairPlay in der Liebe
  Peter Lunckshausen, WEISSER RING e.V.
- Homophobie im Sport
  Carolin Deparade, Landessportbund Sachsen-Anhalt e.V.
  Daniel Feuerberg, Landessportbund Sachsen-Anhalt e.V.
  Madlen Nöller, Landessportbund Sachsen-Anhalt e.V.
- KomPass plus
  Nadine Nagel, Landesinstitut für Präventives Handeln (LPH)
- Kinder als Betroffene von häuslicher Gewalt
  Rainer Becker, Deutsche Kinderhilfe – Die Kindervertreter e.V.
- Verlier dein Gesicht nicht!
  Elena Lamby, Deutsche Sportjugend im DOSB e.V.
- Das Aufzeigen von Perspektiven
  Volkert Ruhe, Gefangene helfen Jugendlichen e.V.
- „Machen Sie das freiwillig?"
  Oliver Kliesch, Förderung der Bewährungshilfe in Hessen e.V.
- Kinderschutz im Sport
  Julia Kamenicek, Zentrum für Kinder- und Jugendforschung (ZfKJ) des Forschungs- und Innovationsverbundes (FIVE e.V.) an der Evangelischen Hochschule Freiburg
- Theaterprojekt an Schulen
  Doreen Birke, Bundespolizei

Zehntes Internationales Forum (AIF) des Deutschen Präventionstages

Die Vorträge des AIF werden in einer gesonderten Veröffentlichung in englischer Sprache dokumentiert, die, wie in den vergangenen Jahren, im Forum Verlag Godesberg (Book on Demand) erscheint. Im Einzelnen wurden folgende Beiträge angeboten:

Themenboxen im Rahmen des AIF:

Annual International Forum – Prävention und Freiheit aus der Perspektive Süd-Koreas

- Infektionsschutz und Grundrechtseinschränkung in Korea
  Dr. Cheonhyun Lee, Korean Institute of Criminology (KIC)
  Harkmo Dariel Park, Korean Institute of Criminology (KIC)

- Legal issues of drones
  Dr. Jee-Young Yun, Korean Institute of Criminology (KIC)
- Anti-terrorism Act in Korea
  Dr. Jea-Hyen Soung, Korean Institute of Criminology (KIC)

Annual International Forum – Safer Cities and Neighbourhoods
- Multilevel partnership example
  Tinaa Ristmäe, NGO Estonian Neighbourhood Watch

Annual International Forum – US Juvenile Justice Reform
- Juvenile Justice Model Data Project / National Center for Juvenile Justice
  Dr. Melissa H. Sickmund, National Center for Juvenile Justice (NCJJ)
- Standardized Program Evaluation Protocol (SPEP)
  Jeffrey G. Gregro, SPEP-State Advisory Committee
- Ethical Issues of Prevention
  Patricia Martin, US-National Council of Juvenile and Family Court Judges

Annual International Forum – Early Intervention and Ethnic Aspects
- Senior Minority Outreach Team
  Ashley Jones, Avon and Somerset Constabulary
  Jon Williams, Senior Citizen Liaison Team
- Prevention via Ethics
  Ran Cohen, SDR® Academy
- Prevention of Radicalism
  Prof. Dr. Ahmet Sait Yayla, Harran University

Annual International Forum – Internationale Erfahrungen zur Schaffung sicherer Nachbarschaften
- Praktische Ansätze aus internationalen Vorhaben der Deutschen Gesellschaft für Internationale Zusammenarbeit (GIZ)
  Kristina Beck, Deutsche Gesellschaft für Internationale Zusammenarbeit (GIZ) GmbH
  Christiane Erkens, Deutsche Gesellschaft für Internationale Zusammenarbeit (GIZ) GmbH
  Rubeena Esmail-Arndt, Deutsche Gesellschaft für Internationale Zusammenarbeit (GIZ) GmbH
  Henrike Hilgenfeld, Deutsche Gesellschaft für Internationale Zusammenarbeit (GIZ) GmbH
  Annekathrin Linck, Deutsche Gesellschaft für Internationale Zusammenarbeit (GIZ) GmbH

Annual International Forum – Responses to Crime and Police Reform

- Religion in juvenile justice
  Dr. Alexander Shytov, Chiang Mai University

- Fines for corporate offenders
  Prof. Dr. Patricia Faraldo Cabana, University of A Corunna

- Police Auditing
  Prof. Dr. Allan Jiao, Rowan University

Einzelvorträge im Rahmen des Annual International Forums

- Podiumsdiskussion mit Bürgermeistern aus Deutschland, Afrika und Zentral-amerika
  Nazira Cachalia, Joburg City Safety Programme
  Joachim Fritz, Deutsche Gesellschaft für Internationale Zusammenarbeit (GIZ) GmbH
  Annekathrin Linck, Deutsche Gesellschaft für Internationale Zusammenarbeit (GIZ) GmbH
  Dr. Martin Schairer, Landeshauptstadt Stuttgart

- Bringing applied ethics into counterterrorism: strengthing professionalism & legitimacy
  Michael Kowalski, National Coordinator for Security and Counterterrorism

- Zusammenarbeit von Polizei, Bürgern und Verwaltung: Gewaltprävention in Afrika. Was kann Deutschland von diesen Beispielen lernen?
  Christian Hamm, Polizei Rheinland-Pfalz
  Maren Huser Deutsche Gesellschaft für Internationale Zusammenarbeit (GIZ) GmbH
  Hanna Meyer, Deutsche Gesellschaft für Internationale Zusammenarbeit (GIZ) GmbH
  Dr. Marion Fopp, Deutsche Gesellschaft für Internationale Zusammenarbeit (GIZ) GmbH
  Antje Wels, Hochschule der Polizei Rheinland-Pfalz

- Prospects for EU-funded security research – The ethics of impact outside the EU discourse
  Dr. Caroline L. Davey, University of Salford
  Andrew B. Wootton, University of Salford

6. Kongressbegleitende Ausstellung

Die kongressbegleitende Ausstellung des 21. Deutschen Präventionstages gliederte sich in 140 Infostände, 6 Sonderausstellungen, 17 Campus-Aktivitäten und 20 Posterpräsentationen.

Infostände

- AIDS-Hilfe Sachsen-Anhalt Nord e.V.
- Aktionsbündnis Amoklauf Winnenden – Stiftung gegen Gewalt an Schulen
- Ambulanter Justizsozialdienst Niedersachsen
- ARUG Braunschweig / ZDB Wolfsburg
- Beratungsstellen für Inhaftierte, Haftentlassene und von Haft bedrohte Menschen und deren Angehörige in Nordrhein-Westfalen
- BOB Trier
- Buchhandlung Büchergilde
- Bund Deutscher Kriminalbeamter
- Bund gegen Alkohol und Drogen im Straßenverkehr e.V., Landessektion Sachsen-Anhalt
- Bundesamt für Justiz – Härteleistungen des Bundes für Opfer extremistischer Übergriffe
- Bundesamt für Migration und Flüchtlinge, KPEBW Innenministerium Baden-Württemberg
- Bundesamt für Sicherheit in der Informationstechnik (BSI)
- Bundesarbeitsgemeinschaft Kinder- und Jugendschutz e.V. BAJ
- Bundesarbeitsgemeinschaft Täterarbeit Häusliche Gewalt e.V.
- Bundesministerium der Justiz und für Verbraucherschutz
- Bundesministerium für Familie, Senioren, Frauen und Jugend
- Bundespolizei
- Bundesprüfstelle für jugendgefährdende Medien
- Bundesverband Alphabetisierung und Grundbildung e.V.
- Bundeszentrale für gesundheitliche Aufklärung (BZgA)
- Bundeszentrale für gesundheitliche Aufklärung (BZgA) – Trau dich
- Bundeszentrale für politische Bildung
- Bündnis gegen Cybermobbing e.V.
- CJD Sachsen U-Haftvermeidung

- DBH Fachverband für Soziale Arbeit, Strafrecht und Kriminalpolitik
- Demokratiezentrum Baden-Württemberg
- Demokratie-Zentrum Sachsen
- Der PARITÄTISCHE Sachsen-Anhalt
- Der PARITÄTISCHE Sachsen-Anhalt – Landesweites Netzwerk für ein Leben ohne Gewalt
- Deutsche Sportjugend im Deutschen Olympischen Sportbund e.V. (dsj)
- Deutsche Vereinigung für Jugendgerichte und Jugendgerichtshilfen e.V. (DVJJ)
- Deutscher Familienverband Sachsen-Anhalt e.V.
- Deutscher Ju-Jutsu Verband e.V.
- Deutscher Kinderschutzbund (DKSB) LV Sachsen-Anhalt
- Deutsches Forum für Kriminalprävention (DFK)
- Deutsches Jugendinstitut e.V.
- Deutsch-Europäisches Forum für Urbane Sicherheit e.V. (DEFUS)
- DIGITTRADE GmbH*
- Durchboxen im Leben e. V.
- EFFEKT – Universität Erlangen
- European Forum for Urban Security (EFUS)
- Fachkräfteportal der Kinder- und Jugendhilfe, c/o IJAB e.V.
- Fairplayer e.V.
- FLS – Farbleitsystem – Sicherheit an Schulen*
- Frauenzentrum Courage e.V.
- FREIE HILFE BERLIN e.V.
- Freikirche der Siebenten-Tags-Adventisten
- Gauselmann AG*
- Gefangene helfen Jugendlichen e.V.
- gegen-missbrauch e.V.
- Gesellschaft Bürger & Polizei e.V.
- Gewalt Akademie Villigst
- Gewaltstopper e.V.
- Gewerkschaft der Polizei
- Glen Mills Academie Deutschland e. V.
- GSJ – Gesellschaft für Sport und Jugendsozialarbeit gGmbH
- HaLT Service Center – Schöpflin Stiftung

- Hessisches Kultusministerium – Projekt „Gewaltprävention und Demokratielernen – GuD"
- Hessisches Ministerium der Justiz – Landespräventionsrat Hessen
- Hilfetelefon „Gewalt gegen Frauen" – Bundesamt für Familie und zivilgesellschaftliche Aufgaben
- Hilfswerk der Deutschen Lions e.V.
- Hochschule Merseburg
- IFIKS e.V.
- International Academy of WingChun, Self-Defence
- Interventionsstellen des Landes Sachsen-Anhalt, Interventionsstelle „Häusliche Gewalt & Stalking" Halle (Saale)
- Jugendanstalt Raßnitz in Kooperation mit dem Europäischen Bildungswerk
- Jugendstationen Gera und Jena/Saale-Holzland-Kreis
- Justizvollzugsanstalt Butzbach
- juuuport e.V.
- Katholische Gefängnisseelsorge in Deutschland – Ethikkomitees im Justizvollzug
- Kohl-Verlag
- Kriminalpräventiver Rat der Landeshauptstadt Düsseldorf
- Landesarbeitsgemeinschaft Frauenhäuser Sachsen-Anhalt
- Landesfrauenrat Sachsen-Anhalt e.V.
- Landeshauptstadt Magdeburg - Stadtordnungsamt
- Landesinstitut für Präventives Handeln
- Landeskoordinationsstelle Glücksspielsucht in Sachsen-Anhalt
- Landeskriminalamt Niedersachsen
- Landeskriminalamt Rheinland-Pfalz
- Landeskriminalamt Sachsen-Anhalt
- Landespolizei Mecklenburg-Vorpommern
- Landespräventionsrat Niedersachsen
- Landespräventionsrat Nordrhein-Westfalen
- Landespräventionsrat Sachsen (LPR Sachsen)
- Landespräventionsrat Sachsen-Anhalt
- Landessportbund Sachsen Anhalt e.V.
- Landesstelle für Suchtfragen im Land Sachsen-Anhalt (LS-LSA) – LIGA der Freien Wohlfahrtspflege im Land Sachsen-Anhalt e.V.
- Landesverband für Kriminalprävention und Resozialisierung Sachsen-Anhalt e.V.

- Landesprojektleitung Täter-Opfer-Ausgleich Sachsen-Anhalt
- Landesverband für Kriminalprävention und Resozialisierung Sachsen-Anhalt e.V.
- Landeszentrale für Medien und Kommunikation Rheinland-Pfalz/klicksafe
- Landeszentrale für politische Bildung Sachsen-Anhalt
- Lotto-Toto GmbH Sachsen-Anhalt
- Magdeburg Marketing Kongress und Tourismus GmbH
- MAPP-Empowerment gGmbH
- Master- und Hochschullehrgang Sucht- und Gewaltprävention in pädagogischen Handlungsfeldern
- Ministerium für Arbeit und Soziales Sachsen-Anhalt
- Ministerium für Inneres und Kommunales des Landes Nordrhein-Westfalen
- Ministerium für Inneres und Sport des Landes Sachsen-Anhalt
- Multikulturelles Zentrum Dessau
- Nationales Suizidpräventionsprogramm
- Netzwerk für Demokratie und Courage
- Netzwerk Gewaltprävention und Konfliktregelung Münster
- Netzwerk Haftvermeidung durch soziale Integration (HSI)
- Netzwerk Medienkompetenz Sachsen-Anhalt
- Netzwerk Zuhause sicher e.V.
- Niedersächsisches Ministerium für Inneres und Sport
- Nordverbund Ausstieg Rechts
- Ostdeutscher Sparkassenverband
- Papilio e.V.
- PAT – Mit Eltern Lernen gGmbH
- PETZE-Institut für Gewaltprävention gGmbH
- PFALZ-BOB - Bund gegen Alkohol und Drogen im Straßenverkehr e.V., Landessektion Rheinland-Pfalz
- Polizei Gütersloh
- Polizeidirektion Flensburg
- Polizeidirektion Sachsen-Anhalt-Nord
- Polizeiliche Kriminalprävention der Länder und des Bundes
- Polizeipräsidium Mittelhessen
- Polizeipräsidium Rheinpfalz
- Prävention 2.0 e.V.

- Rat für Kriminalitätsverhütung Schleswig-Holstein
- Ruhr Universität Bochum
- Servicestelle Kinder- und Jugendschutz
- Spectrum Erziehungshilfe
- STEP Verein zur Förderung von Erziehung und Bildung e.v.
- Stiftung Opferhilfe Niedersachsen
- Stuttgarter Jugendhaus gGmbH INSIDE OUT
- Technisches Polizeiamt Sachsen-Anhalt
- theaterpädagogische werkstatt gGmbH
- Trainings-, Beratungs- & Kompetenzzentrum e.V.
- Triple P - Deutschland GmbH
- Ufuq e.V.
- Universitätsklinikum Hamburg-Eppendorf
- Verein Programm Klasse 2000 e.V.
- Verein zur Förderung der Methode Puppenspiel in der Kriminal- und Verkehrsprävention e.V. (VPKV e.V.)
- Verfassungsschutz NRW – Präventions- und Aussteigerprogramme
- WEISSER RING
- Wildwasser Magdeburg e.V.
- wir2 Bindungstraining
- Zentrale Beratungsstellen für Entlassungshilfe, Beratung, Resozialisierung und Vermittlung gemeinnütziger Arbeit des Landes Sachsen-Anhalt

Sonderausstellungen

Insgesamt wurden 6 Sonderausstellungen zu unterschiedlichen Präventionsthemen gezeigt.

- broken hearts stiftung „Menschenhandel und moderne Sklaverei"
- Bundespolizei „Prävention trifft Kunst"
- Dachverband der autonomen Frauenberatungsstellen NRW e.V. „Warnsignale häuslicher Gewalt erkennen und handeln"
- Justizministerium Nordrhein-Westfalen „Kreativ im Knast – Knastkultur" Landesverband für Kriminalprävention und Resozialisierung Sachsen-Anhalt e.V.
- „Malgalerie – Zeichnungen und Malereien von Inhaftierten der JVAs Sachsen-Anhalt
- WEISSER RING „Magdeburger Zivilcourage Kampagne"

Campus

Im Bereich Campus wurden Infomobile und Aktivitäten im Außenbereich der Messe angeboten.

- Hessisches Landeskriminalamt, Zentralstelle Kriminal- u. Verkehrsprävention
- Infobox Luther 2017
- 6 Infomobile der Landeshauptstadt Magdeburg
- Landeskriminalamt Sachsen-Anhalt
- Staatliche Hochschule für Musik Trossingen
- Staatskanzlei Sachsen-Anhalt
- Stadt Ludwigshafen am Rhein
- Taiji Bailong Ball Association e.V.
- Techniker Krankenkasse
- 3 Infomobile des Technischen Polizeiamts Sachsen-Anhalt

Posterpräsentationen

Anlässlich des 21. Deutschen Präventionstages wurden 20 Poster angeboten. An beiden Kongresstagen fand jeweils von 13:00 bis 14:00 Uhr eine Postersession statt.

- Notfall-App für den Bildungsbereich
  Bildungsdirektion Kanton Zürich

- Präventive Unterstützung für Integrations-Initiativen (www.pufii.de)
  DPT – Deutscher Präventionstag gGmbH

- Lernen für die Freiheit
  EXIT – Enter Life e.V.

- Pädagogische Fortbildung für Mitarbeiter_innen des Jugendstrafvollzugs und -arrestvollzugs
  EXIT – EnterLife e.V.

- Wir werden laut
  gegen-missbrauch e.V.

- Forschungsprojekt „Schutz von Kindern und Jugendlichen vor sexueller Traumatisierung"
  Hochschule Merseburg

- CheckPoint-C: Eine anonyme Crystal-Sprechstunde für (H) alle
  Hochschule Merseburg

- Crystalkonsumierende Eltern und deren Kinder
  Hochschule Merseburg

- Evaluation der sozialtherapeutischen Abteilung der Jugendanstalt Neustrelitz
  Kriminologischer Forschungsdienst für den Strafvollzug Mecklenburg-Vorpommern an der Fachhochschule für öffentliche Verwaltung, Polizei und Rechtspflege M-V

- Pornographie, Prostitution, Menschenhandel – Wert des ethisch-pädagogischen
  Diskurses
  Landeshauptstadt München

- KomPass plus – Krisenteam-Ausbildung 2.0 – Blended-Learning für kollaboratives Lernen
  Landesinstitut für Präventives Handeln (LPH)

- Neue Entwicklungen in „Kurve kriegen"
  Ministerium für Inneres und Kommunales des Landes Nordrhein-Westfalen

- Kriminalpräventives Kindermusical „Schlamperjan"
  Polizei NRW

- Masterstudiengang „Präventive Soziale Arbeit: Kriminologie & Kriminalprävention"
  Ostfalia – Hochschule für angewandte Wissenschaften

- Strafe: Pilgern: Ein neuer Zugang zu sich selbst
  Private Fachhochschule Dresden gGmbH

- Foto-Kampagne zur „Willkommenskultur"
  Stadt Ludwigshafen am Rhein

- Gelingende Integration durch Vermittlung demokratischer Werte in der Elternbildung
  STEP Verein

- Sicher leben – gesamtgesellschaftlicher Anspruch und Aufgabe
  Stiftung Deutsches Forum für Kriminalprävention (DFK)

- Bildliche Darstellungen von Opfern sexueller Gewalt beeinflussen Schuldzuweisungen
  Universität Bielefeld

- Vergewaltigungsmythen im lesbischen Kontext
  Universität Bielefeld

7. Filmforum

Im Filmforum des 21. Deutschen Präventionstages wurden 7 Filmbeiträge gezeigt
und diskutiert.

- JUGEND (Die es trifft; Sinnenrauch; Netzwerk)
  Landkreis Gifhorn

- Podknast: Wie es wirklich ist
  Projektleitung Podknast NRW bei der JVA Aachen

- Zerplatzte Zukunft
  Heinrich-Drake-Ganztagsschule
- Freiheit befreien
  Medienwerkstatt Identity Films
- InBetween - ein Projekt (nicht nur) zur Suchtprävention
  Drogen- und Jugendberatungsstelle Lörrach
- Folgen - Der Film
  gegen-missbrauch e.V.
- Papa ist im Gefängnis. 5 Kinder erzählen (Du velger selv / Du entscheidest
  selbst, dt.)
  Methode Film. Kurzfilme und Konzepte, Dr. Barbara Kamp

8. Schüleruniveristät

Primäre Zielgruppen waren Schulen aus Magdeburg sowie dem regionalen Einzugsgebiet. Kongressteilnehmende hatten ebenso die Möglichkeit, die angebotenen Bühnenstücke zu be-suchen.

- Schüler für Schüler – Mitdenken-Mitmachen-Mitgestalten Teil I
  Eine gemeinsame Veranstaltung des Landespräventionsrates Sachsen-Anhalt
  mit dem Kultusministerium, dem Deutschen Kinderschutzbund und dem Deutschen Familienverband Netzwerkstelle „Schulerfolg"
- Schüler für Schüler – Mitdenken-Mitmachen-Mitgestalten Teil II
  Eine gemeinsame Veranstaltung des Landespräventionsrates Sachsen-Anhalt
  mit dem Kultusministerium, dem Deutschen Kinderschutzbund und dem Deutschen Familienverband Netzwerkstelle „Schulerfolg"

9. Bühne

Auf der DPT-Bühne des 21. DPT wurden 4 Bühnenstücke angeboten. Primäre
Zielgruppen waren Schulen aus Magdeburg sowie dem regionalen Einzugsgebiet.
Kongressteilnehmende hatten ebenso die Möglichkeit, die angebotenen Bühnenstü-
cke zu besuchen.

- „Heiles Deutschland"
  Schultourtheater Bühnengold | Berg & Berg GbR
- Offline – ein interaktives Präventionsadventure
  Innocence in Danger e.V.
- (K)Ein Happy End
  Polizeidirektion Hannover

- Auf immer und ewig – Selfies im Gleisbett
  Bundespolizei

10. Begleitveranstaltungen

Im Rahmen des 21. Deutschen Präventionstages fanden die nachfolgenden Begleitveranstaltungen statt.

- 23. DVS-Stiftungstag
- 5. Trägerkonferenz „Grüne Liste Prävention"
- Arbeitsgruppentreffen des Radicalisation Awareness Network (RAN)
- Arbeitstreffen der Geschäftsführerinnen und Geschäftsführer der Landespräven-
  tionsgremien
- Auftaktveranstaltung des Arbeitskreises Stiftung ProPrävention (ASP)
- Gemeinsames Treffen der AG Kripo und des UA FEK
- Koreanisch-Deutsches Präventionsgespräch
- Pressefrühstück
- Sitzung des Programmbeirats

11. Teilnehmende und Besucher

Die zahlenmäßige Entwicklung der Kongressteilnehmenden und –besucher der vergangenen Jahre ergibt sich aus der nachfolgenden Tabelle:

Kongress	Registrierte Kongressteilnehmende	Registrierte Besucher der Bühne und der DPT-Universität	Gesamtzahl der registrierten Teilnehmenden und Besucher
1. DPT 1995 in Lübeck	168	-	168
2. DPT 1996 in Münster	195	-	195
3. DPT 1997 in Bonn	209	-	209
4. DPT 1998 in Bonn	314	-	314
5. DPT 1999 in Hoyerswerda	610	-	610
6. DPT 2000 in Düsseldorf	1.214	-	1.214
7. DPT 2001 in Düsseldorf	1.226	-	1.226
8. DPT 2003 in Hannover	1.219	50	1.269
9. DPT 2004 in Stuttgart	1.235	750	1.985
10. DPT 2005 in Hannover	1.907	1.550	3.457
11. DPT 2006 in Nürnberg	1.442	780	2.222
12. DPT 2007 in Wiesbaden	1.901	1.624	3.525
13. DPT 2008 in Leipzig	1.744	2.400	4.144
14. DPT 2009 in Hannover	2.129	718	2.847
15. DPT 2010 in Berlin	2.728	1.691	4.419
16. DPT 2011 in Oldenburg	2.579	7.917	10.496
17. DPT 2012 in München	2.333	1.357	3.690
18. DPT 2013 in Bielefeld	1.946	850	2.796
19. DPT 2014 in Karlsruhe	2.306	1.057	3.363
20. DPT 2015 in Frankfurt/Main	2.523	592	3.115
21. DPT 2016 in Magdeburg	2.029	551	2.580

Erich Marks

Deutscher Präventionstag 2016 in Magdeburg – Herzlich willkommen zur jährlichen Präventionsvermessung in unruhigen Zeiten

Herzlich Willkommen

Zur Eröffnung des 21. Deutschen Präventionstages begrüße ich alle Teilnehmenden und Gäste sehr herzlich. Ich freue mich sehr, dass über 2.000 Präventionsexpertinnen und -experten aus allen Bundesländern sowie weltweit aus weiteren über 40 Staaten [1] den Weg nach Magdeburg und Sachsen-Anhalt gefunden haben.

Mein herzliches Willkommen zum Jahreskongress 2016 gilt jeder einzelnen Person und jeder einzelnen Repräsentantin und jedem einzelnen Repräsentanten aus erneut über 1.000 Behörden, Organisationen und Verbänden, die ihre Erfahrungen und Erkenntnisse aus dem breiten Arbeitsfeld der Prävention mitteilen, diskutieren und erweitern wollen.

Aus der großen Zahl der anwesenden Mandats- und Amtsträger sowie weiterer Ehrengäste darf ich an dieser Stelle einige Persönlichkeiten begrüßen, deren Anwesenheit eine besondere Freude und Ehre für den Kongress darstellt:

*Prof. Dr. Regina **Ammicht Quinn**,* Sprecherin des Internationalen Zentrums für Ethik in den Wissenschaften der Universität Tübingen (IZEW)
*Eva von **Angern**,* MdL, stellvertretende Vorsitzende der Fraktion DIE LINKE im Landtag von Sachsen-Anhalt, Magdeburg
*Heike **Bartesch**,* Bundesministerium für Familie, Senioren, Frauen und Jugend, Berlin
*Jörg **Baumbach**,* Präsident der Bundespolizeidirektion Pirna
*Christiana **Berg**,* Präsidentin der Zentralen Polizeidirektion Niedersachsen, Hannover
*Christiane **Bergmann**,* Präsidentin der Polizeidirektion Sachsen-Anhalt Süd, Halle
*Dr. Ludovit **Biro**,* Botschaftsrat in der Botschaft der Slowakischen Republik, Berlin
*Dr. Karl-Heinz **Blümel**,* Direktor der Bundespolizei, Berlin
*Martin **Boess**,* Direktor der Schweizerischen Kriminalprävention, Bern

---

[1] Algerien, Ägypten, Belgien, Bosnien und Herzegowina, Chile, El Salvador, Estland, Frankreich, Ghana, Griechenland, Großbritannien, Guatemala, Italien, Iran, Jordanien, Korea, Kroatien, Lettland, Luxemburg, Nepal, Niederlande, Niger, Nigeria, Norwegen, Österreich, Polen, Portugal, Schweiz, Serbien, Spanien, Sudan, Südafrika, Thailand, Türkei, Tschechien, Ukraine, Ungarn, Venezuela, Vereinigte Staaten von Amerika

Ram Maya **Bogati**, Abgeordnete des Parlaments von Nepal, Kathmandu
Michael **Brall**, Vizepräsident der Bundespolizeidirektion Pirna
Manfred **Bunk**, Geschäftsführer des Landespräventionsrates Sachsen-Anhalt
Prof. Dr. Marc **Coester**, Präsident des Fachverbandes Soziale Arbeit, Strafrecht und
Kriminalpolitik – DBH, Köln/Berlin
Stefan **Daniel**, Geschäftsführendes Vorstandsmitglied der Deutschen Stiftung für
Kriminalprävention, Bonn
Gerhard **Degner**, Präsident der Polizeidirektion Sachsen-Anhalt Ost, Dessau
Ava **Diaconu**, Generalkonsulat Rumäniens, Bonn
Prof. Jochen **Dieckmann**, Vorsitzender des Landespräventionsrates Nordrhein-
Westfalen, Düsseldorf
Marten **van de Donk**, Director RAN Centre of Excellence, Amsterdam
Norbert **Drude**, Präsident des Zollkriminalamtes, Köln
Günther **Ebenschweiger**, Präsident des Österreichischen Zentrums für Kriminalprä-
vention, Graz
Dr. Michael **Ermrich**, geschäftsführender Präsident des Ostdeutschen Sparkassen-
verbandes, Berlin
Heinz-Josef **Friehe**, Präsident des Bundesamtes für Justiz, Bonn
Joachim **Fritz**, Abteilungsleiter, Deutsche Gesellschaft für internationale Zusam-
menarbeit (GIZ) Berlin
Prof. Dr. Helmut **Fünfsinn**, Hessischer Generalstaatsanwalt, Frankfurt
Petra **Guder**, Programmleiterin bei der Glen Mills Academy Deutschland, Lübbecke
Prof. Dr. Ulf **Gundlach**, Staatssekretär a.D., Magdeburg
Prof. Dr. Ute-Ingrid **Haas**, Vorsitzende des Landespräventionsrates Niedersachsen,
Hannover
Dr. Reiner **Haseloff**, Ministerpräsident des Landes Sachsen-Anhalt, Magdeburg
Robert **Heimberger**, Präsident des Bayerischen Landeskriminalamtes, München
Frank-Martin **Heise**, Leiter des Landeskriminalamtes Hamburg
Bernd **Holthusen**, Fachgruppenleiter beim Deutschen Jugendinstitut, München
Jan **Holze**, stellvertretender Vorsitzender der Deutschen Sportjugend, Frankfurt/Main
Uwe **Jacob**, Direktor des Landeskriminalamtes Nordrhein-Westfalen, Düsseldorf
Bodo **Kaping**, Präsident der Bundespolizeidirektion Bad Bramstedt
Prof. Dr. Eun Bong **Kang**, Secretary General, National Research Council for Econo-
mics, Humanities and Social Sciences (NRCS), Seoul, Korea
Prof. Dr. Hans-Jürgen **Kerner**, Vorsitzender der Deutschen Stiftung für Verbrechens-
verhütung und Straffälligenhilfe (DVS), Tübingen
Prof. Dr. Zin Hwan **Kim**, Präsident, Korean Institut for Criminology (KIC), Seoul, Korea
Prof. Dr. Angela **Kölb-Janssen**, MdL, Mitglied der SPD-Fraktion im Landtag von
Sachsen-Anhalt, Halberstadt
Alois **Kösters**, Chefredakteur der Volksstimme, Magdeburg
Hagen **Kohl**, MdL, Vorsitzender des Innenausschusses im Landtag von Sachsen-
Anhalt (AfD), Magdeburg

Uwe **Kolmey**, Präsident des Landeskriminalamtes Niedersachsen, Hannover
Tobias **Krull**, MdL, Mitglied der CDU-Fraktion im Landtag von Sachsen-Anhalt, Magdeburg
Eva **Kühne-Hörmann**, Hessische Justizministerin, Wiesbaden
Johannes **Kunz**, Leiter des Landeskriminalamtes Rheinland-Pfalz, Mainz
Mario **Lehmann MdL**, Mitglied der AfD-Fraktion im Landtag von Sachsen-Anhalt, Magdeburg
Dr. Olaf **Lobermeier**, Geschäftsführer proVal, Hannover
Wolfgang **Lohmann**, Inspekteur der deutschen Bereitschaftspolizeien, Berlin
Ingolf **Mager**, Direktor des Landeskriminalamtes Mecklenburg-Vorpommern, Schwerin
Andreas **Mayer**, Geschäftsführer der Polizeilichen Kriminalprävention der Länder und des Bundes, Stuttgart
Gisela **Mayer**, Vorsitzende der Stiftung gegen Gewalt an Schulen, Winnenden
Dr. Jörg **Michaelis**, Präsident des Landeskriminalamtes Sachsen, Dresden
Karin **Müller, MdL**, Mitglied der Fraktion BÜNDNIS 90/DIE GRÜNEN im Hessischen Landtag, Wiesbaden
Dr. Oliver **Müller**, stellvertretender Fraktionsvorsitzender DIE LINKE im Stadtrat von Magdeburg
Holger **Münch**, Präsident des Bundeskriminalamtes, Wiesbaden
Jürgen **Mutz**, Vorsitzender des Kuratoriums der Stiftung DVS, Bonn
Antje **Niewisch-Lennartz**, Niedersächsische Justizministerin und Vizepräsidentin der Stiftung Deutsches Forum für Kriminalprävention, Hannover
Ibrahim **Osman**, Konsul der Republik Sudan, Berlin
Jürgen **Osmers**, Kriminaldirektor des Landeskriminalamtes Bremen
Prof. Dr. Christian **Pfeiffer**, Kriminologe, Hannover
Norbert **Pieper**, Senior Expert, Konzernsicherheit Deutsche Post DHL, Bonn
Holger **Platz**, Beigeordneter der Stadt Magdeburg
Thomas **Przybyla**, Präsident der Bundespolizeidirektion Hannover
Maik **Reichel**, Direktor der Landeszentrale für politische Bildung Sachsen-Anhalt, Magdeburg
Rita **Salgmann**, Vorsitzende der Kommission Polizeiliche Kriminalprävention der Länder und des Bundes (KPK), Hannover
Robert **Schäfer**, Präsident des Landesamtes für Verfassungsschutz Hessen, Wiesbaden
Dr. Martin **Schairer**, Vorsitzender des Deutsch-Europäischen Forums für urbane Sicherheit e.V. (DEFUS), Stuttgart
Klaus **Scharrenberg**, Geschäftsführer Lotto-Toto Sachsen-Anhalt, Magdeburg
Dr. Dieter **Scheidemann**, Beigeordneter für Stadtentwicklung, Bau und Verkehr der Landeshauptstadt Magdeburg
Jürgen **Schmökel**, Direktor des Landeskriminalamtes Sachsen-Anhalt, Magdeburg
Andreas **Schomaker**, Präsident der Polizeidirektion Sachsen-Anhalt Nord
Jürgen **Schubert**, Vizepräsident des Bundespolizeipräsidiums, Potsdam

Michael **Schulze**, Landespolizeidirektor, Magdeburg
Dieter **Schürmann**, Landeskriminaldirektor Nordrhein-Westfalen, Düsseldorf
Frank-Michael **Schwarz**, Präsident des Landeskriminalamtes Thüringen, Erfurt
Werner **Schwimm**, Landeskriminaldirektor Saarland, Saarbrücken
Dr. Mohsen **Sharifi**, First Secretary, Botschaft der Islamischen Republik Iran, Berlin
Dr. Peter **Sicking**, Programmleiter, Hilfsgemeinschaft Deutscher Lions, Wiesbaden
Holger **Stahlknecht**, Innenminister des Landes Sachsen-Anhalt, Magdeburg
Dr. Wiebke **Steffen**, Mitglied des Bundesvorstandes des WEISSEN RING und wissenschaftliche Beraterin des Deutschen Präventionstages, Heiligenberg
Katrin **Stüllenberg**, Vorsitzende der Stiftung Kriminalprävention, Münster
PD Dr. Rainer **Strobl**, Geschäftsführer proVal, Hannover
Sabine **Thurau**, Präsidentin des Hessischen Landeskriminalamtes, Wiesbaden
Dr. Lutz **Trümper**, Oberbürgermeister der Landeshauptstadt Magdeburg
Dirk **Volkland**, Direktor des Landeskriminalamtes Brandenburg, Eberswalde
Mohamed Wagdi Ahmed **Zeid**, Diplomat in der politischen Abteilung der Botschaft der Arabischen Republik Ägypten, Berlin
Prof. Dr. Harald **Welzer**, Direktor der Stiftung FUTURZWEI, Berlin
Dr. Tamara **Zieschang**, Staatssekretärin im Ministerium für Inneres und Sport des Landes Sachsen-Anhalt, Magdeburg
Klaus **Zimmermann**, Bürgermeister der Landeshauptstadt Magdeburg

Die Kongresseröffnung fällt in diesem Jahr mit dem Beginn des Ramadan zusammen. Bundespräsident Christian Wulff, der auch mehrfach Schirmherr des Deutschen Präventionstages war, hat seine Rede zum 20. Jahrestag der Deutschen Einheit unter die Überschrift gestellt „Vielfalt schätzen – Zusammenhalt fördern" und darin u.a. ausgeführt „Zu allererst brauchen wir aber eine klare Haltung. Ein Verständnis von Deutschland, das Zugehörigkeit nicht auf einen Pass, eine Familiengeschichte oder einen Glauben verengt, sondern breiter angelegt ist. Das Christentum gehört zweifelsfrei zu Deutschland. Das Judentum gehört zweifelsfrei zu Deutschland. Das ist unsere christlich-jüdische Geschichte. Aber der Islam gehört inzwischen auch zu Deutschland. Vor fast 200 Jahren hat es Johann Wolfgang von Goethe in seinem West-östlichen Divan zum Ausdruck gebracht: ‚Wer sich selbst und andere kennt, wird auch hier erkennen: Orient und Okzident sind nicht mehr zu trennen.'" In diesem Sinne freue ich mich deshalb, allen Menschen muslimischen Glaubens zum heutigen Beginn des islamischen Fastenmonats einen gesegneten Ramadan wünschen zu können.

Der Deutsche Präventionstag (DPT) ist einerseits der 1995 begründete und inzwischen weltgrößte Jahreskongress zum Themenkomplex Kriminalprävention und angrenzender Präventionsbereiche. Andererseits bildet der DPT mit seinem Institut für angewandte Präventionsforschung (DPTi)[2] sowie weiteren Arbeitsschwerpunkten eine Plattform für Information, Wissenstransfer und einen interdisziplinären Dialog zwischen

---

[2] http://www.praeventionstag.de/nano.cms/institut-leitbild

Präventionspraxis, Präventionsforschung und Präventionspolitik. Mein besonderer Dank gilt an dieser Stelle namentlich unseren nationalen und internationalen Partnerorganisationen und ihren Repräsentanten sowie dem gesamten unermüdlichen DPT-Team im Hintergrund.

Insgesamt informieren mehr als 500 Referentinnen und Referenten sowie Institutionen über den aktuellen (inter-)nationalen Stand der Präventionsarbeit.

Neben dem Austausch zum gesamten Themenspektrum der Kriminalprävention sowie angrenzender Präventionsbereiche wird sich der Kongress dem diesjährigen Schwerpunktthema widmen. „Prävention und Freiheit – Zur Notwendigkeit eines Ethik-Diskurses" – mit diesem theoretisch klingenden Titel werden sehr drängende aktuelle und praxisrelevante Fragen aufgegriffen. Prävention bewegt sich im Spannungsfeld von Sicherheit und Freiheit. Beides sind moralische Wertkategorien und tragende Säulen der demokratisch verfassten Gesellschaft. Wie weit darf der Wunsch nach Sicherheit gehen, wenn durch präventive Maßnahmen gleichzeitig die Freiheit einzelner oder bestimmter Gruppen beschnitten wird? Ist Prävention ein Wert an sich oder sollen rationale Kosten-Nutzen-Kalkulationen die Entscheidungen für oder gegen Präventionsmaßnahmen leiten? Im Kongressgutachten sowie in ihrem Eröffnungsvortrag eröffnet Frau Prof. Dr. Regina Ammicht Quinn vom Internationalen Zentrum für Ethik in den Wissenschaften der Universität Tübingen einen breiten Überblick zum Schwerpunktthema, der von zahlreichen weiteren Fachvorträgen an beiden Kongresstagen ergänzt wird.

Im Rahmen des Kongresses findet außerdem das 10. Annual International Forum (AIF) mit hochrangigen internationalen Referentinnen und Referenten statt. Außerdem freue ich mich, dass wieder eine Reihe interessanter Bühnenstücke und Filme gezeigt werden. Zahlreiche Begleitveranstaltungen runden das Programm ab. Alle Infos zu den Vortragenden und den mannigfaltigen Kongressbeiträgen finden sich auf der Internetseite: www.praeventionstag.de.

Prävention und Integration

Kommunale, staatliche und zivilgesellschaftliche Strukturen stehen aktuell in Europa vor ganz besonderen Herausforderungen und die aktuelle gesellschaftliche Situation fordert in vielfacher Hinsicht kluges präventives Handeln und bessere präventive Konzepte und Strategien. Der Deutsche Präventionstag greift diese Lage thematisch auf und beleuchtet im Rahmen des diesjährigen Jahreskongresses auch die Schnittmengen der (Kriminal-) Prävention mit den Themenkomplexen Integration, gesellschaftlicher Zusammenhalt, Radikalisierungsprävention und Demokratiestärkung.[3]

Prävention und Integration sind in mehrfacher Hinsicht eng miteinander verbunden.

---

[3] siehe hierzu Steffen (2016): „Prävention und Integration – Anmerkungen zu einigen aktuellen Schnittmengen und Perspektiven." http://www.praeventionstag.de/nano.cms/dpt-21-kongressprogramm?xa=details&id=494

Präventives und integratives Handeln sind jeweils dann besonders erfolgreich, wenn sie einerseits frühzeitig auf konkrete Lagen reagieren sowie andererseits langfristig und nachhaltig orientiert sind. Welche unterstützenden Beiträge können nun Projekte, Programme und Strategien des weiten Arbeitsfeldes der Prävention für die Integration von geflüchteten Menschen in den Kommunen leisten? Bundesweit existiert eine Vielzahl von Projekten und Initiativen in den Kommunen, die dabei unterstützen, Vorurteile abzubauen und ein gesellschaftliches Miteinander herzustellen. Trotzdem sind präventive Initiativen zur Förderung der Integration von Asylbegehrenden noch nicht flächendeckend in den Kommunen etabliert. An dieser Stelle setzt die Idee für das neu eingerichtete Fachkräfte- und Informationsportal pufii.de an. Das Ziel des Webportals ist es, funktionierende Projekte zu bündeln und anderen Kommunen zugänglich zu machen, Informationen bereitzustellen, den Austausch zwischen den Fachkräften zu stärken und somit einen Beitrag der Prävention für die Integrationsarbeit in den Kommunen zu leisten. Weitere Details finden sich auf der Webseite des Fachkräfteportals unter www.pufii.de.

Allen Teilnehmenden und Gästen wünsche ich einen anregenden Informations- und Erfahrungsaustausch und möglichst viele Anregungen und Kooperationsabsprachen für die weitere konzertierte Arbeit zwischen Präventionspraxis, Präventionspolitik und Präventionsforschung.

Regina Ammicht Quinn
mit
Andreas Baur-Ahrens
Peter Bescherer
Friedrich Gabel
Jessica Heesen
Marco Krüger
Matthias Leese
Tobias Matzner

Prävention und Freiheit

Zur Notwendigkeit eines Ethik-Diskurses

Gutachten

für den 21. Deutschen Präventionstag

am 6./7. Juni 2016 in Magdeburg

EBERHARD KARLS
UNIVERSITÄT
TÜBINGEN

INTERNATIONALES ZENTRUM FÜR
ETHIK IN DEN WISSENSCHAFTEN (IZEW)

Tübingen 2016

Inhaltsverzeichnis

Vorbemerkung

Regina Ammicht-Quinn

Sicher ist, dass nichts sicher ist.

Er muss, so steht es vor gut 100 Jahren im Abschlusszeugnis seiner Schule, ein „Schulrüpel ersten Ranges" (Bangert 2008) gewesen sein. Lange Jahre ist er zur See gefahren, hat, oft aus größter Not, alles beruflich ausprobiert, was ihm in den Weg kam: Er war, und das ist nur eine kleine Auswahl, Lehrling in einer Dachpappenfirma, sagte als Wahrsagerin verkleidet Prostituierten die Zukunft voraus, war Schaufensterdekorateur, wurde nach dem ersten von ihm (unorthodox) dekorierten Schaufenster wieder entlassen und ordnete als Privatbibliothekar des Grafen Paul Yorck von Wartenburg den Nachlass Diltheys. Vor allem aber war er Maler, Kabarettist und Schriftsteller, 51-jährig in Berlin gestorben, nachdem die eben an die Macht gekommenen Nazis ihm ein Auftrittsverbot erteilt und seine Bücher verbrannt hatten: Joachim Ringelnatz.

„Sicher ist, dass nichts sicher ist" – dieser Aphorismus ist von ihm überliefert, und wenn er tatsächlich von ihm stammt, dann gehört auch der zweite Teil des Satzes dazu:

Selbst das nicht.

Er hat ein unruhiges, unordentliches Leben geführt in einer unruhigen, unordentlichen Zeit, und weder die Wohnung noch das Auftrittshonorar waren jemals ‚sicher'. So verbietet er sich selbst jedes Denken in Sicherheitskategorien – auch die proklamierte Unsicherheit ist nicht sicher.

Heute denken wir anders über Sicherheit.

Das ist nicht nur ein Unterschied zwischen Kunst und Politik, Ironie und Technikentwicklung; es ist auch Ausdruck unseres eigenen Sicherheitsparadoxes (z.B. Evers/ Nowotny 1987): Angetrieben durch Unsicherheit entwickelt sich ein Gemeinwesen auf Sicherheit hin. Je geordneter das Leben und je sicherer die Gesellschaft, desto schwieriger ist Unsicherheit – auch als Rest-Unsicherheit – zu ertragen. Wir heute verbieten uns nicht das Denken in Sicherheitskategorien, sondern wir üben es.

Dabei erleben wir das Fraglichwerden eines Grundbedürfnisses, das, beispielsweise für den amerikanischen Psychologen des letzten Jahrhunderts Abraham Maslow, direkt nach den Fundamentalbedürfnissen wie Atmung, Schlaf und Nahrung kommt. (vgl. Maslow 1954)

„Entsicherung" ist für Wilhelm Heitmeyer in der letzten Folge seiner Langzeitstudie über „Deutsche Zustände" eines der prägenden Symptome des Jahrzehnts 2002-2012

(Heitmeyer 2012). „Entsicherung" heißt nicht notwendig der Verlust an objektivierter Sicherheit, wohl aber ein Verlust an Vertrauen. Signalereignisse wie der 11. September, die Einführung von Hartz IV, die Finanzmarkt- und Schuldenkrise, aber auch gefühlte Zustände wie Kontrollverlust, Beschleunigung und kulturelle/politische Richtungslosigkeit führen, so Heitmeyer, zu dieser „Entsicherung".

Weltweit sind heute mehr als 60 Millionen Menschen auf der Flucht, mehr als die Hälfte davon als Vertriebene innerhalb ihres Heimatlandes. Diese massive Unsicherheit, die Menschen treibt, wird in den Aufnahmeländern des Nordens wiederum als Verunsicherung wahrgenommen. Geflüchtete, die in der erhofften Sicherheit mit neuen Unsicherheiten konfrontiert sind, (neue) Akteur_innen im rechten politischen Spektrum, eine grundlegende Verschiebung der politischen Landschaft und neue „Signalereignisse" wie die Anschläge in Paris verstärken und verändern die „Entsicherung".

Sicherheit wird zum gesellschaftlichen Auftrag, zu einem manchmal regressiven Sehnsuchtsbegriff und zugleich zu einem unlösbaren Problem: Welche Sicherheit? Wie viel Sicherheit? Sicherheit für wen? Sicherheit vor wem?

Dieses Gutachten wird die vielfältigen Fragen nach Sicherheit und Prävention in den Kontext der Ethik stellen. Diese Perspektive fragt nach Werten, Prinzipien und Normen, die einem Sicherheitshandeln, aber auch einem Sicherheitsgefühl zugrunde liegen und aus ihm folgen. Damit wird eine breite kulturelle Praxis abgebildet, auf ihre historischen Grundlagen hin befragt und im Konkreten ‚gutes' Sicherheitshandeln als Zielvorstellung etabliert.

Das Gutachten wird im Folgenden zunächst in drei Texten die Grundlagen ausbuchstabieren. In einem ersten Schritt geht es um die Fragen, Narrative, die Probleme und Lösungsansätze, die für eine Ethik der Sicherheit wichtig werden (1). Der zweite Schritt befasst sich mit Fragen von Sicherheit und Prävention: Wie wird (Un)Sicherheit sozial konstruiert? Wie funktioniert Sicherheit als Regierungshandeln? Und welche Konsequenzen ergeben sich für Prävention? (2) Der dritte Schritt erarbeitet das Verhältnis von Freiheit und Sicherheit und dessen Verankerung in demokratischen Gesellschaften. (3)

Auf diese Grundfragen folgen fünf kürzere Einzelfallstudien, die exemplarisch aktuelle Problemfelder aus einer ethischen Perspektive zeigen: Videoüberwachung als Instrument der Prävention? (4a), Gewaltprävention im Fußball (4b), Bürger_innenbeteiligung und Prävention (4c) Sicherheit und Gerechtigkeit – Kriminalprävention vor dem Hintergrund des Anstiegs von Asylbewerber_innen im Jahr 2015/16 (4d) und eine Fallstudie, die sich mit Zukunftsfragen von Sicherheit und Prävention befasst: Was auf uns zukommt: Prävention im IT-Kontext (4e).

Den Abschluss bilden Überlegungen, die, auch praktisch, eine „Ethik der Prävention" entwerfen. (5)

Literatur

Bangert, Ute (2008): Joachim Ringelnatz. Knallvergnügt ins Wunderland, in: Zeit online, 7.8.2008. http://www.zeit.de/online/2008/32/ringelnatz (16.3.2016)

Evers, Adalbert/Nowotny, Helga (1987): Über den Umgang mit Unsicherheit. Die Entdeckung der Gestaltbarkeit von Gesellschaft. Frankfurt a.M.: Suhrkamp.

Heitmeyer, Wilhelm (2012): Deutsche Zustände. Folge 10. Berlin: Suhrkamp.

Maslow, Abraham H. (1954): Motivation and Personality. New York: Harper and Brothers. (Dt. Ausgabe: Motivation und Persönlichkeit. Reinbek b. Hamburg: Rowohlt, 12. Aufl. 1981.)

1. Was will, kann und darf Ethik?

Regina Ammicht-Quinn

Ethik ist eine Perspektive auf Sicherheit neben anderen Perspektiven. Sie ist aber eine entscheidende Perspektive, denn sie stellt Sicherheit in den Kontext richtigen Handelns und guten Lebens. Sicherheitshandlungen, -maßnahmen oder –techniken sind nicht einfach ‚neutral'. Sie haben Voraussetzungen und Auswirkungen, die auch ethisch reflektiert werden müssen, weil sie Fragen eines guten individuellen Lebens und einer guten Gesellschaft betreffen.

Sicherheit ist dabei ein moralisch aufgeladener Begriff. Dies bedeutet:

- dass die Herstellung von Sicherheit menschliches Handeln ist und wie jedes menschliche Handeln unter moralischem Anspruch steht;

- dass das Erforschen, Wahrnehmen und Bereitstellen von Sicherheit implizit und explizit durch Werte bestimmt ist. Ethik fragt nach diesen zugrundeliegenden Wertannahmen und evaluiert sie;

- dass Sicherheit und Unsicherheit nicht auf einer einheitlichen Skala angeordnet sind, auf der Sicherheit ‚gut' und Unsicherheit ‚schlecht' ist, sondern Sicherheit und Unsicherheit in komplexer Weise verwoben sind;

- dass Sicherheit aus anthropologischen, gesellschaftlichen, politischen und ökonomischen Gründen immer begrenzt ist, und darum gerecht verteilt werden muss; dass Sicherheit zugleich gegen jede Totalisierung begrenzt werden muss und darum ein richtiges Maß braucht.

Odysseus (1)

Im 5. Buch der „Ocyssee" beschreibt Homer, wie Odysseus von Circe vor den Sirenen gewarnt wird, die mit ihrem betörenden Gesang bereits viele Seeleute ins Verderben gelockt haben. Odysseus verschließt seinen Kameraden deswegen die Ohren mit Bienenwachs und lässt sich selbst an den Mast seines Schiffes mit einem Seil festbinden, da er dem legendären Gesang der Sirenen lauschen und zugleich überleben will – was ihm auf diese Art und Weise auch gelingt (Elster 2000; Rosen 2004; Ammicht Quinn 2014, 277-296, 279).

Was können wir aus dieser Geschichte, die an den Beginn der schriftlichen europäischen Kultur zurückreicht, lernen?

Offensichtlich müssen wir, um bestimmte Ziele zu erreichen, Einschränkungen hinnehmen. Angesichts einer Bedrohung, wie sie die Sirenen ohne Zweifel darstellen, wäre es sehr unklug, nicht die entsprechenden Vorsichtsmaßnahmen zu treffen. Nur aufgrund des gelingenden präventiven Handelns konnte Odysseus den Gesang der Sirenen hören und zugleich überleben.

Dass die Geschichte gut endet, hängt aber nicht allein davon ab, ob man die Unbequemlichkeiten oder Einschränkungen der Sicherheitsmaßnahmen akzeptiert. Es gibt zusätzlich drei Dinge, die erfüllt sein müssen: Man braucht Informationen über die Art, Ort und Ausmaß der Gefahr sowie über die Art der Sicherheit, die man erreichen will; man braucht ein hochwertiges technisches Artefakt, in diesem Fall ein Seil, das nicht gleich reißt; und man braucht vertrauenswürdige und fähige Menschen, denn Odysseus' Leben hängt davon ab, dass seine Kameraden ihn fesseln können, dass die Knoten so lange halten, bis die Gefahr vorbei ist; und dass sie ihn danach wieder frei lassen.

In diesem Text, der an der Wende vom 8. zum 7. vorchristlichen Jahrhundert entstanden ist, zeigt sich die Herstellung von Sicherheit als komplexes und in diesem Fall lebensnotwendiges Unterfangen. Aber Sicherheit bleibt schillernd: Der Begriff erstreckt sich auf alle Lebensbereiche und reicht von der Sicherheit der Geldanlagen über die Glaubens- oder Lebensmittelsicherheit bis hin zu ‚safer sex'. Wir sprechen über das Sicherheitsbedürfnis von Kleinkindern und über das Sicherheitsbedürfnis von Staaten, über die Sicherheit der Renten, die Sicherheit des Trinkwassers, der Stromversorgung, unserer Daten und über die Sicherheit nachts im Park. Allen gemeinsam ist, dass ‚Sicherheit' ein Gegenbegriff ist – lebten wir in einer Welt ohne Bedrohung, ohne Risiko, ohne Gefahr, dann bräuchten wir das Wort nicht. Was für ein Leben dies aber wäre, muss ebenfalls bedacht werden. (Vgl. dazu S. 28f in diesem Kapitel)

Was tut Ethik?

Ethik ist die kritische Reflexion und Analyse herrschender gelebter Moral. Dabei denkt und arbeitet sie nicht nur im deskriptiven (beschreibenden), sondern auch im präskriptiven (vorschreibenden) Sinn. Ein solches Verständnis von Ethik ist so alt wie Homers Odyssee und reicht bis ins griechische 8. Jahrhundert v. Chr. zurück. Es beruht auf der Vorstellung, dass menschliches Leben nicht allein durch Gewohnheiten und Traditionen, aber auch nicht allein durch rechtliche Regelungen gelenkt werden kann. Aristoteles, der ‚Ethik' als philosophische Disziplin einführt, geht davon aus, dass jede menschliche Praxis, auch Gewohnheiten und Traditionen, theoretisch reflektiert und praktisch gestaltet werden muss. (Vgl. dazu Ammicht Quinn 2014)

Ethik ist eine Theorie menschlichen Handelns unter den Grundgegensätzen von gut / böse, richtig / falsch, aber auch gelingendes / misslingendes Leben. Wenn Ethik nicht deskriptiv, sondern präskriptiv arbeitet, stellt sie eine doppelte Frage: zum einen die Frage nach richtigem Handeln vor allem in Konfliktsituationen, und zum anderen die Frage nach dem ‚guten Leben', die immer wieder heißt: *In welcher Gesellschaft wollen wir leben?*

Für Aristoteles rückt die eudämonistische Frage[1] nach dem guten Leben in den Mittelpunkt. Sie tritt seit der Wende zur Neuzeit zunehmend in den Hintergrund, während die normativen Fragen nach dem richtigen Handeln deren Stelle einnehmen. Einer der Gründe dafür ist die schwierige, immer wieder für unmöglich gehaltene Verständigung über das, was ein ‚gutes Leben' sein könnte – insbesondere dort, wo sich Lebenskontexte ausdifferenzieren, pluralisieren und globalisieren.

„Kategorische" Aussagen, die mit Kant für die Ethik wichtig werden, sind notwendig abstrakt. „Handle nur nach derjenigen Maxime, durch die du zugleich wollen kannst, dass sie ein allgemeines Gesetz werden" (Kant 1785/1977) ist eine Formulierung des Kategorischen Imperativs. Eine andere lautet: „Handle so, dass du die Menschheit, sowohl in deiner Person als in der Person jedes anderen jederzeit zugleich als Zweck und niemals bloß als Mittel brauchst." (Kant 1785/1977) ‚Kategorisch' meint hier unbedingt, absolut. Und damit bleibt das Gebot abstrakt.

Diese Abstraktheit ist ihr Vorzug – und zugleich ein erheblicher Nachteil. Dort, wo Ethik konkret wird, als Ethik der Sicherheit beispielsweise, müssen stark normative Aussagen notwendig ergänzt werden durch schwächer normative Aussagen. Zum kategorischen Imperativ tritt damit ein pragmatischer Imperativ, der kein technisch-instrumenteller Imperativ ist, sondern auf Moral, auch in ihren je kulturspezifischen Ausformungen, bezogen bleibt. Solche pragmatischen Imperative sind keine klaren Handlungsanweisungen wie stark normative Aussagen, sondern Empfehlungen und Hinweise zur Entscheidungsfindung. Ihnen haftet etwas Provisorisches an, denn sie gehen davon aus, dass es im Konkreten zumeist nicht ein „ein für allemal" und auch nicht ein „für alle ein für allemal" (Luckner 2005, 169) gibt. Ihr Ausgangspunkt ist der Versuch, Subjekt und Welt, Affekt und Vernunft nicht grundsätzlich zu trennen, sondern dort zu verbinden, wo ein Subjekt sich in der Welt orientiert.

Für Ethik als Perspektive auf Sicherheit bedeutet dies eine Reflexion sowohl auf der stark normativen Ebene als auch auf der Ebene der Klugheitserwägungen. Diese doppelte Analyse gibt eine erste Orientierung:

Es gibt ‚no-go-areas' für jedes Sicherheitshandeln, denn durch Sicherheitshandeln können Menschenrechte verletzt werden. Ist dies der Fall, müssen eindeutige Gebote und Verbote formuliert werden. Hier ist Kants kategorischer Imperativ hilfreich: Dort, wo Folter als ‚Rettungsfolter' verstanden wird; dort, wo ohne Anlass und Verdacht personenbezogene Daten über eine Vielzahl von Menschen aus deren unterschiedlichsten Lebensbereichen gesammelt und verknüpft werden; dort, wo um der Sicherheit willen die intimsten Bereiche mancher Menschen offengelegt werden – überall dort werden Menschen als Mittel zum Zweck benutzt. Überall dort kann eine solche Handlung nicht moralisch richtig sein.

---

[1] Der Eudämonismus ist eine philosophische Lehre und eine Haltung, die das gute, gelingende, glückliche und schöne Leben als Ziel menschlichen Strebens sieht.

Dort aber, wo Ausgangspunkte und Ziele des Handelns in Frage stehen, wo Werte miteinander konkurrieren und wo diskutiert werden muss, welche Handlungsformen möglich und angemessen sind – überall dort braucht es Klugheitserwägungen. Damit können diese Ambivalenzen, Grauzonen und je unterschiedlichen Besonderheiten des Sicherheitshandelns im Konkreten auf ihre moralische Akzeptabilität hin reflektiert werden.

Anwendungsbezogene Ethik kann in den letzten 50 Jahren auf eine durchaus ambivalente Erfolgsgeschichte zurückblicken. Ein gestiegener Ethikbedarf ist zum einen Konsequenz kontroverser Entwicklungen vor allem in Wissenschaft und Technik, zum anderen ebenso Konsequenz des Verlustes bisheriger normativer Orientierungen, etwa in Religion oder im Rechtspositivismus. Zugleich wird die Ungewissheit hinsichtlich der Gewissheit des technischen Fortschritts virulent – auch die moralische Ungewissheit. So zeigt sich „Moral als Preis der Moderne" (Höffe 1993).

Anwendungsbezogene Ethik ist keine ‚angewandte' Ethik, die moralische Prinzipien der normativen Ethik auf konkrete Konfliktfälle anwendet. Sie denkt problemorientiert und ist damit grundlegend interdisziplinär; denn sie verbindet das ethische Wissen um Werte, Prinzipien, Handlungsnormen mit dem empirischen Wissen, das für die Analyse eines bestimmten Problems nötig ist. Anwendungsbezogene Ethik ist keine ethische Expertokratie, weil nicht nur das Wissen anderer Wissenschaften, sondern auch das moralische Wissen betroffener Menschen in die Reflexion einbezogen wird.

Grundprinzipien und Werte

Die Geschichte zeigt, dass vor allem nach großen Enttäuschungen, Katastrophen und Umbrüchen wie beispielsweise nach den beiden großen Kriegen des letzten Jahrhunderts, der Ruf nach Werten laut wird. Dieser Ruf kann unterschiedlich klingen: Manchmal klingt er kulturpessimistisch – dann wird die Enttäuschung oder Katastrophe als Folge der vergessenen Werte gedeutet; oder er klingt kritisch – dann wird eine neue Besinnung auf das eingefordert, was den Menschen wertvoll ist, woran ihr Herz hängt.

‚Werte' sind in der öffentlichen Debatte zu einem weichen Sammelbegriff geworden, unter dem sich alles findet, was irgendwie mit Moral zu tun hat und irgendwie ‚gut' ist. Damit ist der Wertbegriff – philosophisch ein gerade gut hundert Jahre alter Begriff, der aus der Mathematik und der Ökonomie stammt – ein Sammelbecken: Es gibt eine Vielheit von Werten, theoretische und praktische, ästhetische und moralische, religiöse und soziale und andere mehr. Die Art und Weise, wie diese Werte gewichtet und verwirklicht werden, verbindet Gemeinschaften; ein zumindest minimaler Wertkonsens ist nötig für die Stabilität einer Kultur. Zugleich sind Kulturen dynamisch, und diese Dynamik ist an Werteverschiebungen oder Verschiebungen innerhalb von Wertehierarchien abzulesen.

Mit dem Auflisten von ‚Werten' aber ist wenig gewonnen, weil Werte ihre eigene Gestalt in der Regel erst durch Wertkonflikte erhalten. Eine solche Analyse von Wertkonflikten ist die genuine Aufgabe der Ethik. (Ammicht Quinn 2011; Joas 1999)

Der exemplarische Wertewandel der jüngsten Geschichte hat vor gut 40 Jahren stattgefunden. In den Jahren 1967 bis 1972 zeigt sich in den Studien des Allensbach-Instituts ein Einbruch in der Akzeptanz bürgerlicher Werte; verbunden ist dieser Einbruch mit einem starken Generationenbruch. So hielten 1967 80% der Bevölkerung Höflichkeit und gutes Benehmen für wichtig, 1972 noch 50%. (Noelle-Neumann/Petersen 2001)

Ab Mitte der 90er Jahre zeigt sich eine leise Veränderung in eine andere Richtung, die natürlich auch Folge des vorangegangenen Umbruchs ist; die Generationen nähern sich einander an. In den letzten Jahren ist in vielen Lebensbereichen eine Werteverschiebung hin zu ‚Sicherheit' zu beobachten, die auch mit einer Neubewertung von ‚Angst' zu tun hat. (vgl. dazu Kap. 3 in diesem Gutachten)

Sicherheit als Grundwert, der die politischen Debatten bestimmt, nimmt Einfluss auf die Lebensgestaltung.

Werte sind nicht absolut, denn sie sind Teil einer Präferenzordnung; über sie kann und soll gestritten werden. ‚Würde' ist damit kein moralischer Wert, denn ‚Würde' ist nicht Teil einer solchen Präferenzordnung. Für Schnädelbach ist mit GG, Art. 2 („Das deutsche Volk bekennt sich ...") „auch angedeutet, innerhalb welcher Grenzen unsere Auseinandersetzungen über Wert- und Normfragen legitimerweise geführt werden müssen – im Rahmen der wechselseitigen Anerkennung als Menschen" (Schnädelbach 2004, 265).

Zugleich muss aber Würde immer im Konkreten verstanden, verhandelt und praktiziert werden. Damit wird häufig das Nicht-Verhandelbare de facto und in gesellschaftlichen Praktiken und in Präferenzordnungen zurückgeholt – etwa dort, wo es um Geflüchtete an geschlossenen Grenzzäunen geht.

Güterabwägungen: Sicherheit und Freiheit, Sicherheit und Privatheit, Sicherheit und Gerechtigkeit

‚Sicherheit' kann einerseits als Wert gesehen werden, andererseits als Voraussetzung für die Verwirklichung von Werten überhaupt. Wird Sicherheit in diesem letzten Sinn verstanden, wird sie kategorisch, tendenziell totalisiert und kann nicht mehr hinterfragt werden.

Sicherheit unter ethischer Perspektive ist dagegen ambivalent: Zum einen ist Sicherheit ein hoher Wert, so dass die Herstellung und Erhaltung von Sicherheit ethisch geboten ist. Ohne ein Grundmaß an Sicherheit ist keine Handlungsplanung möglich, keine grundlegende kulturelle Entwicklung, keine Gerechtigkeit. Zum anderen aber sind mit der Verfolgung des Zieles ‚Sicherheit' häufig Einschränkungen auf anderen

Gebieten verbunden. So erscheint die zunächst unproblematische Nachfrage nach mehr Sicherheit als ein möglicher Zielkonflikt zwischen verschiedenen Gütern wie Sicherheit, Freiheit, Gerechtigkeit und Privatheit. Denn im Versuch, jeweils mehr Sicherheit herzustellen, kann sich leicht eine Dynamik entwickeln, in der andere Güter verletzt oder eingeschränkt werden. Abwägungsüberlegungen fragen danach, welchen Preis – in Form von Geld, Freiheit, Gerechtigkeit oder Privatheit – wir bereit sind, für den Wert ‚Sicherheit' zu bezahlen.

Konkrete Problematiken zeigen sich etwa dann, wenn deutlich wird, dass diese Preise überhöht sind oder dass der Verdacht besteht, dass der Gegenwert nicht in der erhofften Form vorhanden ist oder nie vorhanden sein wird.

Zugleich sind diese Abwägungen durchaus problematisch:

Erstens sind diese Grundgüter jedes für sich so komplex, dass kaum eine Einigkeit darüber herrscht, wie sie zu deuten seien und welche Rolle sie für Sicherheitsdiskurse spielen.

Zweitens wird in der Regel zwischen Grundgütern (Leben, Gesundheit, physische und psychische Integrität), Bedarfsgütern (Nahrung, Kleidung, Unterkunft etc.) und sittlichen Gütern (moralisch relevante Eigenschaften von Personen, Institutionen oder Sozialgefügen) unterschieden, während zugleich andere Rechte, Kompetenzen, Beziehungen, Partizipationsmöglichkeiten usw. zusätzlich in eine Abwägung aufgenommen werden müssen (Horn 2011; Ohlsson 1995).

Drittens geht es in der „Güter"-Abwägung nicht nur um die Verminderung oder Verstärkung eines Gutes zugunsten oder auf Kosten eines anderen, sondern auch um die angestrebte Verhinderung eines Übels, indem ein kleineres Übel bewusst hervorgerufen wird. Damit hat jede Güterabwägung eine „negative Pointe": „Wofür oder wogegen man sich auch entscheidet, es entsteht immer ein erheblicher Schaden, d.h. jede der Handlungsvarianten fällt für den Akteur oder andere Personen schmerzlich aus" (Horn 2011; vgl. auch Lenk/Maring 1991; Ohlsson 1995). Die Denkfigur des „kleineren Übels" (Ignatieff 2004) wird in Sicherheitsdiskursen dort problematisch, wo ihre Relationalität nicht präzise genug überdacht wird: Je größer das „größere" Übel erscheint, desto größer darf auch das bewusst produzierte „kleinere" Übel sein (Klöcker 2009).

Und *viertens* ist Sicherheit ein Gut, das sich auf eine ungewisse Zukunft bezieht, während die Konsequenzen einer Herstellung von Sicherheit – etwa die Einschränkung von Freiheiten oder bestimmte Formen der Diskriminierung – häufig direkt und unmittelbar gegenwärtig wirken.

Abwägungsfragen können also problematisch sein; gerade deshalb müssen die Bruchstellen in den Aushandlungen benannt werden. Konflikte, die sich auf einer Ebene als Wertkonflikte darstellen, müssen (und können) nicht in jedem Fall abgewogen und dadurch ‚gelöst' werden. Sie müssen aber offengelegt, in ihren Interessen- und Machtbeziehungen evaluiert und im Hinblick auf Folgen und Nebenfolgen analysiert werden.

Insbesondere Maßnahmen der Terrorismusabwehr haben zu einer intensiveren Debatte über das Verhältnis von **Sicherheit und Freiheit** geführt (Waldron 2003; Carter/ Ricciardi 2001). Immer wieder scheint Sicherheit durch Freiheitseinschränkungen hergestellt zu werden – etwa dort, wo Sicherheitsmaßnahmen dafür sorgen sollen, nicht von terroristischen Anschlägen oder anderen Angriffen auf die eigene Freiheit getroffen zu werden. Freiheit (als Bewegungs-, Versammlungs- oder, im Fall Charlie Hebdo, Meinungsfreiheit) und Sicherheit werden so in Abwägungsdiskurse gesetzt. Dies kann in konkreten Einzelfällen sinnvoll sein.

Bruchstellen der Abwägungsdiskurse zeigen sich z. B. dort,

- wo Personen, deren Risiko minimiert werden soll, nicht unbedingt dieselben Personen sind, die die Last der Sicherheitsmaßnahmen zu tragen haben;
- wo die Freiheiten, die durch Risiken bedroht werden, oft andere Freiheiten sind als diejenigen, die durch Sicherheitsmaßnahmen eingeschränkt werden;
- und wo bei unterschiedlichen Menschen die Risikobereitschaft unterschiedlich ausgeprägt ist, so dass eingeschränkte oder entzogene Freiheiten eine unterschiedlich bedeutsame Rolle spielen.

Grundlegend entsteht hier jedoch ein anderes Problem: Ist es überhaupt sinnvoll, Sicherheit (in ihrer Herstellung durch Regelungen und Kontrollen mit unterschiedlichen Eingriffstiefen) und Freiheit (als negative oder positive, qualitative oder quantitative, individuelle oder gesellschaftliche Freiheit) gegeneinander abzuwägen? Oder ist diese Abwägung ein "Mythos" (Neocleous 2007), der nur auf mehr Sicherheit abzielt?

Sicherheit aber ist nicht nur Sicherheit *vor Gefahren*, sondern auch Sicherheit *für eine freie Entfaltung des Lebens*. Sicherheit muss deshalb in demokratischen Handlungskontexten nicht nur Gefahren bewältigen, sondern Freiheiten ermöglichen. (vgl. Kap. 3 in diesem Gutachten)

Privatheit ist kein Luxus, sondern eine Voraussetzung für persönliche, gesellschaftliche und kulturelle Weiterentwicklung.

Das Phänomen der „Privatheit" ist komplex. (Rössler 2001; Nissenbaum 2004 und 2010; Rotenberg/Scott/Horwitz 2015) Die Idee, das Private zu schützen, verbindet so unterschiedliche Dinge wie: die Furcht, durch die Mächtigen geschädigt zu werden, die Vermeidung von Scham, die Furcht vor Eindringlingen, die Angst vor Abweichung, oder die Vermeidung des Gefühls, von omnipräsenten Autoritäten abhängig zu sein. In demokratischen Gesellschaften ist das Recht auf Privatheit der Grundstein für die vom Staat garantierten Freiheitsrechte. Redefreiheit, Versammlungsfreiheit und Meinungsfreiheit basieren beispielsweise auf der Idee, dass es eine Privatsphäre gibt, die nicht von anderen verletzt oder zerstört werden darf. Ein solches Recht, nicht gegen den eigenen Willen gekannt zu werden, das Recht, nicht jede Handlung, jede Aussage, jede Form menschlichen Kontakts vor einem möglichen Auge der Öffentlichkeit abwägen zu müssen, ist ein zentrales Merkmal menschlicher Würde und Autonomie. Privatheit ist damit der grundlegende Respekt, den eine Gesellschaft der Verletzbarkeit eines Individuums schuldet. Dies gilt für alle Individuen gleichermaßen, so dass etwa Maßnahmen, die den Schutz der Privatsphäre einer bestimmten Personengruppe in besonderem Maße unterwandern, besonders kritisch geprüft werden müssen und gegebenenfalls einer starken Begründung bedürfen. (Ammicht Quinn 2014, 277-296)

Ebenso wie eine Abwägung zwischen Sicherheit und Freiheit auf einer grundlegenden Ebene problematisch ist, gilt dies auch für die Abwägung zwischen Sicherheit und Privatheit: Denn ein sicheres Gemeinwesen zeichnet sich dadurch aus, dass es die Privatheit seiner Bürger_innen schützt. (Solove 2011)

In neuen technologischen Kontexten ist es oftmals nicht klar, wo, in welchen Kontexten, durch wen, für wen und mit welchen Intentionen Privatheit eingeschränkt wird. Privatheit ist damit keine Privatsache mehr – wenn sie es je war. Zugleich bleibt Privatheit ambivalent. Denn die Sicherheit vulnerabler Personen in als privat definierten Bereichen darf nicht Privatsache sein; ebenso wenig dürfen als ‚privat' verstandene Handlungsformen, die den gesellschaftlichen Leitvorstellungen von Freiheit oder Recht entgegenstehen, durch Privatheit geschützt werden.

Neben den Diskussionen um Freiheit und Sicherheit spielt **Gerechtigkeit** (Sen 2009; Rawls 1971 und 2001; Nussbaum 2007, Walzer 1984, Heinze 2013) häufig eine untergeordnete Rolle. Dabei sind Gerechtigkeitsprobleme in Sicherheitskontexten vielfältig – etwa dort, wo Menschen wegen ihrer Gruppenzugehörigkeit eher verdächtig werden als andere; dort, wo man sich Sicherheit kaufen muss und manche sich nur ein geringeres Maß an Sicherheit leisten können als andere; oder dort, wo Sicherheit als begrenzte Ressource verteilt werden muss und diese Verteilung gerechte Maßstäbe braucht. Zugleich muss nicht nur Sicherheit, sondern es müssen auch die Nebenfolgen einer Herstellung von Sicherheit gerecht verteilt werden.

Bestimmte Bedrohungen haben gesellschaftliche Ursachen; und bestimmte Bedrohungen haben gesellschaftliche Konsequenzen, etwa dort, wo sie Menschen mit weniger materiellen oder kulturellen Ressourcen ungleich härter treffen als andere. Und bestimmte Sicherheitsmaßnahmen sind „unfair" (Rawls 1985 und 2001), weil sie Einschränkungen von manchen Menschen erfordern, um (subjektive oder objektivierte) Sicherheit für andere herzustellen. Insbesondere im Kontext von Flughafensicherheit soll ‚smart security' – ein individuelles Risikoassessment von Passagieren durch die

Kombination unterschiedlichster personenbezogener Daten – Sicherheit, Kosteneffizienz und ein angenehmeres Reiseerlebnis garantieren. Risikobasierte Datenanalysen aber basieren zu großen Teilen entweder auf positiver oder negativer Diskriminierung und sind kein ‚objektives Wissen', sondern stehen in Gefahr, Sicherheitsprozeduren mit erheblichen Menschenrechtsverletzungen zu kombinieren (Ammicht Quinn/Baur-Ahrens/Krüger/ Ammicht Quinn/Leese/Matzner 2015).

Gerechtigkeitsprobleme müssen im Konkreten gelöst werden. Zugleich ist die Ausweitung demokratischer Elemente in den Prozessen der Herstellung von Sicherheit (Transparenz, Partizipation, Widerspruchsrechte) ein wichtiges Instrument zur Beförderung von Gerechtigkeit. Der Fokus auf Gerechtigkeit ist essentiell: Mangelnde Aufmerksamkeit für Gerechtigkeitsfragen kann nicht nur mangelnde Akzeptanz von Sicherheitsmaßnahmen hervorrufen. Sie kann auch einen permanenten (Teil)Ausnahmezustand generieren, der negative Veränderungsprozesse in Gang setzt.

Im Folgenden sollen nun drei spezifische Reflexionsbereiche einer ethischen Perspektive auf Sicherheit erläutert werden: der Bereich der Angst auf der einen, die Bereiche von Vertrauen und Verantwortung auf der anderen Seite.

Angst

In einer Gallup-Umfrage vom August 2008 erklärten 44 Prozent der befragten Amerikaner, sie hätten „sehr" oder „etwas" Angst davor, dass sie oder ihre Familien einem Terroranschlag zum Opfer fallen könnten. Dies ist ein Umfragewert, der seit 2002 (35 Prozent) deutlich gestiegen ist, obwohl der damals gefürchtete zweite große Anschlag ausgeblieben ist (Gardner 2009, 249). Eine solche Angst ist also nicht einfach eine Reaktion auf Vorhandenes und Faktisches, sondern hat auch ihre eigene kulturelle Geschichte. (vgl. dazu und im Folgenden Ammicht Quinn/Rampp 2009; Ammicht Quinn 2012a, 2012b)

„Little Albert" ist eines der bekanntesten Kleinkinder in der Geschichte der modernen Psychologie. Für John B. Watson und Rosalie Rayner war er im Jahr 1920 das Material, anhand dessen bewiesen werden konnte, dass man Angst lernen kann; und er wurde auch als Material behandelt, nicht als kleiner Mensch. „Little Albert", Sohn einer Amme aus demselben Krankenhaus in Baltimore, an dem auch Watson und Rayner arbeiteten, durfte einige Wochen lang vergnüglich mit einer weißen Ratte spielen. Als er elf Monate und drei Tage alt war, schlug Watson in dem Augenblick, in dem Albert nach der Ratte greifen wollte, unmittelbar hinter dessen Kopf mit einem schweren Hammer auf eine Stahlplatte. Albert, der vorher nur durch seine Furcht vor lauten Geräuschen aufgefallen war, fiel nach vorn auf die Matratze und hielt sein Gesicht versteckt. Nach wenigen Wiederholungen zeigte es sich, dass Albert nun nicht nur vor der weißen Ratte, sondern auch vor Häschen, Pelzmänteln und Weihnachtsmännern Angst hatte. Ehe Albert von Watson wieder „rekonditioniert" werden konnte, verließ seine Mutter mit ihm das Krankenhaus. (Watson/Rayner 1920; Watson 1930)

Das „Little Albert Experiment" ist für den Behaviorismus eine der Grundlagen für die Erkenntnis, dass Angst erlernt werden kann – wie konsequenterweise auch Furchtlosigkeit und Mut. Die Forschung Watsons und seiner Kolleg_innen passt in das kulturelle Klima der Zeit, denn schon seit der zweiten Hälfte des 19. Jahrhunderts gibt es eine breite pädagogische Polemik gegen Angst-Erziehung, die kindlichen Gehorsam mit Verweis auf Angst machende Gestalten erzwingt – sei es das Gespenst auf dem Dachboden oder der Vater. Denn Angst schädige das Kind, verzögere die Entwicklung und rufe Epilepsie hervor (Bourke 2005, 93). Je mehr Angst als erlernt erscheint, Tapferkeit als zeitgemäße Tugend gilt und vor allem die Mütter schuld sind, wird die Angst der Kinder zur Scham der Eltern, vor allem, natürlich, die Angst der Jungen: „Gentleness may, under bad management, degenerate into weakness and cowardice and cowardice is usually at the bottom of meanness. ... As soon as the little boy can walk and talk he should be encouraged by his mother to play the man."[2] (Eggleston 1934, zitiert nach Bourke 2005, 94). Angstfreiheit, Mut und Tapferkeit sind die großen Erziehungsziele.

Nicht erst in Folge von 9/11, sondern schon im breiten Vorfeld lässt sich ein veränderter kultureller Umgang mit Angst feststellen. In der Kindererziehung bekommt Angst (unter dem Motto von Schutz und Vorsicht) wieder einen neuen Stellenwert. Ob Straßenverkehr, fremde Menschen oder Zusatzstoffe in Lebensmitteln – Tapferkeit hat hier keinen Stellenwert mehr, und Vorsicht wird in der Regel, geschlechtsübergreifend, gelernt über Angst. Dieser veränderte Umgang mit Angst, der auf einer veränderten Bewertung von Angst beruht, ist genauso sichtbar im öffentlichen Diskurs: Furedi stellt in einer Analyse britischer Zeitungen fest, dass der Begriff „at risk" von 2.037 Nennungen im Jahr 1994 auf 18.003 Nennungen im Jahr 2000 angestiegen ist (2005). Ähnliche Ergebnisse präsentiert Svendsen in der Analyse norwegischer Zeitungen (2008).

Damit passt die neue Fokussierung auf Angst – sowohl in der medialen Darstellung Angst erzeugender Ereignisse als auch in dem zumindest ambivalenten Versuch, Angstdiskurse in Sicherheitsdiskurse zu überführen – in das kulturelle Klima der Zeit. Nicht nur die mediale Allgegenwart von Gefahr, Risiko und Bedrohung, bei der die Grenzen zwischen Fiktion und Realität fließend werden, spielt hier eine Rolle, sondern auch die metaphorische Besetzung der Angst. Dies geschieht beispielsweise in der Gleichsetzung von Terrorismus mit Krebs – und zwar sowohl in der Beschreibung des Terrorismus (Johnson 1986) als auch in der Beschreibung der Erkrankung (Schwartz o.J.): Beides Mal ist der Feind potentiell allgegenwärtig und hinterlistig, terroristische Zellen und Krebszellen haben ihre natürliche Verbindung zum Menschsein verloren und müssen ausgerottet werden.

---

[2] „Wenn Sanftheit schlecht gesteuert wird, kann sie zu Schwachheit und Feigheit degenerieren, und Feigheit ist normalerweise der Grund von Gemeinheit und Bösartigkeit. ... Sobald der kleine Junge laufen und sprechen kann, sollte er von seiner Mutter ermutigt werden, den Mann zu spielen."

Leben wir also in einer „Culture of fear" (Furedi 2005), in einer kulturellen Situation, in der Angst nicht mehr, wie vor hundert Jahren, schambesetzt ist, sondern eingefordert wird? In einer Atmosphäre, in der Menschen verbreitet an den Anstieg von Gefahren glauben, die in objektivierten Zahlen nicht ansteigen? In der potentielle Risiken als aktuelle Gefahren präsentiert werden? In der das Gemeinschaftsbildungspotential der Angst deutlich wird und die unsichere Freiheit immer wieder unangenehmer erscheint als die unfreie Sicherheit?

Die Angstdiskurse unterschiedlicher Zeiten und Gesellschaften können psychologisch, emotionssoziologisch oder auch medientheoretisch untersucht werden. Eine ethische Reflexion auf Angst im Kontext von Sicherheit betont darüber hinaus zwei Bereiche:

Zum einen die Tatsache, dass der den Sicherheitsdiskursen unterliegende Diskurs von Angst bzw. Furcht eine eigene Dynamik hat und wenig reflektierte und analysierte Definitionsmacht über Begriffe und Entscheidungen im Rahmen „Sicherheit" bekommt. Zum anderen die Tatsache, dass die Fokussierung auf potentielle Gefahren abhängig ist von der relativ luxuriösen Situation der Sicherheit, in der sich die meisten Länder des Nordens befinden.

Vertrauen

Vertrauen wird immer wieder als mögliche Lösung für Sicherheitsprobleme und -konflikte genannt. Darum ist es notwendig, darüber aus ethischer Perspektive nachzudenken.

Vertrauen zeigt sich als Leitmotiv moderner sozialer Interaktion, wenn nicht gar als „Obsession der Moderne" (Frevert 2013). Diese moderne Ausweitung des Vertrauenskonzepts geht Hand in Hand mit der sich im 18. Jahrhundert herausbildenden Bürgergesellschaft (ebd., 30), in der Individualisierungsprozesse in neue Formen von Beziehungen eingebettet werden müssen; und sie geht Hand in Hand mit der Herausbildung von postmodernen globalisierten Gesellschaften, in denen die Komplexität und Undurchschaubarkeit der Welt durch Vertrauen bewältigt werden soll.

Sicherheit soll Vertrauen generieren; aber Vertrauen soll auch Sicherheit generieren. Dieses dialektische Verhältnis ist durchaus alltagspraktisch nachvollziehbar, etwa im Kontext von Polizeiarbeit: Bei Vertrauen in die Polizeiarbeit kann die Herstellung und Wiederherstellung von Sicherheit direkter, effizienter und umfassender geschehen. Zugleich dürfen die Ambivalenzen beider Konzepte und Praktiken – derjenigen von Sicherheit und derjenigen von Vertrauen – nicht damit ausgeblendet werden. Wenn eine Institution oder Organisation Vertrauen einfordert, dann kann das ein Zeichen dafür sein, dass Vertrauen hier als Strukturelement wichtig ist. Genauso kann eine Forderung nach Vertrauen die Möglichkeit sein, intransparente oder patriarchale Implementierungen oder Anwendungen von Sicherheitsmaßnahmen zu verdecken; denn

Vertrauen, das mir entgegen gebracht wird, kann mich von der Notwendigkeit entlasten, Entscheidungen oder Handlungen zu rechtfertigen.

Vertrauen ist zweifellos die Grundlage gelingenden individuellen und gesellschaftlichen Zusammenlebens; zugleich ist Vertrauen nicht einfach im moralischen Sinn ‚gut'. Denn *Vertrauen kann Unterschiede leugnen*: In einer Gesellschaft der Ungleichheiten können sich leicht Allianzen gegen diejenigen bilden, die als ‚nicht vertrauenswürdig' gelten (Reemtsma 2008, 30). Nicht umsonst, so Reemtsma, sind Familien und Gangs die Kernformen der Vertrauensbildung, in denen Vertrauenskrisen durch Exklusion gelöst werden können. Und *Vertrauen kann an Gewalt gebunden sein*. Das staatliche Gewaltmonopol ist ein wesentlicher Vertrauensfaktor für Bürger_innen, denn sie können in die Stabilität der Zonen erlaubter und nicht erlaubter Gewalt vertrauen: Meine Nachbarin in der Straßenbahn wird (in der Regel) nicht gewalttätig werden; wenn doch, hat die Polizei das Recht, angemessene Gewalt anzuwenden. Der moderne Feind, so Reemtsma, ist aber auch der Feind der Moderne, der „Barbar". Wird jemand zum Barbar erklärt, dann gehört er in die Zone, in der Gewalt (noch) erlaubt, manchmal sogar erwünscht oder geboten ist.

Es ist kein Ziel der Ethik, Vertrauen herzustellen. Vertrauen ist keine Tugend, die Menschen einüben sollen und die ihnen vorgeschrieben oder nahegelegt werden muss. In der ethischen Analyse geht es vielmehr darum zu untersuchen, wie individuelle und politische Vertrauensakte und Vertrauensforderungen strukturiert sind; wie sie kontextualisiert werden; und welche Fragen von Gewalt und Machtgefällen, Unsicherheiten und Sicherheitsversprechen dem Vertrauen zugrunde liegen. Denn Vertrauen kann missbraucht, enttäuscht oder strategisch eingesetzt werden. Damit steht jede Vertrauensforderung zur besseren Durchsetzung von Sicherheitsmaßnahmen unter einem extrem hohen Anspruch: zu wissen, worauf sich das entgegengebrachte Vertrauen bezieht, und anzustreben, diesem Vertrauen gerecht zu werden und es letztlich auch zurückzugeben. Ob Behörden und Organisationen mit Sicherheitsauftrag dies leisten können, bleibt fraglich.

Für eine ethische Analyse stehen die Kriterien im Fokus, nach denen Kontexte unterschieden werden können, die Vertrauen erfordern und verdienen, und Kontexte, die Misstrauen erfordern – auch in Form von Regulierung und Kontrolle. Dort, wo Demokratie als (z.B. durch regelmäßige Wahlen) institutionalisiertes Misstrauen gesehen werden kann (vgl. Sztompka 1999; Endress, 2002), brauchen auch viele der aktuellen Probleme (etwa Privatheits- und Gerechtigkeitsfragen bei staatlicher und nicht-staatlicher digitaler Überwachung im Sicherheitskontext) eher Kriterien für institutionalisiertes Misstrauen als „trusted" und „trusting" customers. Dabei entstehen zugleich hybride Situationen: Ein sinnvolles Management von Misstrauen (Hagendorff 2016) erfordert ein gewisses Maß an Vertrauen in die Möglichkeit, Regulierung und Kontrolle einzufordern.

Verantwortung

Man könnte nun also versuchen, Vertrauen durch Verantwortung zu ersetzen: Dann geht es nicht darum, Vertrauen für Sicherheitshandeln einzufordern, sondern die Verantwortung für dieses Handeln zu übernehmen. So sinnvoll das klingt, so schwierig ist es.

Heute ist ‚Verantwortung' zu einem Zentralbegriff der Ethik geworden. Es ist kaum vorstellbar, dass die Ethik bis vor relativ kurzer Zeit ohne diesen Begriff auskam. Die erste Monografie über „L'idée de responsabilité" erschien 1884 (Lévy-Bruhl). Seit dem 15. Jahrhundert spielt der deutsche Begriff eine gewisse Rolle vor allem in juridischen Kontexten; systematisch diskutiert aber wird er erst seit der Mitte des 19. Jahrhunderts, mit steigender Intensität seit dem Ende des 1. Weltkriegs. In seiner Struktur zeigt sich dieser Wertbegriff als „Zuschreibungsbegriff" (Ott 1997, 252) mit einer mehrstelligen Relation. Im Kern ist diese Relation dreistellig, da Verantwortung durch ein *Verantwortungssubjekt* für einen *Verantwortungsgegenstand* vor oder gegenüber einer *Verantwortungsinstanz* wahrgenommen wird. Diese Relation lässt sich erweitern (Lenk 1992, 26; Ropohl 1994); vor allem für moralisch spezifizierte Verantwortungsbegriffe scheint eine vierstellige Relation nötig zu werden: *Jemand* (Verantwortungssubjekt) ist *für etwas* (Verantwortungsobjekt) *vor* oder *gegenüber jemandem* (Verantwortungsinstanz) *aufgrund bestimmter normativer Standards* (Normhintergrund) verantwortlich (Werner 2011, 543).

Zugleich scheinen heute Verantwortungsfragen schon wieder an ihr Ende gelangt zu sein. Verantwortungsübernahmen einfach einzufordern, wird vielen Situationen nicht gerecht. Dies gilt insbesondere dort, wo Handlungen und Handlungsfolgen so komplex geworden sind, dass kaum noch Zuordnungen möglich sind. Im Sicherheitsbereich, vor allem bei der Herstellung von Sicherheit durch komplexe technologische Systeme, werden Verantwortungsfragen nahezu unlösbar: Wer ist verantwortlich, wenn etwa bei der Kontrolle an einem Körperscanner Menschen mit Blaseninkontinenz oder Frauen mit externen Brustprothesen diskriminiert werden? Die Technikentwickler_innen, die Software-Ingenieur_innen, die Firmenleitung, die Bundespolizei, das Innenministerium, das Sicherheitspersonal – oder letztendlich doch die Menschen selbst?

Dieser Problematik könnte man entgehen, wenn man sich im Sicherheitsbereich strikt auf Haftungsfragen konzentrieren und den Verantwortungsbegriff mit seinem ganzen historischen und moralischen Ballast und seiner ganzen philosophischen und anthropologischen Fragwürdigkeit hinter sich lassen würde. Den (moralischen) Verantwortungsbegriff könnte man dann in überschaubaren individualethischen Reservaten (wer ist verantwortlich dafür, das Wohnzimmerfenster zu schließen?) ansiedeln, wo er ein traditionelles Leben führen und manchmal von außen bestaunt werden könnte.

Was aber würde fehlen, wenn wir nicht mehr im öffentlichen und sozialethischen Sinn von Verantwortung sprechen?

Zunächst würde der Überschuss fehlen, den moralische Verantwortung gegenüber Haftungsfragen hat: Haftung kann unabhängig von moralischer Zurechenbarkeit vorliegen, und das Denkmodell ‚Haftung' kann nicht die Frage klären, welche Verhaltensänderung wer zeigen muss, damit es keinen Wiederholungsfall gibt. Darüber hinaus kann es eine – bedingte – moralische Verantwortung geben, nicht-moralischen Verantwortungen nachzukommen (Werner 2011, 542). Dies ist etwa dann der Fall, wenn aus der Missachtung einer nicht-moralischen Verantwortung (etwa bei einem nicht zweckgemäßen Einsatz einer Sicherheitstechnologie) ein Schaden für andere entsteht.

Für den Bereich von Sicherheit und Verantwortung werden drei Ebenen wichtig:

Eine *erste Ebene* ist die Ebene einer Institutionenethik und Institutionenkritik. Wenn Institutionen „Träger von Wertideen" (Hariou zit. n. Hubig 1995, 108) sind, dann sind Institutionen verantwortlich für die kritische Reflexion expliziter oder impliziter Leitbilder, und auch dafür, einem neuen Unbehagen in der Kultur – dem Unbehagen an der Herrschaftslegitimation mancher Institutionen – entgegen zu treten (Taubes 1970, 68-76). Institutionen tragen die Verantwortung dafür, dass Menschen, die in ihnen handeln, Verantwortung wahrnehmen können.

Die *zweite Ebene* ist die Ebene des Verantwortungssubjekts, der Person, die Verantwortung übernimmt. Verantwortung ist von entscheidender Bedeutung dort, wo die Folgen und Nebenfolgen des Sicherheitshandelns kaum überschaubar sind, die Folgen und Nebenfolgen des Sicherheitshandelns sich aber als strukturelle Ungerechtigkeiten verfestigen können. Hier greift die Vorstellung von *geteilter* – nicht individueller, nicht kollektiver – Verantwortung; nicht die Verantwortung ‚der Polizei', auch nicht ‚der einzelnen Polizist_in': „[...] shared responsibility is a responsibility I *personally* bear, but I do not bear it alone" („geteilte Verantwortung ist die Verantwortung, die ich persönlich trage, aber ich trage sie nicht allein") (Young 2012, 109). Dieses Verantwortungsmodell sozialer Verbundenheit („social connection model of responsibility") kann Verantwortung an einem handelnden Individuum festmachen, setzt dieses Individuum zugleich in einen Kontext, der von und mit gemeinsamen moralischen Prinzipien lebt; Verantwortung, die zu weitreichend für einen einzelnen handelnden Menschen ist, kann so auch geteilt werden.

Eine *dritte Ebene*, um im Sicherheitskontext Verantwortung neu zur Sprache zu bringen, nennt Bayertz „Metaverantwortung" (Bayertz 1995, 63ff.). Eine solche Metaverantwortung untersucht das herrschende Verantwortungspathos und fragt danach, welche Werte und Normen ihm zugrunde liegen. Das Pathos der Verantwortungsübernahme eines VW-Vorstands wegen gefälschter Abgaswerte 2016 ist anders als das Pathos der Verantwortungsübernahme eines Kniefalls im Warschauer Ghetto 1970. Die Verantwortung, dieses Pathos im Hinblick auf seine Wertannahmen kritisch zu überprüfen, ist damit eine grundlegende gesellschaftliche und individuelle Verantwortung.

‚Alles ist besser als tot': Gefahren eines Sicherheitsfundamentalismus: Odysseus (2)

In der aktuellen Debatte um Terrorismusbekämpfung wird immer wieder der Verdacht laut, dass die ethische Reflexion des Sicherheitshandelns ein Luxus sei, den sich diejenigen leisten können, die einer Gefahr oder Bedrohung noch nicht wirklich ausgesetzt waren. *Wenn erst die Bombe der Terroristen den Kölner Dom / das Brandenburger Tor / das Fußballstadion zerstört hat,* so heißen die Einwände, *dann wird sich keiner mehr mit Kleinigkeiten wie Datenschutz oder den psychologischen Kosten von Sicherheitskontrollen befassen: „Erst kommt das Fressen, dann kommt die Moral"* (Brecht 1928/2004, 67).

Und natürlich hat Bertolt Brecht hier Recht. Nur ist seine Aussage keine Absage an die Moral, sondern eine höchst moralische Aussage: Die moralische Verpflichtung, Menschen mit Lebensnotwendigem zu versorgen, ist höher als andere moralische Verpflichtungen, die sich etwa aus Konventionen oder dem Schutz des Eigentums ergeben. In ähnlicher Weise machen diejenigen, die den Wert der Sicherheit über alle anderen Werte stellen, eine moralische Aussage. Es ist eine moralische Aussage, die besagt, dass die moralische Verpflichtung für Leben und Sicherheit von Menschen prinzipiell anderen moralischen Verpflichtungen vorzuziehen ist. Weil in Fragen der Sicherheit menschliche Verletzbarkeit sichtbar wird, sind solche (moralischen) Aussagen häufig intuitiv einleuchtend.

Wenn aber Sicherheit nicht länger in Konkurrenz zu anderen Werten steht, sondern als Grundlage zur Verwirklichung dieser Werte gesehen wird, dann wird Sicherheit absolut gesetzt. Sicherheit nimmt dann die Logik eines ‚Everything beats being dead' an: ‚alles ist besser als tot'. Schon in medizinischen Diskursen ist sichtbar, wie schwierig solche Aussagen auch im individuellen Fall sind. Im Kontext proaktiven Sicherheitsdenkens wird hier das ‚Grundgut Leben' als absolutes in eine kontingente Situation der Unsicherheit gesetzt; als Folge werden leicht andere Handlungsoptionen, die, vorsichtiger, nach einem größeren Wertekontext und nach demokratisch legitimierten Strukturen und Prozessen fragen, außer Kraft gesetzt (Ammicht Quinn/Rampp 2009).

Das Überleben ist selbstverständlich notwendige Bedingung des guten Lebens, aber eben nicht hinreichende Bedingung. Welcher Wert in welcher Situation wie stark betont werden muss, ist eine jeweils neu zu bearbeitende Frage. Eine moralische Achtsamkeit darauf, dass einzelne (Grund)Werte nie vollständig zugunsten anderer untergehen dürfen und dass gesellschaftliches und individuelles Handeln einer Logik der Angemessenheit folgt, scheint ein vielversprechender, wenn auch sehr grundlegender Ansatz zu sein. Insbesondere dann, wenn das Sicherheitshandeln proaktiver Natur ist, braucht es diese moralische Achtsamkeit. Fehlt sie, so besteht eine doppelte Gefahr: zum einen die Gefahr, dass ein (absolutes) Sicherheitsversprechen abgegeben wird, das nicht gehalten werden kann; zum anderen, die Gefahr, dass schützenswerte Güter durch ihren Schutz selbst infrage gestellt werden. Eine freie und gerechte Gesellschaft kann nicht dadurch gerettet werden, dass Freiheit oder Gerechtigkeit vernachlässigt wird.

Insbesondere dort, wo Sicherheit durch Technik hergestellt wird, wird die Frage nach den Sicherheitsversprechen wichtig; denn Sicherheitstechniken haben in hohem Maß das Potenzial, Gesellschaft zu verändern. Am Beispiel von Technologien, die der Beobachtung, der Überwachung und Kontrolle dienen, wird dies deutlich: Sie können als Normalisierungs- oder Klassifizierungsinstrumente aufgefasst oder eingesetzt werden (Marx 2002; Lyon 2003; Pasquale 2015); sie können Bürger_innen als Akteur_innen der Überwachung thematisieren, etwa in der wechselseitiger Überwachung (*lateral surveillance* oder *peer-surveillance;* vgl. Andrejevic 2002; Albrechtslund 2008; Marwick 2012) oder der Überwachung von staatlichen Akteur_innen, insbesondere von Polizei im Einsatz durch Privatpersonen (*sousveillance* vgl. Wilson/Serisier 2010; Huey/Walby/Doyle 2006; Mann 2004; Koskela 2004). Ebenso können Sensoren, die primär der Funktion eines technischen Systems dienen (z.B. Smart Meters, also Sensoren, die den Stromverbrauch messen), zu einem Instrument der Überwachung werden (Chen et al. 2011).[3]

Digitalisierte Technologien sind häufig so komplex, dass sie nicht einmal mehr von denjenigen, die sie einsetzen, verstanden werden. Demokratische Zustimmung von Bürger_innen zu bestimmten Sicherheitstechnologien setzt ein gewisses Maß an Transparenz und Verständnis voraus. Oft ist das Offenlegen der Funktionsweise aus Sicherheits- oder Konkurrenzgründen nicht erwünscht. Dies reduziert aber die demokratischen Kontrollmöglichkeiten. Hier besteht Forschungsbedarf, um Ansätze zu entwickeln, die aufzeigen, wie diese Systeme so entwickelt oder modifiziert werden könnten, dass eine grundlegende Transparenz als Basis für die demokratische Kontrolle von Entwicklung und Einsatz hergestellt werden kann (Ammicht Quinn 2015, 30).

Kehren wir zu Odysseus, den Sirenen und dem gelungenen Sicherheitshandeln zurück. Es ist die Geschichte über einen Helden, der die richtigen Sicherheitstechniken aussucht und sie implementiert. Sie bringen zwar einige vorübergehende Einschränkungen für die betroffenen Menschen mit sich, aber alle entgehen deshalb einer Gefahr, die sie sonst nicht überlebt hätten.

Aber es gibt noch eine andere Lesart der Geschichte:

In unsicheren und stürmischen Zeiten hören wir alle häufig einen spezifischen Sirenengesang:

Es ist ein Sirenengesang, der sagt, dass wir immer mehr Sicherheit brauchen, und dass wir absolute Sicherheit erreichen könnten, wenn wir uns nicht immer von gesellschaftlichen Zweifeln stören ließen.

---

[3] Ich danke Thilo Hagendorff und Tobias Matzner für diese Hinweise.

Von Odysseus' Geschichte lernen wir, dass wir *auch* Sicherheitsmaßnahmen brauchen, die uns vor einem solchen Sirenengesang schützen. Wir brauchen Sicherheitsmaßnahmen gegen politische oder technische attraktive, aber unhaltbare Sicherheitsversprechen, und wir brauchen Sicherheitsmaßnahmen, die die Menschenwürde und Freiheitsrechte schützen (Ammicht Quinn 2014, 290).

Grundthemen einer Sicherheitsethik

Drei Thesen fassen die Grundthemen zusammen und umreißen das Grundverständnis und den Ausgangspunkt einer Sicherheitsethik:

- **Sicherheitshandeln ist Handeln und steht unter moralischen Anspruch.** Fragen nach Motivation, Folgen und (unerwünschten) Nebenfolgen des Handelns müssen bearbeitet werden. Hier können unterschiedliche Logiken (etwa Systemlogiken vs. rechtsstaatliche Logiken) und unterschiedliche Werte (etwa Effektivität und Effizienz vs. moralischer Achtsamkeit) aufeinanderprallen und müssen verhandelt werden. Dabei sind Kompromisse immer Teil des politischen Handelns. „Faule Kompromisse" (Margalith 2011) aber sind Kompromisse, die in der letzten Konsequenz ein menschenverachtendes System stützen – im Großen wie im Kleinen. Diese Form des Kompromisses ist aus ethischer Perspektive ‚kategorisch' verboten; denn ein solcher „fauler Kompromiss" würde unmittelbar oder mittelbar die moralischen Grundlagen des Handelns selbst beschädigen.

- **Dem Erforschen, Wahrnehmen und Bereitstellen von Sicherheit liegen explizit und implizit Werte zugrunde.** Diese manchmal impliziten Vorannahmen müssen nicht intentional diskriminierend sein; sie können auch Normalitätsannahmen sein, etwa wie ein ‚normaler' Körper aussieht oder wie ein ‚normaler' Mensch sich bewegt. Solche Vorannahmen, werden sie in Technik eingeschrieben, können massive diskriminierende Wirkungen haben – z. B. im Fall des Körperscanners, der künstliche Darmausgänge als ‚auffällig' markiert oder im Fall der intelligenten Videoüberwachung, bei der unter Umständen Menschen mit bestimmten Behinderungen als ‚nachzukontrollieren' gezeigt werden. Implizite Vorannahmen können die konkrete Form von Sicherheitstechnologien, den Zuschnitt von Sicherheitshandlungen oder die Motivation und das Engagement für oder gegen bestimmte Sicherheitsmaßnahmen leiten. Das ist an sich noch kein Problem. Dort aber, wo (unter Umständen) problematische Vorannahmen verdeckt bleiben und nicht offen geklärt werden, üben sie undiskutiert und unreflektiert einen erheblichen Einfluss auf das Sicherheitshandeln und damit auf die Gesellschaft als ganze aus.

- **Sicherheit darf nie als absolute Kategorie verstanden werden.** Wenn Sicherheit aber keine absolute Kategorie ist, dann ist Sicherheit sowohl eine begrenzte als auch eine zu begrenzende Ressource. Sie ist begrenzt, weil absolute und vollständige Sicherheit für alle weder herstellbar noch bezahlbar oder effizient ist. Aus normativer Sicht ist Sicherheit zudem eine *zu begrenzende Ressource*, weil ein freies Gemeinwesen, das auf die unbegrenzte Steigerung von Sicherheit zielt, am Ende kaum noch jenes freie Gemeinwesen wäre, das es doch ursprünglich zu sichern galt.

Und damit lautet eine Faustregel für jedes Sicherheitshandeln:

Die Lösung eines Problems soll nicht größere Probleme verursachen als ursprünglich vorhanden waren. (Ammicht Quinn 2014, 43)

Sicherheit und Unsicherheit: Odysseus (3)

Ehe Circe den Odysseus vor den Gefahren der Sirenengesänge warnt, erzählt Homer von der durchaus dramatischen Begegnung zwischen Odysseus und Circe. Auf der langen und gefährlichen Irrfahrt vom Trojanischen Krieg nach Hause kommt er – einmal wieder – zu einer Insel, auf der eine – wieder einmal – betörende Frau lebt, Circe, Zauberin und Göttin. Circe wohnt alleine zwischen lauter Tieren, die alle, auch die Löwen und Wölfe, zahm sind. Diese Sicherheit inmitten der Wildnis aber ist für den Reisenden nicht das, was sie zunächst zu sein scheint; anstatt die Ungefährlichkeit der wilden Tiere genießen zu können, wird jeder, der die Insel betritt, von Circe in ein Tier verwandelt. Und ist in Folge zahm.

Dies geschieht auch mit den Abgesandten des Odysseus. Circe verwandelt sie in Schweine: „…sie hatten von Schweinen die Köpfe, Stimmen und Leiber, auch die Borsten; allein ihr Verstand blieb völlig wie vormals." (Homer 1990, 10. Gesang, 239-240) Odysseus, von Hermes gewarnt, entgeht der Gefahr und befreit die Männer, die nach der Rückverwandlung jünger, schöner, stärker und klüger sind als vorher. Odysseus aber, ganz und gar *becirct*, verbringt ein Jahr mit Circe; danach macht er sich mit seiner Mannschaft auf die weiterhin gefährliche Heimreise.

Lion Feuchtwanger (1950), ein moderner Leser der Odyssee, gibt der Erzählung eine andere Wende: Als Odysseus seine von Circe verzauberte Mannschaft retten will, weigern sich die Seeleute, wieder menschliche Gestalt anzunehmen. Die zwar eingeschränkte und nicht besonders wohlriechende Sicherheit ist für sie immer noch attraktiver als ein gefahrvolles Abenteuer nach dem anderen auf den unbekannten und unsicheren Weltmeeren.

Feuchtwangers Homer-Lektüre, bei der für manche die Odyssee im Schweinestall endet, ist eine Kritik des ‚gesättigten' Bürgers – des Menschen, der lieber versorgt und sicher, aber auch dumpf lebt, anstatt physisch oder psychisch, politisch oder intellektuell Wagnisse einzugehen. Vielleicht hatte Feuchtwanger ja John Stuart Mills hundertfünfzig Jahre alte Mahnung im Ohr: „It is better to be a human being dissatisfied than a pig satisfied; better to be Socrates dissatisfied than a fool satisfied." – "Es ist besser, ein unzufriedener Mensch zu sein als ein zufriedenes Schwein; besser ein unzufriedener Sokrates als ein zufriedener Narr." (Mill 1863, 14)

Eine Sicherheitsethik reflektiert die Gefahr eines Denkens und Handelns, das von „den Menschen die Furcht [nehmen]" (Adorno/Horkheimer 1988, 7) will, zugleich aber in Gefahr steht, entweder die große Sicherheit im Schweinestall, neue Ungerechtigkeiten oder auch neue Unsicherheiten zu produzieren. Diese neuen Unsicherheiten sind etwa Rechts- und Demokratie-Unsicherheiten, aber auch Unsicherheiten die Integrität des eigenen Körpers, der eigenen Daten oder der Freiheit der Lebensentwürfe betreffend.

Sicher ist, dass nichts sicher ist. Auch das nicht.

Sicherheitshandeln hat ein Grundziel: quälende, gefährliche, beängstigende oder destruktive Formen von Unsicherheit dort, wo es möglich ist, zu verringern und ein gutes Maß an Sicherheit herzustellen. Der Weg mag aber über Verunsicherungen führen.

Eine Ethik der Sicherheit gibt Orientierung. Auf einer anderen Ebene aber hat sie das Ziel zu verunsichern.

Auch heute sind viele unserer Handlungen, bewusst oder unbewusst, durch Gewohnheiten, Traditionen und Üblichkeiten oder durch die Berufung auf Autoritäten strukturiert und gesteuert. Dies sind alles Elemente, die einem Leben Sicherheit geben. Aber sie sind keine Elemente, die sozusagen automatisch eine richtige Handlung oder die Orientierung auf ein gutes Leben hervorbringen. Gewohnheiten, Traditionen, Üblichkeiten und Autoritäten müssen selbst im Hinblick auf Gerechtigkeit, die Ermöglichung von Verantwortung und allgemeine moralische Akzeptabilität be- und hinterfragt werden.

In vergleichbarer Weise müssen auch neue Situationen und Handlungen auf unvorhergesehene oder versteckte Probleme hin analysiert werden – Probleme, die in einer hohen sozialen und/oder technischen Komplexität leicht vernachlässigt werden können. Geschieht dies nicht, so läuft jede Sicherheitsethik Gefahr, an der Konstruktion von Feuchtwangers Schweinestall mitzuwirken – einem Ort, wo es warm, gemütlich und sicher ist, das eigene Denken, Verantwortung und Gerechtigkeit aber guten Gewissens suspendiert werden können, weil auch das Gewissen überflüssig wird.

Literatur

Adorno, Theodor W./Horkheimer, Max (1988): Dialektik der Aufklärung. Philoso-
    phische Fragmente. Frankfurt a.M.: Fischer.
Albrechtslund, Andres (2008): Online Social Networking as Participatory Surveil-
    lance, in: First Monday (3)13. http://firstmonday.org/article/view/2142/1949
    (17.03.2016).
Ammicht Quinn, Regina (Hrsg.) (2015): Intelligente Videoüberwachung. Eine
    Handreichung. Tübingen: IZEW. https://publikationen.uni-tuebingen.de/
    xmlui/bitstream/handle/10900/67099/Band11_Vidoe%C3%BCberwachung_
    Handreichung.pdf?sequence=1 (17.03.2016).
Ammicht Quinn, Regina. (Hrsg.) (2014). Sicherheitsethik. Wiesbaden: Springer VS.
Ammicht Quinn, Regina (2012a): Sei denn behutsam! Furcht gibt Sicherheit (Ham-
    let): Fragen nach einer Ethik der Sicherheit, in: Hoff, Gregor M. (Hrsg.):
    Sicher - unsicher. Salzburger Hochschulwochen 2011. Innsbruck: Tyrolia,
    121-144.
Ammicht Quinn, Regina (2012b): Zwischen Angstdiskursen und Akzeptanzfragen:
    Grundlagen einer Sicherheitsethik, in: Würtenberger, Thomas (Hrsg.): Innere
    Sicherheit im europäischen Vergleich. Zivile Sicherheit. Schriften zum Fach-
    dialog Sicherheitsforschung, Bd. 1. Berlin: LIT-Verlag, 217-230.
Ammicht Quinn, Regina (2011): Kulturethik, in: Düwell, Marcus/Hübenthal,
    Christoph/Werner, Micha H. (Hrsg.): Handbuch Ethik. Stuttgart: Metzler,
    264-269.
Ammicht Quinn, Regina/Rampp, Benjamin (2009): „It'll turn your heart black you
    can trust": Angst, Sicherheit und Ethik, in: Vierteljahreshefte zur Wirt-
    schaftsforschung (4)78. Berlin: DIW, 136-149.
Andrejevic, Mark (2002): The Work of Watching One Another: Lateral Surveillance,
    Risk, and Governance, in: Surveillance & Society (4)2, 479-497.
Baur-Ahrens, Andreas/Krüger, Marco/Ammicht Quinn, Regina/Leese, Matthias/
    Matzner, Tobias (2015): How Smart is „Smart Security"? Exploring Data
    Subjectivity and Resistance. Final Report. Tübingen: IZEW.
Bayertz, Kurt (1995): Eine kurze Geschichte der Verantwortung, in: ders. (Hrsg.):
    Verantwortung: Prinzip oder Problem?. Darmstadt: WBG, 3-71.
Bourke, Joanna (2005): Fear. A Cultural History. London: Virago.
Brecht, Bertolt (1928/2004): Denn wovon lebt der Mensch?, in: Die Dreigroschen-
    oper: der Erstdruck 1928. Mit einem Kommentar hrsg. v. Joachim Lucchesi.
    Frankfurt a.M.: Suhrkamp, 67.
Carter, Ian/Ricciardi, Mario (Hrsg.) (2001): Freedom, Power and Political Morality.
    Essays for Felix Oppenheim. London: Palgrave Macmillan.
Chen Feng, Jing Dai, Bingsheng Wang, Sambit Sahu, Milind Naphade und Chang-
    Ten Lu:. Activity Analysis Based on Low Sample Rate Smart Meters, in:
    Proceedings of the 17th ACM SIGKDD International Conference on Know-

ledge Discovery and Data Mining. New York 2011, S. 240-248.

Eggleston, Margaret White (1934): Faith or Fear in Child Training. A Guide Book for Teachers and Parents Based on the Young Folks Treasury. New York: Round Table Press.

Endress, Martin (2002): Vertrauen. Bielefeld: transcript.

Elster, Jon (2000): Ulysses Unbound: Studies in Rationality, Precommitment and Constraints. New York: Cambridge University Press.

Feuchtwanger, Lion (1950): Odysseus und die Schweine und zwölf andere Erzählungen. Berlin: Aufbau Verlag.

Frevert, Ute (2013): Vertrauensfragen. Eine Obsession der Moderne. München: Beck.

Furedi, Frank (2005): Culture of Fear: Risk-Taking and the Morality of Low Expectation. London/New York: Continuum.

Gardner, Daniel (2009): The Science of Fear. New York: Plume/Penguin.

Hagendorff, Thilo (2016): Vertrauen und Solidarität im Kontext digitaler Medien, in: Petra Werner, Petra/Rinsdorf, Lars/Pleil,Thomas/und Altmeppen, Klaus-Dieter (Hrsg.): Verantwortung - Gerechtigkeit - Öffentlichkeit. Normative Perspektiven auf Kommunikation. Konstanz: UVK, 297–306.

Heesen, Jessica (2013): Sicherheit für alle? Herausforderungen in einer alternden Gesellschaft und im Strafvollzug, in: Cornel, Heinz/Halbhuber-Gassner, Lydia/Wichmann, Cornelius (Hrsg.): Strafvollzug, Straffälligenhilfe und der demografische Wandel. Freiburg i.Br.: Lambertus, 55-71.

Heinze, Eric (2013): The Concept of Injustice. New York: Routledge.

Höffe, Otfried (1993): Moral als Preis der Moderne. Frankfurt a.M.: Suhrkamp.

Homer (1990): Odyssee. Übs. v. Johann Heinrich Voß (1781), Frankfurt a.M.: Insel.

Horn, Christoph (2011): Güterabwägung, in: Düwell, Marcus/Hübenthal, Christoph/Werner, Micha H. (Hrsg.): Handbuch Ethik. Stuttgart/Weimar: Metzler, 3. Aufl. 391-396.

Hubig, Christoph (1995): Verantwortung und Hochtechnologie, in: Bayertz, Kurt (Hrsg.): Verantwortung, Prinzip oder Problem. Darmstadt: WBG, 98-142.

Huey, Laura/Walby, Kevin/Doyle, Aaron (2006): Cop Watching in the Downtown Eastside. Exploring the Use of (Counter)Surveillance as a Tool of Resistance, in: Monahan, Torin (Hrsg.): Surveillance and Security. Technological Politics and Power in Everyday Life. New York: Routledge, 149-166.

Ignatieff, Michael (2004): The Lesser Evil: Political Ethics in an Age of Terror. Princeton: Princeton University Press.

Joas, Hans (1999): Die Entstehung der Werte. Frankfurt a.M.: Suhrkamp.

Johnson, Paul (1986): The Cancer of Terrorism, in: Netanyahu, Benjamin (Hrsg.): Terrorism How the West Can Win. New York: Farrar, Straus & Giroux, 31-49.

Kant, Immanuel (1785/1977): Grundlegung zur Metaphysik der Sitten Werkausgabe, hrsg. v. Weischedel, Wilhelm. Band VII. Frankfurt a.M.: Suhrkamp, 3. Aufl.

Klöcker, Katharina (2009): Zur Moral der Terrorbekämpfung. Eine theologisch-ethische Kritik. Ostfildern: Matthias-Grünewald-Verlag.

Koskela, Hille (2004): Webcams, TV Shows and Mobile phones: Empowering Exhibitionism, in: Surveillance & Society (2/3)2, 199–215.

Lenk, Hans/Maring, Matthias (Hrsg.) (1991): Technikverantwortung, Güterabwägung, Risikobewertung, Verhaltenskodizes. Frankfurt a.M.: Campus.

Lenk, Hans (1992): Zwischen Wissenschaft und Ethik. Frankfurt a.M.: Suhrkamp.

Lévy-Bruhl, Lucien (1884): L'idée de responsabilité, Paris: Librairie Hachette. http://archive.org/stream/lidederesponsab00lvgoog#page/n13/mode/2up (11.03.2016)

Luckner, Andreas (2005): Klugheit. Berlin/New York: de Gruyter.

Lyon, David (2003): Surveillance As Social Sorting: Privacy, Risk, and Digital Discrimination. London/New York: Routledge.

Mann, Steve (2004): Sousveillance: Inverse Surveillance in Multimedia Imaging. Proceedings of the 12th Annual ACM International Conference on Multimedia, New York.

Margalith, Avishai (2011): Über Kompromisse und faule Kompromisse. Berlin: Suhrkamp.

Marwick, Alice (2012): The Public Domain. Social Surveillance in Everyday Life, in: Surveillance & Society (4)9, 378–393.

Marx, Gary T. (2002): What's New About the 'New Surveillance'? Classifying for Change and Continuity, in: Surveillance & Society (1)1, 9-29.

Mill, John Stuart (1863): Utilitarianism. London: Parker, Son, and Bourn, West Strand. http://archive.org/details/a592840000milluoft *(16.03.2016)*

Neocleous, Mark (2007): Security, Liberty and the Myth of Balance: Towards a Critique of Security Politics, in: Contemporary Political Theory (6) 2007, 131-149.

Nissenbaum, Helen (2010): Privacy in Context: Technology, Policy, and the Integrity of Social Life. Palo Alto: Stanford University Press.

Nissenbaum, Helen (2004): Privacy as Contextual Integrity, in: Washington Law Review (1)79, 119-158.

Nussbaum, Martha (2007): Frontiers of Justice: Disability, Nationality, Species Membership (Tanner Lectures of Human Values). Cambridge: Harvard University Press.

Noelle-Neumann, Elisabeth/Petersen, Thomas (2001): Zeitenwende. Der Wertewandel 30 Jahre später, in: Aus Politik und Zeitgeschichte (B29/2001), Bonn: Bundeszentrale für politische Bildung.

Ohlsson, Ragnar (1995): Morals Based on Needs. Lanham/New York/London: University Press of America.

Ott, Konrad (1997): Ipso facto. Zur ethischen Begründung normativer Implikate wissenschaftlicher Praxis. Frankfurt a.M.: Suhrkamp.

Pasquale, Frank (2015): The Black Box Society. The Secret Algorithms That Control

Money and Information. Cambridge: Harvard University Press.

Rawls, John (2001): Justice as Fairness. A Restatement. Cambridge: Harvard University Press.

Rawls, John (1985): Justice as Fairness: Political not Metaphysical, in: Philosophy and Public Affairs (14) 1985, 223-251.

Rawls, John (1971): A Theory of Justice. Cambridge: Harvard University Press.

Reemtsma, Jan Philipp (2008): Vertrauen und Gewalt. Versuch über eine besondere Konstellation der Moderne. Hamburg: Hamburger Edition.

Rosen, Jeffrey (2004): Isaac Marks Memorial Lecture. The Naked Crowd: Balancing Privacy and Security in an Age of Terror, in: Arizona Law Review (46)4, 606–619. http://www.arizonalawreview.org/pdf/46-4/46arizlrev607.pdf (16.03.2016).

Rössler, Beate (2001): Der Wert des Privaten. Frankfurt a.M.: Suhrkamp.

Ropohl, Günter (1994): Das Risiko im Prinzip Verantwortung, in: Ethik und Sozialwissenschaften 5, Stuttgart, 109-120.

Rotenberg, Marc/Scott, Jeramie/Horwitz, Julia (Hrsg.) (2015): Privacy in the Modern Age: The Search for Solutions. New York: The New Press.

Schnädelbach, Herbert (2004): Werte und Wertungen, in: ders. (Hrsg.): Analytische und postanalytische Philosophie. Frankfurt a.M.: Suhrkamp, 242-265.

Schwartz, Karl: (o.J.) Fighting Cancer and Terrorism. http://www.lymphomation. org/messageNHL.htm (20.07.2009).

Sen, Amartya (2009): The Idea of Justice. Cambridge: Harvard University Press.

Solove, Daniel (2011): Nothing to Hide. The False Tradeoff between Privacy and Security. New Haven: Yale University Press.

Svendsen, Lars (2008): A Philosophy of Fear. London: Reaktion Books.

Sztompka, Piotr (1999): Trust. A Sociological Theory. Cambridge: Cambridge University Press.

Taubes, Jacob (1970): Das Unbehagen an der Institution. Zur Kritik der soziologischen Institutionslehre, in: Schelsky, Helmut (Hrsg.): Zur soziologischen Theorie der Institutionen. Düsseldorf: Bertelsmann Universitätsverlag, 68-76.

Waldron, Jeremy (2003): Security and Liberty: The Image of Balance, in: The Journal of Political Philosophy (2)11, 191-210.

Walzer, Michael (1984): Spheres of Justice. A Defense of Pluralism and Equality. New York: Basic Books.

Watson, John B. (1930): Behavioursim. Chicago: University of Chicago Press, 125-129.

Watson, John B./Rayner, Rosalie (1920): Conditioned emotional reactions, in: Journal of Experimental Psychology 3(1), 1-14.

Werner, Micha H. (2011): Verantwortung, in: Düwell, Markus/Hübenthal, Christoph/Werner, Micha H. (Hrsg.): Handbuch Ethik. Stuttgart: Metzler, 3. Aufl., 541-548.

Wilson, Dean J./Serisier, Tanya (2010): Video Activism and the Ambiguities of Counter-Surveillance, in: Surveillance & Society (2)8, 166-180.

Young, Iris M. (2012): Responsibility for Justice. Oxford: Oxford University Press.

2. Sicherheitsbegriff und Prävention:

Über die Zähmung der Zukunft

Matthias Leese

Am 21. August 2013 erscheint in der Chicago Tribune (Gorner 2013) ein Artikel, der eindrücklich beschreibt, wie moderne Kriminalprävention funktioniert. Jeremy Gorner berichtet, wie an der Haustür eines 22-jährigen plötzlich eine Polizeipatrouille erscheint. Der junge Mann hatte keine Vorstrafen und war auch sonst nicht auffällig geworden. Und nichtsdestotrotz ließ ihn die Polizei wissen, dass er unter verschärfter Beobachtung stehe.

Sicherheit zu definieren ist im Grunde genommen unmöglich. Und doch ist Sicherheit ein Grundbestandteil unseres Denkens über die Welt und die Formen menschlichen Zusammenlebens. Das scheint ein Paradoxon zu sein, konstituiert aber letztlich einen zentralen Fluchtpunkt von Politik und Gesellschaft. Die Vorstellungen von „Sicherheit" und von „Sicherheitsproduktion" beruhen auf flüchtigen, schwer greifbaren und oftmals abstrakten Bedrohungen – und sind gleichzeitig Teil des Versprechens von sozialer Organisation, namentlich des Versprechens, innerhalb der sozialen Organisationseinheit Sicherheit zu schaffen. Der Sicherheitsbegriff selbst ist also in höchstem Maße politisch, was eine konzeptionelle Annäherung schwierig macht. Unmöglich wird sie dadurch nicht, aber sie muss sich mutmaßlich an dem Anspruch messen lassen, Ambivalenzen, Ambiguitäten und Diskontinuitäten Raum zu lassen (de Lint/Virta 2004; Schouten 2014). Ein Sicherheitsbegriff muss also, einem prozessualen Verständnis von Politik nicht unähnlich, notwendigerweise Kontroversen, Konflikte und unterschiedliche Wertvorstellungen aufnehmen, ohne divergente Vorstellungen von Sicherheit zu einem allzu starren Destillat zu verdichten.

Sicherheit lässt sich im Grunde schon *qua definitionem* nicht dingfest machen. Sicherheit kann nur als Negativfolie in Relation zu etwas existieren, das den *status quo* bedroht, in dem wir uns „sicher" fühlen. Solche Bedrohungen sind jedoch zahlreich in Art und Gestalt, und sind letztlich immer Ausdruck unserer Vorstellungskraft. Zwingenderweise müssen Bedrohungskonzeptionen sogar über die Grenzen der Vorstellungskraft hinausgehen, wenn Sicherheitspolitik als Antwort auf radikale Kontingenz verstanden werden muss. Der ehemalige US-Verteidigungsminister Donald Rumsfeld hat den Begriff der „unknown unknowns" geprägt. Der Begriff meint diejenigen Bedrohungen, von deren Existenz man (noch) nichts weiß, und gegen die man sich in der Folge auch nicht wappnen kann – es aber letztlich doch tun muss, um nicht politischer Ohnmacht anheim zu fallen. Formuliert nach den Anschlägen vom 11. September 2001, kann Rumsfelds Aussage als Ausdruck der verzweifelten Versuche der US-Regierung verstanden werden, mit den Unwägbarkeiten von terroristischen Anschlägen zurechtzukommen.

Terrorismus lebt von der Illusion radikaler Unsicherheit. Und auch wenn diese Illusion niemals konkrete Bedrohungslagen widerspiegelt, so ist doch schon die Frage nach konkreten Bedrohungslagen falsch gestellt. Menschliches Verhalten lässt sich niemals vollständig rationalisieren und entzieht sich so den Bemühungen, sich vermessen, operationalisieren und berechnen zu lassen. Wie also Politik gestalten, wie Sicherheit produzieren angesichts einer solchen Unmöglichkeit definitiven Wissens? Sicherheit – oder besser: Unsicherheit – ist in diesem Sinne eng mit größeren philosophischen und erkenntnistheoretischen Fragestellungen verknüpft. Unsicherheit ist immer Teil einer ungewissen Zukunft, und im Umkehrschluss kann Sicherheit als die *Zähmung der Zukunft* verstanden werden. Der zentrale Referenzpunkt von Sicherheitspolitik im weitesten Sinne ist damit gesteckt: Es muss Wissen über die Zukunft produziert werden. Präziser gesprochen muss Wissen über die Bedrohungen der Zukunft produziert werden, um diese Bedrohungen in die Gegenwart rückzuspiegeln und ihnen im Hier und Jetzt mit den zur Verfügung stehenden Mitteln entgegenzutreten.

Beim Blick auf die sicherheitspolitischen Programme unserer Zeit lassen sich diverse Mittel und Wege identifizieren, wie eine solche Spiegelung das notwendige Wissen über Bedrohungen verschaffen könnte: durch Simulationen (Boyle/Haggerty 2012), Übungen und Planspiele (Anderson/Adey 2012), Rückgriff auf mediale Narrative (de Goede 2008; Grusin 2004, 2010) oder sogar freies „Erfinden" (Salter 2008). Louise Amoore (2013) konstituiert gar ein generelles Umschlagen der Grundlagen von Sicherheitspolitik von Wahrscheinlichkeiten hin zu bloßen Möglichkeiten und damit eine Öffnung von Wissensproduktion hin zu kreativen Methoden. Claudia Aradau und Rens van Munster (2007) wiederum sehen in Überwachungsmaßnahmen, im Verlangen nach immer mehr Daten, in Profiling-Programmen und im zunehmenden Vertrauen auf ausgeklügelte Algorithmen den politischen Versuch, sich aus der erkenntnistheoretischen Zwickmühle zwischen sicherer Gegenwart und unsicherer Zukunft zu befreien.

Dieser kurze Aufriss verdeutlicht, mit welcher Art von Schwierigkeiten sich eine Annäherung an einen Sicherheitsbegriff konfrontiert sieht. Speziell auf das temporale Dilemma von Sicherheit wird später im Kontext von Prävention noch zurückzukommen sein. Zunächst aber soll versucht werden, ein Verständnis von Sicherheit zu entwickeln, das nicht den hoffnungslosen Versuch unternimmt, das eingangs skizzierte Paradoxon aufzulösen, um so flüchtige Vorstellungen von Sicherheit zu kristallisieren. Im Gegenteil wird dieser Beitrag versuchen, den unterschiedlichen – und teilweise konfligierenden – Vorstellungen von Sicherheit Raum zu gewähren, und dadurch einen konturierten, multidimensionalen Sicherheitsbegriff entstehen zu lassen. Dazu sind mehrere Schritte notwendig. Zunächst wird der Wert von Sicherheit als ebensolcher diskutiert; als Wert an sich und als Ziel sozialer Organisation. Im nächsten Schritt wird auf die soziale Konstruktion von Sicherheit eingegangen und diese vor dem Hintergrund von Versicherheitlichungstheorien betrachtet. Im Anschluss wird Sicherheit dann aus einer kritischen Perspektive in größeren Zusammenhängen von Regieren, und spezieller im Sinne des Foucaultschen Diktums von Macht/Wissen diskutiert.

Der Wert (von) Sicherheit

Eine Bedrohung ist deshalb eine Bedrohung, weil sie sich auf das bezieht, was wir wertschätzen, nur um es dann mit dem zu kontrastieren, was wir fürchten (Burgess 2009: 309). Sicherheit ist somit Ausdruck sozialer und kultureller Bedürfnisse einer Gesellschaft, und – konkreter – ihrer Ängste und Hoffnungen (Burgess 2011b, 2). Anders gesprochen ist Sicherheit für sich wertvoll, und dieser Wert ist von zentraler Bedeutung in der Geschichte von politischer und sozialer Theorie (Der Derian 1995). Der prominenteste ideengeschichtliche Beitrag stammt dabei wohl von Thomas Hobbes. Der Leviathan, zentrales Element des gleichnamigen Werks aus dem Jahr 1651, verkörpert eine Vorstellung von absoluter Souveränität, die sich aus dem Bedürfnis nach Sicherheit speist. Die Grundfrage für Hobbes lautet: Wie lässt sich der anarchische Grundzustand eines Krieges aller gegen alle einhegen? Für ihn kann es allein der uneingeschränkte Herrscher sein, der einer unkontrollierten Gewaltausübung Einhalt gebieten und so die Gesellschaft überhaupt in einen angstfreien, lebenswerten Zustand verwandeln kann. Die Konzeption von Sicherheit bei Hobbes ist in diesem Sinne eine (Über-) Lebensstrategie, die Unsicherheit und Ambivalenz in Wahrheit und Vorhersagbarkeit überführt (Huysmans 1998, 245). Sicherheit wird damit sowohl zum konstituierenden Element von staatlicher Gewalthoheit als auch zum wichtigsten Regierungsziel dieser neu eingesetzten staatlichen Gewalt.

Obwohl der Begriff der Souveränität bei Hobbes von Absolutheit – und damit auch von der absoluten Legitimität des Einsatzes von Gewalt – geprägt ist, ist die Konzeption von Sicherheit selbst eine positive. Auch wenn ihre Herstellung das kollektive Abtreten individueller Freiheiten impliziert, so wiegt der Wert von Sicherheit für Hobbes schwerer als die Möglichkeit radikaler Selbstbestimmung. Der Grundstein für geregelte soziale Organisation ist somit gelegt. Das große historische Mantra der (westlichen) politischer Philosophie und Staatstheorie entspinnt sich für Mark Neocleous (2008, 4) in der Folge an der Frage, wie die Macht des Staates zur Herstellung von Sicherheit optimiert werden könne. In dieser Frage spiegelt sich die grundsätzliche Annahme, dass Sicherheit die Grundvoraussetzung von Freiheit (nicht: Anarchie) und Demokratie sei, und somit entscheidend für eine gute und lebenswerte Gesellschaft. Eine solche Annahme ist grundsätzlich nicht falsch, hat allerdings im Laufe des zwanzigsten Jahrhundert und der zunehmenden Liberalisierung von Gesellschaften fundamentale Kritik erfahren. In Abgrenzung zu einer allzu abstrakten und isolierten Konzeption von Sicherheit findet nun eine stärkere soziale Kontextualisierung statt. Die Bedeutung von Sicherheit ist nach dieser Lesart nicht nur abhängig von der jeweils spezifischen Fragestellung, sondern auch von individuellen Verständnissen unserer

Beziehungen zu Natur und Umwelt, anderen Menschen, sowie zu unserer Identität und unserem Selbstverständnis (Huysmans 1998, 228).

Aus einer solchen Perspektive auf das Innere der Gesellschaft resultiert eine stärkere Konzentration auf die Wirkweisen von Sicherheit auf eben jenes Innere. Sicherheit unter dieser Prämisse wird zu einem moralisch-normativen Unterfangen und stellt Fragen nach dem spezifisch „Guten" an Sicherheit selbst (Browning/McDonald 2013: 236); weiter gefasst sind dies Fragen des „guten Lebens" als Referenzobjekt von Sicherheit (Ammicht Quinn 2014a). In diesen Fragen offenbart sich die wohl größte Bruchstelle des heutigen Sicherheitsdiskurses: Die Produktion von Sicherheit ruft oft Nebenfolgen hervor, die einen negativen Einfluss auf dieses Gute ausüben und damit die Gesellschaft als Referenzobjekt von Sicherheit in eine weniger lebenswerte (aber dafür, widersprüchlicherweise, mutmaßlich sicherere) verwandeln. Willem de Lint und Sirpa Virta (2004, 471) umschreiben diesen Zwiespalt wie folgt: Sicherheit müsse als pathologisches Phänomen verstanden werden, das nur durch mehr Sicherheit geheilt werden könne. In anderen Worten: Sicherheitspolitik und Sicherheitsdenken, Sicherheitstechnologien und Sicherheitspraktiken – sie alle haben das Potential, normativ ‚nach hinten loszugehen' und genau die Werte zu gefährden, die ursprünglich geschützt werden sollten. Kurzum: Sicherheit erzeugt Reibung, und diese Reibung ist in vielen Bereichen unseres alltäglichen Lebens spürbar.

Nicht zuletzt sind die Debatten unter dem Diktum von ‚Freiheit vs. Sicherheit' von der Erfahrung dieser Reibung befeuert worden. Verletzungen der Privat- und Intimsphäre, ein Kontrollverlust über personenbezogene Daten, Diskriminierungen und Einsortierungen in Risikoklassen, mutmaßlich die Aufkündigung eines liberalen gesamtgesellschaftlichen Grundverständnisses markieren die Eckpunkte in den Diskussionen. Sicherheit, so Didier Bigo (2008, 12), stelle sich zunehmend entkoppelt von Menschenrechten, rechtlichen und sozialen Garantien, und entkoppelt vom Schutz des Individuums dar. Freiheit und Sicherheit unter dem Blickwinkel einer möglichen ‚Balance' oder einer Abwägung zu diskutieren führt jedoch, ganz im Sinne der bis dato skizzierten Ambivalenzen und Ambiguitäten von Sicherheit, zu einem Zerrbild. Menschenrechte und bürgerliche Freiheitsrechte zu ethischen Bedenken zu reduzieren, die dann wiederum gegen Sicherheitsargumente aufgewogen werden könnten, etabliert unweigerlich die Möglichkeit einer legitimen Minderung dieser Rechte (Hayes 2010, 158). Rechte, das möge man im Hinterkopf behalten, die für sich genommen universelle Geltung beanspruchen.

Doch nicht nur die Reduktion von Grundwerten auf Verhandlungsmasse sorgt für Unbehagen. Eine Debatte unter der Prämisse von Balance beruht zudem auf der fragwürdigen Annahme, dass eine optimale Balance überhaupt erreicht werden könne (Waldron 2003: 193). Eine solche Annahme scheint übermäßig vereinfachend, da sie weder die Mehrdeutigkeiten von Sicherheit noch die Mehrdeutigkeiten von Freiheit reflektiert. Zudem bezieht sie weder Kritiken an rein konsequentialistischen Ansätzen von Ethik (d.h. die Konzentration auf das Ergebnis einer Handlung, und nicht auf die möglicherweise moralisch fragwürde Handlung selbst), noch Fragen von Verteilungsgerechtigkeit oder nicht-intendierten Nebenfolgen mit ein (ebd., 195). Es sind jedoch genau diese Fragen, die bei einer kritischen Bewertung von Sicherheitspolitik und damit letztlich auch eines Sicherheitsbegriffs, der durch seine politischen Praktiken (mit-)bestimmt wird, von Bedeutung sind. Ein Fokus auf „Balance" oder „Abwägung" verstellt dabei mutmaßlich eine größere Perspektive auf gesellschaftlichen Wandel unter der Überschrift Sicherheit (Monahan 2006, 21).

Sicherheit also ist nicht eindimensional zu definieren. Zu viele Fragen verbleiben dazu zwischen Hobbes' positiv gemeintem gesellschaftlichem Fundament von Sicherheit und heutigen Bedenken angesichts von Vorstellungen eines „Supergrundrechts" Sicherheit (Hans-Peter Friedrich im Juli 2013), das andere Rechte aussticht. Sicherheit ist geprägt durch eine starke normative Aufladung (Burgess 2011a), und die verschiedenen Dimensionen von Sicherheit dürfen nicht leichtfertig verwechselt oder durcheinandergebracht werden. Sicherheit ist untrennbar mit sozialer und politischer Organisation verbunden, und damit auch mit Fragen von Macht, Autorität und Regieren. Ein Großteil der Kritik an Sicherheit ist bei näherer Betrachtung tatsächlich keine Kritik an Sicherheit als ‚Wert an sich', sondern an Sicherheitspolitik und den politischen Programmen, unter denen solche Sicherheitspolitik maßgeblich geprägt wird. Die Unterschiede sind dabei oft nur schwer auszumachen. Wenn sich an diesem Punkt eines festhalten lässt, dann vielleicht dies: Sicherheit ist weder rein ‚gut' noch rein ‚böse'. Und im Umkehrschluss: Eine moralische Bewertung von Sicherheit kommt nicht um empirische Kontextualisierung herum. Sicherheit ist immer eingebettet in Politik, in Macht, in Modi von Wissensproduktion, und auch in ökonomische Zusammenhänge. Sicherheit ist *sozial konstruiert*.

Soziale Konstruktion von (Un-)Sicherheit

Eine soziale Konstruktion von (Un-)Sicherheit lässt sich im Grunde schon an den sich wandelnden Landschaften von Bedrohungen und Referenzobjekten von Sicherheit ablesen. Von territorialer Integrität über Bevölkerungsschutz (Foucault 2007, 2008) hin zu kritischen Infrastrukturen (Aradau 2010; Collier/Lakoff 2008, 2015); vom Nationalstaat hin zum Individuum (Paris 2001) und bis zu nicht-menschlichen Akteuren wie etwa Technologien oder Infrastrukturen (Chandler 2013; Kaltofen 2015; Mitchell 2014). Von feindlichen Armeen über atomare Langstreckenwaffen (Buzan and Hansen 2009) hin zu Terrorismus und organisierter Kriminalität (Ball/Webster 2003; Simon 2008; Zedner 2006), Klimawandel (Rothe 2016; Swyngedouw 2010; von Lucke et al. 2014), Naturkatastrophen (Collier 2008; Lakoff 2006, 2007) und Migration (Bigo 2002; Huysmans 2006) – (Un-)Sicherheit erfährt immer wieder tiefgreifenden Wandel und ist dabei politischen Kontroversen ausgesetzt. Ausgehend von dieser Prämisse beschäftigt sich Versicherheitlichungstheorie mit diesem Wandel und fragt dabei danach, wie Bedrohungslagen überhaupt in der Wahrnehmung zu Bedrohungslagen werden und wie dies argumentativ legitimiert wird.

Um politische Maßnahmen gegen Bedrohungen ergreifen zu können, so die Annahme von Ole Wæver (Buzan et al. 1998; Wæver 1995), müssen diese Bedrohungen von einer breiten Öffentlichkeit (als solche) akzeptiert werden. Im Mittelpunkt steht hier die argumentative Zusammenführung von (neuen) Bedrohungen und (neuen) zu schützenden Referenzobjekten. Gegen diese Bedrohungen müssen dann in der Folge dringende Maßnahmen ergriffen werden, da sie ansonsten die weitere Existenzgrundlage gefährden könnten (Buzan et al. 1998, 5). Die entscheidende Frage ist hier, wie genau ein Problem zu einem *Sicherheits*problem wird (Wæver 1995, 54). Von Unsicherheit zu sprechen löst eine Dringlichkeit aus, die Ursachen für diese Unsicherheit zu bekämpfen und somit Unsicherheit in Sicherheit zu überführen. Die Logik von Versicherheitlichung etabliert dabei potentiell Ausnahmezustände (wie etwa nach 9/11 in den USA zu beobachten), in denen Sicherheitsgesetze, Sicherheitstechnologien und Sicherheitspraktiken Legitimation erfahren, die unter normalen Bedingungen kaum Zustimmung finden würden.

Versicherheitlichung kann jedoch nicht nur im Zusammenhang mit Ausnahmesituationen gedacht werden. Vornehmlich Didier Bigo (1994, 2001, 2014; Bigo/Tsoukala 2008; Bigo/Walker 2007) gibt zu bedenken, dass es gerade nicht spektakuläre Ausnahmezustände seien, sondern Normalität und Routine, die Versicherheitlichungsprozesse vorantreiben. Eine solche Normalisierung kommt in dieser Lesart vor allem durch institutionelle Kooperationen von Sicherheitsbehörden, bürokratische Vorgänge und eine zunehmende Technisierung von Sicherheit zustande (c.a.s.e. collective 2006, 466). Bedrohungen und Referenzobjekte von Sicherheit werden demnach durch Praktiken, begründet in der Expertise und dem Wissen von Sicherheitsexperten, auf die Agenda gesetzt. Der Punkt, den beide Lesarten betonen, besteht in den Kontroversen, und den Kämpfen um die Deutungshoheit, denen Sicherheit ausgesetzt ist. Um Sicherheit herzustellen muss Unsicherheit verhandelt werden – sei es durch öffentliche Diskussionen oder durch den Verweis auf jahrelange Erfahrung, sei es mittels Zahlen und Statistiken oder eines Verweises auf geheime Informationen, die die Öffentlichkeit nur „beunruhigen" (Thomas de Maizière im November 2015) würden. Sicherheit wird hier zum Mittelpunkt von Argumentationen, die wiederum an spezifische Formen von Wissen rückgekoppelt sind.

Mit diesem Wissen – es ist, wie bereits dargelegt, Wissen über die Zukunft, das sich bis in die Gegenwart hinein erstreckt – kann also Unsicherheit argumentativ begründet, und können im Anschluss Sicherheitsmaßnahmen legitimiert werden. Diese können wiederum negative Folgen für die Gesellschaft als schützenswertes Referenzobjekt entfalten. Dies muss nicht zwingenderweise der Fall sein, und die individuellen Einschätzungen über gerechtfertigte Eingriffe in Privat- oder Intimsphäre können stark variieren. Auch über eine angemessene Eingriffstiefe herrscht Uneinigkeit. Die Pole der Diskussion sind wohl auf der einen Seite im „Recht, alleingelassen zu werden" (Warren/Brandeis 1890) zu verorten und auf der anderen Seite in der Annahme, dass ein Mensch, der sich nichts habe zuschulden kommen lassen, auch nichts zu verbergen habe. Bis hierhin spiegelt der entwickelte Sicherheitsbegriff das eingangs skizzierte Paradoxon der Nicht-Definierbarkeit von Sicherheit wider, die sich aber nichtsdestotrotz in viele Lebensbereiche hinein erstreckt und somit zu einem zentralen gesellschaftlichen und politischen Thema wird. Nach Sicherheit als Wert an sich und Sicherheit als sozialer Konstruktion soll in einem letzten Schritt Sicherheit als Paradigma von Regieren beleuchtet werden.

Sicherheit als Regierungspraxis

Sicherheit also ist eine Regierungspraxis. Regieren in diesem Sinne muss verstanden werden als die Ausübung von Macht – von Akteuren über andere Akteure mit spezifischen Zielen und Mitteln, die sich an spezifischen Problemstellungen entspinnen und dabei nicht starr, sondern flexibel und dynamisch ausgelegt sind (Dean 1999, 22). Ein solches Verständnis geht maßgeblich auf Michel Foucault zurück, der in seinen Arbeiten zu „Gouvernementalität" beschreibt, wie sich Regierungspraktiken im Laufe der Entwicklung moderner Staaten und Verwaltungsapparate zunehmend liberalisiert haben. Zur Durchsetzung sozialer Ordnungsvorstellungen würden zunehmend nicht mehr autoritäre Maßnahmen und Techniken aufgewendet, sondern Mechanismen individueller Selbstregulierung. Foucault beschreibt diesen Wandel als „conduct of conduct" (Foucault 2008, 186), was sich etwa mit „Steuerung von Verhalten" übersetzen ließe. Entscheidend ist hier, dass dem Individuum keine starren Verhaltensmuster aufgezwungen, sondern stattdessen Anreize geschaffen werden, um bestimmte Verhaltensmuster zu belohnen – die Entscheidung, ob den Anreizen Folge geleistet wird, bleibt jedoch beim Individuum selbst.

Hier entsteht eine neue Konzeption, die sich schwerlich zentral steuern lässt und auch keiner einzelnen Rationalität oder einem spezifischen politischen Programm folgt. Vielmehr müsse nach Foucault anerkannt werden, dass die Steuerung von Verhalten von einer Vielzahl von Akteuren und gesellschaftlichen Kräften abhängig sei. Wie auch in verwandten Ansätzen von „Governance" (Rhodes 1996) ist der Staat hier nur einer unter vielen Akteuren, die an politischer Steuerung beteiligt sind. Governance kann beschrieben werden als „Regieren ohne Regierung", wobei mit Regierung die fixen Institutionen des Staates gemeint sind, die im Zuge von Flexibilisierung Einfluss verlieren und stattdessen versuchen, über neue kooperative Modi die erwünschten Verhaltensmuster herzustellen (Rhodes 2007). Um Sicherheit als Regierungspraxis zu beleuchten ist es also notwendig, den analytischen Fokus zu erweitern und sowohl neue Akteure als auch multiple und widerstreitende Strategien, Rationalitäten, Konflikte, Technologien und Identitäten miteinzubeziehen (Walters 2012, 3). Wie hat sich das Regieren *von* Sicherheit, und maßgeblicher, *durch* Sicherheit, also historisch verändert?

Die wohl größte Transformation ist der „Kommodifizierung von Sicherheit" (Loader 1999) zuzuschreiben. Kommodifizierung von Sicherheit bezeichnet die Verdinglichung von Sicherheit und Sicherheitsproduktion. Sie legen den Grundstein für eine Ökonomisierung und Kommerzialisierung, und in der Konsequenz für eine Regulierung von Sicherheit durch Marktmechanismen. Ein Blick auf Flughäfen, Bahnhöfe und andere Transportinfrastrukturen, aber auch auf öffentliche Gebäude, Museen und Parks, sowie private Shopping Malls oder Sportstadien macht schnell klar, dass Sicherheit zu einem käuflichen Gut geworden ist, von dem eine ganze Branche von Sicherheitsdienstleistern lebt. Viele Sicherheitsaufgaben, die früher in den hoheitlichen Bereich der Polizei fielen, werden heute von privaten Sicherheitsfirmen übernommen (Loader 2002; Zedner 2006). Neuere Entwicklungen müssen dabei als Ausdruck von längeren Trends verstanden werden, die sich über Jahrzehnte hinweg zurückverfolgen lassen (Jones/Newburn 2002, 134). Im Allgemeinen lässt sich festhalten, dass die Kommodifizierung von Sicherheit wohl ein Produkt von wachsendem Wohlstand und Privatbesitz ist, die wiederum ein Bedürfnis nach Schutz hervorgerufen haben.

Analog zu Privatisierungstendenzen hat sich auch Polizeiarbeit selbst verändert. In Polizeiarbeit hat eine starke Betonung auf Kriminalprävention Einzug gehalten. Richard Ericson und Kevin Haggerty (1997) haben gezeigt, wie sich Polizeiaufgaben zunehmend anhand von Risiko als zentralem Paradigma von Sicherheit neu konfiguriert haben. Durch die fortschreitende Konzentration auf vorbeugende Maßnahmen zur Verhinderung von Verbrechen hat sich Polizeiarbeit zu einer Praxis von Wissensproduktion gewandelt – ähnlich den weiter oben skizzierten Praktiken nationaler Sicherheit im Kampf gegen Terrorismus. Um Kriminalprävention zu betreiben muss Wissen über Bevölkerungsgruppen, Stadtviertel und Gefährdungslagen hergestellt werden, was wiederum auf Grundlage von Erfahrungswerten und Daten über vergangene Straftaten geschieht. Durch den Fokus auf Sicherheits*wissen* muss nun aber die Sicherheits*produktion*, die auf Grundlage dieses Wissens geschieht, nicht mehr zwangsläufig von der Polizei selbst ausgeführt werden, sondern kann auch anderen Akteuren übertragen werden. Damit ist der Weg, eng verknüpft mit einer zunehmenden Marktliberalisierung im ausgehenden 20. Jahrhundert, frei für neue Akteurskonstellationen: Outsourcing an private Dienstleister, sogenannte „Public-Private-Partnerships" und hybride Modi von Arbeitsteilung, den Einbezug von freiwilligen Helfern oder der käufliche Erwerb von Sicherheitsdienstleistungen für Stadtviertel oder Gegenden, die keine oder nicht genügend Aufmerksamkeit von der Polizei erfahren – die Möglichkeiten und praktischen Ausgestaltungen sind mannigfaltig.

Neue Konstellationen in einem solch kritischen Feld wie Sicherheit setzen jedoch wiederum eine Analyse nicht nur von Effizienz- und Effektivitätskriterien, sondern auch normativer Implikationen voraus. Regieren kann – ohne hier allzu sehr zu vereinfachen – moralisch gut oder schlecht sein (Rose 1999: 16). Und tatsächlich spaltet sich die Diskussion entlang einer solchen Dichotomie. Manche betonen die Chancen, die eine Flexibilisierung von Sicherheitsproduktion mit sich bringe (etwa den Einbezug lokaler Akteure mit mehr Gespür für Sorgen und Nöte einzelner Stadtteile,

Anpassungsfähigkeit, schnellere Reaktionszeiten, maßgeschneiderte Sicherheitskonzepte) und in diesem Sinne die mitunter starren Strukturen von staatlichen Sicherheitsbehörden als fundamentales Manko für Sicherheit ansehen (Dupont 2006; Shearing/Wood 2003; Wood 2006); die Liberalisierung von Sicherheit lässt dagegen auch den umgekehrten Schluss zu. Gerade der Bezug auf den Wert von Sicherheit an sich erlaubt die Rückbesinnung auf die Legitimität von Gewaltausübung und die Schutzverantwortung des Staates sowie den Schluss, dass ein solch wichtiges wie auch fragiles und potentiell gefährliches Gut wie Sicherheit nicht unüberlegt zum Spielball von ökonomischen Prämissen werden dürfe (Loader/Walker 2001, 2006; Zedner 2006).

Der Markt als Idealtyp ist per Definition im besten Sinne amoralisch, da neutral gegenüber Wertvorstellungen. Sein Medium Geld ist entkoppelt von Fragen bzgl. sozialem Grundkonsens und politischer Organisation, und damit auch von der normativen Aufladung von Sicherheit. Nicht zuletzt deshalb sehen kritische Autor_innen in einem entfesselten Marktliberalismus eine der größten Gefahren für verantwortungsbewusste und maßvolle Sicherheitspolitik (Harvey 2005; Neocleous 2008). Verantwortung heißt dabei auch, zur Verantwortung gezogen werden zu können, und genau hier liegt wohl das stärkste Argument für eine Einhegung von liberalisierter Sicherheitsproduktion. Die Polizei übt nicht nur ein historisch begründetes Mandat zur Aufrechterhaltung von Sicherheit und eine kulturelle Identifikationsfunktion für politische Gemeinschaften aus (Loader/Walker 2001), sondern muss im Falle eines Missbrauchs des staatlich legitimierten Gewaltmonopols öffentlich Zeugnis ablegen. Mechanismen von Kontrolle und Verantwortlichkeit gegenüber der souveränen Bevölkerung sind essentielle Bestandteile für das Funktionieren von demokratisch organisierten Gemeinschaften (Bovens 2005; Grant/Keohane 2005) und damit systemisch verbriefte Sicherungen gegen die pathologischen Tendenzen von Sicherheit.

Im Hinblick auf private Akteure stellen sich solche Prozesse, wenn nicht als unmöglich, so doch schwieriger dar. Im Gegensatz zur historisch gewachsenen Legitimation des staatlichen Gewaltmonopols, das sich direkt aus der Souveränität der Bevölkerung speist, beruht eine Regulierung des Sicherheitsmarkts unmittelbar auf politischen Aushandlungsprozessen. Hinzu kommt, dass (zumindest radikale) liberale ökonomische Theorie ein Eingreifen der Politik in Märkte verurteilt, da dadurch die Marktautonomie und das daraus (in der Theorie) entstehende optimale Gleichgewicht gestört würden. In der Folge ergäbe sich ,schlechtere' Sicherheit für alle durch weniger Anreize zu Innovation, Qualität und niedrige Preise durch eingeschränkten Wettbewerb. Festzuhalten ist an dieser Stelle, dass sich nicht nur Vorstellungen von Sicherheit selbst, der Bedrohungen, denen wir uns ausgesetzt sehen und der Referenzobjekte, die es vor diesen Bedrohungen zu schützen gilt, wandeln, sondern auch die Akteure und Akteurinnen, die mit eben diesem Schutz betraut sind.

Implikationen für Prävention

Zentral muss an dieser Stelle die Frage nach den Implikationen des herausgearbeiteten Sicherheitsbegriffs für das Thema Prävention stehen. Angesichts der Ausführungen muss dabei sogar in Frage gestellt werden, inwiefern Sicherheit und Prävention überhaupt voneinander abweichende Konzepte sind. Die Herstellung von Sicherheit ist notwendigerweise immer präventiv, da auf die Verhinderung von zukünftigen Bedrohungen ausgelegt. Prävention ist damit gewissermaßen die notwendige Bedingung von Sicherheit. Die Fragestellung, die es in diesem letzten Abschnitt zu bearbeiten gilt, verändert sich durch diese Einsicht: Es ist nicht die Frage, ob Prävention an sich richtig oder falsch ist, sondern die Frage, wie sich Prävention vor dem Hintergrund der skizzierten Merkmale von Sicherheit so gestalten lässt, dass sie möglichst wenige negative (Neben-)Folgen produziert. An dieser Stelle sollten wir uns noch einmal in Erinnerung rufen, dass Sicherheit, Sicherheitspolitik und die ‚soziale Realität' von Sicherheit zwar eng verknüpft sind, dabei aber nicht notwendigerweise kongruent sein müssen – und ausgehend von dieser Prämisse den Bogen zurück zum Anfang schlagen und die Werthaftigkeit von Sicherheit im Licht der bisherigen Ausführungen reflektieren.

Eine spätmoderne Vorstellung von Sicherheit, so die Annahme von James Der Derian (1995, 26), muss die Pluralität von Gravitationszentren, multiple Bedeutungsmuster sowie flüchtige Identitäten als Grundvoraussetzungen anerkennen – und gleichzeitig geben diese neuen Grundvoraussetzungen die Agenda für kritische Reflektion vor. Es ist somit zu klären, wie die heutige Sicherheitslandschaft zu dem wurde, was sie heute ist. Es ist zu klären, warum bestimmte Interpretationen von Bedrohungen auf der politischen Agenda priorisiert werden, während andere nachrangig behandelt werden. Es ist zu klären, welche Akteure und Akteurinnen den Sicherheitsdiskurs maßgeblich bestimmen – und auf welche Art und Weise sie das tun. Es ist zu klären, welche Argumentationsformen und Wissenspraktiken der Produktion von Sicherheit zugrunde gelegt werden. Es ist zu klären, welche Akteure mit ihrer Umsetzung beauftragt werden, und auf welcher Grundlage. Und es ist zu klären, welche Technologien und Techniken dafür als adäquat betrachtet werden.

Zugegebenermaßen sind damit mehr Fragen aufgeworfen als beantwortet. Das liegt in der Natur der Sache. Ein Sicherheitsbegriff der, so wie eingangs postuliert, eine vielschichtige und konturierte Perspektive anbieten möchte, darf sich Kontroversen, Ambiguitäten und Ambivalenzen nicht verschließen, sondern muss sie im Gegenteil annehmen und ihre Bruchstellen und Demarkationslinien schärfen. Soziale Phänomene verändern sich kontinuierlich, und ebenso kontinuierlich verändert sich (Un-)Sicherheit. Allerdings darf diese Einsicht nicht von einer moralischen Bewertung von Sicherheitspolitik und Sicherheitspraktiken befreien – im Gegenteil. Der moralisch gute Wert von Sicherheit an sich kann, wie gezeigt, in der Praxis tatsächlich leicht in etwas ‚Schlechtes' umschlagen. Präventive Praktiken müssen in diesem Sinne also auf ihre sozialen Konsequenzen und (Neben-)Effekte hin untersucht werden: im Hinblick auf mögliche Verletzungen von Menschen- und Bürgerrechten, Unterdrückung von ethnischen oder ökonomischen Minderheiten, Gewalt und Diskriminierung (Ammicht Quinn 2014b; c.a.s.e. collective 2006; de Lint 2009). Gerade in Bezug auf Diskriminierung muss die zunehmende Digitalisierung von Sicherheitspraktiken bedacht werden, die eine folgenreiche und nach oben offene Skalierung zulässt. Datenbanken sind in Sekundenschnelle von jedem Punkt der Welt aus erreichbar, und Algorithmen verarbeiten komplexe und riesige Datenmengen zu Sicherheitswissen.

Gorner (2013) erklärt schließlich, warum unbescholtene Bürger in Chicago ins Visier der Polizei geraten: neue mathematische Analysemethoden errechnen, wer dem größten Risiko ausgesetzt ist, in eine Schießerei verwickelt zu werden oder selbst erschossen zu werden. In der Folge werden diejenigen Menschen, die auf der entsprechenden Liste ganz oben stehen, gewarnt, und gleichzeitig wird ihnen nahegelegt, dass jede zukünftige Gesetzesüberschreitung mit voller Härte geahndet werden würde. Diese Drohung wird mit dem Angebot ergänzt, bei einer möglichen Jobsuche oder der Beantragung von Sozialleistungen behilflich zu sein. Das Programm, finanziert von *National Institute of Justice*, beruft sich auf die statistischen Signifikanzen der sozialen Verbindungen zwischen Individuen, die in kriminelle Aktivitäten verwickelt sind. Sicherheit ist die Prognose über zukünftige Unsicherheit, und Prävention die daraus resultierende Handlung mit dem Ziel, diese zukünftige Unsicherheit zu unterbinden.

An dieser Stelle zeigt sich deutlich das Spannungsverhältnis von Sicherheit und Prävention – nämlich genau dann, wenn unter der Prämisse der Vermeidung von ungewollten Zukünften in der Gegenwart Handlungen legitimiert werden, die Menschen in ihrer Privat- und Intimsphäre und in ihrer Freiheit einschränken. Diese Spannungen werden sich mutmaßlich nie komplett überwinden lassen. Sie sollten jedoch stets bewusst bleiben.

Literatur

Ammicht Quinn, Regina (Hrsg.) (2014a): Sicherheitsethik, Wiesbaden: Springer VS.
Ammicht Quinn, Regina (2014b): Sicherheitsethik: Eine Einführung, in: Ammicht Quinn, Regina (Hrsg.) Sicherheitsethik. Wiesbaden: Springer VS, 15-47.
Amoore, Louise (2013): The Politics of Possibility: Risk and Security Beyond Probability. Durham/London: Duke University Press.
Anderson, Ben/Adey, Peter (2012): Governing Events and Life: ‚Emergency‘ in UK Civil Contingencies, in: Political Geography 31(1), 24-33.
Aradau, Claudia (2010): Security That Matters: Critical Infrastructure and Objects of Protection, in: Security Dialogue 41(5), 491-514.
Aradau, Claudia/van Munster, Rens (2007): Governing Terrorism Through Risk: Taking Precautions, (un)Knowing the Future, in: European Journal of International Relations 13(1), 89-115.
Ball, Kirstie/Webster, Frank (Hrsg.) (2003): The Intensification of Surveillance: Crime, Terrorism and Warfare in the Information Age. London/Sterling: Pluto Press.
Bigo, Didier (1994): The European Internal Security Field: Stakes and Rivalries in a Newly Developing Area of Police Intervention, in: Anderson, Malcolm/den Boer, Monica (Hrsg.): Policing Across National Boundaries. London/New York: Pinter, 161-173.
Bigo, Didier (2001): The Möbius Ribbon of Internal and External Security(ies), in: Albert, Mathias/Jacobson, David/Lapid, Yosef (Hrsg.): Identities, Borders, Orders: Rethinking International Relations Theory. Minneapolis/London: University of Minnesota Press, 91-116.
Bigo, Didier (2002): Security and Immigration: Toward a Critique of the Governmentality of Unease, in: Alternatives: Global, Local, Political 27(1), 63-92.
Bigo, Didier (2008): Globalized (In)Security: The Field and the Ban-opticon, in: Bigo, Didier/Tsoukala, Anastassia (Hrsg.): Terror, Insecurity and Liberty. Illiberal Practices of Liberal Regimes after 9/11. London/New York: Routledge, 10-48.
Bigo, Didier (2014): The (In)Securitization Practices of the Three Universes of EU Border Control: Military/Navy – Border Guards/Police – Database Analysts, in: Security Dialogue 45(3), 209-225.
Bigo, Didier/Tsoukala, Anastassia (Hrsg.) (2008): Terror, Insecurity and Liberty: Illiberal Practices of Liberal Regimes After 9/11. London/New York: Routledge.
Bigo, Didier/Walker, Rob B. J. (2007): Political Sociology and the Problem of the International, in: Millennium - Journal of International Studies 35(3), 725-739.
Bovens, Mark (2005): Public Accountability, in: Ferlie, Ewan/Lynn Jr., Laurence E./ Pollitt, Christopher (Hrsg.): The Oxford Handbook of Public Management. Oxford: Oxford University Press, 182-208.
Boyle, Philip/Haggerty, Kevin D. (2012): Planning for the Worst: Risk, Uncertainty and the Olympic Games, in: The British Journal of Sociology 63(2), 241-259.

Browning, Christopher S./McDonald, Matt (2013): The Future of Critical Security Studies: Ethics and the Politics of Security, in: European Journal of International Relations 19(2), 235-255.

Burgess, J. Peter (2009): There is No European Security, Only European Securities, in: Cooperation and Conflict 44(3), 309-328.

Burgess, J. Peter (2011a): Ethical Review and the Value(s) of Security Research. Paper präsentiert auf dem Workshop Ethical Issues in Security Research – a Practical Approach, Brüssel, 29. September.

Burgess, J. Peter (2011b): The Ethical Subject of Security: Geopolitical Reason and the Threat Against Europe. Milton Park/New York: Routledge.

Buzan, Barry/Hansen, Lene (2009): The Evolution of International Security Studies. Cambridge: Cambridge University Press.

Buzan, Barry/Wæver, Ole/de Wilde, Jaap (1998): Security: A New Framework for Analysis. Boulder: Rienner.

c.a.s.e. collective (2006): Critical Approaches to Security in Europe: A Networked Manifesto, in: Security Dialogue 37(4), 443-487.

Chandler, David (2013): The World of Attachment? The Post-humanist Challenge to Freedom and Necessity, in: Millennium - Journal of International Studies 41(3), 516-534.

Collier, Stephen J. (2008): Enacting Catastrophe: Preparedness, Insurance, Budgetary Rationalization, in: Economy and Society 37(2), 224-250.

Collier, Stephen J./Lakoff, Andrew (2008): Distributed Preparedness: the Spatial Logic of Domestic Security in the United States, in: Environment and Planning D: Society and Space 26(1), 7-28.

Collier, Stephen J./Lakoff, Andrew (2015): Vital Systems Security: Reflexive Biopolitics and the Government of Emergency, in: Theory, Culture & Society 32(2), 19-51.

de Goede, Marieke (2008): Beyond Risk: Premediation and the Post-9/11 Security Imagination, in: Security Dialogue 39(2-3), 155-176.

de Lint, Willem (2009): Security, Exclusion, and Social Justice, in: Studies in Social Justice 3(1), 1-7.

de Lint, Willem/Virta, Sirpa (2004): Security in Ambiguity: Towards a Radical Security Politics, in: Theoretical Criminology 8(4), 465-489.

Dean, Mitchell (1999): Governmentality: Power and Rule in Modern Society. London/Thousand Oaks/New Delhi: Sage.

Der Derian, James (1995): The Value of Security: Hobbes, Marx, Nietzsche, and Baudrillard, in: Lipschutz, Ronnie D. (Hrsg.): On Security. New York/Chichester: Columbia University Press, 24-45.

Dupont, Benoît (2006): Power Struggles in the Field of Security: Implications for Democratic Transformation, in: Wood, Jennifer/Dupont, Benoît (Hrsg.): Democracy, Society and the Governance of Security. Cambridge: Cambridge University Press, 86-110.

Ericson, Richard V./Haggerty, Kevin D. (1997): Policing the Risk Society. Oxford: Clarendon Press.

Foucault, Michel (2007): Security, Territory, Population. Lectures at the Collège de France, 1977-78. New York: Palgrave Macmillan.

Foucault, Michel (2008): The Birth of Biopolitics. Lectures at the Collège de France 1978-79. New York: Palgrave Macmillan.

Gorner, Jeremy (2013): Chicago Police Use 'Heat List' as Strategy to Prevent Violence, in: Chicago Tribune, 21.08.2013. http://articles.chicagotribune.com/2013-08-21/news/ct-met-heat-list-20130821_1_chicago-police-commander-andrew-papachristos-heat-list (05.06.2015).

Grant, Ruth W./Keohane, Robert O. (2005): Accountability and Abuses of Power in World Politics, in: American Political Science Review 99(1), 29-43.

Grusin, Richard (2004): Premediation, in: Criticism 46(1), 17-39.

Grusin, Richard (2010): Premediation: Affect and Mediality After 9/11. New York: Palgrave Macmillan.

Harvey, David (2005): A Brief History of Neoliberalism. Oxford/New York: Oxford University Press.

Hayes, Ben (2010): "Full Spectrum Dominance" as European Union Security Policy: on the Trail of the "NeoConOpticon", in: Haggerty, Kevin D./Samatas, Minas (Hrsg.): Surveillance and Democracy. Milton Park/New York: Routledge, 148-170.

Huysmans, Jef (1998): Security! What Do You Mean? From Concept to Thick Signifier, in: European Journal of International Relations 4(2), 226-255.

Huysmans, Jef (2006): The Politics of Insecurity. Fear, Migration and Asylum in the EU. Milton Park/New York: Routledge.

Jones, Trevor/Newburn, Tim (2002): The Transformation of Policing? Understanding Current Trends in Policing Systems, in: British Journal of Criminology 42(1), 129-146.

Kaltofen, Carolin (2015): Security's Posthuman Dilemma: Worldly Humanism and Security. Paper präsentiert auf der ISA Annual Convention, New Orleans, 18.-21. Februar.

Lakoff, Andrew (2006): Techniques of Preparedness, in: Monahan, Torin (Hrsg.): Surveillance and Security: Technological Politics and Power in Everyday Life. New York/London: Routledge, 265-274.

Lakoff, Andrew (2007): Preparing for the Next Emergency, in: Public Culture 19(2), 247-271.

Loader, Ian (1999): Consumer Culture and the Commodification of Policing and Security, in: Sociology 33(2), 373-392.

Loader, Ian (2002): Policing, securitization and democratization in Europe, in: Criminology & Criminal Justice 2(2), 125-153.

Loader, Ian/Walker, Neil (2001): Policing as a Public Good: Reconstituting the Connections Between Policing and the State, in: Theoretical Criminology 5(1), 9-35.

Loader, Ian/Walker, Neil (2006): Necessary Virtues: the Legitimate Place of the State in the Production of Security, in: Wood, Jennifer/Dupont, Benoît (Hrsg.): Democracy, Society and the Governance of Security. Cambridge: Cambridge University Press, 165-195.

Mitchell, Audra (2014): Only Human? A Worldly Approach to Security, in: Security Dialogue 45(1), 5-21.

Monahan, Torin (2006): Questioning Surveillance and Security, in: Monahan, Torin (Hrsg.): Surveillance and Security: Technological Politics and Power in Everyday Life. New York/London: Routledge, 1-23.

Neocleous, Mark (2008): Critique of Security. Edinburgh: Edinburgh University Press.

Paris, Roland (2001): Human Security: Paradigm Shift or Hot Air?, in: International Security 26(2), 87-102.

Rhodes, Roderick A. W. (1996): The New Governance: Governing Without Government, in: Political Studies 44(4), 652-667.

Rhodes, Roderick A. W. (2007): Understanding Governance: Ten Years On, in: Organization Studies 28(8), 1243-1264.

Rose, Nikolas (1999): Powers of Freedom: Reframing Political Thought. Cambridge: Cambridge University Press.

Rothe, Delf (2016): Securitizing Global Warming: A Climate of Complexity. Milton Park/New York: Routledge.

Salter, Mark B. (2008): Imagining Numbers: Risk, Quantification, and Aviation Security, in: Security Dialogue 39(2-3), 243-266.

Schouten, Peer (2014): Security as Controversy: Reassembling Security at Amsterdam Airport, in: Security Dialogue 45(1), 23-42.

Shearing, Clifford/Wood, Jennifer (2003): Nodal Governance, Democracy, and the New 'Denizens', in: Journal of Law & Society 30(3), 400-419.

Simon, Jonathan (2008): Choosing our Wars, Transforming Governance: Cancer, Crime, and Terror, in: Amoore, Louise/de Goede, Marieke (Hrsg.): Risk and the War on Terror. London/New York: Routledge, 79-96.

Swyngedouw, Erik (2010): Apocalypse Forever? Post-political Populism and the Spectre of Climate Change, in: Theory, Culture & Society 27(2-3), 213-232.

von Lucke Franz/Wellmann, Zehra/Diez, Thomas (2014): What's at Stake in Securitising Climate Change? Towards a Differentiated Approach, in: Geopolitics 19(4), 857-884.

Wæver, Ole (1995): Securitization and Desecuritization, in: Lipschutz, Ronnie D. (Hrsg.): On Security. New York/Chichester: Columbia University Press, 46-86.

Waldron, Jeremy (2003): Security and Liberty: The Image of Balance, in: Journal of Political Philosophy 11(2), 191-210.

Walters, William (2012): Governmentality: Critical Encounters. Milton Park/New York: Routledge.

Warren, Samuel D./Brandeis, Louis D. (1890): The Right to Privacy. Harvard Law Review 4(5), 193-220.

Wood, Jennifer (2006): Research and Innovation in the Field of Security: A Nodal Governance View, in: Wood, Jennifer/Dupont, Benoît (Hrsg.): Democracy, Society and the Governance of Security. Cambridge: Cambridge University Press, 217-240.

Zedner, Lucia (2006): Liquid Security: Managing the Market for Crime Control. Criminology & Criminal Justice 6(3), 267-288.

3. Prävention, Freiheit und Demokratie

Jessica Heesen

Freiheit und Sicherheit

Mit dem Sicherheits- und dem Freiheitsbegriff verhält es sich ähnlich wie mit vielen Grundbegriffen der menschlichen Existenz: „Wenn mich niemand fragt, dann weiß ich es; sobald ich aber gefragt werde, kann ich es nicht erklären" – so der Kirchenlehrer Augustinus zum Begriff der Zeit (Augustinus 1888). Trotzdem soll hier eine Annäherung versucht werden.

Die Zuschreibungen von Sicherheit und Unsicherheit sind komplex und gleichzeitig unabschließbar. Jeder kriminelle Übergriff erscheint als einer zu viel und die Nachfrage nach Sicherheit nimmt beständig zu – obwohl in den westlichen Industrienationen schon ein Sicherheitsstandard erreicht ist, der im Vergleich mit anderen Weltgegenden und mit den Standards der Vergangenheit seinesgleichen sucht. Das Bedürfnis nach mehr Sicherheit ist verbunden mit neuen Produkten und technischen Möglichkeiten. So werden öffentliche Einrichtungen zunehmend mit Videoüberwachungen ausgestattet; eine altersgerechte ‚intelligente' Wohnung meldet Stürze oder das Maß der Flüssigkeitseinnahme der Bewohner_innen, und der Fahrradhelm wird als neue Pflicht diskutiert. Mit diesen zunehmenden Angeboten zur Herstellung von Sicherheit erhöht sich gleichzeitig das Sicherheitsbedürfnis.

Noch ein weiterer wichtiger Aspekt in der Bestimmung des Sicherheitsbegriffs kommt hinzu: Subjektive Sicherheitswahrnehmung und statistische Erhebungen zur Sicherheit fallen teilweise auseinander (Hummelsheim/Oberwittler/Pritsch 2012). Diese Differenz objektivierter und subjektiver Sicherheiten lässt sich an zahlreichen Beispielen belegen wie etwa in Bezug auf Jugendkriminalität (statistisch abnehmend, vgl. BKA 2014) oder terroristischen Anschlägen (in Deutschland statistisch kaum messbar).

Sicherheit ist ein Zustand, den sich fast alle Menschen wünschen. Auf die Frage nach der Bedeutung von Sicherheit erhält man jedoch ganz unterschiedliche Antworten wie z. B. „Sicherheit bedeutet, dass ich ohne Angst nachts alleine nach Hause gehen kann", „[…] dass wir in Freiheit und ohne Krieg leben können", „[…] dass ich im Alter meinen Lebensstandard halten kann". Bei aller Diversität von Sicherheitsbedürfnissen, -techniken und -beschreibungen kann man grundlegend jedoch festhalten: Sicherheit ermöglicht die Entlastung von (existenziellen) Sorgen und ist somit verbunden mit dem Versprechen einer freien Entfaltung der individuellen Lebensgestaltung.

Obwohl in modernen Demokratien das Individuum, seine Freiheitsrechte und Verwirklichungschancen im Vordergrund stehen, ist der oder die Einzelne alleine trotzdem nicht dazu in der Lage, eine umfassende gesellschaftliche Sicherheit herzustellen. Zwar ist jede und jeder für bestimmte Arten von Sicherheit selbst verantwortlich, z. B. dafür, auf einer Bergwanderung die richtige Ausrüstung mitzunehmen oder eine Lebensversicherung abzuschließen. Sicherheit ist jedoch vor allem ein sozialer Interaktionsbegriff. Das heißt, es geht hier insbesondere um die Frage, wie Menschen mit anderen Menschen umgehen und welche Ordnung sich eine soziale Gemeinschaft gibt (Heesen 2013). Sicherheit ist also immer erst unter spezifischen Kontextbedingungen zu verstehen und ihre Herstellung ist zumeist eine gemeinschaftliche Angelegenheit.

An dieser Stelle tritt der Staat, verstanden als Gesamtheit der Bevölkerung innerhalb eines bestimmten Territoriums, auf den Plan. Thomas Hobbes (1986) arbeitete 1642 in diesem Zusammenhang die Idee vom Gesellschaftsvertrag aus, nach der die Gesamtheit der Bürgerschaft, also der Souverän, sein Selbstverteidigungsrecht abgibt und die Legitimation für Gewalt (und damit für die Herstellung von Sicherheit) in die Verantwortung des Staates legt. Bei dieser so genannten Öffentlichen Sicherheit geht es zum einen um die Sicherung der Bürger_innen durch den Staat und zum anderen um die Sicherung der staatlichen Einrichtungen und der politischen Ordnung selbst gegen Bedrohungen durch die eigenen Staatsbürger_innen oder ‚von außen'.

Wie bereits angeschnitten wurde, fallen unter ‚Sicherheit' ganz unterschiedliche Bedürfnisse und Erwartungen. Auf abstrakterer Ebene kann jedoch gezeigt werden, dass der Sicherheitsbegriff sich im Kern immer wieder über zwei weitere (ebenfalls schwer zu bestimmende) Begriffe konstituiert: den bereits genannten Freiheitsbegriff, aber auch den Begriff der Lebensqualität. „Sicherheit nenne ich die Abwesenheit von Kummer, worin das glückliche Leben besteht", so Cicero (2008, V, 14, 42) in einer frühen Bestimmung des Sicherheitsbegriffs, in der Sicherheit als Voraussetzung für ein glückliches Leben genannt wird. Diese Gewichtung gibt einen Hinweis auf die Unterscheidung zwischen einerseits der Sicherheit vor Gefahren (kriminelle Übergriffe, Naturgewalten, Unfälle) und andererseits der Sicherheit für ein gutes Leben, also zwischen einer negativen (Abwehr von Kummer) und einer positiven, auf das ‚gute Leben' bezogenen Bestimmung des Sicherheitsbegriffs. Auch Thomas Hobbes bringt 1651 im „Leviathan" den Aspekt der Lebensqualität ins Spiel: „Mit Sicherheit ist hier aber nicht die bloße Erhaltung des Lebens gemeint, sondern auch alle anderen Annehmlichkeiten des Lebens, die sich jedermann durch rechtmäßige Arbeit ohne Gefahr oder Schaden für den Staat erwirbt" (Hobbes 1986, 284). Doch was erwerben sich Bürger_innen durch Sicherheit? Sie erwerben nicht quasi automatisch ein ‚glückliches Leben' oder die ‚Annehmlichkeiten des Lebens', sondern die Freiheit, sich den individuell unterschiedlichen Präferenzen für eine gelingende Lebensführung zuzuwenden. Wilhelm von Humboldt (2002, 118) führt dazu aus: „[...] *Sicherheit* folglich [... ist die] *Gewißheit der gesetzmäßigen Freiheit.*"

Sicherheit stellt also die Freiheit her, ein unbedrohtes Leben zu führen und sich der Gestaltung einer glückenden Lebensführung zuzuwenden. Trotzdem wird die Beziehung von Sicherheit und Freiheit häufig als Konkurrenzverhältnis oder Zielkonflikt verstanden, weil durch Sicherheit begründete Regelungen und Kontrollen Freiheiten einschränken können. Bei genauerer Hinsicht relativiert sich dieser Konflikt jedoch.

Einschränkungen von Freiheit betreffen häufig Maßnahmen wie Überwachung oder (Zugangs-)Kontrolle. Dies sind Maßnahmen, die sich auf die Abwehr und Prävention von (kriminell oder terroristisch motivierten) Angriffen beziehen; hier geht es um die sogenannte *Angriffs*sicherheit (Englisch: *security*). Überwachung und Kontrolle betreffen zum Teil zwar auch Aspekte der *Betriebs*sicherheit (Englisch: *safety*), werden hier aber zumeist nicht als Einschränkung von Freiheit verstanden. Wer würde es schon als Einschränkung seiner Bürgerrechte einordnen, dass der Zugang zum Kontrollzentrum eines Atomkraftwerks nicht offen ist? Oder dass Autos regelmäßig zum TÜV müssen?

Die meisten Begriffe von Sicherheit stehen nicht in Konkurrenz zu einem bürgerrechtlichen Verhältnis zu Freiheit, sondern sind Bausteine einer sozialen Ordnung mit verteilten Rollen, Kompetenzen und Regeln, die letztlich für die Sicherheit der gesellschaftlichen Institutionen und jeder_s Einzelnen sorgt. Genau genommen handelt es sich auch hierbei um Einschränkungen der individuellen Handlungsfreiheit, aber solchen, die auf einem breiten gesellschaftlichen Konsens beruhen und nicht in einem engeren Zusammenhang mit politischem Handeln und individueller Selbstverwirklichung stehen. Auch die Abwehr von Gefahren im Bereich Naturkatastrophen oder der individuellen Unsicherheiten, etwa in Hinsicht auf Erkrankungen und Arbeitslosigkeit, wird zumeist nicht in einem emphatischen Sinne als Beschneidung von Freiheit diskutiert.[4]

Bei genauerer Betrachtung beziehen sich die freiheitsbeschränkenden Maßnahmen zum Ziel der Herstellung von Sicherheit auf ein bestimmtes umgrenztes, aber sehr dominantes Feld. Dieses Feld der Prävention und Abwehr von kriminellen und terroristischen Gefahren ist nicht nur sehr dominant, was die Sicherheitswahrnehmung und Kontrolleingriffe betrifft, es ist auch gekoppelt an ein häufig technisches Verständnis der Herstellung von Sicherheit. Der Wunsch zur Herstellung von Sicherheit ist hier zumeist verbunden mit den Versprechen einer umfassenden technischen, insbesondere informationstechnischen Lösung von Sicherheitsproblemen. Sicherheitsprobleme können jedoch nicht nur mit Bezug auf Extremsituationen und auf Grundlage eines technischen Sicherheitsversprechens gelöst werden. Selbstverständlich kommt der Sicherheit, insofern sie sich auf den Schutz von Leben und körperlicher Unversehrtheit bezieht, eine besondere Bedeutung zu. Es geht hier um die Abwehr von Gefährdungen im Bild der negativen Freiheit, also um die Schaffung von Freiheiten durch die Siche-

---

[4] Auf einer anderen Ebene werden solche Formen der Kontrolle durch soziale Regulierung, Riten, Konventionen und Sozialisation jedoch auch durchaus in den Zusammenhang einer umfassenden Kontroll- und Überwachungsgesellschaft gestellt (hierzu insbesondere die „Surveillance Studies" in der Tradition Michel Foucaults).

rung des Lebens. In der aktuellen Debatte um Sicherheit in der Sicherheitsforschung und im gesellschaftspolitischen Kontext steht ebenso ein negativer Sicherheitsbegriff, bei dem es um die Bewältigung bzw. Abwehr von Gefahrensituationen geht, im Vordergrund.

Probleme der Sicherheit sind jedoch nicht nur aus dieser existenziellen Perspektive zu erfassen, sondern Sicherheit konstituiert sich auch über die alltägliche Lebensführung, das längerfristige Wertverständnis sowie Vorstellungen vom ‚richtigen' und ‚guten' gesellschaftlichen Zusammenleben. Auf grundlegender Ebene gilt *security first*, wenn es um den Schutz von ‚Leib und Leben' geht – nur, wenn man nicht beständig um sein Leben fürchten muss, können demokratische Strukturen entstehen. Ist jedoch bereits ein demokratisches System etabliert, dann bezieht sich Sicherheit vorrangig auf die Sicherheit demokratischer Rechte als solcher, weil nur sie letztlich das Individuum in seinen Freiheitsrechten würdigen.

Hier gewinnt das Konzept der positiven Freiheit an Bedeutung; als Frage nach der Freiheit, bestimmte Dinge zu tun oder zu lassen. Nicht die Abwehr steht hier im Vordergrund, sondern die selbstbestimmte Entscheidung zu bestimmten Handlungen, die jedoch erst dann gegeben ist, wenn existenzielle Bedrohungen ausgeschlossen werden können.

Sofern Sicherheit positiv zu bestimmen ist, besitzt sie dementsprechend weniger Gewicht in Abwägungsprozessen. Sie hat nicht den alles übertrumpfenden Charakter der negativen Sicherheit, weil ihr der existenzielle Charakter fehlt: Sicherheit als existenzielle Gefahrenabwehr ist jedoch trotzdem als instrumenteller Wert in Hinblick auf andere demokratische Werte zu bestimmen. Sie gewinnt an Gewicht, sofern sie der Realisierung dieser Werte förderlich ist. Damit ist sie jedoch nicht selbstzwecklich der demokratisch verfassten Gesellschaft vorgelagert, wie dies im Modell des Gesellschaftsvertrages suggeriert wird, sondern ist bezüglich ihrer Legitimation auf die politische Öffentlichkeit angewiesen (Heesen/Nagenborg im Erscheinen).

Individuelle Freiheitsrechte

Es wurde bereits angesprochen, dass Sicherheit als Wert im Kontext mit anderen Werten wie Lebensqualität oder Freiheit steht. In den jeweiligen Anwendungskontexten von Sicherheitsmaßnahmen und -techniken müssen Werte abgewogen und in ein angemessenes Verhältnis gesetzt werden, damit Sicherheitsmaßnahmen am Ende nicht eine Gesellschaft schützen, die sich durch ebendiese Sicherheitsmaßnahmen schon zu einer anderen als die ursprünglich freie und schützenswerte gewandelt hat (Ammicht Quinn 2012, 61).

Wie Sicherheitsforschung und -politik fragt auch die Ethik nach Faktoren und Werthierarchien für die Bestimmung des Sicherheitsbegriffs. Sie orientiert sich hier an grundsätzlichen Überlegungen. Dabei nimmt der Rückgriff auf die individuellen Freiheitsrechte einen bedeutenden Stellenwert ein. Individuelle Freiheitsrechte begründen sich in der Ethik aus der Anerkennung menschlicher Selbstbestimmungswürdigkeit (Autonomie) und Selbstbestimmungsfähigkeit (Handlungsfreiheit). Um diese Abwägungen vorzunehmen, ist ein *Primat* individueller Freiheit und damit demokratischer Sicherheit unabdingbar, denn ohne die grundsätzliche Zuerkennung individueller Entscheidungsfähigkeit kann von einer freien Abwägung von Einzelfragen keine Rede sein. Nach dem Konsens einer rechtsstaatlichen und liberalen Werteordnung *dient* die Herstellung von Sicherheit der Entstehung und Garantie individueller Freiheit.[5]

Gleichzeitig ist der Rekurs auf das Individuum kennzeichnend für die vertragstheoretischen Ursprünge des Sicherheitsdenkens.[6] Sicherheit ist ein Wert, der zurückgeht auf den Wunsch nach Unversehrtheit des Lebens und der Ermöglichung einer glückenden Lebensführung. Nach dem Konsens einer rechtsstaatlichen und liberalen Werteordnung bedeutet dies, dass die Herstellung von Sicherheit Bedingung und Grund für die Entstehung von freier Individualität ist.

Das bedeutet gleichzeitig aber nicht, individuelle Befürchtungen und subjektive Einschätzungen als Basis für allgemeines politisches und staatliches Handeln zu nehmen. Individuelle Einschätzungen müssen sich bewähren in der öffentlichen Auseinandersetzung und den kritischen Anfragen in Hinsicht auf Allgemeinwohlorientierung (res publica). Trotzdem bleiben individuelle Meinungsäußerungen und Befindlichkeiten Bestandteil der individuellen Freiheit und die Möglichkeit, sie zu äußern, sollte stets gewährleistet sein. Selbst dann, wenn sie objektiv als nicht gerechtfertigt erscheinen. Aus den häufig subjektiv gefärbten Einschätzungen der persönlichen Sicherheit z. B. kann bezüglich der staatlichen Allgemeinheit jedoch trotzdem kein Anspruch abgeleitet werden.

„Ob ein Mensch sich im Einzelfall unsicher fühlt oder nicht, ist zunächst Inhalt seiner eigenen Freiheit. In diese Freiheit darf der Staat schon wegen ihrer Nähe zu den Kommunikations-, Glaubensfreiheits- und Persönlichkeitsrechten im forum interum nicht eingreifen. Und die Polizei darf es erst recht nicht. Schon daher zeigt sich: Das Ziel, dass sich alle Menschen stets sicher fühlen, kann und darf kein zulässiges Ziel von Staat und Politik sein" (Gusy 2010, 117).

Zusammenfassend lässt sich festhalten: Der Gedanke der Individualität jedes Menschen beinhaltet vor allem ein freiheitliches und gleichzeitig normatives Ideal: das der Selbstzweckhaftigkeit des Menschen und seiner Fähigkeit, sich als autonome Existenz selbst zu bestimmen. Besinnt man sich auf die Gleichursprünglichkeit von Sicherheit und individueller Autonomie, muss aus normativer Perspektive auch die Herstellung von Sicherheit notwendig mit einer Gewährleistung von Deliberation und

---

[5] Wie im Übrigen auch die Annahme einer letztlich freien Handlungsfähigkeit des Menschen Bedingung für die Begründung ethisch-normativer Konzepte ist.

[6] Klassische Vertragstheorien: Hobbes 1986; Locke 2007.

Partizipation verbunden sein. Im Idealfall müssen sich die Adressat_innen von Sicherheitsregelungen auch als ihre Autor_innen verstehen können (Habermas 1996). Im Zusammenhang der Etablierung und Sicherung von Werten und Normen für das Zusammenleben spielt aus Perspektive der Sicherheitsethik die Demokratische Sicherheit hier eine hervorgehobene Rolle.

Demokratische Sicherheit

Für die Realisierung von Demokratie ist eine freie und partizipative Öffentlichkeit ein essentieller Baustein. Öffentlichkeit und die damit verbundene Gestaltung der gesellschaftlichen Verhältnisse sind maßgeblich für die Grundlegung eines demokratischen, gemeinsam gültigen Verständnisses von Realitäten und Werten. Dass gerade Öffentlichkeit diesen Status gewinnen konnte, liegt in der Geschichte der Entstehung des Demokratiegedankens wie auch in dem hiermit verbundenen Menschenbild begründet. Aus der Idee der Verwirklichung subjektiver Freiheit entsteht ein normativer Begriff von Öffentlichkeit, also ein solcher Begriff von Öffentlichkeit, der zumindest dem Ideal nach die Willensbildung des Gemeinwesens als konsensualen Aushandlungsprozess seiner Mitglieder versteht.[7] Wie und ob überhaupt sich die Freiheitsrechte jedes Einzelnen aber in einem Prozess der allgemeinen politischen Willensbildung adäquat artikulieren können, ist insbesondere seit den ideologischen Kontroversen im Umfeld der Französischen Revolution 1789 strittig. Jean-Jacques Rousseau (1986) etwa war davon ausgegangen, dass subjektive Freiheit nur durch den Willen des Souveräns hervorgebracht und artikuliert werden kann. Menschenrechte und Gewaltenteilung entspringen demnach dem aufgeklärten Willen des demokratischen Gesetzgebers, Freiheit ist eine Eigenschaft des vergesellschafteten Zustands. Der Prozess der gemeinsamen Willensbildung führt nach Rousseau (1986, 19ff.) zu einem Ausschluss von Partikularinteressen und solchen Handlungsentscheidungen, die dem Allgemeinwohl entgegenstehen. Der Gesetzgebungspraxis wird somit eine in diesem Sinne vernünftige Struktur eingeschrieben. Vor dem Hintergrund der Rousseau'schen Entwürfe formulierte Kant:

> „Die gesetzgebende Gewalt kann nur dem vereinigten Willen des Volkes zukommen. Denn, da von ihr alles Recht ausgehen soll, so muß sie durch ihr Gesetz schlechterdings niemand unrecht tun können. Nun ist es, wenn jemand etwas gegen einen anderen verfügt, immer möglich, daß er ihm dadurch Unrecht tue, nie aber in dem was er über sich selbst beschließt [...]. Also kann nur der übereinstimmende und vereinigte Wille aller, sofern ein jeder über alle und alle über jeden eben dasselbe beschließen, mithin nur der allgemein vereinigte Volkswille gesetzgebend sein." (Kant 1956, 432)

---

[7] Selbstredend existieren auch in totalitären Staaten Öffentlichkeiten. Solche Öffentlichkeiten konstituieren ebenfalls Realitätserfahrungen und setzen ethisch-normative Standards; sie sind ihrem Anspruch nach jedoch nicht mit der Meinungsfreiheit als explizitem Ausdruck individueller Freiheitsrechte verknüpft.

Rousseaus Theorie vom Gesellschaftsvertrag schneidet jedoch ein konzeptionelles Grundproblem jeder Demokratietheorie an, das auf das Spannungsverhältnis zwischen individueller Selbstbestimmung und kollektiver Willensbildung zurückgeht: ist der individuelle Wille ein Produkt des Abstimmungsprozesses oder ist er dem Entscheidungsprozess vorgeordnet? Ein normativer Öffentlichkeitsbegriff soll nun eben diesen Widerspruch zwischen den unterschiedlichen Meinungen einzelner Bürger_innen und der für ein Gemeinwesen notwendigen Einigung auf eine gemeinsame Handlungspraxis ausgleichen. Die Auflösung des Widerspruchs erfolgt nach Jürgen Habermas (1989, 21) über ein diskursives Verfahren: Grundwerte der Demokratie konkurrieren demnach nicht mit dem Prinzip der Volkssouveränität, sondern sind konstitutiver Bestandteil der öffentlich-diskursiven Verfahren der Willensbildung. Die Vorstellung einer solchen Praxis manifestiert sich in einer regulativen Idee von Öffentlichkeit, deren Realisierung die Bedingung für eine allgemeine politische Teilhabe ist: „[…] [‚politische Öffentlichkeit' eignet sich] als Inbegriff derjenigen Kommunikationsbedingungen, unter denen eine diskursive Meinungs- und Willensbildung eines Publikums von Staatsbürgern zustande kommen kann, zum Grundbegriff einer normativ angelegten Demokratietheorie" (Habermas 1996, 38).

Präventive Demokratie

In Bezug auf die verschiedenen Sicherheitsebenen (z. B. Angriffssicherheit, Betriebssicherheit) und die entsprechenden Freiheitsbegriffe (negative/positive Freiheit, Ebene der Bürgerrechte oder Ebene von Rollenzuschreibungen, Kompetenzen usw.) ist die Existenz einer gemeinschaftlichen Wert- und Anspruchsebene von elementarer Bedeutung. Die Bedeutung dieser Grundlegungen lässt sich an einem Beispiel verdeutlichen: dem Problem der Verbindung von *individueller* Adressierung und *gemeinschaftlicher* Umsetzung von Sicherheit. Dieses Problem knüpft an die oben beschriebene Diskussion um die Verbindung von gleichzeitig individuell und gemeinschaftlich gerechtfertigten Interessen im demokratischen Prozess an. Die individuellen Möglichkeiten zur Herstellung von Sicherheit sind auf bestimmte Aspekte beschränkt. Die Herstellung von Sicherheit ist zumeist Sache übergeordneter gesellschaftlicher Institutionen, die mit Macht und Kompetenzen ausgestattet sind, um die Sicherheitsinteressen der Gesamtheit und damit auch jeder_s Einzelnen wahrzunehmen. Sicherheit als Zwecksetzung, die zu der Entwicklung bestimmter Institutionen, Technologien oder Handlungsroutinen führt, kann jedoch – insbesondere in komplexen und eigendynamischen Systemen – aus dem Handlungsfeld des demokratischen Gemeinwesens heraustreten und in Widerspruch zu ursprünglich beabsichtigten Zielen geraten. Zum Beispiel ist es für den Einzelnen oder die Einzelne wichtig, in einer sicheren Wohnumgebung zu leben. Trotzdem kann eine zu diesem Zweck durch die öffentliche Hand installierte intelligente Videoüberwachung zu einer neuen Art der Verunsicherung führen beziehungsweise das Freiheitsgefühl der Anwohner_innen einschränken. Der Sicherheitsapparat tritt hier aus der unmittelbaren demokratischen Teilhabe heraus und wird zum widerständigen System, das sich den Selbstbestimmungsinteressen einzelner Personen entgegen stellen kann. Insofern muss der Konflikt zwischen Sicherheit und Freiheit hier als Konflikt zwischen der individuellen und der gesellschaftlichen Perspektive auf Sicherheit bewertet werden.

So zeigen sich die angenommenen Konflikte zwischen Sicherheit und Freiheit teils als struktureller Konflikt auf Ebene der politischen Willensbildung. Teils aber ist der Rekurs auf Sicherheit in seiner Dominanz selbst schon ein Problem für die demokratische Wertordnung. Indem der Sicherheitsgedanke in alle gesellschaftlichen Sphären eindringt (Stichwort Versicherheitlichung/*securitization*), verdrängt er die ursprünglich für Demokratie bestimmenden Prinzipien Gerechtigkeit und Freiheit. Der britische Politikwissenschaftler Jef Huysmans führt dazu aus: „[…] wenn man Feinde und Furcht in den Vordergrund stellt, werden dadurch Praktiken ersetzt, die Differenzen und Konflikte im Sinne von Gerechtigkeit und Freiheit schlichten" (Huysmanns 2014, 4f.; übs. v. R. Ammicht Quinn), und sieht darin die Gefahr, dass letztlich die Herstellung von Sicherheit bestimmend ist für die Setzung der Limits für Demokratie und ihrer Verfahren.

Gerade aber demokratische Verfahren und die hiermit verbundene Wertordnung können ein bestimmender Beitrag zur Herstellung einer sicheren Gesellschaft sein. Unter dem Begriff der präventiven Demokratie fasst der amerikanische Politikwissenschaftler Benjamin Barber (2003) alle jene zivilgesellschaftlichen Aktivitäten und Prozesse zusammen, die zu einer Festigung von Freiheit und Gemeinsinn und letztlich auch von Sicherheit durch Partizipation führen. „‚Präventive Demokratie' geht davon aus, dass das Einzige, was die Vereinigten Staaten (und nicht nur sie, sondern alle Staaten der Welt) vor Anarchie, Terrorismus und Gewalt zu schützen vermag, die Demokratie selbst ist […]" (ebd., 160). Wichtig ist für Barber in diesem Zusammenhang die Diagnose, dass bürgerschaftliches Engagement ein Mittel gegen Angst sein kann – und somit ein Mittel zur Herstellung von Sicherheit. Ähnlich wie Huysmanns (2014) die Versicherheitlichung als Bedrohung demokratischer Prinzipien sieht, beschreibt Barber (2003) die Angst als Auslöser einer Lähmung demokratischer Aktivität. Ähnlich argumentiert auch der deutsche Rechtswissenschaftler Christoph Gusy (2010), wenn er die mögliche Aushöhlung der demokratischen Basis durch Unsicherheitsgefühle beschreibt: „Unsicherheitsgefühle neigen zu Einstellungs- und Verhaltensänderungen in anderen Bereichen. Neben das Vermeideverhalten können Phänomene der Selbstexklusion, aber auch der Einstellung gesellschaftlich notwendiger Leistungen und der Entziehung der Legitimation für das politische System treten" (ebd., 114).

Die Bürger_innen werden durch einen dominanten Sicherheitsdiskurs und die damit verbundenen Ängste quasi auf die Zuschauerbank für staatliches Handeln verwiesen. „Das Imperium der Angst ist ein Reich ohne Bürger, ein Habitat von Zuschauern, Untertanen und Opfern, die ihre Passivität als Hilflosigkeit erleben, die sich in Angst umsetzt" (Barber 2003, 246). Als Gegenmittel nennt Barber eine Belebung der demokratischen Mitbestimmung: „Bürgerschaftliches Engagement errichtet Mauern der

Aktivität um die Angst [...]" (ebd., 246). Mit diesen Formen des Engagements sind dann Aktivitäten gemeint, die demokratische Werte wie Gerechtigkeit und Integration unterstützen, nicht aber solche, die weitere Ängste schüren[8] (Vgl. dazu auch die kritische Perspektive in Kapitel 4c in diesem Gutachten).

Die Stärkung der demokratischen Teilhabe kann ihr Potenzial insofern insbesondere im Bereich der Prävention verwirklichen. Demokratische Partizipation schafft Bindungen an Gemeinschaften, Personen und Werte, die zur Verhinderung von Kriminalität – und laut Barber (2003) auch von Terror – einen wichtigen Beitrag leisten. Wichtige Voraussetzung für diesen positiven Begriff von demokratischer Wertbindung und Partizipation ist aber immer ihre weltbürgerliche und transnationale Perspektive – sonst fällt sie zurück auf eine ggfs sozialromantische Vorstellung von homogenen und exkludierenden Gemeinschaften, wie es teilweise bei kommunitaristischen Positionen die Tendenz ist.

Ansätze zur Demokratisierung von Prävention

Eine präventive Demokratie und die Schaffung demokratischer Sicherheit sind nicht gleichzusetzen mit konkreten Präventionsmaßnahmen. Trotzdem soll zum Abschluss in den Blick genommen werden, inwiefern die Kriminalprävention Überlegungen zur Verwirklichung von Demokratie in ihre Konzepte aufnimmt oder aufnehmen könnte.

Im Bereich der Kriminalprävention werden seit längerem Konzepte untersucht und erstellt, die die Stärkung kommunaler und bürgerschaftlicher Elemente in den Blick nehmen. Insbesondere die Kommunale Kriminalprävention versucht eine Verschränkung von kommunaler Beteiligung und der Herstellung von sozialen Bindungen mit geteilten Wertverständnissen. Solche sozialökologischen Ansätze sind z. B. auch bekannt unter dem Titel der Broken-Windows-Theorie, die auf die Diagnose vom Zusammenhang zwischen sozialer Desorganisation und Kriminalitätsaufkommen zurückging (Shaw/ McKay 1969). Entsprechend identifiziert das Konzept der kollektiven Wirksamkeit (*collective efficacy*, Sampson et al. 1997) Kohäsion und gegenseitiges Vertrauen in der Nachbarschaft als entscheidende Parameter zur Aufrechterhaltung einer effektiven und informellen Sozialkontrolle (Haverkamp/Heesen 2014). Um diese Formen der Sozialkontrolle wieder herzustellen oder – um es weniger instrumentell auszudrücken – um die Bereitschaft zur Verantwortungswahrnehmung zu fördern, werden in solchen kommunalen Ansätzen die Anwohner_innen an der Gestaltung ihres Stadtteils, nicht nur in Sicherheitsfragen, beteiligt. Teilhabe an demokratischer Verantwortung bedeutet hier also auch immer Einbindung in soziale Gemeinschaften. So wurden beispielsweise mit dem sogenannten Quartiersmanagement erste erfolgreiche Schritte in Richtung einer partizipativen Stadtteilgestaltung gemacht, die immer auch Sicherheitsaspekte berücksichtigt und Bevölkerungsgruppen anspricht, die konventionellen politischen Beteiligungsverfahren eher fern bleiben.

---

[8] Einen Überblick zur Verbindung von sozialer Kohäsion, Partizipation und Kriminalprävention geben z. B. Ziegleder et al. 2011, 67ff.

Besonderes Augenmerk liegt hierbei auf der baulichen und infrastrukturellen Gestaltung des Stadtteils; hier geht es um *crime prevention through environmental design,* also um Kriminalprävention durch die Gestaltung der Umwelt. Eine solche Herangehensweise an Präventionsfragen entspricht einem Verständnis von Kriminalität, das sich nicht nur auf die Person des Täters oder der Täterin beschränkt, sondern insbesondere die Umweltbedingungen einer kriminellen Handlung in den Blick nimmt. Solche Ansätze unter dem Oberbegriff *Environmental Criminology*[9] (auf die Umwelt/ Umgebung bezogene Kriminologie) verstehen Kriminalität als ein Ereignis, das nicht alleine auf die Interaktion zwischen Opfer und Täter_in zurückgeführt werden kann. Ebenso wichtig sind die jeweiligen räumlichen Bedingungen wie z. B. Einsehbarkeit des Gehwegs oder die Atmosphäre des Stadtviertels: "[…] nicht nur Menschen, sondern auch Räume und Gegenden können anfällig für Kriminalität sein" (Paynich/Hill 2010, 6, übs. v. R. Ammicht Quinn). Verkürzt ausgedrückt bedeutet dies: Räume können Kriminalität produzieren und Kriminalität konzentriert sich häufig auf bestimmte Räume (Weisburd et al. 2009, 7).

Gemeinsam ist diesen sozialökologischen Ansätzen, räumliche Kontexte als Ausdruck bestimmter Werthaltungen und Handlungsvorstellungen zu sehen. Da die Gestaltung des städtischen Lebensraums nicht nur in Hinsicht auf Sicherheit, sondern auf fast alle Fragen des alltäglichen Lebens mitsamt seiner sozialen Dimension (Einkaufen, Nachbarschaft, Mobilität etc.) einen entscheidenden Einfluss hat, bietet sich hier die Verknüpfung mit (basis-)demokratischen Verfahren an, in denen eine von Werten geprägte kommunale Planung eine starke Rolle spielen sollte.

Ansätze zur Festigung der präventiven Wirkungen von Demokratie sind einerseits anschaulich und praktikabel auf kommunaler Ebene zu verwirklichen. Andererseits aber ist dies komplizierter, sobald Sicherheitsüberlegungen abstrakter, undurchsichtiger und auch stärker technisch fokussiert werden, wie das etwa bei einer modernen Sicherheitsarchitektur oder in Bezug auf internationale Sicherheitspolitik der Fall ist. In Bezug auf die internationale Dimension stoßen Fragen der Demokratisierung schnell auf Einwände wie etwa: Wird hier ein kapitalistisches Marktmodell exportiert? Handelt es sich um eine Form des Kulturimperialismus? Trotzdem sind die allgemeine Stärkung von Demokratie und ihrer Wertangebote eine bleibende und in Hinsicht auf Sicherheitsfragen Erfolg versprechende Aufgabe (Barber 2003).

Zum Abschluss: Die Rückbindung des Sicherheitsdiskurses an das Primat der individuellen Freiheit und ihrer demokratischen Verwirklichung versteht sich als elementarer Baustein einer *präventiven* Sicherheitspolitik. Sie beantwortet nicht die Frage nach den geeigneten Maßnahmen für konkrete Bedrohungslagen. Wohl aber verdeutlicht sie den konzeptionellen Rang von Sicherheit im Wertkontext demokratischer Gesellschaften, wonach Sicherheit nicht als Wert an sich, sondern immer als Mittel zur Herstellung einer freiheitlichen Gesellschaftsordnung zu betrachten ist.

---

[9] Hierzu gehören u. a.: Routine Activities Theory, Rational Choice Theory, Crime Pattern Theory, Broken-Windows-Theorie oder der Defensible-Space-Ansatz.

Literatur

Ammicht Quinn, Regina (2012): Fahrradbremse oder Navigationssystem: Was ist, will und kann eine Ethik der Sicherheit? in: Gerhold, Lars/Schiller, Jochen (Hrsg.): Perspektiven der Sicherheitsforschung. Beiträge aus dem Forschungsforum Öffentliche Sicherheit. Frankfurt a.m.: Lang, 55-76.

Augustinus, Aurelius (1888): Die Bekenntnisse des heiligen Augustinus. Buch 11, Kapitel 14. Übs. v. Otto F. Lachmann. Leipzig: Reclam.

Barber, Benjamin R. (2003): Imperium der Angst. Die USA und die Neuordnung der Welt. Übs. v. Karl Heinz Siber, München: Beck.

Bundeskriminalamt [BKA] (2014): Polizeiliche Kriminalstatistik 2014. http://www.bka.de/nn_193232/DE/Publikationen/PolizeilicheKriminalstatistik/2014/pks2014__node.html?__nnn=true (17.03.2016).

Cicero (2008): Tusculanae disputationes/Gespräche in Tusculum: Lateinisch/Deutsch. Übs. v. Ernst A. Kirfel. Stuttgart: Reclam, bibliogr. veränd. Ausg.

Gusy, Christoph (2010): Sicherheitskultur – Sicherheitspolitik – Sicherheitsrecht, in: Kritische Vierteljahresschrift für Gesetzgebung und Rechtswissenschaft 2, 111-128.

Habermas, Jürgen (1989): Ist der Herzschlag der Revolution zum Stillstand gekommen? Volkssouveränität als Verfahren. Ein normativer Begriff der Öffentlichkeit? in: Forum für Philosophie Bad Homburg (Hrsg.): Die Ideen von 1789 in der deutschen Rezeption. Frankfurt a.M.: Suhrkamp, 7-37.

Habermas, Jürgen (1996): Strukturwandel der Öffentlichkeit. Untersuchungen zu einer Kategorie der bürgerlichen Gesellschaft. Frankfurt a.M.: Suhrkamp, 5. Aufl.

Haverkamp, Rita/Heesen, Jessica (2014): Kommunale Kriminalprävention. Kritische Reflexionen zu Raum und Ort, in: Neue Kriminalpolitik 1, 79-92.

Heesen, Jessica (2013): Sicherheit für alle? Herausforderungen in einer alternden Gesellschaft und im Strafvollzug, in: Cornel, Heinz/Halbhuber-Gassner, Lydia/Wichmann, Cornelius (Hrsg.): Strafvollzug, Straffälligenhilfe und der demografische Wandel. Freiburg i.Br.: Lambertus, 55-71.

Heesen, Jessica/Nagenborg, Michael (im Ersch.): Zur Geschichte und Systematik des Sicherheitsbegriffs, in: Arnold, Harald/Rita Haverkamp, Rita (Hrsg.): Reihe „Schriften zum Fachdialog Sicherheitsforschung", Berlin: Duncker & Humblot.

Hobbes, Thomas (1986): Leviathan. Übs. v. Jutta Schlösser. Hamburg: Felix Meiner Verlag.

Hummelsheim, Dina/Oberwittler, Dietrich/Pritsch, Julian (2012): Subjektive Unsicherheit, in: Daase, Christopher/Offermann, Philipp/Rauer, Valentin (Hrsg.): Sicherheitskultur – Soziale und politische Praktiken der Gefahrenabwehr. Frankfurt a.M.: Campus, 301-324.

Huysmans, Jef (2014): Security Unbound: Enacting Democratic Limits. London/ New York: Routledge.

Kant, Immanuel (1956): Die Metaphysik der Sitten, Rechtslehre § 46, in: Weischedel, Wilhelm (Hrsg.): Immanuel Kant. Werke VIII, Schriften zur Ethik und Religionsphilosophie 2. Darmstadt: Wissenschaftliche Buchgesellschaft.

Locke, John (2007): Zweite Abhandlung über die Regierung. Übs. v. Hans J. Hoffmann, hrsg. v. Siep, Ludwig. Frankfurt a.M.: Suhrkamp.

Paynich, Rebecca/Hill, Brian (2010): Fundamentals of Crime Mapping. Sudbury: Jones & Bartlett Learning.

Rosen, Jeffrey (2004): The Naked Crowd: Reclaiming Security and Freedom in an Anxious Age. New York: Random House.

Rousseau, Jean-Jacques (1986): Vom Gesellschaftsvertrag, oder Grundsätze des Staatsrechts. Übs. v. Eva Pietzcker, hrsg. v. Hans Brockard. Stuttgart: Reclam.

Sampson, Robert/Raudenbush, Stephen/Earls, Felton (1997): Neighborhoods and Violent Crime: A Multilevel Study of Collective Efficacy, in: Science 277(5328), 918-924.

Shaw, Clifford/McKay, Henry (1969): Juvenile Delinquency and Urban Areas. Chicago: University of Chicago Press.

Von Humboldt, Wilhelm (2002): Idee zu einem Versuch, die Grenzen der Wirksamkeit des Staates zu bestimmen. Stuttgart: Reclam.

Weisburd, David/Bruinsma, Gerben/Bernasco, Wim (2009): Units of Analysis in Geographic Criminology: Historical Development, Critical Issues, and Open Questions, in: Weisburd, David/Bernasco, Wim/Bruinsma, Gerben (Hrsg.): Putting Crime in its Place. Units of Analysis in Geographic Criminology, New York: Springer, 3-31.

Ziegleder, Diana/Kudlacek, Dominik/Fischer, Thomas (2011): Zur Wahrnehmung und Definition von Sicherheit durch die Bevölkerung. Erkenntnisse und Konsequenzen aus der kriminologisch-sozialwissenschaftlichen Forschung, in: Forschungsforum Öffentliche Sicherheit, Schriftenreihe Nr. 5. Berlin: Freie Universität Berlin. http://www.sicherheit-forschung.de/publikationen/ schriftenreihe_neu/5/index.html (17.03.2016).

4. Einzelfallstudien zu ethischen Fragen der Prävention

Fünf Einzelfallstudien werden im Folgenden die bisherigen theoretischen Überlegungen in die Kontexte präventiver Sicherheitsarbeit stellen und dabei die grundlegenden Fragen nach Sicherheit, einer sicheren Zukunft, dem Wert von Sicherheit und Fragen der Angst auf konkrete Fälle beziehen.

a) Videoüberwachung als Instrument der Prävention?

Tobias Matzner

> *Der Marktplatz der Großstadt S. gilt als Kriminalitätsschwerpunkt. Vor allem nachts ist er Schauplatz für Drogengeschäfte. Auch Passant_innen wurden schon tätlich angegriffen. Daher soll ein intelligentes Videoüberwachungssystem eingerichtet werden, das offen nahezu jeden Winkel des Marktplatzes erfassen soll. Die typischen Bewegungsabläufe für Schlägereien, Angriffe sowie am Boden liegende Personen sollen erkannt werden. Bei jedem ‚Treffer' überprüft ein menschlicher Operator die Szene und alarmiert gegebenenfalls die nächste Polizeistreife zur Nachschau. Zudem soll die Präsenz der Kameras die Drogerhändler_innen abschrecken.* (nach: Ammicht Quinn 2015)

Kaum eine Technologie steht so exemplarisch für Überwachung wie die Videoüberwachung. Die Kamera ist zum Symbol, zum ‚icon' der Überwachung geworden, aber im städtischen Leben auch zum omnipräsenten, sichtbaren Ende der Überwachungsinfrastrukturen. Dabei ist visuelle Überwachung nur eine Form unter vielen, die ebenfalls starke Eingriffe in die Privat- und Intimsphäre zur Folge haben. Die Geheimdienste und Spione des Kalten Krieges arbeiteten mit akustischen Wanzen und hörten Telefonate ab; beides wird auch heute noch angewendet. Dazu kommt der digitale Datenverkehr als Ziel einer umfassenden Überwachung. Dennoch erweckt ‚überwacht werden' oft Konnotationen von ‚beobachtet werden'. Das ist unter anderem auf zwei Aspekte zurückzuführen, die auch für die Prävention durch Videoüberwachung relevant sind:

Erstens ist visuelle Überwachung, d.h. heute Videoüberwachung, die vorherrschende Form der Überwachung von öffentlichen Räumen. Hier geht es darum, auf Straßen, Plätzen, Bahnhöfen, aber auch in der Öffentlichkeit gewidmeten Privaträumen wie Einkaufszentren einen Überblick zu behalten. Zwar sind solche öffentlichen Räume zunehmend auch durch Sensoren überwacht, die Menschen heute z.B. in Form eines Mobiltelefons selbstverständlich mit sich tragen. Diese Überwachung beschränkt sich jedoch auf die Technologie je eines Menschen und (s)einen bestimmten Radius. Sie unterscheidet sich von der institutionalisierten, zentralisierten Aufsicht, auf die mit Schildern hingewiesen wird, und die oftmals auch sichtbar sein soll.

Zweitens hat *angesehen werden, gesehen werden,* eine bestimmte Wirkung. Schon sprachlich gibt es eine ganze Reihe von Begriffen, die das umschreiben: überblicken, anschauen, beaufsichtigen; Blicke können bohren, fixieren, starren, und immer wieder wird gemutmaßt, was wäre, wenn sie töten könnten. Wir haben keine aktiven Begriffe für ,anhören' analog zu ,anstarren'. Dass jemand einen anhören möge, darum bittet man; das passiert nicht plötzlich und wird dann unangenehm. Vielleicht gibt es auch deshalb massenweise Kameraattrappen auf dem Markt aber wenige Mikrofonattrappen.

Videoüberwachung ist unter anderem aus den genannten Gründen das Mittel der Wahl für die Überwachung von öffentlichen Räumen und größeren Menschenmengen, z.B. auch in der U-Bahn oder im Fußballstadion. Und sie ist eine Form der Überwachung, von der man sich präventive Effekte verspricht: Nicht nur, weil bei Überwachung damit zu rechnen ist, dass Straftäter_innen nicht unerkannt bleiben und somit aus Angst verurteilt und bestraft zu werden von der Tat absehen. Diese Form der Prävention ergibt sich aus der repressiven Leistung jeder Form der Überwachung. Sondern man erwartet sich darüber hinaus präventive Erfolge durch die Effekte des (visuellen) Beobachtetwerdens.

Im Folgenden werden diese Aspekte in einem ersten Teil diskutiert, der Videoüberwachung speziell im Hinblick auf Prävention untersucht. Im zweiten Teil werden die weiteren Auswirkungen von Videoüberwachung thematisiert. Diese müssen bei jedem Einsatz von Videoüberwachung mit bedacht werden, so auch bei präventiven Einsätzen. Dabei muss beachtet werden, dass Prävention immer nur auf mögliche zukünftige Ereignisse gerichtet ist. Deshalb hat ein präventiver Einsatz unter Umständen nicht dieselbe legitimatorische Kraft, auch negative Folgen des Einsatzes auszugleichen wie beispielsweise die Verfolgung einer begangenen, schweren Straftat. Diesbezüglich muss Videoüberwachung im Kontext der hier thematisierten Überlegungen zu Freiheit und Risiko (vgl. dazu auch Kapitel 2 und 3 in diesem Gutachten) gesehen werden.

Gegenstand des Textes ist sowohl automatisierte Videoüberwachung wie auch herkömmliche Überwachung. Mit automatisierter Videoüberwachung sind hier alle Verfahren gemeint, in denen die Auswertung der Videobilder teilweise oder vollständig durch Mustererkennungsverfahren und Videotrackingtechniken übernommen werden (Macnish 2012). So gut wie alle in Europa eingesetzten Techniken sind teilautomatisiert, nicht vollautomatisiert; d.h. Menschen sollten die letzte Entscheidungsinstanz sein. Das ist allerdings eine Forderung, die in der Realität oft nur schwer umzusetzen ist (Matzner 2013). Dem gegenüber bezeichnet herkömmliche Videoüberwachung diejenigen Überwachungsmaßnamen, in denen Menschen die Auswertung der Bilder übernehmen.

Videoüberwachung zur Prävention

Die Forderung oder der Wunsch nach Videoüberwachung zur Verhinderung von Straftaten ist weit verbreitet. Nach den missglückten Attentaten auf Züge der Deutschen Bahn im Jahr 2012 wünschten sich mehr als 80 Prozent der bundesdeutschen Bürger_innen eine Ausweitung der Videoüberwachung (Süddeutsche Zeitung Online 2012). Und auch Politiker_innen fordern regelmäßig Videoüberwachung (Greveler 2012), so auch nach den Anschlägen in Paris (Tagesschau 2015).

Ob Videoüberwachung allerdings präventiv gegen Straftaten wirkt, ist umstritten. Generell gibt es nur wenige verlässliche Studien, die die Wirksamkeit von Videoüberwachung zur Prävention belegen (EU DG Internal Policies 2009). Die verfügbaren empirischen Untersuchungen stammen aus ganz unterschiedlichen Kontexten und Kulturen. Das ist nicht unproblematisch, da kulturelle und soziale Situationen durchaus die Auswirkungen von Videoüberwachung beeinflussen (Gandy 2010; Alhadar/ McCahill 2011). Auch die hier besprochenen Quellen sind dazu gedacht, Probleme bei der Abschätzung präventiver Wirkungen von Videoüberwachung aufzuzeigen und erlauben nicht unbedingt eine Übertragung der Ergebnisse auf andere Situationen. Beispielsweise greift Anthony Minnaar (2007) Berichte über enorme Reduktionen von Kriminalitätsraten durch die Einführung von Videoüberwachung in südafrikanischen Städten auf; es ist im internationalen Vergleich eine der positivsten Beurteilungen der Wirkung von Videoüberwachung. In seinem Kommentar zeigt er jedoch, dass langfristige Vergleiche fehlten, dass der genaue Ort der Straftaten nicht beachtet wurde (also insbesondere, ob sich dort eine Kamera befand) und dass die Formen von Straftaten und Tätergruppen nicht hinreichend differenziert würden (ebd., 195). Das macht es schwer, den Rückgang in den Kriminalstatistiken direkt auf die Einführung der Überwachung zurückzuführen.

Minnaar (2007) spricht damit ein generelles Problem an: Kriminalstatistiken sind oft nicht differenziert genug, um den Rückgang von Kriminalität genau an der Einführung von Überwachungstechnologie festzumachen. Piza et al. (2014) haben eine Reihe von Evaluationen verglichen und kommen zu dem Ergebnis, dass kein allgemeines Urteil über die präventive Wirkung von Videoüberwachung getroffen werden kann. Auch sie kritisieren, dass die untersuchten Studien bestenfalls ganze Überwachungssysteme auf einer Makroebene untersuchen (ganze Städte, Stadtviertel, etc.), während die Autor_innen vermuten, dass die Wirkung von Videoüberwachung von kontextuellen Faktoren abhängt, die einer detaillierteren Evaluierung bedürfen (ebd., 239f.). Eine vielzitierte Metastudie (Welsh/Farrington 2009), welche gut 40 Studien vergleicht, unterscheidet vier verschiedene Einsatzgebiete: Innenstädte, Wohngebiete, öffentlicher Nahverkehr und Parkhäuser. Nur für Parkhäuser konnte ein präventiver Effekt gezeigt werden (ebd., 736). Allerdings wenden die Autor_innen ein, dass in all diesen Fällen auch andere Maßnahmen zusammen mit der Installation der Videoüberwachung eingeführt wurden, z.B. besseres Licht, so dass auch hier keine eindeutige

Aussage zu machen sei (ebd., 733). Andere Untersuchungen wie Ratcliffe et al. (2009) in Philadelphia und Caplan et al. (2011) in Newark zeigen sogar eine große Varianz zwischen einzelnen Kameras in Bezug auf ihre präventive Wirkung (Piza et al. 2014, 239f.). In einer komplexen Studie konnten Piza et al. (2014) für einen bestimmten Teil von Newark die Breite möglicher Einflussfaktoren aufzeigen. Sie untersuchten verschiedene Typen von Kriminalität. Je nach Kriminalitätstyp veränderten sich die Faktoren, die zu einem Rückgang der jeweiligen Kriminalität beitrugen. Dazu gehört die Umgebung, z.b. bestimmte Geschäfte oder Schulen in der Nachbarschaft der Kamera, die Sichtlinien der Kamera und ob sich der Blickwinkel mit dem anderer Kameras überschneidet oder nicht (ebd., 254). Dies zeigt, dass davon auszugehen ist, dass generalisierbare empirische Urteile über die präventive Wirksamkeit von Kameras nur schwer zu fällen sein werden. Deshalb möchte ich im Folgenden einige generelle Überlegungen zur Plausibilität der Vermutung anstellen, dass Kameras abschreckende Wirkung haben können.

Kett-Straub (2011) unterscheidet zwei Formen der Prävention. Prävention durch Abschreckung und Prävention durch Intervention. Meist konzentriert sich die Debatte auf Prävention durch Abschreckung. Die abschreckende Wirkung kann wiederum auf zwei möglichen, antizipierten Auswirkungen der Überwachung beruhen: zum einen der erhöhten Wahrscheinlichkeit, irgendwann der begangenen Tat überführt zu werden, zum anderen den situativen Effekten, beobachtet zu werden.

Bezüglich der ersten Form der Abschreckung bemerkt Kett-Straub (2011, 122) zurecht, dass hier davon ausgegangen wird, dass sich Täter_innen bewusst für die Tat entscheiden und vorher rational Nutzen und Kosten abgewogen haben. Dabei wird implizit von einer ‚rational-choice‘ basierten Überlegung ausgegangen. Es ist jedoch nach Kett-Straub (2011, 112) fraglich, ob dieses ökonomische Prinzip auf Verbrechen übertragbar ist. Es scheint aber plausibel, dass dies, wenn überhaupt, nur für geplante Taten gilt. Vandalierende, Betrunkene oder sonst aus dem Affekt handelnde Täter_ innen werden solche Überlegungen selten anstellen (ebd.). Wird die Tat von langer Hand geplant, ist aber wiederum davon auszugehen, dass Überwachungsmaßnahmen in den Plan miteinfließen und versucht wird, diese zu umgehen. Das gilt insbesondere für organisierte Taten wie Terrorismus. Deshalb scheint es einleuchtend, dass diese Form der Abschreckung nur einen kleinen Teil potentieller Täter_innen betrifft.

Die Abschreckung durch Beobachtetwerden geht dagegen von weniger starken Annahmen über die Rationalität von Täter_innen aus. Vielmehr bezieht sie sich darauf, dass Menschen sich anders verhalten, wenn sie von anderen beobachtet werden. Dafür gibt es im Alltag viele Beispiele. Nur ist fraglich, inwiefern diese auf Kameraüberwachung übertragbar sind. Das paradigmatische Modell von institutionalisierten Formen des Beobachtetwerdens ist Michel Foucaults (1994, 251ff.) Diskussion des Panoptikons. Dabei handelt es sich um eine architektonische Form des Gefängnisses, die Jeremy Bentham (1995) im frühen 19. Jahrhundert ursprünglich zur Überwachung von Arbeiter_innen konzipiert hat. Dabei sind die Gefängniszellen in einem Ring um einen zentralen Überwachungsturm ausgerichtet. Die Zellen haben auf beiden Seiten Fenster und sind so vom zentralen Turm aus voll einsehbar, weil die Menschen in den Zellen im Gegenlicht sind. Gleichzeitig kann aus den Zellen nicht gesehen werden, ob sich jemand im Turm befindet. Die Besonderheit dieses Baus, so Foucault (1994), besteht nun darin, dass sich gar niemand in dem Turm befinden muss. Alleine durch die ständige Möglichkeit, beobachten werden zu *können*, verhalten sich die Menschen den Regeln entsprechend. Dies wird oft mit der sogenannten Internalisierung des Blicks beschrieben (ebd., 260ff.). Nicht mehr das wirkliche Beobachtetwerden mit den Konsequenzen für Bestrafung und dergleichen ist wichtig. Stattdessen wird die Kontrolle von außen zur Selbstkontrolle, die auch dann weiterbesteht, wenn nicht wirklich beobachtet wird. Dieser Effekt ist beispielsweise auch die Motivation hinter Kameraattrappen: Sie sollen eine Selbstkontrolle der sich beobachtet Fühlenden erreichen.

Aufgrund solcher Überlegungen stellt das Landesdatenschutzgesetz in Rheinland-Pfalz an die Installation von Attrappen so gut wie dieselben rechtlichen Anforderungen wie an funktionsfähige Kameras (LDSG Rheinland-Pfalz § 34 Abs. 6). Auch der Datenschutzbeauftragte des Landes Hessen setzt sich für diese Gleichbehandlung ein (Hessischer Datenschutzbeauftragter 2014: 4.2.2). Die Frage ist allerdings, ob diese Theorie der Selbstkontrolle auf Videoüberwachung übertragbar ist. Die Beobachtungssituation ist weniger transparent und Sanktionen dürften nicht so unmittelbar folgen wie im Gefängnis. Darüber hinaus wird man von einer Kamera beobachtet, bei der unklar ist, wann und wie die Bilder ausgewertet werden. Deshalb dürfte die Internalisierung des Blicks der Kamera eine stärker reflexive und rationale Leistung sein als in den soeben dargestellten Argumenten angenommen wird. Damit wäre wiederum nur eine bestimmte Gruppe von potentiellen Täter_innen von dieser Form der Abschreckung betroffen.

Eine theoretisch weniger voraussetzungsreiche Erklärung des Abschreckungseffekts des Beobachtetwerdens ist die Theorie der Selbstaufmerksamkeit (Duval/Wicklund 1972). Demnach ist „Aufmerksamkeit entweder auf Aspekte der Umwelt oder auf die eigene Person gerichtet" (Spektrum Akademischer Verlag 2000). Die Präsenz von Kameras sollte danach die Aufmerksamkeit auf die eigene Person richten, und damit die Selbstkontrolle der Handlungen verstärken. Solche Effekte gesteigerter Selbstaufmerksamkeit sind in Laborsituationen nachweisbar, es ist allerdings fraglich, ob diese nicht durch Gewöhnung wieder verschwinden (Ammicht Quinn 2015) – gerade angesichts der Omnipräsenz von Kameras im städtischen Alltag. Und auch hier ist wieder die Frage, wie weit eine gesteigerte Selbstaufmerksamkeit trägt, wenn davon auszugehen ist, dass die meisten potentiellen Täter_innen im Moment der Tat starke Affekte oder Handlungsintentionen haben, welche der Selbstkontrolle entgegenstehen.

Bezüglich dieser Überlegungen existieren wenige Unterschiede zwischen automatisierter und herkömmlicher Videoüberwachung. Wenn es einen Eindruck und Effekt des Beobachtetwerdens gibt, so hat das in beiden Fällen primär die Installation der Kameras zu leisten – unter Umständen ergänzt durch Hinweisschilder oder Ähnliches. Es ist denkbar, dass eine große Effizienzsteigerung durch automatisierte Auswertung – die momentan noch nicht abzusehen ist – deutlich mehr Aufmerksamkeit auf Überwachung lenken könnte. Diese wiederum könnte dann präventive Effekte nach sich ziehen. Ebenfalls denkbar ist, dass Unsicherheit bezüglich der tatsächlichen Möglichkeiten der Technik dazu führen könnte, vorsichtiger vorzugehen oder sich abschrecken zu lassen. Das wäre aber auch nur ein Effekt für eine Übergangszeit. In beiden Fällen müsste darüber hinaus die automatisierte Auswertung der Bilder hinreichend bekannt sein, damit diese tatsächlich einen Effekt auf das Verhalten mit sich brächte. Dies wäre dann eine Leistung, die durch Kommunikation jenseits der eigentlichen Überwachung zu erbringen wäre. Den Kameras selbst ist nicht anzusehen, wie mit den gefilmten Bildern weiter verfahren wird.

Anders stellt sich die Situation bei der Prävention durch Intervention dar. Hier hofft man, potentielle Straftäter_innen entweder bei der Planung oder beim Begehen der Tat selbst zu beobachten und diese dann durch Intervention zu vereiteln. Die angedachten Szenarien reichen von relativ eindeutigen Handlungen, wie z.B. dem Verstecken eines Pakets in einem Mülleimer oder dem Sprühen von Graffiti über das Stehenlassen von Gepäckstücken bis zum Erkennen von verdächtigem Verhalten. Erfolge in dieser Hinsicht sind mit herkömmlicher Videoüberwachung bisher kaum zu verzeichnen (Kett-Straub 2011). Befürworter_innen automatisierter Überwachung führen das auf die Überforderung des Überwachungspersonals zurück. Prävention durch Intervention ist nur möglich, wenn die Videos nahezu in Echtzeit ausgewertet werden. Momentan geschieht das in Kontrollräumen, in denen das Personal mit einer Vielzahl von Bildschirmen konfrontiert ist, auf denen leicht etwas übersehen wird. Während nur ein bis vier Monitore pro Person als sinnvoll zu überwachen gelten, liegt die Anzahl in der Praxis oft viel höher (Dee/Velastin 2008, 330). Zu der schieren Menge an Bildschirmen kommen kognitionspsychologische Effekte wie „inattentional blindness" („Unaufmerksamkeitsblindheit"; Simons/Chabris 1999) hinzu, welche mitunter dazu führen, dass selbst offensichtliche Vorfälle übersehen werden. Menschen werden müde und sollten aus gesundheitlichen Gründen häufig (mindestens stündliche) Pausen von den Bildschirmen machen (Dee/Velastin 2008, 330). Darüber hinaus ist Personal anfällig für Vorurteile (Williams/Johnstone 2000); und auch Fälle von Missbrauch wie Voyeurismus werden immer wieder berichtet (Dee/Velastin 2008, 331). All das gilt als Grund, warum eine wirkungsvolle Echtzeitauswertung bisher problematisch ist. Die automatisierte Auswertung durch Algorithmen wird potentiell als Lösung dieser Probleme angeführt, was letztendlich das präventive Eingreifen (oder zumindest eine direkte Intervention im Anschluss an die Tat) ermöglichen soll.

Allerdings ist fraglich, ob diese Effizienz auch tatsächlich erreichbar ist. Solche Systeme sind Assistenzsysteme, d.h. sie alarmieren im Fall einer Detektion Personal, das dann eingreifen soll. Momentan soll aber das Personal auch die Evaluation der überwachten Situation durch die automatisierten Systeme nochmals überprüfen. Das System aber evaluiert eine Situation, indem es andere Merkmale als Menschen benutzt und beurteilt die Merkmale auf eine andere Weise. Genau das macht den Zugewinn an Effizienz und den Ausschluss gewisser Vorurteile aus (Matzner 2013). Gleichzeitig kommt dadurch allerdings auch eine Menge an menschlichem Kontext- und Erfahrungswissen nicht mehr zum Tragen. Da dieses soziale und auch moralische Verständnis kaum automatisierbar scheint, sollen Menschen nochmal die Alarme überprüfen. Die dafür nötige Unabhängigkeit des menschlichen Personals ist aber in konkreten Fällen kaum gegeben (ebd.). Gerade in präventiven Anwendungen, bei denen es darum geht, so schnell wie möglich einzugreifen, wird das Personal jedem Signal des Systems nachgehen müssen. Führt das zu häufigen Fehlalarmen und ungerechtfertigten Kontrollen, kann das zu einer Geringschätzung oder sogar zu Widerstand gegen die Überwachung führen – beim Personal wie bei den Überwachten. Das kann wiederum präventive Effekte zerstören.

Um die Herausforderungen zu verdeutlichen, möchte ich hier ein fiktives Beispiel anführen: Nehmen wir an, der Berliner Hauptbahnhof möchte durch ein Überwachungssystem bekannte Gewalttäter_innen oder verdächtige Personen bereits am Betreten des Gebäudes hindern. Dazu werden Kameras mit automatischer Gesichtserkennung, die in Verbindung mit einer Datenbank stehen, installiert. Das System produziert nur in einem Prozent der Fälle Fehlalarme (1% false positives), d.h. in 99% der Alarme handelt es sich tatsächlich um eine der gesuchten Personen. Das sind Raten, die momentan weit unter dem technisch Möglichen liegen. Aber selbst ein solches auf den ersten Blick sehr gutes System würde am Berliner Hauptbahnhof mit ca. 300 000 Reisenden und Besucher_innen täglich[10] im Schnitt pro Tag 3000 Fehlalarme produzieren. Das wäre schlicht nicht zu bewältigen. D.h. die (momentan fiktiven guten) 99% Prozent sind für einen realistischen Einsatz in Echtzeit immer noch viel zu schlecht.

Folgen der Videoüberwachung

Es hat sich also gezeigt, dass präventive Effekte von Videoüberwachung nur unter bestimmten Bedingungen Wirkung zeigen können, sie in vielen Fällen aber unwahrscheinlich sind – auch wenn detaillierte empiriebasierte Urteile hier sehr schwer zu fällen sind. Selbst wenn die präventiven Effekte gegeben wären, müssten sie gegen andere, negative Auswirkungen der Videoüberwachung abgewogen werden. Diese waren und sind in den letzten Jahren Gegenstand detaillierter Forschung (Ammicht Quinn 2015, Gilliom/ Monahan 2013). Von den vielen dort verhandelten Problemen können hier nur einige exemplarisch wiedergegeben werden.

Ein ethisch relevantes Problem besteht darin, dass Effekte von Sicherheitstechnik nicht auf potentielle Täter_innen beschränkt sind. Wenn die Überwachung einen abschre-

---

[10] http://www.handelsblatt.com/unternehmen/handel-konsumgueter/mehr-als-100-000-reisende-taeglich-die-wichtigsten-bahnhoefe-deutschlands/9134194.html (02.03.2016).

ckenden Effekt hat, so betrifft die Wirkung, welche diesen hervorbringt, alle potentiell Überwachten – nicht nur gefährliche Menschen. Das kann beispielsweise dazu führen, dass eine Bedrohungswahrnehmung, die vorher gar nicht vorhanden war, erst durch die Überwachung hervorgerufen wird (Bauman 2006; Schneier 2012). In diesem Fall fühlen sich die Menschen durch Überwachung also nicht sicherer, sondern weniger sicher. Viele Theoretiker_innen befürchten in diesem Zusammenhang eine quasi vorauseilende Konformität auch derjenigen, die gar nicht primär im Fokus der Überwachung sind. Dies hätte dann eine sogenannte Normalisierung der Gesellschaft zur Folge (Singelnstein/Stolle 2012), also die Ausrichtung des Verhaltens an dem Ideal, von dem die Mehrheit denkt, es sei gefordert.

Solche Effekte wären z.b. auch nach der oben genannten Theorie der Selbstaufmerksamkeit zu erwarten (Wicklund/Frey 1993). Dem steht entgegen, dass die meisten Menschen sich anscheinend ziemlich unbeeindruckt durch zunehmend videoüberwachte Städte, U-Bahnen, Flughäfen, etc. bewegen. Allerdings zeigt diese Einschätzung ein generelles Problem der Bewertung von Sicherheitsmaßnahmen: Während bei der Abschätzung der präventiven Wirkung vielleicht ein relativ klar umrissenes Bild potenzieller und zu verhindernder Taten denkbar ist, ist die Gruppe der Menschen, die dann letztendlich überwacht werden, extrem heterogen. Auch wenn sich die breite Mehrheit durch die Kameras nicht gestört fühlt, kann es doch sein, dass einige Personen aus verschiedensten Gründen damit ein Problem haben – dies kann von persönlichen Vorbehalten bis zu strukturellen Diskriminierungserfahrungen reichen. Die Sicherheit der Mehrheit wäre dann auf Kosten einer Minderheit erkauft. Solche Effekte können auch dann auftreten, wenn die Überwachung gar keinen wirklichen Sicherheitsvorteil bringt, aber dennoch eine Minderheit in ihrem Verhalten stark betrifft – oft eine Minderheit, die in der Öffentlichkeit und der Debatte um Sicherheit ohnehin nicht oft zu Wort kommt, obwohl sehr viel über sie gesprochen wird (Obdachlose, Ausländer_innen, Geflüchtete). Die Bewertung wird also dadurch erschwert, dass sowohl der präventive Nutzen als auch die von negativen Folgen Betroffenen nur sehr schwer genau zu bestimmen sind.

Viele Kriminolog_innen sind sich dagegen einig, dass Überwachungsmaßnahmen oft nur eine Verschiebung oder Verdrängung von Straftaten zur Folge haben (Lianos/Douglas 2000, Garland 2001). Nachhaltigere Prävention wäre somit z.B. durch soziale Arbeit, Sozialleistungen, Stadtplanung und ähnliches erreichbar. Videoüberwachung wirkt in der Abwägung solcher verschiedener Strategien als verlockende und schnelle technische Lösung – und im Vergleich zu den hier angeführten Alternativen auch als billige. Damit ist Videoüberwachung vielleicht nicht nur eine suboptimale Lösung, sondern verstellt auch den Blick auf bessere Ansätze, weil ihre Anschaffung als einmalige Erledigung eines Problems gelten kann, das eigentlich eines langfristigen und fundierten Engagements bedürfte.

Darüber hinaus muss speziell die automatisierte Videoüberwachung im Kontext der aktuellen Debatten um Vernetzung in der Sicherheit gesehen werden. Sicherheitstechnologien stehen nicht mehr für sich alleine, sondern sind durch die einfache Speicherung und Übertragung digitaler Daten zunehmend Teil großer integrierter Systeme. Überwachung von Daten (Smartphones, Internet), Räumen (Kameras) und gezielte Maßnahmen durch Polizeien und Geheimdienste (Onlinedurchsuchung, Abhören) greifen immer enger ineinander. Die Debatten um das Projekt INDECT der EU, das genau diese Integration vorantreiben sollte, haben gezeigt, welche enorme Privatheitsbedrohung davon ausgeht (Lischka/Reißmann 2012). Über die Privatheitsprobleme hinaus bedeutet die Vernetzung auch eine Verschiebung von Macht an schwer zu kontrollierende Sicherheitsbehörden und private Dienstleistende (Bigo 2000; c.a.s.e. collective 2006). Durch die Digitalisierung taucht also auch im Bereich Videoüberwachung ein Problem auf, das bisher vor allem die Internetkommunikation betraf: Es wird immer schwieriger abzuschätzen, was mit den Daten und Bildern in Zukunft geschieht und wo diese ausgewertet werden. Videobilder sind nicht mehr Dokument eines Vorfalls, sondern Ressource für immer neue Anfragen und Rekombinationen von Daten. Das heißt, selbst wenn die Folgen der Videoüberwachung im Einsatzkontext als akzeptabel gelten, kann die Zusammenführung von Daten verschiedenen Ursprungs zu ganz neuen Bedrohungen für Privatheit oder zu weiteren Möglichkeiten des Missbrauchs führen. Hierbei ist auch zu sehen, dass Videoüberwachung oft zur Abwehr relativ hoher Schutzgüter eingeführt wird (Verhinderung von Terror, Angriffen auf Personen, Diebstahl), die starke legitimatorische Kraft haben. Sind die Videos aber erst einmal verfügbar, ist es verlockend, sie auch für andere Zwecke zu nutzen (beispielsweise unerwünschtes, aber legales Verhalten zu verhindern; Obdachlose oder Jugendliche zu vertreiben), welche den Einsatz alleine aber nie gerechtfertigt hätten.

Videoüberwachung als Instrument der Prävention?

Präventive Effekte von Videoüberwachung sind nur schwer feststellbar. Es gibt aber einige starke Hinweise darauf, dass die gewünschte präventive Wirkung oft unwahrscheinlich ist. Das macht es schwer zu begründen, warum dafür die negativen Auswirkungen von Videoüberwachung in Kauf genommen werden sollten. Zwar sind auch diese Auswirkungen nicht einfach zu bestimmen, doch gibt es hier einige ernst zu nehmende Bedenken. Relativ gesichert ist hingegen, dass im weitesten Sinn soziale Ansätze der Prävention wirksamer sind als technische Überwachung.

Literatur

Alhadar, Ibrahim/McCahill, Michael (2011): The use of surveillance cameras in a
    Riyadh shopping mall: Protecting profits or protecting morality?, in: Theore-
    tical Criminology 15(3), 315-330.
Ammicht Quinn, Regina (Hrsg.) (2015): Intelligente Videoüberwachung: eine Hand-
    reichung. Tübingen: IZEW. https://publikationen.uni-tuebingen.de/xmlui/
    bitstream/handle/10900/67099/Band11_Vidoe%C3%BCberwachung_Hand-
    reichung.pdf?sequence=1 (16.03.2016).
Bauman, Zygmunt (2006): Liquid Fear. Cambridge: Polity.
Bentham, Jeremy (1787/1995): Panopticon, or, The Inspection-House, in: Božovič,
    Miran (Hrsg.): The Panopticon Writings. London/New York: Verso, 31–95.
Bigo, Didier (2000): When Two Become One: Internal and External Securitisations
    in Europe. In: Kelstrup, Morten/Williams, Michael C. (Hrsg.): International
    Relations Theory and the Politics of European Integration. London/New
    York: Routledge, 171-205.
Caplan, Joel M./ Kennedy, Leslie W./Petrossian, Gohar A. (2011): Police-monitored
    cameras in Newark, NJ: a quasi-experimental test of crime deterrence, in:
    Journal of Experimental Criminology 7(3), 255–274.
c.a.s.e. collective (2006): Critical Approaches to Security in Europe: A Networked
    Manifesto, in: Security Dialogue 37(4), 443-487.
Dee, Hannah M./Velastin, Sergio A. (2008): How close are we to solving the prob-
    lem of automated visual surveillance? A review of real-world surveillance,
    scientific progress and evaluative mechanisms, in: Machine Vision and
    Applications 19(5-6), 329–343.
Duval, Shelley/ Wicklund, Robert A. (1972): A theory of objective self-awareness.
    New York: Academic Press.
EU Directorate General Internal Policies, Policy Department C, Citizens' Rights
    and Constitutional Affairs [EU DG Internal Policies] (2009): A review of the
    increased use of CCTV and video-surveillance for crime prevention purpo-
    ses in Europe. Brüssel. http://www.statewatch.org/news/2009/apr/ep-study-
    norris-cctv-video-surveillance.pdf (16.03.2015).
Foucault, Michel (1994): Überwachen und Strafen: Die Geburt des Gefängnisses.
    Frankfurt a.M.: Suhrkamp.
Gandy, Jr., Oscar H. (2010): Engaging rational discrimination: exploring reasons for
    placing regulatory constraints on decision support systems, in: Ethics and
    Information Technology 12(1), 29-42.
Garland, David (2001): The Culture of Control. Crime and Social Order in Contem-
    porary So-ciety. Oxford: Oxford University Press.
Gilliom, John/Monahan, Torin (2013): SuperVision: An Introduction to the Surveil-
    lance Society. Chicago: University of Chicago Press.

Greveler, Ulrich (2012): Wenn Straftaten nach Videoüberwachung ansteigen....
http://www.scilogs.de/datentyp/wenn-straftaten-nach-video-berwachung-
ansteigen/ (15.12. 2015).

Hessischer Datenschutzbeauftragter: 42. Tätigkeitsbericht des Hessischen Daten-
schutzbeauftragten Prof. Dr. Michael Ronellenfitsch, https://www.daten-
schutz.hessen.de/tb42k04.htm (15.12.2015).

Kett-Straub, Gabriele (2011): Dient die Technoprävention der Vermeidung von Kriminalität? -Insbesondere die Wirksamkeit der staatlichen Videoüberwachung
im öffentlichen Raum, in: Zeitschrift für die gesamte Strafrechtswissenschaft
123(1), 110-133.

Lianos, Michalis/Douglas, Mary (2000): Dangerization and the End of Deviance, in:
British Journal of Criminology 40, 261-278.

Lischka, Konrad/Reißmann, Ole (2012): EU-Überwachungsprojekt Indect: Die volle
Kontrolle. http://www.spiegel.de/netzwelt/netzpolitik/eu-ueberwachungspro-
jekt-indect-die-volle-kontrolle-a-866785.html (16.03.2016).

Macnish, Kevin (2012): Unblinking Eyes: The Ethics of Automating Surveillance,
in: Ethics and Information Technology 14(2), 151-167.

Matzner, Tobias (2013): The model gap: cognitive systems in security applications
and their ethical implications, in: AI & Society 31(1), 95-102. http://dx.doi.
org/10.1007/s00146-013-0525-4 (16.03.2015).

Minnaar, Anthony (2007): The implementation and impact of crime prevention/
crime control open street Closed-Circuit Television surveillance in South
African Central Business Districts, in: Surveillance & Society Special Issue
on 'Surveillance and Criminal Justice' Part 1, 4(3), 174-207.

Piza, Eric L./Caplan, Joel M./Kennedy, Leslie W. (2014): Analyzing the influence
of micro-level factors on CCTV camera effect, in: Journal of Quantitative
Criminology 30(2), 237-264.

Ratcliffe, Jerry H./Taniguchi, Travis/Taylor Ralph B. (2009): The crime reduction
effects of public CCTV cameras: a multimethod spatial approach, in: Justice
Quarterly 26(4), 746–770.

Schneier, Bruce (2012): Drawing the Wrong Lessons from Horrific Events. http://
www.schneier.com/essay-401.html (16.03.2016).

Simons, Daniel J./Chabris, Christopher F. (1999): Gorillas in our midst: Sustained
inattentional blindness for dynamic events, in: Perception 28, 1059-1074.

Singelnstein, Tobias/Stolle, Peer (2012): Die Sicherheitsgesellschaft. Soziale Kontrolle im 21. Jahrhundert. Wiesbaden: Springer VS.

Spektrum Akademischer Verlag (2000): Selbstaufmerksamkeit, in: Lexikon der
Psychologie. Heidelberg. http://www.spektrum.de/lexikon/psychologie/
selbstaufmerksamkeit/13858 (16.03.2016).

Süddeutsche Zeitung Online (2012): Große Mehrheit für stärkere Videoüberwachung. http://www.sueddeutsche.de/politik/nach-bonner-bombenfund-grosse-mehrheit-fuer-staerkere-videoueberwachung-1.1556486 (15.12.2015).

Suhling, Stefan/Greve, Werner (2010): Kriminalpsychologie. Weinheim: Beltz.

Tagesschau (2015): Paris streitet über Videoüberwachung. https://www.tagesschau.de/ausland/paris-terrorbekaempfung-101.html (15.12.2015).

Welsh, Brandon C./Farrington, David P. (2009): Public area CCTV and crime prevention: an updated systematic review and meta-analysis, in: Justice Quarterly 26(4), 716–745.

Wicklund, Robert A./Frey, Dieter (1993): Die Theorie der Selbstaufmerksamkeit, in: Frey, Die-ter/Irle, Martin (Hrsg.): Theorien der Sozialpsychologie. Bd. 1: Kognitive Theorien. Bern: Verlag Hans Huber, 155-173.

Williams, Kathrine S./Johnstone, Craig (2000): The politics of the selective gaze: closed circuit television and the policing of public space, in: Crime, Law and Social Change 34(2), 183–210.

b) Gewaltprävention im Fußball

Marco Krüger

Samstagnachmittag, etwa 400 Fußballfans reisen gemeinsam in einem eigens dafür bereit gestellten Zug zum Derby ihres Vereins. Auf der zweistündigen Fahrt werden die Fans von Beamt_innen der Bundespolizei begleitet. Nach dem Eintreffen auf dem Bahnhof stimmen die Fußballanhänger_innen Fangesänge an. Die Polizei führt die Fans aus dem Bahnhof heraus und auf den Vorplatz, wo sie auf Unterstützer_innen der rivalisierenden Mannschaft treffen. Die konkurrierenden Fangesänge werden von zwei Böllern übertönt. Beamt_innen der Bereitschaftspolizei gehen – in Vollmontur und behelmt – zwischen die rivalisierenden Fangruppen. Es kommt zu verbalen Auseinandersetzungen zwischen Fans und Polizei. Beim Versuch die Personalien eines Fans aufzunehmen eskaliert die Lage und es entsteht eine Rangelei zwischen Polizist_innen und sich solidarisierenden Fans. Es wird Tränengas eingesetzt.

Obwohl Szenen wie diese keinesfalls an der Tagesordnung sind, ist Gewalt in der medialen Fußballberichterstattung ein vielbeachtetes Thema. So zeigt bspw. die Medieninhaltsanalyse von Bernhard Frevel und Christoph Riederer im Rahmen des SiKomFan-Projekts[11], dass der Topos der steigenden Gewalt im Fußball im gesamten Untersuchungszeitraum von 1980 bis 2012 „ein immer wiederkehrendes Muster bildet" (Frevel/Riederer 2014, 111). Im Gegensatz dazu sprechen die Zahlen der Zentralen Informationsstelle Sporteinsätze (ZIS) der nordrhein-westfälischen Landespolizei dafür, dass die Wahrscheinlichkeit bei einem Fußballspiel Opfer von Gewalt zu werden vergleichsweise gering ist (ZIS 2015, 15ff.).

Der vorliegende Beitrag begibt sich in dieses Spannungsfeld und beleuchtet die Rolle von (Gewalt-)Prävention bei Profifußballspielen. Prävention wird dabei in zwei Dimensionen gedacht: Einerseits als Strategie zur langfristigen Verhinderung von Gewalt sowie anderen nachteiligen sozialen Effekten und andererseits als Ziel in der konkreten polizeilichen Einsatzplanung. Der jeweilige Erfolg von Präventionsmaßnahmen als zentrales Element zur Gewährleistung von Sicherheit ist dabei anhand ihrer Effektivität und der durch sie hervorgerufenen Nebenfolgen zu bewerten. Hierfür nimmt der Beitrag zuerst eine Bestandsaufnahme der Sicherheitsmaßnahmen im Fußball vor. Anschließend werden strategische und einsatztaktische Maßnahmen zur Gewaltprävention diskutiert. Zentral hierbei sind die durch Sicherheitsmaßnahmen hervorgerufenen Nebenfolgen – wie im oben beschriebenen Szenario – und deren

---

[11] Das SiKomFan-Projekt ist ein aktuelles, vom BMBF gefördertes Forschungsverbundprojekt, das sich Kommunikationsstrukturen und dem Fandialog im Fußball widmet. Weitere Informationen: http://www.sikomfan.de/.

Bedeutung für die Reduzierung von Gewalt im Kontext von Fußballspielen. Schließlich werden konkrete Potentiale zur Verbesserung der Gewaltprävention im Fußball identifiziert.

Sicherheit im Fußball

In der Saison 2014/2015 besuchten etwa 21 Millionen Zuschauer_innen die Spiele der beiden Fußballbundesligen[12] sowie der dritten Liga (ZIS 2015, 5). Die ZIS geht für die gesamte Saison in allen drei Spielklassen in ihrem Jahresbericht von insgesamt 1.204 verletzten Personen, und damit von etwa 24 Prozent weniger als in der vorherigen Saison, aus (ebd.. 15).[13] Von diesen 1.204 Verletzten waren 222 Polizeibeamt_innen. Insgesamt wurden also 982 Zuschauer_innen verletzt (ebd., 17). Die Quote der Verletzten betrug damit 0,0047 Prozent am Gesamtaufkommen der Zuschauer_innen. Trotz der niedrigen Opfergefährdungszahl[14] beim Besuch eines Fußballspiels im Vergleich zu anderen Großveranstaltungen, wie bspw. dem Münchner Oktoberfest, nimmt das Thema Gewalt im Fußballkontext bereits seit mehreren Jahren einen exponierten Platz auf der politischen Agenda ein (Feltes 2013a, 49f.). Die diskursive Betonung von Gewalt im Fußball schlägt sich auch in der konkreten Ausgestaltung von Sportpolitik nieder. So bezieht sich beispielsweise das Sächsische Staatsministerium des Inneren (SMI) explizit auf die mediale Berichterstattung als Begründung zur Erarbeitung des *Gesamtkonzepts Fußball* (SMI 2011, 2). Dieses umfasst einen Maßnahmenkatalog zur Minimierung von Straftaten und schließlich zur Reduktion von Polizeieinsatzstunden im Fußballbereich. Gewaltprävention wird hingegen im Gesamtkonzept Fußball lediglich unter dem Aspekt der Fansozialarbeit konkret genannt (ebd., 7).

Auf Bundesebene ist das *Nationale Konzept Sport und Sicherheit* (NKSS) das zentrale Strategiepapier für die Gewährleistung von Sicherheit und den Umgang mit Gewalt im Männerfußball in Deutschland. Prävention hat im NKSS einen vergleichsweise hohen Stellenwert inne, was sich bereits an der häufigen wörtlichen Nennung im Konzept ablesen lässt. Insgesamt 25 Mal findet sich der Begriff dort wieder und erhält sogar ein eigenes Unterkapitel (Nationaler Ausschuss Sport und Sicherheit 2012, 43). Prävention im Sinne des NKSS stützt sich dabei auf drei wesentliche Säulen: (1) Gewaltprävention, (2) Prävention von Rassismus und Diskriminierung und (3) Prävention von Alkoholmissbrauch (ebd.). Zur Umsetzung dieser Ziele setzt das NKSS insbesondere auf die Einrichtung bzw. die Stärkung von sozialpädagogisch arbeitenden Fanprojekten sowie auf die vereinsseitige Institutionalisierung von Fanbeauftragten und Sicherheitsbeauftragten (ebd.: 12). Jedoch beschränkt sich, wie bereits im

---

[12] Der Begriff Fußballligen bezieht sich auf die jeweiligen Ligen im Männerfußball, da diese im Fokus der gesellschaftlichen Debatten um Gewalt im Fußball stehen. Die vorgeschlagenen Präventionsmaßnahmen können bei Bedarf aber ebenso auf Spiele der Frauenligen übertragen werden.

[13] Die Erhebungsmethoden der ZIS Jahresberichte waren, aufgrund von methodischen Mängeln, bereits vermehrt Kritik ausgesetzt. Dennoch sind sie die einzig verfügbaren systematischen Daten über Gewalt im Fußball. Siehe hierzu auch die Stellungnahmen von Thomas Feltes (2013b, 2014) und Gunter A. Pilz (2014) zu den Anhörungen des nordrhein-westfälischen Landtags.

[14] Die Opfergefährdungszahl entspricht der Anzahl der Opfer je 100.000 Personen.

sächsischen Konzept, auch im NKSS der Präventionsbegriff auf sozialpädagogische Arbeit sowie auf die Fanarbeit der Vereine. Präventionsmaßnahmen abseits dieser strategischen Dimension finden hingegen keinen Eingang in die aktuellen Sicherheitskonzepte zum Fußball.

Prävention im polizeilichen Fußballeinsatz

Tatsächlich aber spielt das direkte polizeiliche Einsatzverhalten auch im Bereich der Gewaltprävention eine größere Rolle als die Sicherheitskonzepte vermuten lassen. Die offensichtliche Diskrepanz zwischen der ermittelten Verletztenzahl unter Fußballzuschauer_innen und der Wahrnehmung von Gewalt im Fußball ist aus sicherheitstheoretischer Sicht unter anderem im Hinblick auf die große Zahl an eingesetzten Sicherheitspraktiken zu begreifen. Die Verknüpfung des gruppenspezifischen Verhaltens von Fans mit ‚Kriminalität‘ dient der Rechtfertigung für den fortwährenden Einsatz von Sicherheitspraktiken bei Fußballspielen. Diese Sicherheitsmaßnahmen implizieren ihrerseits aber den Bedrohungscharakter von Fußballfans und reproduzieren diesen (Bigo 2008, 104). Die Verwischung der Unterschiede zwischen sozial abweichendem Verhalten und Delinquenz bilden somit den Ausgangspunkt für die Versicherheitlichung von Fußballspielen und Fanmilieus (ebd., 104f., Bigo 2002). Beispiele hierfür sind der wiederholte Einsatz von polizeilichen Großaufgeboten sowie von umfangreicher Überwachungstechnik wie Kameramastwagen oder mobilen polizeilichen Dokumentationsteams. Dies verstärkt das Unsicherheitsempfinden eines Großteils der Bevölkerung; das normabweichende Verhalten einer Minderheit wird dabei als Risiko und Gefahr verstanden und kann schließlich zu ihrem gesellschaftlichen Ausschluss führen (Bigo 2008, 105). Paradoxerweise ist die Opfergefährdungszahl im Fußball verglichen mit der gesellschaftlichen Stellung des Phänomens Gewalt im Fußball relativ gering. Insbesondere daher lohnt sich ein Blick auf die angewendeten Sicherheitspraktiken.

Abb. 1: Polizeieinsatzstunden pro Saison in den beiden Fußballbundesliger sowie der 3. Liga; eigene Darstellung; Quelle: ZIS Jahresberichte 2008/09-2014/15

In der vergangenen Saison 2014/15 wurden in den obersten drei Spielklassen insgesamt 2.234.671 Polizeieinsatzstunden geleistet (ZIS 2015: 30). Heruntergerechnet auf die beiden Bundesligen ergibt sich ein Einsatzvolumen von etwa 1,6 Millionen Einsatzstunden, was der Vollzeitauslastung von 1.231 Polizeibeamt_innen entspricht (ebd., 30). Allein diese starke und über

das unmittelbare Stadionumfeld hinaus sichtbare Polizeipräsenz sorgt für eine Reproduktion des Sicherheitsdiskurses in Bezug auf Fußballspiele und kreiert damit den
Bedrohungscharakter von Fußballspielen. Zudem ist das Einsatzvolumen seit der Saison 2008/09 von damals 1.987.718 Einsatzstunden (ZIS 2009, 16f.) um 12,4 Prozent
angestiegen. Im gleichen Zeitraum nahm die Zahl der Zuschauer_innen in den beiden
Fußballbundesligen von 17,5 Millionen auf 18,5 Millionen (ebd., 5; ZIS 2015, 9) und
damit lediglich um 5,7 Prozent zu.[15] Die Steigerung der polizeilichen Einsatzstunden
auf einem ohnehin hohen Niveau sorgt für eine erhebliche Arbeitsbelastung der Bun-
des- sowie der Landespolizeien. Im Jahre 2014 konstatierte das nordrhein-westfälische Innenministerium, dass etwa 30 Prozent der Einsatzzeiten der Landespolizei im
Kontext von Fußballspielen geleistet werden (Ministerium für Inneres und Kommunales NRW 2014). Angesichts dieser Situation beschloss die nordrhein-westfälische
Landesregierung eine Testphase zur Reduktion von Polizeieinsatzkräften zur Sicherung von Fußballspielen. Trotz einer Steigerung der Zahl der Ligaspiele um zehn Prozent konnten im Saisonverlauf 13.000 Einsatzstunden im Vergleich zur Vorsaison einge-
spart werden (Polizei NRW 2015). Dieser Schritt ging keineswegs auf Kosten der
Sicherheit. So verringerte sich die Zahl der verletzten Personen um 21 Prozent und liegt
somit nur minimal unter dem bundesweiten Trend, der einen Rückgang der Verletztenzahlen um 24 Prozent verzeichnete (ebd.; ZIS 2015, 15). Der jüngste Modellversuch in
Nordrhein-Westfalen zeigt damit, dass ein geringerer Kräfteeinsatz trotz steigender
Spielanzahl der Verringerung von Gewalt im Fußball nicht entgegensteht.

Eine weitreichendere Änderung des polizeilichen Einsatzverhaltens wurde in der Bun-
desligasaison 2007/08 in Hannover erprobt (Pilz 2013, 99ff.). Die dortige Polizei setzte auf frühzeitige Kommunikation mit den Vertreter_innen der jeweiligen Gästefans,
mit Fanbeauftragten und Fanprojekt-Mitarbeiter_innen. Gästefans wurden am Spieltag
selbst durch Konfliktmanager_innen der Polizei empfangen, die vor allem praktische
Hinweise gaben und die Kommunikation mit den Gästefans übernahmen. Diese Kom-
munikationsbeamt_innen wurden durch eine defensive Polizeieinsatztaktik ergänzt.
Im Falle eines nötigen polizeilichen Einschreitens sollten die Konfliktmanager_innen
auch dies kommunizieren, um das Verständnis auf Fanseiten zu erhöhen und Solida-
risierungseffekte mit Straftatverdächtigen entgegenzuwirken (ebd., 99ff.). Die Dialog-
bereitschaft der Polizei wurde in einer Umfrage seitens der teilnehmenden Fans sehr
gelobt. So glaubten 70 Prozent der Teilnehmenden, dass der Einsatz der Konfliktmana-
ger_innen zur Verbesserung des Verhältnisses zwischen Polizei und Fans beitrage (ebd.,
101). Während ein repressives Vorgehen der Polizei durchaus eine eskalierende Wirkung entfalten kann, ist Kommunikation in vielen Fällen dazu geeignet, eine etwaige
Frontenbildung zwischen der Polizei und den Fans zu verhindern (Feltes 2010, 415f.).

---

[15] Wegen der geänderten Erhebungsmethode sind die Verletztenzahlen der Saisons vor 2013/14 nicht mit den
aktuellen Statistiken vergleichbar (ZIS 2015: 15f.).

Fanszenen und Prävention

Ultras sind nicht nur in polizeilichen Berichten (u.a. ZIS 2015, 10; ZIS 2014, 6f.), sondern auch in der deutschsprachigen Fußballliteratur (Gabler 2011; Ruf 2014; Sommerey 2010) das aktuell am stärksten beleuchtete Fanmilieu. Sie unterschieden sich in vielerlei Hinsicht von den seit Mitte der 1980er in Deutschland verstärkt auftretenden Hooligans. Gemäß der Typologie von Heitmeyer und Peter lassen sich dabei Hooligans vor allem in der Kategorie der „erlebnisorientierten Fans"[16] (1992, 33) einsortieren. Für sie ist die Suche und das Ausleben von Gewalt ein wesentlicher Bestandteil der Subkultur (Sommerey 2010, 41; Gabler 2011, 25 f.; Pilz 2012, 61). Ultras hingegen werden von Marcus Sommerey als Hybrid zwischen erlebnisorientiert und fußballzentriert charakterisiert (Sommerey 2010, 38).

In der ersten Hälfte der 1990er Jahre wurde auf die Fangewalt durch Hooligans mit der Einrichtung der Datei „Gewalttäter Sport" sowie der Verabschiedung des NKSS reagiert (Gabler 2011, 27f.). Viele der heutigen polizeilichen Strukturen und Instrumente im Fußballbereich wie szenenkundige Beamt_innen (SKB)[17] oder aber Stadionverbote entstanden unter dem Eindruck der Hooliganszenen. Nicht obwohl, sondern gerade weil Gewalt als Selbstzweck im Mittelpunkt der gesuchten Auseinandersetzung steht (Pilz 2012, 61ff.), lehnen Hooligans den Kontakt zur Polizei nicht prinzipiell ab; die Polizei wird als ‚normale' Akteurin im Kontext Fußball wahrgenommen. Durch die grundlegende Gesprächsbereitschaft vieler Hooligans konnten SKB/FKB Informationen für die Polizeiarbeit gewinnen. Auch wurde ein martialisches und hartes Eingreifen von Polizeibeamt_innen seitens vieler Hooligans einkalkuliert oder gar akzeptiert, da ja gerade die Auseinandersetzung an sich gesucht wurde und Teil des eigenen Selbstverständnisses war (ebd., 61f.).

Diese Situation änderte sich grundlegend mit dem verstärkten Aufkommen der Ultras in Deutschland seit Mitte/Ende der 1990er Jahre (Gabler 2011, 54). Die Motivation für das Engagement vieler Ultras war zunächst die Verbesserung der Stadionatmosphäre durch umfangreiche Choreographien bestehend aus Fangesängen, Fahnen, Doppelhaltern, Bannern oder auch Pyrotechnik (Sommerey 2010, 62f.). Viele Ultragruppierungen sind kritisch gegenüber der Kommerzialisierung des Fußballs eingestellt[18]; ihre Mitglieder sehen den Fußball als ihren gesellschaftlichen Freiraum an und räumen ihm eine hohe Bedeutung in ihrem Alltag ein (Pilz 2012, 63ff.). Zwar schließen die meisten Ultragruppierungen Gewalt nicht per se aus, jedoch hat die Ausübung von Gewalt einen verstärkt instrumentellen Charakter und dient bspw. der '

---

[16] Heitmeyer und Peter (1992) nutzen für die Charakterisierung von Fanmilieus drei Idealtype: fußballzentriert, erlebnisorientiert und konsumorientiert. Ultras finden in Heitmeyers und Peters Charakterisierung keine Erwähnung, da sie zu dieser Zeit in der deutschen Fanlandschaft noch keine nennenswerte Rolle spielten. Daher wird zur Charakterisierung der Ultras auf Marcus Sommerey (2010) verwiesen, der Heitmeyers und Peters Schema aufgreift und auf die heutige Fanlandschaft anwendet.

[17] Bezeichnung bei den Landespolizeien. Bei der Bundespolizei werden die Kontaktbeamt_innen als Fankundige Beamt_in (FKB) bezeichnet.

[18] Wenngleich sie durch ihre Choreographien eben auch zur Entstehung des ‚Produkts Fußball' beitragen.

Gewinnung von Fanutensilien rivalisierender Anhänger_innen (Gabler 2011, 124).
Repressive polizeiliche Maßnahmen, die den für sich proklamierten Freiraum oder
aber Elemente des eigenen Selbstverständnisses einschränken, können in diesem Zusammenhang zu einer Gewalteskalation beitragen (Langer 2012, 122). Im Sinne einer
gewaltpräventiven Einsatztaktik ist daher ein defensiver Polizeikräfteeinsatz der stark
sichtbaren Präsenz mehrerer Hundertschaften der Bereitschaftspolizei vorzuziehen.
Nur dort, wo Gewalt als Selbstzweck zelebriert wird, kann eine stark sichtbare und
damit schnell verfügbare Polizeipräsenz auch gewaltpräventiv sein. Dies gilt insbesondere für Hooligans, kann aber auch für den kleinen, besonders gewaltaffinen Teil
der Ultras, die Gunter A. Pilz als „Hooltras" (2012, 67) bezeichnet, angenommen
werden. Insgesamt scheint sich die Auslebung von körperlicher Gewalt auch unter
Ultras verschiedenster Fanszenen zu verbreiten (ebd., 67; Gabler 2011, 124f.). Trotz
dieser Tendenzen muss das polizeiliche Einsatzrepertoire einer gründlichen Prüfung
unterzogen werden. Die Instrumente und Strukturen, die zur Gewaltprävention gegen
Hooligans erfolgreich waren, wirken sich teils sogar eskalierend im Umgang mit Ultras und anderen Fanszenen aus. Diese Eskalation zwischen Fans und Polizei resultiert
in der Reproduktion der Versicherheitlichung von Fußball, während ihr gewaltpräventiver Charakter zu bezweifeln ist.

Das „Feindbild Ultra"

Bereits in ihrer Studie aus dem Jahr 2006 haben Gunter A. Pilz et al. festgestellt, dass
die Polizei das „Feindbild Nr. 1 der Ultras" (2006, 137) ist. Obwohl die finalen Ergebnisse von umfangreichen aktuellen Untersuchungen der gegenwärtigen Fanszenen
noch ausstehen[19], ist festzustellen, dass sich an diesem Umstand nichts verändert hat.
Daraus ergibt sich auch, dass Ultras in aller Regel die Kommunikation mit der Polizei
ablehnen und ihrer Präsenz im Rahmen von Fußballspielen negativ gegenüberstehen
(Müller/Martin 2012, 137ff.; Pilz 2012, 69). Darüber hinaus bemerkt Jonas Gabler,
dass es auch umgekehrt ein „Feindbild Ultra" (Gabler 2011: 200) seitens eines Teils
der Polizist_innen gibt. Diese Feindbilder können an sich eskalierend wirken und
Auslöser für Gewalt sein. Für den konkreten polizeilichen Einsatz liegt ein erheb-
liches Potential zur Gewaltprävention in der Dekonstruktion dieser Feindbilder. Wo
sich Polizei und Fanszenen von vornherein feindselig gegenüberstehen, reichen bereits kleinere Anlässe um Einsatzlagen eskalieren zu lassen. Dies hat auch das NKSS
erkannt und setzt sich den Abbau bestehender und die Verhinderung entstehender
Feindbilder zum Ziel (Nationaler Ausschuss Sport und Sicherheit 2012, 12). Dieser
Forderung, die zu oft nur im strategischen Präventionsbereich verortet ist, gilt es auch
im Einsatzalltag bei Fußballspielen eine größere Rolle einzuräumen, um erfolgreich
sein zu können. Zur Vorbeugung von Stereotypen und um das gegenseitige Verständnis zu erhöhen wäre bspw. eine flächendeckende Schulung von Polizeieinsatzkräften

---

[19] Bis vor kurzem wurde an der Universität Bielefeld mit dem Projekt „BiFans – Bielefelder Fußballfan-
Studie" eine Untersuchung der Fanlandschaft durchgeführt. Das Projekt endete zum 29. Februar 2016. Für
weitere Informationen siehe: http://www.uni-bielefeld.de/ikg/projekte/BiFans.html.

zu den Eigenheiten und Ritualen von Fanszenen zielführend. Dadurch könnte abweichendes Verhalten von Fußballfans besser eingeordnet und ihm unter dem Primat der Kommunikation auf Augenhöhe begegnet werden. Ein so gestaltetes Einsatzverhalten birgt das Potential, über das heutige Maß hinaus gewaltpräventiv zu wirken und Repression, durch die Minimalisierung von Solidarisierungseffekten zwischen den Fans, als letztes Mittel auf das nötigste Ausmaß zu begrenzen. Hierfür ist neben den bisher genannten Maßnahmen auch eine enge Abstimmung zwischen der Bundes- und der jeweiligen Landespolizei förderlich, um verkündete polizeiliche Vorgaben über den gesamten Anreiseweg der Fans zu vereinheitlichen und somit ein hohes Maß an Erwartungssicherheit zu gewährleisten. Ebenso sollten seitens der SKB/FKB getroffene und an die Fans kommunizierte Entscheidungen von der polizeilichen Einsatzleitung mitgetragen werden. Auch hierbei ist die innerpolizeiliche Abstimmung ein wichtiges Mittel, um Frustration bei den anreisenden Fußballfans zu vermeiden und so potentieller Unruhe, die in Auseinandersetzungen münden könnte, vorzubeugen.

Prävention als Strategie

Aber nicht nur der Abbau des „Feindbilds Ultra", sondern auch der des „Feindbilds Polizei" unter organisierten Fußballfans gehört zu den Erfordernissen einer erfolgreichen Gewaltprävention im Fußball. Körperliche Auseinandersetzungen zwischen der Polizei und Fangruppierungen reproduzieren diese Feindbilder und machen Konflikte so fast zu einer sich selbst erfüllenden Prophezeiung. Weniger konfrontative Zusammentreffen zwischen beiden Gruppen am Spieltag wären ein erster Schritt, um bestehende Feindbilder nicht weiter zu verfestigen. Um Feindbilder darüber hinaus aktiv abzubauen, bedarf es eines Prozesses, der weit vor dem Spieltag, im Lebensalltag der Fans beginnt.

Aus dieser Einsicht heraus entwickelte sich aus dem NKSS eine breite Institutionalisierung der Fanarbeit. Fanprojekte wie auch Fanbeauftragte leisten dabei eine wichtige Vorfeldarbeit mit den jeweiligen Fanszenen.[20] Die Koordinationsstelle Fanprojekte (KOS) zählte im Jahr 2015 bundesweit 56 Fanprojekte, die insgesamt 62 Mannschaften von der Fußballbundesliga bis hin zu zwei Oberligen betreute (KOS 2015, 8). Jedoch kann und sollte die Arbeit der Fanprojekte nicht allein instrumentell bzw. als bloßes Mittel zur Gewaltreduktion gesehen werden. Vielmehr arbeiten Fanprojekte mit (jungen) Fans auch abseits des Spieltags an Themen wie Antisemitismus, Homophobie und Sexismus Darüber hinaus bieten sie den Fußballfans individuelle Freiräume, um ihre Subkultur(en) leben zu können (ebd.). Diese Arbeit ist wichtig, da sie Aspekte der Fanszenen abseits der Gewalt hervorhebt und positive Elemente der Ultraszenen, wie z. B. deren Kreativität, deren politisches Engagement und die durch die Gruppe gewonnene soziale Bestätigung (Gabler 2011, 186ff.) betont. Diese Arbeitsgrundlage sorgt dafür, dass Fanprojekte Fußballfans und ihre Bedürfnisse ernst nehmen und sich

---

[20] Der Fokus der Arbeit von Fanbeauftragten der Vereine und der von Fanprojekten unterscheidet sich jedoch.

mit ihnen empathisch auseinandersetzen (KOS 2015, 22f.).

Eine Stigmatisierung hingegen, wie sie u.a. im medialen Diskurs zu finden ist[21] oder
durch die problematische Datenerhebung[22] der Jahresberichte der ZIS erfolgt, un-
termauert jedoch bestehende Feindbilder und führt schließlich zu dem von Lothar
Böhnisch beschriebenen Effekt: „Die kriminalisierten Gruppen schließen sich in suk-
zessiver Übernahme der ausgrenzenden Zuschreibungen zusammen und grenzen sich
selbst aggressiv – die kriminalisierenden Erwartungen aktiv bestätigend – von der
Mehrheitskultur ab" (2010, 83). Die Arbeit der Fanprojekte wirkt dem entgegen, kann
so Ausgrenzungsprozessen begegnen und damit langfristig und mittelbar an einer Dekonstruktion des „Feindbilds Polizei" mitwirken. Allerdings bedarf es hierfür einer
soliden finanziellen Ausstattung der Fanprojekte. Diese wird seit 2013 jeweils hälftig
von Land und Kommunen auf der einen und dem Deutschen Fußballbund (DFB) sowie der Deutschen Fußball Liga (DFL) auf der anderen Seite bis zu einer Summe von
150.000 € pro Fanprojekt und Fanszene bereitgestellt (KOS 2015, 17). Jedoch zahlen
DFL und DFB höchstens den Betrag, den auch Länder und Kommunen zur Verfügung
stellen. Die Minderzahlungen der öffentlichen Hand führten in der Saison 2014/15
jedoch dazu, dass nur rund 5,5 der insgesamt 8,4 Millionen Euro, die DFB und DFL
potenziell zur Verfügung stellen, abgerufen wurden (ebd., 16). Dieses brachliegende
Budget zu nutzen wäre eine Möglichkeit, die strategische Dimension der Gewaltprävention im Fußball weiter zu stärken. Der Umstand, dass sich in 62 Fanszenen sozialpädagogische Projekte etablieren konnten, spricht für die große Nachfrage nach derlei
Angeboten. Weitere Präventionsinstanzen wie Fanbeauftragte sollten dabei ergänzend
agieren, um der teils entstandenen Entfremdung zwischen Fanszenen und Vereinen
entgegenzuwirken. Prävention als Strategie muss an der Stärkung der institutionellen
Präventionsarbeit ansetzen und sollte darauf abzielen, die positiven Aspekte der Fanszenen zu stärken (Pilz 2012, 69f.).

Gewalt ist dabei als ein gesellschaftliches Phänomen und nicht als Spezifikum des
Fußballs zu verstehen. Die sozialpädagogische Fanarbeit erreicht dabei auch Menschen, die ansonsten nur schwer Zugang zu sozialpädagogischen Angeboten finden.
Hieraus ergibt sich die Chance, Gewaltprävention ausgehend vom Fußball zu betreiben, tatsächlich aber in gesellschaftliche Sphären weit darüber hinaus zu wirken.

Schlussfolgerungen

Angesichts der hohen Zuschauer_innenzahlen zeigen die relativ geringen Verletztenzahlen der Jahresberichte der ZIS bei allen methodischen Mängeln dennoch, dass
Fußballspiele in Deutschland angesichts von mehr als 21 Millionen Zuschauer_innen
sicher sind. Dieser Beitrag hat aufgezeigt, dass die Präventionsarbeit auf zwei Ebenen
intensiviert werden muss, um Szenarien wie das eingangs beschriebene zukünftig un-

---

[21] Sandra Maischberger verglich bspw. im Jahr 2012 nach einem Platzsturm beim Spiel zwischen Fortuna
Düsseldorf und Hertha BSC Ultras mit Taliban (KOS 2015, 9).
[22] Siehe Fn. 4.

wahrscheinlicher zu machen.

Auf der taktischen Ebene können ein verminderter Einsatz von Polizeieinsatzkräften, die Stärkung von Kommunikationsstrukturen, ein kohärentes Einsatzverhalten zwischen Bundes- und Landespolizei sowie breitere Kenntnisse der Besonderheiten der Fanszenen die Gewaltprävention vorantreiben. Dieses konkrete Einsatzverhalten kann durch eine stärkere Fanarbeit – durch sozialpädagogische Fanprojekte sowie durch die Fanbeauftragten der Vereine – die positiven Aspekte der Szenen verstärken, den Dialog mit den Vereinen befördern und damit schließlich einer kontraproduktiven Stigmatisierung von organisierten Fangruppen entgegenwirken. Die auf Langfristigkeit ausgelegte Fanarbeit wird gegenwärtig durch das an Spieltagen regelmäßig reproduzierte Feindbild zwischen Fans und Polizei in ihrer Wirkung geschwächt. Die teils massive Polizeipräsenz sowie die zahlreich angewendeten Sicherheitspraktiken resultieren in einer verstärkten Versicherheitlichung von Fußball und teilweise in einer Eskalation der Gewalt als weitere, kontraproduktive Nebenfolge. Der Pilotversuch in Nordrhein-Westfalen, aber auch der Einsatz der Konfliktmanager_innen in Hannover sind Beispiele dafür, dass ein niedriges Gewaltlevel auch – und insbesondere – bei geringeren Polizeieinsatzstärken möglich ist. Angesichts der nicht ausgeschöpften finanziellen Ressourcen, die DFB und DFL für Fanprojekte zur Verfügung stellen, erscheint die Verringerung der Anzahl der Polizeikräfte ein Mittel zu sein, um staatliche Gelder zugunsten einer langfristigen Präventionsarbeit frei zu machen. Die so eingesetzten Mittel zahlen sich wegen der Bezuschussung der Fanprojekte durch DFB und DFL doppelt aus. Eingedenk der bestehenden Arbeitsbelastung der Polizei (Müller/ Martin 2012, 139) und der aktuellen Anzahl an polizeilichen Überstunden (Deutscher Bundestag 2015) erscheint dies umso angebrachter.

Die Regierungsfraktionen von CDU und SPD in Sachsen gehen diesen Weg mit einem Antrag vom 3. Dezember 2015, in dem sie die Staatsregierung u.a. zu einem Bericht über die Maßnahmen zur Steigerung der polizeilichen Kommunikationskräfte sowie der Reduktion der polizeilichen Einsatzkräfte auffordert und die Stärkung der Fanprojekte sowie die polizeiliche Fortbildung im Bereich Fußball fordert (Sächsischer Landtag 2015b). Dieser Antrag steht unter der Überschrift „Sicherheit im Fußball – Stärkung der sächsischen Fanprojekte" (ebd.) und unterscheidet sich damit bereits in seinem Titel klar von seinem Vorgängerantrag „Sicherheit im Fußball – Fans schützen, Gewalttäter konsequent bestrafen" (Sächsischer Landtag 2015a). Diese Entwicklung verknüpft die taktische und die strategische Dimension der Gewaltprävention im Fußball und erscheint daher erfolgversprechender als der weitere Anstieg der eingesetzten Polizeieinsatzkräfte.

Literatur

Bigo, Didier (2002): Security and Immigration: Toward a Critique of the Governmentality of Unease, in: Alternatives: Global, Local, Political 27(1), 63-92. http://alt.sagepub.com/content/27/1_suppl/63.short?rss=1&ssource=mfr (15.03.2016).

Bigo, Didier (2008): Security. A Field Left Fallow, in: Dillon, Michael/Neal, Andrew W. (Hrsg.): Foucault on Politics, Security and War. London: Palgrave Macmillan, 93-114. http://www.didierbigo.com/documents/SecurityaFeldLeftFallow. pdf (15.03.2016).

Böhnisch, Lothar (2010): Abweichendes Verhalten. Eine pädagogisch-soziologische Einführung. Weinheim, München: Juventa Verlag, 4. überarb. u. erw. Aufl.

Deutscher Bundestag (2015): Überstunden bei der Bundespolizei. http://www.bundestag.de/presse/hib/2015-11/-/396076 (15.03.2016).

Feltes, Thomas (2010): Fußballgewalt als misslungene Kommunikation. Lösungsansätze abseits von Repression, in: Neue Praxis (4), 405-421.

Feltes, Thomas (2013a): Sicherheit bei Großveranstaltungen durch Überwachung der TeilnehmerInnen? Zur aktuellen Diskussion um den Umgang mit Gewalt in und um Fußballstadien, in: Neue Kriminalpolitik 25(1), 48-66.

Feltes, Thomas (2013b): Schriftliche Stellungnahme zur Öffentlichen Anhörung des Innenausschusses des Landtages NRW am 07. März 2013 „Gegen Randalierer im Zusammenhang mit Fußballspielen konsequent vorgehen". https://www. landtag.nrw.de/portal/WWW/dokumentenarchiv/Dokument?Id=MMST16/551 (15.03.2016).

Feltes, Thomas (2014): Stellungnahme zum Sachverständigengespräch des Innenausschusses des Landtages NRW am 03. April 2014: Realistische Erfassung von Sicherheitsproblemen – Reform der Datenerfassung und –auswertung der Zentralen Informationsstelle Sporteinsätze (ZIS). https://www.landtag.nrw.de/ portal/WWW/dokumentenarchiv/Dokument/MMST16-1555.pdf (15.03.2016).

Frevel, Bernhard/ Riederer, Christoph (2014): Abschlussbericht zur Medien- und Diskursanalyse im Rahmen des Arbeitspakets 02: Sozialwissenschaftliche Aspekte - Fankultur, Wahrnehmung und Diskurs des Forschungsprojekts SiKomFan. http://www.sikomfan.de/files/SiKomFan_WP1_Frevel-Riederer_Medienanalyse.pdf (15.03.2016).

Gabler, Jonas (2011): Die Ultras. Fußballfans und Fußballkulturen in Deutschland. Köln: PapyRossa Verlag, 2. unveränd. Aufl.

Heitmeyer, Wilhelm/Peter, Jörg-Ingo (1992): Jugendliche Fußballfans. Soziale und politische Orientierungen, Gesellungsformen, Gewalt. Weinheim, München: Juventa Verlag, 2. Aufl.

Koordinationsstelle Fanprojekte [KOS] (2015): Fanprojekte 2016. Die soziale Arbeit mit Fußballfans in Deutschland. Frankfurt a.M. http://www.kos-fanprojekte. de/fileadmin/user_upload/material/kos/sachberichte/KOS-sachbericht-2015-v14__2_.pdf (16.03.2016).

Langer, Konrad (2012): Ultras zwischen Gewalt und Kriminalisierung, in: Thein, Martin/Linkelmann, Janis (Hrsg.): Ultras im Abseits? Porträt einer verwegenen Fankultur. Göttingen: Verlag Die Werkstatt, 118-129.

Ministerium für Inneres und Kommunales NRW (2014): Pilotprojekt bei Fußballspielen in NRW ist ein Erfolg - Innenminister Jäger: Flexibles Konzept der Polizei sorgt auch in Zukunft für Sicherheit. http://www.mik.nrw.de/presse-mediathek/ aktuelle-meldungen/aktuelles-im-detail/news/pilotprojekt-bei-fussballspielen-in-nrw-ist-ein-erfolg-innenminister-jaeger-flexibles-konzept-de.html (15.03.2016).

Müller, Michael/Martin, Silke (2012): Vom Verhältnis zwischen Polizei und Ultras, in: Thein, Martin/Linkelmann, Janis (Hrsg.): Ultras im Abseits? Porträt einer verwegenen Fankultur. Göttingen: Verlag Die Werkstatt, 135-141.

Nationaler Ausschuss Sport und Sicherheit (2012): Nationales Konzept Sport und Sicherheit 2012. http://archiv.kos-fanprojekte.de/fileadmin/user_upload/media/ regeln-richtlinien/pdf/nkss_konzept2012.pdf (15.03.2016).

Pilz, Gunter A. (2012): Von der Fankultur zum Gewalt-Event. Wandlungen des Zuschauerverhaltens im Fußball, in: .SIAK-Journal - Zeitschrift für Polizeiwissenschaft und polizeiliche Praxis (4), 60–71. http://www.bmi.gv.at/cms/ bmi_siak/4/2/1/2012/ausgabe_4/files/pilz_4_2012.pdf (15.03.2016).

Pilz, Gunter A. (2013): Sport, Fairplay und Gewalt. Beiträge zu Jugendarbeit und Prävention im Sport. Hildesheim: Arete Verlag (KoFaS-Reihe, 1).

Pilz, Gunter A. (2014): Stellungnahme zum Sachverständigengespräch des Innenausschusses des Landtags Nordrhein-Westfalen am 03. April 2014 zum Beratungsgegenstand „Realistische Erfassung von Sicherheitsproblemen – Reform der Datenerfassung und -auswertung der Zentralen Informationsstelle Sporteinsätze (ZIS). https://www.landtag.nrw.de/portal/WWW/dokumentenarchiv/Dokument/MMST16-1559.pdf (15.03.2015).

Pilz, Gunter A./Behn, Sabine/Klose, Andreas/Schwenzer, Viktoria/Steffan, Werner/ Wölki, Franciska (2006): Wandlungen des Zuschauerverhaltens im Profifußball. Schorndorf: Hofmann (Schriftenreihe des Bundesinstituts für Sportwissenschaft, 114).

Polizei NRW (2015): Weniger Gewalt beim Fußball in NRW. https://www.polizei. nrw.de/artikel__12159.html (15.03.2016).

Ruf, Christoph (Hrsg.) (2014): Kurvenrebellen. Die Ultras - Einblicke in eine widersprüchliche Szene. Göttingen: Verlag Die Werkstatt, 2. Aufl.

Sächsischer Landtag (2015a): Sicherheit im Fußball - Fans schützen, Gewalttäter
    konsequent bestrafen (Drs 6/1210). http://edas.landtag.sachsen.de/viewer.
    aspx?dok_nr=1210&dok_art=Drs&leg_per=6&pos_dok=201 (15.03.2016).
Sächsischer Landtag (2015b): Sicherheit im Fußball - Stärkung der sächsischen
    Fanprojekte (Drs 6/3474). http://edas.landtag.sachsen.de/viewer.aspx?dok_
    nr=3474&dok_art=Drs&leg_per=6&pos_dok=0 (15.03.2016).
Sächsisches Staatsministerium des Innern [SMI] (2011): Gesamtkonzept Fußball.
    Maßnahmen im Freistaat Sachsen zur Bekämpfung von Gewalttätigkeiten
    im Zusammenhang mit Fußballspielen. Sächsisches Staatsministerium des
    Innern.
Sommerey, Marcus (2010): Die Jugendkultur der Ultras. Zur Entstehung einer neuen
    Generation von Fußballfans. Stuttgart: ibidem-Verlag.
Zentrale Informationsstelle Sporteinsätze [ZIS] (2009): Jahresbericht Fußball.
    Saison 2008/09. https://www.polizei.nrw.de/media/Dokumente/08-09Jahres-
    bericht-oeffentlich.pdf (15.03.2016).
Zentrale Informationsstelle Sporteinsätze [ZIS] (2010): Jahresbericht Fußball.
    Saison 2009/10. https://www.polizei.nrw.de/media/Dokumente/09-10Jahres-
    bericht-oeffentlich.pdf (15.03.2016).
Zentrale Informationsstelle Sporteinsätze [ZIS] (2011): Jahresbericht Fußball.
    Saison 2010/11. https://www.polizei.nrw.de/media/Dokumente/10-11Jahres-
    bericht-oeffentlich.pdf (15.03.2016).
Zentrale Informationsstelle Sporteinsätze [ZIS] (2012): Jahresbericht Fußball Saison
    2011/12. Berichtzeitraum 01.07.2011 - 30.06.2012. https://www.polizei.nrw.
    de/media/Dokumente/Behoerden/LZPD/130912_ZIS_Jahresbericht_11_12.
    pdf (15.03.2016).
Zentrale Informationsstelle Sporteinsätze [ZIS] (2013): Jahresbericht Fußball Saison
    2012/13. Berichtzeitraum 01.07.2012 - 30.06.2013. https://www.polizei.nrw.
    de/media/Dokumente/12-13_Jahresbericht_ZIS.pdf (15.03.2016).
Zentrale Informationsstelle Sporteinsätze [ZIS] (2014): Jahresbericht Fußball Saison
    2013/14. Berichtzeitraum 01.07.2013 - 30.06.2014. https://www.polizei.nrw.
    de/media/Dokumente/Behoerden/LZPD/ZIS_Jahresbericht_2013_14.pdf
    (15.03.2016).
Zentrale Informationsstelle Sporteinsätze [ZIS] (2015): Jahresbericht Fußball
    Saison 2014/15. Berichtzeitraum 01.07.2014 - 30.06.2015. Hrsg. v. Polizei
    Nordrhein-Westfalen, Landesamt für Zentrale Polizeiliche Dienste. https://
    www.polizei.nrw.de/media/Dokumente/ZIS_Jahresbericht_2014_15.pdf
    (15.03.2016).

c) Bürgerbeteiligung und Prävention

Peter Bescherer

In der Innenstadt glänzt die frisch sanierte historische Stadthalle. Die hoch verschuldete Kommune hat viel in ihre ‚gute Stube' investiert und ist stolz darauf, einen gefragten Ort für klassische Konzerte und andere kulturell anspruchsvolle Veranstaltungen zu haben. Der ebenfalls neu gestaltete Vorplatz, mit Treppen und Skulpturen auf Sockeln, hat zugleich die örtliche Skater_innenszene angezogen. Vor allem ältere Besucher_innen der Stadthalle haben daraufhin bei der Stadtverwaltung die Gefährdung ihrer Sicherheit durch skatende Jugendliche moniert. Eine Lösung musste gefunden werden. An einem Runden Tisch mit allen Beteiligten wurde die Errichtung einer Skatehalle außerhalb des Stadtzentrums beschlossen.

Das geschilderte Szenario beruht auf einer wahren Geschichte, von der wir im Rahmen unserer Forschungen zu urbaner Sicherheit erfahren haben. Es handelt sich aber um einen typischen Fall, der so oder ähnlich in vielen Städten zu beobachten ist. Das Verhältnis von Prävention und der Beteiligung von Bürger_innen in Belangen städtischer Sicherheit lässt sich anhand dieses Beispiels und seiner Ausdeutung gut diskutieren. Prävention wird dabei im umfassenden Sinne verstanden als Strategie, auf unerwünschte Zustände und Bedrohungen in der Zukunft bestmöglich vorbereitet zu sein und ihre Folgen einzudämmen. Das beinhaltet nicht nur kriminalpräventive Maßnahmen. Nachdem eingangs der Zusammenhang von Prävention und Partizipation kritisch beleuchtet wird, sollen im Anschluss anhand des skizzierten Beispiels die vielen Beteiligungskonzepten zugrundeliegenden Vorstellungen von Zivilgesellschaft, sozialem Zusammenhalt oder auch lokalem Sozialkapital[23] problematisiert werden. Um es bei dieser Kritik nicht zu belassen werden abschließend Perspektiven zur produktiven Erweiterung des Rahmens ‚Mehr Sicherheit durch mehr Partizipation' eröffnet.[24]

Prävention und Partizipation – Ein schwieriges Verhältnis

Der präventive Umgang mit gesellschaftlichen Fehlentwicklungen wird in Forschungen zum Strukturwandel sozialer Kontrolle eher repressiven und kurativen Verfahren gegenübergestellt (Singelnstein/Stolle 2012). Mit den ökonomischen, politischen und

---

[23] Die Idee, das Soziale im Sinne von Vertrauen und Gemeinschaftlichkeit für die demokratische wie ökonomische Entwicklung zu ‚bewirtschaften', liegt etwa dem Bund-Länder-Programm ‚Soziale Stadt' zugrunde oder dem LSK-Programm (Lokales Soziales Kapital) des Landes Berlin. Der Begriff ‚soziales Kapital' wird dort in Anlehnung an die Studien des US-amerikanischen Politikwissenschaftlers Robert Putnam gebraucht. Ein anderes Verständnis entwickelte Pierre Bourdieu, Soziologe aus Frankreich, der v.a. die ungleichheitsgenerierenden und -stabilisierenden Aspekte des sozialen Kapitals betonte.

[24] Damit wird ein gewisser Kontrapunkt zum Gutachten „Engagierte Bürger – sichere Gesellschaft", das Wiebke Steffen (2009) für den 13. Deutschen Präventionstag in Leipzig erstellt hatte, gesetzt.

kulturellen Veränderungen seit Mitte der 1970er Jahre – Heinz Bude (2014) hat von einem „Wechsel im gesellschaftlichen Integrationsmodus vom Aufstiegsversprechen zur Exklusionsdrohung" (ebd., 19) gesprochen – gewinnt ‚Prävention' zunehmend an Bedeutung in der (Selbst-)Regulierung des sozialen Zusammenhangs. Während in den Wohlfahrtsstaaten der Nachkriegszeit mit ihren standardisierten Arbeitsverhältnissen und normierten Lebensweisen soziale Probleme durch Fürsorge und Resozialisierung von Straftäter_innen bearbeitet wurden, setzte sich nun ein neues Muster durch. Weil gesellschaftliche Institutionen wie Familie oder Kirche ihre disziplinierende und orientierende Funktion verlieren und strukturelle Armut in die Staaten des globalen Nordens zurückkehrt, ist eine soziale Integration über allgemein gültige Werte immer weniger möglich. Anstatt Normabweichungen zu sanktionieren, geht es deshalb darum, Gelegenheiten und Situationen im Vorfeld unerwünschter Verhaltensweisen sicherheitspolitisch zu gestalten. Diese Sichtweise setzt prinzipiell endlose Versuche in Gang, Indikatoren zu bestimmten, die auf zukünftige Ereignisse verweisen. Dabei werden bestimmte Serien von Phänomenen (Wohnort, Einkommen, Kriminalität, Herkunft etc.) statistisch miteinander in Beziehung gesetzt, um Risiken abschätzen zu können und vorbeugende Interventionen in Angriff zu nehmen.

Die beschriebene Logik gilt für einen Großteil präventiver Maßnahmen. Die Erzeugung des notwendigen Wissens durch Volkszählung, Monitoring und Überwachung sowie die darauf ruhende Antizipation von Risiken ist in der Regel eine Sache von Expert_innen. Der politische Charakter dieser Art von Prävention kann als „Regieren mit dem Mittel der Angst vor der Zukunft" (Demirovic 2013, 137) beschrieben werden. Tatsächlich widerspricht Prävention im Sinne der mehr oder weniger technischen Verwaltung von Normalität der Idee von Partizipation im Sinne demokratischer Selbstbestimmung.

Der Versuch, diese Kritik aufzunehmen, besteht darin, den technischen Aspekt der Prävention um einen sozialen zu ergänzen. Partizipation, also die Einbeziehung von Bürger_innen in politische Diskussions- und Entscheidungsprozesse und die Eröffnung von Möglichkeiten zur Mitbestimmung, hat demnach einen starken vorbeugenden Effekt. ‚Soziale Prävention' gehört zum festen Bestandteil von Sicherheitsmaßnahmen, ist Partizipation doch spätestens seit der Engagementförderung durch die rot-grüne Bundesregierung als Zielvorgabe staatlicher Politik weithin anerkannt. Tatsächlich „gilt, dass je ausgeprägter eine mögliche Einflussnahme auf die Gestaltung des Alltags beurteilt wird […], um so geringer ist die Angst vor einer negativen persönlichen Zukunft wie auch vor Konfrontationen mit kriminellen Delikten" (Glasauer 2005, 218). Das heißt: Partizipation schafft Sicherheit. Die Annahme, dass Partizipation zur Stärkung des Vertrauens in die lokale Gemeinschaft führt, Ängste abbaut und den Zusammenhalt verbessert, so dass ‚Unruhestifter' präventiv ferngehalten werden, erscheint hingegen problematisch. Zum einen, weil sie das Feld partizipativer Ansprüche entgegen aller empirischen Evidenz auf bestimmte Formen verengt. So sind eben auch Rechtsextreme, die Kinderfeste und Einkaufsdienste organisieren, Teil der lokalen Partizipationslandschaft. Zum anderen ist die Verknüpfung von zivilgesellschaftlichem Engagement und Demokratie schwierig, weil die strukturellen Voraussetzungen für die Teilhabe an der ,Mitmachgesellschaft' (Bildung, Beruf, Einkommen, Alter, Geschlecht) und die damit verbundenen Ausschlüsse oftmals nicht reflektiert werden. Von Autor_innen aus der Protest- und Bewegungsforschung wird daher bezweifelt, dass Partizipation per se demokratisch und inklusiv ist (Roth 2004, 57). Der – in seiner vorherrschen Form – einseitige Fokus des partizipativen Ansatzes soll im Folgenden anhand des anfangs geschilderten Szenarios dargestellt werden

,Wenn wir nur alle zusammenstehen' – Grenzen der Beteiligung

Was besagt das Beispiel der Skater_innen vor der Stadthalle über den Charakter und die Mechanismen von Partizipation in präventiver Absicht? Zunächst ist zu beachten, wie es zur beteiligungsorientierten Moderation des (antizipierten) Konflikts kommt. Ältere Bürger_innen fordern die Gewährleistung ihrer Sicherheit ein und die so angerufene Stadtverwaltung installiert einen Runden Tisch, um schließlich mit der Skatehalle eine für alle tragfähige Lösung zu beschließen. Erwartete Unfälle und Kollisionen zwischen Skater_innen und Konzertpublikum sollen so vermieden werden. De facto geht es jedoch nicht nur um Verletzungsgefahren und -wahrscheinlichkeiten, sondern zugleich um Aspekte, die als Ausdruck einer Versicherheitlichung anderer Interessen gedeutet werden müssen, etwa das ,bedrohliche' Aussehen der Skater_innen (Tattoos, Piercings) oder ihr ,unzivilisiertes' und dem kulturellen Anspruch des Ortes unangemessenes Auftreten. Im konkreten Fall schildert eine Befragte aus der Stadtverwaltung die Perspektive der Senior_innen auf die „ach so wilden Jugendlichen" als Ausdruck deren subjektiven Sicherheitsgefühls und verweist auf die stadtteil- und statusspezifischen (Alter, Einkommen etc.) Unsicherheitswahrnehmungen.

Insofern ist es alles andere als selbstverständlich, welchem Zweck und welchen Akteur_innen die Prävention dient. Sie wird vorstrukturiert durch die ungleich verteilte Beschwerdemacht, das Interesse der Kommunalverwaltung an der Attraktivität der Stadt für Tourist_innen, Investor_innen und (Kultur-)Konsument_innen sowie schließlich das Instrument des Runden Tisches, der trotz des ernsthaften Vermittlungsanspruchs bei Problemdefinition (Unsicherheit) und -lösung (Verlagerung der Skater_innen) keinen Verhandlungsspielraum lässt. Während die Gruppe der konzertliebenden Älteren, so ist anzunehmen. eine gesellschaftliche Lobby hat und in die meinungsführenden und entscheidungsrelevanten Kreise der Stadt gut vernetzt ist, haben die Skater_innen eine andere strukturelle Position. Sie sind häufig ausgeprägte Individualist_innen und wollen mit den Mannschaftssportarten nichts zu tun haben. Sie organisieren sich schon deshalb kaum in festen Gruppenstrukturen. Damit sind sie im Rahmen von Runden Tischen (und ähnlichen Beteiligungsformaten) schwieriger erreichbar als Verbände oder Vereine und können auch kaum mit ,einer Stimme' sprechen. Mit der klassischen Partizipationsforschung könnte man von den systematisch kleingehaltenen „schwachen Interessen" (Willems/von Winter 2003) der Skater_innen sprechen. D.h. die Kanäle und Ressourcen der verbandlich organisierten politischen Einflussnahme wollen oder können sie nicht nutzen.

Bereits der Zugang zum partizipativen Verfahren steht also bestimmten Gruppen offener als anderen. Auch die Skater_innen fordern einen Anspruch. Nämlich auf inklusive Nutzung des städtischen Raums, die einer strengen Einteilung in Zonen für Wohnen, Kultur, Konsum und Arbeit entgegensteht. Oder auf die Anerkennung ihres Sports, der ja nicht per se ein besserer oder schlechterer Ausdruck von Kultur ist als ein Violinkonzert in der Stadthalle. Oder einen grundsätzlichen Anspruch auf Mitgestaltung der Stadt, von der sie als Ausdruck einer lebendigen urbanen Kultur ja auch präsentiert werden, wenn es um das Image des Standortes geht. Diese Forderungen werden jedoch nur implizit erhoben. Um sie berücksichtigen zu können, dürfte Partizipation nicht bei der formalen Gewährung eines Mitbestimmungsrechts stehen bleiben, sondern müsste anders hinhören und hinschauen.

Es geht nicht darum, dass die Forderungen nach einer ‚Stadt für alle‘ in jedem Fall erhoben werden oder dass sie in jedem Fall einen höheren Stellenwert hätten als jene der älteren Menschen.[25] Die Furcht vor Belästigung oder Kriminalität im öffentlichen Raum aber speist sich häufig aus mit gesellschaftlichem Wandel verbundenen sozialen Ängsten (Hirtenlehner 2006) und hat damit einen ganz ‚materiellen‘ Kern; und das Bedürfnis nach körperlicher Unversehrtheit kann auch nicht als ideologische Schrulle abgetan werden. In der Realität werden sich verschiedene Motive kreuzen. Der springende Punkt ist, dass die Ansprüche der Jugendlichen für gewöhnlich zu weit außerhalb des Blickfeldes der politischen Debatten liegen, um überhaupt in ihrer Eigenart zur Geltung kommen und mit den Ansprüchen der Anderen abgewogen werden zu können. Ähnlich ist es um den selektiven Zuschnitt der Logik bestellt, die dem Runden Tisch zugrunde liegt. In unserer Forschung begegneten wir ihr immer wieder und beobachteten sie bei verschiedenen Akteur_innen, die Sicherheitsarbeit leisten. Ob es der Runde Tisch ist, das Sportprojekt für Jugendliche, ein stadtweiter Putzwettbewerb oder der ‚Kehrflashmob‘ einer Nachbarschaftsinitiative – alle diese Initiativen werden von dem Gedanken geleitet, Sicherheit sei zu großen Teilen eine Frage von Vertrauen, gemeinschaftlicher Integration, Konsens und der Mehrung des sozialen Kapitals (zur Kritik: Mayer 2003). Dass Menschen sich zivilgesellschaftlich betätigen, scheint an sich eine präventive Wirkung zu haben.[26]

Problematisch daran ist, dass Partizipation und Zivilgesellschaft aus dieser Perspektive ihrer jeweiligen Qualitäten beraubt und unterschiedslos als vertrauens- und damit demokratiefördernd verstanden werden. Das ist aber nicht der Fall. Das Engagement für mehr

---

[25] Möglicherweise haben die Skater_innen ein ganz unromantisches Interesse an ihrer ‚Entdeckung‘, denn schließlich ist Skateboarding auch eine finanzstarke Industrie mit Stars, Festivals, lukrativen Werbeverträgen etc.

[26] So auch Wiebke Steffen im Gutachten zum Leipziger DPT von 2008: „Da bürgerschaftliches Engagement als Bestandteil des Sozialkapitals einer Gesellschaft das Vertrauen in Personen und Institutionen sowie die Gültigkeit von Normen, die das zwischenmenschliche Zusammenleben regeln, erhält und schafft, wirkt es sich auch positiv auf die Sicherheit einer Gesellschaft und das Sicherheitsgefühl ihrer Bürger aus – und zwar schon ganz generell, ohne dass sich Bürger konkret im Bereich der Kriminalitätskontrolle engagieren." (Steffen 2009: 66)

Demokratie muss nicht mit der Stärkung des Vertrauens in das Gemeinwesen einhergehen. Im Gegenteil: Es gibt Formen von Partizipation, die insofern parteilich sind als sie
eine bestimmte Position in gesellschaftlichen Auseinandersetzungen beziehen und somit
den Zweck des gemeinschaftlichen Vertrauens hinterfragen. Die Beteiligten bezweifeln
den Anspruch des Gemeinwesens auf Inklusion, etwa vor dem Hintergrund struktureller
sozialer Ungleichheit, und halten die Stärkung des wechselseitigen Vertrauens daher für
ungenügend. Welche Folgen die normative Vorentscheidung über die Zugehörigkeit zur
Zivilgesellschaft hat, zeigen Holm/Lebuhn (2013) anhand des Bund-Länder-Programms
Soziale Stadt in Berlin. Initiativen, die sich im Rahmen der ‚Recht auf Stadt'-Bewegung
für eine grundsätzlich andere Stadtentwicklung engagieren oder Rassismus offensiv zum
Thema machen, finden seitens des Quartiersmanagements kaum Beachtung. Es scheint
fast, als sei Partizipation nur so lange gefragt, wie sie strukturelle Probleme der gesellschaftlichen Entwicklung nicht zu ihrem Hauptanliegen macht. Die Grenzen zwischen
den Partizipationsformen sind jedoch fließend: Vereine und Gruppen, die sich zunächst
ganz unspezifisch um gute nachbarschaftliche Beziehungen bemühen, bekommen etwa
im Zuge der Geflüchtetenintegration eine große politische Bedeutung. Zudem sind die
Grundlagen für eine Zusammenarbeit der weniger und stärker ‚politischen' Initiativen
durchaus gegeben, wie wir in unserer eigenen Forschung feststellen konnten (Bescherer/
Wetzel 2016 im Ersch.).

Neben der konfliktiven Struktur des zivilgesellschaftlichen Terrains und der Existenz
ausdrücklich inklusiv oder exklusiv ausgerichteter Gruppen spricht auch die Organisati-
onsform, in der Partizipation stattfindet, nicht zwangsläufig für die Einübung demokratischen Handelns. Weder praktizieren Vereine – in denen laut deutschem Freiwilligensurvey
bürgerschaftliches Engagement überwiegend stattfindet – in jedem Fall Deliberation und
Konsensfindung, noch verfolgt die Mitgliedschaft immer ein Gemeinwohlinteresse (etwa
dann nicht, wenn sie den Zugang zum Arbeitsmarkt mitreguliert, vgl. Roth 2004, 48).
Sie sind auch nicht unbedingt im Eldorado des herrschaftsfreien Diskurses ‚jenseits von
Markt und Staat', wo Jürgen Habermas und andere die zivilgesellschaftlichen Akteur_in-
nen sehen (Adloff 2005), angesiedelt: Der Sportverein mit Vereinslokal und Fanshop ist
ein gutes Beispiel dafür, wie die Grenzen zwischen den Sphären verwischt werden. Im
Falle der Trennung von Staat und Zivilgesellschaft ist das teilweise durchaus beabsichtigt. So ist es kritisch zu betrachten, wenn zivilgesellschaftliches Engagement genau dann
von allen Seiten gelobt wird, wenn staatliche Leistungen im Bereich der Daseinsvorsorge
abgebaut werden. Ebenso wie sie mit ökonomischen Interessen verknüpft sein kann, hat
Partizipation sozialstrukturelle Voraussetzungen: Soziales ist wie ökonomisches Kapital
eben höchst ungleich verteilt (Dörner/Vogt 2008, 52).

Bezogen auf das Fallbeispiel stellt es sich so dar, dass die Position der Skater_innen im
partizipativen Verfahren nur begrenzt Ausdrucksmöglichkeiten findet. Zum einen sind sie
nicht direkt, sondern durch einen Mitarbeiter der Jugendsozialarbeit repräsentiert. Auch
wenn es sich um eine selbst gewählte Interessenvertretung handeln sollte, zeigt es doch

eine Abschließung des Verfahrens gegenüber nicht-formal organisierten und ‚schwachen‘ Interessen. Das eher unterstellte als praktisch hergestellte gemeinsame Interesse zeichnet für weitere Selektivitäten verantwortlich. Gestützt durch die Rahmung der Situation als Sicherheitsproblem, das nach einer für alle tragfähige Lösung verlangt, werden somit weitergehende Fragen ausgespart. Mit der Einigung auf die Skatehalle am Rande der Stadt wird nur das offensichtliche Anliegen der Skater_innen, eben die Bereitstellung eines Ortes für die Ausübung des Sports, bearbeitet. Der tiefer liegende und implizite Anspruch auf Mitgestaltung des Urbanen bleibt außen vor. Dass in der Skatehalle der kommunikative Aspekt des Skatens an der symbolisch aufgeladenen Stadthalle völlig verlorengeht, spielte keine Rolle. Die Zurückweisung der vorab unterstellten gemeinsamen Interessen und politischer Streit, der seinerseits demokratisierende Folgen haben könnten, wurden gewissermaßen zugunsten der ‚Aufrechterhaltung der öffentlichen Ordnung‘ preisgegeben.

Prävention *durch* Unsicherheit

„Zivilgesellschaft und ‚soziales Kapital‘ haben, so könnte es scheinen, den Status eines Wundermittels erreicht, einsetzbar für fast alle gesellschaftlichen Probleme" (Roth 2004, 42f.). Wie gezeigt, kommt es aber auf die Form und die Qualität des spezifischen bürgerschaftlichen Engagements an. So wünschenswert eine friedliche und sichere Gesellschaft ist, so wenig dürfen die dafür notwendige gesellschaftliche und politische Auseinandersetzung und der integrierende und demokratisierende Wert der Konfliktaustragung geringgeschätzt werden.

Abschließend sollen zwei Perspektiven auf einen in diesem Sinne modifizierten Begriff von Partizipation aufgezeigt werden.

Ein erster Vorschlag richtet sich an die Forschung, insbesondere die Begleit- und Evaluationsforschung, sowie an die praktisch-politisch mit der Umsetzung partizipativer Programme Betrauten. Ihrer Arbeit sollte ein erweitertes Verständnis dessen zugrunde liegen, was Partizipation bedeutet. Die Partizipationslandschaft und Zivilgesellschaft erstreckt sich über Initiativen, die als Beitrag zur Stärkung des lokalen Gemeinwesens verstanden werden können, weit hinaus. Dementsprechend fehlt die explizite Auseinandersetzung mit den exkludierenden, dunklen und braunen Seiten der Zivilgesellschaft; mit den nicht formal verfassten Ansprüchen aus sozialen Bewegungen; mit politischen Akteur_innen, die Partizipation praktizieren, den Zweck von Vertrauensbildung und Gemeinschaftlichkeit aber gezielt hinterfragen. Programme zum Einbezug der Bürger_innen und Bürger in (sicherheits-)politische Prozesse sollten zudem ihre Begrenzungen offenlegen, denn die Unsicherheiten, denen sie entgegenarbeiten wollen, haben ihre Ursachen häufig auf übergeordneten gesellschaftlichen Ebenen. Viele der ‚real existierenden‘ Partizipationsprogramme setzen am falschen Ende an: Um den Blick produktiv zu erweitern, dürfen nicht soziale Kohäsion und Integration als ‚Naturzustand‘ und Konflikt als Abweichung betrachtet werden und nicht Gruppen mit spezifischen Interessen pauschal als Spalter_innen, Träumer_innen und Radikale beiseitegeschoben werden. Das soll im Umkehrschluss nicht heißen, dass sozialer Konflikt und politischer Streit Selbstzweck sind oder dass soziale Bewegungen nicht auch wegen exkludierender Tendenzen kritisiert werden sollten.

Ein zweiter Hinweis soll den moralischen Appell, der dem Gedanken der Partizipation zugrunde liegt, reflektieren. Denn üblicherweise beinhaltet Beteiligung die Forderung, dass es mehr tun sollen und dass sie mehr tun sollen. Und üblicherweise funktioniert das nicht. Beispielsweise halten die meisten Menschen ‚soziale Mischung' in den Stadtvierteln für einen erfolgversprechenden Ansatz zur Integration und niemand würde diesem Konzept widersprechen. Wenn es aber etwa um Schulen geht, fordern Eltern schnell ‚Entmischung' und leistungsbezogene Selektion. Eine demokratische(re) Stadtplanung darf sich deshalb nicht allein auf die bessere Einsicht stützen, sondern muss Bedingungen schaffen, die Stadtbewohner_innen Pluralität und Diversität suchen statt vermeiden lässt. Der amerikanische Soziologe Richard Sennett (1970) geht davon aus, dass es aus der Adoleszenz herrührende starke Bedürfnisse nach Eindeutigkeit und Harmonie gibt, die dann, wenn sie keine Gelegenheit haben, an der Realität zu scheitern, zu unguten Allmacht- und Kontrollfantasien werden. Wenn Eindeutigkeit und Harmonie die Ausgangsbasis bilden, dann führen Fremdheit und Ambiguität zu Angst und Abwehr; schon kleinste Dissonanzen werden zu substanziellen Konflikten aufgeladen, weil keine Routine im Umgang mit ihnen besteht. Man findet dieses Muster auch in der heutigen Politik: von ‚Sachzwängen', die angeblich keine Alternativen dulden, bis hin zu Schulhofschlägereien, die als krimineller Tatbestand klassifiziert werden. Sennett schlägt vor, bewusst Anlässe zu schaffen, die die Begegnung mit dem Unbekannten und die Konfrontation mit Fremdheit unausweichlich machen. Weniger Kontrolle und mehr Selbstregulation können helfen, Differenz und Andersheit lieben zu lernen (learn to love the ‚otherness') und der immer auch vorhandenen Neugierde (Wie ‚die' wohl leben? Wie es ‚dort' wohl aussieht? Was ‚die' wohl essen?) Raum zu verschaffen.

Zusammenfassend lässt sich festhalten, dass eine im vollen Wortsinn partizipative Prävention von Unsicherheit selbst immer mit der Unsicherheit politischer und gesellschaftlicher Konflikte belastet sein wird. Es lohnt sich, dieses *Risiko* einzugehen.

Literatur

Adloff, Frank (2005): Zivilgesellschaft. Theorie und politische Praxis. Frankfurt a.M.: Campus.

Bescherer, Peter/Wetzel, Dietmar (2016 im Ersch.): Urbane Sicherheit – Gerechtig-keitsansprüche in Theorie und Praxis am Beispiel von Bürgerbeteiligungen, in: Frevel, Bernhard (Hrsg.): Sicherheitsproduktion zwischen Staat, Markt und Zivilgesellschaft. Wiesbaden: Springer VS.

Bude, Heinz (2014): Gesellschaft der Angst. Hamburg: Hamburger Edition.

Demirovic, Alex (2013): Ist der Neoliberalismus hegemonial? Gramscis Hegemonie-konzept und Sicherheit als Herrschaftsform, in: Widerspruch 62, 127-139.

Dörner, Andreas/Vogt, Ludgera (2008): Das Geflecht aktiver Bürger. ‚Kohlen' – eine Stadtstudie zur Zivilgesellschaft im Ruhrgebiet. Wiesbaden: Springer VS.

Glasauer, Herbert (2005): Stadt und Unsicherheit. Entschlüsselungsversuche eines vertrauten Themas in stets neuen Facetten, in: Glasze, Georg/Pütz, Robert/Rolfes, Manfred (Hrsg.): Diskurs – Stadt – Kriminalität. Städtische (Un-) Sicherheit aus der Perspektive von Stadtforschung und Kritischer Kriminal-geographie. Bielefeld: transcript, 203-222.

Hirtenlehner, Helmut (2006): Kriminalitätsfurcht – Ausdruck generalisierter Ängste und schwindender Gewissheiten? Untersuchung zur empirischen Bewährung der Generalisierungsthese in einer österreichischen Kommune, in: Kölner Zeitschrift für Soziologie und Sozialpsychologie 58(2), 307-331.

Holm, Andrej/Lebuhn, Henrik (2013): Die Stadt politisieren – Fragmentierung, Kohärenz und soziale Bewegungen in der „Sozialen Stadt", in: Kronauer, Martin/Siebel, Walter (Hrsg.): Polarisierte Städte. Soziale Ungleichheit als Herausforderung für die Stadtpolitik. Frankfurt a.M./New York: Campus, 194-216.

Mayer, Margit (2003): The Onward Sweep of Social Capital: Causes and Conse-quences for Understanding Cities, Communities and Urban Movements, in: International Journal of Urban and Regional Research 27(1), 108-130.

Roth, Roland (2004): Die dunklen Seiten der Zivilgesellschaft. Grenzen einer zivilgesellschaftlichen Fundierung von Demokratie, in: Klein, Ansgar/Kern, Kristine/Geißel, Brigitte/Berger, Maria. (Hrsg.): Zivilgesellschaft und Sozi-alkapital. Herausforderungen politischer und sozialer Integration. Wiesba-den: Springer VS, 41-64.

Sennett, Richard (1970/2008): The Uses of Disorder. Personal Identity and City Life. New Haven: Yale University Press.

Singelnstein, Tobias/Stolle, Peer (2012): Die Sicherheitsgesellschaft. Soziale Kont-rolle im 21. Jahrhundert. Wiesbaden: Springer VS, 3. Aufl.

Steffen, Wiebke (2009): Gutachten zum 13. Deutschen Präventionstag: Engagierte Bürger – Sichere Gesellschaft. Bürgerschaftliches Engagement in der Kriminalprävenzion, in: Marks, Erich/Steffen, Wiebke (Hrsg.): Engagierte Bürger – sichere Gesellschaft. Ausgewählte Beiträge des 13. Deutschen Präventionstages. Bad Godesberg: Forum Verlag, 25-72.

Willems, Ulrich/von Winter, Thomas (Hrsg.) (2003): Politische Repräsentation schwacher Interessen. Opladen: Leske und Budrich.

d) Sicherheit und Gerechtigkeit – Kriminalprävention vor dem Hintergrund des Anstiegs der Zahl von Asylbewerber_innen im Jahr 2015

Friedrich Gabel

Seit Beginn des Jahres 2015 wurden über 500.000 Asylbewerberanträge gestellt und über 1.000.000 Einreisen in die Bundesrepublik Deutschland registriert, Tendenz steigend. Die ankommenden Menschen sind zum größten Teil Geflüchtete, mit Erfahrungen von Bürgerkriegen und einer dramatischen Flucht auf der Suche nach Schutz. Dieser Anstieg der Zahl von Asylbewerber_innen ist seitdem ein, wenn nicht sogar das zentrale Thema der Politik. Er stellt die Bundesrepublik vor kulturelle, finanzielle und soziale Herausforderungen, die sich nur im Zusammenspiel von Politik und Bevölkerung lösen lassen. Eine wichtige Perspektive ist dabei der Blick auf Sicherheit und neue, veränderte Aufgaben, die es zu bearbeiten gilt.

Sicherheit und Gerechtigkeit sind zentrale Themen im gesellschaftlichen und politischen Diskurs. Während Sicherheit die Hoffnung ausdrückt, Gefahren jeglicher Art aus einer Gesellschaft zu verbannen, ist die Forderung nach Gerechtigkeit häufig eine Artikulation konkreter Missstände. Gerechtigkeit wird, vereinfacht gesprochen, als die gleiche Behandlung von gleichen und die ungleiche Behandlung von ungleichen Personen und Situationen verstanden. Da jedoch kein Mensch und keine Situation genau gleich sind, ist oft unklar, ob eine Gleichbehandlung oder eine angemessene Ungleichbehandlung der bessere Ansatz ist.

Zugleich wird in allen Situationen mit beschränkten Ressourcen notwendigerweise priorisiert. Manchmal sind dies Priorisierungsentscheidungen, die festen Kriterien folgen; manchmal sind es intuitive Entscheidungen. Im Sicherheitskontext sollten sie aber nie ohne Gerechtigkeitserwägungen getroffen werden. Das ist umso schwieriger, als dass weder in der Praxis noch in der Theorie bisher grundlegend über das Verhältnis von Gerechtigkeit und Sicherheit diskutiert worden ist. Dabei ist es gerade für die Handlungspraxis der Sicherheitsakteur_innen (etwa Polizeien) von enormer Bedeutung, wie Konflikte zwischen konkurrierenden Sicherheits- und Gerechtigkeitsinteressen gelöst werden sollten. Sowohl Sicherheit als auch Gerechtigkeit sind wichtige Güter einer Gesellschaft, die zumindest in einem Grundmaß vorhanden sein müssen (Hudson 2012, 4). Problematisch wird es aber da, wo dieses Grundmaß genauer bestimmt werden soll. Es ist unumstritten, dass Gerechtigkeit ein zu erstrebendes Gut menschlicher Gesellschaft ist; sie gilt nicht nur in speziellen Situationen, sondern grundlegend. Es kann nie zu viel, sondern nur zu wenig Gerechtigkeit vorhanden sein. Mit Sicherheit verhält sich dies anders: Auch wenn Sicherheit oft als ‚Leit- oder Grundwert' bezeichnet wird, ist diese Setzung äußerst problematisch (Pap 2012, 159). ‚Möglichst viel Sicherheit' ist in sich ambivalent, da jedes Mehr an Sicherheit immer auch Nebenfolgen hat und da die Vorstellung absoluter Sicherheit problematisch ist (vgl. dazu Kap. 1 in diesem Gutachten).

Gleichzeitig ist die Praxis der Herstellung sowohl von Sicherheit als auch von Gerechtigkeit in hohem Maß kontextabhängig. Dieselbe Maßnahme kann in unterschiedlichen Kontexten unterschiedliche, auch unbeabsichtigte Nebenfolgen mit sich bringen. So kann zum Beispiel die Erhöhung der Verkehrssicherheit durch bessere Beleuchtung dazu führen, dass ein bekannter Kriminalitätsschwerpunkt in die anliegenden Wohnviertel verdrängt wird. Die Erhöhung der (subjektiven und objektivierten) Sicherheit für ein Stadtviertel kann zu einer Erhöhung der Unsicherheit in einem anderen führen. Die Erhöhung von (subjektiver und/oder objektivierter) Sicherheit für eine Personengruppe (Anwohner_innen in der Nähe einer Obdachlosenunterkunft) kann zu einer Erhöhung der Unsicherheit einer anderen Personengruppe (obdachlose Menschen) führen.

Schließlich sind Sicherheit und Gerechtigkeit politische Sprechakte mit großer legitimatorischer Kraft. Wer ein Handeln im Dienste der Sicherheit für sich in Anspruch nimmt und die Ängste der Bürger_innen (seien sie begründet oder unbegründet) ernst nimmt, kann damit häufig auch eine Legitimation für Mittel beanspruchen, die tief in die Freiheit oder Privatheit von Bürger_innen eingreifen (Waever 1995, 75). Wer ein Handeln im Dienste von Gerechtigkeit für sich in Anspruch nimmt (etwa den gerechten Zugang zu Bildung für alle Kinder), stößt aber unter Umständen auf den Widerstand derer, die sich von einer solchen Handlung negativ betroffen fühlen (Eltern, deren Kinder dann mit größerer Diversität konfrontiert werden).

Nimmt man all dies als Grundlage für eine vorläufige Bestimmung des Verhältnisses von Sicherheit und Gerechtigkeit, wird klar, dass es nie zu viel Gerechtigkeit, wohl aber zu viel Sicherheit geben kann. Denn absolute Sicherheit kann es nicht geben (Pap 2012, 170); genauso wenig ist sie wünschenswert. Dementsprechend ist es zunächst angebracht, Gerechtigkeit einen Vorrang vor Sicherheit einzuräumen und für Sicherheitsentscheidungen Gerechtigkeit anzumahnen. Gleichzeitig sind Entscheidungen aber nicht auf diese Setzung reduzierbar; dafür sind die Zusammenhänge und Situationen, die im Kontext Sicherheit verhandelt werden, zu komplex. Angemessener scheint es daher, nach Kriterien zu suchen, denen Sicherheitshandeln gerecht werden muss, um ein akzeptables Maß von Sicherheit zu erreichen. Doch wie könnten Kriterien gerechter Sicherheitspraxis aussehen?

Einige Aspekte zur Beantwortung dieser Frage sollen auf den folgenden Seiten anhand von Beispielen aus der Debatte um geflüchtete Menschen in Deutschland und Europa besprochen werden. Obwohl diese Debatte aktuell immer wieder als Debatte um ‚Sicherheit' geführt wird, ist Sicherheit nur ein Teil dieser gesellschaftlichen Aufgabe. Sicherheit in diesem Kontext muss selbst noch in mindestens dreifacher Weise differenziert werden: Erstens geht es um die Sicherheit *für* Geflüchtete, verstanden als menschenrechtlicher Schutz vor Krieg und Verfolgung. Zweitens umfasst Sicherheit die Fragen eines Schutzes *von* Geflüchteten vor Fremdenfeindlichkeit oder rassistischen Übergriffen. Drittens schließlich geht es um die Sicherheit *vor* Geflüchteten, was sowohl den Schutz der Bürger_innen als auch der Geflüchteten selbst vor einzelnen radikalisierten oder kriminellen Geflüchteten umfasst. Dass der aktuelle populäre Diskurs sich häufig auf den dritten Punkt (und v.a. den Schutz bundesdeutscher Bürger_innen) bezieht, spricht nicht für mediale oder gesellschaftliche Differenzierungsfähigkeit.

Im Folgenden soll die eher mittel- bis langfristige Perspektive der Kriminalprävention eingenommen und untersucht werden, welche Maßnahmen gerechter (primärer, sekundärer und tertiärer) Kriminalprävention im Umgang mit Geflüchteten geboten sind. Die genannten Beispiele sollen dabei illustrativ auf zentrale Problemstellungen verweisen, die nicht neu sind, aber oft in einem anderen Licht betrachtet werden müssen.

Primäre Kriminalprävention

In der primären Kriminalprävention geht es darum, Entstehungsbedingungen von Kriminalität zu verhindern sowie Werte zu vermitteln und alternative Handlungsstrategien, etwa gewaltfreie Kommunikation, zu erlernen. Dies geschieht beispielsweise durch Aufklärungsarbeit und Bildungsangebote; es kann auch durch eine gezielte bauliche Planung geschehen. Bereits an dieser Stelle ist es wichtig, zwei Phasen des Umgangs mit Asylbewerber_innen zu unterscheiden, da diese Phasen zum einen unterschiedliche Bedeutungen für die Kriminalprävention haben, zum anderen die gerechtigkeitstheoretischen Forderungen in großem Maße durch die jeweiligen Gegebenheiten bestimmt werden: die Ankunft und die dauerhafte Integration.

Aktuell liegt der Schwerpunkt auf der Phase der Ankunft. Die Einreise und zu gewährleistende Unterbringung von ca. 1.000.000 Menschen ist ein logistisches Problem, welches unter Zeitdruck, Informations- und Ressourcenmangel gelöst werden muss. In dieser Hinsicht sind durchaus Elemente einer Katastrophensituation vorhanden; mit dem medialen Begriff der ‚Flüchtlingskrise' und der damit verbundenen Implikationen hat dies allerdings wenig zu tun. Vielmehr geht es um Handlungs- und Entscheidungsdruck bei knappen oder als knapp wahrgenommenen Ressourcen. Aus einer Gerechtigkeitsperspektive wäre es unangemessen, in dieser Phase schlichtweg die gleichen Standards anzulegen wie im Alltag. Auch im Falle des Hochwassers von Dresden lebten Menschen für eine bestimmte Zeit in Notunterkünften mit beschränktem Raum und Privatsphäre; auch dort war ein schnelles Handeln nötig und Räumlichkeiten waren knapp. Dennoch bleibt das Ziel eines ‚So-gerecht-wie-möglich' eine konstante Herausforderung. Dazu gehört auch das Bewusstsein dafür, dass Geflüchtete eine in sich diverse Gruppe sind. Sie haben unterschiedliche persönliche, kulturelle, religiöse und biografische Zuordnungen, Erfahrungen und Einstellungen. Gruppen auf engem Raum sind immer konfliktträchtig, inhomogene Gruppen noch einmal mehr. Besonders konfliktträchtig werden sie, wenn hier Menschen von verschiedenen Seiten des Kriegs, vor dem sie geflohen sind, zusammentreffen. Religiöse Konflikte wie in Suhl (Meisner/Dernbach 2015) sind häufig gesellschaftliche Konflikte, die sich im Medium Religion äußern.

Eine stärkere Sicherheitsdienstpräsenz könnte in dieser ersten Phase zwar Ausschreitungen be- oder verhindern. Voraussetzung dafür ist, dass Sicherheitsdienste selbst nicht zu noch größerer Unsicherheit beitragen, indem sie sexistisch, rassistisch oder gewaltsam agieren. Durch bloßes Verhindern werden aber bestehende (kulturelle, politische und religiöse) Konflikte nicht auf mögliche Lösungen hin adressiert. Dies ist auch unmittelbar kaum möglich. Erst in späteren Phasen kann es darum gehen, Möglichkeiten zur Verfügung zu stellen, diese unterliegenden Konfliktpotentiale zu bearbeiten und gewaltlose Auseinandersetzungen zu ermöglichen. Dies ist Integrationsarbeit im eigentlichen Sinn (Steffen 2009).

Die zweite Phase – die dauerhafte Unterbringung derjenigen, denen Asyl oder ein Aufenthaltsstatus gewährt wird – ist für die Kriminalprävention von weitaus größerer Bedeutung, da hier sowohl mehr Einflussmöglichkeiten als auch ein größerer Handlungsspielraum vorhanden sind. So ist es von zentraler Bedeutung, dass in dieser Phase die Wohnsituation derart verändert wird, dass zu große räumliche Enge und sich daraus ergebende Konfliktsituationen so weit wie möglich vermieden werden. Dies betrifft etwa dem Umgang mit sogenannten „Fehlbelegern". Dieser äußerst unglücklich gewählte Begriff beschreibt jene Menschen, die nach der Anerkennung aus verschiedensten Gründen keine Wohnung finden und, um nicht auf der Straße zu leben, zurück in die Erstaufnahmeeinrichtungen ziehen, die ihrerseits mit Überfüllung zu kämpfen haben (Batzer et al. 2015). Dieses strukturelle Problem ist auch aus kriminalpräventiver Sicht bedeutsam, da Integration zentral mit dem Gefühl sozialer Sicherheit einhergeht; dies ist stark durch die Möglichkeit zum Aufbau eines neuen eigenen Umfelds, also Wohnung, Arbeit und Freundschaften bestimmt (Heckmann 2015: 95f.). In diesem Sinne muss die primäre Kriminalprävention in der zweiten Phase neben Maßnahmen der räumlichen Gestaltung auch Integrationsmechanismen ins Auge fassen. Verständigung und Vorbeugung möglicher Konflikte – sowohl innerhalb von Geflüchtetengruppen als auch zwischen Geflüchteten und der ‚neuen Nachbarschaft' – müssen ergänzt werden durch ausreichende finanzielle Mittel, sodass beispielsweise notwendige Fahrten zu Ämtern oder potenziellen Arbeitgeber_innen im Personennahverkehr bezahlbar sind und somit einem Fahren ohne Fahrschein vorgebeugt wird.[27]

Allgemein gesprochen muss eine gerechte primäre Kriminalprävention die Entstehungsbedingen von Kriminalität für alle – sowohl potentielle Opfer als auch Täter_innen – unabhängig ihrer Herkunft oder Vorgeschichte verringern. Entscheidend ist hierbei, soziale Probleme ernst zu nehmen, ohne gleichzeitig soziale Probleme, die soziale Lösungen erfordern, mit Sicherheitsmaßnahmen zu adressieren.

---

[27] Fehlende finanzielle Unterstützung könnte ein Grund für die hohe Zahl an Delikten des Fahrens ohne Fahrschein sein, welche durch Geflüchtete begangen wurden (Lutz/Müller 2015).

Sekundäre Kriminalprävention

Sekundäre Kriminalprävention widmet sich bestimmten Risikogruppen, etwa Menschen, von denen man annimmt, sie könnten potenziell straffällig werden. Durch Strafandrohung und Erschwerung der Tatbegehung – zum Beispiel durch formelle (öffentliche) und informelle Überwachung (nachbarschaftliche Wachsamkeit) von Brennpunkten, dem Einsatz privater Sicherheitsdienste oder technischer Mittel wie Alarmanlagen oder Videoüberwachung – soll gezielt bestimmten Tatgelegenheiten vorgebeugt werden.

Im Sinne gerechter Kriminalprävention muss im Kontext des Anstiegs von Asylbewerber_innen in einem entscheidenden ersten Schritt die Art und Weise der Bestimmung von ‚Risikogruppen' oder ‚Brennpunkten' in den Blick genommen werden. Das bedeutet, tatsächliche Kriminalität von Vermutungen und Kriminalisierung zu unterscheiden. Die Messung von Kriminalität, wie sie in Kriminalstatistiken vorgenommen wird, hilft dabei aber nur bedingt, denn sie ist nur scheinbar objektiv und wertungsfrei, sondern geprägt durch ihre Begrifflichkeiten und einen spezifischen Fokus. Auch Sicherheitsakteur_innen, Entscheidungsträger_innen und Betroffene sind nicht ‚neutral'. Sie haben eine bestimmte Perspektive, bestimmte Vorerfahrungen, Vorannahmen und Interessen, die sich auch in der jeweiligen Bestimmung von Sicherheitsproblemen und Risikogruppen wiederfinden lassen (Sommer 2012). Wer für wen als tatverdächtig gilt oder wer etwa für Routinekontrollen innerhalb einer Gruppe ausgewählt wird, beruht zunächst einmal auf Erfahrungen, Erzählungen anderer Sicherheitsakteur_innen und Vorschriften.

Neben den genannten persönlichen oder institutionellen Vorannahmen der Sicherheitsakteur_innen und Forscher_innen kommt der Art, wie die Sicherheitslage medial dargestellt wird, eine zentrale, wenn nicht gar *die* zentrale Rolle zu. Um das zu verdeutlichen bietet sich die im November 2015 erschienene Kriminalstatistik des Bundeskriminalamts (BKA) zur sogenannten ‚Zuwanderkriminalität' an. Dort taucht der in den Medien genutzte Begriff der ‚Flüchtlingskriminalität' zum Beispiel gar nicht auf. Das BKA nutzt stattdessen den Begriff der „Zuwanderer" und versteht darunter eine heterogene Gruppe bestehend aus Asylbewerber_innen, Personen mit einer Duldung, Kontingents- oder Bürgerkriegsflüchtlingen und Personen, die sich unregistriert in der Bundesrepublik Deutschland aufhalten (Kampf 2015). Obwohl Geflüchtete aus den Kriegsgebieten in Syrien, Afghanistan, dem Irak, vom Balkan oder aus Afrika einen großen Teil dieser Gruppe ausmachen, greift der Begriff der ‚Flüchtlingskriminalität' zu kurz, indem er Homogenität suggeriert. Dabei wird in den Medien immer wieder das Bild des prototypischen ‚kriminellen Flüchtlings' erzeugt. Setzt man allerdings die Straftatenanzahl mit den verschiedenen Untersuchungsgruppen in ihrer Heterogenität in Verbindung, so ergibt sich ein wesentlich differenzierteres Lagebild (Diehl 2015). Dies ist eine Differenzierung, die für eine problemorientierte Kriminalprävention wichtig ist, aber ihrerseits auch wieder missbraucht werden kann, etwa indem unterschiedliche ethnische Gruppen gegeneinander ausgespielt werden. Es ist eine Sache, Straftäter_innen zu bestimmen, aber eine ganz andere, darauf bestimmte präventive Maßnahmen, etwa racial profiling, zu begründen (Asmus/Enke 2016, 22f.).

Ebenso wichtig ist das Verständnis dafür, dass die BKA-Statistik über die Zahl der Tatverdächtigen spricht, nicht über die der nachgewiesenen Straftäter_innen. Dies ist etwa bei Jugendkriminalität problematisch, da es die berechtigte Annahme gibt, dass deutsche Jugendliche bei gleichen Straftaten weitaus seltener angezeigt werden als Jugendliche mit Migrationshintergrund (Walburg 2014, 8f.). Zudem werden in Kriminalstatistiken zur Asylbewerberkriminalität immer auch jene Straftaten einbezogen, welche nur von Asylbewerber_innen begangen werden können (etwa die Verletzung der Residenzpflicht), was die Vergleichbarkeit mit der Kriminalität von Bürger_innen erschwert (Walburg 2014, 6).[28]

Schaut man schließlich auf die konkreten Deliktfälle, so bilden Vermögens- und Fälschungsdelikte wie etwa Betrug, Urkundenfälschung oder das Erschleichen von Leistungen (z.B. Benutzen öffentlicher Verkehrsmittel ohne Fahrschein) mit 34 Prozent den Schwerpunkt aller Straftaten. Anschließend folgen Diebstahl (33 Prozent) und Rohheitsdelikte/Straftaten gegen die persönliche Freiheit (16 Prozent). Weit dahinter sind Sexualstraftaten (1 Prozent) und Straftaten gegen das Leben (0,1 Prozent) (Lutz/Müller 2015). Der mit großem Abstand kleinste Teil aller Straftaten entfällt somit auf die medial am stärksten dargestellten Sexualstraftaten und Straftaten gegen das Leben (Steffen 2004). Im Sinne einer gerechten und auch angemessenen Kriminalprävention müssen jedoch Maßnahmen gegen Vermögens- und Fälschungsdelikte, Diebstahl und Rohheitsdelikte in den Vordergrund gestellt werden und die größte kriminalpräventive Aufmerksamkeit erhalten – etwa, indem die sozialen Bedingungen für Diebstähle oder Fälschungsdelikte ernstgenommen werden. Gleichzeitig sollten, unter Beförderung von Transparenz und Differenzierung, Strategien implementiert werden, um geschürte Ängste vor Vergewaltigungen und Angriffen auf das Leben als politische Argumente rechter Parteien zu entmachten (Bolz/Salewski 2015), ohne dabei tatsächliche Opfer zu verdecken.

Die Forderung einer gerechtigkeitsfördernden Transparenz und Differenziertheit über Kriminalität bedeutet aber umgekehrt, dass auch eine klare Position gegenüber jeder Art von Kriminalität bezogen werden muss. Fälle wie die sexuellen Übergriffe und Diebstähle der Silvesternacht von Köln dürfen nicht übergangen werden. Dies gilt generell, ganz gleichgültig, wer eine Straftat begangen hat. Gleichzeitig sollten Straftaten aber auch in derselben Weise geahndet werden. Gerade mit Blick auf das Asylpaket II muss die zunehmende Verschränkung von Kriminalrecht und Migrati-

---

[28] Ob dies in der BKA-Statistik zur Zuwanderkriminalität vom November 2015 ebenfalls der Fall ist, kann aus mangelnder Verfügbarkeit dieser nicht bestimmt werden. In Hinblick auf die verstärkte Residenzpflicht im Zuge des Asylpakets I verdient dies jedoch zukünftig größere Aufmerksamkeit.

onsrecht hin zu einer „Crimmigration Law" (Stumpf 2012, 45) kritisch betrachtet werden. Dieser etwa von Juliet Stumpf (2012) genutzte Begriff beschreibt die Etablierung eines Zweiklassenstrafrechts, das Asylbewerber_innen zusätzlich zur Strafe für die begangene Tat die Abschiebung androht und damit die gleiche Tat abhängig vom Bürgerstatus unterschiedlich bestraft; ein aus rechtsstaatlicher Perspektive fragwürdiger Vorgang. Zudem führt dies, wenn es um konkrete Maßnahmen (etwa Prävention) geht, zu einer Vermischung unterschiedlicher Zielgruppen: Straftäter_innen und Migrant_innen (Baumann 2009, 2). Jede in Deutschland verhängte Strafe – als Aspekt der tertiären Kriminalprävention – muss den grundrechtlichen Bedingungen der BRD genügen. Was aber bedeutet dies für eine gerechte sekundäre Kriminalprävention und die Bestimmung von Risikogruppen?

Ein wichtiger Gesichtspunkt zeigt sich, wenn der Zuwandererkriminalität zum Beispiel die Zahl rechtsextremer Übergriffe und Anschläge auf Asylbewerberunterkünfte gegenübergestellt wird. Diese ist im letzten Jahr massiv angestiegen, Tendenz weiter steigend. Nach einem Bericht der „Zeit" wurden 2015 bei 222 Anschlägen auf Unterkünfte von Asylbewerber_innen gerade einmal vier Urteile gesprochen und 41 Tatverdächtige ermittelt (Blickle et al. 2015); 169 Fälle sind bisher ohne Ermittlungserfolg. Ein dramatisches Beispiel für die teilweise absurde Umgangsweise mit Rassismus und Fremdenfeindlichkeit ist der Anschlag auf eine Asylbewerberunterkunft Anfang Oktober 2015 in Altena. Die zwei Täter wurden kurz nach ihrer Festnahme wieder freigelassen, da wegen schwerer Brandstiftung, aber nicht wegen versuchtem Mordes ermittelt wurde und das, obwohl die Telefonkabel durchgeschnitten waren (STERN 2015). Beide Zahlen, die der ‚Zuwandererkriminalität' und die der Straftaten mit rechtsextremem Hintergrund, sind Blickwinkel auf die Frage der Bestimmung von Risikogruppen und somit wichtige Größen einer gerechten Verteilung von Sicherheit und Sicherheitsmaßnahmen (Neubacher 1998).

Vor diesem Hintergrund müssen aber auch jene Mittel der sekundären Kriminalitätsprävention problematisiert werden, die auf nachbarschaftlicher Wachsamkeit beruhen. Sind diese schon im alltäglichen Sicherheitshandeln zumindest ambivalent, so spitzt sich dies im Umgang mit Asylbewerber_innen noch weiter zu, denn häufig geht es hier um den Schutz vor den Fremden und Anderen.

Gerüchte über Vergewaltigungen, Diebstähle, Bedrohungen durch Geflüchtete/Asylbewerber_innen haben großen Einfluss auf die sowieso schon angespannte Situation ‚besorgter' und ‚verängstigter Bürger_innen', welche von der Polizei Schutz vor den ‚Ausländern' verlangen. Kommt die Polizei dieser Forderung nun (vermeintlich) nicht nach, erachten es einige Bürger_innen für richtig, Sicherheit in die eigene Hand zu nehmen. Eine Form dieses bürgerschaftlichen Sicherheitsengagements sind Bürgerwehren, die Anfang 2016 in einigen deutschen Städten entstanden sind (Jacobsen 2016). Sie sind vor allem deshalb problematisch, weil sie nicht aufgrund der etwa 7.300 Vergewaltigungsanzeigen aus dem Jahr 2014 (BKA 2014, 4, 31), sondern im

Zuge der steigenden Zahl von Asylbewerber_innen gegründet wurden. Die Mitglieder von Bürgerwehren verstehen sich damit (wahrscheinlich) nicht als Beschützer_innen aller Frauen vor Vergewaltigungen, sondern vielmehr von ‚deutschen Frauen' vor dem ‚lüsternen Ausländer'. Eine solche Handlungsgrundlage ist aber weit entfernt von einer für Sicherheitsakteure erwarteten Objektivität; sie ist gefährlich.

Wie aber lassen sich unbegründete von begründeten Ängsten unterscheiden, ohne dass sich bedroht fühlende Bürger_innen als alleingelassen verstehen und damit noch empfänglicher für rechte Propaganda werden? Wie lassen sich auf rassistischen Vorurteilen beruhende Schutzforderungen oder Verleumdungen von wirklichen Straftatbeständen unterscheiden? Obwohl die alltägliche Praxis polizeilichen Handelns immer vor der Herausforderung steht, verschiedene zeitgleich artikulierte Sicherheitserwartungen oder Sicherheitsforderungen nicht zu gleichen Teilen erfüllen zu können und demnach unterschiedlich priorisieren zu müssen, erscheint die Situation momentan noch komplexer. Die Polizei hat zwar die grundrechtlich geforderte Pflicht, alle Menschen unabhängig von Ethnie, Status, Religion usw. zu schützen und Recht und Ordnung zu erhalten. Demgegenüber aber stehen begrenzte Ressourcen, sodass die Polizei gezwungen ist, diese angemessen zu verteilen; sie kann daher nicht alle Sicherheitsinteressen der Bürger_innen immer und in vollem Umfang erfüllen. Wem geholfen wird, bestimmt in hohem Maße das Selbstverständnis der Polizei als Organisation und das Selbstverständnis ihrer Mitglieder. Wird das Interesse der Hilfesuchenden, ob Bürger_innen oder nicht, enttäuscht, so beeinflusst dies das Vertrauen, welches der Polizei entgegengebracht wird; eine falsche Entscheidung kann dieses dauerhaft beschädigen. Natürlich darf es bei polizeilichem Eingreifen keine Rolle spielen, ob bedrohte Menschen Staatsbürger_innen sind oder nicht. Zugleich mag es an manchen Orten der Fall sein, dass abgewogen wird, ob es sich lohnt, ein Vertrauensverhältnis mit Asylbewerber_innen aufbauen zu wollen, wenn sie doch möglicherweise bald wieder abgeschoben werden. Ein anspruchsvolles polizeiliches Ethos widerspricht einer solchen Haltung, die das Bild der Polizei und das Selbstverständnis von Polizist_innen nachhaltig beschädigen können.

Tertiäre Kriminalprävention

Tertiäre Kriminalprävention schließlich setzt nach einer Straftat an und will Wiederholungen und Rückfällen vorbeugen. Maßnahmen umfassen die Vollstreckung von Strafen, Therapieangebote für Straffällige, aber auch den Opferschutz.

Dieser Art der Kriminalprävention kommt vor dem Hintergrund des Anstiegs der Zahl der Asylbewerber_innen durch Kriegsflüchtlinge eine besondere Bedeutung zu. Die Erfahrung politischer Verfolgung oder Gewalt durch die Polizei in den Herkunftsländern und an anderen Ländergrenzen können mit Ängsten und Traumata verbunden sein und ein Vertrauensverhältnis zwischen Asylbewerber_innen und deutschen Sicherheitsakteur_innen von vornherein behindern (Bürgerblick.de 2015). Zugleich kann durchaus Angst vor der deutschen Polizei als der abschiebenden Instanz bestehen. Das Verhältnis zwischen Schutzsuchenden und Schutzgebenden wird damit komplex und mit einer Vergangenheit belastet, die von der aktuellen Situation oft weit entfernt, aber dennoch in ihr präsent ist (Asmus/Enke 2016, 159f.). Für eine erfolgreiche tertiäre Kriminalprävention ist es deshalb wichtig, dass in großer Zahl Möglichkeiten der Betreuung bereitgestellt werden, um nicht nur, aber besonders Kindern und Jugendlichen bei der Verarbeitung ihrer Flucht- und Kriegserfahrungen zu helfen. Im Sinne gerechter Kriminalprävention bedeutet dies, entsprechende Angebote, trotz unterschiedlicher Mittel der einzelnen Länder, flächendeckend und gerecht zu verteilen. Darüber hinaus muss genauso der Opferschutz bei Angriffen jeder Art gestärkt werden. Dies gilt auch für Angriffe innerhalb der Gruppen von Asylbewerber_innen. Hier ist ein Opferschutz nötig, der die Stellung von Frauen, Menschen mit unterschiedlichen sexuellen Orientierungen und Kindern stärkt und Opfern eine Stimme gibt, ohne deren Verankerung innerhalb ihrer Gemeinschaft aufs Spiel zu setzen.

Aspekte einer gerechten Kriminalprävention

Der Anstieg der Zahl von Asylbewerber_innen im Jahr 2015 stellt die BRD in vielfältiger Hinsicht vor große Herausforderungen, denn neben aller Aufregung, neben allen Über- und Untertreibungen lässt sich die Komplexität und Vielschichtigkeit nicht leugnen, und Lösungen sind nur schwer zu finden. Gleichzeitig muss genau in dieser schwierigen Situation auch kriminalpräventiv gehandelt werden; alle Maßnahmen, die jetzt erfolgreich sind, werden sich mittel- und langfristig auszahlen. Der Fokus dieser Maßnahmen sollte grundlegend auf Akzeptanz und Integration liegen, denn Migration kann und darf nicht primär als Sicherheitsproblem betrachtet werden (Baumann 2009, 4). In diesem Sinne lassen sich zwei Aspekte eines gerechten und kriminalpräventiv sinnvollen Vorgehens festhalten:

Erstens haben die individuellen Erfahrungen der Asylbewerber_innen und die sozialen Verhältnisse, in denen sie leben und zukünftig leben sollen, mit Blick auf eine gelingende Integration einen hohen Stellenwert. Zudem sind sie wichtiger Ansatzpunkt kriminalpräventiver Maßnahmen, um einem eventuellen Straffälligwerden frühzeitig vorzubeugen (Keller 2015).

Zweitens muss der Hysterisierung und Fremdenangst entgegengewirkt werden. Dies umfasst nicht nur die verständliche und differenzierte Erklärung der Anzahl und Art der Straftaten im Kontext bisherigen Kriminalstatistiken. Es bedarf vielmehr der Transparenz über wirkliche Straftaten aller in der BRD lebenden Menschen, einer gerechten Gleichbehandlung – gleiche Taten, gleiche Strafen – und angemessener, differenzierter Maßnahmen (Baumann 2009, 4). Damit geht schließlich einher, dass fremdenfeindliche oder rassistische Überzeugungen auch innerhalb der Polizeien aufgedeckt werden und stärker strafrechtlich verfolgt werden.

Kriminalprävention ist ein wichtiger Aspekt im Umgang mit der Vielzahl neuer Asylbewerber. Aber Sicherheitsüberlegungen können und dürfen nicht die einzige Perspektive sein, auf der politische Entscheidungen gefällt werden. Eine Integration der nach Deutschland kommenden Menschen kann nur durch eine breite Bearbeitung und eine bewusste Trennung von Sicherheitsfragen und sozialen Problemlagen langfristig erreicht werden.

Literatur:

Asmus, Hans-Joachim/Enke, Thomas (2016): Der Umgang der Polizei mit migrantischen Opfern – Eine qualitative Untersuchung. Wiesbaden: Springer Verlag.

Batzer, Heike/Eiserkolb, Gerhard/Lindenbach, Ariane/Ostermeier, Andreas (2015): Landkreis zwingt Flüchtlinge zum Auszug, in: Süddeutsche Zeitung, 13.11.2015. http://www.sueddeutsche.de/muenchen/fuerstenfeldbruck/fuerstenfeldbruck-fehlbeleger-muessen-ausziehen-1.2735948 (10.02.2016).

Baumann, Mechthild (2009): Migration und Sicherheit, in: WISO-direkt, Analysen und Konzepte zur Wirtschafts- und Sozialpolitik (September 2009), 1-4. http://library.fes.de/pdf-files/wiso/06691.pdf (16.03.2016).

Bundeskriminalamt [BKA] (2014): Polizeiliche Kriminalstatistik 2014. http://www.bka.de/nn_193232/DE/Publikationen/PolizeilicheKriminalstatistik/2014/pks2014__node.html?__nnn=true (17.03.2016).

Blickle, Paul/Biermann, Kai/Faigle, Philip/Geisler, Astrid/Hamann, Götz/Jacobsen, Lenz/Kemper, Anna/Klingst, Martin/Polke-Majewski, Karsten/Schirmer, Stefan/Soltau Hannes/Stahnke, Julian/ Staud, Toralf/Steffen, Tilman/Venohr, Sascha (2015): Es brennt in Deutschland, in: ZEIT ONLINE, 03.12 2015. http://www.zeit.de/politik/deutschland/2015-11/rechtsextremismus-fluechtlingsunterkuenfte-gewalt-gegen-fluechtlinge-justiz-taeter-urteile (13.01.2016).

Bolz, Ben/Salewski, Christian (2015): Diebe, Räuber, Vergewaltiger: Gerüchte über Flüchtlinge, in: Panorama, 29.10.2015. http://daserste.ndr.de/panorama/archiv/2015/Diebe-Raeuber-Vergewaltiger-Geruechte-ueber-Fluechtlinge,geruechte100.html (14.03.2016).

Bürgerblick.de (2015): 200 Flüchtlinge am Gasthaus ‚Zur Freiheit‘, 16.09.2015, in: Bürgerblick – Passauer Freie Presse: http://www.buergerblick.de/nachrichten/200-fluechtlinge-am-grenzuebergang-passau-achleiten-a-0000029780.html (14.01.2016).

Diehl, Jörg (2015): BKA-Analyse: Flüchtlinge genauso kriminell wie Deutsche, in: SpiegelOnline, 13.11.2015. http://www.spiegel.de/panorama/justiz/fluechtlingskrise-bka-stellt-steigende-kriminalitaet-fest-vor-allem-von-rechts-a-1062661.html (12.01.2015).

Heckmann, Friedrich (2015): Integration von Migranten. Wiesbaden: Springer Verlag.

Hudson, Barbara / Ugelvik, Synnove (2012): New landscapes of security and justice, in: ebd. (hrsg.): Justice and Security int eh 21st Century – Risks, rights and the rule of law, S. 4.

Jacobsen, Lenz (2016): Sicherheit, selbst gemacht, in: Zeit Online, 15.01.2016. http://www.zeit.de/gesellschaft/zeitgeschehen/2016-01/buergerwehr-duesseldorf-passt-auf-koeln-sicherheit (11.02.2016).

Kampf, Lena (2015): Kaum ansteigende Kriminalität durch Flüchtlinge, in: tagesschau.de, 13.11.2015. https://www.tagesschau.de/inland/fluechtlinge-kriminalitaet-101.html (07.01.2016).

Keller, Carsten (2015): Sozialer Humus des Dschihad, in: Taz.de, 27.11.2015. http://www.taz.de/!5252014/ (14.01.2016).

Lutz, Martin/Müller, Uwe (2015): Straftaten „im sehr niedrigen sechsstelligen Bereich", in: DIE WELT, 13.11.2015. http://www.welt.de/politik/deutschland/article148812603/Straftaten-im-sehr-niedrigen-sechsstelligen-Bereich.html (07.01.2016).

Meisner, Matthias/Dernbach, Andrea (2015): Streit zwischen Flüchtlingen über Koran eskaliert, in: Der Tagesspiegel, 20.08.2015. http://www.tagesspiegel.de/politik/fluechtlingsheim-in-suhl-streit-zwischen-fluechtlingen-ueber-koran-eskaliert/12211756.html (13.01.2016).

Neubacher, Frank (1998): Fremdenfeindliche Brandanschläge: eine kriminologisch-empirische Untersuchung von Tätern, Tathintergründen und gerichtlicher Verarbeitung in Jugendstrafverfahren. Forum-Verlag Godesberg.

Pap, András L. (2012): Constitutional exceptionalism – Efficy, proportionality and the attention of balancing standards, in: Hudson, Barbara / Ugelvik, Synnove (hrsg.): Justice and Security in the 21st Century – Risks, rights and the rule of law,

Sommer, Ilka (2012): „Ausländerkriminalität" – Statistische Daten und soziale Wirklichkeit, in: Bundeszentrale für Politische Bildung (Hrsg.): Dossier zur Inneren Sicherheit, 14.06.2012. http://www.bpb.de/politik/innenpolitik/innere-sicherheit/76639/auslaenderkriminalitaet (16.03.2016).

STERN (2015): Feuerwehrmann zündet Flüchtlingsheim an - und bleibt auf freiem Fuß, in: Stern.de, 10.10.2015. http://www.stern.de/panorama/stern-crime/fluechtlingsheim-angezuendet--feuerwehrmann-bleibt-auf-freiem-fuss-6494750.html (16.11.2015).

Steffen, Wiebke (2004): Flüchtlinge in Deutschland: Kriminalisiert oder kriminell? Polizeiliche Daten zur „Flüchtlings-kriminalität" und ihre Konsequenzen für die Sozialarbeit. Wartesaal Deutschland: ein Handbuch für die soziale Arbeit mit Flüchtlingen 6.

Steffen, Wiebke (2009): Moderne Gesellschaften und Kriminalität. Der Beitrag der Kriminalprävention zu Integration und Solidarität, Gutachten für den 14. Deutschen Präventionstag 8. & 9. Juni 2009 Hannover „Solidarität leben – Vielfalt sichern". http://www.praeventionstag.de/daten/module/media/dateien/0/Gutachten_F44.pdf (18.03.2016).

Stumpf, Juliet P. (2012): The justice of crimmigration law and the security of home, in: Hudson, Barbara/Ugelvik, Synnove (Hrsg.): Justice and Security in the 21st Century – Risks, Rights and the Rule of Law. New York/London: Routledge, 43-63.

Wæver, Ole (1995): Securitization and Desecuritization. in: Lipschutz, Ronnie D. (Hrsg.): On security. New York: Columbia University Press, S. 46–86.

Walburg, Christian (2014): Migration und Jugenddeliquenz – Mythen und Zusammenhänge. Ein Gutachten im Auftrag des Mediendienstes Integration. Berlin: Mediendienst Integration. https://mediendienst-integration.de/fileadmin/Dateien/Gutachten_Kriminalitaet_Migration_Walburg.pdf (17.3.2016)

e) Was auf uns zukommt: Prävention im IT-Kontext

Andreas Baur-Ahrens, Jessica Heesen, Tobias Matzner

Technischer Fortschritt in Form von verbesserter Informationstechnik und Datenerhebung sowie -verarbeitung hat einen immer stärkeren Einfluss auf die Kriminalprävention. In Zukunft wird sich dieser Trend noch verstärken. Viele der technischen und datenbasierten Hilfsmöglichkeiten der Prävention werden unter dem Begriff einer smarten und intelligenten und damit auch besser erfassbaren Stadt diskutiert. Um einen Ausblick in die Zukunft zu wagen, stellt dieser Beitrag deshalb einige der aktuellen und zukünftigen technischen Möglichkeiten in einer ‚Smart City‘ vor und diskutiert kritisch die raumbezogene und kartenbasierte Kriminalprävention als eine der möglichen zukünftigen Trends in der Kriminalprävention. Anschließend wird problematisiert, ob und inwiefern umfassende Datenerhebungen einen konstruktiven Beitrag zur Kriminalprävention leisten können.

Szenario: „OptiPol"

Die Firma „IT für die sichere Stadt GmbH" bietet der Polizei Neustadt eine softwarebasierte Einsatzoptimierung mit dem Namen OptiPol an. Auf Basis von verschiedenen Datensätzen (unter anderem bisherige Straftaten, Auswertungen der Videoüberwachung, Nummernschildüberwachung, Eintritt der Dunkelheit, Großereignisse in der Nähe, kommerzielle Datenbanken und soziale Medien) errechnet ihr Programm Risikoeinschätzungen für einzelne Stadtviertel. Diese Risikogruppen von 1 (geringes Risiko) bis 6 (hohes Risiko), jeweils bezogen auf ein Zwei-Stunden-Zeitfenster, dienten der Polizei dazu, die Pläne der Streifenfahrzeuge zu optimieren. Wie die meisten öffentlichen Einrichtungen kämpft auch die Polizei Neustadt mit gekürzten Budgets und Personalmangel und kann ihre Kapazitäten durch OptiPol auf die relevanten Viertel konzentrieren.

So stieg zum Beispiel die Risikoklasse des sogenannten Gerberviertels in mehreren Wochen von durchschnittlich 2 auf 5. OptiPol hatte diese Zunahme von Ladendiebstählen und Kleinkriminalität vorhergesagt. Durch eine erhöhte Präsenz der Polizei konnten tatsächlich deutlich mehr Diebstähle auf frischer Tat erkannt und verfolgt werden, die Zahl der verhinderten Straftaten lässt sich nicht abschließend bestimmen, wird aber deutlich höher eingeschätzt.

Der Erfolg von OptiPol zog eine nachträgliche wissenschaftliche Untersuchung der Vorhersage nach sich. Anscheinend hatte OptiPol aus einem deutlich gesunkenen Konsumverhalten im Gerberviertel, häufigen negativen Postings der Bewohner_innen in sozialen Netzwerken sowie eines Einbruchs des

durchschnittlichen Kreditscorings der Bewohner_innen Rückschlüsse auf die
Wahrscheinlichkeit von kriminellen Vorkommnissen gezogen.

‚Smart City' als Anschauungsort datenbasierter Präventionsmodelle

‚Smart City' als Begriff und Konzept gewinnt sowohl in der Wissenschaft als auch in
der Wirtschaft und der Politik an Bedeutung. Trotz des zunehmenden Gewichts des
Konzepts kann jedoch keinesfalls davon ausgegangen werden, dass es ein eindeuti-
ges und klares Verständnis seines Inhalts gibt (Hollands 2008, 306; Kitchin 2014).
Auch wenn unter ‚Smart City' häufig eine besonders innovative und unternehmeri-
sche Stadt mit smarten Stadtbewohner_innen verstanden wird (Kitchin 2014, 2), soll
hier der Fokus auf ein Verständnis von ‚Smart City' gelenkt werden, das versucht,
den Herausforderungen einer modernen Stadt durch tiefgreifendes und omnipräsentes
Computing – und dadurch besseren (Problem)Lösungen – zu begegnen. Eine Vielzahl
von Sensoren und Kameras, große Datenerhebungen und Informationsbereitstellung,
Vernetzung und v.a. auch die Analyse und Bewertung von Daten sollen dabei helfen, informiertere und damit bessere Entscheidungen zu treffen. Neben den Zielen
einer effizienteren Nutzung von Ressourcen und einer nachhaltigen Gestaltung des
Zusammenlebens steht ‚Smart City' auch für technologische Fortschritte in der Sicherheitspolitik: „Prävention wird sich zu einem Schlüsselbegriff in der ‚Smart City'
entwickeln. Auch hier können Informations- und Kommunikationstechnologien helfen." (Fraunhofer FOKUS 2016) Das Fraunhofer-Institut sieht dabei vor allem zwei
Sicherheitsbereiche, die durch intelligente und smarte Städte an Bedeutung gewinnen: Zum einen die Sicherheit und Unversehrtheit von Bürger_innen selbst, um die es
im Folgenden gehen wird, zum anderen aber auch die Sicherheit der Infrastrukturen.
Denn die Informations- und Kommunikationsinfrastrukturen bekommen eine immer
stärkere Bedeutung, aber bieten selbst auch immer größere Verwundbarkeiten v.a.
weil immer mehr miteinander vernetzt ist (ebd.; vgl. auch Rötzer 2015).

Einer der zentralen Aspekte von ‚Smart Cities' liegt in dem Versuch, Entwicklungen,
Ereignisse und menschliches Verhalten durch Auswertung aktueller sowie früherer
Informationen mit guten Wahrscheinlichkeitswerten vorhersagen zu können. Datenerhebungen, Vernetzungen und eine Datenanalyse helfen dabei, eine möglichst genaue
Beschreibung der Gegenwart zu liefern, diese zu modellieren und darauf aufbauend
Aussagen über die Zukunft zu treffen (Schaffers et al. 2011). Dies bedeutet, eine Stadt
und ihre Bewohner_innen erfassbarer und einschätzbarer zu machen – eine Voraussetzung für präventives Handeln. Dieses Verständnis von ‚Smart Cities' ist sehr eng
verknüpft mit der Idee von Big Data, also dem Sammeln von großen Mengen verschiedenster und möglichst umfassender (auch auf den ersten Blick unwichtig er-
scheinender) Daten, am besten in Echtzeit (Kitchin 2014, 3). Aber nicht das Sammeln
und die Verknüpfung und damit die Menge an Daten allein zeichnet Big Data aus,
sondern die Möglichkeit, diese Datenberge zu durchsuchen, Muster zu erkennen und
zu analysieren (boyd/Crawford 2012, 663). Mithilfe von Big Data und den dafür not-

wendigen Datenerhebungs-, -sammel- und -bewertungstechnologien wird versucht, mit hohen Wahrscheinlichkeitswerten Aussagen über zukünftige Straftaten zu treffen und gezielte Gegenmaßnahmen oder Vorsichtsmaßnahmen zu ergreifen.

Das bekannteste Beispiel eines kommerziellen Programms zur Verknüpfung von Stadt- und Bevölkerungsdaten und Kriminalitätsvorhersagen ist *PredPol*. *PredPol* ist eine Softwarelösung, die 2010 auf Basis von bestehenden Software-Entwicklungen zu Erdbebenvorhersage erstmals in den USA entwickelt wurde. Mithilfe von Statistiken von früheren Straftaten, kombiniert mit verschiedensten Daten, berechnet *PredPol* Wahrscheinlichkeiten, dass Straftaten begangen werden (Merrill 2015). Die Berechnungen werden für quadratische Flächen von ca. 150m × 150m für bestimmte Zeitpunkte in der Zukunft berechnet, sodass auf Basis dieser Einschätzungen die Schichtpläne für Streifenwagen zum Beispiel effizienter organisiert werden können (vgl. z.B. Salim 2015). Polizeipräsenz wird dann v.a. in den Quadranten gewährleistet oder erhöht, die laut *PredPol* ein erhöhtes Risiko für Straftaten haben. Für die Zukunft ist geplant, nicht nur Daten aus der Stadt und Bevölkerung auszuwerten, sondern die Polizeiarbeit selbst zu erfassen um zum Beispiel die Einsätze, Routen und Haltepunkte der Streifenwagen zu optimieren (PredPol 2015).

Die Software wurde zuerst in Santa Cruz, Kalifornien, eingesetzt, arbeitet aber mittlerweile in verschiedenen Städten der USA und auch in Großbritannien. In Bayern wird eine ähnlich funktionierende Software mit dem Namen *Precobs* getestet, die vor allem für Wohnungseinbrüche ortsbezogene Voraussagen treffen soll. Es basiert zum einen auf der Annahme, dass erfolgreiche Einbrüche in derselben Gegend wiederholt werden und deshalb gut voraussagbar sind. Zum anderen werden verschiedene weitere Datenquellen herangezogen. Unklar ist, ob auch in Deutschland in Zukunft zum Beispiel Auswertungen aus sozialen Medien, Erkenntnisse zu einer erhöhten Konzentration ausländischer SIM-Karten oder zu Fahrzeugen in einem Viertel für die Risikobewertung herangezogen werden dürfen und können (Schulzki-Haddouti 2014).

Eine etwas andere Herangehensweise dahingegen versucht nicht, Straftaten in bestimmten Gebieten vorhersagen zu können, sondern nimmt die Menschen selbst in den Blick und schreibt ihnen bestimmte Risikowerte zu. Mit dem Programm *Beware* und im *Real Time Crime Center* der Polizei in Fresno, Kalifornien, wird zum Beispiel auf Basis von verschiedensten Datensätzen (Verwaltungsdaten, kommerzielle Daten wie Kaufkraft, Videoüberwachung, Mobilfunkdaten, Inhalte sozialer Medien etc.) berechnet, welches Risiko die beteiligten Bürger_innen nach einem Notruf oder bei einem Einsatz für die Polizei darstellen. Für die bekannten Beteiligten an einem Einsatzort (mögliche Täter_innen, Opfer und andere anwesende Personen) wird ein Risikowert berechnet, auf Basis dessen dann der Einsatz optimiert werden kann, zum Beispiel wenn von einer Bewaffnung auszugehen ist.

Anhand der Beispiele kann gezeigt werden, wie eine smarte und damit vernetzte und datenbasiert erfasste Stadt für neue und zukünftige Präventionsmaßnahmen der Sicherheitskräfte genutzt wird. Sie stehen nicht nur für eine praktische, raumbezogene Polizeiarbeit, sondern sie stehen auch für eine konzeptionelle Änderung des Verständnisses von Sicherheit und der entsprechenden Präventionsmaßnahmen. Bereits jetzt, vermehrt aber in Zukunft werden Gefahrenabwehr wie auch Prävention in Verbindung mit technischen Innovationen angestrebt: Kontrolle und Steuerung durch allgegenwärtige und häufig unsichtbar in die Alltagswelt verwobene Technologien sind wachsender Bestandteil der gesellschaftlichen Sicherheitsarchitektur. Hier kommt vor allem das Konzept der vernetzten Sicherheit zum Tragen, für das Daten, die durch und an einzelnen Nutzer_innen erhoben werden, zusammen mit polizeilichen und privatwirtschaftlichen Kontroll- und Speichertechniken ein wichtiger Baustein sind. Sicherheitssysteme sind zum Beispiel präsent über Sensornetzwerke in der Umgebung, sie werten menschliche Bewegungen wie auch kritische Daten über Temperaturen oder Feuchtigkeit aus oder sie erfassen biometrische Daten durch intelligente Kameraüberwachungen, Sicherheitsportale, Ausweispapiere usw.

Prävention in einer ‚Smart City‘ steht somit zum einen für das Schlagwort ‘raumbezogene Polizeiarbeit‘, zum anderen für das Konzept einer ‚vernetzten Sicherheit‘, also einen Begriff von Sicherheit, der sowohl personen- wie auch umgebungsbezogene Daten verbindet und entsprechende Gefährdungslagen diagnostiziert. Im Folgenden sollen insbesondere die raumbezogene Kriminalprävention und das damit verbundene *Crime Mapping* im Vordergrund stehen.

Raumbezogene Kriminalprävention

Die raumbezogene Kriminalprävention beruht in zunehmendem Maße auf den Mitteln der Kriminalgeographie. Die Kriminalgeographie befasst sich mit der Erfassung der räumlichen Verteilung von Kriminalität sowie dem Verhältnis der jeweiligen Charakteristik des Raums zu kriminellen Ereignissen. Anknüpfungspunkt der für die Kriminalgeographie einschlägigen *Environmental Criminology* ist ein ereignisbezogener Kriminalitätsbegriff, der insbesondere die jeweiligen räumlichen Bedingungen einer Straftat in den Blick nimmt (Paynich/Hill 2010). Das Kartographieren von Kriminalität führt daher folgerichtig nicht zu einer auf die Straftäter_innen bezogenen, sondern zu einer raumbezogenen Polizeiarbeit. Kriminalitätskarten bzw. das Crime Mapping bieten für diese Sichtweise von Kriminalitätsentstehung die entsprechende Unterstützung.

Unter dem Begriff Crime Mapping finden sich seit einigen Jahren auch zahlreiche öffentliche Karten zu kriminellen Ereignissen, die teilweise bis auf einzelne Straßenzüge hin differenziert werden können (z.B. www.crimereports.com). Neben diesem hohen Differenzierungs- und Aktualitätsgrad ergeben sich durch Geographische Informationssysteme (GIS) für Kriminologie und Polizei neue Möglichkeiten der Kombination von Datensätzen für bestimmte räumliche Einheiten. So planen und praktizieren bereits bedeutende Organisationen wie EUROPOL, FRONTEX und BKA (Monroy 2013) die verstärkte Auswertung von raumbezogenen Daten durch Data Mining, indem sie Datenbestände aus sozialen Netzen hinzuziehen. GIS wird derweil nicht nur zur Analyse von Kriminalität eingesetzt, sondern unter dem Begriff *Predictive Policing* auch zur Vorhersage und Prävention von kriminellen Ereignissen.

Kritische Aspekte der Kartierung von Kriminalität

In vielen Analysen, die sich mit der Rolle von Karten für die Wissensvermittlung beschäftigen, werden Karten als Festlegungen von Vereinfachungen verstanden. Kartierungen und die raumbezogene bzw. kommunale Kriminalprävention werden hier häufig als Verkürzung des komplexen sozialen Phänomens ‚Kriminalität' auf ihre lokalen Erscheinungsformen wahrgenommen (Glasze/Pütz/Rolfes 2005). Verräumlichung bedeutet aus dieser Sicht Verengung der Ursachenforschung und Reduzierung von kriminellem oder sozial unerwünschtem Verhalten auf seine geographisch darstellbaren Erscheinungsformen (z.B. hohe Gewichtung von Straßenkriminalität oder Belästigungen gegenüber auf der Karte unsichtbarer Wirtschaftskriminalität). Diese Vereinfachungen gehen einher mit der Betonung bestimmter Aspekte, die in einen Zusammenhang gebracht werden (z.B. Armut als Kriminalitätsrisiko).

Die Kritik ist zudem häufig verbunden mit einer Auseinandersetzung über bestimmte Maßnahmen im Zusammenhang der Schaffung ‚sicherer' Räume durch Überwachung oder Ausgrenzung (z.B. Videoüberwachung, ‚Gated Communities'). Darüber hinaus werden oft wissenschaftstheoretische Probleme bei der Erstellung von Karten angemahnt, die zu ethischen Problemen führen können. Zum Beispiel ist der Gruppenfehlschluss (‚Ecological Fallacy') eine Quelle von Fehlinterpretationen, der dann entsteht, wenn man davon ausgeht, dass einzelne Angehörige einer Gruppe tatsächlich die durchschnittlichen Kennzeichen dieser Gruppe besitzen (Rengert/Lockwood 2009). Fehlinterpretationen in diesem Zusammenhang lassen sich für die Kriminalgeographie etwa an der Verwendung ihrer Daten durch das Geomarketing veranschaulichen. Im Geomarketing wird unter Zuhilfenahme von statistischem Material versucht, für bestimmte Wohngegenden Kreditwürdigkeit, Kaufkraft und Produktvorlieben zu ermitteln. Schneidet ein Bezirk in Bezug auf Einkommen oder Kriminalitätsbelastung schlecht ab, so kann das für den oder die einzelne Konsument_in die Aufforderung zur Vorkasse beim Online-Einkauf oder die Verweigerung eines Kredits zur Folge haben, obwohl für diese Person die schlechten Durchschnittswerte nicht zutreffen.

Weitere Probleme der Veröffentlichung von Kriminalitätskarten liegen nicht so sehr in den Methoden der statistischen Auswertung als solcher, sondern in der Abstraktheit oder Schlichtheit ihrer bildlichen Darstellung. Sie lädt zu offenen Interpretationen ein; darüber hinaus bieten manche interaktiven Karten Nutzerinnen und Nutzern die Möglichkeit an, eigene Erfahrungen bzw. Daten dort einzutragen. Die vereinfachten Möglichkeiten zur Veröffentlichung von Kriminalitätskarten im Internet sind im Sinne einer Demokratisierung von Information (Open Data) zu begrüßen. Gerade diese Offenheit kann verbunden mit interaktiven Gestaltungsoptionen durch die Nutzerinnen und Nutzer jedoch einerseits zu Denunzierungen führen und andererseits (oft mangels Erläuterung zur richtigen Lesart der Daten) zu alarmistischen Überbewertungen der Kriminalitätsbelastung im eigenen Viertel.

Ortsbezogenes Sicherheitsverständnis

Aus ethischer Perspektive muss trotz dieser oft berechtigten Kritik an einer raumbezogenen Präventionsarbeit und dem Einbezug von entsprechenden Geographischen Informationssystemen nicht ‚das Kind mit dem Bad ausgeschüttet werden‘.

Eine raumbezogene Präventionsarbeit bietet trotzdem die Chance, insbesondere die sozialen Gegebenheiten vor Ort und die entsprechenden besseren Gestaltungsmaßnahmen in den Blick zu nehmen. Ein solches Vorgehen verspricht eine Erweiterung des Suchraums für Präventionsangebote im weitesten Sinne, indem hier einerseits die konkreten Bedingungskontexte für Unsicherheit im Fokus stehen und andererseits aber auch nach den Hintergründen für diese augenscheinlichen Unsicherheitsfaktoren gefragt werden kann. Angesichts etwa von Gentrifizierungsprozessen in Ballungsräumen kann die raumbezogene Kriminalprävention für ein Primat der Integration und Pluralität von Stadtvierteln als Räumen der Wechselwirkung zwischen Menschen und ihrer sozialökologischen Umgebungen stehen. Ansätze für ein räumlich-problemzentriertes Vorgehen finden sich auf praktischer Ebene beispielsweise im Stadtteilmanagement oder auch theoretisch unterlegt in Ansätzen, die die Bedeutung lebensweltlicher Umstände betonen. Hierzu gehören die Weiterentwicklungen der *Crime Prevention Through Environmental Design (CPTED)*, die den sozialen und ökologischen Kontext im Rahmen der kommunalen Kriminalprävention berücksichtigen. Dabei geht es also um eine kontextsensible, differenzierende und explorative Betrachtung konkreter Orte, für die auch die Datenerhebungen einer ‚Smart City‘ hilfreich sein können – aber nicht im Vordergrund stehen dürfen.

Prävention durch Daten

Im letzten Abschnitt wurden einige Probleme deutlich, die entstehen, wenn man die Stadt als komplexen sozialen, ökonomischen und technischen Raum durch Daten erfassen will. Das betrifft mehrere Ebenen: die Aussagekraft von Daten, ihre Quellen und Verfügbarkeit für Sicherheitsfragen und die Darstellung und Umsetzung von Ergebnissen.

Auf Ebene der Aussagekraft ist festzuhalten, dass sich Daten insbesondere dafür eignen, Häufigkeiten festzustellen. Aussagekräftig werden die Häufigkeiten in Bezug auf einen bestimmten Raum (z.B. ein Stadtviertel) oder einem bestimmten Zeitabschnitt (z.B. nachts) – oft auch beides. Hier wird also das häufige Auftreten eines Ereignisses als Indikator dafür gesehen, präventive Bestrebungen auf den derart auffälligen Raum oder Zeitabschnitt zu fokussieren: Eine häufig genutzte U-Bahn-Haltestelle gilt als kritische Infrastruktur, ein vielfrequentierter Platz wird besonders überwacht oder es wird eben Polizei verstärkt dort eingesetzt, wo schon Verbrechen stattgefunden haben. Dies aber ist nicht ohne Probleme: Die Verteilung von Polizeistreifen nach Verbrechenshäufigkeit beruht zum Beispiel auf der impliziten Annahmen, dass sich Verbrechen in diesen Gebieten auch häufig wiederholen werden. Diese Annahme wirkt plausibel, sollte aber genau für den jeweiligen Kontext überprüft werden. Im Rahmen der ‚Smart City' sollen zudem immer mehr Daten bereitgestellt werden, um zum Beispiel wahrscheinliche Orte für Verbrechen genauer vorhersagen zu können. Diverse Daten über Bevölkerung, Einkommen, Arbeitslosenraten, Herkunft, Staatsbürgerschaft und andere werden dann als potentielle statistische Indikatoren für die Wahrscheinlichkeit von Verbrechen verwendet.

Bezüglich der Aussagekraft von Daten wurde schon der Gruppenfehlschluss (‚Ecological Fallacy') angesprochen, d.h. dass eine Beurteilung anhand statistischer Durchschnitte einzelnen Menschen, die zum Beispiel in einem Gebiet mit auffallenden statistischen Eigenschaften wohnen, nicht gerecht wird. Aber auch für die untersuchten Räume oder Zeitabschnitte – und nicht einzelne Menschen oder Ereignisse – suggerieren Daten häufig eine Objektivität, welche leicht am eigentlichen Ziel vorbeigeht. Wird beispielsweise das Durchschnittseinkommen oder das Durchschnittsalter eines bestimmten Quartiers in kausalen Bezug zu Kriminalität gesetzt, so ist dies noch keine verallgemeinerbare Erkenntnis über einzelne geschehene oder erwartete kriminelle Aktivitäten. Insbesondere inhomogene Viertel lassen sich damit nicht erfassen, und Polizeieinsätze lassen sich nicht dadurch begründen.

Hier geht es nicht nur darum, generell vorsichtig mit der Aussagekraft von Korrelationen zu sein. Sie muss dazu in einem entsprechend passend gewählten Raum (nicht zu groß, dass die Unterschiede verschwinden, aber auch nicht zu klein, dass sie nicht mehr sichtbar werden) und detailliert genug (also nicht nur Durchschnittswerte) betrachtet werden.

Dieses Problem taucht im Kontext der Einbeziehung von immer mehr Daten in der ‚Smart City' verstärkt auf. Ähnlich wie Karten sind datenbasierte Aussagen Vereinfachungen eines komplexen sozial-ökonomischen Kontexts. Diese können hilfreich sein, aber nur mit einem entsprechenden Verständnis für ihre Quellen und Zusammenhänge.

Bezüglich der *Quellen* ist zu fragen, mit welcher Legitimation immer mehr Daten zu Zwecken der Prävention erhoben und mobilisiert werden dürfen. Viele Datensammlungen in der ‚Smart City' in Bezug auf Verbrechen können zu präventiven und repressiven Zwecken genutzt werden. Repressive Maßnahmen haben stärkere legitimatorische Kraft, weil sie zur Klärung eines tatsächlich stattgefundenen Verbrechens dienen. Deshalb gibt es auch entsprechende legale Kompetenzen, bis hin zur Beschlagnahmung von Datenträgern. Oft aber werden solche Überwachungsmaßnahmen dadurch legitimiert, dass sie zur Strafverfolgung dienen können und werden dann zur Gefahrenabwehr präventiv eingesetzt. Anders liegt das bei rein präventiven Anwendungen: Die genaue Erfassung von Vorgängen in der Stadt und ihre Auswertung hat oft auch ein großes Überwachungspotential. Beispielsweise kann eine umfassende Überwachung des Straßenverkehrs zu einer automatisierten, effizienten Verkehrslenkung führen, die Staus und Unfälle vermeidet. Gleichzeitig können damit aber auch Bewegungsprofile und dergleichen mehr angefertigt werden. In Zeiten, in denen Daten leicht gespeichert und in anderen Kontexten weiterverwertet werden können, sind auch solche sehr hypothetisch klingenden Möglichkeiten bei der Beurteilung von Systemen mit einzubeziehen.

Mit dem Fortschreiten des ‚Internets der Dinge' werden zudem immer mehr Daten, die in privaten Systemen anfallen, zu relevanten Quellen für präventive Zwecke. Die Verkehrsüberwachung könnte beispielsweise durch die Daten aus ‚Smart Cars' enorm verfeinert werden. Aber schon heute gibt es Ansätze basierend auf privaten Daten. Beispielsweise können mit den umfassenden Sensoren in Smartphones sehr kurzfristige Wetterwarnungen erstellt werden, die mit bisherigen Mitteln so nicht möglich waren (Mass 2012). Gleichzeitig handelt es sich bei den dabei verwendeten Daten, insbesondere dem jeweiligen Aufenthaltsort, um sehr sensible Daten, die umfassende Rückschlüsse auf die Aktivitäten der Personen zulassen (Andrienko et al. 2013). Geht es nun um Prävention, also Maßnahmen zur Verhinderung mehr oder minder wahrscheinlicher Ereignisse, ist dies nicht unbedingt eine Rechtfertigung für solche Eingriffe in die Privatsphäre. Werden solche Daten dagegen auf freiwilliger Basis erhoben, besteht die Gefahr, verzerrte Datenquellen zu bekommen. Beispielsweise wäre denkbar, dass sich vermehrt Menschen, die sich große Sorgen um ihre Sicherheit machen, bereit wären, ihre Daten zur Verfügung zu stellen. Das mag bei Wetterdaten keine große Rolle spielen. Insbesondere aber bei Apps, welche die Bürger_innen auffordern, Auffälliges zur melden, kann die Gruppe von Menschen, die von solchen Angeboten angesprochen wird, durch ihre subjektive Wahrnehmung die erhobenen Daten verzerren.

Darin zeigt sich, dass eine zunehmende Datenverwertung nicht nur im Bereich der Privatheitsverletzungen Problempotentiale birgt. Daten sind immer abhängig von der Verfügbarkeit von Datenquellen und Sensoren. Wird die präventive Arbeit zunehmend durch Daten bestimmt, wird damit alles unsichtbar, was nicht schon irgendwie in Daten vorliegt. Insbesondere die vermehrte Nutzung von Daten aus mobilen Endgeräten und dem ‚Internet der Dinge' läuft dann Gefahr, die Probleme der Menschen auszuschließen, deren Leben noch nicht oder viel weniger durch solche Technik strukturiert wird. Da es natürlich Zusammenhänge zwischen der Verfügbarkeit und Nutzung von Digitaltechnik und anderen sozialen Faktoren gibt, können damit bestehende soziale Ungleichheiten noch vertieft werden.

Kommen wir schließlich zur Darstellung und Umsetzung der Ergebnisse. In Bezug auf die Erstellung von Kriminalitätskarten wurde schon angesprochen, dass diese zugunsten der visuellen Erfassbarkeit eine Datenbasis vereinfachen. Solche Karten sind eine mögliche Darstellungsform von datenbasierten Ergebnissen. Aber auch andere Formen der Visualisierung basieren auf dieser Abwägung: Einerseits erhöht die Übersichtlichkeit die Nutzbarkeit und damit auch pragmatisch gesehen den Informationsgehalt der Daten. Andererseits gelten viele aus Daten abgeleiteten Aussagen nur bedingt, mit gewissen Wahrscheinlichkeiten. Diese Bedingtheit der Aussagen lässt sich aber oft nur schwer in Visualisierungen übertragen, welche damit eine größere Faktizität vermitteln können als die Daten tatsächlich haben. Insbesondere im Kontext von Big Data besteht das Versprechen, durch die effiziente Auswertung sehr großer und heterogener Datenmengen Zusammenhänge zu erkennen, die Menschen anders nicht zugänglich wären. Die hier angemeldeten Bedenken und Vorsichten, die bei der Nutzung der Daten anzuwenden wären, können also dann nicht mehr zum Tragen kommen, weil das Zustandekommen der Aussagen nicht mehr vollständig nachvollziehbar ist.

Das bedeutet, dass die automatisierte Auswertung von Daten nicht mehr lediglich Informationen bereitstellt, welche dann zur Entscheidung über präventive Maßnahmen genutzt werden. Immer stärker generieren solche Systeme – mehr oder weniger implizit – direkte Handlungsanweisungen (Leese 2016; Matzner im Ersch.). Systeme für predictive policing beispielsweise markieren dann Einsatzgebiete für Polizeistreifen. Diese können dann den Vorschlägen folgen oder auch nicht. Aber sie können nicht mehr entscheiden, ob das ein sinnvoller Vorschlag ist oder nicht. Auch wenn es sich also eigentlich nur um ein Informationssystem handelt, ,entscheidet' dann letztendlich ein Algorithmus über die präventiven Maßnahmen oder deren Verteilung. Damit stellen sich komplexe Fragen der Verantwortung und Zurechenbarkeit von algorithmischen Systemen. Deren Ergebnisse kommen aus dem Zusammenspiel von Programmierung, Sensoren, Daten und den Nutzer_innen auf komplexe Weise zustande (Introna 2016). Wie eine Entscheidung genau gefallen ist, kann oft also nicht nachvollzogen werden, was es besonders schwer macht, Verantwortliche zu identifizieren. Algorithmische Systeme sind darüber hinaus von impliziten und expliziten Vorannahmen strukturiert, die dazu von den Menschen, welche die Vorschläge ausführen, falsch eingeschätzt werden (Matzner 2016).

All dies muss nicht gegen die Nutzung von Daten zur Prävention sprechen. Die Nutzung von Daten aber muss von einer Sensibilität für den sozialen und ökonomischen Kontext gesehen werden und mit entsprechender Vorsicht begleitet werden. Dann kann sie als wichtiges Element wohlinformierter Entscheidungen – statt im Vordergrund stehendes, determinierendes Moment – in die präventive Arbeit eingegliedert werden.

Literatur

Andrienko, Gennady/Gkoulalas-Divanis, Aris/Gruteser, Marco/Kopp, Christine/
   Liebeig, Thomas/Rechert, Klaus (2013): Report from Dagstuhl: The Libera-
   tion of Mobile Location Data and Its Implications for Privacy Research, in:
   ACM SIGMOBILE Mobile Computing and Communications Review, (17)2,
   7-18. http://www.winlab.rutgers.edu/~gruteser/papers/MC2R_Dagstuhl.pdf
   (16.03.2016).
boyd, danah/Crawford, Kate (2012): Critical Questions for Big Data. Provocations
   for a Cultural, Technological, and Scholarly Phenomenon, in: Information, Communication, & Society, (15)5, 662–79. http://www.danah.org/
   papers/2012/BigData-ICS-Draft.pdf (16.03.2016).
Ferreira, Jorge/João, Paulo/Martins, José (2012): GIS for Crime Analysis – Geography for
   Predictive Models, in: The Electronic Journal Information Systems Evaluation, (15)1, 36–49.
Fraunhofer FOKUS (2016): Öffentliche Sicherheit. http://www.ict-smart-cities-
   center.com/smart-cities/sicherheit (26.02.2016).
Glasze, Georg/Pütz, Robert/Rolfes, Manfred (2005): Die Verräumlichung von (Un-)
   Sicherheit, Kriminalität und Sicherheitspolitiken – Herausforderungen einer
   Kritischen Kriminalgeographie, in: ebd. (Hrsg.): Diskurs – Stadt – Kriminalität. Städtische (Un-)Sicherheiten aus der Perspektive von Stadtforschung
   und Kritischer Kriminalgeographie. Bielefeld: transcript. http://www.geogra-
   phie.nat.uni-erlangen.de/wp-content/uploads/ggl_publik_verraeumlvonunsi-
   cherheit_091209.pdf (16.03.2016).
Heesen, Jessica/Lorenz, Daniel F./Nagenborg, Michael/Wenzel, Bettina/Voss, Martin
   (2014): Blind Spots on Achilles' Heel. The limitations of vulnerability and
   resilience mapping in research, in: International Journal of Disaster Risk Science (IJDRS), (5)1, 74–85.
Hollands, Robert G. (2008): Will the real smart city please stand up?, in: City: analysis of urban trends, culture, theory, policy, action, (12)3. 303–320.
Introna, Lucas D. (2016): Algorithms, Governance, and Governmentality: On Governing Academic Writing, in: Science Technology & Human Value, (41)1,
   17-49.
Kitchin, Rob (2014): The real-time city? Big data and smart urbanism, in: GeoJour-
   nal. (79)1. Dordrecht: Springer. 1–14.
Leese, Matthias (2016): 'Seeing Futures' - Politics of Visuality and Affect, in:
   Amoore, Louise/Piotukh, Volha (Hrsg.): Algorithmic Life: Calculative De-
   vices in the Age of Big Data. Milton Park/New York: Routledge. 143–158.
Mass, Clifford (2012): Nowcasting: The Promise of New Technologies of Communication, Modeling, and Observation, in: Bulletin of the American Meteorolo-
   gical Society. (93)6. 797–809.

Matzner, Tobias (im Ersch.): Beyond data as representation: the performativity of Big Data in surveillance, in: Surveillance and Society.

Matzner, Tobias (2016): The model gap: cognitive systems in security applications and their ethical implications, in: AI & Society, (31)1. 95-102.

Merrill, Whitney (2015): Predicting Crime in a Big Data World. CCC-TV. https://media.ccc de/v/32c3-7457-predicting_crime_in_a_big_data_world (16.01.2016).

Monroy, Matthias (2013): „Big Data" auch beim BKA. Telepolis. 27.09.2012. http://www.heise.de/tp/artikel/37/37695/1.html (13.3.2016).

Paynich, Rebecca/Hill, Brian (2010): Fundamentals of Crime Mapping. Sudbury, MA: Jones & Bartlett.

PredPol (2015): PredPol Goes Beyond Predictive Policing With the Introduction of Their Command Analytics Platform, in: PR Newswire. http://www.prnewswire.com/news-releases/predpol-goes-beyond-predictive-policing-with-the-introduction-of-their-command-analytics-platform-300164547.html (06.03.2016).

Rengert, George F./Lockwood, Brian (2009): Geographical Units of Analysis and the Analysis cf Crime", in: Weisburd, David/Bernasco, Wim/Bruinsma, Gerben J.N. (Hrsg.): Putting Crime in its Place. Units of Analysis in Geographic Criminology. New York: Springer, 109–122.

Rötzer, Florian (2015): Smart Cities im Cyberwar. Frankfurt a.M.: Westend.

Salim, Ayesha (2015): Predictive policing: Will the UK follow the US?, in: IDG Connect. http://www.idgconnect.com/abstract/9796/predictive-policing-will-uk-follow-us (06.03.2016).

Schaffers, Hans/Komminos, Nicos/Pallot, Marc/Trousse, Brigitte/Nilsson, Michael/Oliveira, Alvaro (2011): Smart Cities and the Future Internet: Towards Cooperation Frameworks for Open Innovation, in: Domingue, John et al. (Hrsg.): The Future Internet. Future Internet Assembly 2011: Achievements and Technological Promises. Berlin/Heidelberg: Springer. 431–446.

Schulzki-Haddouti, Christiane (2014): Polizei will Straftaten mit Predictive Policing verhinderr, in: golem.de. http://www.golem.de/news/data-mining-polizei-will-straftaten-mit-predictive-policing-verhindern-1407-107638.html (06.03.2016).

.

5. Ethik der Prävention

Regina Ammicht Quinn

Im Dezember 1952 bekam London keine Luft. Fünf Tage lang. Es war ungewöhnlich kalt, dazu windstill bei einer Inversionswetterlage, die die Kälte unter einer Decke aus warmer Luft festhielt. Sehr viel mehr Kohle und Öl als sonst wurden verbrannt. Der dicke Nebel vermischte sich mit Rauch und Abgasen, und aus *smoke* und *fog* wurde *smog*. Londoner, an Nebel gewöhnt, wurden von der Heftigkeit dieses Ereignisses überrascht: Die Sicht sank teilweise von einem Meter auf unter dreißig Zentimeter; der Verkehr kam zum Erliegen, die Straßen voller verlassener Autos; Straßenlaternen waren nutzlos und für Fußgänger eher gefährlich; Menschen ertranken in der Themse, weil sie den Fluss nicht sehen konnten, und Diebe und Einbrecher hatten freie Hand – es musste ihnen aber auch gelingen, ohne Probleme nach Hause zu finden.

Über 4 000 Menschen starben in diesen Tagen – durch Unfälle, aber auch durch den Smog selbst, der vor allem für Kinder, ältere Menschen und Menschen mit Lungen- und Herzkrankheiten gefährlich war. Expert_innen vermuten, dass etwa 12 000 Menschen an den Langzeitfolgen starben (Klein 2012, Timms 2012, Thorsheim 2006).

Dies sollte nie wieder geschehen. Zu den Maßnahmen, die sehr schnell beschlossen wurden, gehörte das Anbringen von Signalstreifen in Augenhöhe an Laternenmasten und die Ausstattung der Hafenpolizei mit Schwimmwesten. Vor allem wurde 1956 – nach erheblichen politischen Auseinandersetzungen – der *Clean Air Act* erlassen, der die Luftverschmutzung am Boden in London drastisch reduzierte. Teil davon war eine Hochschornsteinpolitik. Deren grenzüberschreitende Auswirkungen wurden sichtbar dort, wo in der Folge schwedische Seen und Wälder mit dem was ,saurer Regen' genannt wird, belastet wurden (UNECE 1979; Dupuis 2004; Schmandt et al. 1988).

Präventives Handeln ist notwendig; es mag, wie die Schwimmwesten der Londoner Hafenpolizei, weitere positive Auswirkungen haben; und es mag Nebeneffekte haben, die gravierend, aber zu einer bestimmten Zeit kaum voraussehbar sind.

Prävention ist eines der Leitkonzepte einer Risikogesellschaft (Beck 1986) geworden. Prävention hat inzwischen das ganze menschliche Leben durchdrungen. Sie mag sich auf Gesundheit, die Alterssicherung, das Sexualverhalten oder Bildung und Erziehung beziehen – oder auf den weiten Bereich von Sicherheit. Hier gibt es inzwischen eine Vielzahl von Institutionen und Angeboten aus dem politischen, gesellschaftlichen und wissenschaftlichen Bereich, eine Vielzahl von Konzepten, die die Abwehr von nicht-erwünschten Ereignissen zum Ziel haben; es sind Ereignisse, von denen man annimmt, dass sie eintreten würden, wenn keine Handlungen ihnen zuvor kommen. Vor-Sehen und Vor-Sorge werden dabei elementar wichtig.

Menschen haben schon immer auf ihre Zukunft mit Planung reagiert, manchmal sogar mit weiser Voraussicht, mit *sapientia* oder *prudentia*.

Lange Zeit war die Eschatologie, die Lehre von den „letzten Dingen", die übliche Form, über Zukunft nachzudenken. Im Christentum bezog sie sich sowohl auf die Frage, was nach dem individuellen Tod kommt, als auch auf die Frage, wie das Ende dieser Welt als Vollendung der gesamten Schöpfung aussehen könnte. Eschatologie konnte als Anleitung für gegenwärtiges Handeln verstanden werden oder als apokalyptische Vision dessen, was auf uns zukommt.

Deutlich wird dabei, dass sich zukunftsbezogenes Handeln ändert je nachdem, wie Menschen ihre Zukunft imaginieren: Eine Zukunft im Kontext von Vorsehung verlangt andere Voraussicht als eine Zukunft der zirkulären Wiederkehr oder eine Zukunft als Entscheidung zwischen paradiesischem Zustand und drohender Apokalypse.

Heute leben wir in einer Zeit extremer Beschleunigung, in der schon die Gegenwart schwer überschaubar ist. Mögliche Zukünfte wechseln sich in individuellen und gesellschaftlichen Vorstellungshorizonten ab und erscheinen als zunehmend bedrohlich. Das ‚einfach Abwarten' oder das „carpe diem", mit dem der römische Dichter Horaz dazu aufforderte, nicht auf die Zukunft zu vertrauen, sondern das Jetzt zu genießen[29], sind heute nur noch kleine Korrektive zu einem Mainstream, der Zukunft als gefährlich und gefährdet sieht und Handlungsbedarf anmeldet.

Es gilt, negative Zukünfte so weit wie möglich zu verhindern. Oder zumindest abzumildern. Dass es hier Beschränkungen gibt, steht diesem allgemeinen gesellschaftlichen Imperativ entgegen, kann aber auch die Anstrengungen verdoppeln. Es sind Beschränkungen der zur Verfügung stehenden Ressourcen, Beschränkungen der Sterblichkeit und Fehlbarkeit von Menschen und nicht zuletzt Beschränkungen des Wissens über Zukunft.

---

[29] „Frage nicht (denn eine Antwort ist unmöglich), welches Ende die Götter mir, welches sie dir,
  Leukonoe, zugedacht haben, und versuche dich nicht an babylonischen Berechnungen!
  Wie viel besser ist es doch, was immer kommen wird, zu ertragen!
  Ganz gleich, ob Jupiter dir noch weitere Winter zugeteilt hat oder ob dieser jetzt,
  der gerade das Tyrrhenische Meer an widrige Klippen branden lässt, dein letzter ist,
  sei nicht dumm, filtere den Wein und verzichte auf jede weiter reichende Hoffnung!
  Noch während wir hier reden, ist uns bereits die missgünstige Zeit entflohen:
  Genieße den Tag, und vertraue möglichst wenig auf den folgenden!"
  (Horaz 23 v. Chr., übers. Zimmermann o.J.)

Gefahr und Risiko sind dabei unterschiedlich. Prävention beruht auf zwei Dingen:

Zum einen auf der Möglichkeit und der Anstrengung, Gefahren in Risiken ‚um-zu-operieren' (Fuchs 2008, 369): „Gefahren werden zu Risiken im Moment, in dem es durch Technik, Wissen, Können etc. möglich wird, die zukünftig auftretende Gefahr in der ihr vorausgegangenen Gegenwart zu vermeiden *ODER* nicht zu vermeiden". (Fuchs 2008, 368) Exemplarisch ist hier Luhmanns berühmtes Regenschirm-Beispiel: „Wenn es Regenschirme gibt, kann man nicht mehr risikofrei leben. Die Gefahr, dass man durch Regen nass wird, wird zum Risiko, das man eingeht, wenn man den Regenschirm nicht mitnimmt." (Luhmann 1993, 328) *Zum anderen* braucht das Denken der Prävention zwei Zukünfte: eine wünschenswerte Zukunft, die eintritt, wenn ich bestimmte Dinge tue oder nicht tue und eine andere, nicht wünschenswerte Zukunft, die nicht eintritt, wenn ich bestimmte Dinge tue oder nicht tue. Damit braucht Prävention eine Art von Zukunft, in der Unsicherheit mit Gewissheit kombiniert wird. Das Ungewisse der Zukunft wird „ausstaffiert mit Sicherheiten", und an diesen Sicherheiten können sich Entscheidungen und Kommunikationen orientieren. Ziel ist es, „dass Prävention bis hin zur Institutionalisierung und Systembildung trotz dämonisierter Zukunft *überzeugt*" (Fuchs 2008, 366).

Für den Bereich der Sicherheit wird Prävention insbesondere dort wichtig, wo Risikofelder vermindert und Schutzfaktoren erhöht werden können – wo also Repression und Resilienz sich im präventiven Interesse verbinden. Und genau diese Denk- und Handlungsform der Prävention im Sicherheitskontext braucht eine spezifische ethische Reflexion.

Dies wird deutlich in der Geschichte des Präventionshandelns.

Die inzwischen berühmte „Cambridge-Somerville Youth Study" wurde 1936 von dem Bostoner Arzt Richard Cabot entworfen. Seine These war, man könne Jugendkriminalität durch die frühzeitige Stabilisierung eines starken Ich-Ideals vermindern. (Powers/Witmer 1951)

Zwei Gruppen mit je 325 etwa 10-jährigen Jungen wurden gebildet, jede Gruppe mit derselben Anzahl von ‚Problemfällen'. Eine Gruppe wurde in Ruhe gelassen, eine andere Gruppe bekam intensive Beratung und Hilfe, auch in Form von anhaltenden Freundschaften zwischen erwachsenen Professionellen und den Heranwachsenden. Die Studie sollte 10 Jahre lang laufen, musste aber in vielen Fällen durch den Krieg abgekürzt oder verändert werden. Eine Folgestudie (McCord/McCord 1959) zeigte keine Unterschiede zwischen den beiden Gruppen im Hinblick auf Kriminalität. Nun hat diese Studie die Besonderheit, dass Joan McCord nach dreißig Jahren die damals jugendlichen Beteiligten erneut befragte. Obwohl viele der damaligen Teilnehmer sich gerne an die Freundlichkeit und Zuwendung der Professionellen erinnerten, war das Ergebnis der Studie anders als erwartet und erhofft. McCord hatte grobe Indikatoren für einen „undesirable outcome", also ein unerwünschtes Lebens-Resultat, gesetzt: Kriminalität, Alkoholkrankheit, schwere psychische Erkrankungen oder Tod vor dem fünfunddreißigsten Lebensjahr. Die Gruppe, die betreut wurde, hatte einen höheren „undesirable outcome" als die Gruppe ohne Betreuung und Begleitung (42% der betreuten Gruppe mit „unerwünschten Lebens-Resultaten" im Vergleich zu 23% der Kontrollgruppe) (McCord 2007, 23). Hätte es keine Kontrollgruppe gegeben, so McCord, hätte die Studie durchaus positiv evaluiert werden können. (ebd., 29) Eine der möglichen Ursache dafür, dass Therapien schädigen können („Cures that Harm"; ebd, 42) ist für sie der „labeling effect" (ebd, 27) – ein anhaltender Effekt aus Erfahrungen des Markiert- oder Gekennzeichnetseins.

Präventives Handeln also ist fragiles Handeln. Die Aktionen, die dem großen Londoner Nebel folgten, machten die erwünschte (Teil)Zukunft für London möglich: bessere Luft. Und sie machten es genauso möglich, dass ein anderes gravierendes Problem an einem anderen Ort der Welt kreiert wurde. Die Anstrengungen, die im Cambridge-Somerville Youth Project gemacht wurden, waren möglicherweise nicht sinnlos; der Nutzen aber, den man sich von ihnen versprach, stellte sich nicht ein. Und dies aber wurde nur sichtbar durch die Kontrollgruppe. Zugleich sind soziale Kontexte so komplex, dass nie alle Variablen erfasst werden können. Das harsche Urteil allerdings, dass die betreute Gruppe nach 30 Jahren schlechter in ihrem Leben stand als die nicht betreute Gruppe, steht im Raum, und mit ihm die Frage danach, ob Prävention schädlich sein kann.

Eine Ethik der Prävention reflektiert kritisch präventives Sicherheitshandeln. Eine solche Reflexion ist keine Absage an Prävention im Bereich der zivilen Sicherheit insgesamt (als Kriminalprävention und Gewaltprävention, als Schutz kritischer Infrastrukturen und als Katastrophenschutz). Prävention ist in vieler Hinsicht notwendig, immer wieder auch (über)lebensnotwendig. Die Ethik untersucht die Denkstrukturen und Maßnahmen der Prävention und nimmt dabei nicht nur die Risiken, auf die Prävention reagiert, sondern auch die Risiken der Risikoprävention (Mensching 2005) kritisch in den Blick. Denn Günter Anders' Warnung gilt auch hier: „Wir werfen weiter als wir Kurzsichtigen sehen." (Anders 1956, 28)

Die vorausgehenden Texte bieten Hinweise darauf, was die Eckpunkte einer solchen Ethik der Prävention sein könnten:

Hier geht es darum, dem Sicherheitshandeln unterliegende Wertannahmen explizit zu machen; bei aller Problematik Freiheit, und Privatheit in die Sicherheitsdiskurse einzubeziehen; dort, wo Angst das Handeln leitet, innezuhalten und diese Handlungen doppelt zu überprüfen; Räume und kritische Zugänge zu Vertrauen und Verantwortung zu schaffen; und vor allem: Sicherheit nie absolut zu setzen (Ammicht Quinn, Kapitel 1).

Es geht darum, Argumentationsformen, Akteure und Technologien zur Herstellung von Sicherheit in kritische Wertekontexte zu setzen (Leese, Kapitel 2); Sicherheit immer auch als Sicherheit demokratischer Rechte und Freiheiten zu verstehen (Heesen, Kapitel 3); dabei aber genauso (Bescherer, Kapitel 4c) die Demokratisierung der Prävention kritisch auf mögliche exludierende Mechanismen und Strukturen hin zu überprüfen. Videoüberwachung zeigt sich in diesem Kontext als Beispiel einer Sicherheitstechnologie mit geringer präventiver Wirkung, aber erheblichen Nebenwirkungen (Matzner, Kapitel 4a); für Gewaltprävention im Fußball ist es möglich, auch jenseits eines großen Polizeiaufgebots sinnvolle Handlungsformen zu entwickeln (Krüger, Kapitel 4b); Gerechtigkeitsfragen, so komplex sie auch sind, müssen immer bei der Frage nach Sicherheit mitbedacht werden – auch und gerade in schwierigen Situationen wie dem Anstieg von Asylbewerber_innen seit 2015 (Gabel, Kapitel 4d). Und schließlich ist eine Reflexion darüber nötig, welche Zukunft auf präventives Sicherheitshandeln zukommt und welche Chancen und Probleme datenbasierte Prävention haben kann (Baur-Ahrens, Heesen, Matzner, Kapitel 4e).

Was Ethik der Prävention anbietet, sind grundlegende strukturelle Überlegungen und „points to consider" – Reflexionskriterien und Klugheitserwägungen, die für ein im moralischen Sinn ‚gutes' Sicherheitshandeln berücksichtigt werden müssen.

Individuelle und strukturelle Aspekte einer Ethik der Prävention

Basis einer gelingenden Präventionsarbeit im Sicherheitsbereich ist eine **Berufsethik** für all diejenigen, die in ihren Professionen präventiv tätig sind. Das, was heute Berufs- oder Professionsethik heißt, war früher die ‚Ehre des Standes'. Damit umfasst eine Berufsethik die Normen, Regeln, Kriterien, Werte, die für die angemessene Ausübung des Berufs nötig sind. Sie setzt berufliche Kompetenzen voraus, geht jedoch notwendig über sie hinaus und bezieht sich auf Einstellungen und Haltungen.

Das Vorhandensein einer solchen Berufsethik hat die Konsequenz, dass wir darauf vertrauen, dass etwa der Handwerker weiß, was er tut. Weiß er es allerdings nicht, gibt es Geschichten eines gebrochenen Vertrauens, die immer wieder für eine lebhafte, anekdotenreiche und zumindest in einem gewissen Abstand amüsante Abendunterhaltung gut sind. Geschichten des gebrochenen Vertrauens im Kontext des Sicherheitshandelns sind dies nicht – sie sind oft zu ernst.

Eine eindeutige Berufsethik für Prävention im Sicherheitsbereich zu formulieren, ist schwierig, weil hier eine Vielzahl von Professionen mit unterschiedlichen Perspektiven und Zugriffen tätig ist. Drei Punkte sind wichtig für alle:

Die (relative) **Machtposition**, in der sich die Akteure und Akteurinnen der Prävention befinden, ist konstant zu reflektieren und im Rahmen der Rechtsstaatlichkeit für im moralischen Sinn gute Zwecke zu nutzen. Diese Machtpositionen sind unterschiedlich bei der Polizistin und dem Sozialarbeiter, bei den Städtischen Mitarbeiter_innen und den Stadtplaner_innen; sie sind aber vorhanden und das Bewusstsein davon muss mit moralischer Vorsicht in das Handeln integriert werden.

Die eigene Arbeit ist immer mit dem Anspruch auf **Gerechtigkeit** zu unterlegen. Dies ist eine hohe Forderung, denn immer wieder lässt sich ‚Gerechtigkeit' strukturell nicht einfach durchsetzen. Zugleich zeigen die Diskussionen um Gewalt gegen die Polizei auf der einen und um Gewalt oder Rassismus der Polizei auf der anderen Seite, dass hier Handlungsfelder immer neu unter Gerechtigkeitsaspekten strukturiert werden müssen.

Und schließlich gehört **Selbstsorge** zu einer Berufsethik präventiven Sicherheitshandelns. Nur durch ein gutes Maß an Selbstsorge kann vermieden werden, dass Stresssituationen sich in schädigendes Handeln entwickeln – für die betroffenen Professionellen und für die Menschen, mit denen sie konfrontiert ist.

Eine individuell fokussierte Berufsethik in stark strukturierten Kontexten aber ist nicht unabhängig zu denken von einer **Institutionenethik.**

Institutionen sind „normative Gefüge, die das soziale Leben auf Dauer stellen, dem Individuum Grenzen setzen und dem Miteinander Regelmäßigkeit und Sicherheit verleihen" (Sutor 1997, 42). Sie sind unersetzlich, ersetzen aber nicht individuelle Moral. Sie können diese persönliche Moral unterstützen, Defizite kompensieren – oder auch sie erschweren oder verhindern. Die Art und Weise, wie eine Institution gestaltet und erneuert wird, hat weitreichende Folgen für individuelles Verhalten.

Damit verlangt eine Institutionenethik nach dem Aufbau gerechter Strukturen innerhalb einer Institution, die die ethische Urteilskraft und das moralische Verhalten stärkt und nicht erschwert oder verhindert. Dabei sind Unterschiede zwischen Theorie und Praxis, Unterschiede zwischen einer individuellen Professionsethik und einer allgemeinen Institutionenethik nicht per se schlecht. Sie erlauben situationsangepasstes Verhalten, das immer wieder erforderlich ist. Wenn aber diese Handlungsspielräume gegen die Intention der Institution und deren moralisches Selbstverständnis gerichtet sind, wenn etwa eine „Polizeiethik" gegen eine „Polizistenethik" (eine „Polizeikultur" gegen eine „Polizistenkultur"; Behr 2008) steht, werden diese Unterschiede destruktiv: für die Institution, für deren Arbeit und für die Gesellschaft. Außerdemokratische Strömungen können nicht bekämpft werden, indem, manchmal pragmatisch, demokratische Rechte und Freiheiten außer Kraft gesetzt werden.

‚Ethische' Institutionen sind deutlich schwieriger zu lenken als nicht-ethische Institutionen, weil mit der Stärkung der Urteilskraft auch Widerspruch ins Haus kommt. Mittel- und langfristig aber sind ‚ethische' Institutionen erfolgreicher als solche, die sich diesen Fragen verweigern.

Eine Ethik der Prävention: ‚Points to Consider' / Reflexionskriterien

Neben der individuellen und strukturellen Ebene einer Ethik der Prävention sollen nun sieben konstitutive Felder benannt werden. Grundlage einer Ethik der präventiven Herstellung von Sicherheit ist der kategorische Imperativ der Achtung von Menschenwürde in jeder, wirklich jeder Situation. Darüber hinaus werden hier keine klaren Regeln oder einfachen Normen formuliert. Dafür ist jedes Sicherheitshandeln zu komplex, zeitlich, räumlich, institutionell und kulturell eingebunden. Statt klarer Regeln sollen hier Reflexionskriterien genannt werden, die bei Entscheidungen für Sicherheitshandlungen und Sicherheitsmaßnahmen eine Rolle spielen sollten.

Zukunftswissen

„Wie kann man etwas messen, was sich nicht ereignet, wenn man nicht weiß, ob es sich nicht auch dann nicht ereignet hätte, wenn man nichts – oder etwas anderes – getan hätte?" (Feltes 1995, 19) Fragen wie diese machen deutlich, dass die Messbarkeit von Maßnahmen und die Übersetzung in statistische Werte, die wiederum Maßnahmen rechtfertigen, problematisch sein kann. Hier ist eine kluge Selbstreflexion präventiver Handlungen gefordert.

Wünschenswerte Zukünfte

Jedem Sprechen über wünschenswerte Zukünfte und jedem Handeln, um sie möglich zu machen, unterliegen normative Vorstellungen dessen, was ‚gut' und ‚schlecht' ist. Dies mag im Normalfall Alltagskonsens sein; es kann aber auch implizit vereinheitlichend, vereindeutigend oder intolerant sein, insbesondere dann, wenn partikulare Wünsche unreflektiert in gesellschaftliches Handeln übergeführt werden. Ein bestimmtes zukünftig erwünschtes Verhalten kann ein nicht schädigendes oder ein gewaltfreies Verhalten sein; es kann aber auch ein für andere angenehmes oder weniger angenehmes, ‚normales' oder weniger ‚normales' Verhalten sein. Wünschenswerte Zukünfte als Leitmotive präventiven Handelns müssen so ihre eigenen Wertvorstellungen überprüfen. Prävention darf nicht auf Normalisierung zielen.

Verantwortungszuschreibungen

Dort, wo im präventiven Denken allgemeine Gefahren in individuelle Risiken „umoperiert" werden, teilt dieses Denken die Problematik vieler Formen der Resilienz. Prävention kann als Umverteilung von Verantwortlichkeiten erscheinen, bei denen Menschen an ihrem Unglück einfach ‚selbst schuld' sind (etwa wenn sie abends allein unterwegs waren). Zielt Prävention auf ein neoliberales Risikomanagement, dann besteht die Gefahr, dass durch eine solche Form der Prävention genau das aufgelöst wird, was eigentlich präventiv wirkt: basale gesellschaftliche Solidarität.

Risiken der Risikoprävention

Präventionsmaßnahmen können einfach unwirksam sein. Sie können aber auch schädlich sein und die Probleme, die sie beheben wollen, erst hervorrufen. Dies kann

beispielsweise dann geschehen, wenn eine Präventionsmaßnahme auf der Kategorisierung von Menschen beruht, so dass die Kategorisierung selbst einen Schaden
anrichtet, den die wohlmeinende Präventionsarbeit nicht aufholen kann. Im Sicherheitsbereich kann Prävention Unsicherheiten auslösen, etwa dadurch, dass Orte durch
Überwachung als ‚gefährliche Orte' markiert werden. Rechtsunsicherheit und potenzielle Menschenrechtsverletzungen entstehen durch datenbasiertes Sortieren von
Menschen in Kategorien von ‚unauffällig' und ‚möglicherweise gefährlich'. Es ist
die professionelle und ethische Aufgabe der Risikoprävention, ihre eigenen Risiken
abzuschätzen und zu vermindern.

Fairness und Gerechtigkeit

Präventives Handeln erfordert Einschränkungen oder Anstrengungen zugunsten eines
zukünftigen Guts oder zur Vermeidung eines zukünftigen Übels. Einschränkungen
und Anstrengungen, die von einzelnen und einer Gesellschaft verlangt werden, bedürfen einer Rechtfertigung. ‚Fair' sind Präventionsmaßnahmen dann, wenn diejenigen,
die eingeschränkt werden, auch von den Vorteilen der Prävention profitieren; ‚unfair' sind sie, wenn bestimmte Menschen eingeschränkt werden, damit andere davon
profitieren. Gerecht sind Präventionsmaßnahmen im Sicherheitsbereich dann, wenn
sie allen, die sie benötigen, zur Verfügung stehen, und nicht denen, die sie sich leisten können. Gerecht sind Präventionsmaßnahmen im Sicherheitsbereich dann, wenn
sie Einschränkungen von Freiheit und Privatheit bei allen, die davon betroffen sind,
reflektieren und minimieren. Und gerecht sind Präventionsmaßnahmen im Sicherheitsbereich dann, wenn nicht Menschen aufgrund von Gruppenzugehörigkeiten oder
anderen außermoralischen Kriterien in den Fokus des Verdachts geraten. Hier ist jede
Präventionsarbeit verpflichtet, mögliche rassistische Tendenzen schnell zu erkennen
und aktiv dagegen Stellung zu beziehen.

Geschlechtergerechtigkeit

Sicherheitsdiskurse sind, häufig unsichtbar, von Geschlechterdiskursen durchzogen.
Polizeien und private Sicherheitsdienstleister sind in ihren Kulturen in der Regel
männlich geprägt. Täter werden als männlich imaginiert, Opfer als weiblich – und
auch wenn dies statistisches Wissen ist, ist es noch kein Wissen über die Welt. Zugleich erscheinen Frauen nicht nur als Opfer, sondern immer wieder als sexualisierte
Opfer, die von einheimischen Männern vor fremden Männern geschützt werden müssen. Damit ist der Schutz von Frauen etwas, das Männer unter sich aushandeln, während Frauen eine Pflicht zu Vorsicht und Zurückhaltung, manchmal auch eine Pflicht
zur Angst zugeschrieben wird. Gute Präventionsarbeit im Sicherheitskontext nimmt
die Problematik dieser Diskurse auf, entwirrt das komplexe Gemisch aus patriarchali-
schen, sexistischen und fremdenfeindlichen Haltungen und distanziert sich von ihnen.

Nicht gegen, sondern für

Präventionsmaßnahmen im Gesundheitsbereich werden oft in Kriegs- oder Kampf-metaphern formuliert: Kampf gegen Übergewicht, das Rauchen oder ungesundes Essverhalten. Diese Kriegs- oder Kampfmetaphern finden sich wenig überraschend auch bei der präventiven Herstellung von Sicherheit. Der ‚Kampf gegen Jugendkriminalität' wird möglicherweise nicht zu gewinnen sein. Dafür aber das Engagement *für* etwas: für ein gutes und erfülltes Leben dieser Jugendlichen. Ein solcher Perspektivwechsel zeigt auch, dass die Herstellung von Sicherheit immer mit einer Sicherung von Rechtssicherheit verbunden bleiben muss. Sonst besteht die Gefahr, dass das Gemeinwesen, das wir durch Sicherheitsmaßnahmen herstellen, am Ende nicht mehr das Gemeinwesen ist, das es ursprünglich zu sichern galt.

Luhmanns Regenschirm-Analogie ist nach wie vor aktuell:

„Wenn es Regenschirme gibt, kann man nicht mehr risikofrei leben: Die Gefahr, daß man durch Regen naß wird, wird zum Risiko, das man eingeht, wenn man den Regenschirm nicht mitnimmt."

Auch wenn hier Menschen Entscheidungen und Handlungen aufgebürdet werden: Es ist gut, dass es Regenschirme gibt. Und es ist gut, dass Menschen und Institutionen sich engagieren, um ein gutes Maß an Sicherheit herzustellen. Aber im Risiko sieht Luhmann noch ein weiteres Regenschirm-Risiko:

„Aber wenn man ihn mitnimmt, läuft man das Risiko, ihn irgendwo liegenzulassen." (Luhmann 1993, 328)

Am Ende hilft nur eines: Die Gelassenheit, die aus dem Wissen rührt, dass Sicherheit nie vollständig sein kann und nie absolut sein darf. Diese Gelassenheit geht einher mit einer moralischen Achtsamkeit darauf, dass nie einzelne Grundgüter und Grundwerte vollständig zugunsten anderer untergehen dürfen und dass gesellschaftliches und individuelles Handeln einer Logik der Angemessenheit folgt. Weder eine Totalisierung von Sicherheit noch eine Normalisierung durch Sicherheit entspricht einer solchen Logik der Angemessenheit. Der Streit um Werte in einer Gesellschaft muss damit in präventives Sicherheitshandeln hinein geholt werden. Nur dann haben Problemlösungen – seien es technische, politische, ökonomische, soziale oder andere Lösungen – die Chance, nicht mittel- oder langfristig das zu beschädigen, was sie eigentlich schützen wollen: Menschen in ihrer Verletzlichkeit.

Literatur

Anders, Günter (1956): Die Antiquiertheit des Menschen, Bd. 1 : Über die Seele im Zeitalter der zweiten industriellen Revolution. München: C. H. Beck.

Beck, Ulrich (1986): Risikogesellschaft. Auf dem Weg in einer andere Moderne. Frankfurt: Suhrkamp.

Behr, Rafael (2008): Die ethische Dimension staatlicher Gewaltausübung. Zum Verhältnis von Handlungsethik und Organisationskultur der Polizei. Hochschule der Polizei Hamburg. http://www.hamburg.de/contentblob/2238604/data/ethische-dimension.pdf (17.3.2016).

Cabot, P. S. deQ. (1940): A Long-term Study of Children: The Cambridge-Somerville Youth Study, in: Child Development 11 (2).

Dupuis, E. Melanie (Hrsg.) (2004), Smoke and Mirrors: The Politics and Culture of Air Pollution. New York: New York University Press.

Fuchs, Peter (2008): Prävention. Zur Mythologie und Realität einer paradoxen Zuvorkommenheit, in: Saake, Irmhild / Vogel, Werner (Hrsg.): Moderne Mythen der Medizin. Studien zur organisierten Krankenbehandlung. Wiesbaden: Springer VS, S. 363-378.

Feltes, Thomas (1995): Zur Einführung: Kommunale Kriminalprävention und bürgernahe Polizeiarbeit, in: ders. (Hrsg.): Kommunale Kriminalprävention in Baden-Württemberg. Erste Ergebnisse der wissenschaftlichen Begleitung von drei Pilotprojekten. Holzkirchen: Felix-Verlag, S. 11-30.

Horaz, Quintus Flaccus (um 23 v. Chr.): Carmina. Liber I, Carmen XI. Übersetzung von Hans Zimmermann. http://12koerbe.de/pan/horatius.htm#I,11 (17.3.2016).

Klein, Christopher (2012): The Killer Fog that Blanketed London, 60 years ago, in: History in the Headlines. http://www.history.com/news/the-killer-fog-that-blanketed-london-60-years-ago (17.3.2016).

Luhmann, Niklas (1993): Die Moral des Risikos und das Risiko der Moral, in: Bechmann, Gotthard (Hrsg.): Risiko und Gesellschaft. Grundlagen und Ergebnisse interdisziplinärer Risikoforschung. Opladen: Westdeutscher Verlag, S. 327-338.

McCord, Joan / McCord, William (1959): A Follow-Up Report on the Cambridge-Somerville Youth Study, in: The Annals of the American Academy of Political and Social Science, Vol. 322, Prevention of Juvenile Delinquency, pp. 89-96 http://www.jstor.org/stable/1032706 (17.3.2016).

McCord, Joan (2007): Crime and Family. Selected Essays of Joan McCord, hrsg. v. Geoffrey Sayre-McCord, with an introduction by David P. Farrington). Philadelphia: Temple University Press.

Mensching, Anja (2005): Ist vorbeugen besser als heilen?, in: Aus Politik und Zeitgeschichte 46. www.bpb.de/apuz/28696/ist-vorbeugen-besser-als-heilen?p=all (17.3.2016).

Powers, Edwin/Witmer, Helen (1951): The Cambridge-Somerville Youth Study. An Experiment in the Prevention of Delinquency. New York: Columbia University Press.

Sayre-McMord, Geoffrey (Hrsg.)(2007): Crime and Family. Selected Essays of Joan McCord. Philadelphia: Temple University Press.

Schmandt, Jürgen, Clarkson, Judith and Roderick, Hilliard (1988). Acid Rain and Friendly Neighbors: The Policy Dispute between Canada and the United States. Durham: Duke University Press.

Sutor, Bernhard (1997): Kleine politische Ethik. Schriftenreihe der Bundeszentrale für politische Bildung Bd. 341. Opladen: Leske und Budrich.

Thorsheim, Peter (2006): Inventing Pollution: Coal, Smoke and Culture in Britain since 180C. Athens: Ohio University Press.

Timms, Claier (2012): Great Smog 60 years on: New laws needed to clean London's air. BBC News. http://www.bbc.com/news/uk-england-london-20269309 (17.3.2016).

UNECE (1979): Convention on Long-range Transboundary Air Pollution (CLRTAP). http://www.unece.org/env/lrtap/30anniversary.html (17.3.2016).

Rainer Strobl und Olaf Lobermeier

Evaluation des 21. Deutschen Präventionstages

am 6. und 7. Juni 2016 in Magdeburg

Hannover, August 2016

Inhalt

1. Einleitung

Der 21. Deutsche Präventionstag fand am 6. und 7. Juni 2016 in Magdeburg statt. Unter dem Motto „Prävention und Freiheit. Zur Notwendigkeit eines Ethik-Diskurses" drehte sich das diesjährige Schwerpunktthema um ethische Fragen. In diesem Zusammenhang machten die Diskussionen deutlich, dass Kriminalprävention auch riskante Aspekte haben kann. Das Problem von unerwünschten Nebenwirkungen der in den letzten Jahren zu beobachtenden Werteverschiebung in Richtung Sicherheit fand auch in der Magdeburger Erklärung seinen Niederschlag. So kann der Ausbau von Sicherheitspraktiken, zu denen auch die Prävention gehört, im Extremfall genau die Werte gefährden, die ursprünglich geschützt werden sollten.[1] Einen guten Einstieg in das Schwerpunktthema bietet das Gutachten zum 21. Deutschen Präventionstag.[2]

Während des gesamten Präventionstages wurden unterschiedliche Aspekte des Schwerpunktthemas in verschiedenen Beiträgen intensiv diskutiert. Daneben sind ethische Fragen aber auch dann ein wichtiger Aspekt der Präventionsarbeit, wenn sie nicht explizit als Diskussionsthema im Mittelpunkt stehen. Während der beiden Kongresstage hatten die Besucher aber auch reichlich Gelegenheit, sich über verschiedene Bereiche der Präventionsarbeit zu informieren. Hierzu gab es ein breites Angebot an Vorträgen, Filmen, Theater- und Musikdarbietungen sowie eine kongressbegleitende Ausstellung mit Informationsständen, Sonderausstellungen, Posterpräsentationen und dem Veranstaltungsformat „Campus und Aktionen". Wie in den vergangenen Jahren hat die Kriminalprävention auch auf dem 21. Deutschen Präventionstag den größten Raum eingenommen. Ein weiterer wichtiger Aspekt des Präventionstages war der fachliche Austausch mit Experten sowie der Aufbau und die Pflege von Kontakten.

Die Evaluation des diesjährigen Kongresses wurde mit einem ähnlichen Instrument durchgeführt wie in den vergangenen Jahren, so dass vielfältige Vergleiche möglich sind. Wie in den Vorjahren ist die Qualitätssicherung und Optimierung des Deutschen Präventionstages das wichtigste Anliegen der Evaluation. Es ist daher Aufgabe der Evaluation zu bewerten, inwieweit der Kongress seine Ziele erreicht und die Erwartungen erfüllt hat. Darüber hinausgehende Fragen nach Wirkungen im Sinne von Veränderungen bei den Zielgruppen können dagegen nur ansatzweise beantwortet werden. In diesem Zusammenhang untersuchen wir aber auf S. 219 f., ob Wissen und Informationen, die auf vorangegangenen Präventionstagen erworben wurden oder Kontakte, die dort geknüpft wurden, dazu beigetragen haben, dass Präventionsaufgaben besser durchgeführt werden können.

Insgesamt konzentriert sich die Evaluation jedoch vorrangig auf die Leistungen des Präventionstages. Hierzu zählen vor allem folgende Punkte:[3]

---

[1] Vgl. hierzu die Magdeburger Erklärung des 21. Deutschen Präventionstages 2016.
[2] Vgl. hierzu das Gutachten von Prof. Dr. Regina Ammicht Quinn zum 21. Deutschen Präventionstag 2016.
[3] Vgl. hierzu auch das proVal Handbuch für die praktische Projektarbeit, 2. Auflage, Hannover 2016, S. 91 sowie Beywl, Wolfgang/Schepp-Winter, Ellen: Zielfindung und Zielklärung – ein Leitfaden – (QS21).

- Zahl und Art der angebotenen Veranstaltungen,

- Zufriedenheit der Besucherinnen und Besucher mit den Veranstaltungen und mit dem Veranstaltungsangebot sowie

- Zielgruppenerreichung und Art der Teilnahme.

Darüber hinaus dienen die im Leitbild des Deutschen Präventionstages implizit und explizit angesprochenen Ziele als Richtschnur für die Evaluation.[4] Demnach soll der Kongress

1. Kriminalprävention ressortübergreifend, interdisziplinär und in einem breiten gesellschaftlichen Rahmen darstellen und stärken,

2. die Präsentation weiterer Präventionsfelder (z.B. Gesundheitsförderung, Sucht- und Verkehrsprävention) ermöglichen,

3. Verantwortungsträger der Prävention aus unterschiedlichen gesellschaftlichen Bereichen ansprechen,

4. aktuelle und grundsätzliche Fragen der verschiedenen Arbeitsfelder der Prävention und ihrer Wirksamkeit thematisieren,

5. Partner in der Prävention zusammenführen,

6. Forum für die Praxis sein und den Informations- und Erfahrungsaustausch ermöglichen,

7. internationale Verbindungen knüpfen und den Informationsaustausch unterstützen,

8. Umsetzungsstrategien diskutieren sowie

9. Empfehlungen an Praxis, Politik, Verwaltung und Wissenschaft erarbeiten und aussprechen.

Wie in den zurückliegenden Jahren basiert die Evaluation auf einem standardisierten Online- Fragebogen. Lob, Kritik und Anregungen konnten aber auch wieder unstandardisiert als Freitext mitgeteilt werden. Hiervon machten die Befragten regen Gebrauch, so dass der Evaluation Kommentare im Umfang von insgesamt 60 Textseiten zur Verfügung stehen.

Den Besucherinnen und Besuchern wurde unmittelbar nach dem Ende des Kongresses und dann abermals knapp eine Woche später eine E-Mail mit der Bitte um die Beantwortung des Fragebogens zugesandt. Die E-Mails enthielten jeweils einen Link, mit dem der Fragebogen aufgerufen werden konnte. Insgesamt wurden 1.984 E-Mails verschickt, etliche davon mit der Bitte um Weiterleitung (Sammelanmelder und Standbegleiter). Von den angeschriebenen Personen haben 588 den Fragebogen

---

Bonn: BMFSFJ 1999, S. 76.
[4] Vgl. das Leitbild des Deutschen Präventionstages auf S. 40 des Kongresskatalogs 2016.

beantwortet. Die Zahl der Rückmeldungen liegt damit niedriger als beim letzten Präventionstag (20. DPT: 667, 19. DPT: 616 ausgefüllte Fragebögen). Trotzdem kann festgehalten werden, dass die von proVal durchgeführte Form der Kongressevaluation nach wie vor gut angenommen wird. In diesem Zusammenhang möchten wir aber darauf hinweisen, dass von den 2.580 angemeldeten Kongressbesuchern lediglich 1.984 (76,9 %) direkt angeschrieben werden konnten, da aufgrund von Sammelbestellungen, Fax- und Briefanmeldungen sowie Anmeldungen an der Tageskasse nicht von allen Teilnehmerinnen und Teilnehmern E-Mail-Adressen vorlagen. Bezogen auf die Gesamtzahl der angemeldeten Kongressbesucher haben daher nur 22,8 % eine Rückmeldung abgegeben. Insofern können Verzerrungen trotz des recht guten Rücklaufs nicht grundsätzlich ausgeschlossen werden. Im Vergleich zu den vergangenen Präventionstagen zeigt sich jedoch eine große Stabilität der zentralen Befunde, so dass davon ausgegangen werden kann, dass die Ergebnisse der Befragung die Eindrücke und Meinungen der Besucherinnen und Besucher des 21. Deutschen Präventionstages insgesamt gut widerspiegeln.

2.   Plenumsveranstaltungen

Die Plenumsveranstaltungen tragen wesentlich zum Charakter des Präventionstages bei. Hierzu gehören neben der Kongresseröffnung auch das Abschlussplenum sowie der Abendempfang. Neben der Vermittlung von Informationen geht es im Rahmen dieser Veranstaltungen auch darum, das Interesse an dem Schwerpunktthema zu wecken und die Motivation für ein Engagement in der Präventionsarbeit zu stärken.

2.1   Kongresseröffnung

Das Eröffnungsplenum setzt den Rahmen des Präventionstages und hat deshalb in jedem Jahr eine besondere Bedeutung. Auf einer Skala von 1 (sehr gut) bis 5 (sehr schlecht) erreichte die diesjährige Eröffnungsveranstaltung mit 1,7 wieder einen sehr guten Durchschnittswert (20. DPT: 1,8; 19. DPT: 1,9; 18. DPT: 1,8; 17. DPT: 2,0).

Abbildung 1: Wie fanden Sie die Kongresseröffnung?[5]

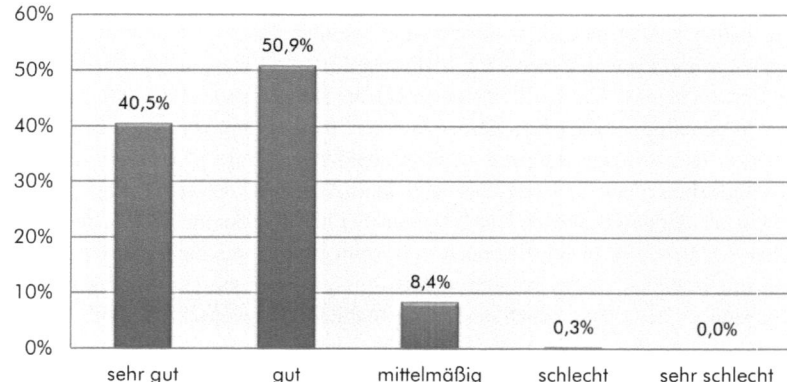

Die Wortbeiträge im Rahmen des Eröffnungsplenums wurden allerdings durchaus unterschiedlich bewertet. Die Durchschnittsnoten reichen von 1,7 bis 2,7. Die schlechteste Durchschnittsnote erhielt die Vorstellung des Gutachtens. Hier gingen die Meinungen zum Teil weit auseinander: rund 47 % der Befragten fanden die Präsentation gut oder sehr gut; die anderen 53 % fanden sie mittelmäßig, schlecht oder sogar sehr schlecht. Kritisiert wurden vor allem die Länge und die nicht adressatengerechte Sprache:

> „Das Kongressgutachten war nicht adressatengerecht und monoton (Vorlesung an der Uni).‟

> „Das Gutachten ist merklich nicht von einer Autorin mit Bezug zur Präventionspraxis geschrieben worden und leidet daran‟.

Andererseits wurde das Gutachten aber auch positiv hervorgehoben:

> „Zum Schwerpunktthema gab es ein viel zu geringes Angebot. Und das war fast durch-gehend mittelmäßig, abgesehen vom Gutachten.‟

Insgesamt beschäftigen sich aber nur relativ wenige Kommentare mit dem Kongressgutachten. Viel Lob gab es dagegen für den musikalischen Beitrag aus der JVA Burg.

---

[5] Die Prozentangaben beziehen sich auf die Zahl der gültigen Antworten (n=346). 149 Befragte gaben an, das Eröffnungsplenum nicht besucht zu haben.

Tabelle 1: Bewertung der Eröffnungsbeiträge

Rang	Beitrag	Zahl der gültigen Antworten	Durchschnitt	Standardabweichung
1	Der Beitrag von Erich Marks (Geschäftsführer des DPT)	301	1,7	0,6
2	Der Beitrag von Holger Stahlknecht (Innenminister des Landes Sachsen-Anhalt)	309	2,1	0,7
3	Der Beitrag von Lutz Trümper (Oberbürgermeister der Landeshauptstadt Magdeburg)	306	2,1	0,7
4	Der Beitrag von Holger Münch (Präsident des Bundeskriminalamtes)	273	2,4	0,8
5	Der Beitrag von Hans-Jürgen Kerner (Kongresspräsident)	285	2,1	0,7
6	Der Beitrag von Regina Ammicht Quinn (Gutachterin des 21. DPT)	310	2,7	1,2

2.2 Abendveranstaltung

Die Abendveranstaltung wurde insgesamt gelobt. Sie konnte den Spitzenwert der Abendveranstaltung in Frankfurt zwar nicht erreichen, erzielte aber mit 1,8 einen recht guten Durchschnittswert (20. DPT: 1,2; 19. DPT: 1,6; 18. DPT: 2,0; 17. DPT: 1,5). Insgesamt gefiel der Abendempfang 81 % der Befragten sehr gut oder gut, was sich auch in den Kommentaren widerspiegelt:

„Eine wirklich gelungene Abendveranstaltung, die Stimmung war super, die Kulisse sehr schön und jeder hatte die Möglichkeit, den Abend nach seinem Geschmack zu gestalten. Weiter so."

„Die Abendveranstaltung war gut organisiert und hat viel zur Kontaktpflege mit Präventionsinteressierten beigetragen. Die Tanzrunde war leider zu früh zu Ende, aber Sachsen-Anhalt war ja das Land der Frühaufsteher."

Es gibt allerdings auch kritische Anmerkungen. Einige beziehen sie sich auf das Speisenangebot für Vegetarier:

„Abendveranstaltung: Vegetarier mussten Beilagengemüse essen (ich bin selbst keine Vegetarierin, aber viele meiner Kolleginnen und Kollegen). Auch bei den Kaltspeisen gab es zwar drei verschiedene Schinkenplatten, aber keine einzige mit Käse."

„Die Abendveranstaltung war für Nicht-Fleischesser eine schwierige Angelegenheit."

„Was mir als Vegetarierin gefehlt hat, war ein ausreichendes alternatives Speisenangebot. Hier könnte der Veranstalter sowohl an den Kongresstagen, aber vor allem auf dem Empfang noch punkten. Das vegetarische Angebot in der Abendveranstaltung war nicht akzeptabel. Letztendlich konnte ich nur die Beilagen essen. Schade."

Ausschließlich kritische Kommentare finden sich zu dem für die Abendveranstaltung engagierte Komiker:

„Der Komiker der Abendveranstaltung war grausam, unsinnig, undifferenziert und untragbar. Habe den Saal nach ca. 5 Minuten verlassen. Satire funktioniert nur, wenn man ein Gebiet gut kennt und er hatte von Prävention schlicht und ergreifend keine Ahnung."

„Den Komiker bei der Abendveranstaltung hätte man weglassen und damit vor sich selbst schützen können."

Abbildung 2: Wie fanden Sie die Abendveranstaltung?[6]

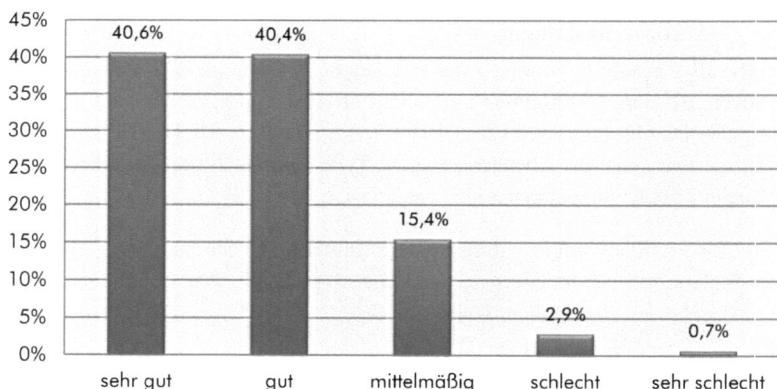

2.3   Abschlussplenum

Wie in den vorangegangen Jahren litt das Abschlussplenum auch in diesem Jahr unter der vorzeitigen Abreise vieler Teilnehmerinnen und Teilnehmer. Zwar ist der Anteil der Befragten, die angaben, das Abschlussplenum nicht besucht zu haben, im Vergleich zum Vorjahr erneut von 42,6 % auf 41,8 % gesunken; dafür ist aber der Anteil der Befragten, die keine Angaben zum Abschlussplenum gemacht haben, von 26,4 % (20. DPT) auf 35,0 % (21. DPT) gestiegen.

Die anwesenden Befragten fanden die Abschlussveranstaltung aber durchweg sehr gelungen, was auch der Durchschnittswert von 1,9 zum Ausdruck bringt (20. DPT: 1,8; 19. DPT: 1,6; 18. DPT: 1,9; 17. DPT: 2,3). Insgesamt bewerteten mehr als 85 %

---

[6] Die Prozentangaben beziehen sich auf die Zahl der gültigen Antworten (n=421). 86 Befragte gaben an, den Abendempfang nicht besucht zu haben.

der Befragten die Abschlussveranstaltung als gut oder sehr gut.

Abbildung 3: Wie fanden Sie das Abschlussplenum?[7]

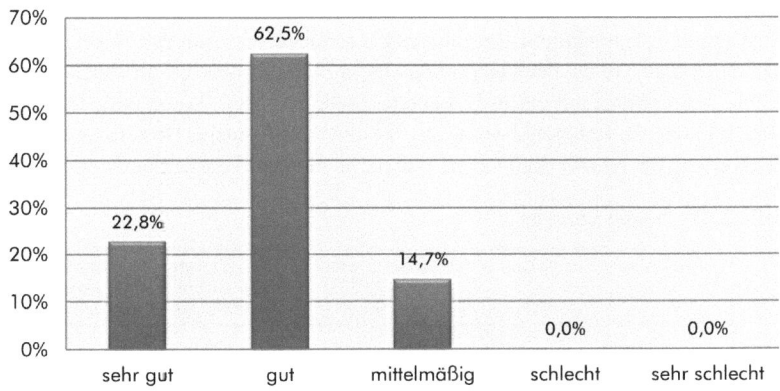

Die Wortbeiträge im Rahmen des Abschlussplenums wurden als gut bis sehr gut bewertet und erreichten Durchschnittswerte zwischen 1,7 und 2,0. Insbesondere der Vortrag von Harald Welzer wird in den Kommentaren lobend erwähnt:

> „Mein besonderes Highlight: Harald Welzers Vortrag! Da hat es sich gleich doppelt gelohnt, noch bis zum Schluss zu bleiben."

Tabelle 2: Bewertung der Abschlussbeiträge

Rang	Beitrag	Zahl der gültigen Antworten	Durchschnitt	Standardab-weichung
1	Die »Magdeburger Erklärung« von Wiebke Steffen	130	1,9	0,6
2	Das Resümee von Hans-Jürgen Kerner	130	2,0	0,7
3	Der Vortrag »Autonomie – Zur Verteidigung der Freiheit« von Harald Welzer	128	1,8	0,9
4	Der Ausblick und die Verabschiedung durch Erich Marks	120	1,7	0,6

3.   Vorträge

Auch in diesem Jahr hatten die Kongressteilnehmer/innen wieder die Möglichkeit, alle Einzelvorträge sowie alle Vorträge im Rahmen von Themenboxen und Projektspots zu bewerten. In die Auswertung wurden alle Vorträge mit mindestens 10

---

[7] Die Prozentangaben beziehen sich auf die Zahl der gültigen Antworten (n=136). 246 Befragte gaben an, das Abschlussplenum nicht besucht zu haben.

Antworten auf jede der beiden Evaluationsfragen einbezogen.[8] Die 78 ausgewerteten Vorträge haben den Befragten insgesamt gut gefallen (Durchschnittsnote 2,0). Im Hinblick auf die Nutzbarkeit der Ergebnisse für die praktische Präventionsarbeit schnitten sie allerdings schlechter ab und erzielten nur die Durchschnittsnote 2,3. Natürlich gibt es beträchtliche Bewertungsunterschiede zwischen den einzelnen Vorträgen. Die Spanne reicht beim Gesamtdurchschnitt von 1,4 bis 3,6. In Tabelle 3 sind die 19 besten Vorträge mit einem Gesamtdurchschnitt unter 2,0 (gut) aufgeführt. Für die Bestimmung der Rangfolge wurde also sowohl die allgemeine Bewertung als auch die Bewertung der Nützlichkeit für die praktische Präventionsarbeit berücksichtigt.

Tabelle 3: Die besten Vorträge

Rang	Vortrag	Wie hat Ihnen der Beitrag dieses Referenten gefallen?			Wie gut lassen sich die erhaltenen Informationen für die praktische Präventionsarbeit nutzen?			
		N	Durch-schnitt	Stan-dard-abwei-chung	N	Durch-schnitt	Stan-dard-abwei-chung	Gesamt-samt-durch-schnitt
1	*Lunckshausen:* FairPlay in der Liebe	12	1,33	0,49	11	1,36	0,67	1,35
2	*Keidel:* Nix rechts!	17	1,59	0,51	12	1,33	0,49	1,46
3	*Coester/Kerner/ Stellma-cher/Wagner:* Evaluation im Jugendvollzug	24	1,33	0,48	13	1,62	0,51	1,48
4	*Beelmann:* Auf dem Weg zu einem integrativen und allgemeinen Präventions-verständnis	31	1,35	0,49	20	1,65	0,75	1,50
5	*Friedmann:* »Der guckt schon so« - Eine praxisre-levante Differenzierung der Motive von Gewalt-handlungen	20	1,40	0,68	13	1,62	0,77	1,51
6	*Saß:* AussteigerhilfeRechts	15	1,47	0,52	12	1,58	0,79	1,53
7	*Stückmann:* Cybermob-bing, Sexting & Co.	40	1,55	0,81	31	1,71	0,78	1,63
8	*Hestermann:* Gewaltbe-richterstattung	26	1,54	0,71	15	1,87	0,64	1,71
9	*Görgen/Taefi/Wagner:* Konflikte in der häuslichen	17	1,53	0,72	10	1,90	1,10	1,72

---

[8] Nach diesem Kriterium konnten 78 der insgesamt 146 aufgelisteten Vorträge ausgewertet werden.

		Wie hat Ihnen der Beitrag dieses Referenten gefallen?			Wie gut lassen sich die erhaltenen Informationen für die praktische Präventionsarbeit nutzen?			
	Pflege							
10	Oberwittler: Sicherheitslage von Älteren	27	1,81	0,68	16	1,81	0,40	1,81
11	Hayer: GlücksspielsuchtPrävention	27	1,63	0,63	17	2,00	0,87	1,82
11	Schulze: Wie viel und welches Licht braucht erfolgreiche Kriminalprävention?	17	1,71	0,59	14	1,93	0,62	1,82
12	Hoops: Freiheitsentzug in der Jugendhilfe	27	1,56	0,58	18	2,17	0,86	1,87
13	Hamm/Wels: Polizei im Spannungsfeld	30	1,67	0,71	23	2,09	0,85	1,88
14	Hoffmann: Kompetenzzentrum zur Koordinierung des Präventionsnetzwerks gegen Extremismus in Baden-Württemberg	15	1,87	0,64	11	1,91	0,70	1,89
15	Willems: Viktimisierungserfahrungen	23	1,83	0,72	14	2,00	0,96	1,92
16	Schneider: Pädagogische Flüchtlingsarbeit	29	1,79	0,73	19	2,11	0,66	1,95
16	Hohnstein: Distanzierungsarbeit	16	2,00	0,37	10	1,90	0,57	1,95
17	Buzas/Scharau: Kriminalprävention im Alter	37	1,86	0,67	28	2,07	0,72	1,97

4.   Kongressbereiche

Auch in diesem Jahr konnten die Teilnehmerinnen und Teilnehmer verschiedene Kongressbereiche zusammenfassend bewerten. Hierzu gehören unter anderem das Kongressgutachten, die Einzelvorträge, die Themenboxen, die Projektspots, die Presentation on Demand (POD), die Infostände, die Sonderausstellungen, die Posterpräsentationen, das Veranstaltungsformat „Campus und Aktionen", die Bühne und das Filmforum.[9]

4.1   Kongressgutachten

Mehr als 72 % der Befragten gefiel das Kongressgutachten gut oder sehr gut. Auf unserer Skala von 1 (sehr gut) bis 5 (sehr schlecht) erreichte es den Durchschnittswert 2,2.

---

[9] Die Evaluationsergebnisse zur Kongresseröffnung, zur Abendveranstaltung und zum Abschlussplenum wurden oben bereits dargestellt.

Abbildung 4: Wie fanden Sie das Kongressgutachten?[10]

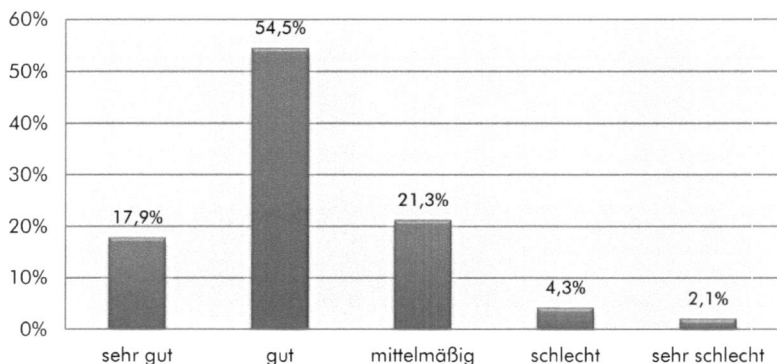

4.2 Vorträge

Bei der Gesamtbewertung der Vorträge konnten die Teilnehmerinnen und Teilnehmer zwi-schen Einzelvorträgen, Themenboxen und Projektspots differenzieren.

4.2.1 Einzelvorträge

Die Einzelvorträge erreichten auf der bekannten fünfstufigen Skala einen Durchschnittswert von 2,1 und gefielen knapp 81 % der Befragten gut oder sehr gut.

Abbildung 5: Wie fanden Sie die Einzelvorträge?[11]

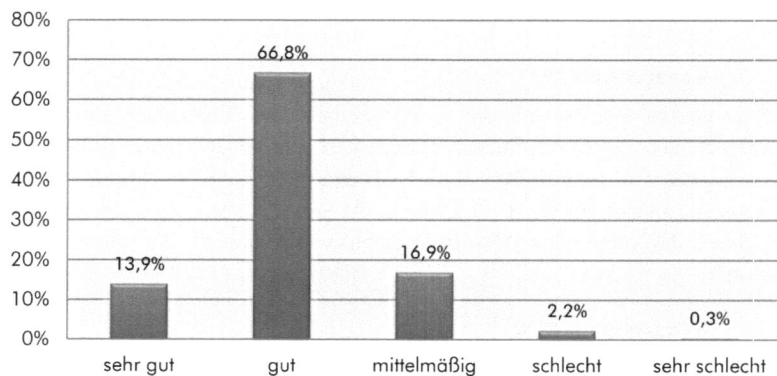

4.2.2 Themenboxen

Das auf dem Deutschen Präventionstag in Frankfurt eingeführte Format der Themen-

---

[10] Die Prozentangaben beziehen sich auf die Zahl der gültigen Antworten (n=235).
[11] Die Prozentangaben beziehen sich auf die Zahl der gültigen Antworten (n=367). 76 Befragte gaben an, die Einzelvorträge nicht besucht zu haben.

boxen ist in diesem Jahr bei 80,9 % der Befragten gut angekommen und erhielt die Durchschnittsnote 2,0 (20. DPT: 77,3 %; 2,0). In den Kommentaren findet sich allerdings auch Kritik:

„In den Themenboxen hatten die einzelnen Vortragenden teilweise nur 15 Minuten Zeit (dank unnötig langer Anmoderation und bereits frühzeitigem Publikumswechsel). Das war schade. In 15 Minuten oder auch 30 Minuten lässt sich ein Thema nur anreißen."

„Die Themenboxen wirken oft künstlich geclustert, was keinen Sinn macht. Interessante Themen mit guten Rednern sollten mehr als nur eine halbe Stunde Zeit bekommen. Die Qualität einzelner Inputs war wenig praxisrelevant."

Gelobt wurden dagegen „kurzweilige Redebeiträge". Außerdem wurden kurze Übergänge zwischen den einzelnen Themen vorgeschlagen, um zwischen parallel laufenden Themenboxen wechseln zu können.

Abbildung 6: Wie fanden Sie die Themenboxen?[12]

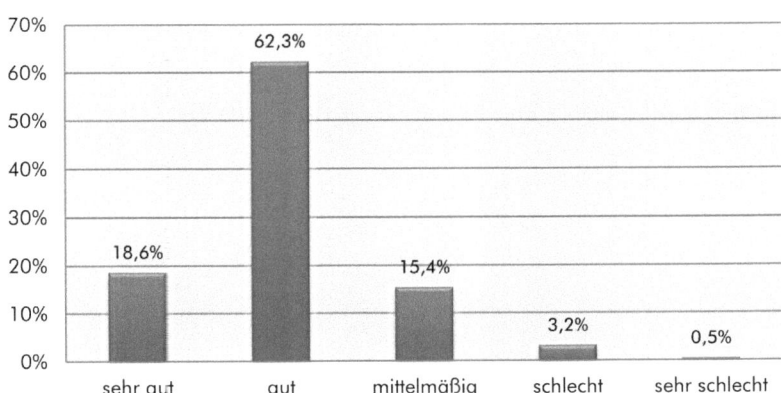

4.2.3 Projektspots

Fast 85 % der Befragten schätzten die Projektspots als gut oder sehr gut ein. Damit erreichten sie auf der bekannten Skala von 1 (sehr gut) bis 5 (sehr schlecht) die Durchschnittsnote 2,0 (20. DPT: 2,1; 19. DPT: 2,0).

---

[12] Die Prozentangaben beziehen sich auf die Zahl der gültigen Antworten (n=409). 45 Befragte gaben an, die Themenboxen nicht besucht zu haben.

Abbildung 7: Wie fanden Sie die Projektspots?[13]

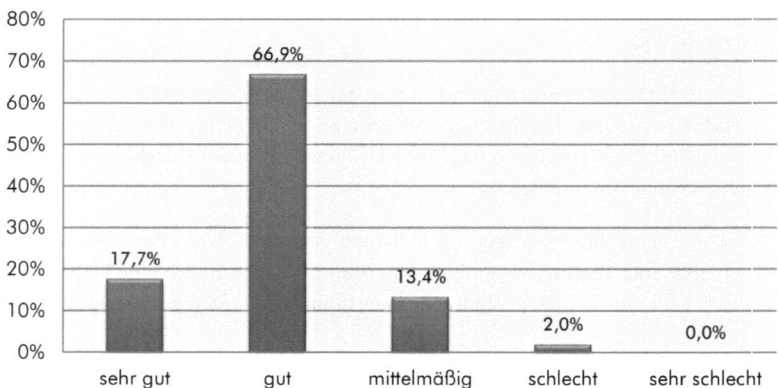

4.3   Presentation on Demand

Die Presentation on Demand erhielt auf unserer fünfstufigen Skala einen Durchschnittswert von 2,1 (20. DPT: 2,0) und gefiel rund 87 % der Befragten gut oder sehr gut.

Abbildung 8: Wie fanden Sie die Presentation on Demand (POD)?[14]

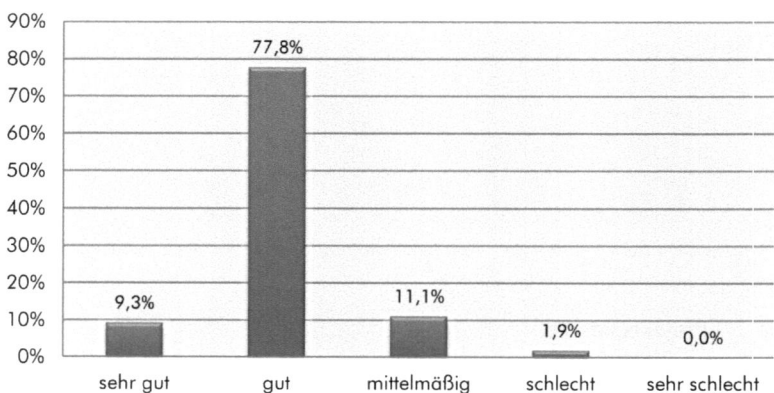

---

[13] Die Prozentangaben beziehen sich auf die Zahl der gültigen Antworten (n=254). 113 Befragte gaben an, die Projektspots nicht besucht zu haben.

[14] Die Prozentangaben beziehen sich auf die Zahl der gültigen Antworten (n=54). 174 Befragte gaben an, die Presentation on Demand nicht genutzt zu haben.

4.4 Infomobile

Die Infomobile wurden von fast 84 % der Befragten als gut oder als sehr gut bewertet und erhielten auf der bekannten fünfstufigen Skala einen Durchschnittswert 1,9.

Abbildung 9: Wie fanden Sie die Infomobile?[15]

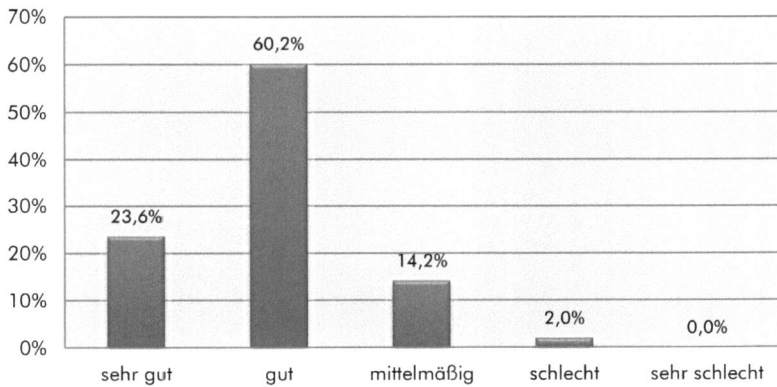

4.5 Infostände

88,5 % der Befragten fanden die Infostände gut oder sehr gut. Damit erhielten sie auf unserer fünfstufigen Skala die Durchschnittsnote 1,8 (20. DPT: 1,8; 19. DPT: 1,8).

Abbildung 10: Wie fanden Sie die Infostände?[16]

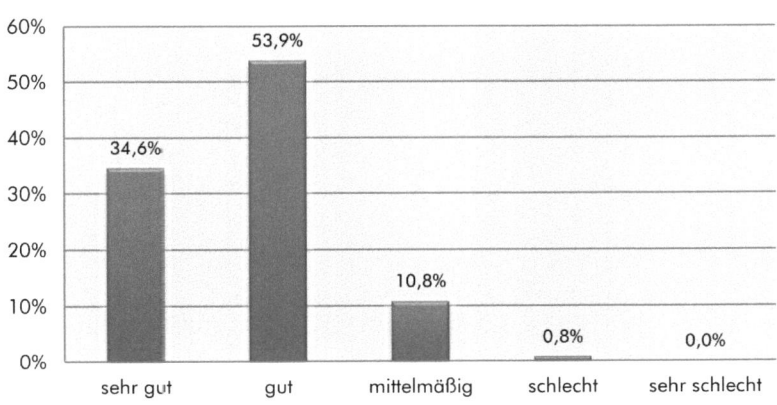

---

[15] Die Prozentangaben beziehen sich auf die Zahl der gültigen Antworten (n=246). 113 Befragte gaben an, die Infomobile nicht besucht zu haben.

[16] Die Prozentangaben beziehen sich auf die Zahl der gültigen Antworten (n=529). 5 Befragte gaben an, die Infostände nicht besucht zu haben.

4.6   Die Sonderausstellungen

Zu den Sonderausstellungen haben sich lediglich 238 der 588 Befragten geäußert.
Diese bewerteten die Sonderausstellungen auf der bekannten Skala im Durchschnitt
mit 1,9 (20. DPT: 1,9; 19. DPT: 1,9).

Abbildung 11: Wie fanden Sie die Sonderausstellungen?[17]

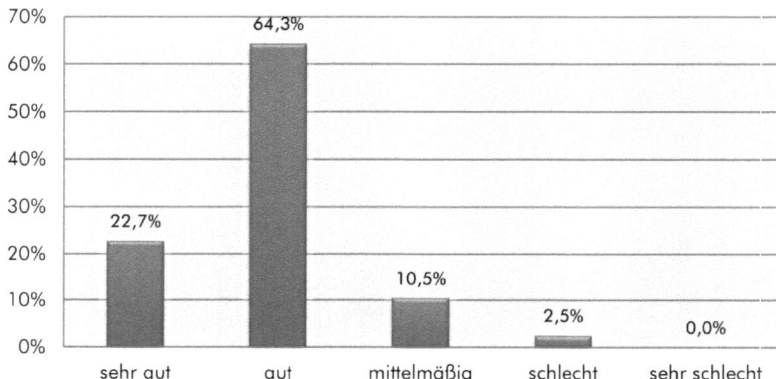

4.7   Campus und Aktionen

Zum Veranstaltungsformat „Campus und Aktionen" machten 194 der 588 befragten
Teilnehmerinnen und Teilnehmer gültige Angaben und vergaben die Durchschnittsnote 2,0 (20. DPT: 2,1; 19. DPT: 2,1).

---

[17] Die Prozentangaben beziehen sich auf die Zahl der gültigen Antworten (n=238). 130 Befragte gaben an,
die Sonderausstellungen nicht besucht zu haben.

Abbildung 12: Wie fanden Sie „Campus und Aktionen?"[18]

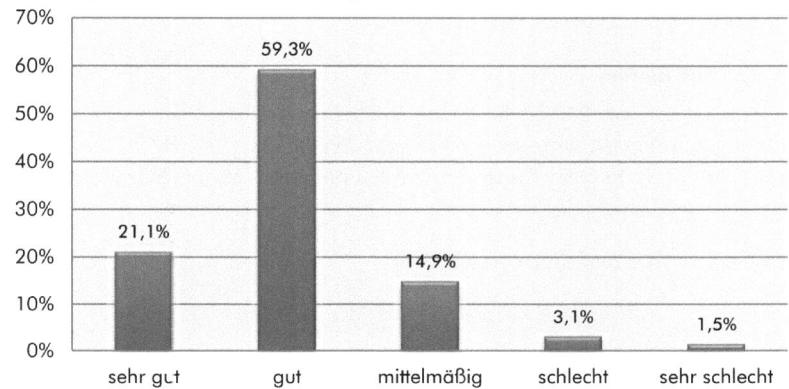

4.8 Posterpräsentationen

Die Posterpräsentationen wurden von 296 der 588 Befragten bewertet und erreichten die Durchschnittsnote 2,1 (20. DPT: 2,1; 19. DPT: 2,0; 18. DPT: 2,3; 17. DPT: 2,2).

Abbildung 13: Wie fanden Sie die Posterpräsentationen?[19]

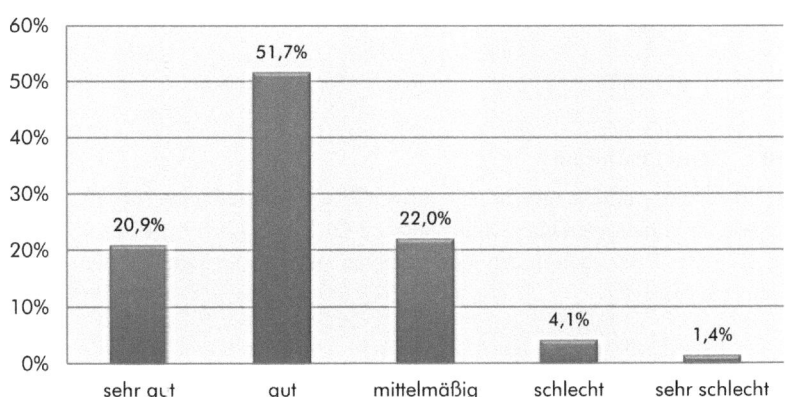

Auch in diesem Jahr kritisierten einige Befragte den Stellenwert und die Positionierung der Poster:

> „Insbesondere die Postersessions wurden m. E. recht stiefmütterlich behandelt (Ort, Zeit, Qualität der Poster etc.)."

---

[18] Die Prozentangaben beziehen sich auf die Zahl der gültigen Antworten (n=194). 136 Befragte gaben an, „Campus und Aktionen" nicht besucht zu haben.
[19] Die Prozentangaben beziehen sich auf die Zahl der gültigen Antworten (n=296). 104 Befragte gaben an, die Posterpräsentationen nicht besucht zu haben.

„Die Poster gingen völlig im Programm unter und hätten viel großzügiger gehängt werden können, weil genug Platz war."

4.9   Die Bühne

Die Bühne wurde von 220 der insgesamt 588 befragten Kongressbesucher/innen mit der sehr guten Durchschnittsnote 1,6 bewertet (20. DPT: 1,9; 19. DPT: 2,0; 18. DPT: 2,0; 17. DPT: 1,9). Es handelt sich hier um ein Format, das auch Schulen und Kindergärten aus dem Umfeld des Tagungsortes als Zielgruppen anspricht.

Abbildung 14: Wie fanden Sie die Bühne?[20]

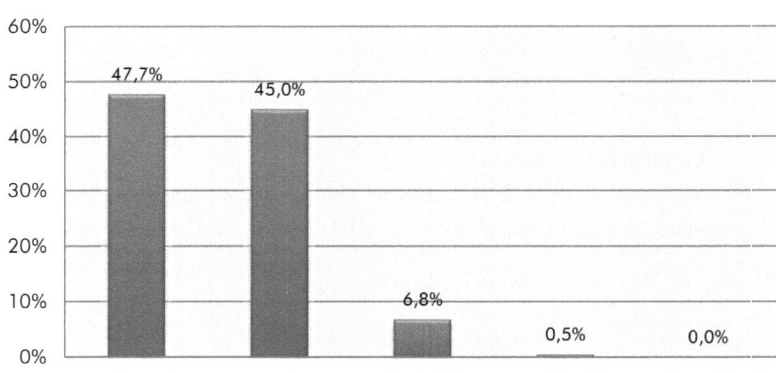

4.10   Das Filmforum

Das Filmforum wurde in diesem Jahr nur von 78 der 588 Befragten bewertet, erzielte aber wie im Vorjahr die Durchschnittsnote 1,8 (20. DPT: 1,8; 19. DPT: 1,9; 18.DPT: 2,0; 17. DPT: 2,0). Auch in den Kommentaren wird die geringe Resonanz auf das Filmforum beklagt:

„Es war sehr schade, dass das Filmforum erst sehr spät und dann noch in einem Nebengebäude stattfand. Wir hatten uns eine große Resonanz erhofft, konnten unseren Film um 17.15 Uhr dann zeigen und hatten 6 interessierte Zuschauer! Die meisten Messeteilnehmer, so hatten wir den Eindruck, hatten zu diesem Zeitpunkt das Messegelände bereits verlassen."

---

[20] Die Prozentangaben beziehen sich auf die Zahl der gültigen Antworten (n=220). 154 Befragte gaben an, die Bühnenveranstaltungen nicht besucht zu haben.

Abbildung 15: Wie fanden Sie das Filmforum?[21]

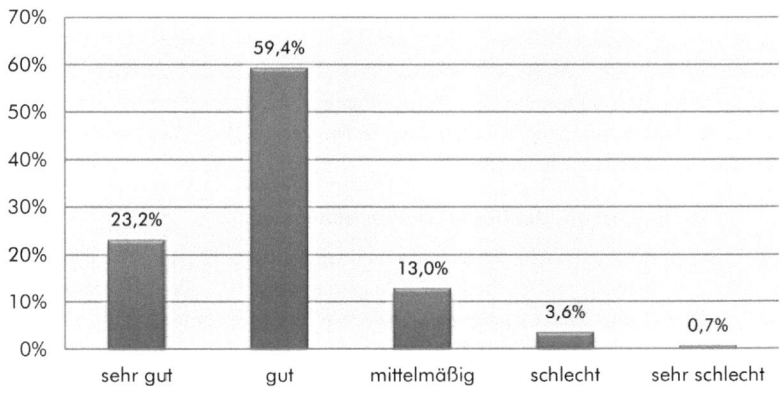

4.11   Die Schüleruni

Zur Schüleruni liegen lediglich 53 Rückmeldungen vor. Gleichwohl erreichte sie die Durchschnittsnote 2,0.

Abbildung 16: Wie fanden Sie die Schüleruni?[22]

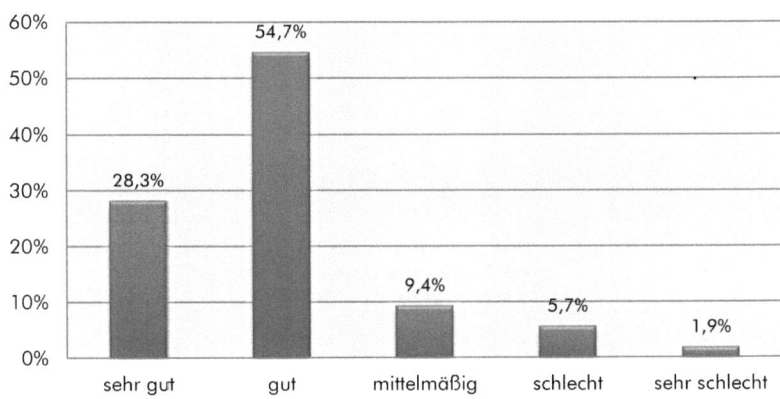

---

[21] Die Prozentangaben beziehen sich auf die Zahl der gültigen Antworten (n=78). 218 Befragte gaben an, das Filmforum nicht besucht zu haben.

[22] Die Prozentangaben beziehen sich auf die Zahl der gültigen Antworten (n=53). 228 Befragte gaben an, die Schüleruni nicht besucht zu haben.

5.   Internetauftritt und neue Medien

Die Befragten wurden auch wieder um eine Bewertung der Internetseite und des Online-Angebotes des Deutschen Präventionstages gebeten. Hierzu zählen die Präventions-Such-maschine dpt-map, die täglichen Präventions-News und die App des Deutschen Präventi-onsstages sowie die Vortragsmitschnitte der Eröffnungs- und Schlussveranstaltung. Zudem erhielten die Befragten die Möglichkeit, die Web-Präsenzen des Deutschen Präventionstages auf Facebook und Twitter einzuschätzen.

5.1   Die Internetseite des Deutschen Präventionstages

Die Bekanntheit der Internetseite des Deutschen Präventionstages ist gegenüber dem letzten Präventionstag nochmals um 1,5 Prozentpunkte gestiegen: 95,0 % aller 519 Personen, die diese Frage geantwortet haben, kennen die Internetseite. Die kongressunabhängige Nutzung der Internetseite ist dagegen auf 44,8 % zurückgegangen (20. DPT: 47,4 %; 19. DPT: 47,4 %; 18. DPT: 57,6 %; 17. DPT: 50,3 %). Ferner ist der Anteil derjenigen, die die Internetseite überhaupt nicht besuchen, auf 6,1 % gestiegen (20. DPT: 4,7 %; 19. DPT: 6,8 %).

Abbildung 17: Wie häufig nutzen Sie die Internetseite des Deutschen Präventionstages?[23]

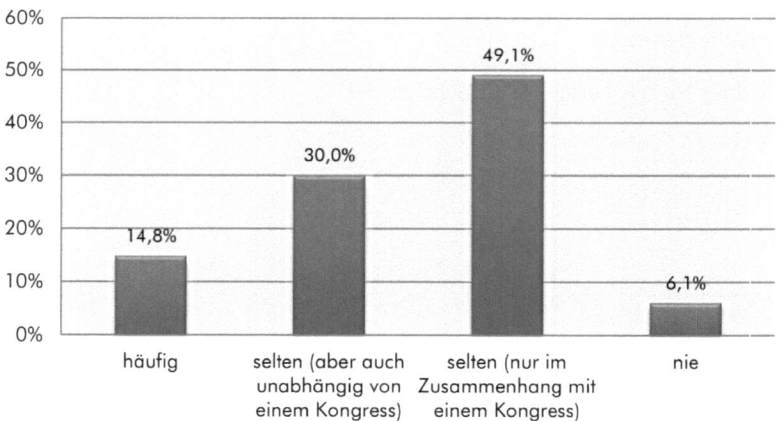

Auch in diesem Jahr wurden die Teilnehmerinnen und Teilnehmer nach der Nutzungshäu-figkeit der Internetdokumentation des Deutschen Präventionstages gefragt. Von den 490 Per-sonen, die diese Frage beantworteten, kannten 91,0 % die Internetdokumentation (20. DPT: 88,4 %; 19. DPT: 86,6 %). 46,7 % dieser Befragten nutzten das Angebot auch unabhängig von einem Kongress (20. DPT: 49,6 %; 19. DPT: 48,8 %), 42,8 % nutzten es nur im Zusam-menhang mit einem Kongress (20. DPT: 39,1 %; 19. DPT: 40,9 %) und 10,5 % nutzten es gar nicht (20. DPT: 11,3 %; 19. DPT: 10,3 %).

---

[23] Die Prozentangaben beziehen sich auf die Anzahl der gültigen Antworten (n=493). 26 Befragte gaben an, die Internetseite nicht zu kennen.

Abbildung 18: Wie häufig nutzen Sie die Internetdokumentation des Deutschen Präventionstages?[24]

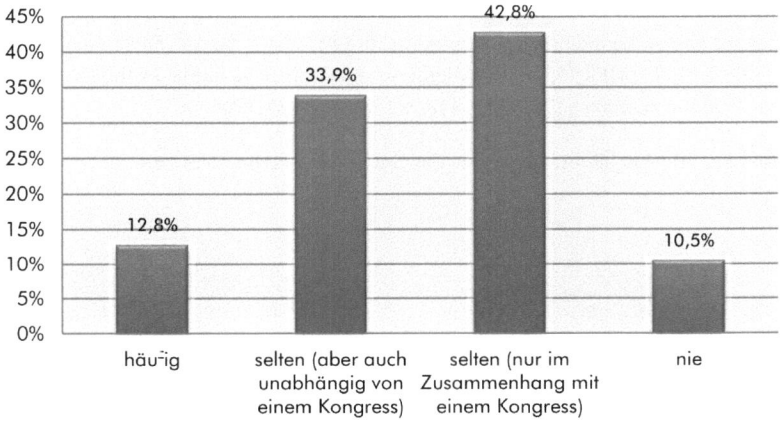

Die Struktur und Gestaltung der Internetseite wurde ähnlich wie in den Vorjahren mit der Durchschnittsnote 2,0 bewertet (20. DPT: 1,9; 19. DPT: 2,0; 18. DPT: 1,9; 17. DPT: 2,0). 85,9 % der Befragten gefiel die Struktur und Gestaltung der Internetseite gut oder sehr gut (20. DPT: 86,8 %; 19. DPT: 88,4 %; 18. DPT: 89,6 %; 17. DPT: 84,4 %).

Abbildung 19: Wie finden Sie die Struktur und Gestaltung der Internetseiten?[25]

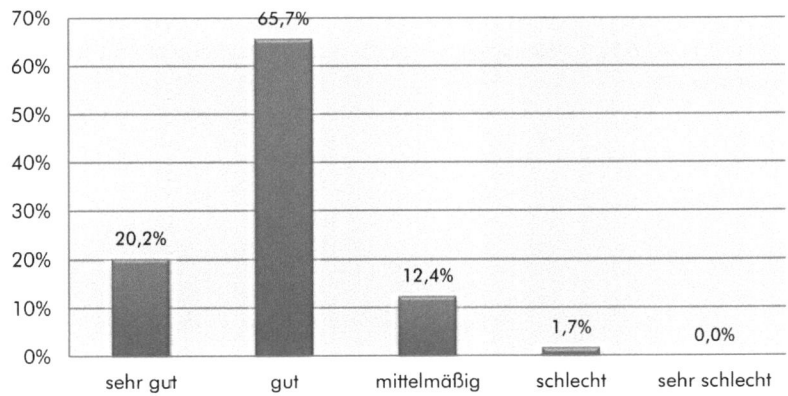

---

[24] Die Prozentangaben beziehen sich auf die Anzahl der gültigen Antworten (n=446). 44 Befragte gaben an, die Internetdokumentation nicht zu kennen.
[25] Die Prozentangaben beziehen sich auf die Anzahl der gültigen Antworten (n=362).

5.2   Das Such-Portal Kriminalprävention

Die Bekanntheit des Such-Portals Kriminalprävention (www.dpt-map.de) ist im Vergleich zum Vorjahr etwas gestiegen. 68,1 % aller 473 Personen, die diese Frage beantwortet haben, kannten das Suchprotal (20. DPT: 64,5 %; 19. DPT: 63,5 %; 18.
DPT: 66,4 %; 17. DPT: 52,9 %). Allerdings gaben 40,4 % dieser Befragten an, das
Suchportal nie zu nutzen (20. DPT: 41,0 %; 19. DPT: 38,3 %).

Abbildung 20: Wie häufig nutzen Sie das Such-Portal Kriminalprävention?[26]

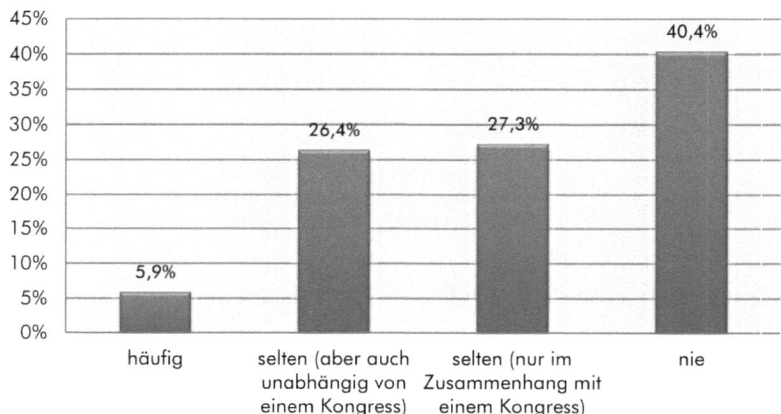

Auf unserer Fünferskala erreichte das Such-Portal Kriminalprävention in diesem Jahr
wieder einen Durchschnittswert von 2,0 (20. DPT: 2,0; 19. DPT: 2,0; 18. DPT: 2,0;
17. DPT: 2,1). 82,6 % der Befragten, denen das Such-Portal bekannt war, fanden es
gut oder sehr gut.

[26] Die Prozentangaben beziehen sich auf die Anzahl der gültigen Antworten (n=322). 151 Befragte gaben an,
das Such-Portal Kriminalprävention nicht zu kennen.

Abbildung 21: Wie finden Sie das Such-Portal Kriminalprävention?[27]

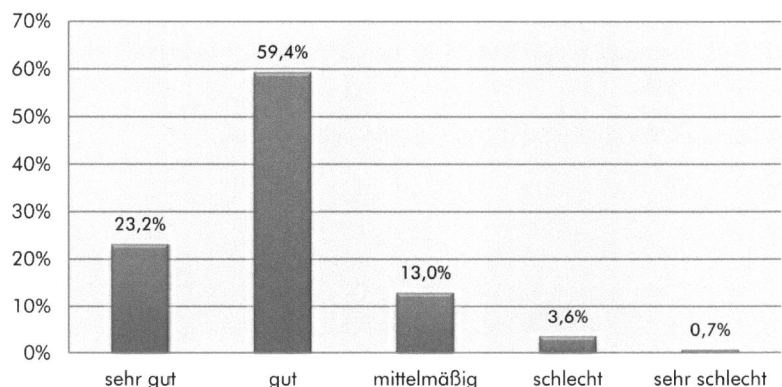

5.3   Die tägliche Präventions-News

Die Bekanntheit der täglichen Präventions-News ist gegenüber dem Vorjahr leicht gestiegen. 75,6 % der 468 Befragten, die auf diese Frage geantwortet haben, war die Präventions-News bekannt (20. DPT: 72,9 %; 19. DPT: 75,7 %; 18. DPT: 79,2 %; 17. DPT: 65,1 %). Vor diesen nutzten 48,3 % dieses Angebot auch unabhängig von einem Kongress; 33,9 % gaben allerdings an, die täglichen Präventions-News nie zu nutzen (20. DPT: 34,2 %; 19. DPT: 31,6 %).

Abbildung 22: Wie häufig nutzen Sie die tägliche Präventions-News?[28]

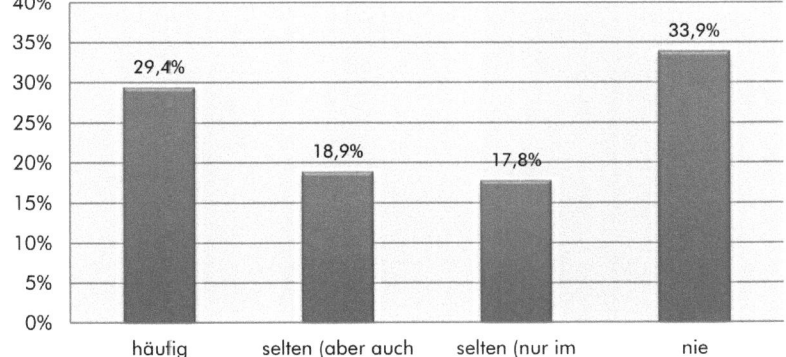

---

[27] Die Prozentangaben beziehen sich auf die Anzahl der gültigen Antworten (n=158).

[28] Die Prozentangaben beziehen sich auf die Anzahl der gültigen Antworten (n=354). 114 Befragte gaben an, die Präventions-News nicht zu kennen.

Das Angebot wurde auf unserer Fünferskala mit einem Durchschnittswert von 1,8 genauso wie in den Vorjahren bewertet (20. DPT: 1,8; 19. DPT: 1,8; 18. DPT: 2,0; 17. DPT: 2,0). Insgesamt fanden 89,6 % der Befragten die täglichen Präventions-News gut oder sehr gut.

Abbildung 23: Wie finden Sie die tägliche Präventions-News?[29]

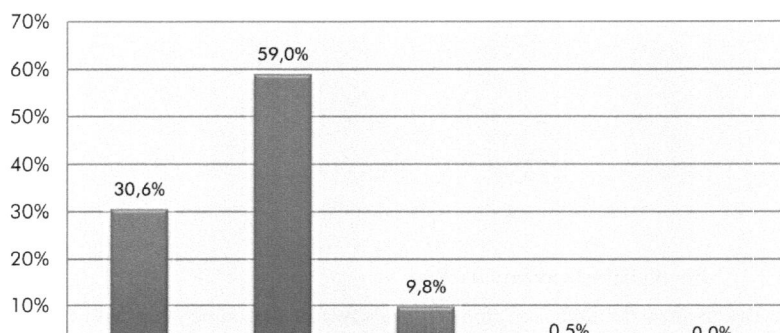

5.4   Die App des Deutschen Präventionstages

64,2 % der 463 Befragten, die auf diese Frage geantwortet haben, kannten die App des Deutschen Präventionstages (20. DPT: 62,0 %; 19. DPT: 60,9 %; 18. DPT: 63,7 %; 17. DPT: 46,7 %). Von diesen Personen gaben allerdings 79,5 % an, diese App nie zu nutzen (20. DPT: 76,0 %; 19. DPT: 78,4 %; 18. DPT: 72,8 %; 17. DPT: 71,1 %).

---

[29] Die Prozentangaben beziehen sich auf die Anzahl der gültigen Antworten (n=183).

Abbildung 24: Wie häufig nutzen Sie die App des Deutschen Präventionstages?[30]

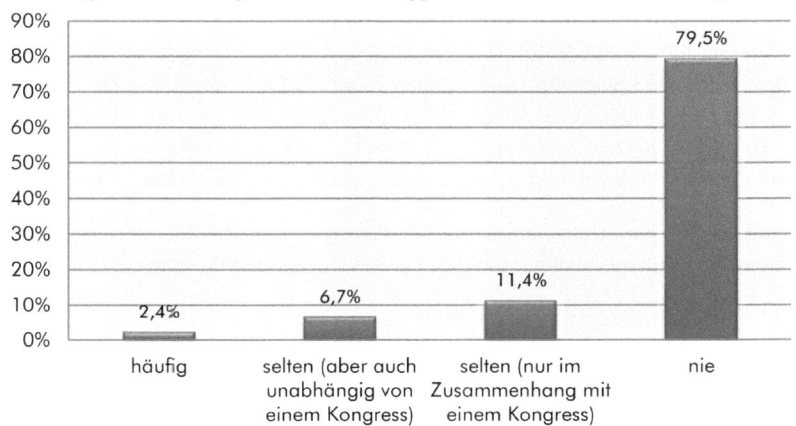

Auf unserer Skala von 1 (sehr gut) bis 5 (sehr schlecht) erreichte die App des Deutschen Prä-ventionstages wieder den Durchschnittswert 2,3 (20. DPT: 2,3; 19. DPT: 2,3; 18. DPT: 2,3; 17. DPT: 2,2).

Abbildung 25: Wie finden Sie die App des Deutschen Präventionstages?[31]

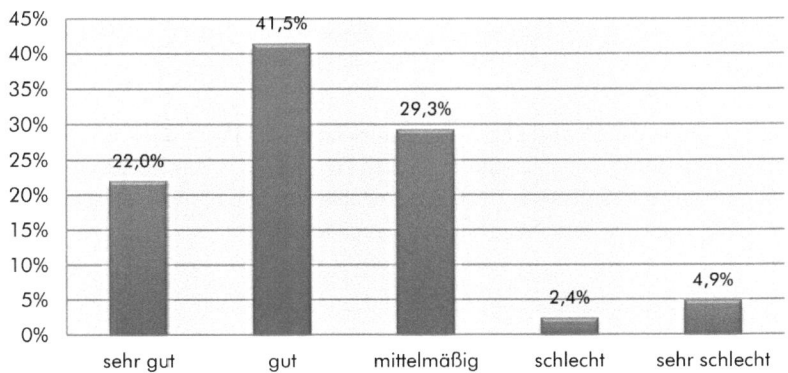

5.5   Die Vortragsmitschnitte der Eröffnungs- und Schlussveranstaltung auf der Internetseite des Deutschen Präventionstages

Die Vortragsmitschnitte der Eröffnungs- und Schlussveranstaltung auf der Internetseite des Deutschen Präventionstages kannten 78,8 % der 448 Befragten, die Angaben zu dieser Frage gemacht haben (20. DPT: 75,9 %; 19. DPT: 75,9 %; 18. DPT: 78,1 %). Von diesen nutzten 20,7 % die Vortragsmitschnitte auch unabhängig von einem Kongress. 47,0 % gaben hingegen an, dieses Angebot noch nie genutzt zu haben.

Abbildung 26: Wie häufig nutzen Sie die Vortragsmitschnitte der Eröffnungs- und Schlussveranstaltungen auf der Internetseite des Deutschen Präventionstages?[32]

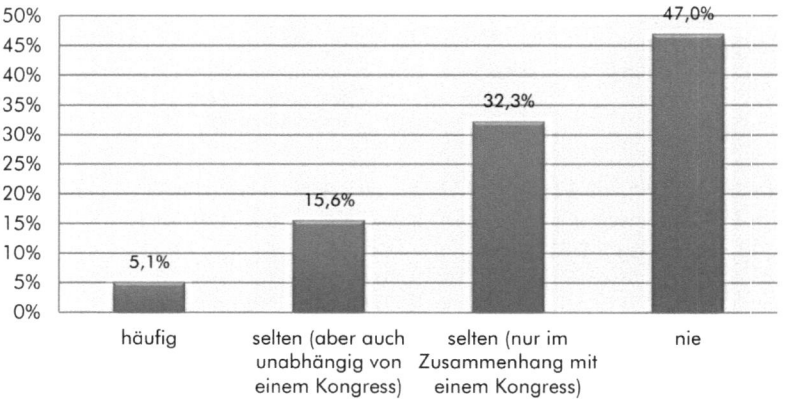

Dennoch wurde die Möglichkeit, Vortragsmitschnitte der Eröffnungs- und Schlussveranstaltung auf der Internetseite anzusehen sehr positiv wahrgenommen und erreichte auf unserer Fünferskala einen Durchschnittswert von 1,7. Insgesamt bewerten 96,1 % der Befragten diese Möglichkeit als gut oder sehr gut.

---

[32] Die Prozentangaben beziehen sich auf die Anzahl der gültigen Antworten (n=353). 95 Befragte gaben an, die Vortragsmitschnitte nicht zu kennen.

Abbildung 27: W:e finden Sie die Möglichkeit, Vortragsmitschnitte der Eröffnungs-
und Schlussveranstaltung auf der Internetseite anzusehen?[33]

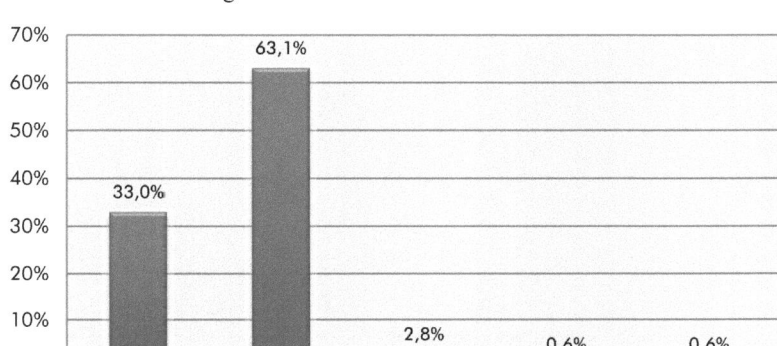

5.6   Das Facebook- und das Twitterprofil

Die Präsenz des Deutschen Präventionstages bei Facebook war 73,0 % und die Präsenz bei Twitter war 71,4 % der Personen, die die entsprechenden Fragen beantwortet
haben, bekannt (20. DPT: 71,1 % und 67,3 %; 19. DPT: 66,8 % und 66,4 %; 18.
DPT: 68,6 % und 66,6 %). Allerdings nutzt nur ein geringer Teil dieser Befragten
die Onlineauftritte des Deutschen Präventionstages bei Facebook oder Twitter. Diesbezüglich gaben gerade einmal 7,1 % der Befragten an, das Facebook-Profil auch
unabhängig von einem Kongress zu nutzen (20. DPT: 8,3 %; 19. DPT: 8,9 %), bei
Twitter sind es 4,6 % (20. DPT: 2,5 %; 19. DPT: 3,0 %). Dagegen haben 86,4 % dieser
Befragten die Facebook-Präsenz und 92,4 % die Twitter-Präsenz noch nie genutzt (20.
DPT: 82,2 % und 91,9 %; 19. DPT: 84,5 % und 92,8 %).

---

[33] Die Prozentangaben beziehen sich auf die Anzahl der gültigen Antworten (n=179).

Abbildung 28: Nutzung der Präsenzen des Deutschen Präventionstages bei Facebook und Twitter?[34]

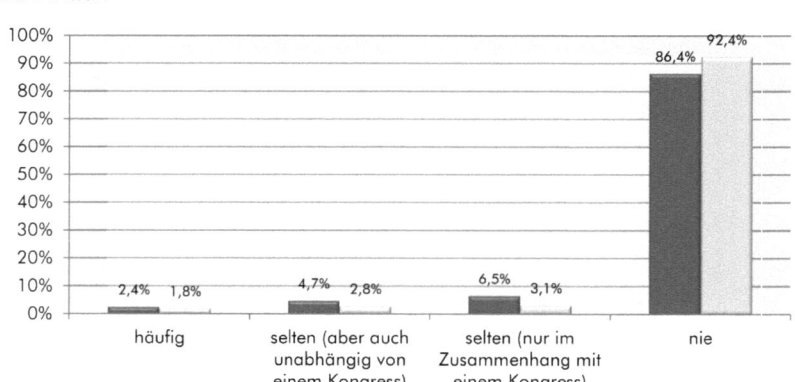

Während 71,7 % der Befragten das Facebook-Profil gut oder sehr gut fanden, waren es bei Twitter lediglich 51,4 % (20. DPT: 70,3 % und 59,0 %; 19. DPT: 73,2 % und 58,1 %). Auf unserer Fünferskala erreichte das Facebook-Profil wie im Vorjahr den Durchschnittswert 2,3; die Präsenz bei Twitter erhielt den Durchschnittswert 2,5 (20. DPT: 2,3 und 2,4; 19. DPT: 2,2 % und 2,4 %).

Abbildung 29: Wie finden Sie die Online-Angebote des Deutschen Präventionstages bei Facebook und Twitter?[35]

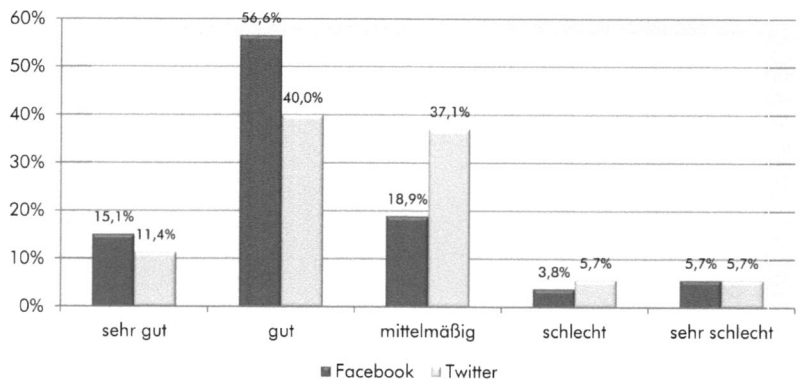

---

[34] Die Prozentangaben beziehen sich auf die Anzahl der gültigen Antworten: Facebook (n=338); Twitter (n=327).

[35] Die Prozentangaben beziehen sich auf die Anzahl der gültigen Antworten: Facebook (n=53); Twitter (n=35).

6.   Kongressorganisation

Sowohl die Kongressorganisation insgesamt als auch die meisten abgefragten Einzelaspekte der Kongressorganisation wurden von den Befragten auf der von 1 (sehr gut) bis 5 (sehr schlecht) reichenden Skala sehr positiv mit Durchschnittswerten (M)[36] zwischen 1,5 und 1,7 bewertet. Hierzu zählen die Vorabinformationen zum Kongress (1,5), die Aufmachung der Einladung (1,6), die Übersichtlichkeit des Programmfaltplanes (1,7), der Kongresskatalog (1,7), der Service und die Betreuung durch die Organisatoren (1,6) und auch die Kongressorganisation insgesamt. Die geringen Standardabweichungen (SD)[37] zeigen, dass sich die Befragten bei dieser Einschätzung recht einig waren. Insgesamt konnte die Kongressorganisation mit einer Durchschnittsnote von 1,7 an die Spitzenwerte der vorangegangenen Jahre anknüpfen (20. DPT: 1,7; 19. DPT: 1,7; 18. DPT: 1,6; 17. DPT: 1,6).

Auch in den Kommentaren finden sich viele lobende Äußerungen zur Kongressorganisation:

„Ich möchte anmerken, dass es vorab eine wirklich gute Zusammenarbeit mit dem Team des DPT, vor allem mit Frau Becker gab. Stets konnte man jemanden erreichen, man wurde umfassend beraten und bei problematischen Situationen unterstützt. Die Zuständigen waren sehr bemüht."

„Die Mitarbeiter am Check-In waren sehr freundlich und hilfsbereit. – Beschilderung zu den einzelnen Räumlichkeiten war gewohnt hervorragend."

„Großes Lob an Frau Becker, die sehr viele Fragen und Probleme schnell und unkompliziert lösen konnte."

„Die Helfer im roten T-Shirt, immer da, sehr offen und nett, wirklich sehr hilfreich! Die Offenheit aller Beteiligten – auch der Organisation – schafft eine Atmosphäre des permanenten Wohlfühlens!"

Das Catering während des Kongresses schnitt in diesem Jahr mit der Note 2,4 etwas besser als im letzten Jahr ab. Immerhin fanden 59,2 % der Befragten das Catering gut oder sehr gut (20. DPT: 50,8 %; 19. DPT: 60,8 %; 18. DPT: 51,5 %; 17. DPT: 63,9 %). In den Kommentaren werden vor allem die hohen Preise kritisiert. Andererseits gibt es in diesem Jahr auch durchaus positive Kommentare zum Catering:

„Vielen Dank auch für das tolle Catering! Endlich (!) war man nicht von einem Anbieter abhängig, sondern konnte frei aus verschiedenen Essens- und Getränkeangeboten wählen. So war für jeden etwas dabei und das auch noch zu einem bezahlbaren Preis. Sehr schön!"

---

[36] In der nachfolgenden Abbildung werden die Durchschnittswerte mit dem gängigen Kürzel „M" für „Mittelwert" bezeichnet.

[37] Die Standardabweichungen werden in der nachfolgenden Abbildung mit dem gängigen Kürzel „SD" für den englischen Begriff „Standard Deviation" bezeichnet.

Nur 48,4 % der Befragten stuften dagegen die Räumlichkeiten hinsichtlich ihrer Ausstattung und ihrer Technik als gut oder als sehr gut ein (20. DPT: 85,8 %; 19. DPT: 79,0 %; 18. DPT: 89,8 %; 17. DPT: 92 %). In insgesamt 136 Kommentaren wird die Akustik in den Hallen der Messe Magdeburg kritisiert:

> „Da die Themenboxen in den Hallen nur mit Sichtschutzwänden aufgestellt waren, konnte man die Reden oder den Applaus der anderen mithören und manchmal waren die 'Nachbarn' so laut gewesen, dass die Teilnehmer/innen in der anderen Themenbox nichts mehr vom Referenten verstanden haben."

> „Aufgrund der offenen Decken war eine ständige und total störende Lärmkulisse während der Vorträge."

> „Den Vorträgen konnte man nur sehr schwer folgen, da mehrere Veranstaltungen in einer Halle stattfanden und sich die Referenten gegenseitig übertönen mussten."

> „Die Akustik und Klimatisierung in den Räumen war nicht zumutbar. Man hat dadurch die Lust verloren, Vorträge zu besuchen, weil kaum etwas zu verstehen war!"

Auch zur Klimatisierung der Räume gibt es 57 kritische Kommentare:

> „Als Aussteller ließ es sich kaum in der Halle 2 aushalten aufgrund der Hitze."

> „Aufgrund der mangelnden Klimatisierung der Räume wurden die Foren zu einer enormen Herausforderung."

> „In Halle 2 (Infostände) war während beider DPT-Tage praktisch keine Klimatisierung vorhanden, Beschwerden brachten keine Änderung, dies ist absolut inakzeptabel für ein Kongresszentrum."

Die Messe Magdeburg als Veranstaltungsort stieß infolgedessen auf ein geteiltes Echo, was sich auch an der relativ großen Standardabweichung (SD) festmachen lässt. Trotzdem bewerteten 71,2 % der Befragten den Veranstaltungsort als gut oder sehr gut. So findet sich neben der oben dargestellten Kritik auch viel Lob in den Kommentaren:

> „Tolle Location, insbesondere für die Eröffnung. Ausreichend Parkplätze für alle und kurze Wege – sehr gut!"

> „Das Kongressgelände war sehr gut zu erreichen. Positiv sind insbesondere die vielen Parkmöglichkeiten vor Ort hervorzuheben."

> „Location – Seebühne, Parkplätze, kurze Wege. – Zentrale Sitzgelegenheit und

Versorgung zwischen den Hallen (dadurch guter Treffpunkt und entstandene Gespräche und Kontakte)."

„Der Messestandort war perfekt, auch dass der Elbauenpark kostenlos genutzt werden konnte hat mir sehr gefallen. Die Wege auf dem Messegelände waren kurz. Die Ausschilderung war ausreichend und hilfreich."

Abbildung 30: Kongressorganisation (Angaben innerhalb der Balken in Prozent)[38]

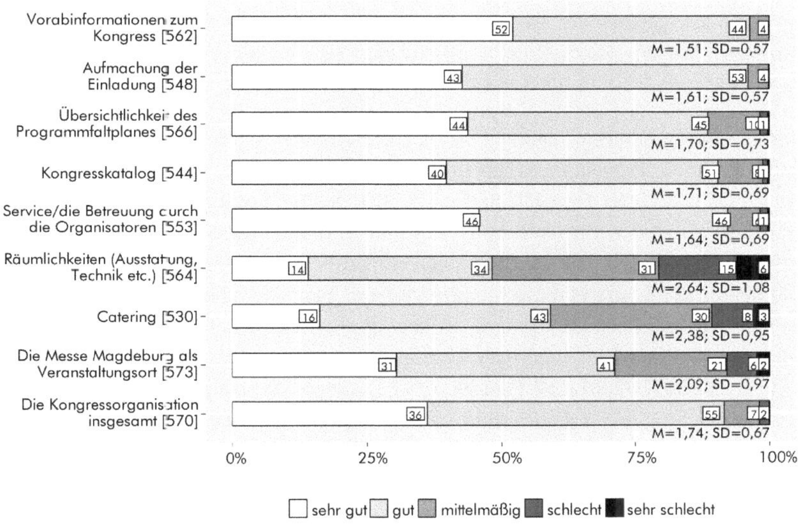

Balkendiagramm:

Vorabinformationen zum Kongress [562]	52 / 44 / 4 — M=1,51; SD=0,57
Aufmachung der Einladung [548]	43 / 53 / 4 — M=1,61; SD=0,57
Übersichtlichkeit des Programmfaltplanes [566]	44 / 45 / 10 / 1 — M=1,70; SD=0,73
Kongresskatalog [544]	40 / 51 / 8 / 1 — M=1,71; SD=0,69
Service/die Betreuung durch die Organisatoren [553]	46 / 46 / 7 / 1 — M=1,64; SD=0,69
Räumlichkeiten (Ausstattung, Technik etc.) [564]	14 / 34 / 31 / 15 / 6 — M=2,64; SD=1,08
Catering [530]	16 / 43 / 30 / 8 / 3 — M=2,38; SD=0,95
Die Messe Magdeburg als Veranstaltungsort [573]	31 / 41 / 21 / 6 / 2 — M=2,09; SD=0,97
Die Kongressorganisation insgesamt [570]	36 / 55 / 7 / 2 — M=1,74; SD=0,67

0%   25%   50%   75%   100%

☐ sehr gut ☐ gut ☐ mittelmäßig ■ schlecht ■ sehr schlecht

Bei der Gesamtbewertung der Kongressorganisation gibt es keine signifikanten Unterschiede zwischen verschiedenen Besuchergruppen.[39] In diesem Zusammenhang wurde zum einen nach Art der Teilnahme (ausschließlich als Besucher oder in einer aktiven Rolle) und zum anderen nach Häufigkeit der Teilnahme (zum ersten Mal, bereits einmal, bereits mehrere Male) unterschieden.[40]

7.   Gesamteindruck

Das Resümee der Befragten zum 21. Deutschen Präventionstag fällt insgesamt positiv aus. So gaben 79,4 % der Befragten an, viele Anregungen für die Präventionspraxis bekommen zu haben (20. DPT: 81,2 %; 19. DPT: 84,4 %; 18. DPT: 87,2 %; 17. DPT:

---

[38] Die Prozentangaben beziehen sich auf die Anzahl der gültigen Antworten (in eckigen Klammern).

[39] Statistische Signifikanz betrachten wir in diesem Zusammenhang einfach als eine Möglichkeit, einen Effekt vom statistischen Rauschen zu unterscheiden. Vgl. Rossi, Peter H.; Lipsey, Mark W.; Freeman, Howard E. (2004): Evaluation. A Systematic Approach. Seventh Edition. Thousand Oaks; London; New Delhi: Sage, S. 307.

[40] Um die Gruppenunterschiede bei der Bewertung der Kongressorganisation zu analysieren, wurden einfaktorielle Varianzanalysen durchgeführt. Für die Art der Teilnahme ist das Ergebnis $F(1;556)=0,71$; $p=0,40$ (nicht signifikant); für die Häufigkeit der Teilnahme ist das Ergebnis $F(2;561)=0,29$; $p=0,75$ (nicht signifikant).

86,7 %). Allerdings ist dieser Wert in den letzten Jahren kontinuierlich gesunken, was auf den Wunsch nach einer stärkeren Betonung der Präventionspraxis hindeutet. 93,6 % der befragten Teilnehmerinnen und Teilnehmer fiel es mehr oder weniger leicht, Kontakte zu knüpfen und Informationen auszutauschen (20. DPT: 90,7 %; 19. DPT: 94,5 %; 18. DPT: 95,0 %; 17. DPT: 95,2 %). 90,3 % der Befragten bezeichneten die Aussage „Es gab genügend Gelegenheiten, um mit Praktikern über Fragen der Prävention zu diskutieren" als voll und ganz oder als überwiegend zutreffend (20. DPT: 85,0 %; 19. DPT: 90,0 %; 18. DPT: 90,0 %; 17. DPT: 93,0 %). 71,4 % der Befragten stimmten daneben der Aussage „Es gab genügend Gelegenheit für den fachlichen Austausch mit Wissenschaftlern" voll und ganz oder überwiegend zu (20. DPT: 67,6 %; 19. DPT: 66,7 %; 18. DPT: 68,2 %; 17. DPT: 66,4 %).

Vor diesem Hintergrund nahmen 76 % der Befragten an, dass von dem Kongress Impulse für die Präventionsarbeit in Deutschland ausgehen werden (20. DPT: 82,7 %; 19. DPT: 82,8 %; 18. DPT: 86 %; 17. DPT: 80 %). Insgesamt sahen 81,9 % ihre Erwartungen an den Präventionstag voll und ganz oder überwiegend erfüllt. Insbesondere für Besucher aus den Bereichen Bundesbehörden (90,0 %), Justiz (88,9 %) und Schule (87,5 %) traf diese Aussage voll und ganz oder überwiegend zu. Betrachtet man alle befragten Besucher, dann liegt die Erwartungserfüllung allerdings noch unter dem bereits relativ niedrigen Wert aus dem Vorjahr (20. DPT: 82,8 %; 19. DPT: 89,0 %; 18. DPT: 92,8 %; 17. DPT: 90,6 %). Der Anteil derjenigen, die ihre Erwartungen eher nicht oder gar nicht erfüllt sahen, stieg entsprechend auf 18,1 % (20. DPT: 17,2 %; 19. DPT: 11,0 %; 18. DPT: 7,2 %; 17. DPT: 9,4 %). Besonders hoch ist dieser Anteil unter den Teilnehmerinnen und Teilnehmern aus den Bereichen „Kommunen/ Ämter" (20,0 %) „Landesbehörden" (23,5 %), „Verbände" (25,0 %) und „kommunale Präventionsgremien" (30,3 %).[41] Dennoch äußerten 88,8 % der Befragten die Absicht, auch an zukünftigen Kongressen des Deutschen Präventionstages teilnehmen zu wollen (20. DPT: 85,0 %; 19. DPT: 87,0 %; 18. DPT: 89,2 %; 17. DPT: 84,3 %).

---

[41] Betrachtet werden nur Gruppen mit mindestens 10 Personen, die mindestens 5 % nach oben oder unten von den entsprechenden Anteilen der gesamten Befragten abweichen.

Abbildung 31: Gesamteindruck (Angaben innerhalb der Balken in Prozent)[42]

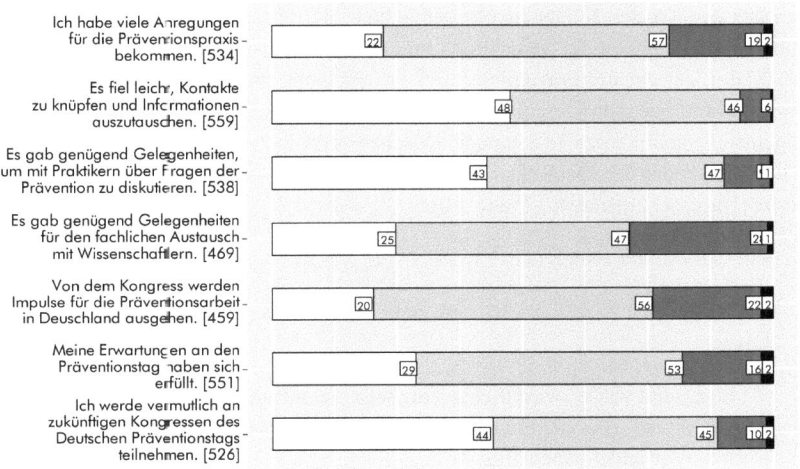

Mit der Durchschnittsnote 2,0 erreichte der 21. Deutsche Präventionstag ein gutes Gesamtergebnis (20. DPT: 1,8; 19. DPT: 1,8; 18. DPT: 1,7; 17. DPT: 1,7). 81,2 % der Befragten gefiel der 21. Deutsche Präventionstag gut oder sehr gut, nur 2,3 % fanden ihn schlecht, und niemand fand ihn sehr schlecht.

Abbildung 32: Wie fanden Sie den 21. Deutschen Präventionstag insgesamt?[43] (Angaben innerhalb der Balken in Prozent)

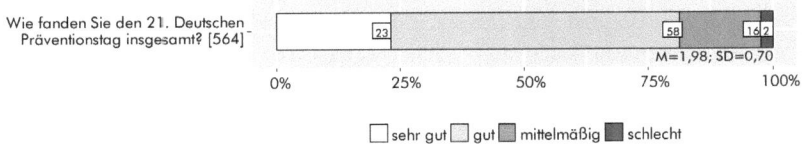

Besonders gut wurde der 21. Deutsche Präventionstag von Besuchern aus den Bereichen „Schule", „Justiz" und „Kommunen/Ämter" bewertet (Durchschnittsnoten: 1,7; 1,8 und 1,9); etwas schlechter schnitt er bei Personen aus den Bereichen „Kommunale Präventionsgremien" und „Verbände" ab (Durchschnittsnote jeweils 2,1).[44] Die Ge-

---

[42] Die Prozentangaben beziehen sich auf die Anzahl der gültigen Antworten (in eckigen Klammern).

[43] Die Prozentangaben beziehen sich auf die Anzahl der gültigen Antworten (in eckigen Klammern).

[44] Betrachtet werden nur Gruppen mit mindestens 10 Personen, die mindestens 5 % nach oben oder unten vom Gesamtdurchschnitt abweichen.

samtbewertung haben wir auch noch bei anderen Gruppen untersucht. Diese ergeben sich aus der Art der Teilnahme (ausschließlich als Besucher oder in einer aktiven Rolle), der Häufigkeit der Teilnahme (zum ersten Mal, bereits einmal, bereits mehrere Male), der Art der Präventionstätigkeit (gar nicht, hauptamtlich, nebenamtlich, ehrenamtlich) und dem Geschlecht (weiblich, männlich). Lediglich beim Geschlecht zeigen sich signifikante Unterschiede zwischen verschiedenen Besuchergruppen: die Frauen haben den 21. Deutschen Präventionstag etwas positiver als die Männer bewertet (Durchschnittsnoten 1,9 und 2,0).[45]

Auch in diesem Jahr erhielt der Präventionstag wieder viel Lob:

> „Es war mal wieder ein sehr gut organisierter und gelungener Deutscher Präventionstag."

> „Insgesamt war es wieder eine ganz tolle Veranstaltung, bei der man jederzeit gemerkt hat, wie viel Engagement, Mühe, Kreativität und Fleiß die Veranstalter aufgewendet haben müssen."

> „Insgesamt eine mehr als gelungene Veranstaltung. Besonders die Abendveranstaltung war der Garant für die vielen Kontakte, die geknüpft werden konnten. Weiter so."

> „Insgesamt war es eine sehr schöne Veranstaltung bei bestem Wetter aus der man viele Intentionen für seine Arbeit entwickeln konnte. Abgerundet wurde sie von einer wunderbaren Abendveranstaltung."

Gleichwohl gab es auch einige kritische Anmerkungen, gepaart mit Verbesserungsvorschlägen:

> „Das Abschlussplenum sollte dringend früher im Programm angesiedelt werden, zum Beispiel zur Mittagszeit, Einzelveranstaltungen können dann noch bis zum frühen Nachmittag geplant werden. Die niedrige Besucherzahl bei einem Plenum am Nachmittag rechtfertigt nicht die hochkarätigen Sprecher und die Qualität der Erklärung."

> „Vielleicht könnte man den auf den letzten Präventionstagen jeweils hervorragenden Abschlussvortrag zu einem Highlight am Ende des ersten Kongresstages machen."

> „Ich wünsche mir für das nächste Jahr ein Forum Schule. Das ist dieses Mal einfach zu kurz gekommen. Schule ist einfach ein so wichtiger Ort der Prävention für alle Kinder und Jugendlichen."

---

[45] Um die Gruppenunterschiede bei der Bewertung der Gesamtbewertung zu analysieren, wurden wieder einfaktorielle Varianzanalysen durchgeführt. Für die Art der Teilnahme ist das Ergebnis $F(1;548)=0,01$; $p=0,93$ (nicht signifikant); für die Häufigkeit der Teilnahme ist das Ergebnis $F(2;553)=0,19$; $p=0,83$ (nicht signifikant); für die Art der Präventionstätigkeit ist das Ergebnis $F(3;491)=1,53$; $p=0,21$ (nicht signifikant) und für das Geschlecht ist das Ergebnis $F(1;537)=5,08$; $p=0,03$ (signifikant).

„Lieber weniger Vorträge, aber dafür mit mehr Zeit. Diskussionen kommen zu kurz; Veranstaltung steht oft unter einem enormen Zeitdruck."

8. Wirkungen der Präventionstage

Auch in diesem Jahr haben wir wieder einige Fragen zur Wirkung der Präventionstage gestellt. Konkret wurde gefragt, ob das erworbene Wissen, die erhaltenen Informationen und die geknüpften Kontakte für die praktische Präventionsarbeit nützlich waren. Da diese Fragen nur im Rückblick beantwortet werden können, wurden sie nur Personen gestellt, die zuvor bereits an mindestens einem Präventionstag teilgenommen hatten. Bei den Antworten handelt es sich zwar um eine subjektive Selbsteinschätzung der Befragten; diese kann aber dennoch interessante Hinweise auf Bereiche geben, in denen ein Präventionstag positive Veränderungen anstoßen kann.

Von den Befragten, die schon mindestens einmal einen Präventionstag besucht hatten, gaben 87,7 % an, Wissen für eine bessere Ausführung ihrer Präventionsaufgaben erworben zu haben. Lediglich 2,0 % erklärten, dass die entsprechende Aussage gar nicht auf sie zutrifft. Außerdem berichteten 87,8 % der Befragten, die in den vergangenen Jahren bereits einen Präventionstag besucht hatten, Informationen für eine bessere Durchführung ihrer Präventionsaufgaben erhalten zu haben. Schließlich gaben 85 % dieser Befragten an, dass sie Kontakte knüpfen konnten, die Ihnen bei der Durchführung ihrer Präventionsaufgaben geholfen haben.

Abbildung 33: Ich konnte Kontakte knüpfen, durch die ich meine Präventionsaufgaben besser durchführen konnte (Angaben innerhalb der Balken in Prozent)[46]

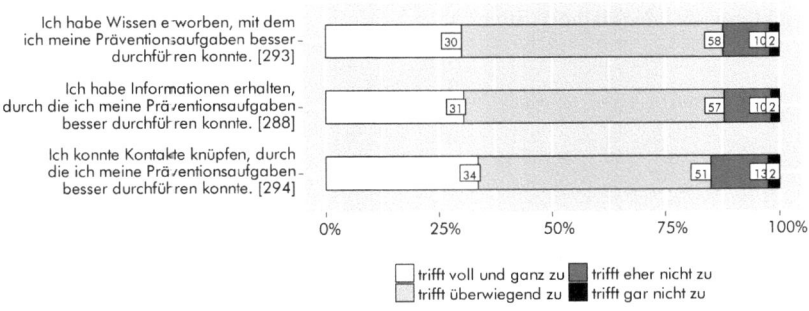

---

[46] Die Prozentangaben beziehen sich auf die Anzahl der gültigen Antworten (in eckigen Klammern).

9.   Teilnehmerinnen und Teilnehmer des 21. Deutschen Präventionstages

Nach den Ergebnissen der Befragung liegt der Anteil der Frauen unter den Besuchern des 21. Deutschen Präventionstages bei 51,4 %. Die Stichprobe überschätzt den Frauenanteil jedoch um 7,3 Prozentpunkte. So beträgt der Frauenanteil nach der Teilnehmerstatistik lediglich 44,1 % (20. DPT: 45,5 %; 19. DPT: 43,9 %; 18. DPT: 41,2 %; 17. DPT: 38,9 %).

Abbildung 34: Geschlecht der Teilnehmer/innen (nach der Teilnehmerstatistik)[47]

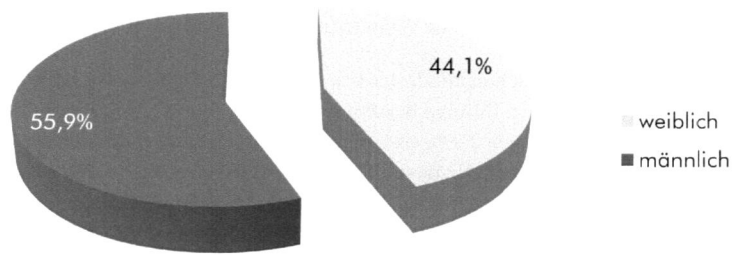

Die Polizei war auch auf dem 21. Deutschen Präventionstag wieder stark vertreten. Ihr Anteil stieg laut Teilnehmerstatistik im Vergleich zum Vorjahr um rund 9 Prozentpunkte auf 29,0 % (20. DPT: 19,8 %).

---

[47] Die Prozentangaben beziehen sich auf alle registrierten Kongressteilnehmer (ohne Besucher) (n=2029).

Abbildung 35: Tätigkeitsbereiche der Kongressteilnehmer/innen nach der Teilnehmerstatistik[48]

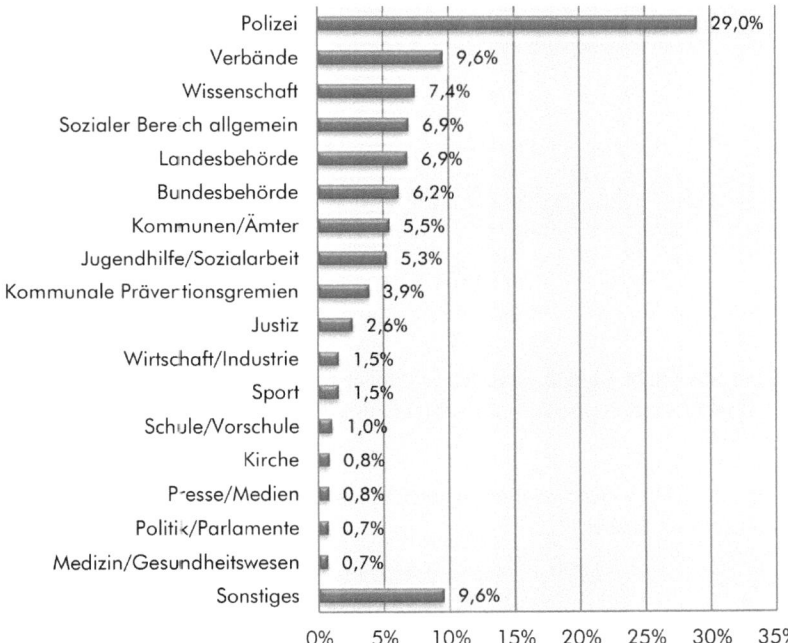

Wie Abbildung 36 zeigt, waren die meisten befragten Besucherinnen und Besucher
des 21. Deutscher Präventionstages hauptamtlich in der Präventionsarbeit tätig. In
dieser Hinsicht gab es keine großen Veränderungen zu den Vorjahren.

---

[48] Die Prozentangaben beziehen sich auf alle registrierten Kongressteilnehmer (ohne Besucher) (n=2029).

Abbildung 36: In welcher Form sind Sie in der Präventionsarbeit beschäftigt?[49]

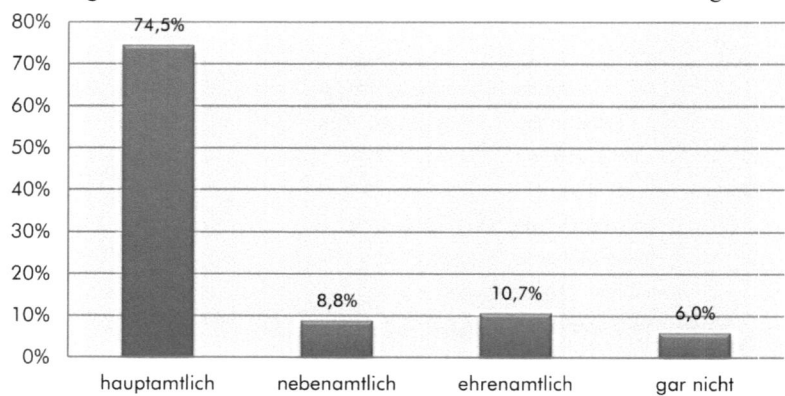

Auch der erfreuliche Befund, dass sich ein großer Teil der befragten Teilnehmerinnen und Teilnehmer mit der praktischen Präventionsarbeit beschäftigt (46,4 %), ist weitgehend stabil.

Abbildung 37: Mit welchen Aufgaben beschäftigen Sie sich im Rahmen ihrer Präventionsarbeit hauptsächlich?[50]

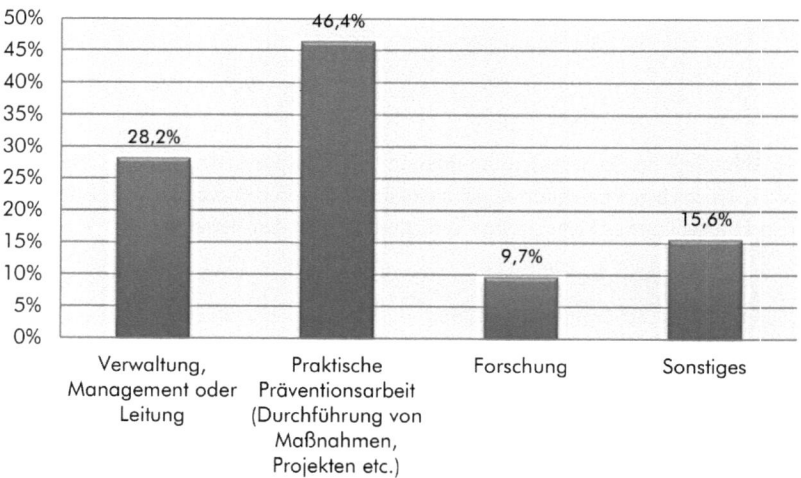

---

[49] Die Prozentangaben beziehen sich auf die Anzahl der gültigen Antworten (n=513).
[50] Die Prozentangaben beziehen sich auf die Anzahl der gültigen Antworten (n=588).

Wie in den vergangenen Jahren waren die Tätigkeitsfelder der Kriminal- und Gewalt-prävention bei den Befragten am stärksten vertreten. Der Anteil aus dem Bereich der Kriminalprävention ist im Vergleich zum Vorjahr wieder leicht auf 38,3 % gestiegen (20. DPT: 37,3 %; 19. DPT: 38,6 %, 18. DPT: 42,3 %). Das Tätigkeitsfeld der Gewalt-prävention ist mit 21,8 % dagegen schwächer als im Vorjahr vertreten (20. DPT: 26,7 %; 19. DPT: 23,7 %). Befragte aus den Bereichen Suchtprävention sowie Verkehrser-ziehung und Unfallverhütung haben einen Anteil von 5,1 % bzw. von 3,1 % (20. DPT: 3,1 % bzw. von 2,4 %; 19. DPT: 5,2 % bzw. 3,3 %). Die Kategorie „Sonstiges" ist mit 24,7 % relativ groß. Hierunter fallen zahlreiche weitere Tätigkeitsfelder, die vom Opferschutz über die Extremismusprävention und die Demokratieerziehung bis zur Gesundheitsprävention und Fragen der Integration reichen.

Abbildung 38: In welchem Präventionsbereich engagieren Sie sich hauptsächlich? (Angaben in Prozent)[51]

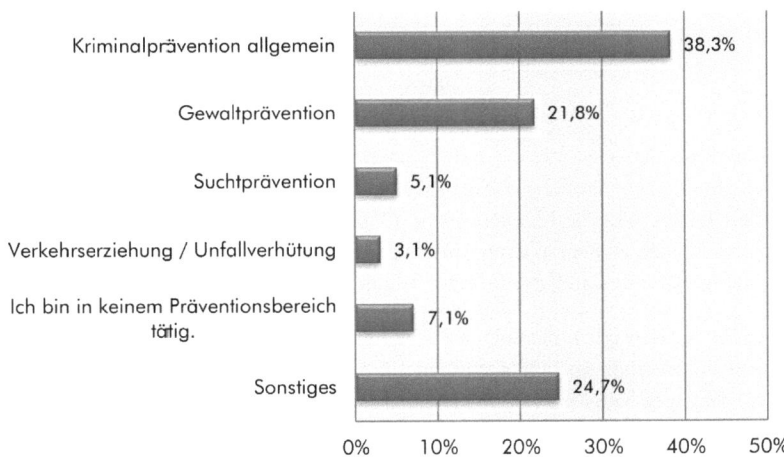

Bei der Frage nach den Gründen für die Anmeldung waren Mehrfachnennungen zu-gelassen. Abbildung 51 zeigt die Rangliste der Gründe, die in diesem Jahr von dem Wunsch nach fachlichem Austausch angeführt wird. Zweitwichtigster Grund ist der Wunsch nach Informationen. Danach folgen das Bedürfnis, neue Projekte kennenzu-lernen, die Pflege beruflicher Kontakte, die Vorstellung eines eigenen Projekts, be-stimmte Vortragsthemen und ganz zum Schluss das Schwerpunktthema.

---

[51] Die Prozentangaben beziehen sich auf die Anzahl der gültigen Antworten (n=588).

Abbildung 39: Was waren für Sie die wichtigsten Gründe für die Anmeldung zum
Deutschen Präventionstag?[52]

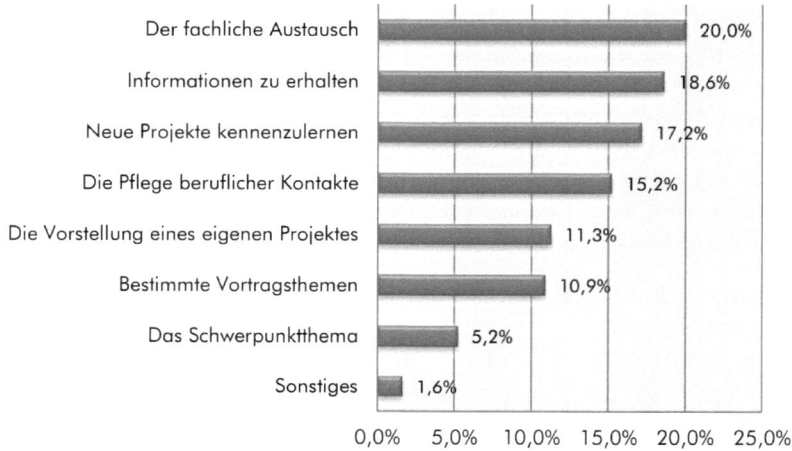

Der Anteil der Personen, die ausschließlich als Besucher an dem Kongress teilnahmen, liegt auf einem ähnlichen Niveau wie im Vorjahr und beträgt 51,1 % (20. DPT:
51,3 %; 19. DPT: 48,4 %; 18. DPT: 59 %; 17. DPT: 48,3 %). Die anderen 48,9 % der
Befragten nahmen in einer aktiven Rolle (als Referent oder Moderator bzw. mit einer
Präsentation wie Infostand, Poster, Film, Bühne, POD) teil.[53]

Der Anteil der Befragten, die noch nie einen Präventionstag besucht hatten, sank im
Vergleich zum Vorjahr nochmals um rund 3 Prozentpunkte auf jetzt 42,8 % (20. DPT:
45,6 %). Dagegen haben 42,1 % bereits mehrfach an einen Präventionstag teilgenommen (20. DPT: 37,3 %).

---

[52] Die Prozentangaben beziehen sich auf die Anzahl aller Nennungen (n=1854).
[53] Die Prozentangaben beziehen sich auf die Anzahl der gültigen Antworten (n=571).

Abbildung 40: Haben Sie schon früher an Kongressen des Deutschen Präventionstages teilgenommen?[54]

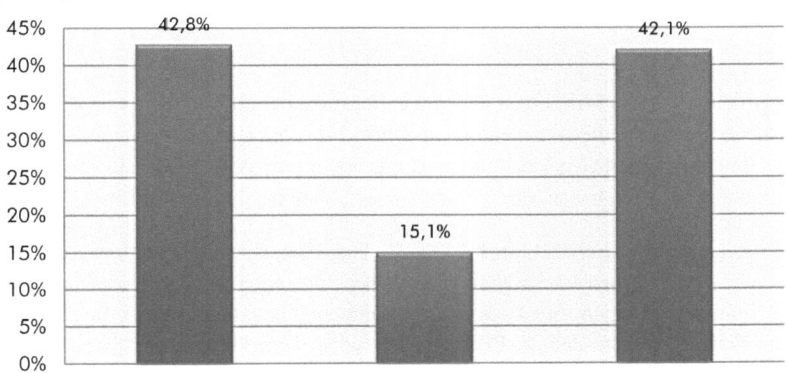

10.   Resümee

Auch der 21. Deutsche Präventionstag reiht sich nach den Ergebnissen der Evaluation in die Reihe der erfolgreich verlaufenen Kongresse ein. Mehr als 81 % der Befragten gefiel dieser Präventionstag gut oder sehr gut. Insgesamt wurden in den verschiedenen Präsentationsfor-maten (Eröffnungs- und Abschlussveranstaltung, Einzelvorträge, Projektspots und Themenboxen) mehr als 150 Vorträge gehalten, die durchweg gut bei den Befragten ankamen. Darüber hinaus konnten die Teilnehmerinnen und Teilnehmer über Infostände, Sonderausstellungen, das Format „Campus und Aktionen", Posterpräsentationen, die Bühne, das Filmforum und die „Presentation on Demand" Einblicke in unterschiedlichste Facetten der Präventionsarbeit gewinnen. Fast 82 % der Besucher sahen in diesem Zusammenhang ihre Erwartungen an den 21. Deutschen Präventionstag erfüllt. Da dieser Wert jedoch schon einmal über 90 % lag, haben wir genauer analysiert, wo eine gewisse Unzufriedenheit verstärkt auftritt. Dies ist insbesondere bei den Teilnehmerinnen und Teilnehmern aus dem Bereich der kommunalen Präventionsgremien der Fall, von denen rund 30 % ihre Erwartungen nicht erfüllt sahen und die den 21. Deutschen Präventionstage mit der Durchschnittsnote 2,1 auch insgesamt etwas schlechter bewertet haben. In diesem Zusammenhang fällt außerdem auf, dass der Anteil der Befragten, die den eigenen Angaben zufolge viele Anregungen für die Präventionspraxis erhielten, in den letzten Jahren von rund 87 % auf jetzt gut 79 % gesunken ist. Dies kann allerdings auch mit dem hohen Anteil an Stammgästen zusammenhängen. So hatten mehr als 57 % der befragten Besucher schon einmal an einem Präventionstag teilgenommen.

Die Ergebnisse zu den verschiedenen Online-Angeboten des Deutschen Präventions-

---

[54] Die Prozentangaben beziehen sich auf die Anzahl der gültigen Antworten (n=577).

tages zeigen das schon vertraute Bild: das Interesse konzentriert sich auf die eher klassischen Angebote. Die Online-Präsenzen des Präventionstages bei Facebook oder Twitter und die App des Deutschen Präventionstages werden nach wie vor wenig genutzt.

Im Hinblick auf die Wirkungen der Präventionstage berichteten zwischen 85 % und 88 % der Personen, die schon einmal an einem Präventionstag teilgenommen hatten, dass Ihnen die erhaltenen Informationen, das erworbene Wissen und die neuen Kontakte dabei geholfen haben, ihre Präventionsaufgaben besser durchzuführen.

Bezogen auf die im Leitbild formulierten Ziele des Deutschen Präventionstages können wir auch in diesen Jahr bestätigen, dass der Präventionstag den Teilnehmerinnen und Teilnehmern einen interdisziplinären Rahmen geboten hat, in dem unterschiedliche Praxisfelder präsentiert, Erfahrung zwischen Verantwortungsträgern, Wissenschaftlern und Praktikern ausgetauscht, Umsetzungsstrategien und ihre Wirksamkeit diskutiert und Empfehlungen erarbeitet und ausgesprochen werden konnten. Auch der internationale Austausch hat mittlerweile einen festen Platz im Rahmen des Kongresses und trägt zu einem länderübergreifenden Austausch von Präventionskonzepten, -strategien und -erfahrungen bei.

II. Praxisbeispiele und Forschungsberichte

Marc Coester, Hans-Jürgen Kerner, Jost Stellmacher, Christian Issmer &
Ulrich Wagner[1]

Die Evaluation des Hessischen Jugendstrafvollzugs

Hintergrund und Ergebnisse des Forschungsprojekts sowie Implikationen für die künftige Praxis und Forschung

1. Einleitung

Als Lawrence Sherman und seine Kollegen 1997 ihre Metaevaluation über die Wirksamkeit von 500 Programmen gegen Kriminalität vorlegten, die mit über vier Milliarden US-Dollar von der Bundesregierung finanziert worden waren, und dabei provokant danach fragten, „was funktioniert", „was nicht funktioniert" und was immerhin „vielversprechend erscheint", wurde eine weltweite Entwicklung der Qualitätsorientierung innerhalb der Kriminalprävention eingeleitet (vgl. Sherman et al., 1998). Die Beweisführung in diesem Bericht war erdrückend. Neben Erkenntnissen zur konkreten Wirksamkeit bestimmter Programme und Bereiche gaben die Wissenschaftler/innen Antworten auf bislang (auch in Deutschland) bestehende Skepsis, Spekulationen und Vorbehalte bezüglich der Wirkung von Kriminalprävention sowie ihrer gesamtgesellschaftlichen Verortung und Stellung im Kanon der Strafrechtspflege.

Es wurde erstens deutlich, dass Wirkungen von Kriminalprävention durch empirische Verfahren messbar sind. Daraus folgte zweitens, dass bestimmte Programme neben positiven und neutralen Effekten auch negative Effekte haben und im schlimmsten Falle sogar das genaue Gegenteil dessen bewirken können, was sie zu bekämpfen versuchen. Wenn also Programme (und insbesondere diese, die von Steuermitteln teuer finanziert sind) auf ihre Wirksamkeit hin erforscht werden und darüber hinaus auch Misserfolge erzielen können, stellte sich drittens (und nicht erst in Zeiten einer globalen Finanzkrise) die Frage nach der Wirtschaftlichkeit.

Seither haben sich die Präventionswissenschaft und ‚evidence based strategies' (also beweisorientierte Forschungs-Strategien) weltweit deutlich weiterentwickelt und etabliert, insbesondere im angloamerikanischen Raum. In den USA hat es die Präventionswissenschaft erreicht, auf Augenhöhe mit traditionellen Maßnahmen der Kriminalitätsbekämpfung und als selbstbewusster Partner im politischen Entscheidungsprozess wahrgenommen zu werden (vgl. Welsh & Farrington, 2012). So untersucht

[1] Die Studie wurde verfasst in Zusammenarbeit mit Dr. Katharina Stelzel, Anke Eikens (M.A. Soz. / Neu. Gesch.), Philipp Henkes (Rechtsreferendar) und Bernadette Schaffer (M.A. Erz.Wiss / Soz.) sowie unter weiterer Mitwirkung der Studierenden Edgar Höhne, Johannes Hoppe, Mathias Klaßen, Felix Klewitz, Peter Nauroth, Sven Schröpfer, Torben Schubert, Robert Sielski, Arne Sjöström und Martin Vogel.

z. B. das Washington-State-Institute for Public Policy seit 1983 systematisch Programme der Prävention und Strafrechtspflege und errechnet, unter anderem, die Ersparnis für Gesellschaft und Staat, wenn es mithilfe von evaluierten Programmen gelingt, Risikopopulationen vor kostspieligen und langfristigen Kontakten mit der Polizei, den Gerichten und dem Strafvollzug zu bewahren. Die Regierung des Bundesstaats Washington hat, auf diesen wissenschaftlichen Erkenntnissen beruhend, im Jahr 2007 den Bau eines neuen Gefängnisses verworfen und stattdessen 48 Millionen US-Dollar in entsprechende Präventionsprogramme investiert. Insgesamt konnten damit zwei Milliarden US-Dollar an Steuermitteln gespart werden (vgl. Drake et al., 2009).

In Deutschland ist ein solches Szenario bisher undenkbar, wenngleich sich spätestens seit dem Düsseldorfer Gutachten über empirisch gesicherte Erkenntnisse kriminalpräventiver Wirkungen aus dem Jahre 2002 (vgl. Rössner, Bannenberg & Coester, 2002) eine „sehr umfangreiche Entwicklungs- und Präventionsforschung etabliert " hat (Beelmann 2012, 2). Die Ergebnisse dieser Forschungsrichtung beziehen sich meist auf tatsächliche *Prävention*sprogramme; dies im Sinne einer universellen, selektiven oder indizierten Prävention, die in jedem Fall vor der Entwicklung von einschlägigen Risikofaktoren ansetzt und sich allerhöchstens noch auf Gruppen oder Individuen bezieht, die gefährdet sind (at risk) bzw. sehr frühe Symptome schwieriger Entwicklungsverläufe zeigen.

Demgegenüber wurde der Bereich von Behandlung (treatment) und Nachsorge (maintenance) gerne vernachlässigt (vgl. O'Connell, Boat, & Warner, 2009)[2]. Damit ist auch und gerade der gesamte Bereich des Strafvollzuges gemeint. Sicherlich existiert hierzu eine Forschungstradition, die sich z. B. mit dem Gefängnis als sog. totaler Institution und den daraus resultierenden physischen und psychischen Auswirkungen auf Menschen und Gesellschaft beschäftigt (vgl. grundlegend Goffman, 1973) oder die anhand von Rückfalluntersuchungen Aussagen zur Legalbewährung nach dem Aufenthalt in einer Strafanstalt liefern (vgl. für Deutschland insbesondere die drei Bundesrückfallstatistiken: Jehle, Heinz & Sutterer, 2003; Jehle, Albrecht, Hohmann-Fricke & Tetal, 2010; Jehle, Albrecht, Hohmann-Fricke & Tetal, 2013).

Was bis vor wenigen Jahren fast vollständig fehlte, war die Evaluation von konkreten Behandlungsmaßnahmen im Strafvollzug und insbesondere im Jugendstrafvollzug. Dies verwundert umso mehr, als sich der deutsche Strafvollzug als Behandlungsvollzug versteht, der die Resozialisierung der Insassen, also deren künftiges Leben in Straffreiheit, anstrebt.

Interessanterweise musste 2006 erst das Bundesverfassungsgericht dafür sorgen, dass die Ausgestaltung des Jugendstrafvollzugs künftig „auf sorgfältig ermittelten Annahmen und Prognosen über die Wirksamkeit unterschiedlicher Vollzugsgestaltun-

---

[2] Dieser Bereich sollte eigentlich nicht als Prävention bezeichnet werden, weswegen auch der Begriff der tertiären Prävention ungenau erscheint.

gen und Behandlungsmaßnahmen" (2 BvR 1673/04 – 2 BvR 2402/04 Randnummer 62) beruht und hierzu wissenschaftliche Erkenntnisse als Orientierung dienen sollen. Damit griffen die Bundesverfassungsrichter/innen die oben skizzierte weltweite Entwicklung der Präventionsforschung auf und erhoben die Evaluation (auch) im Bereich des Jugendstrafvollzuges zum verfassungsrechtlichen Postulat (vgl. Kutschaty, 2013). Was daraus folgte, ist hinlänglich bekannt: Zum einen erarbeiteten die Bundesländer (teils in Kooperation miteinander) entsprechende Gesetzesentwürfe für den Jugendstrafvollzug und setzten diese auftragsgemäß bis 2008 um; zum anderen entwickelten sie (teilweise in länderübergreifenden Gruppenarbeiten) unterschiedliche Evaluationskonzepte.

Die Wirkungsforschung zum Jugendstrafvollzug (s. dazu jüngst Kerner, 2015) ist in Deutschland seither deutlich vorangekommen. In diesem Zusammenhang wird im Folgenden die Rückfalluntersuchung im Hessischen Jugendstrafvollzug vorgestellt. Deren hier darzulegende Ergebnisse basieren auf zwei aufeinanderfolgende Studien. Diese enthielten jeweils eine quantitative Erhebung von Akten des Bundeszentralregisters zur Ermittlung von Rückfallquoten zu mehreren Zeitpunkten, sowie eine qualitative Interviewstudie unter anderem zur Bewertung von Behandlungsmaßnahmen durch Inhaftierte und deren Entwicklung während der Haftzeit. Beide ergeben ein umfassendes Bild zum Rückfall bzw. zur Legalbewährung und insbesondere zur Akzeptanz und Bewertung von Programmen und Maßnahmen durch die jungen Strafgefangenen im Jugendstrafvollzug.

2. Methodik der Rückfalluntersuchungen im Hessischen Jugendstrafvollzug

Am 18. Mai 2004, also zwei Jahre vor der erwähnten Entscheidung des Bundesverfassungsgerichts, wurde vom damaligen hessischen Justizminister die ‚Einheitliche Vollzugskonzeption im hessischen Jugendvollzug' vorgestellt. Diese war das Ergebnis der Beratungen einer Arbeitsgruppe aus Wissenschaftler/innen, Vollzugspraktiker/innen und Mitarbeiter/innen des Hessischen Ministeriums der Justiz. Die mit der Konzeption verbundene wesentliche Erwartung ging dahin, „dass durch eine verbesserte Ausgestaltung der Haftbedingungen des Jugendstrafvollzugs und eine intensivere Betreuung die Rückfälligkeit der jungen Gefangenen vermindert und dadurch den berechtigten Sicherheitsinteressen der Bevölkerung Rechnung getragen wird" (Hessisches Ministerium der Justiz 2004, 2). Sie beinhaltete konkrete Auswirkungen auf die Gestaltung und Abläufe des Strafvollzugs, d. h. auf die erzieherische Ausgestaltung, die Unterbringung in Wohngruppen, die schulische und berufliche Qualifizierung, die Optimierung und Standardisierung der Zugangsdiagnostik und der Förderplanung, die Vernetzung der gegenseitigen Ressourcenschöpfung beider Jugendanstalten in Hessen (Rockenberg und Wiesbaden), ein Sonderprogramm für Jugendliche von 14 bis 16 Jahren in der Anstalt Rockenberg, die Vernetzung von Jugendstrafvollzug mit begleitenden Hilfen und Nachsorge sowie die Verbesserung der Fortbildung der Bediensteten des Jugendstrafvollzuges. Sie führte darüber hinaus als weiteren Baustein eine systematische Rückfalluntersuchung ein, um Effizienz und Erfolg der Förderung zu prüfen.

Zwischen 2006 und 2011 wurde diese Rückfalluntersuchung von zwei eng miteinander kooperierenden Arbeitsgruppen durchgeführt: An der Philipps-Universität Marburg von der Arbeitsgruppe Sozialpsychologie der Philipps-Universität Marburg unter Leitung von Prof. Dr. Ulrich Wagner, mit Konzentration auf qualitative Erhebungen; am Institut für Kriminologie der Eberhard-Karls-Universität Tübingen unter Leitung von Prof. Dr. Hans-Jürgen Kerner (früherer Direktor des Instituts und heute Seniorprofessor der Universität), mit Konzentration auf quantitative Erhebungen. Das Ziel bestand in einer Evaluation der 2004 eingeführten Vollzugskonzeption unter besonderer Berücksichtigung der Bildungsangebote, um damit möglichst abgesicherte Ergebnisse über die Folgen unterschiedlicher Behandlungsmaßnahmen zu erhalten.

Grundlage war die Gesamtheit des männlichen Jugendstrafvollzuges in Hessen, welcher sich auf die Anstalten in Rockenberg und Wiesbaden verteilt. Hierzu wurden für die quantitativ ausgerichtete Dokumentenanalyse zwei komplette Entlassungsjahrgänge anhand von Bundeszentralregisterauszügen und Dokumenten aus den Gefangenenpersonalakten (sog. ‚VG-59' und ‚VG 3/4NEU' Formblätter) untersucht und für die qualitative Studie Interviews mit Jugendlichen sowie Personen der Nachsorge geführt. Konkret ergab sich folgender zeitlicher und methodischer Ablauf:

A. Erste Aktenuntersuchung aus dem Bundeszentralregister des kompletten Entlassungsjahrgangs 2003 (n: 361): Ziehung der Auszüge mit mindestens dreijähriger Verzögerung (Ziehung ab Januar 2007) und ergänzende Auswertung von Dokumenten der Vollzugsgeschäftsstellen.

B. Einführung der Einheitlichen Vollzugskonzeption im Jahr 2004.

C. Zweite Aktenuntersuchung aus dem Bundeszentralregister des kompletten Entlassungsjahrgangs 2006 (n: 241): Ziehung der Auszüge mit mindestens dreijähriger Verzögerung (Ziehung ab Januar 2010) und ergänzende Auswertung von Dokumenten der Vollzugsgeschäftsstellen.

D. Erste qualitative Interviews mit jungen Gefangenen am Ende der Haft in den Jahren 2006 und 2007 mit anschließender Sichtung der Vollzugsakten der interviewten Probanden (n: 52).

E. Wiederholung der qualitativen Interviews mit einem Abstand von mindestens einem Jahr im Zeitraum von Mai 2008 bis August 2010 (n: 30).

F. Ziehung von Bundeszentralregisterauszügen für die 52 Probanden der qualitativen Untersuchung im Oktober und November 2009.

G. Befragung von Personen der Bewährungshilfe, die für Probanden der qualitativen Untersuchung zuständig waren – Durchführung von Oktober 2009 bis Februar 2010.

Sozusagen außerplanmäßig wurde, wie oben schon erwähnt, 2008 das neue Hessische Jugendstrafvollzugsgesetz eingeführt. Damit konnten die Forderungen der einheitlichen Vollzugskonzeption, inklusive der kriminologischen Forschung, gesetzlich verankert werden. Dies ist seither in § 66 HessJStVollzG geregelt: „Der Jugendstrafvollzug ist fortzuentwickeln. Maßnahmen zur Förderung der Gefangenen sind auf der Grundlage wissenschaftlicher Erkenntnisse zu konzipieren, zu standardisieren und auf ihre Wirksamkeit zu überprüfen".

Im Anschluss an die erste Studie wurde darauf basierend das Forscherteam beauftragt, eine weitere Evaluationsstudie durchzuführen. Zwischen 2009 und 2013 konnte hierbei zunächst der komplette Entlassungsjahrgang 2009 (n: 248) erneut mit dreijährigem Verlaufszeitraum mittels Akten des Bundeszentralregisters und VG-Formblättern untersucht werden. Damit war es nun aus Sicht der quantitativen Forschungen möglich, insgesamt auf drei komplette Entlassungsjahrgänge (2003, 2006, 2009) zurückzugreifen.

Um die Entwicklung Inhaftierter im Jugendstrafvollzug während der Haft nachzuvollziehen und um die Wirkung von angebotenen Maßnahmen evaluieren zu können, führten die Wissenschaftler/innen aus Marburg in der qualitativen Teilstudie zunächst zwischen 2009 und 2010 Interviews mit Gefangenen am Anfang ihrer Haft (n: 319) und zwischen 2011 und 2012 Interviews am Ende deren Haft durch (von den ursprünglich 319 Interviewten konnten hierbei noch 205 befragt werden). Um außerdem abschätzen zu können, wie sich die befragten jungen Männer nach Entlassung aus der Haft bewähren, wurde zum einen eine Follow-up-Untersuchung mittels Auszügen aus dem Bundeszentralregister mindestens anderthalb Jahre nach der Haft durchgeführt (n: 144). Zum anderen wurde ein ‚gematchter' Extremgruppen-vergleich angestellt, der Personen umfasste, die innerhalb der ersten 12 Monate nach Haftentlassung rückfällig (n: 10) bzw. nicht rückfällig (n: 10) wurden.

3. Die quantitative Teilstudie

Das Ziel der quantitativen Untersuchungen war es, Angaben über Rückfall im hessischen Jugendvollzug zu generieren und Veränderungen nach Einführung der Einheitlichen Vollzugskonzeption bzw. des Hessischen Jugendstrafvollzugsgesetzes festzustellen. Durch eine sehr detailliert codierte Auswertung der Auszüge des Bundeszentralregisters sowie der Vollzugsakten konnten umfassende Daten zur Rückfallquote, zum Rückfallzeitraum, zur Deliktqualität, zu den Anzahl der Taten, zur Art der Strafen, zum demographischen Profil etc. generiert werden. Im Folgenden möchten wir uns auf den Aspekt des Rückfalls beschränken. Zunächst geht es dabei um Hinweise zur Definition des Rückfalls, des Rückfallzeitraums sowie um einige praktische Schwierigkeiten im Zusammenhang mit der Löschung von Daten im Bundeszentralregisterauszug und damit verbunden um die Frage, welche Taten für die Rückfall-Betrachtung letztendlich zugrunde liegen. Darauf aufbauend folgen drei Rückfalldefinitionen und Überlegungen zur Berücksichtigung der Ausprägung und Intensität des Rückfalls. Anschließend werden dann konkrete Ergebnisse der quantitativen Rückfallstudie im hessischen Jugendstrafvollzug vorgestellt und diskutiert.

3.1 Zentrale Definitionen, Schwierigkeiten und Vorüberlegungen der Aktenstudie

Zentraler Begriff der Untersuchung ist der Rückfall (vgl. dazu schon Kerner, 1974 und 1993). In der Studie mussten in diesem Zusammenhang mehrere definitorische Vorüberlegungen angestellt werden. Ganz wesentlich geht es hierbei um die Festlegung, was vom Verhalten der in die Analysen einbezogenen Personen genau als eine den Rückfall begründende ‚Tat' gelten soll, insbesondere ob zentral bzw. nur auf die ‚Einschlägigkeit' abgestellt werden soll. Mit Heinz 2004 lässt sich zunächst die mögliche Spannweite der Dimensionen der Tat(en), in einer Folge von den weitesten bis zur engsten Variante, wie nachstehend kennzeichnen:

1. jede entdeckte Tat einer Person inklusive der im Dunkelfeld verbleibenden Taten; oder enger

2. nur eine von der Polizei oder sonst von Strafverfolgungsorganen als Vergehen oder Verbrechen amtlich registrierte Tat eines ‚Tatverdächtigen' bzw. ‚Beschuldigten'; oder noch enger

3. nur eine justiziell registrierte und mit irgendeiner Sanktion bedachte Tat, inklusive informeller Sanktionen im Verfahren; oder schließlich ganz eng

4. nur eine formell geahndete Tat, d. h. eine solche, die mit einem rechtskräftigen Schuldspruch oder zusätzlich einer Strafe bzw. Maßregel durch richterlichen Strafbefehl oder Urteil nach Hauptverhandlung bedacht wurde.

In diesem Zusammenhang ist die Frage des Risikozeitraums bei allen entsprechenden Studien weltweit ein wichtiger und bis heute umstrittener Punkt. Die in Rückfallstudien tatsächlich verwendeten Zeiträume sind daher sehr verschieden. Man findet im Gesamtüberblick eine Spannweite von zwölf Monaten bis zu 22 Jahren (Vgl. schon Camp & Camp, 1998). In der Regel wird die Länge des Beobachtungszeitraums durch verschiedene Faktoren bestimmt. Die Art der Fragestellung ist für die Länge des Untersuchungszeitraums ganz besonders wichtig. Insbesondere bei Fragen nach den Karrieren Straffälliger muss ein längerer Zeitraum angenommen werden als zum Beispiel bei Untersuchungen zu kurzfristigen Wirkungen bestimmter Maßnahmen. Ebenso ist die Herkunft der Daten entscheidend: Soll in regelmäßigen Intervallen gemessen werden, so führt dies zu einem größeren Arbeitsaufwand bei der Dateneingabe. Dies wiederum kann unter Umständen zu Konflikten bezüglich der Dauer und Höhe der Finanzierung der Studie führen.

Letztlich stützen sich wissenschaftliche Studien oftmals stark auf die Arbeit von Doktorand/innen und wissenschaftlichen Mitarbeiter/innen, deren Verweildauer in den jeweiligen Instituter durch arbeitsvertragsrechtliche Einschränkungen allgemein sowie ggf. ergänzend durch universitäre Regeln begrenzt ist. Auch andere äußere (und eben nicht nur methodische) Faktoren können ersichtlich Forschungszeiträume von (Rückfall-)Studien bestimmen.

Aus diesen Vorüberlegungen folgte für die eigenen Erhebungen eine Definition des Beobachtungs- bzw. Rückfallzeitraums als die für jeden entlassenen jungen Gefangenen individuell berechnete Zeitspanne vom Tag der Entlassung bis zu exakt demjenigen Tag, der drei Verlaufsjahre abschließt. Um auch sozusagen verspätete Meldungen an das Bundeszentralregister zu Verurteilungen, die im Verlaufszeitraum rechtskräftig geworden waren, möglichst vollständig berücksichtigen zu können, wurde eine Überlauf-Zeitspanne von im Regelfall sechs Monaten eingeplant.

Die Beurteilung der Qualität der Daten aus dem Bundeszentralregister war ein weiterer zu berücksichtigender Faktor der Studie. Die strukturellen Einschränkungen der Aussagekraft betrafen insbesondere reduzierte Eintragungspflichten ins Zentralregister bzw. im Erziehungsregister, und damit verbunden das Fehlen wichtiger Daten für einen wenigstens im Ansatz exakten Vergleich von Probanden, die nach Jugendstrafrecht bzw. nach Allgemeinem Strafrecht behandelt wurden. Im Rahmen methodischer Erörterungen zur bundesweiten Rückfallstatistik 1994 bis 1998 wies Heinz zu Recht auf das große Problem hin, „dass zwar informelle Sanktionen nach Jugendstrafrecht (§§ 45, 47 JGG) gemäß § 60 Abs. I Nr. 7 BZRG eintragungspflichtig sind, nicht aber die nach allgemeinem Strafverfahrensrecht, insbesondere nach §§ 153, 153a, 153b StPO, verhängten informellen Sanktionen" (Heinz 2004, 38). Die Autoren der Ende 2010 veröffentlichten bundesweiten Rückfallstatistik 2004 bis 2007 gehen davon aus, dass heute „fast auf jeden Verurteilten ein Beschuldigter kommen [dürfte], dessen Verfahren nach §§ 153, 153 a, 153 b StPO eingestellt worden ist" (Jehle, Albrecht, Hohmann-Fricke & Tetal 2010, 19). Neben anderem wirkt sich dann vor allem die in Deutschland regional sehr unterschiedliche Einstellungspraxis auf die nachgewiesene Deliktsverteilung aus.

Diese daraus entstehende Ungleichbehandlung, die je nach Betrachtung zu einer Überschätzung beziehungsweise Unterschätzung der Rückfallrate führt, kann bis auf weiteres nicht befriedigend gelöst werden. Man kann versuchen, wie die Autoren der bundesweiten Rückfallstatistik, die Fehlermarge soweit wie möglich durch geeignete Vergleichsberechnungen wenigstens annähernd abzuschätzen. Bei Untersuchungen mit kleiner Probandenzahl gäbe es grundsätzlich die Möglichkeit, alle Verfahrensakten der Staatsanwaltschaften und ggf. der Gerichte zu den einzelnen Taten anzufordern und auszuwerten, jedoch wäre diese mit ganz erheblichem Aufwand verbunden, von Datenschutzproblemen ganz zu schweigen.

Des Weiteren spielen Tilgungen und Tilgungsfristen eine nicht unbedeutende Rolle in der Beurteilung der Qualität der Daten. Zum einen geht es um mögliche Einschränkungen der Auskunft überhaupt bei bestimmten leichteren Sanktionen, von Anfang an oder nach Ablauf bestimmter vergleichsweise kurzer Fristen. Zum anderen geht es um die mögliche Tilgung von Eintragungen aufgrund von Löschungsfristen. Hierbei spielt die Unterteilung der Datenbestände des Bundeszentralregisters in zwei Teilregister, nämlich in das Zentralregister (früher dazu geläufige Bezeichnung: Strafregister) und in das Erziehungsregister, eine bedeutsame Rolle. Je nach Konstellation, die vom zuständigen Bundesamt für Justiz gemäß den Regeln des Bundeszentralregistergesetzes von Amts wegen zu berücksichtigen ist, kann sich ein sehr unterschiedlicher Effekt einstellen.

Ganz allgemein gilt es bei jeder Rückfalluntersuchung, die Mindesttilgungsfrist von fünf Jahren (§ 46 Abs. I Nr. I BZRG) zu beachten, demnach einen Zeitraum zugrunde zu legen, der geringer als fünf Jahre ist. Bei Probanden, die im Bezugsjahr 20 oder 21 Jahre alt sind, kommt je nach der Stellung des Geburtstags im Jahr das Problem hinzu, dass schon bei einem Risikozeitraum von vier Jahren ein systematischer Verlust von Information über registerpflichtige Entscheidungen eintreten kann.

Bei Entscheidungen nach Jugendstrafrecht gilt es über die Löschungen im Erziehungsregister hinaus weitere Schwierigkeiten zu betrachten. Auf der einen Seite kann, den üblichen auch für Erwachsene geltenden Registerregelungen entsprechend, eine zeitlich schon weit zurückliegende Eintragung fortdauernd registriert bleiben, indem sie sozusagen an der Frist der folgenden Eintragung oder auch noch späteren Eintragungen ‚teilnimmt'. Auf der anderen Seite kann es jedoch geschehen, dass zeitlich sehr rezente neue Eintragungen bereits lange vor Erreichen derjenigen Frist gelöscht werden, nach der sie bei isolierter Betrachtung selbst aus dem Register zu entfernen gewesen wären. Das liegt daran, dass infolge von so genannten Einbeziehungen früherer gerichtlicher Entscheidungen in die aktuelle Entscheidung der Beginn der Registerverjährung auf den Zeitpunkt der ersten Tat zur ersten – und ggf. schon lange zurück liegenden – einbezogenen Entscheidung sozusagen ‚zurückgesetzt' wird. Eine solche Regelung kann auf der Grundlage des Prinzips der nachträglichen ‚Einheitsstrafe' gemäß § 31 Abs. 2 JGG im Extremfall dazu führen, dass sich zu einem jungen Gefangenen, der zu einer bestimmten Zeit faktisch eine rechtskräftig verhängte (beispielsweise) zweijährige Jugendstrafe verbüßt, im Registerauszug gegen Ende der Strafverbüßung, also noch während des restlichen Aufenthaltes in der Jugendstrafvollzugsanstalt, folgender Vermerk findet: ‚Keine Eintragung'. Damit ist der junge Gefangene von Amts wegen als nicht bestraft ausgewiesen.

Die erste Aufgabe beim Umgang mit Daten aus dem Bundeszentralregister besteht darin, bereits methodisch nicht relevante Taten zu entdecken und aus der Analyse auszuschließen. Nicht relevant sind hier die gemeinhin so bezeichneten ‚unechten Rückfälle'. Bei diesen handelt es sich um im Register eingetragene Verurteilungen, deren Datum nach dem Zeitpunkt der Entlassung liegt, die sich aber auf Taten beziehen, die bereits vor der Entlassung begangen wurden. Solches kann verschiedene Ursachen haben, beispielsweise diejenige, dass Taten, die jemand ganz weit vom seinem Wohnort entfernt begangen hat, überhaupt erst sehr spät entdeckt wurden oder zwar schon als solche bald entdeckt wurden, aber mangels Aufklärung des Falles nicht personal zugeordnet werden konnten. Grundlegend fallen unter die ‚echten Rückfälligen' mithin nur solche Probanden, deren Straftat oder auch Straftatenmenge im Beobachtungszeitraum liegt.

Aus diesen Überlegungen folgt die Schwierigkeit, durch eine fachlich oder spezifisch wissenschaftlich angeleitete Entscheidung festzulegen, was von der Substanz der neu abgeurteilten Taten her als sachlich relevanter Rückfall gelten kann oder soll. In der einschlägigen Literatur finden sich zu dieser Frage unterschiedliche Ansätze mit beachtlicher Spannweite. Bei einer sehr weiten Definition wird jegliche erneute Straftatenbegehung mit einbezogen. Bei einer sehr engen Definition werden nur Straftaten berücksichtigt, die in ihrer Schwere zumindest diejenige Kategorie erreichen, welche die Vortat charakterisierte (Vgl. schon Kerner & Janssen, 1983 und 1996. Vgl. weiter Heinz, 2004). Es kann aus wissenschaftlicher wie praktischer und auch kriminalpolitischer Sicht gute Gründe geben, eine sehr weite oder eine eingegrenzte oder aber eben sehr enge Definition zu benutzen. Jedoch gehen im Gesamt der Forschungsergebnisse dadurch Information verloren, die grundlegend wichtig wären, um die Ergebnisse einer bestimmten Studie einigermaßen genau mit den Ergebnissen anderer Studien vergleichen zu können.

Optimal wäre es daher, wenn in jeder Studie die gesamte Bandbreite der auffindbaren (und vertretbaren) Definitionen bei den Erhebungen berücksichtigt, in die Berechnungen einbezogen und bei der Darstellung der Ergebnisse öffentlich zugänglich gemacht würde. Für die meisten wissenschaftlichen, praktischen und kriminalpolitischen Belange hat es sich aber als hinreichend erwiesen, sich mit einer Auswahl von Definitionen zu begnügen. Seit längerem ist (auch) in Deutschland eine Dreiteilung akzeptiert. Diese orientiert sich zunächst an der Verurteilung und sodann an der Art der im Urteil verhängten Strafe.

Bei der weitesten dieser drei Definitionen, in der Reihenfolge also *ersten Rückfalldefinition (RD 1)* wird keine qualitative Unterscheidung der mit einer Verurteilung schließenden Urteile getroffen.

- Es werden mithin nicht nur solche Probanden einbezogen, die erneut eine schwere Straftat begangen haben, sondern auch solche, die beispielsweise wegen Ladendiebstahls oder Schwarzfahrens bzw. wegen eines weniger schweren Verstoßes gegen das Betäubungsmittelgesetz (z. B. Handel mit einer geringen Menge von Haschisch) verurteilt wurden. Rückfall im Sinne der RD 1 bedeutet demnach, dass nach amtlicher Feststellung durch rechtskräftiges Urteil mindestens eine weitere Straftat, unabhängig von ihrer Art und Schwere, begangen wurde, und dass der Proband dafür verurteilt und d. h. mindestens schuldig gesprochen wurde.

Dieser ersten Rückfalldefinition wird eine engere *zweite Rückfalldefinition* (*RD 2*) gegenübergestellt, nämlich dahingehend, dass nur potentiell oder aktuell freiheitsentziehende Sanktion berücksichtigt werden.

- Es geht um bedingte Freiheitsstrafen und bedingte Jugendstrafen (Strafaussetzung zur Bewährung bei Strafen bis zu zwei Jahren nach Allgemeinem Strafrecht (§ 56 StGB) oder nach Jugendstrafrecht (§ 21 JGG) einerseits, um unbedingte Freiheitsstrafen und Jugendstrafen andererseits, d. h. nicht zur Bewährung ausgesetzte Freiheitsstrafen bzw. Jugendstrafen unter zwei Jahren oder generell nicht aussetzungsfähige Strafen dieser Art, die zwei Jahre übersteigen (§ 38 StGB, §§ 17,18 JGG). Bedingte Strafen führen, falls sich das Gericht nicht mit einer nach dem Gesetz zulässigen Modifikation der Bewährungsbedingungen begnügt (§ 56 f Abs. 2 StGB bzw. § 26 Abs. 2 JGG), zu einem Widerrufsbeschluss (§ 56 f Abs. 1 StGB, § 26 Abs. 1 JGG), der im Regelfall zur Verbüßung der Strafe im Strafvollzug führt. Im Jugendstrafrecht können Bewährungsstrafen auch ohne förmlichen Widerruf zum Strafvollzug führen, nämlich dann, wenn sie das aus Anlass der jüngsten Tat(en) entscheidende Gericht in das eigene aktuelle Urteil einbezieht und dieses wiederum nicht zur Bewährung aussetzt.

Die insoweit engste und *dritte Rückfalldefinition* (*RD 3*) bezieht nur unbedingte Strafen, also nicht zur Bewährung ausgesetzte Jugendstrafen oder Freiheitsstrafen, mit ein.

- Man kann im Übrigen erwägen, auch Verurteilungen eines Probanden zu Jugendarrest gemäß § 16 JGG, insbesondere in der Variante des sog. Dauerarrests von 4 Wochen, in die RD 2 mit einzubeziehen. In der eigenen Studie wurde hauptsächlich deswegen davon abgesehen, weil Jugendarreste im Beobachtungszeitraum so gut wie überhaupt nicht (mehr) vorkamen. Im Übrigen kann man die rechtskräftige und damit vollstreckbare (§ 449 StPO) Verhängung von unbedingten Strafen praktisch mit einer tatsächlich erfolgenden erneuten Strafverbüßung in einer Justizvollzugsanstalt gleichsetzen. Methodisch genau genommen besteht allerdings ein derzeit nicht verlässlich abschätzbarer Unsicherheitsfaktor. Denn auch derjenige, der eine unbedingte Strafe erhalten hat, kann im Einzelfall unter Umständen am Ende dennoch dem Aufenthalt in einer Justizvollzugsanstalt entgehen (z. B. bei schwerer Erkrankung).

Schon hieraus wird erkennbar, dass die einer Erhebung zugrunde gelegte Definition des Rückfalls entscheidend die Höhe der schließlich ‚gemessenen' Rückfallrate vorherbestimmt. Dies gilt nicht nur, aber ganz besonders, für den allgemeinen Sprachgebrauch in diesem Zusammenhang.

Neben den drei Rückfalldefinitionen sollte auch die Ausprägung und Intensität der Rückfälligkeit in verschiedener Hinsicht überprüft werden. Hiermit sollten Aussagen zur möglichen Veränderung des Verhaltens der Entlassenen nach der Haft im Vergleich zu ihrer Entwicklung in der Vergangenheit, insbesondere erhoffte Veränderungen in Richtung auf Abschwächung der kriminellen Karriere, wenn nicht im optimalsten Fall deren sofortigen Abbruch, durch mehrere Kennwerte abgesichert werden. Bei diesen Kennwerten geht es im Detail um folgendes:

(a) Vergleich der Menge der für die Probanden gerichtlich festgestellten Taten im Zeitraum bis zu ihrer aktuellen Haftentlassung einerseits, sowie im Zeitraum ab der Haftentlassung bis zum Ende des Beobachtungszeitraums andererseits.

(b) Vergleich der Menge der gegen die Probanden verhängten rechtskräftigen Urteile (Verurteilungen ggf. mit Schuldspruch allein, ansonsten mit Strafe bzw. auch mit Maßregeln) im Zeitraum bis zu ihrer aktuellen Haftentlassung einerseits, sowie im Zeitraum ab der Haftentlassung bis zum Ende des Beobachtungszeitraums andererseits.

(c) Einführung von drei analytisch klar trennbaren, wenngleich in der Legalbiographie und in der Sanktionswirklichkeit miteinander zusammenhängenden, Indikatoren der Rückfallschwere:

(c.a) Veränderung der strafrechtlichen Qualität der abgeurteilten Delikte im Beobachtungszeitraum, verglichen mit dem Zeitraum bis zur Haftentlassung, bestimmt als nummerischer Rückgang oder umgekehrt Anstieg innerhalb einer mehr oder minder engen Deliktskategorie (Beispiele: Mord, Vergewaltigung, Raub, Einbruchsdiebstahl, Ladendiebstahl), zusätzlich bestimmt als Veränderung der Relation von Vergehen zu Verbrechen.

(c.b) Veränderung des strafzumessungsrechtlichen ‚Gewichts‘ der Taten im Beobachtungszeitraum, bestimmt als je einschlägige Kategorie des Schlüssels in einer langen Liste, die das Statistische Bundesamt (DESTATIS) für die Strafverfolgungsstatistik entwickelt hat und einsetzt, um dort bei mehreren Taten, die dem Urteil zugrunde liegen, die ‚schwerste Tat‘ herausfiltern zu können, weil nur diese nach den Festlegungen der Strafverfolgungsstatistik nachgewiesen wird.

(c.c) Art und Höhe der vom Gericht im jeweiligen Urteil konkret verhängten Strafe(n).

3.2 Ergebnisse und Diskussion der quantitativen Tübinger Teilstudie

3.2.1 Faktoren der Rückfälligkeit entsprechend den drei Rückfalldefinitionen

Nachdem im vorigen Kapitel die methodischen und inhaltlichen Fragen sowie Probleme einer wissenschaftlich adäquaten und zugleich für Praxis und Rechtspolitik brauchbaren Rückfallbestimmung dargelegt worden sind, soll es in diesem Kapitel darum gehen, wichtige Ausschnitte aus den Befunden der Tübinger Teilstudie darzulegen und erforderlichenfalls ergänzend knapp zu kommentieren.

Die Rückfälligkeit von Verurteilten, Bestraften und schließlich, sozusagen wie hier ‚am Ende', von entlassenen Strafgefangenen, ist nach strukturell stabilen Befunden von deutschen wie europäischen und internationalen empirischen Studien, auch über viele Jahrzehnte hinweg, vom ‚Geschlecht' und vom ‚Alter' der untersuchten Probanden abhängig. An dieser Stelle interessiert gemäß dem Umstand, dass die untersuchten Jugendstrafgefangenen alle männlich waren, nur das Alter. Je nach Anlage und Ziel einer Untersuchung kann dies alternativ oder kumulativ bestimmt werden (beispielsweise) als Alter bei der ersten amtlich bekannt gewordenen Tat, als Alter bei der ersten informellen Sanktion (etwa Diversionsentscheidung der Staatsanwaltschaft), als Alter bei der ersten formellen Sanktion (etwa ambulante Erziehungsmaßregel oder ambulantes Zuchtmittel nach JGG), als Alter bei der ersten bedingten freiheitsentziehenden Sanktion (Bewährungsstrafe nach JGG oder StGB), als Alter bei der Verhängung und schließlich Verbüßung der ersten unbedingten freiheitsentziehenden Sanktion (Jugendarrest oder Jugendstrafe oder Freiheitsstrafe). In der eigenen Untersuchung wurde eine Auswahl solcher Reaktionen, sofern sie aus den Informationen im Bundeszentralregisterauszug (Erziehungsregister und Zentralregister) noch erschlossen werden konnten, in verschiedene Berechnungen zur ‚Vorgeschichte' der Probanden mit einbezogen.

In mehreren Hinsichten stellt sich dabei die Frage, ob man das Alter als eine Art kausalen ‚Wirkfaktor' einstufen kann und darf. Methodisch betrachtet ist es zunächst einmal nicht mehr als ein meist einfach zu bestimmender ‚Mess-Indikator', also in beispielsweise der Sprache der Geologen oder Biologen ein ‚Anzeiger'. So kann das Vorkommen bestimmter Pflanzenarten ein erster deutlicher Anzeiger für die Bodenbeschaffenheit einer für den Er-werbsgartenbau in Aussicht genommenen Gegend bzw. das Vorkommen bestimmter Gesteinsbrocken an der Oberfläche eines Berges ein Anzeiger für Edelmetallvorkommen sein. Was dann ‚wirklich' unter der Oberfläche gegeben ist, muss durch Erschütterungsmessungen, Bohrungen oder Schürfung etc. geklärt werden. Mithin geht es nicht um ein ‚Indiz' im Sinne einer juristischen oder sonstigen Beweisführung und Beweiswürdigung. Inhaltlich gesprochen: Mit der Erhebung des zeitlich bestimmten ‚Lebensalters' erfassen wir einen Menschen in einer konkreten Lebensphase, die ‚mitbestimmt' ist durch einen ‚Komplex' von Faktoren und Dynamiken in der bisherigen Lebensgeschichte sowie deren Fortwirkungen als Teil des biopsychologischen Status des Probanden, als Teil der aktuellen Struktur und Dynamik des Lebensstils wie auch der Verhaltensmuster und Einstellungen und Werthaltungen, sowie schließlich als Teil der Einflüsse des Umfeldes und der Umwelt.

Bei individuellen Entscheidungen über Behandlungen (auch im Strafvollzug) kommt es mitentscheidend auf die sorgfältige Analyse eben der individuellen Vorgeschichte und der individuellen Gegenwartsumstände im Gefüge des materiellen und sozialen Beziehungsgeflechtes an. Dazu gehört auch die Prognostik möglicher neuer Straffälligkeit bei der Planung und schließlich Entscheidung über eine vorzeitige (bedingte)

Entlassung aus dem Jugendstrafvollzug. Selbst wenn statistische Zusammenhangsberechnungen bisher für eine bestimmte Altersgruppe eine extrem hohe Rückfallquote festgestellt haben, handelt es sich unausweichlich nur, für die aktuelle Beurteilung gesehen, um einen auf die Gruppe bezogenen probabilistisch (und d. h. wahrscheinlichkeitstheoretisch) ausgeprägten Zusammenhang. Inhaltlich veranschaulichend an einem Beispiel konkretisiert: Probanden mit einer Partnerin pflegen im Allgemeinen geringere Rückfallraten zu haben als Singles; jedoch kann ein Single im Einzelfall anderweitig sehr gut sozial(psychologisch) ‚eingebunden' sein, und ein sogar schon förmlich verheirateter junger Proband kann umgekehrt völlig ‚bindungslos' (geblieben oder geworden) sein mit der Folge, dass dieser Stabilitätsfaktor der engen ‚emotional unterfütterten Bindung' praktisch ausfällt.

Für andere Fragen ist und bleibt freilich der Gruppenzusammenhang bzw. massenstatistische Zusammenhang (vgl. das schon oben genannte Beispiel der Bundesweiten Rückfallstatistiken) beachtlich für Vorkehrungen und Interpretationen von Ergebnissen. Um hier nur auf die Ergebnisseite kurz einzugehen: Wenn es eben ‚statistisch sicher' ist, dass junge Straftäter insgesamt und junge Strafgefangene insbesondere nach Ihrer Entlassung aus der Justizvollzugsanstalt viel häufiger amtlich rückfällig werden als ältere Entlassene, ist es beispielsweise hoch prekär, den ‚Erfolg' oder eben auch ‚Misserfolg' einzelner Anstalten oder von Behandlungsmaßnahmen in unterschiedlichen Anstalten ohne genauen Blick auf die ‚Altersstruktur' der Insassen verlässlich bestimmen zu wollen, von anderen Problemen hier einmal abgesehen. Etwas pointierter formuliert: Eben weil es stets und immer den ‚Alterseffekt' gibt, wird eine Justizvollzugsanstalt, deren Insassen im Schnitt zwischen 15 und 17 Jahre alt sind, selbst dann von außen her betrachtet höhere Rückfallquoten ‚produzieren' als eine andere Anstalt mit Insassen zwischen 18 und 21 Jahren (oder erst recht darüber hinaus), wenn (sogar idealtypisch gesehen eindeutig) nachgewiesen werden könnte, dass in beiden Anstalten die Behandlungsteams ihren Probanden dieselben Maßnahmen mit derselben Qualität und Intensität hatten angedeihen lassen.

Schon wegen der geringen absoluten Zahlen der Betroffenen haben wir in unserer Forschung davon abgesehen, für den Hessischen Jugendstrafvollzug die Probanden der beiden Justizvollzugsanstalten Rockenberg und Wiesbaden anstaltsbezogen zu vergleichen. Nebenbei gesagt müssten dann auch noch andere wesentliche Einflussfaktoren mitberücksichtigt werden wie beispielsweise Verlegungen und deren möglichen Folgen. Es ging uns um den Gesamtzusammenhang, der in nachfolgenden Tabelle 1 wiedergegeben ist.

Tabelle 1: Entlassungsalter und Ausprägung der gerichtlich festgestellten Rückfälligkeit der Probanden gemäß den drei verwendeten Rückfalldefinitionen (Entlassungsjahrgang 2009)

Altersgruppe in Jahren	Rückfälligkeit in Prozent nach		
	RD 1	RD 2	RD 3
14 bis einschließlich 17	90,0 %	90,0 %	50,0 %
18 bis einschließlich 20	80,2 %	60,4 %	38,5 %
21 bis einschließlich 23	66,7 %	44,2 %	23,3 %
24 und älter	75,0 %	37,5 %	18,8 %
Alle Altersstufen	73,2 %	51,6 %	29, 7 %

Angesichts der geringen absoluten Zahl von insgesamt 248 Probanden mag man es als erstaunlich betrachten, wie klar auch hier das übliche strukturelle Ergebnis ausfällt. Die Rückfälligkeit geht linear von Altersgruppe zu Altersgruppe zurück. Diese Linearität bleibt erhalten, gleich ob man auf jede erneute Verurteilung nach Rückfalldefinition 1 abstellt (auch beispielsweise eine kleine Geldstrafe für Schwarzfahren) oder auf mindestens eine erneute Verurteilung zu einer bedingten Strafe Bewährungsstrafe nach der Rückfalldefinition 2 oder schließlich auf mindestens eine erneute Verurteilung zu einer unbedingten Strafe (Jugendstrafe bzw. Freiheitsstrafe).

Nach Geschlecht und Alter gehört die *Vorbelastung von Probanden* durch Sanktionen bzw. echte Kriminalstrafen zu den in Deutschland, in Europa und international seit langen Jahrzehnten gesicherten Einflussmerkmalen für die Rückfälligkeit. Die Verwendung des Begriffs der ‚Vorbelastung' ist dem oft gebräuchlichen Begriff der ‚Vorstrafen' jedenfalls dann stets vorzuziehen, wenn es um Dokumentenanalysen von Probanden geht, die in ihrer Vorgeschichte (auch) nach Jugendstrafrecht behandelt bzw. sanktioniert wurden. Denn alle Erziehungsmaßregeln und Zuchtmittel nach dem JGG werden nicht ins Zentralregister (ehemals Strafregister) eingetragen, sondern nur ins separate und sehr restriktiv zugängliche Erziehungsregister, mit anderen und für die Betroffenen günstigeren Auskunfts- bzw. Tilgungsregelungen. Als Kriminalstrafe gilt nur eine, auch zur Bewährung ausgesetzte, Jugendstrafe bzw. dann Freiheitstrafe nach allgemeinem Strafrecht. Immerhin einige wenige der Jugendstrafgefangenen hatten bereits solche Freiheitsstrafen vor der Einlieferung in die Justizvollzugsanstalt Wiesbaden erhalten. Wenn es sich im Ausnahmefall um diejenige Strafe handelte, die aktuell zu vollziehen war, beruhte die Ladung zum Strafantritt bzw. die Verlegung des bereits anderswo einsitzenden Gefangenen in die Jugendstrafanstalt auf einer Entscheidung nach § 114 JGG.

Wie man der nachstehenden Tabelle 2 entnehmen kann, stellen sich die Verhältnisse hier nicht so strikt linear dar wie im Fall des Alterszusammenhangs.

Tabelle 2: Ausprägung der gerichtlich festgestellten Rückfälligkeit der Probanden in Abhängigkeit von Vorbelastungen bzw. Vorstrafen nach vorherigen rechtskräftigen Verurteilungen (Entlassungsjahrgang 2009)

Ausprägung der Belastung	Rückfälligkeit in Prozent nach		
	RD 1	RD 2	RD 3
Erstverurteilt	61.5 %	34.4 %	14,6 %
1-2 Vorbelastungen	79.8 %	63.3 %	40,4 %
3-4 Vorbelastungen	77.4 %	54,8 %	38.7 %
5 und mehr Vorbelastungen	100,0 %	80.0 %	30,0 %
Alle Altersstufen	73.2 %	51,6 %	29,7 %

Zwar erreichten die Erstverurteilten (und damit zugleich Erstbestraften sowie erstmals Einsitzenden) in allen drei Rückfalldefinitionen die geringsten Werte. Bei der RD 1 stimmt immerhin das Gesamtbild dergestalt, dass die am höchsten belasteten Probanden im Verlaufszeitrum zu 100 Prozent erneut verurteilt und bestraft worden waren, aber in den Gruppen dazwischen gibt es kleinere ‚Unebenheiten'. Dies hängt unter anderem sowohl von der Vorgeschichte als auch vom Verlaufszeitraum nach der Entlassung her damit zusammen, dass es sich nicht um quasi-objektive Gesetzmäßigkeiten von Ursachen und Folgen handelt, sondern um einen eigenständigen ‚Komplex' der Wahrnehmung der Strafverfolgungsinstitutionen von Art und Schwere der strafbaren Handlungen, von der Ausprägung einer begonnenen oder noch auf Intensivierung oder eben auf bereits deutliches Abflauen deutenden kriminellen Karriere der Probanden, sodann entsprechend von der Notwendigkeit einer eher informellen Sanktionierung oder doch formellen Verurteilung und im letzteren Fall einer eher leichten oder schweren Bestrafung.

Stichworte des dynamischen Geschehens sind beispielsweise der Selektionsmechanismus im Kern aufgrund gesetzlicher Vorgaben, darüber hinaus jedoch auch aufgrund lokaler Traditionen der Praxis gemäß dem von McNaughton-Smith anhand ausländischer Beispiele erstmals so deutlich herausgearbeiteten ‚second code' des Judizierens (vgl. McNaughton-Smith, 1969). Neben dem Erfahrungsschatz der Strafrichter geht es immer auch, sofern vor allem Hauptverfahren und Hauptverhandlungen stattfinden, um die konkrete Prozessdynamik mit Beweiserhebungen und schließlich Beweiswürdigung, sowie dann um die zu verhängende Strafe. Neben die insoweit früher ganz entscheidenden Anträge im Schlussplädoyer von Anklage und Verteidigung treten auch in Deutschland spätestens seit den 1970er Jahren die ‚Verständigungen' zwischen den Verfahrensbeteiligten.

Vor diesem Hintergrund kann es auf den ersten und zweiten Blick gewiss erstaunlich anmuten, dass nach Tabelle 2 die erneute Bestrafung zu einer unbedingten Strafe und damit zu einer Wiedereinlieferung in den Strafvollzug (RD 3) gerade bei den fünfmal oder häufiger vorbestraften Entlassenen an zweitniedrigster Stelle nach der Gruppe der Erstbestraften stand. Details können dazu an dieser Stelle nicht erörtert werden.

Aber nach Auswertung von Deliktsarten und folgenden Sanktionen lässt sich sagen, dass die Strafgerichte in Hessen gerade bei Mehrfachbestraften und ggf. schon wiederholt einsitzenden Probanden augenscheinlich sowohl die im Einzelfall mit dem fortschreitenden Alter einhergehende psychosoziale Nachreifung als auch die stark nachlassende Intensität neuer Straftaten im Vergleich zur Vorgeschichte zugunsten der neu Verurteilten berücksichtigt haben. Beispielsweise bekamen solche vollerwachsenen Entlassenen, die im Verlaufszeitraum besonders gehäuft, aber eben nur mit einfachen Delikten wie bevorzugt Schwarzfahren auffielen, im Regelfall (und wohl bereits gemäß den entsprechenden Anträgen der Staatsanwaltschaft) einen Strafbefehl mit wenigen Tagessätzen und einer geringen, ihrem vermutlich bescheidenen Einkommensstatus angepassten, Tagessatzhöhe.

3.2.2 Befunde zu positiven Veränderungen bei den rückfällig gewordenen Strafgefangenen

In den folgenden Ausführungen soll es nur um die Teilgruppe der im Verlaufszeitraum von individuell drei Jahren wieder erneut verurteilten Probanden gehen, also nicht mehr um die knapp 27 % derjenigen, die durchgehend straffrei geblieben waren. In unserer Untersuchung wollten wir bewusst und ganz dezidiert von der verbreiteten, pointiert gesagt ‚Alles oder Nichts'-Mentalität in der Wahrnehmung und Bewertung der Folgen einer Strafverbüßung im Gefängnis wegkommen. Entsprechend dieser Grundmentalität müsste Straffreiheit als ‚Erfolg' gelten, aber – noch wichtiger – schon eine einzige Verurteilung als ‚Misserfolg'. Je nach Ausprägung dieser Mentalität im Spektrum von Kriminalitätseinstellungen einerseits, von Strafeinstellungen und Gesellschafts- wie Staatsverständnis andererseits, wäre der so wahrgenommene Misserfolg überwiegend bis ausschließlich dem Straftäter selbst oder dem Strafvollzug zuzuschreiben. Die volkstümliche und immer mal wieder gerne wiederholte Variante letzterer Mentalität findet sich in dem Spruch vom ‚(Jugend)Gefängnis als der Schule des Verbrechens' wieder.

Im Teil-Projekt Tübingen ging es uns demgegenüber darum, über die verbreitete und als solche nicht zu kritisierende Wahl von einfachen Rückfallkriterien hinaus auf mögliche positive Veränderungen im Leben der Probanden zu achten, allerdings vom Ansatz und den finanziellen Möglichkeiten zur Forschung her nicht direkt, sondern sozusagen lediglich widergespiegelt in den amtlichen Feststellungen der Justiz zu den erneuten Straftaten, und den dafür verhängten Kriminalsanktionen. Die vorstehende Wortwahl der ‚Folgen' einer Strafverbüßung war und ist dabei theoretisch und methodisch ganz gezielt gewählt. Selbst wenn wir noch deutlich mehr Merkmale hätten erheben wollen bzw. können, die sozusagen ‚irgendwie' mit Rückfälligkeit nach Strafverbüßung ‚zusammenhängen', und dies sogar mithilfe von Korrelationsberechnungen statistisch eindrücklich hätten nachweisen können, würde dies wissenschaftlich keinen Kausalbeweis zwischen entweder dem Erleben von Freiheitsentzug in der Anstalt überhaupt oder dem (im optimalsten Fall freiwillig und zugleich engagiert mitgemachten) Behandlungsgeschehen speziell und sodann der Art und Weise von Auffälligkeit nach der Entlassung erlauben. Im Marburger Teilprojekt, das im nachstehenden 4. Kapitel beschrieben wird, war es möglich, etwas näher an die Problematik heranzukommen.

Pointiert vereinfachend gesagt: Es ist schon grundsätzlich und erst recht im Einzelfall keineswegs ausgeschlossen, dass qua Resozialisierung im Sinne von Straffreiheit überhaupt oder jedenfalls geringer werdender Bestrafung das gleiche (positive) Ergebnis hätte erzielt werden können, wenn ein Proband beispielsweise eine Strafe mit lediglich Freiheitsbeschränkung unter Aufsicht und Betreuung (Bewährungshilfe) erhalten hätte. Das wäre Gegenstand einer im Einzelnen schwierigen vergleichenden Sanktionsforschung, die im theoretisch und methodologisch radikalsten Fall von der Arbeitshypothese der ‚Nichtwirkung‘ von Strafe überhaupt, und in dem für Praxis und Rechtspolitik nicht ganz so ‚anstößigen‘ Fall von der Arbeitshypothese der ‚Gleichwirkung von unterschiedlichen Strafen‘ (scil. bei vergleichbaren Lagen und Umständen in Entwicklungsverlauf und im Gegenwartsgeschehen der Probanden) auszugehen hätte.

Die eigene Forschung bewegt sich nicht in diesem großen Feld der (auch) Kritik der Freiheitsstrafe, sondern allenfalls der Kritik am Gefängnis als Institution, mit Blick auf die aus amtlichen Dokumenten erkennbaren ‚Auswirkungen‘ nach dem Ende der Strafverbüßung. Die wissenschaftliche Nullhypothese als Arbeitshypothese geht dahin, dass sich nach dem Ende der Strafverbüßung bei den Probanden keine Veränderung in der kriminellen bzw. Bestrafungskarriere abzeichnet. Inhaltlich hatten wir aufgrund von vielfältigen Vorkenntnissen aus der internationalen Rückfallforschung bzw. umgekehrt der Forschung zur Legalbewährung die Vermutung, dass Veränderungen im Ausmaß und in der Schwere neuer Straffälligkeit/Bestrafung, wertend gesprochen also ‚Verbesserungen‘, aufspürbar sein würden. Infolge der methodischen, theoretischen und kriminalpolitischen Neutralität waren die Erhebungen dergestalt zu konzipieren, dass auch ‚Verschlechterungen‘ nachgewiesen werden könnten.

Zu diesem Zweck wurden, in der Durchführung teils sehr aufwändig, verschiedene Analysekriterien an das Dokumentenmaterial herangetragen, um Veränderungen in der Quantität und Qualität der abgeurteilten Straftaten sowie der dazu gehörigen Strafen festzuhalten. An dieser Stelle wird schon aus Raumgründen lediglich ein Überblick über die Merkmale der Veränderung bei den in die Entscheidungen der Strafgerichte einbezogenen Straftaten dargestellt. Im ausführlichen Forschungsbericht finden sich weitere Veränderungskriterien zu Ausmaß und Art der verhängten Strafen dargestellt; hier möge der Hinweis genügen, dass die Trends strukturell den hier skizzierten Trends der Taten bzw. Delikte gleichen. Die Veränderungskriterien werden als ‚Schwere-Maße‘ bezeichnet.

Schauen wir zunächst auf das *Schwere-Maß der abgeurteilten Delikte* dergestalt, welche bzw. wie viele Taten nach den einzelnen und vielfältigen Straftatbeständen (hauptsächlich) des Strafgesetzbuchs und (daneben) einzelner sog. Nebenstrafgesetze (wie vor allem Straßenverkehrsgesetz und Betäubungsmittelgesetz) zu mindestens einer einzigen rechtskräftigen neuen Verurteilung führten. In der nachfolgenden Tabelle 3 sind um der Vollständigkeit willen, aber auch wegen der hohen öffentlichen, besonders medialen, Bedeutung, auch nummerisch nur gering besetzte schwere Delikte gesondert ausgewiesen.

Tabelle 3: Veränderungen bezüglich der abgeurteilten Delikte bei der Teilgruppe der Rückfälligen: Vergleich der Zeiträume bis zur sowie nach der Haftentlassung (Entlassungsjahrgang 2009)

Bezeichnung der Deliktsgruppe vor allem nach der Einteilung des StGB	Veränderungen in	
	absoluten Zahlen	Prozent
Delikte gegen das Leben	1 → 0	(-) 100 %
Delikte gegen die sex. Selbstbestimmung	18 → 4	(-) 78 %
Delikte des Raubes und der räuberischen Erpressung	109 → 33	(-) 70 %
Delikte gegen die persönliche Freiheit	49 → 24	(-) 51 %
Gemeingefährliche Delikte	37 → 20	(-) 46 %
Delikte geg. die körperliche Unversehrtheit	184 → 109	(-) 41 %
Alle sonstigen Delikte	356 → 454	(-) 0,4 %
Alle erfassten Delikte zusammengenommen	1.154 → 644	(-) 44 %

Wie man sieht, hat sich in der Phase nach der Haftentlassung in den sozusagen klassischen Haupt-Deliktsbereichen durchweg eine hohe bis merkliche Verringerung ergeben. Bei den in dieser Hinsicht an dieser Stelle nicht weiter differenzierten relativ häufigen ‚sonstigen Delikten‘, darunter (oftmals einfachen) Eigentums- und Vermögensdelikten, war der nummerische Rückgang vernachlässigbar klein, was allerdings nichts daran ändert, dass insgesamt mit rund 44 % eine beachtliche Veränderung eingetreten ist.

Es gibt aus mehreren nachvollziehbaren Gründen eine fortwährende Diskussion um die besondere Bedeutung von Mehrfach- und Intensivtätern für die Innere Sicherheit, getragen von der stillschweigenden bis ausdrücklichen Annahme, dass sie tendenziell ausnahmslos lange in einer kriminellen Karriere verhaftet bleiben, also als typische ‚Rezidivisten‘ auch fortwährend erheblichen und in der Tendenz größer werdenden materiellen Schaden bzw. persönliches Leid verursachen.

Für den Zweck dieser Darstellung sind daher aus den weiteren im Projekt eingesetzten Schwere-Maßen die folgenden ausgewählt worden, unterschieden nach den erneut straffällig gewordenen ‚Wiederholern‘ (d. h. schon zum Teil mehrfach vorbestraften und insoweit quasi typischen Rezidivisten) einerseits, und den nach Erstverbüßung erneut straffällig gewordenen Probanden andererseits, berechnet nach der Phase bis zum Ende der Haft einerseits, sowie nach der Phase des Verlaufs nach der Haftentlassung:

- Das Schwere-Maß der Deliktsbreite bzw. nach anderer inhaltsgleicher wissenschaftlicher Benennung des Deliktsspektrums. Es charakterisiert den Befund, wie viele separate pönalisierte Straftatbestände des Kernstrafrechts bzw. des Nebenstrafrechts den Probanden zugeschrieben wurden.

- Das Schwere-Maß der einbezogenen Taten, im Sinne der von den Gerichten im rechtskräftigen Urteil verbindlich festgestellten Menge von rechtlich voneinander unabhängigen ‚strafbaren Handlungen'. Im materiellen Strafrecht (AT-StGB) wären dies die sog. realkonkurrierenden Delikte. Im formellen Strafrecht (StPO) wären dies, eine der geläufigen Formulierungen paraphrasierend, solche Geschehnisse (Lebenssachverhalte) mit einem zeitlich klaren Anfang und einem klaren Ende, deren mögliche faktische Einzelteile oder Handlungsstränge bzw. subjektive Eigenheiten des Täters dergestalt miteinander verknüpft waren, dass sie nicht ohne Störung des Sinns getrennt behandelt werden könnten. Eine die Realkonkurrenz benennende Formulierung wäre beispielsweise die ins Zentralregister gelangte Verurteilung eines Täters wegen ‚Diebstahls nach § 242 StGB in 95 Fällen'

- Das Schwere-Maß des Medians der abgeurteilten Taten entsprechend den abstrakten Vorgaben des Gesetzes, also der in einzelnen Paragraphen angedrohten Strafen. Es handelt sich hier um den für das jeweilige Delikt vorgesehenen Strafrahmen. Das Statistische Bundesamt (DESTATIS) hat für die Zwecke der Strafverfolgungsstatistik ein Codierschema entwickelt. In dieser Statistik wird nämlich bei der Aburteilung (und ggf. auch Verurteilung) eines Angeklagten wegen mehrerer Straftaten stets nur das ‚abstrakt schwerste' Delikt ausgewiesen. Das Codierschema dient dazu, bei jeder Aburteilung schnell und sicher herausfinden sowie verwerten zu können, welches von mehreren abgeurteilten Delikten oder etwa auch von besonders schweren bzw. minder schweren Deliktsvarianten am höchsten mit Strafe bedroht ist. Beim Nachweis der verhängten Strafen in Verurteilungsfällen werden freilich auch solche Strafen berücksichtigt, die ggf. im selben Urteil für andere Delikte verhängt wurden. Daher darf der Umstand, dass man bei einem bestimmten Delikt eine Strafe oder auch Maßregel entdeckt, die ‚eigentlich' im genannten Straftatbestand des Gesetzes so nicht vorgesehen ist, im Allgemeinen nicht zur Annahme einer Fehlcodierung führen; vielmehr wird man im Regelfalls von der Existenz mindestens eines ‚versteckt' mit abgeurteilten weiteren Deliktes auszugehen haben.

Im Projekt wurde das DESTATIS-Codierschema ohne einen die Aufteilung verändernden Eingriff in eine nummerische Skala mit den Ausprägungen von 1 bis 16 umgewandelt. Nur die Randwerte seien hier erwähnt. Den niedrigsten Schwere-Grad 1 erhielten Delikte mit einer Androhung von (maximal) bis zu 6 Monaten Freiheitsstrafe (oder äquivalenter Geldstrafe). Den höchsten Schwere-Grad 16 erhielten Delikte mit angedrohter lebenslanger Freiheitsstrafe. Da kein Proband im Projekt ‚lebenslänglich' verurteilt worden war, bildet der Schwere-Grad 15 die faktisch höchste Skaleneinheit: Freiheitsstrafe nicht unter 5 Jahren (bis zu 15 Jahren). In der Tabelle 4 sind die drei ausgewählten Schwere-Maße ohne weitere Angaben von Details hintereinander abgebildet. Beim Vergleich der ,Verminderung' der als Erstauffällige in den Jugendstrafvollzug gelangten ,Erstverbüßer' mit den vorbelasteten und zum Teil auch schon mehrfach vollzugserfahrenen ,Wiederholern' sieht man folgendes:

Tabelle 4: Teilgruppe der Rückfälligen: Verbesserungen der zum wiederholten Mal einsitzenden Gefangenen (,Wiederholern') im Vergleich zu erstmals bestraften und erstmals einsitzenden Gefangenen (,Erstverbüßern')

Merkmal	Erstverbüßer	Wiederholer	'Vorsprung' der Wiederholer in der Verbesserung
Deliktsbreite bzw. Deliktsspektrum, Straftatbestände nach StGB und Nebenstrafgesetzen	51 → 39 = (-) 24 %	83 → 60 = (-) 28 %	+ 4 Prozentpunkte
In die Urteile einbezogene Taten (prozessual eigenständige Handlungen)	178 →181 = (+) 2 %	976 → 463 = (-) 53 %	+ 55 Prozentpunkte
Median der rechtskräftig abgeurteilten Taten	4,0 → 3,0 = (-) 25 %	12,0 → 4,0 = (-) 67 %	+ 42 Prozentpunkte

Die Erstverbüßer zeigen ,Verbesserungen' lediglich in zwei von drei Schwere-Maßen, während die Wiederholer durchweg günstigere Resultate, also Verminderungen der Schwere, aufweisen. So ist die Menge der ihnen zugeschriebenen selbständigen Taten um mehr als die Hälfte zurückgegangen, der Median sogar um ziemlich genau zwei Drittel. Die Berechnung und Darstellung eines ,Vorsprungs' ist sprachlich etwas heikel, aber in der Sache bewusst vorgenommen worden, um die Dimensionen einfach nachvollziehbar zu veranschaulichen. Der hier ausgewiesene ,Median' ist in methodischer und inhaltlicher Sicht ein bei Merkmalen, die weit streuen können und faktisch oft weit streuen (wie etwa das Einkommen bei Berufsgruppen in der Normalbevölkerung oder eben hier der Strafrahmen bei strafrechtlich Belangten), viel besser als der anderswo oft ausreichende durchschnittliche „Mittelwert" geeignet, den möglichen verzerrenden Einfluss von extremen ,Ausreißern' nach unten wie nach oben zu verringern. Mit dem Median wird diejenige Merkmalsausprägung (hier Strafandrohung) bezeichnet, welche die jeweilige Gruppe in genau zwei Hälften teilt. Anders gesagt: Er stellt die ,Mitte' dergestalt dar, dass die eine Hälfte der Probanden wegen Delikten mit geringerem Gewicht, die andere Hälfte wegen Delikten mit höherem Gewicht verurteilt wurde.

Eine andere Weise unserer Annäherung an die Frage der Verminderung der Tatschwere bestand darin, ergänzend zu berechnen, wie viele in den Gruppen der Probanden mit entweder keiner oder dann unterschiedlich ausgeprägter Vorbelastung bei ihren abgeurteilten Taten im Median über den Wert 5 ‚hinausgekommen' waren. Ein auch praktisch häufiges Beispiel für ein Delikt mit der abstrakten Strafdrohung der Kategorie 5 ist der (einfache) Diebstahl gemäß dem § 242 StGB (Geldstrafe oder Freiheitsstrafe von 1 Monat bis zu 5 Jahren). Die vorbelasteten Wiederholer hatten insgesamt mit Blick auf alle Taten, auch aus der vorstehenden Tabelle 4 ersichtlich und in sich auch nicht verwunderlich, in der Beobachtungsphase nach der Haftentlassung einen noch um einen Punkt höheren Belastungswert (4 zu 3) erreicht. Bezüglich des angezielten Standard-Wertes 5 jedoch trennt die Quote der höher Belasteten desto deutlicher sozusagen zu Gunsten der Probanden-Teilgruppen, je häufiger sie vorbelastet und vorbestraft waren. Der Median der Schwere aller abgeurteilten Taten ging über den Wert 5 hinaus:

- Bei den Erstverbüßern zu 25,6 %;
- bei den Wiederholern mit 1-2 Vorbelastungen zu 56,4 %;
- bei den Wiederholern mit 3-4 Vorbelastungen zu 17,9 %;
- bei den Wiederholern mit 5 oder mehr Vorbelastungen zu 0 %.

Anders ausgedrückt: kein Einziger der relativ am häufigsten vorbelasteten Probanden wurde in der dreijährigen Phase nach der Entlassung aus der Haft erneut wegen Delikten verurteilt, die in der Größenordnung über der Schwere eines einfachen Diebstahls lagen!

Man kann, wie im Projekt geschehen, die Analyse-Richtung noch etwas anders bestimmen, nämlich gemäß der Frage nach dem *Mittelwert aller Strafandrohungen* für die (hier allein dargestellte) Gesamtheit der allen rückfälligen Probanden zugeschriebenen Delikte. Dieser Wert betrug:

- für die in das Bezugsurteil der Inhaftierung einbezogenen Delikte = 6,73;
- für die in das 1. Rückfall-Urteil einbezogenen Delikte = 5,25;
- für die in die hier summierten 5. und noch weitere Rückfall-Urteile einbezogenen Delikte = 4,23.

Der Befund ist im Trend der Gleiche wie weiter oben und kann zur Verdeutlichung etwas pauschalierend wie folgt formuliert werden: Die Entlassenen mit mehreren Vorstrafen und zum Teil auch mehreren Strafverbüßungen im Gefängnis schneiden in der so gemessenen Verminderung ihrer Deliktsschwere vergleichsweis deutlich am günstigsten ab.

Rein vorsorglich und zur Vermeidung von Missverständnissen sei darauf hingewiesen, dass in der hintergründigen Dynamik dieses Befundes etwa besonders das Älterwerden und damit einhergehend auch oft das Ruhiger-Werden bzw. das menschliche Reifer-Werden eine mitwirkende bis im Einzelfall entscheidende Rolle spielen kann, zugleich oder in anderen Fällen besonders auch eine erstmalige feste Berufstätigkeit oder eine erstmalige menschlich tragende Beziehung. Auf der bewertet eher kritischen bis negativen Seite könnte auch ein früher ‚Abbau' der Lebensenergie insgesamt eine besondere Rolle spielen. Der durchweg entscheidende rechts- und kriminalpolitisch sowie auch pönologisch erhebliche Befund, der gewiss weiterer Vertiefung bedürftig bleibt, ist aber eben, *dass* das ‚Aufhören' auf jeder Stufe neuer Verurteilungen eintreten kann, auch wenn die sog. kriminelle Karriere schon sehr ausgeprägt war. Im ausführlichen Forschungsbericht wird (in Kapitel 3.9.5) anhand anderer Studien aufgezeigt, dass dies auch bei ganz langen Verlaufsbeobachtungen (bis 20 Jahre) nachgewiesen werden kann (vgl. Kerner et al., 2015). Am Ende dieses Kapitels kann noch mit Blick auf vielfältige vergleichende Befunde zu den drei untersuchten Entlassungsjahrgängen 2003, 2006 und 2009 das Folgende sehr kondensiert zusammenfassend gesagt werden:

Im gesamten überblickten Zeitraum hatten die hessischen Jugendgerichte nach den Daten der Strafverfolgungsstatistik nach und nach weniger Jugendstrafen gegen junge Verurteilte verhängt. Von den verhängten Jugendstrafen wurde nach und nach ein höherer Anteil zur Bewährung ausgesetzt. Diese damit insgesamt ersichtlich gestiegene ‚Zurückhaltung' bei unbedingten Strafen bedeutet unter anderem, dass auf das Gesamt gesehen eine stärkere ‚Auslese' der für eine Strafverbüßung im Vollzug dann übrigbleibenden Verurteilten stattgefunden haben muss, sei es in Richtung auf relativ mehr bzw. schwerere Delikte, sei es in Richtung auf vermehrte persönliche Belastungen. Wie sich dies im Einzelnen auswirkte, kann anhand der eigenen Forschung nicht belegt werden. Jedenfalls erbrachte ein entsprechend ausgerichteter Vergleich der jungen Gefangenen, dass die Probanden des Entlassungsjahrgangs 2009 stärker als diejenigen der Entlassungsjahrgänge 2003 und 2006 durch soziobiographische Vorbelastungen (namentlich in Schule, Ausbildung und Beruf) sowie durch legalbiographische Vorbelastungen (namentlich im Schnitt häufigere Vor-Verurteilungen) gekennzeichnet waren. Dies wirkte sich tendenziell nachteilig insbesondere bei der Rückfalldefinition 1 aus.

Was die Perspektive des Strafvollzugs und hier besonders des Jugendstrafvollzugs und darin eingeschlossen die Frage nach etwaiger Wiedereinlieferung wegen neuer Straffälligkeit betrifft, sieht die Lage tendenziell günstiger aus. Dies lässt sich aus dieser Perspektive, folgerichtig den Blick von der Rückfälligkeit auf die Legalbewährung wendend, abschließend wie folgt mit einer wenigstens auch pönologischen ‚Effizienzrate' umschreiben: Im Beobachtungszeitraum von individuell genau 3 Jahren nach der Haftentlassung konnte die Wiederkehr in den Strafvollzug (dann bei den meisten Probanden nach Freiheitsstrafe in eine Anstalt des Erwachsenenvollzuges) vermieden werden:

-   bei den Entlassenen des Jahrgangs 2003 in Höhe von 66,5 %,

- bei den Entlassenen des Jahrgangs 2006 in Höhe von 67,2 % und
- bei den Entlassenen des Jahrgangs 2009 in Höhe von 70,3 %.

4. Die qualitative Teilstudie

4.1 Fragestellungen

Für das Marburger Teilprojekt waren vor allem vier aufeinander aufbauende Frage-stellungen handlungsleitend:

1. Welche Veränderungen lassen sich bei Gefangenen des Jugendvollzugs zwischen Beginn und Ende der Haft feststellen?

Die Veränderungen wurden mit Hilfe von teilstandardisierten Einzelinterviews mit den jungen Gefangenen am Anfang und am Ende der Haft erfasst. Dadurch war es möglich, Veränderungen in relevanten Einstellungen, Persönlichkeitsmerkmalen und Verhaltensabsichten festzustellen. Voraussetzung für die Durchführung von Wieder-holungsinterviews am Ende der Haft war, dass die Probanden mindestens vier Mo-nate in Haft waren, damit relevante Effekte durch die Haft und durch entsprechende Behandlungsmaßnahmen stattfinden können. Für die Erfassung von Veränderungen wurden 25 Selbsteinschätzungsmaße eingesetzt, die z. T. aus bereits bestehenden und bewährten Messinstrumenten übernommen oder speziell für diese Studie entworfen wurden. Zusätzlich zu den Selbsteinschätzungen der Probanden wurden in sieben Be-reichen Fremdeinschätzungen von zuständigen Mitarbeiter/innen im Sozialdienst als ergänzende Information am Anfang und am Ende der Haft eingeholt. Der Fragebogen zur Fremdeinschätzung wurde mit Hilfe von erfahrenen Mitarbeiter/innen der Justiz-vollzugsanstalt speziell für diese Studie entwickelt[3].

2. Welche Bedeutung haben die während der Haft durchgeführten Behandlungsmaß-nahmen für die Veränderungen während der Haft?

Diese Fragestellung bezieht sich auf mögliche Wirkungen der Maßnahmen, die wäh-rend der Haft durchgeführt wurden.

3. Welche Bedeutung hat die selbst- und fremdeingeschätzte Ausgangssituation der jungen Probanden am Ende der Haft für die Legalbewährung nach der Entlassung?

Die Qualität der Legalbewährung wurde mit Hilfe von Auszügen aus dem Bundes-zentralregister festgestellt. Als Maßstab für die Qualität der Legalbewährung wurden vier Kategorien unterschieden:

- *Aussteiger*: Probanden, die innerhalb des ersten Jahres nach Entlassung keine weitere registrierte Straftat aufwiesen.

---

[3] Besonderer Dank gilt hier Herrn von Horstig, der maßgeblich an der Entwicklung des Fragebogens betei-ligt war.

- *Rückfällige nach RD 1*: Probanden, die innerhalb des ersten Jahres nach Entlassung erneut wegen einer Straftat verurteilt wurden, unabhängig von der Qualität des Urteils.

- *Rückfällige nach RD 2*: Probanden, die innerhalb des ersten Jahres nach Entlassung erneut zu einer potentiell oder aktuell freiheitsentziehenden Sanktion verurteilt wurden.

- *Rückfällige nach RD 3*: Probanden, die innerhalb des ersten Jahres nach Entlassung erneut zu einer unbedingten, d. h. nicht zur Bewährung ausgesetzten, Jugend- oder Freiheitsstrafe verurteilt wurden.

In den Analysen wurden die Rückfälligen einer Stufe jeweils mit der Gruppe der Aussteiger verglichen.

4. Welche Faktoren sind für eine erfolgreiche Legalbewährung wichtig?

Diese Fragestellung wurde abschließend mit einem Extremgruppenvergleich von zehn Aussteigern (Probanden, die innerhalb des ersten Jahres nach Entlassung keine oder nur leichte Delikte begangen haben) und zehn Rückfälligen (Probanden, die innerhalb des ersten Jahres nach Entlassung wieder Straftaten begangen haben, die zu einer Wiederinhaftierung führten) untersucht. Das Besondere dabei war, dass Aussteiger und Rückfällige ‚gematcht' wurden, d. h. es wurde nach Paaren von Aussteigern und Rückfälligen gesucht, die in ihren Ausgangsmerkmalen größtenteils vergleichbar waren.

4.2 Beschreibung der Stichprobe

Die Ausgangsstichprobe bestand aus 319 jungen Gefangenen, die zwischen dem 02.04.2009 und dem 21.05.2010 ihre Strafhaft in der Justizvollzugsanstalt Rockenberg oder Wiesbaden antraten. Die Interviews wurden im Rahmen der Zugangsdiagnostik in Form von Einzelinterviews durchgeführt. Zu beachten ist, dass es sich hierbei um eine andere Kohorte von Inhaftierten handelt als im Tübinger Teilprojekt. Von den 319 Personen der Ausgangsstichprobe konnten im Zeitrahmen des Projekts 205 Probanden nochmals kurz vor deren Entlassung wiederbefragt werden. Der Schwund von 1/3 der Ausgangsstichprobe war erwartet worden und kam vor allem durch Probanden zustande, die sehr kurzfristig verlegt oder ins Ausland abgeschoben wurden oder nicht vier Monate lang inhaftiert waren. Letzteres galt als Mindestkriterium, um in der Studie berücksichtigt zu werden.

Merkmale der endgültigen Stichprobe von n=205 Probanden waren schließlich:

- Durchschnittliches Alter: M=19,4 Jahre (SD=2,1).

- 159 Probanden (77,6 %) waren in Deutschland geboren worden. 150 Probanden (73,2 %) besaßen die deutsche Staatsangehörigkeit. 122 Probanden (59,5 %) kamen aus Familien mit Migrationshintergrund.

- 105 Probanden (51,2 %) hatten keinen Hauptschulabschluss, 78 Probanden (38,0 %) einen Hauptschulabschluss, sowie 14 Probanden (6,8 %) einen Realschulabschluss. Sieben Probanden (3,4 %) berichteten von einem sonstigen Schulabschluss[4].

- Die häufigsten Straftaten, die zu der Inhaftierung führten, waren: Raub / räuberische Erpressung (n=67), Diebstahl / Einbruchdiebstahl (n=49), Schwere / Gefährliche Körperverletzung (n=40), Verstöße gegen das Betäubungsmittelgesetz (n=21) sowie einfache Körperverletzung (n=18)[5]. Insgesamt waren 132 Probanden (64,4 %) mit mindestens einem Gewaltdelikt auffällig geworden. Dies belegt die besondere Bedeutung von Gewalttaten bei jungen Inhaftierten.

- Durchschnittliche Länge der verhängten Haftstrafe: M=23,8 Monaten (SD=12,2). Die mittlere tatsächliche Inhaftierungszeit betrug jedoch nur M=15,6 Monate (SD=7,6).

Zusätzlich wurde mit einer Teilstichprobe eine Follow-up-Analyse durchgeführt, in der verfolgt werden sollte, ob die Probanden nach der Entlassung wieder rückfällig wurden. Da die Studie unter Zeitrestriktionen stand, musste im Marburger Teilprojekt mit einem Rückfallzeitraum von einem Jahr gearbeitet werden. Die Rückfälligkeit wurde mit Hilfe von Bundeszentralregisterauszügen erfasst. Die Ziehung erfolgte frühestens im Abstand von 1,5 Jahren nach Entlassung (1 Jahr Rückfallzeitraum plus 6 Monate Nacherfassungszeit), so dass sichergestellt werden konnte, dass die im ersten Jahr nach Entlassung ermittelten Straftaten dort auch eingetragen waren. Für die Follow-up-Analysen konnten von 144 der 205 Gefangenen entsprechende Angaben gesammelt werden. Die Auszüge belegen, dass innerhalb des ersten Jahres nach Entlassung von den 144 Probanden 85 als Aussteiger (59,0 %), 59 als Rückfällige nach RD 1 (41,0 %), 31 als Rückfällige nach RD 2 (21,5 %) und 18 als Rückfällige nach RD 3 (12,5 %) klassifiziert werden können.

4.3 Ergebnisse und Diskussion der qualitativen Marburger Teilstudie

4.3.1 Veränderungen von Einstellungen, Persönlichkeitsmerkmalen und Verhaltensabsichten zwischen Beginn und Ende der Haft

Zur Überprüfung von möglichen Veränderungen wurden 25 Indikatoren durch Selbsteinschätzungen und sieben Indikatoren durch Fremdeinschätzungen erhoben. In 13 der 25 selbsteingeschätzten Indikatoren und in fünf der sieben fremdeingeschätzten Indikatoren ließen sich signifikante Veränderungen (p < ,05) feststellen. Tabelle 5 stellt die signifikanten Effekte (p < ,05) nach Bereichen sortiert dar. Zum besseren Verständnis sind dort auch die inhaltlichen Bedeutungen der Mittelwertentwicklungen in der linken Spalte benannt worden.

---

[4] Eine Person hatte hierzu keine Angaben gemacht.
[5] Ansonsten wurde keine Straftat häufiger als zehnmal in den Auszügen genannt.

Tabelle 5: Übersicht über signifikante Veränderungen in der Selbst- und Fremdeinschätzung zwischen Beginn und Ende der Haft

Skala	Mittelwert (SD) Beginn der Haft (T1)	Mittelwert (SD) Ende der Haft (T2)	Effektstärke η^2
Bereich 'Selbstkonzept und Selbstkontrolle'			
Bessere allgemeine Selbstwirksamkeitsüberzeugung (SE)	2,74 (0,53)	2,89 (0,45)	0,084***
Besserer persönlicher Selbstwert (SE)	3,01 (0,73)	3,41 (0,56)	0,207***
Geringere Tendenz zu risikoreichem Verhalten (SE)	2,20 (0,62)	1,98 (0,58)	0,102***
Gesteigerte Eigenständigkeit und Autonomie (FE)			
Bereich 'Einstellung zu Kriminalität und Lebensstil'			
Kritischere Einstellung zu früheren Straftaten (SE)	1,80 (0,78)	1,58 (0,60)	0,087***
Verringerte Opferempathie (SE)	2,91 (0,70)	2,75 (0,73)	0,049**
Höhere Motivation zum Ausstieg aus einer delinquenten Karriere (FE)	3,15 (0,67)	3,39 (0,77)	0,094***
Bereich 'Sozialverhalten'			
Geringere Gewaltbereitschaft in Konfliktsituationen (SE)	2,77 (0,71)	2,61 (0,70)	0,062***
Besseres hygienebezogenes Verhalten (FE)	3,70 (0,80)	3,95 (0,86)	0,086***
Bereich 'Soziale Eingebundenheit und soziale Netzwerke'			
Stärkere Ablehnung des Kontakts zur früheren Peers (SE)	2,28 (0,97)	2,06 (0,92)	0,044**
Bessere Soziale Unterstützung durch Familie und Bezugspersonen (SE)	3,55 (0,57)	3,66 (0,46)	0,032*
Bereich 'Bereich Schule, Arbeit und Freizeit'			
Höhere Leistungsmotivation (SE)	3,01 (0,48)	3,15 (0,47)	0,097***
Besseres Leistungsbezogenes Verhalten (FE)	3,43 (0,71)	3,60 (0,76)	0,044**
Positiveres Freizeitverhalten (FE)	3,56 (0,74)	3,81 (0,76)	0,090***
Bereich 'Sucht und Schulden'			
Bessere aktive Schuldenbewältigung (SE)	2,45 (0,90)	2,95 (0,79)	0,222***
Stärker ablehnende Haltung zum Drogenkonsum (SE)	1,79 (0,80)	1,52 (0,63)	0,085***
Bereich 'Perspektiven nach der Haft'			
Höhere Selbstwirksamkeit zur Verhinderung eines Rückfalls (SE)	3,36 (0,70)	3,51 (0,60)	0,036**
Geringere wahrgenommene gesellschaftliche Exklusion (SE)	2,59 (0,69)	2,37 (0,68)	0,083***

Anmerkungen: SD = Standardabweichung; SE = Selbsteinschätzung; FE = Fremdeinschätzung; * p < 0,05 ** p < 0,01 *** p < 0,001; η^2 = Effektstärke Eta-Quadrat: kleiner Effekt η^2 = ,01; mittlerer Effekt η^2 = ,06; großer Effekt η^2 = ,14 (vgl. Cohen, 1988)

Ein zentrales Ergebnis der Teilstudie war, dass sich durch die Haft *hauptsächlich positive* Entwicklungen nachweisen lassen. Dies zeigt, dass die Haft eher positive Effekte zu haben scheint. Dieses Bild hat auch Bestand, wenn die Entwicklung der Inhaftierten mit einer vergleichbaren Kontrollgruppe von Berufsschülern verglichen wurde (vgl. Kerner et al., 2015). Damit können z. B. altersbedingte Reifungseffekt als Alternativerklärung für die positiven Entwicklungen der inhaftierten Probanden weitestgehend ausgeschlossen werden.

Allerdings müssen auch ein paar Ergebnisse zu zwei nicht so positiven Entwicklungen kritisch gewürdigt werden:

- Die Verbesserungen bezüglich gewaltbezogener Einstellungen und Verhaltensweisen ist gering. Zwar konnte die Gewaltbereitschaft in konkreten Konfliktsituationen leicht verringert werden, die allgemeine Gewaltbereitschaft veränderte sich während der Haft allerdings nicht. Ebenfalls trat keine signifikante Veränderung in der allgemeinen Empathiefähigkeit ein. Es hat sich bei jungen Straftätern also nicht so sehr die prinzipielle Haltung zu Gewalt und die Fähigkeit, sich in andere Personen hineinversetzen zu können, verändert. Vielmehr scheint lediglich die Einsicht erreicht worden zu sein, dass es besser wäre, eine gewaltsame Eskalation von Konflikten in konkreten Situationen möglichst zu verhindern, weil dies zu Folgeproblemen führen kann. Zum insgesamt eher ambivalenten Befundmuster in diesem Bereich passt ebenfalls, dass sich keine signifikanten Veränderungen in den Fremdeinschätzungen zum Sozialverhalten durch die Mitarbeiter/innen des Sozialdienstes finden lassen. Sowohl das Konfliktverhalten gegenüber Mitgefangenen als auch das generelle Verhalten gegenüber Mitarbeiter/innen der Justizvollzugsanstalt blieben im Verlauf der Haft unverändert.

- Bei der Empathie gegenüber den Geschädigten früherer Straftaten (kurz Opferempathie: z. B. „Ich denke häufig darüber nach, was ich dem Geschädigten angetan habe") findet sich auf den ersten Blick keine positive, sondern vielmehr eine negative Entwicklung. Der Rückgang der Opferempathie war nur für jüngere Probanden zu finden. Für die älteren Probanden zeigte sich keine Veränderung im Verlauf der Haft. Wenn bedacht wird, dass seit der Straftat am Ende der Haft deutlich mehr Zeit vergangen ist als noch zu Beginn der Haft, kann sich im Rückgang der Opferempathie, d. h. eine weniger starke Zustimmung zu entsprechenden Aussagen (s. o.), evtl. auch ein Abschließen mit der eigenen Vergangenheit ausdrücken, welches nicht unbedingt als hinderlich für die weitere Legalbewährung zu bewerten wäre.

- Unklar ist, welche Bedeutung die Veränderungen für die Legalbewährung tatsächlich haben werden. Hierzu kann auch die vorliegende Studie nur begrenzt Auskunft geben.

4.3.2 Bewertung und Wirkung von Behandlungsmaßnahmen

Während der Haft wurden verschiedene Behandlungsmaßnahmen durchgeführt. Ein Ziel der Studie war es, die Wirkung dieser Maßnahmen zu untersuchen. Dies erfolgte auf zwei Wegen: Zum einen sollten die jungen Probanden während des zweiten Interviews die Maßnahmen, an denen sie teilgenommen hatten, mit Noten bewerten. Zum anderen wurde untersucht, ob die Teilnahme an einer Maßnahme im Vergleich zu einer Nicht-Teilnahme zu einer Veränderung in den Einstellungen, Persönlichkeitsmerkmalen oder Verhaltensabsichten der Probanden führte. Zu den evaluierten Maßnahmen gehörten: Schul- und berufsbezogene Maßnahmen, Gruppenmaßnahmen im Suchtbereich (Suchtberatung, Therapievorbereitung, Rückfallprävention), Gewaltpräventive Gruppenmaßnahmen (Anti-Aggression Training, Training sozialer Kompetenz), Psychotherapie, Gruppen zur Auseinandersetzung mit der eigenen Straftat, Schuldenberatung, Besondere Einzelbetreuungsmaßnahmen (Ehrenamtliche, Vollzugspaten, Seelsorge), Sportmaßnahmen sowie entlassungsvorbereitende Maßnahmen (Übergangsmanagement, Alltagspraktische Übungen zur Vorbereitung auf die Entlassung). Die Bewertung der Behandlungsmaßnahmen erfolgte im Rahmen der Befragung am Ende der Haft mit Hilfe einer Schulnotenskala von 1 ‚sehr gut' bis 5 ‚mangelhaft'. Tabelle 6 gibt einen Überblick über die Bewertungen.

Tabelle 6: Bewertung von Behandlungsmaßnahmen auf einer Notenskala von 1 bis 5 durch Probanden am Ende der Haft

Maßnahme	n	Note
Computerkurse	29	1,6
Ehrenamtliche Betreuung – Vollzugspaten / Seelsorge	27/32	1,6 / 1,5
Sportmaßnahmen außerhalb der Wohngemeinschaft	248*	1,7
Übergangsmanagement	58	1,8
Psychotherapeutische Angebote	40	2,1
Entlassungsvorbereitung durch Mitarbeiter/innen des Sozialdienstes	135	2,1
Alltagspraktische Übungen zur Entlassungsvorbereitung	62	2,2
Schulische Maßnahmen (Haupt- und Realschule)	41	2,3
Schulische Maßnahmen (Gruppenförderkurse)	39	2,3
Berufsbezogene Maßnahmen	211*	2,3
Gewaltpräventive Gruppenmaßnahmen	56	2,4
Förderplan	205	2,8
Suchtbereich (Gruppenmaßnahmen)	92	2,9
Schuldenberatung	33	3,1

Die Ergebnisse aus Tabelle 6 zeigen im Großen und Ganzen ein positives Bild:

- Besonders positiv wurden solche Maßnahmen erlebt, die einen Einzelbetreuungscharakter hatten (z. B. ehrenamtliche Betreuung, psychotherapeutische Maßnahmen) oder spaßorientiert (z. B. Sportmaßnahmen oder Computerkurse) waren.

- Schulische und berufliche Maßnahmen, an denen nahezu alle Probanden teilnehmen mussten, lagen im guten 2'er-Bereich. Diese zufriedenstellenden Bewertungen sind insofern wichtig, weil sie etwas über die Akzeptanz der Maßnahmen bei den Inhaftierten aussagen.

- Ebenso wurden entlassungsvorbereitende Maßnahmen (Übergangsmanagement: M=1,8; Alltagspraktische Übungen: M=2,1) positiv bewertet.

- Die Bewertung der gewaltpräventiven Maßnahmen (M=2,4) fiel zufriedenstellend und im Vergleich zu unserer ersten Studie zur systematischen Rückfalluntersuchung im Hessischen Jugendvollzug (vgl. Kerner, Stellmacher, Coester & Wagner, 2011) besser aus[6]. Darüber hinaus stimmte die große Mehrheit der Probanden eher oder voll zu, durch die Maßnahme gelernt zu haben, mit Konflikten besser umgehen zu können (Zustimmungsrate[7]: 66,7 %), andere Meinungen mehr akzeptieren zu können (Zustimmungsrate: 79,0 %) und auf Provokationen gelassener reagieren zu können (Zustimmungsrate: 77,2 %).

Es gab jedoch vier Maßnahmen, die bei der Bewertung weniger gut abschnitten. Dies waren:

- **Gruppenmaßnahmen zur Auseinandersetzung mit der eigenen Straftat:** Die Bewertung der Maßnahme erhielt eine mittlere Notenbewertung von M=2,8. Deutlich weniger als die Hälfte der Probanden (38,9 %) haben die Maßnahme mit der Note 1 oder 2 bewertet. D. h. nur etwas mehr als ein Drittel der Probanden waren mit der Maßnahme zufrieden.

- **Förderplan:** Einen Förderplan erhielten alle Probanden zu Beginn der Haft. Die Bewertung des Förderplans durch die jungen Inhaftierten fiel mit M=2,8 nicht sehr positiv aus. Die zusätzlich erhobenen Informationen ließen jedoch durchaus auch tendenziell positive Aspekte erkennen. Immerhin 64,4 % der Probanden stimmten der Aussage eher oder voll zu, dass die im Förderplan genannten Maßnahmen hilfreich für die Zeit nach der Haft wären, sowie 59,0 %, dass die im Förderplan genannten Maßnahmen ihren eigenen Wünschen und Zielen entsprachen. Kritischer fielen allerdings die Rückmeldungen zur eigenen Mitsprache bei der Erstellung des Förderplans aus. So stimmten etwas mehr als die Hälfte der Probanden (52,6 %) der Aussage eher oder voll zu, dass sie zu wenig Mitspracherecht gehabt hätten. Die Erhöhung des Mitspracherechts bietet einen Ansatzpunkt, um eine bessere Akzeptanz und Bewertung des Förderplans insgesamt zu erreichen.

- **Gruppenmaßnahmen im Suchtbereich:** Etwas entgegengesetzt zu der kritischen Gesamtbewertung von M=2,8 stellte sich heraus, dass die Mehrheit der Probanden die Trainer/innen der Maßnahme gut fanden (Zustimmungsrate: 74,7 %) und auch angaben, dass ihre Einstellung zu Drogen durch die Maßnahme kritischer geworden sei (Zustimmungsrate: 62,5 %). Hier besteht weiterer Aufklärungsbedarf, warum die Maßnahme dennoch insgesamt eher kritisch bewertet wurde.

- **Schuldenberatung:** Die mittlere Notenbewertung zur Schuldenberatung fiel mit M=3,1 am Schlechtesten von allen Maßnahmen aus. Nur etwas mehr als ein Drittel (36,4 %) schienen mit der Beratung zufrieden zu sein und hatten diese mit der Note 1 oder 2 bewertet. Hingegen hatten 39,4 % die Schuldenberatung mit der

---

[6] In der früheren Studie (vgl. Kerner, Stellmacher, Coester & Wagner, 2011) wurden die gewaltpräventiven Maßnahmen mit der Note 2,9 bewertet.

[7] Anteil der Probanden die den vorgelegten Aussagen eher oder voll zustimmten.

Note 4 oder 5 beurteilt. Diese Zahlen verdeutlichen, dass weiterer Aufklärungsbedarf über die Hintergründe der Bewertungen besteht. Dies ist Aufgabe weiterer Forschungen.

Die zentralen Fragestellungen zur Wirkung der Maßnahmen waren, ob die oben dargestellten Veränderungen der Einstellungen, Persönlichkeitsmerkmale und Verhaltensabsichten der Probanden zwischen Anfang und Ende der Haft auf die Teilnahme in spezifischen Maßnahmen zurückgeführt werden können, und ob die Teilnahme an bestimmten Maßnahmen einen prognostischen Wert für die Legalbewährung nach der Haft hat. Im Folgenden werden die Ergebnisse zu den einzelnen Maßnahmen komprimiert dargestellt. Zur Überprüfung der Maßnahmen wurden die Probanden, die an einer Maßnahme teilgenommen hatten, mit einer Kontrollgruppe junger Gefangener verglichen, die im Verlauf der Haft nicht an der betreffenden Maßnahme teilgenommen hatten. Die Teilnahme an Maßnahmen war in einigen Fällen nicht immer eindeutig feststellbar, weil die Aussagen der Probanden und die Angaben der Mitarbeiter/innen im Sozialdienst hier auseinandergingen. In solchen Zweifelsfällen wurden die Probanden weder für die Maßnahmengruppe noch für die Kontrollgruppe berücksichtigt.

Tabelle 7: Übersicht über signifikante Effekte der Behandlungsmaßnahmen auf Selbst- und Fremdeinschätzungen

Skala	Mittelwert (TG) T1 / T2	Mittelwert (KG) T1 / T2	Effektstärke (WW) η^2
Schul- und/oder berufsbezogene Maßnahmen (Vergleich von erfolgreichen vs. nicht erfolgreichen Probanden)			
Steigerung der allgemeinen Selbstwirksamkeitsüberzeugung (SE)	2,70 / 2,96	2,77 / 2,83	0,040**
Steigerung des Selbstwerts (SE)	2,92 / 3,47	3,10 / 3,35	0,036**
Suchtbezogene Gruppenmaßnahmen (Vergleich von Maßnahmenteilnahme mit Kontrollgruppe)			
Stärkere Ablehnung von Drogenkonsum (SE)	1,94 / 1,57	1,49 / 1,41	0,026*
Bessere allgemeine Selbstwirksamkeitsüberzeugung (SE)	2,72 / 2,93	2,88 / 2,94	0,023*
Gewaltpräventive Gruppenmaßnahmen (Vergleich von Maßnahmenteilnahme mit Kontrollgruppe)			
Verringerung der Gewaltbereitschaft in Konfliktsituationen (SE)	2,83 / 2,56	2,65 / 2,55	0,018+
Verringerung der Tendenz zu risikoreichem Verhalten (SE)	2,29 / 1,92	2,14 / 1,96	0,018+
Psychotherapeutische Maßnahmen (Vergleich von Maßnahmenteilnahme mit Kontrollgruppe)			
Positive Entwicklung in der Einstellung zu Gesetzen (SE)	2,69 / 2,86	2,96 / 2,87	0,029*
Steigerung der Motivation zum Ausstieg aus del. Karriere (FE)	3,17 / 3,63	3,17 / 3,30	0,038*
Steigerung der Eigenständigkeit und Autonomie (FE)	3,59 / 3,99	3,57 / 3,72	0,033*
Einzelbetreuungsmaßnahmen (Ehrenamtliche Betreuung, Seelsorge, Vollzugspaten) (Vergleich von Maßnahmenteilnahme mit Kontrollgruppe)			
Positive Entwicklung in der Leistungsmotivation (SE)	2,94 / 3,20	3,02 / 3,10	0,044*
Anstieg des Persönlichen Selbstwerts (SE)	2,89 / 3,52	3,02 / 3,52	0,023+
Positivere Freizeitgestaltung (FE)	3,51 / 3,96	3,58 / 3,73	0,036*
aber auch Abnahme der Opferempathie (SE)	3,08 / 2,72	2,79 / 2,83	0,093***

Anmerkungen: SD = Standardabweichung; SE = Selbsteinschätzung; FE = Fremdeinschätzung; η^2 = Effektstärke

Eta-Quadrat ist bezogen auf den Wechselwirkungseffekt zwischen Gruppe und Zeit; + p<,10, * p < 0,05, ** p < 0,01, *** p < 0,001

Wie Tabelle 7 zeigt, sind einige positive Maßnahmeneffekte im Vergleich zur Kontrollgruppe erkennbar. Zu beachten ist allerdings, dass aus darstellungsökonomischen Gründen lediglich die signifikanten Effekte geschildert wurden. So fehlt z. B. in der Tabelle der Hinweis, dass bezüglich der Schuldenberatung und den Sportmaßnahmen außerhalb der Wohngemeinschaft keine Effekte nachweisbar waren. Zusätzlich muss erwähnt werden, dass nur die gewaltpräventiven Maßnahmen einen nachweisbaren Effekt auf die tatsächliche Rückfälligkeit im ersten Jahr nach der Entlassung hatten. Diejenigen Probanden, die während der Haft an einer gewaltpräventiven Maßnahme teilgenommen hatten, zeigten eine geringere Rückfälligkeit nach RD1 (29,2 % rückfällig) und RD2 (15,0 %) als diejenigen Inhaftierten der Kontrollgruppe (RD1: 48,8 %; RD2: 33,9 %). Der Effekt einer Maßnahme auf die tatsächliche Rückfälligkeit ist ein besonders strenger Test für die Wirkung einer Maßnahme. Daher weist der Effekt auf die besondere Bedeutung von gewaltpräventiven Maßnahmen hin.

Zusätzlich möchten wir auf ein paar besondere methodische Aspekte und Probleme hinweisen, die für eine adäquate Einschätzung der Ergebnisse wichtig sind:

- *Teilnahme an mehreren Maßnahmen*: Die befragten Probanden haben meist an mehreren Behandlungsmaßnahmen während der Haft teilgenommen. Da wir nur am Anfang und am Ende der Haft Daten erheben konnten, werden die dargestellten Ergebnisse zu einzelnen Maßnahmen auch durch die Teilnahme an anderen Maßnahmen überschattet.

- *Effekte der selektiven Zuweisung zu Maßnahmen*: Eine weitere Problematik bestand in der Form der Zuweisung von Gefangenen zu Behandlungsmaßnahmen. In bestimmten Maßnahmen erfolgt eine systematische Zuweisung der Probanden zu Maßnahmen. So sollten z. B. Probanden mit einer Suchtproblematik selbstverständlich einer suchtpräventiven Maßnahme zugewiesen werden. Die selektive Zuordnung bedeutet aber, dass die Probanden der Maßnahmengruppe z. T. nur bedingt mit denen der Kontrollgruppe verglichen werden können.

- *Zeitraum zwischen Maßnahmenende und Befragung am Ende der Haft*: In der vorliegenden Evaluation haben wir zwar zwischen Maßnahmen- und Kontrollgruppen unterscheiden können, aber lediglich zu Beginn und zum Ende der gesamten Haft Daten erhoben. Dies bringt natürlich Verzerrungen bei der Evaluation von bestimmten Behandlungsmaßnahmen mit sich. Beispielsweise kann man sich gut vorstellen, dass der Effekt einer Maßnahme, die ganz am Anfang der Haft und im großen Abstand zur zweiten Befragung stattgefunden hat, sich im Verlauf der Haft abschwächt. Vor dem Hintergrund dieser möglichen Schwierigkeiten sollten die gefundenen positiven Ergebnisse allerdings umso mehr wertgeschätzt werden.

- *Keine klare Trennung von Behandlungsmaßnahmen und der Betreuung durch Mitarbeiter/innen des Sozialdienstes möglich*: Jeder Gefangene wurde durch eine Mitarbeiterin oder einen Mitarbeiter des Sozialdienstes betreut. Im Rahmen der Betreuung finden auch außerhalb von besonderen Behandlungsmaßnahmen unterschiedlich intensive Interaktionen mit den Probanden statt, die sich z. B. auf die Auseinandersetzung mit den eigenen Straftaten, dem Umgang mit einer Suchtproblematik oder dem Umgang mit Schulden beziehen können. Dies kann dazu führen, dass Probanden, die nicht an einer spezifischen Maßnahme teilgenommen haben, dennoch positive Entwicklungen zeigen. In der vorliegenden Evaluation lagen keine (oder aber nur unsystematische) Informationen darüber vor, welche Interventionen die Sozialdienstmitarbeiter/innen in Vier-Augen-Gesprächen durchgeführt hatten. Daher war es nicht möglich, die Wirkung solcher individuellen Betreuungen durch Sozialdienstmitarbeiter/innen und beispielsweise gruppen-bezogene Behandlungsmaßnahmen sauber zu trennen.

Trotz dieser methodischen Einschränkungen waren diverse wünschenswerte und erwartete Effekte nachweisbar. Dies spricht für die Güte der evaluierten Behandlungsmaßnahmen. Es muss jedoch auch angemerkt werden, dass nicht alle erwarteten Effekte eingetreten sind. Für zukünftige Studien, die die Wirkung von Behandlungsmaßnahmen untersuchen, möchten wir empfehlen, ein Evaluationsdesign zu wählen, das direkt vor Beginn und nach Abschluss einer spezifischen Maßnahme ansetzt. Zusätzlich sollte parallel zur Maßnahmengruppe eine vergleichbare Kontrollgruppe befragt werden, um z. B. einfache Reifungseffekte ausschließen zu können. Solche Evaluationsdesigns könnten viele der oben beschriebenen Probleme ausschalten. Dennoch liefert die vorliegende Evaluation bereits einen guten Einblick in die Wirkungen der Maßnahmen.

4.3.3 Prognose der Legalbewährung nach der Entlassung

Für 144 Probanden lagen nicht nur Daten aus den Interviews zu Beginn und am Ende der Haft vor, sondern auch Informationen aus dem Bundeszentralregister zur Rückfälligkeit mit einem Rückfallzeitraum von einem Jahr. Dadurch war es möglich eine Prognose zu erstellen, welche Bedeutung die Einstellungen, Persönlichkeitsmerkmale und Verhaltensabsichten der Probanden am Ende der Haft für die Legalbewährung im ersten Jahr nach der Entlassung hatten. Zur Rückfallvorhersage wurden drei Gruppen von Rückfälligen nach den Rückfalldefinitionen RD1, RD2 und RD3 (vgl. Erläuterungen Kap. 3.1) gebildet, die die unterschiedliche Schwere eines Rückfalls markieren. Ein wichtiges Ziel war es herauszufinden, ob sich Aussteiger und Rückfällige in den Ausgangssituationen am Ende der Haft unterschieden, oder anders ausgedrückt, welche Bedeutung die selbst- und fremdeingeschätzte Ausgangssituation am Ende der Haft für die Prognose der Legalbewährung im ersten Jahr nach der Entlassung hat.

Für die Interpretation der Befunde sei angemerkt, dass bei der Prognose der Legalbewährung mit einem Rückfallzeitraum von lediglich einem Jahr gearbeitet wurde. Innerhalb des ersten Jahres wird aber erst ein bestimmter Prozentsatz der potentiell Rückfälligen tatsächlich durch erneute Straftaten wieder offiziell registriert. So zeigt die Tübinger-Teilstudie zum Entlassungsjahrgang 2009, dass nach einem Jahr zwar ca. 70 % aller in einem Drei-Jahres-Zeitraum rückfällig werdenden jungen Straftäter wieder eine erneute Straftat begangen haben. Mit einer entsprechenden Verurteilung offiziell registriert waren aber erst ca. 36 %. Für die Follow-up-Analyse des Marburger Teilprojekt heißt dies, dass noch einige Probanden, die bisher als Aussteiger klassifiziert wurden, noch rückfällig werden, oder sie bereits rückfällig geworden sind, aber noch nicht offiziell entsprechend registriert sind. Dies erschwert die Vorhersage einer erfolgreichen Legalbewährung. Unsere Ergebnisse lassen daher lediglich einen Rückschluss darauf zu, welche Faktoren für einen *relativ schnellen* Rückfall in delinquente Verhaltensmuster verantwortlich sind.

4.3.3.1 Rückfallvorhersage durch Selbst- und Fremdeinschätzungen am Ende der Haft

Die Rückfallvorhersage durch Selbst- und Fremdeinschätzungen erwies sich als besonders schwierig. Die Fremdeinschätzungen der Mitarbeiter/innen im Sozialdienst ermöglichten eine etwas bessere Prognose der Legalbewährung (3 von 7 Einschätzungen ließen eine signifikante Prognose zu) als die Selbsteinschätzungen (4 von 25 Einschätzungen ließen eine signifikante Prognose zu). Die Stabilität und Zuverlässigkeit der Prognosen ist jedoch schwierig zu beurteilen. In nur zwei Fällen wirkte sich die Rückfallvorhersage auf alle drei Rückfalldefinitionen aus. Daher sind die vorliegenden Ergebnisse mit großer Vorsicht zu interpretieren. Der stärkste Prädiktor für die Rückfälligkeit nach der Entlassung am Ende der Haft war die selbsteingeschätzte **wahrgenommene gesellschaftliche Stigmatisierung**. Für alle drei Rückfalldefinitionen (RD 1, RD 2 und RD 3) zeigte sich, dass ein höheres Ausmaß wahrgenommener Stigmatisierung mit einem vergrößerten Rückfallrisiko einherging. Interessant ist, dass der Effekt umso stärker ist, je strenger die Rückfalldefinition ist. Für die unbedingte Rückfälligkeit, d. h. einer Verurteilung zu nicht zur Bewährung ausgesetzter Jugend- oder Freiheitsstrafe, ergab sich der stärkste Effekt. Dies lässt darauf schließen, dass die Wahrnehmung von gesellschaftlicher Stigmatisierung durchaus ein bedeutsamer Risikofaktor für eine erfolgreiche Legalbewährung ist.

In den Fremdeinschätzungen durch die Mitarbeiter/innen des Sozialdienstes zeichnete sich das leistungsbezogene Verhalten als der stärkste Prädiktor für eine gelungene Legalbewährung im ersten Jahr nach der Haftentlassung aus. Signifikante Effekte ergaben sich hier für alle drei Rückfalldefinitionen: Je höher das fremdeingeschätzte Leistungsverhalten am Ende der Haft war, desto geringer fiel jeweils das Rückfallrisiko aus. Ein positives Verhalten im Arbeits- und Schulkontext während der Haft – gekennzeichnet bspw. durch eine eigenständige Arbeitsweise, Teamfähigkeit und Durchhaltevermögen – geht also mit einer größeren Wahrscheinlichkeit der positiven Legalbewährung nach der Haft einher. Dies belegt wiederum die Wichtigkeit einer erfolgreichen Reintegration durch schul- und berufsbezogenen Maßnahmen für die Legalbewährung nach der Entlassung.

Ein weiterer interessanter Effekt zeigte sich hinsichtlich der fremdeingeschätzten **Impulsivität und Gewaltbereitschaft bei Konflikten mit Mitgefangenen**. Diese Variable beinhaltet Aspekte von Impulskontrolle, Frustrationstoleranz und Konfliktverhalten. Sie erlaubt Aussagen über das Sozialverhalten der Probanden aus Sicht des Sozialdienstes. Es zeigt sich, dass die Rückfallgefahr gemäß RD 1 und RD 2 dann geringer war, wenn bei den Probanden eine niedrigere Impulsivität und Gewaltbereitschaft am Ende der Haft vorlag.

Zusätzlich zur Rückfallvorhersage durch die Einstellungen und Verhaltensintentionen am Ende der Haft wurde überprüft, ob die Veränderungen während der Haft die tatsächliche Rückfälligkeit vorhersagen konnte. Im Speziellen sollte also untersucht werden, ob die Veränderungen einen inkrementellen Vorhersagegewinn bieten, der über die Vorhersage durch Selbst- und Fremdeinschätzungen am Ende der Haft hinausgeht. Allerdings ergaben die Berechnungen, dass die Veränderungen während der Haft kaum noch zusätzlichen Vorhersagewert für die Legalbewährung nach der

Entlassung haben. Bei lediglich drei von insgesamt 75 Berechnungen (25 Maße bei je drei Rückfalldefinitionen) konnte ein signifikanter inkrementeller Effekt der Veränderungen während der Haft festgestellt werden. Da die Effekte eher klein waren und eine solche Anzahl von signifikanten Effekten im Rahmen der statistischen Irrtumswahrscheinlichkeit zu erwarten sind, kann nicht ausgeschlossen werden, dass es sich hierbei um Artefakte handelt.

4.3.3.2 Einflussfaktoren auf eine erfolgreiche Legalbewährung – Ergebnisse eines Extremgruppenvergleichs

Für den Extremgruppenvergleich wurden zehn Aussteiger (Probanden, die innerhalb des ersten Jahres nach Entlassung keine Delikte oder nur Bagatelldelikte begangen haben) mit zehn Rückfälligen (Probanden, die innerhalb des ersten Jahres wieder Straftaten begangen hatten, die zu einer Wiederinhaftierung führten; entspricht RD3) verglichen. Das besondere des Extremgruppenvergleichs war, dass Paare von Aussteigern und Rückfälligen gesucht wurden, die in ihren Ausgangsmerkmalen größtenteils vergleichbar waren. Entsprechend wurden Aussteiger und Rückfällige gesucht, die im Bereich ‚Alter‘, ‚Straftat im Bezugsurteil‘, ‚Strafmaß des Bezugsurteils‘, ‚tatsächliche Haftlänge‘, ‚Migrationshintergrund‘ und ‚Drogenkonsum‘ vergleichbar sind. Anzumerken ist, dass die kleine Stichprobe von 20 Probanden bei Extremgruppenvergleichen insoweit zu Problemen führt, weil Effekte sehr deutlich zu Tage treten müssen, um statistisch signifikant zu werden. Daher wird im Folgenden mit einem 10%-Signifikanzniveau bei zweiseitiger Testung gearbeitet. Darüber hinaus werden auch solche Effekte diskutiert, die in der Tendenz zu finden waren (d. h. mindestens 30%ige Unterschiede zwischen Aussteigern und Rückfälligen, die aber auf dem 10%-Niveau knapp nicht mehr signifikant waren). Diese Effekte müssen letztlich aber mit Vorsicht interpretiert werden. Die Diskussion der Effekte des Extremgruppenvergleichs erfolgt nach Bereichen:

- **Schul- und berufsbezogene Reintegration**: In diesem Bereich ergaben sich die meisten signifikanten Effekte. Aussteiger verdienten im Vergleich zu Rückfälligen nach der Entlassung durch Jobs oder Ausbildung häufiger selber Geld (100 % der Aussteiger / 60 % der Rückfälligen), sie hatten häufiger einen Realschulabschluss oder einen weitergehenden Schulabschluss beim Wiederholungsinterview (50 % der Aussteiger / 10 % der Rückfälligen), sie hatten sich häufiger nach der Entlassung für eine Berufsausbildung beworben (80 % der Aussteiger / 30 % der Rückfälligen), sie hatten nach der Entlassung häufiger eine Schulausbildung (30 % der Aussteiger / 0 % der Rückfälligen) oder eine Berufsausbildung begonnen (60 % der Aussteiger / 20 % der Rückfälligen) und sie hatten nach der Entlassung häufiger einen Abschluss in der Schule oder eine Berufsausbildung gemacht (30 % der Aussteiger / 0 % der Rückfälligen). Darüber hinaus war zu beobachten, dass Aussteiger seltener über eine längere Zeit nach der Entlassung[8] arbeitslos waren (10 % der Aussteiger / 40 % der Rückfälligen). Entsprechend zeigten Aussteiger im Vergleich zu den Rückfälligen nach der Entlassung eine positivere berufliche Entwicklung (80 % der Aussteiger / 40 % der Rückfälligen) und äußerten eine positivere berufliche Perspektive für die Zukunft (80 % der Aussteiger / 40 % der Rückfälligen).

- **Aufbau und Pflege sozialer Peer-Netzwerke**: Aussteiger hatten im Vergleich zu Rückfälligen häufiger Kontakt zu nicht-delinquenten Peers (100 % der Aussteiger / 60 % der Rückfälligen) und berichteten tendenziell häufiger von positiven Kontakten außerhalb der Familie (90 % der Aussteiger / 60 % der Rückfälligen). Außerdem hatten Aussteiger tendenziell seltener Kontakt zu delinquenten Peers (40 % der Aussteiger / 70 % der Rückfälligen) und zeigten tendenziell auch seltener subkulturelle Orientierungen nach der Haft (55,6 % der Aussteiger / 88,9 % der Rückfälligen).

- **Liebesbeziehungen**: Aussteiger berichteten im Vergleich zu Rückfälligen tendenziell häufiger vom Vorhandensein bedeutsamer Liebesbeziehungen nach der Entlassung (80 % der Aussteiger / 50 % der Rückfälligen).

- **Freizeitverhalten**: Aussteiger gingen im Vergleich zu Rückfälligen tendenziell häufiger einer strukturierten Freizeitgestaltung nach (50 % der Aussteiger / 20 % der Rückfälligen).

- **Reduzierung der Gewaltbereitschaft**: Aussteiger zeigten im Vergleich zu Rückfälligen nach der Entlassung häufiger eine positive Veränderung der Einstellung gegenüber Gewalt (88,9 % der Aussteiger / 50 % der Rückfälligen) und äußerten auf einer standardisierten Skala tendenziell eine geringere allgemeine Gewaltbereitschaft ($d=0,74$; $p=0,13$).

- **Entwicklung im Suchtbereich**: Aussteiger hatten im Vergleich zu Rückfälligen häufiger eine Drogentherapie abgeschlossen (75 % der Aussteiger / 0 % der Rückfälligen). Außerdem gaben Aussteiger an, tendenziell seltener regelmäßig Cannabis nach der Entlassung konsumiert zu haben (20 % der Aussteiger / 50 % der Rückfälligen).

- **Umgang mit Schulden**: Tendenziell zeigten Aussteiger im Vergleich zu Rückfälligen eine positivere, d. h. konstruktivere Einstellung zu Schulden (80 % der Aussteiger / 50 % der Rückfälligen), sowie berichteten häufiger eine Unterstützung bei der Schuldenbewältigung in Anspruch genommen zu haben (75 % der Aussteiger / 43 % der Rückfälligen).

- **Verhältnis zur Bewährungshilfe**: Aussteiger erlebten im Vergleich zu Rückfälligen die Bewährungshilfe häufiger als positiv (56 % der Aussteiger / 14 % der Rückfälligen).

---

[8] Kodiert wurde hier, ob die Probanden mindestens die Hälfte der Zeit nach der Entlassung arbeitslos waren oder nicht.

- **Lebenszufriedenheit**: Aussteiger äußerten im Vergleich zu Rückfälligen eine größere Zufriedenheit mit dem eigenen Leben (80 % der Aussteiger / 40 % der Rückfälligen).

- **Persönlichkeitsentwicklung**: Aussteiger hatten im Vergleich zu Rückfälligen tendenziell einer positiveren Selbstwert (80 % der Aussteiger / 44,4 % der Rückfälligen) und äußerten auf einer standardisierten Skala tendenziell eine als geringer wahrgenommene gesellschaftliche Exklusion (d=0,77; p=0,12).

Die Ergebnisse bestätigen diverse Befunde der Extremgruppenvergleiche aus unserer ersten systematischen Rückfalluntersuchung (vgl. Kerner, Stellmacher, Coester & Wagner, 2011). Allerdings konnten nicht alle Befunde unseres Extremgruppenvergleichs aus der ersten Rückfalluntersuchung bestätigt werden: Die werte- und moralbezogene Reintegration (d. h. insbesondere die Entwicklung einer kritischen und nicht-bagatellisierende Einstellung zu Straftaten) konnte nicht als wichtiger Faktor für eine erfolgreiche Legalbewährung in der aktuellen Studie bestätigt werden. Auffallend ist aber, dass in der aktuellen Studie die Rückfälligen im Follow-up-Interview zu 60 % eine kritische Haltung zu den Straftaten äußerten, die zur erneuten Inhaftierung führten. Hier wirkt vermutlich die erneute Inhaftierung auf die Aussagen der Probanden. Daher ist es nicht ganz so verwunderlich, dass sich Aussteiger und Rückfällige bezüglich der Einstellung gegenüber den früheren Straftaten nicht unterschieden. Darüber hinaus blieb in der aktuellen Studie auch die Rolle der Familie für eine erfolgreiche vs. nicht-erfolgreiche Legalbewährung nach der Entlassung unklar. Dies war aber auch bereits in unserer ersten Rückfallstudie der Fall. Hier ist weiterer Forschungsbedarf angezeigt, zumal in anderen Forschungen (vgl. z. B. Andrews & Bonta, 2010) schwache Familienbeziehungen als ein zentraler Risikofaktor für fortgesetztes delinquentes Verhalten angesehen werden.

5. Ausblick

Als die neuen Gesetze für den Jugendstrafvollzug in den Ländern diskutiert wurden, gab es Stimmen, die den Aspekt der Wirksamkeitsüberprüfung meist aus methodischen Gründen kritisch sahen oder gar ablehnten. Aus den gesammelten Erfahrungen bei der Evaluation des Hessischen Jugendvollzuges kommen wir abschließend zu einer anderen Einschätzung: Wirkungsforschung im Jugendstrafvollzug ist möglich und nötig. Tatsächlich gestaltet sich im Strafvollzug empirische Forschung technisch, methodisch und ethisch deutlich schwieriger als außerhalb von Gefängnismauern. In der Fachdiskussion wird z. B. kritisiert, dass die höchsten Gütekriterien an die beweisorientierte Wirkungsforschung (z. B. laut Maryland Scientific Scale – Stufe 5), d. h. ein randomisiertes kontrolliertes Experiment, also eine Studie mit zufälliger Untersuchungs- und Kontrollgruppe (vgl. Farrington, Gottfredson, Sherman & Welsh, 2002)) im Strafvollzug nicht umgesetzt werden können. Eine apodiktische Haltung, die randomisierte Kontrollgruppendesigns als Grundlage jeglicher Forschungsansätze verlangt und daneben keinerlei Spielraum für Evaluation lässt, vergisst wichtige Grundsätze der beweisorientierten Präventionsforschung.

Erstens existiert eine Forschungswirklichkeit auch unterhalb der Maryland Scientific Scale – Stufe 5. So ist schon Stufe 4 (Kontrollgruppendesign ohne Randomisierung, aber mit anderen Möglichkeiten zur Gewährleistung ähnlicher Vergleichsgruppen) in der Wirkungsforschung im Strafvollzug durchaus möglich. Damit können z. B. Rückfall, Einstellungs- und Verhaltensänderungen (durch bestimmte Angebote) während und nach der Haft oder die Akzeptanz von Angeboten (als absolute Voraussetzung von Wirksamkeit der Maßnahmen) gemessen werden.

Zweitens führt eine wissenschaftliche Untersuchung in ihrem Verlauf unweigerlich Standards ein, die für jede moderne Projekt- bzw. Programmplanung beachtet werden sollten (z. B. die genaue Beschreibung des Problems, die Festlegung, welche unterschiedlichen Ziele eigentlich erreicht werden sollen oder das Einführen bzw. Verbessern von Dokumentationssystemen) und die zu mehr Transparenz, Orientierung sowie Qualität führen. So fordert auch die Campbell Collaboration, die anerkannte systematische Bewertungen von Präventionsprogrammen erstellt, für Bestnoten neben einem methodisch hochwertigen Design (am besten aber eben nicht nur ein randomisiertes kontrolliertes Experiment) auch Kriterien wie hohe Transparenz, Berücksichtigung weltweiter Forschung, klarer und verständlicher Bericht oder regelmäßige Aktualisierung (vgl. Farrington & Weisburd, 2007).

Drittens sind viele Projekte und Programme die im Jugendstrafvollzug durchgeführt werden, nicht im luftleeren Raum entstanden. In vielen Fällen gibt es sinnvolle und auf höchster Stufe getestete Ansätze außerhalb des Strafvollzugs, die auch dem Risikoprofil von Personen im Strafvollzug folgen und daher hier, unter Einhaltung hoher Qualitäts- und Implementationsstandards, durchaus umgesetzt werden können.

Viertens sollte der Erfolg von Maßnahmen innerhalb des Strafvollzuges nicht nur anhand des Kriteriums des Rückfalls bestimmt werden. Wir haben in unserer quantitativen Teilstudie drei Rückfalldefinitionen gewählt, da die Einträge im Bundeszentralregister mindestens in ihrer Quantität und Qualität, d. h. die Menge der Taten bzw. rechtskräftigen Urteile und die Schwere der Rückfalltat, betrachtet und in das Verhältnis zu der Vorgeschichte der Probanden gesetzt werden sollten. Dies ergab, wie oben beschrieben, bei Rückfalldefinition 1 (Berücksichtigung aller Einträge im Bundeszentralregister) eine Rückfallquote von ca. 70 % und bei Rückfalldefinition 3 (Berücksichtigung nur unbedingter Strafen) eine Rückfallquote von ca. 30 %.

In der fachlichen aber gerade auch in der medialen Diskussion sollte in diesem Zusammenhang darauf hingewiesen werden, dass sich im deutschen Strafvollzug eine Population mit sehr hohem Risikoprofil befindet. Für diese gilt noch stärker, was aus der kriminologischen Verlaufsforschung auch für die ‚normale' (Jugend)Kriminalität bekannt ist: einen abrupten Abbruch krimineller Karrieren (z. B. durch die Teilnahme an einer einzigen Maßnahme) gibt es selten. Ausstieg wird als Prozess im Spannungsfeld von Übergängen, von turning points, von Risiko- und Schutzfaktoren, Bindungen und Kontrolle beschrieben (vgl. Stelly & Thomas, 2001). In dieser Betrachtung können im Strafvollzug und von den Behandlungsmaßnahmen bestimmte Prozesse angeschoben werden, die eine Quantität und Qualität der Straftaten positiv beeinflussen. Den sofortigen kompletten Abbruch krimineller Karrieren von meist hochbelasteten jungen Männern im Strafvollzug zu ermöglichen, erscheint ein unrealistisches Ziel. In dieser Hinsicht sind die fast 30 % der Probanden, die drei Jahre nach Haftentlassung gar keine neuen Einträge im Bundeszentralregisterauszug hatten, als Erfolg zu werten.

In dieser Betrachtung ist Strafvollzug (auch) ein Ort, an dem soziales Leben, Lernen und Verhalten, wenngleich unter teilweise deutlich erschwerten Bedingungen, stattfindet und in dem ein persönlicher Wandel durchaus möglich ist oder zumindest angeregt werden kann. Eine hohe Qualitätsorientierung sowie sinnvolle Programme, die nach bestmöglichen Standards adaptiert, überprüft und ständig weiterentwickelt werden, bilden hierbei das Fundament und flankieren solche Prozesse positiv. In jedem Fall lohnt sich die Forderung nach mehr Qualität innerhalb von Gefängnismauern ebenso wie außerhalb. So ist denn auch das Urteil des Bundesverfassungsgerichtes zu verstehen, dass es nämlich um die sorgfältig ermittelten Annahmen über die Wirksamkeit von Behandlungsmaßnahmen und nicht (nur) um Wirksamkeitsprüfungen auf (immer und nur) höchster Stufe geht. In diesem Sinne wird an dieser Stelle für eine kontinuierliche, externe, wissenschaftliche Wirkungsforschung im Jugendstrafvollzug plädiert, die nicht nur Wirkungen misst, sondern auch Hinweise zur ständigen Anpassung, Weiterentwicklung und Verbesserung von Prozessen und Maßnahmen gibt.

6. Literatur

Andrews, D. A. & Bonta, J. (2010). *The psychology of criminal conduct*. New Providence, NJ: Anderson/LexisNexis.

Beelmann, A. (2012). Wie kann Prävention gelingen? Ergebnisse der Evaluationsforschung. *Thema Jugend*, 10, 2-5.

Camp, C. & Camp, G. (1998). *The Corrections Yearbook*. Middleton, CT: Criminal Justice Institute.

Cohen, J. (1988). *Statistical power analysis for the behavioral sciences*. Hillsdale, NY: Erlbaum.

Drake, E. K. et al. (2009). Evidence-based public policy options to reduce crime and criminal justice costs: Implications in Washington state. *Victims and Offenders*, 4, 170-196.

Farrington, D. P. & Weisburd, D. (2007). The Campbell Collaboration Crime and Justice Group. *The Criminologist*, 1, 3-5.

Farrington, D. P., Gottfredson, D. C., Sherman, L. W., & Welsh, B. C. (2002). The Maryland scientific methods scale. In: L. W. Sherman, D. P. Farrington, B. C. Welsh & D. L. MacKenzie (Eds.), *Evidence-Based Crime Prevention* (S. 13-21). New York, NY: Routledge.

Goffman, E. (1973). Asyle. *Über die soziale Situation psychiatrischer Patienten und anderer Insassen*. Frankfurt am Main: Suhrkamp.

Heinz, W. (2004). Die neue Rückfallstatistik – Legalbewährung junger Straftäter. *Zeitschrift für Jugendkriminalrecht und Jugendhilfe*, 15, 35-48.

Hessisches Ministerium der Justiz (2004). *Abschlussbericht der Arbeitsgruppe ‚Einheitliche Vollzugskonzeption im hessischen Jugendvollzug'*. Wiesbaden: Hessisches Ministerium der Justiz.

Jehle, J.-M., Albrecht, H.-J., Hohmann-Fricke, S. & Tetal, C. (2010). *Legalbewährung nach strafrechtlichen Sanktionen. Eine bundesweite Rückfalluntersuchung 2004 bis 2007*. Mönchengladbach: Forum Verlag Godesberg.

Jehle, J.-M., Albrecht, H.-J., Hohmann-Fricke, S. & Tetal, C. (2013). *Legalbewährung nach strafrechtlichen Sanktionen. Eine bundesweite Rückfalluntersuchung 2007 bis 2010 und 2004 bis 2010*. Mönchengladbach: Forum Verlag Godesberg.

Jehle, J.-M., Heinz, W. & Sutterer, P. (2003). *Legalbewährung nach strafrechtlichen Sanktionen: eine kommentierte Rückfallstatistik*. Mönchengladbach: Forum Verlag Godesberg.

Kerner, H.-J. (1974). Rückfalltäter. In: G. Kaiser, F. Sack & H. Schellhoss (Hrsg.), *Kleines Kriminologisches Wörterbuch* (S. 272-276). Freiburg i. Br.: Herder.

Kerner, H.-J. (1993). Rückfall, Rückfallkriminalität. In: Kaiser, F. Sack & H. Schellhoss (Hrsg.), *Kleines Kriminologisches Wörterbuch. 3., völlig neu bearbeitete und erweiterte Auflage*. (S. 432-436). Heidelberg: UTB.

Kerner, H.-J. (2015). Forschung zum Jugendstrafvollzug – Notwendigkeit, Dimensionen, Möglichkeiten und Grenzen. In: M. Schweder (Hrsg.), *Handbuch Jugendstrafvollzug*. (S. 796-827). Weinheim: Beltz Juventa.

Kerner, H.-J. & Janssen, H. (1983). Rückfall nach Jugendstrafvollzug. Betrachtungen unter dem Gesichtspunkt von Lebenslauf und krimineller Karriere. In: H.-J. Kerner, H. Göppinger & F. Streng (Hrsg.), *Kriminologie – Psychiatrie – Strafrecht. Festschrift für Heinz Leferenz zum 70. Geburtstag*. (S. 211-232). Heidelberg: Müller.

Kerner, H.-J. & Janssen, H. (1996). Langfristverlauf im Zusammenspiel von soziobiographischer Belastung und krimineller Karriere. In: H.-J. Kerner, G. Dolde & H. Mey (Hrsg.), *Jugendstrafvollzug und Bewährung: Analysen zum Vollzugsverlauf und zur Rückfallentwicklung*. (S. 137-218). Bonn: Forum Verlag Godesberg.

Kerner, H.-J., Stellmacher, J., Coester, M., Wagner, U. (2011). Systematische Rückfalluntersuchung im Hessischen Jugendvollzug. Bericht über eine empirische Studie zur Legalbewährung bzw. zur Rückfälligkeit von jungen männlichen Gefangenen der Entlassungsjahrgänge 2003 und 2006. Tübingen und Marburg: Eigenverlag. Online unter: https://hbws-justiz.hessen.de/irj/HBWS_Internet?rid=HMdJ_15/HBWS_Internet/sub/5d2/5d26d681-92d1-31f0-12f3-1e2389e48185,,22222222-2222-2222-2222-22222222222.htm

Kerner, H.-J., Coester, M., Eikens, A., Stelzel, K., Wagner, U., Issmer, C. & Stellma-cher, J. (2015). *Evaluierung des Hessischen Jugendstrafvollzugs. Ergebnisse des Forschungsprojekts zum Entlassungsjahrgang Januar bis Dezember 2009 und zur Inhaftierungskohorte April 2008 bis Mai 2010.* Tübingen und Marburg: Eigenverlag. Online unter: https://justizministerium.hessen.de/sites/default/files/media/hmdjie/jugstrvo_hessen_2009_endbericht_final_2015. pdf.

Kutschaty, T. (2013). Konzepte und Maßnahmen einer umfeldbezogenen Jugendkriminalprävention in Nordrhein-Westfalen. In: E. Marks & W. Steffen (Hrsg.), *Sicher leben in Stadt und Land. Ausgewählte Beiträge des 17. Deutschen Präventionstages.* (S. 417-432). Mönchengladbach: Forum Verlag Godesberg.

Macnaughton-Smith, P. (1969). The Second Code Toward (or Away From) a Theory of Crime and Delinquency. *Criminology, 7,* 15-24.

O'Connell, M. E., Boat, T. & Warner, K. E. (Eds.) (2009). *Preventing Mental, Emotional. and Behavioral Disorders Among Young People: Progress and Possibilities.* Washington D.C.: National Academies Press.

Rössner, D., Bannenberg, B. & Coester, M. (Hrsg.) (2002). *Düsseldorfer Gutachten: Empirisch gesicherte Erkenntnisse über kriminalpräventive Wirkungen.* Düsseldorf: Stadt Düsseldorf.

Sherman, L. W. et al. (1998). *Preventing crime: What works, what doesn't, what's promising* Washington, DC: National Institute of Justice.

Stelly, W. & Thomas, J. (2001). *Einmal Verbrecher, immer Verbrecher?* Wiesbaden: Westdeutscher Verlag.

Welsh, B. C. & Farrington, D. P. (2012). Science, politics, and crime prevention: Toward a new crime policy. *Journal of Criminal Justice, 40,* 128-133.

Wirth, W. (2012). Evaluation im Strafvollzug. Ein (zu) weites Feld? *Forum Strafvollzug. Zeitschrift für Strafvollzug und Straffälligenhilfe, 61,* 84-89.

Arne Dreißigacker, Gina Rosa Wollinger, Dirk Baier, Tillmann Bartsch

Phänomen Wohnungseinbruch. Ansätze zur Prävention auf Basis einer multiperspektivischen Studie

Das Kriminologische Forschungsinstitut Niedersachsen e.V. nahm die in Deutschland seit Jahren steigerden Fallzahlen des Wohnungseinbruchs und die regionalen Unterschiede hinsichtlich der Belastung mit solchen Taten einerseits und der Aufklärungsquote andererseits zum Anlass, in einem Forschungsprojekt das Phänomen Wohnungseinbruch multiperspektivisch zu untersuchen. Dabei wurden in den fünf deutschen Großstädten Bremerhaven, Berlin, Hannover, München und Stuttgart Betroffene von Wohnungseinbrüchen befragt (N=1.329), Strafakten analysiert (N=3.668) und die Ergebnisse im Rahmen von fünf Expertengruppeninterviews diskutiert. In dem Beitrag werden zentrale Ergebnisse dieser Studie vorgestellt. Aus ihnen ergeben sich Ansätze zur Verbesserung der Ermittlungsarbeit der Polizei sowie Präventionsansätze in Hinblick auf die Viktimisierungsfolgen und den individuellen Einbruchschutz.

1. Einleitung

Seit dem Jahr 2006 registriert die Polizei in Deutschland steigende Zahlen des Wohnungseinbruchdiebstahls. Die Fallzahl stieg um 57,8 % von 106.107 Fällen im Jahr 2006 auf 167.136 im Jahr 2015. Die Häufigkeitszahl erhöhte sich im selben Zeitraum von 129 auf 206 Fälle pro 100.000 Einwohner. Damit unterscheidet sich die Entwicklung dieses Delikts von vielen anderen Delikten, bei denen die Zahlen stagnieren oder sogar zurückgehen (Dreißigacker et al. 2016: 5). Erwähnt werden muss allerdings, dass sich ebenfalls der Anteil der versuchten Einbrüche von 28,8 % im Jahr 1994 auf aktuell 42,7 % erhöht hat, was durchaus als ein Hinweis für erfolgreiche Präventionsmaßnahmen interpretiert werden kann. Weitere Merkmale, die den Wohnungseinbruchdiebstahl kennzeichnen, sind die regional unterschiedlichen Häufigkeitszahlen und die regional unterschiedlichen Aufklärungsquoten. Je nach Landkreis bzw. kreisfreier Stadt variierten diese im Jahr 2015 zwischen 14 und 697 Fällen pro 100.000 Einwohner und die Aufklärungsquote zwischen 3,0 % und 54,8 % (Fälle mit mindestens einem polizeilich ermittelten Tatverdächtigen).[1]

Neben den ansteigenden Fallzahlen bildeten diese regionalen Unterschiede den Ausgangspunkt für die Studie „Vergleichende kriminologische Regionalanalyse des Wohnungseinbruchdiebstahls", die zwischen den Jahren 2013 und 2016 am Krimino-

---

[1] Bundeskriminalamt (Hg.), Polizeiliche Kriminalstatistik 2015. Wiesbaden.

logischen Forschungsinstitut Niedersachsen e. V. (KFN) durchgeführt wurde.[2] Nach
einer kurzen Beschreibung des Forschungsdesigns (2) und der Datenbasis (3) sollen
im Folgenden ausgewählte Ergebnisse dieser Studie vorgestellt werden. Aus ihnen
können Ansätze zur Einbruchsprävention abgeleitet werden (4). In einem zusammen-
fassenden Fazit (5) wird die gesellschaftspolitische Dimension verschiedener Präventionsansätze diskutiert.

2. Forschungsdesign

Die regional vergleichende Studie, die in den Großstädten Bremerhaven, Berlin, Hannover, Stuttgart und München durchgeführt wurde, bestand aus drei methodischen
Modulen. In allen Städten wurden eine Analyse von jeweils 900 Straftakten, eine
Befragung von je 500 Betroffenen und jeweils ein Gruppeninterview mit Experten/
innen der Polizei und Justiz zu den Ergebnissen anvisiert. Präventive Aspekte spielten
bei allen Modulen eine Rolle. So lassen sich z.B. bei der Aktenanalyse aufgeklärte
und nicht aufgeklärte Fälle miteinander vergleichen und auf diese Weise Möglichkeiten einer effektiveren Strafverfolgung aufzeigen. Bei der Opferbefragung wurden die
Betroffenen neben den Folgen auch zu Präventionsmaßnahmen befragt, die sie bereits
vor der Tat durchgeführt hatten. Zudem wurden Fälle, bei denen die Tat noch außerhalb der Wohnung scheiterte, mit Fällen, bei denen die Täter/innen in die Wohnung
eindringen konnten, miteinander verglichen. Mittels dieser Analyse konnten individuelle Präventionsmaßnahmen identifiziert werden, die mit dem verhinderten Eindringen in Beziehung stehen.[3] Schließlich gingen aus den Experteninterviews ebenfalls
relevante Aspekte für mögliche Optimierungen der Ermittlungsarbeit der Polizei und
der Staatsanwaltschaft hervor.

3. Datenbasis

In jeder der fünf teilnehmenden Städte wurden zunächst 500 Wohnungseinbruch-
fälle zufällig aus dem PKS-Jahr 2010 gezogen und die zugehörigen justiziellen Ak-
tenzeichen ermittelt, um anschließend die entsprechenden Akten bei den jeweiligen
Staatsanwaltschaften anzufordern. Letztendlich konnten 2.403 Fälle des Wohnungseinbruchs analysiert werden.

Aus diesen Akten wurden mit Zustimmung der zuständigen Staatsanwaltschaften
2.299 Adressen von geschädigten Privathaushalten entnommen: 2.024 Haushalten
konnte der Fragebogen zugestellt werden. Diese waren mit einem Incentive von jeweils 5 Euro versehen, womit ein Rücklauf von 68,7 % erreicht und 1.329 Fragebogen
von Betroffenen eines Wohnungseinbruchs in die Analyse einbezogen werden konn-

---

[2] Für die finanzielle Förderung des Projekts bedanken wir uns bei den Städten Bremerhaven und Berlin
sowie beim Gesamtverband der Deutschen Versicherungswirtschaft e.V.
[3] Ein Vergleich von Opfern und Nicht-Opfern ist allerdings nicht möglich, d.h., die individuellen Präventionsmaßnahmen konnten nicht daraufhin getestet werden, ob sie bereits den Tatansatz verhindern, also
abschreckend wirken.

ten (Wollinger et al. 2014: 26).

Um für die Aktenanalyse ausreichend Fälle zur Verfügung zu haben, bei denen Tat-verdächtige ermittelt wurden und bei denen ein gerichtliches Hauptverfahren eröffnet wurde, mussten zusätzliche Fälle hinzugezogen werden, die als polizeilich aufgeklärt gelten. Diese aufgeklärten Fälle wurden ebenfalls zufällig ausgewählt, stammen aller-dings zum Teil auch aus den Jahren vor 2010. Insgesamt befanden sich damit 3.668 Fallakten zu Wohnungseinbrüchen in der Gesamtstichprobe, wovon 1.606 als polizei-lich aufgeklärt gelten, d.h. mindestens eine tatverdächtige Person namentlich von der Polizei ermittelt wurde (Dreißigacker et al. 2016: 23).

Die Experteninterviews wurden in allen teilnehmenden Städten als leitfadengestützte Gruppeninterviews mit Bezug auf die Ergebnisse der Aktenanalyse durchgeführt. Die insgesamt 18 Experten/innen bestanden überwiegend aus Polizisten/innen und Staats-anwälten/innen. In zwei Städten konnten zusätzlich zwei Richterinnen hinzugezogen werden (Wollinger et al. 2016: 385).

4. Präventionsrelevante Ergebnisse

4.1 Wie kann die Ermittlungsarbeit verbessert werden?

Eine zentrale Forschungsfrage bei der Aktenanalyse war, wie die regionalen Unter-schiede bei der Aufklärungsquote zu erklären sind. Möglicherweise lässt sich darüber erkennen – so die Annahme – welche Ermittlungsstrategien am erfolgversprechends-ten sind. In der Stichprobe variiert die polizeiliche Aufklärungsquote signifikant zwi-schen 9,9 und 24,8 % im Vergleich der fünf Städte, die im Folgenden als Stadt 1 bis 5 bezeichnet werden.[4]

Ein Fokus lag dabei auf der Spurensuche. In 88,6 % der Fälle wurde von der Polizei nach Spuren gesucht, wobei sich allerdings signifikante Stadtunterschiede zeigen. Mit 76,1 % wurde in Stadt 2 am seltensten nach Spuren gesucht, während Stadt 3 mit 97,6 % die höchste Rate aufweist. Bezogen auf das Tatstadium lässt sich feststellen, dass signifikant häufiger bei vollendeten Taten nach Spuren gesucht wurde. In 60,8 % der Fälle mit erfolgter Spurensuche wurden Spuren gefunden und gesichert. (Dreißiga-cker et al. 2016: 41f.).

Bezogen auf 100 polizeilich registrierte Fälle bedeutet dies, dass zwar in 24 Fällen mindestens eine Spur gesichert und ausgewertet werden konnte, aber nur in rund 3 Fällen führten Spuren auch zur Ermittlung einer tatverdächtigen Person bzw. zur Er-härtung eines bestehenden Tatverdachts. Dabei sind vor allem Fingerabdruckspuren und DNA-Spuren bedeutsam. Bei einem Elftel (9,0 %) der gesicherten Fingerab-druckspuren und einem Fünftel (20,8 %) der gesicherten DNA-Spuren konnte eine

---

[4] Die Anonymisierung der Städtenamen soll einem Städteranking (gute / schlechte Städte) vorbeugen und wurde den Projektteilnehmern, die ihre jeweilige Stadtbezeichnung kennen, zugesichert.

tatverdächtige Person ermittelt bzw. der Tatverdacht erhärtet werden, womit von diesen Spurenarten die größten Erfolgsaussichten ausgingen (Dreißigacker et al. 2016: 43f.). Fingerabdruck- und DNA-Spuren hatten zudem im Vergleich zu anderen Spurenarten einen statistisch bedeutsamen, positiven Effekt auf die Chance der beweiskräftigen Ermittlung und anschließenden Verurteilung eines/r Tatverdächtigen (ebd.: 77). Vor diesem Ergebnis könnte insbesondere die Intensivierung der DNA-Spurensuche einen Beitrag zur Steigerung der Erfolgsaussichten bei der polizeilichen Ermittlungsarbeit leisten, da diese Spurenart im Vergleich zu Fingerabdruckspuren seltener gefunden und gesichert wurde.[5] Dazu müssen allerdings auch die nötigen Strukturen zur Auswertung dieser Spuren geschaffen werden. Im Vergleich der durchschnittlichen Auswertungszeiten dauerte die Auswertung einer DNA-Spur rund 3,5 Monate länger als die einer Fingerabdruckspur (ebd.: 45)[6] und aus Sicht der Experten in den geführten Gruppeninterviews kann selbst eine relativ kurze „Bearbeitungszeit von mehreren Wochen [..] die Ermittlungsarbeit behindern" (Wollinger et al. 2016: 386).

Zeugen stehen ebenfalls im Zusammenhang mit der Ermittlung mindestens einer tatverdächtigen Person. Mit Ausnahme von Stadt 2 (61,2 %) wurden in den anderen Städten in über 90,0 % der Fälle Zeugen befragt. In rund 41 von 100 Fällen konnten durch Zeugen Hinweise zur Tat gesammelt werden, aber lediglich in acht von 100 Fällen lieferten Zeugenaussagen wichtige Informationen zur Ermittlung von Tatverdächtigen (Dreißigacker et al. 2016: 45f.). Hinzu kommt, dass in der multivariaten Analyse zwar ein eigenständiger Effekt von Zeugenaussagen auf die Erhöhung der Chance zur Ermittlung von Tatverdächtigen festgestellt werden konnte. Die Chance der Verurteilung mindestens eines Täters erhöhte sich aber allein durch vorhandene Zeugenaussagen nicht (ebd.: 77). Angesichts dieses Ergebnisses ist selbst von einer zusätzlichen Intensivierung der Zeugensuche und -befragung keine große Verbesserung der Verurteilungsquote zu erwarten.

Die Polizei versuchte in einem Fünftel der Fälle (Stadt 2: lediglich 11,0 %) im Rahmen der Ermittlung eines Wohnungseinbruchs, diesen mit anderen Einbrüchen in der Nachbarschaft in Zusammenhang zu bringen. Ein solches Vorgehen geht nachweislich mit einer Erhöhung der Aufklärungsquote einher. Als Begründung für einen solchen Zusammenhang kommen vor allem eine bestimmte Begehungsweise, die Art des Stehlguts oder gemeinsam aufgefundenes Stehlgut verschiedener Fälle, bestimmte Spuren sowie tatörtliche und tatzeitliche Nähe in Betracht. Allerdings belegen die Auswertungen auch, dass sich die Chance einer rechtskräftigen Verurteilung aufgrund dieses Vorgehens nicht erhöht. Im Gegenteil: Wenn sich der Tatverdacht allein über solche Zusammenhänge begründete, kam es häufiger zur schnellen Einstellung des Verfahrens von Seiten der Staatsanwaltschaft (ebd.: 77). Ein konservativeres Vorge-

---

[5] In 51,8 % der Fälle, in denen Spuren gesichert wurden, waren Fingerabdruckspuren darunter und in 25,7 % DNA-Spuren.

[6] Die mittlere Auswertungsdauer einer Fingerabdruckspur lag bei 34 Tagen, die einer DNA-Spur bei 136 Tagen.

hen hinsichtlich der Aufklärung von Wohnungseinbrüchen über Zusammenhänge zu anderen Taten könnte zur Entlastung der Staatsanwaltschaft einerseits und zur schnelleren Fokussierung auf gut begründete und im Strafverfahren erfolgversprechende Tatzusammenhänge andererseits beitragen.

Eine zur Aufklärung von Wohnungseinbrüchen grundsätzlich geeignete, bislang aber relativ selten eingesetzte polizeiliche Maßnahme ist die Funkzellenabfrage. Aus Sicht der interviewten Experten bietet diese aufgrund vorsichtiger werdender Täter/innen[7] und einer damit verbundenen schlechteren Spurenlage häufig den einzigen Ermittlungsansatz für die Polizei, der allerdings ebenso häufig an den durchaus hohen, jüngst noch einmal präzisierten rechtlichen Hürden scheitert (vgl. den neu gefassten § 100g Abs. 3 StPO)[8]. Die Gruppeninterviews mit den Experten der jeweiligen Städte deuten diesbezüglich auch auf regionale Unterschiede bei der Auslegung der Anordnungsvoraussetzungen einer Funkzellenabfrage hin: Die Hürden, die vor Anordnung einer Funkzellenabfrage überwunden werden müssen, scheinen – obwohl die normativen Voraussetzungen selbstredend allerorten identisch sind – von Region zu Region unterschiedlich hoch zu sein. Der Wert dieser strafprozessualen Maßnahme wurde von den Experten indes generell als sehr hoch eingeschätzt (Wollinger et al. 2016: 388). Vor diesem Hintergrund und insbesondere auch angesichts der erheblichen Schwierigkeiten, die die Strafverfolgungsbehörden bei der Aufklärung gerade von Wohnungseinbrüchen haben, könnte darüber nachgedacht werden, die Anordnung einer Funkzellenabfrage in Fällen des Wohnungseinbruchs im Wege einer erneuten Reform des § 100g Abs. 3 StPO zu erleichtern.

Trotz aller bestehenden Unterschiede zwischen den teilnehmenden Städten etwa bei der Organisation der Polizei oder deren Ermittlungsarbeit (Spurensuche, Zeugenbefragung, Herstellen von Zusammenhängen) zeigt sich am Ende, dass Unterschiede bei der Verurteilungsquote statistisch nicht bedeutsam sind. Während sich der Anteil der polizeilich aufgeklärten Fälle noch signifikant zwischen den Städten unterscheidet (s.o.), liegt der Anteil der Fälle, die mit mindestens einer rechtskräftigen Verurteilung bzw. einem Strafbefehl endeten, in allen Städten auf einem ähnlich niedrigen Niveau (1,5 bis 3,6 %; Dreißigacker et al. 2016: 72). Die Polizei ist weitgehend auf die Spuren- und Zeugenlage angewiesen, die sie selbst kaum beeinflussen kann. Eine Veränderung der personellen und organisatorischen Struktur der Polizei dürfte vor dem Hintergrund dieser Befunde nicht zur entscheidenden Erhöhung insbesondere der Verurteilungsquote führen. Aus Sicht der Experten/innen innerhalb der geführten Gruppeninterviews könnte allenfalls ein gezielter Personaleinsatz zur besseren Aufklärung beitragen (Wollinger et al. 2016: 387). Daneben wäre aus deren Perspektive

---

[7] Nach Einschätzung der interviewten Experten, nutzen die Täter/innen z.B. viel häufiger Handschuhe und hinterlassen damit weniger auswertbare Spuren als noch vor einigen Jahren (Wollinger et al. 2016: 385).

[8] Die Voraussetzungen der Funkzellenabfrage wurden präzisiert durch das „Gesetz zur Einführung einer Speicherpflicht und einer Höchstspeicherfrist für Verkehrsdaten" vom 10.12.2015, Bgbl. Teil I Nr. 51: 2218 ff.

auch eine veränderte Arbeitsorganisation vorteilhaft, insofern vor allem die Zusammenarbeit zwischen Polizei und Staatsanwaltschaft verbessert werden würde. Dazu wird einerseits eine deliktspezifische Spezialisierung beider Seiten als notwendig erachtet. Andererseits wird für die Schaffung fester Ansprechpartner für die Polizei auf Seiten der Staatsanwaltschaft plädiert (ebd.).[9]

Hinweise auf die Prävention lassen sich zudem unter Bezug auf die Befunde zu den Tätern/innen ableiten. Jedoch unterliegt diese Strategie einer entscheidenden Einschränkung: Da insgesamt lediglich 2,6 % der polizeilich registrierten Fälle mit einer rechtskräftigen Verurteilung bzw. einem rechtskräftigen Strafbefehl enden, ist der empirische Zugang zu den Tätern/innen des Wohnungseinbruchs allgemein stark eingeschränkt (Dreißigacker et al. 2016: 112). Die Aktenanalyse im Projekt bezieht sich dementsprechend auf 506 rechtskräftig verurteilte Personen, die für 377 von schätzungsweise 14.500 polizeilich registrierten Wohnungseinbrüchen verantwortlich gemacht werden konnten.[10]

Durchschnittlich waren diese Personen zur Tatzeit 26 Jahre alt, wobei das Alter zwischen 14 und 61 Jahren variierte. Die eine Hälfte war jünger, die andere älter als 23 Jahre. Die Mehrheit der Verurteilten (90,1 %) war männlich. Zwei Drittel (66,0 %) lebten in der Stadt, in der sie die Tat verübten. Über die Hälfte (57 %) wurde in Deutschland geboren, 49,6 % hatten ausschließlich die deutsche Staatsbürgerschaft. Neben staatenlosen und ungeklärten Staatsangehörigkeiten traten über 30 verschiedene Nationalitäten auf, wobei türkische, serbische, rumänische und kroatische Staatsangehörige relativ häufig vertreten waren. Zu den 45,0 % der Gemeinschaftstäter wurden Verurteilte gezählt, wenn im selben Fall mindestens eine weitere Person verurteilt wurde bzw. einen Strafbefehl erhielt. Hinweise auf Spielsucht, BtM-Abhängigkeit, Alkoholsucht oder Medikamentenabhängigkeit wurden bei 38,5 % gefunden.[11] Ein Anteil von 32,4 % der Täter/innen stand in einer Beziehung zu mindestens einem Mitglied des betroffenen Haushaltes, d.h., man kannte sich mindestens vom Sehen oder aus der Nachbarschaft.[12] In einem Fünftel (21,6 %) der Fälle mit Täter-Opfer-Beziehung handelte es sich um Bekannte, Freunde, (Ex-)Partner, Familienangehörige oder Verwandte (Dreißigacker et al. 2016: 56).

Diese Beschreibung trifft allerdings nicht auf alle Städte gleichermaßen zu. Insbesondere die Städte 2 und 5 bilden den größten Kontrast. In Stadt 2 ist der Anteil an Frauen unter den Verurteilten am kleinsten (2,4 %), ebenso wie die Anteile an Verurteilten mit einer nichtdeutschen Staatsangehörigkeit (30,2 %) und ohne festen Wohnsitz (19,8

---

[9] Siehe dazu auch Kawelovski 2014: 108.
[10] Zum Verfahrensverlauf siehe Dreißigacker et al. 2015a: 309; Dreißigacker et al. 2016: 73 u. 87.
[11] Diese Hinweise resultieren aus polizeilichen Ermittlungsergebnissen, Aussagen der Täter zu Tatmotiven und gerichtlichen Feststellungen innerhalb des Hauptverfahrens.
[12] Bei den Tatverdächtigen liegt dieser Anteil sogar bei 42,6 %. Dass dieser Befund nicht außergewöhnlich ist, zeigen vergleichbare Ergebnisse in den Studien von Kawelovski 2012 und Willing et al. 2015.

%). Hingegen sind dort die Anteile an Personen mit Suchthinweisen (52,3 %) und Personen mit Wohnsitz in der Stadt des Tatortes (86,7 %) am größten. In Stadt 5 ist der Anteil der Täterinnen (18,8 %) am größten, ebenso wie das Durchschnittsalter (29 Jahre). Hier findet sich auch der größte Migrantenanteil (nichtdeutsche Staatsangehörigkeit: 70,3 %). Zusammen mit dem Befund, dass es auch Unterschiede bei den auftretenden Modi Operandi und dem Zustand der Wohnungen nach der Tat zwischen den teilnehmenden Städten gab[13], deutet dies auf regionalspezifische Besonderheiten bei der Täterzusammensetzung hin, die bei der Ausrichtung und Schwerpunktsetzung bezüglich der Ermittlungs- und Präventionsarbeit berücksichtigt werden sollten.

Inwieweit international agierende Banden im Bundesgebiet und in den verschiedenen Regionen aktiv sind, lässt sich empirisch kaum bestimmen. Der Anteil der Verurteilten ohne festen oder bekannten Wohnsitz variierte bei den teilnehmenden Städten von 3,6 % bis 38,9 % und der Anteil ortsansässiger Verurteilter von 44,2 % bis 86,7 % (Dreißigacker et al. 2016: 101). Dies kann zumindest als Hinweis darauf gelten, dass es nicht überall gleichermaßen sinnvoll sein dürfte, wenn sich die polizeilichen Ermittlungen schwerpunktmäßig auf international agierende Banden ausrichten.

4.2 Was kann für die Opfer getan werden?

Weil der Wohnungseinbruch nicht zu den Gewaltdelikten gezählt wird, stehen den Betroffenen bislang keine Leistungen nach dem Opferentschädigungsgesetzt (OEG) zu.[14] Dass der Wohnungseinbruchdiebstahl in Hinblick auf die Folgen für die Opfer dennoch „Züge eines Gewaltdeliktes" (Schmelz 2000: 1) aufweist, wird bei den innerhalb der Opferbefragung berichteten Folgen evident: Drei Viertel der Betroffenen (75,3 %) fühlten sich aufgrund der Tat in ihrer gewohnten Umgebung unsicher. Bei fast der Hälfte (46,5 %) hielt dies längere Zeit (länger als acht Wochen) an. Gefühle der Macht- und Hilflosigkeit wurden ebenfalls von über der Hälfte der Betroffenen (70,6 %) berichtet, wobei diese ebenfalls recht häufig (39,9 %) langfristig bestanden. Weiterhin wurden von der Mehrheit Stress und Anspannung als Folge des Erlebten angegeben (61,1 %). Bei zwei von fünf Befragten wurden starke Angstgefühle (41,2 %) und Schlafstörungen (39,2 %) ausgelöst. Etwa ein Drittel gab an, sich aufgrund des Erlebten geekelt (32,3 %) und erniedrigt (31,1 %) gefühlt zu haben. Versuche, nicht über die Tat nachzudenken, berichtete ein Viertel der Betroffenen (27,3 %). Ein ähnlicher Anteil der Befragten gab das Erleben von Albträumen (24,0 %) an und immerhin 17,1 % berichteten, im Umgang mit anderen Menschen unsicher geworden zu sein (Wollinger et al. 2014: 53f.).[15]

---

[13] In Stadt 2 sind bspw. die Wohnungen nach der Tat häufiger verwüstet. In Stadt 5 wurde gezielter durchwühlt und in Stadt 4 befindet sich über die Hälfte der Wohnungen in einem ähnlichen Zustand wie vor der Tat (Dreißigacker et al. 2016: 41).

[14] Da ein „„tätlicher Angriff" i.S.d. § 1 Abs. 1 S. 1 OEG [...] im Falle eines Wohnungseinbruchs mangels einer unmittelbar auf den Körper des Opfers zielenden Einwirkung nicht gegeben [ist]" und „auch der Gleichstellungstatbestand des § 1 Abs. 2 OEG den Wohnungseinbruchsdiebstahl nicht als entschädigungsfähige Straftat benennt, sind die Opfer einer solchen Straftat derzeit von der Entschädigung nach dem OEG ausgeschlossen" (Bartsch et al. 2014: 356).

[15] Weitere Ergebnisse zu den Tatfolgen bei den Opfern eines Wohnungseinbruchs finden sich z.B. bei

Bezüglich einer Differenzierung verschiedener Opfergruppen zeigen sich folgende signifikante Unterschiede: Frauen sind langfristiger von Angst- und Unsicherheitsgefühle sowie von Gefühlen der Erniedrigung und Machtlosigkeit betroffen als Männer. Jüngere und ältere Befragte gaben häufiger langfristige Angst- und Unsicherheitsgefühle an als Betroffene im mittleren Alter. Ein stärkerer Eingriffscharakter der Tat, d.h. das erfolgreiche Eindringen, der vollendete Diebstahl, die Verwüstung der Wohnung oder die Zerstörung von Gegenständen, geht mit langfristigeren psychischen Belastungen einher (ebd.: 55-57).

Für einen nicht unerheblichen Anteil der Befragten bedeutete die Tat im Nachhinein eine so große und anhaltende Belastung, dass sie aufgrund des Erlebten umzogen (9,7 %) oder gern umgezogen wäre (14,8 %). Differenziert nach Opfergruppen zeigt sich, dass Frauen, jüngere Betroffene und Mieter eher aufgrund der Tat umgezogen sind, wobei das Tatstadium (Versuch oder Vollendung) keine Rolle spielte (ebd.: 63f.).

Weitere Auswertungen konnten darüber hinaus belegen, dass ein Wohnungseinbruch traumarelevant ist (Wollinger 2015). Für einen kleinen Anteil von 3,2 % der Befragten gibt es drei Jahre nach der Tat Hinweise auf das Vorliegen einer posttraumatischen Belastungsstörung. Der Gesetzgeber sollte daher die Einbeziehung des Wohnungseinbruchs in den Anwendungsbereich des OEG in Erwägung ziehen (siehe dazu bereits Bartsch et aUnabhängig davon könnte aus polizeilicher Perspektive bei der Anzeigenaufnahme und im Rahmen einer „Opfernachsorge" (Kawelovski 2014: 105) darauf geachtet werden, ob es einen Hilfe- und Informationsbedarf gibt, auf den reagiert werden muss. Dabei ist auf bestimmte „einbruchsspezifische Faktoren" (Wollinger 2015: 379) zu achten, die im Zusammenhang mit stärkeren psychischen Belastungssymptomen stehen. Dazu zählen insbesondere ein verwüsteter Zustand der Wohnung nach der Tat, eine bestehende Täter-Opfer-Beziehung, eine geringe soziale Kohäsion in der Nachbarschaft und eine fehlende Hausratversicherung bei den Betroffenen (ebd.).

Hinsichtlich der Polizeiarbeit zeigt sich weiterhin, dass eine den Betroffenen zugewandte Polizei bei der Anzeigenaufnahme die psychische Belastung nach einem solchen Viktimisierungserlebnis abschwächen kann (Baier et al. 2015: 142f.). Darüber hinaus ist es der Polizei möglich, die allgemein hohe Zufriedenheit der Betroffenen[16] mit deren Arbeit unabhängig vom Resultat der Ermittlungen weiter zu erhöhen. Wenn die Polizei mit den Betroffenen mehr als einmal in Kontakt trat, sich beim ersten Polizeikontakt länger Zeit nahm, Kontaktdaten von Opferhilfeeinrichtungen sowie eigene Kontaktdaten und die Vorgangsnummer mitteilte und Hinweise auf die Sicherung der Wohnung gab, erhöhte sich die Zufriedenheit. Zufriedenheitssenkend wirkte es sich hingegen aus, wenn die Betroffenen länger als eine Stunde auf die Polizei

---

Deegener 1996, Hermanutz und Lasogga 1998, Schubert-Lustig 2011 und Landeskriminalamt Nordrhein-Westfalen 2015.

[16] Ein Anteil von 87,0 % der Befragten äußerte sich (eher) zufrieden mit der Polizei insgesamt (Wollinger et al. 2014: 44f.).

warten mussten und wenn die Wohnung durch die Polizei zusätzlich verschmutzt wurde (Wollinger et al. 2014: 51). Ein weiterer Kritikpunkt, der sich auf die Arbeit der Polizei und Staatsanwaltschaft insgesamt bezieht, ist die den Betroffenen gegenüber intransparente Arbeit. Fast die Hälfte der Betroffenen (49,5 %) fühlte sich demnach häufig (eher) nicht ausreichend über den Stand und den Ausgang der Ermittlungen informiert (ebd.).[17]

4.3 Wie können sich Haushalte schützen?

Die Betroffenenbefragung hat ergeben, dass sich nur eine sehr kleine Gruppe der Befragten (4,8 %) ausschließlich vor der Tat über mögliche Präventionsmaßnahmen informierte. Infolge der Beratung wurde u.a. zusätzliche Sicherungstechnik eingebaut bzw. das eigene präventionsorientierte Verhalten verändert. Als Beratungsquellen wurden von dieser Befragtengruppe am häufigsten polizeiliche Beratungsstellen und Beratungsangebote von entsprechenden Fachgeschäften angegeben (Dreißigacker et al. 2015b: 59).

Fast drei Viertel der Befragten (72,7 %) haben vor dem Einbruch keine zusätzliche Sicherheitstechnik genutzt, um sich vor Einbrüchen zu schützen. Nur knapp ein Fünftel aller Befragten (18,7 %) sicherte die Wohnungstür zusätzlich. Insgesamt etwa jede/r achte Befragte (13,3 %) sicherte die Fenster und/oder setzte zusätzliche Beleuchtung zur Sicherung ein (12,9 %). Alarmanlagen (3,0 %) und Videokameras (1,2 %) spielten eine untergeordnete Rolle (ebd.).[18]

Präventive Verhaltensweisen sind demgegenüber verbreiteter. So schließen 8 von 10 Befragten (79,8 %) die Wohnungstür konsequent ab; zwei Drittel (65,3 %) bitten bei Reisen immer Dritte, nach der Wohnung zu sehen und den Briefkasten zu leeren; immerhin ein Drittel (33,5 %) achtet bei jeder längeren Abwesenheit darauf, wen es über die Abwesenheit informiert. Gleichzeitig werden durch sorgloses Verhalten auch Tatgelegenheiten geschaffen: Knapp ein Fünftel der Befragten (17,0 %) schließt die Wohnungstür beim Verlassen der Wohnung nicht immer ab; ein Viertel (24,7 %) verreist (manchmal) auch ohne die Inanspruchnahme von Nachbarschaftsdiensten (ebd.: 60).

Die Wirksamkeit der verschiedenen Präventionsmöglichkeiten und Sicherungsmaßnahmen wurde mittels multivariater Analysen geprüft.[19] Die Ergebnisse der Analysen belegen, dass insbesondere von der Präventionsberatung durch ein Fachgeschäft, vom

---

[17] Auch die Versicherer können Einfluss auf die Zufriedenheit der Betroffenen nehmen: Neben der Höhe des Schadenersatzes stand vor allem die Schnelligkeit der Bearbeitung bzw. der Schadensregulierung im Zusammenhang mit einer höheren Zufriedenheit (Wollinger et al. 2014: 72f.).

[18] Eine vom Landeskriminalamt Nordrhein-Westfalen (2015: 43f.) durchgeführte Befragung ergab zusätzlich, dass gemietete Wohnungen deutlich schlechter gesichert werden als Wohneigentum.

[19] Dabei ist noch einmal darauf hinzuweisen, dass nur Einbrüche mit Eindringen in die Wohnung und Einbruchversuche ohne Eindringen einander gegenübergestellt werden konnten.

Einbau zusätzlicher Türsicherungen,[20] vom Verbergen einer längeren Abwesenheit und von der präventionsorientierten Nachbarschaft[21] einbruchspräventive Wirkungen ausgehen (ebd.: 60f.).[22]

5. Fazit

Der Wohnungseinbruchdiebstahl ist ein gesamtgesellschaftliches Problem, das nicht allein durch Veränderungen bei den Strafverfolgungsbehörden gelöst werden kann. Darauf verweisen die vergleichbar geringen Verurteilungsquoten auf Fallebene in den unterschiedlich belasteten und hinsichtlich der Strafverfolgungsbehörden unterschiedlich ausgestatteten und organisierten Städten, die an der KFN-Studie teilnahmen. Personelle und organisationale Anpassungen können demzufolge allenfalls einen kleinen Beitrag zur Verbesserung der Aufklärungs- und Verurteilungsquote sowie der Prävention des Wohnungseinbruchs leisten. Dazu gehören insbesondere die Intensivierung von DNA-Spurenaufnahmen in Kombination mit einer verbesserten Infrastruktur zur Verkürzung der Auswertungszeit dieser Spurenart, die gezielte personelle Aufstockung bei den Strafverfolgungsbehörden, die Spezialisierung der ermittelnden Beamten/innen und die Intensivierung der Zusammenarbeit innerhalb der Bundesländer und des europäischen Raums sowie innerhalb der Strafverfolgungsbehörden, bspw. über die Schaffung fester Ansprechpartner für die Polizei auf Seite der Staatsanwaltschaft. Eine Veränderung der rechtlichen Voraussetzungen der Funkzellenabfrage sollte entsprechend des Votums der Experten/innen geprüft werden, insofern es sich hier um einen der wenigen Wege handelt, über den die Polizei selbst weitere Spuren generieren kann. Darüber hinaus sind regionalspezifische Besonderheiten bei der Zusammensetzung der Täter/innen sowohl hinsichtlich der Ermittlungs- als auch der Präventionsarbeit zu beachten: Kommunal orientierte Täterprävention ist vor allem in Gegenden sinnvoll, in denen die Mehrheit der Täter/innen ortsansässig ist. Insbesondere dort, wo von Jugendlichen verübte Einbrüche ein Problem darstellen, muss Präventionsarbeit bereits in der Schule ansetzen und die berufliche Integration im Blick behalten werden. Wenn Drogenabhängige eine relevante Tätergruppe darstellen, ist dagegen ein verstärkter Fokus auf eine ausgewogene Sozialpolitik notwendig, bei der auch regionale Akteure wie Suchthilfen und andere Anlaufstellen miteinbezogen werden. Eine wiederum andere Herausforderung stellt die Prävention bei Täter/innen aus dem Bereich der organisierten Kriminalität bzw. bei „reisenden" Täter/innen dar. Zum einen ist deren beweiskräftige Ermittlung und Ergreifung mit größeren Schwierigkeiten verbunden; zum anderen lassen sich die Perspektiven und Lebensumstände in den Herkunftsländern allenfalls im Rahmen einer europäischen Zusammenarbeit beeinflussen.

---

[20] Gluba et al. (2016: 400) weisen in diesem Zusammenhang darauf hin, dass u.a. technische Sicherungsmaßnahmen das Risiko einer Mehrfachviktimisierung durch Wohnungseinbruch reduzieren können.

[21] Diese umfasst, dass gegenseitig auf die Wohnung geachtet wird, dass man wachsam gegenüber Fremden ist und dass der Wohnungseinbruch bzw. dessen Prävention ein Thema in der Nachbarschaft ist.

[22] Die Präventionsberatung und das Verbergen einer längeren Abwesenheit können allerdings nur indirekt einen konkreten Tatansatz zum Scheitern bringen, indem Empfehlungen der Präventionsberatung umgesetzt bzw. die beauftragten Nachbarn rechtzeitig aufmerksam werden.

Der Befund, dass ein Wohnungseinbruch langanhaltende psychische Beeinträchtigungen und sogar posttraumatische Belastungssymptome bei den Betroffenen nach sich ziehen kann, gibt Anlass, die Ausweitung des OEG auf den Wohnungseinbruch zu prüfen. Daneben sollte die Polizei den Betroffenen sensibel und zugewandt gegenübertreten, sich Zeit für Gespräche nehmen und nach Einschätzung des Informations- und Hilfebedarfs gegebenenfalls auf Opferhilfeeinrichtungen verweisen und Präventionsberatung anbieten. Weil vielfach erst die Viktimisierung zur zusätzlichen Sicherung der Wohnung bzw. des Hauses führt, ist eine fortgesetzte und intensivierte Aufklärung und Sensibilisierung der Bevölkerung geboten. Dabei kann insbesondere auf die nachgewiesene Wirksamkeit von Präventionsberatungen durch ein Fachgeschäft, von zusätzlichen Türsicherungen, von Verhaltensweisen, die eine länger Abwesenheit verbergen, sowie von einer präventionsorientierten Nachbarschaft verwiesen werden. Die präventionsrelevante soziale Kohäsion in den Nachbarschaften könnte zusätzlich durch städtebauliche Veränderungen gefördert werden, insofern bspw. Orte der Begegnung gestaltet werden, die einen möglichst günstigen Rahmen für nachbarschaftliche Kontaktaufnahmen und gegenseitigen Austausch bieten (Dreißigacker und Wollinger 2016).

Mit Bezug auf die Wirkung technischer Sicherungen ist die Weiterentwicklung des bereits bestehenden staatlichen Förderprogramms,[23] das bislang hauptsächlich von privaten Eigentümern selbst genutzten Wohnraums in Anspruch genommen wird, wünschenswert. Auf lange Sicht erscheint überdies eine baurechtliche Einbruchschutzverordnung (ähnlich der Brandschutzverordnung), die den Einbau einbruchshemmender Bauteile regelt und damit auch stärker Wohnungsunternehmen/ -genossenschaften bzw. Vermieter in die Pflicht nimmt, erfolgversprechend hinsichtlich des Ziels, den Wohnungseinbruch für potenzielle Täter/innen aufwendiger und damit unattraktiver zu machen.

Literaturverzeichnis

Baier, Dirk; Wollinger, Gina R.; Dreißigacker, Arne; Bartsch, Tillmann (2015): Erfahrungen von Betroffenen des Wohnungseinbruchs mit der Polizei. Ergebnisse einer Befragung in fünf Städten. In: *Kriminalistik* 69 (3): 139–144.

Bartsch, Tillmann; Brettel, Hauke; Blauert, Katharina; Hellmann, Deborah F. (2014): Staatliche Opferentschädigung auf dem Prüfstand. Entschädigungsanspruch und Entschädigungspraxis. In: *Zeitschrift für Internationale Strafrechtsdogmatik* (7-8): 353–363.

---

[23] Auf Basis eines Konzeptes zur Einbruchsprävention der Stiftung Deutsches Forum für Kriminalprävention und der Polizeilichen Kriminalprävention der Länder und des Bundes wurden verschiedene Fördermöglichkeiten durch die KfW Bankengruppe, das BMUB, das BMI und das BMWi entwickelt und können seit November 2015 in Anspruch genommen werden (http://www.kriminalpraevention.de/einbruchschutz/finanzanreize.html).

Deegener, Günther (1996): Psychische Folgeschäden nach Wohnungseinbruch. Erfahrungen von Opfern nach Einbruchsdiebstahl und Raubüberfall. Mainz: Weisser Ring (15).

Dreißigacker, Arne; Baier, Dirk; Wollinger, Gina R.; Bartsch, Tillmann (2015a): Die Täter des Wohnungseinbruchs: Sind es die „Osteuropäer", die „professionellen Banden" oder die „Drogenabhängigen"? In: *Kriminalistik* 69 (5): 307–311.

Dreißigacker, Arne; Wollinger, Gina R. (2016): Die Verletzung der „dritten Haut". Architektur und Kriminalität am Beispiel des Wohnungseinbruchs. In: Sabine Ammon, Christoph Baumberger, Christine Neubert und Constanze Petrow (Hg.): Architektur im Gebrauch. Gebaute Umwelt als Lebenswelt. Berlin: Universitätsverlag der TU Berlin (in Vorbereitung).

Dreißigacker, Arne; Wollinger, Gina R.; Bartsch, Tillmann; Baier, Dirk (2015b): Prävention von Wohnungseinbruch. Was schützt vor einem Einbruch und welche Konsequenzen ziehen Betroffene aus einer solchen Tat? In: *Forum Kriminalprävention* (2): 58–64.

Dreißigacker, Arne; Wollinger, Gina R.; Blauert, Katharina; Schmitt, Anuschka; Bartsch, Tillmann; Baier, Dirk (2016): Wohnungseinbruch: Polizeiliche Ermittlungspraxis und justizielle Entscheidungen im Erkenntnisverfahren. Ergebnisse einer Aktenanalyse in fünf Großstädten. Hg. v. Kriminologisches Forschungsinstitut Niedersachsen e. V. Hannover (Forschungsbericht, 130).

Gluba, Alexander; Groß, Eva; Hermes, Nina; Hoppe, Laura (2016): Einmalige vs. mehrmalige Wohnungseinbrüche. Ein Test der Flag-Hypothese zur Erklärung wiederholter Viktimisierung. In: *Kriminalistik* 70 (6): 393–401.

Hermanutz, Max; Lasogga, Frank (1998): Einbruchdiebstahl. Wohnungseinbrüche – nicht nur ein materieller Schaden. In: *Kriminalistik* 52 (3): 171–179.

Kawelovski, Frank (2012): Von Söhnen, Liebhabern und anderen Einbrechern. Der Wohnungseinbruch und seine Verfolgung durch Polizei und Justiz. Mülheim an der Ruhr: Eigenverlag.

Kawelovski, Frank (2014): Die Bekämpfung des Wohnungseinbruchs. Hilden: VDP Verl. Deutsche Polizeiliteratur (Lehr- und Studienbriefe Kriminalistik / Kriminologie, 20).

Landeskriminalamt Nordrhein-Westfalen (Hg.) (2015): Kriminalitätsmonitor NRW. Wohnungseinbruch: Risikofaktoren, Anzeigeverhalten und Prävention. Düsseldorf.

Schmelz, Gerhard (2000): Der Wohnungseinbruch aus Opfersicht. Projektstudie. Verwaltungsfachhochschule, Wiesbaden.

Schubert-Lustig, Susanne (2011): Wohnungseinbruch. Folgen für die Betroffenen. In: *Polizei & Wissenschaft* (3): 9–22.

Willing, Sonja; Brenscheidt, Nadine; Kersting, Stefan (2015): Forschungsprojekt Wohnungseinbruchdiebstahl. Erste Ergebnisse der Aktenanalyse. In: *Kriminalistik* 69 (10): 576–586.

Wollinger, Gina R. (2015): Wohnungseinbruch als traumatisches Ereignis. Ergebnisse einer Betroffenenbefragung zu Einflussfaktoren posttraumatischer Belastungssymptome. In: *MschrKrim* 98 (4): 365–383.

Wollinger, Gina R.. Dreißigacker, Arne; Blauert, Katharina; Bartsch, Tillmann; Baier, Dirk (2014): Wohnungseinbruch: Tat und Folgen. Ergebnisse einer Betroffenenbefragung in fünf Großstädten. Hg. v. Kriminologisches Forschungsinstitut Niedersachsen e. V. Hannover (Forschungsbericht, 124).

Wollinger, Gina R.; Dreißigacker, Arne; Müller, Jessica; Baier, Dirk (2016): Herausforderungen der Strafverfolgung von Wohnungseinbrüchen aus Sicht der Praxis. In: *Kriminalistik* 70 (6): 384–390.

Deutsche Gesellschaft für Internationale Zusammenarbeit (GIZ) GmbH[1]

„Sozialer Zusammenhalt und Integration"

Vorstellung von Methoden der Prävention und Konfliktbearbeitung in der Entwicklungszusammenarbeit als möglicher Beitrag zur Integration von Geflüchteten

Einführung

Hintergrund

Knapp zwei Drittel der Kooperationsländer der deutschen Entwicklungszusammenarbeit (EZ) sind von Konflikten und Gewalt betroffen. In vielen dieser Länder entschließen sich Menschen zu fliehen, um sich der davon ausgehenden Bedrohung zu entziehen. Die Deutsche Gesellschaft für Internationale Zusammenarbeit (GIZ) hat es sich zum Ziel gesetzt, Fluchtursachen zu bekämpfen sowie **Flüchtlinge, Binnenvertriebene und Aufnahmegemeinden zu unterstützen.**

Im Kontext des GIZ-internen Fachnetzwerks **Network International Cooperation in Conflicts and Disasters** (NICD) wurde eine Arbeitsgruppe zu Gewaltprävention gegründet. Diese Arbeitsgruppe erstellte den vorliegenden Text zur beispielhaften Darstellung einiger Erfahrungen der GIZ in den Bereichen Gewaltprävention und Konfliktbearbeitung. Anhand dieser Beispiele soll der mögliche **Nutzen gewaltpräventiver Ansätze und Methoden der Entwicklungszusammenarbeit (EZ)** für die Entwicklung **sozial inklusiver Gemeinden im Kontext der Zuwanderung von Geflüchteten** aufgezeigt werden.

Es wird vor allem auf **soziale Aspekte der Integration** Geflüchteter eingegangen, die in einem direkten Zusammenhang mit den Themen der beteiligten GIZ-Programme gesehen werden können. Nur kurz wird auf andere Themenbereiche, z.B. auf legal-politische Aspekte (z.B. Fragen der Staatsbürgerschaft, Arbeitserlaubnis, Anerkennung

[1] Verantwortlich/Beratung und Umsetzung: Network International Cooperation in Conflicts and Disasters (NICD); Colin Gleichmann (Sprecher); Konzept und Realisierung:Dr. Timo Weinacht, Christiane Erkens; In Kooperation mit: Sektorprogramm Frieden und Sicherheit, Katastrophenmanagement, Regionalvorhaben für die Prävention von Jugendgewalt (PREVENIR) in Zentralamerika, Inklusive Gewaltprävention für sicheren öffentlichen Raum (VCP) in Südafrika, Programm zur Förderung der integralen Bürgersicherheit und Transformation sozialer Konflikte (FOSIT) in Guatemala, Neue Perspektiven durch akademische Aus- und Weiterbildung für junge Syrer/innen und Jordanier/innen, (JOSY) in Jordanien, Programm zur Stärkung der sozialen Teilhabe von Palästinensischen Flüchtlingen (FASPAR) in Jordanien

Mit besonderem Dank an: Anna Scherer, Annekathrin Link, Anne-Katrin Niemeier, Christian Müller, Christoph Wieboldt, Henrike Hilgenfeld, Kristina Beck, Dr. Linda Helfrich, Nadine Biehler, Rubeena Esmail-Arndt

von Qualifikationen, etc.) oder auf ökonomische Aspekte (Zugang zum Arbeitsmarkt, finanzielle Absicherung, etc.) verwiesen. Zu diesen haben andere GIZ-Vorhaben hilfreiche Erfahrungen entwickelt, die jedoch hier nicht weiter ausgeführt werden.

Der Text richtet sich an **Fachkräfte der EZ,** die sich in die Integration von Geflüchteten einbringen wollen, sowie andere **Schlüsselakteure der Integration.** Dabei dient sie dem folgenden Zweck: Der Erfahrungsschatz der EZ im Zusammenhang mit Prozessen der Prävention, der Konfliktbearbeitung, sozialer Kohäsion und der Integration von bislang marginalisierten Gruppen soll **zugänglich und nutzbar gemacht** werden. Zielgruppe sind Kollegen, Partner und Akteure, die für die Integration von geflüchteten Menschen aktiv sind und dabei **sozialen Zusammenhalt in den Gemeinden** anstreben. Der **Austausch** zwischen Fachkräften der GIZ-Programme, die zu Gewaltprävention sowie zur Integration von Geflüchteten arbeiten, soll angeregt werden.

Der vorliegende Text speist sich vor allem aus den angegebenen Literaturquellen und Websites, sowie aus den zur Verfügung gestellten Systematisierungen von GIZ-Erfahrungen. Hinzu kommen Gespräche, die mit Fachkräften der GIZ, mit diversen Akteuren der Flüchtlingsintegration sowie mit geflüchteten, unbegleiteten Minderjährigen geführt wurden.

Ausgangslage

Noch nie zuvor waren so viele Menschen weltweit dazu gezwungen, die eigene Heimat zu verlassen. Laut UNHCR waren 2015 über 60 Millionen Menschen auf der Flucht (davon 19 Millionen, die ihr Herkunftsland verlassen haben). Die tatsächliche Zahl der Geflüchteten dürfte noch höher liegen. Der stark gestiegene Bedarf hinsichtlich der **Unterbringung, Versorgung und Integration** Geflüchteter stellt die aufnehmenden Gemeinden vor **große Herausforderungen.** Eine riesige Aufgabe ist für aufnehmende Länder und Gemeinden, die Voraussetzungen für die Integration der Geflüchteten zu schaffen und ihnen für die Zukunft eine umfassende und gleichberechtigte Teilhabe zu ermöglichen.

Nicht nur die Überwindung von Sprachbarrieren stellt noch immer ein Defizit dar. Das **friedliche Zusammenleben,** das in den Kommunen stattfinden soll, wird durch unterschiedliche Faktoren gefährdet. Einerseits begegnen Teile der Bevölkerung in vielen Ländern den Geflüchteten mit Offenheit, großer Hilfsbereitschaft und ehrenamtlichen Engagement. In manchen Kontexten wird die Ankunft von Migranten und Geflüchteten von wichtigen Wirtschaftsakteuren begrüßt – sofern diese als ausländische Geflüchtete überhaupt über die Möglichkeit und Erlaubnis zu arbeiten verfügen. Jedoch gibt es auch die Tendenz, dass Bürger mit Unsicherheit, Furcht und Wut auf die neue Situation reagieren, obschon oftmals ein Mangel an Informationen über Hintergründe und Herausforderungen besteht. Dies schwächt nicht nur die Integration, sondern auch den **sozialen Zusammenhalt** einer Gesellschaft, zu der sich unterschiedliche Gruppen zugehörig und akzeptiert fühlen sollten. Z.T. sind Radikalisierung, Polarisierung, Gewaltakte gegen Geflüchtete sowie eine massive Zunahme rechtsextremer Straftaten weitere Folgen.

Einerseits nimmt im öffentlichen Diskurs eine Tendenz zu, die Integration einseitig als Bringschuld der Migranten und Geflüchteten wahrnimmt („die Flüchtlinge sollen sich anpassen") und nicht als **gemeinsame Anstrengung,** die eine Chance für eine **positive Entwicklung einer Gesellschaft** bietet. Andererseits setzt sich bei manchen politischen Entscheidungsträgern zunehmend die Einsicht durch, dass Fluchtbewegungen Teil der gegenwärtigen Normalität sind, und entsprechende Kapazitäten (Kompetenzen, Normen und Institutionen) geschaffen werden müssen, um Einwanderung für alle Beteiligten erfolgreich zu gestalten.

Eine große Herausforderung stellen bislang oftmals die unzureichenden Mittel für Integrationsmaßnahmen in Gemeinden dar.

Sozialer Zusammenhalt als gemeinsames Oberziel

Ausgrenzung ist an sich eine Ausprägung von Gewalt und kann zu Formen manifester und physischer Gewalt führen. Integration wirkt folglich gewaltpräventiv. Integration und Prävention führen zum Respekt und der **Wertschätzung von Vielfalt** sowie zu einem **Gefühl der Zugehörigkeit.** Gerade in den teilweise hochgradig polarisierten Partnerländern der EZ wird diese Erfahrung immer wieder gemacht.

Primäre Prävention

Die oben genannten GIZ-Programme befassen sich überwiegend mit primärer Gewaltprävention. Entsprechend ist das Präventionsverständnis dieser Analyse ausgerichtet. Primärprävention richtet sich im Gegensatz zu sekundärer und tertiärer Prävention **nicht spezifisch an gefährdete Personen** oder an Menschen die bereits Opfer oder Täter wurden. Sie strebt generell die **Vorbeugung möglicher Gefährdungen** an, indem sie gewaltfördernde Bedingungen und Risikofaktoren aufdeckt und verändert, bzw. die Ziel- oder Akteursgruppen stärkt, über die Förderung sozialer Kompetenzen, Stärkung der Rechte, Förderung des Dialogs zwischen Gruppen und Empowerment. Es geht darum, Menschen **Lebensperspektiven** zu ermöglichen und zu verdeutlichen.

Insofern ist das Aufzeigen von Parallelen zwischen (Primär-)Prävention und Integration nicht an sich **stigmatisierend,** sei es im Hinblick auf Geflüchtete oder im Hinblick auf Personengruppen in aufnehmenden Gemeinden.

In vielen Kommunen und Gemeinden arbeitet bereits eine große Zahl von Initiativen und Projekten daran, Vorurteile und Ängste abzubauen, Konflikte durch **verbesserte Kommunikation** zwischen den Akteuren zu bearbeiten und ein gesellschaftliches

Miteinander herzustellen. Im Hinblick auf Geflüchtete sind in diesem Zusammenhang auch Dialog, Verständigung und Herstellung eines Grundkonsenses von Bedeutung, der an den Rechten und Pflichten der jeweiligen Verfassung orientiert ist. Die Prävention hat in diesem Zusammenhang das Anliegen, Unsicherheit und Unwissenheit zuvorzukommen, Ängsten und Wut durch Aufklärung zu begegnen, und Raum für die kommunikative Bearbeitung von Konflikten zu schaffen. Auf diese Weise trägt sie zu einer **nachhaltig inklusiven, sozial kohärenten Gesellschaft** bei.

Soziale Kohäsion

Der Begriff meint den sozialen Zusammenhalt in einer Gesellschaft. Die Bestrebungen nach Inklusion und Integration sind dem zuzuordnen und wirken der Exklusion entgegen. Dabei steht auf gerechte Art und Weise allen Menschen mit ihren jeweiligen Fähigkeiten **Teilhabe** zu. Soziale Kohäsion hat eine materielle (z.B. Einkommensgerechtigkeit), aber auch eine immaterielle Bedeutung (z.B. „Gemeinsinn", Zugehörigkeit, „Wir-Gefühl", gemeinsame Überzeugungen, Werte und Regeln als „Sozialkapital").

Gleichzeitig schafft Prävention Gelegenheiten für die **soziale, politische und ökonomische Teilhabe** von Marginalisierten, z.B. perspektivlosen Jugendlichen. Deren **Zugehörigkeitsgefühl** und Identifikation mit der Gesellschaft wird gestärkt. Sie werden resilient gegen radikale Gruppen und Gewaltakteure wie z.B. Dschihadisten oder Rechtsextreme. Einer Segregation und Ghettoisierung wird zudem durch **präventive und inklusive Gemeindeplanung** entgegengewirkt. Insofern kann Prävention die Stigmatisierung, Kriminalisierung oder Radikalisierung sowohl von Jugendlichen in den aufnehmenden Gemeinden als auch von jungen Menschen, die neu in das Land kommen, verhindern.

In diesem Sinne geht es darum, eine Gesellschaft zu formen, in der sich möglichst alle wahrgenommen und vertreten fühlen.

Beispielszenarien zu Integration und sozialem Zusammenhalt im Gemeindekontext

Anhand des folgenden Beispiels soll skizzenhaft verdeutlicht werden, wie sich der soziale Zusammenhalt im Gemeindekontext in unterschiedlichen Szenarien entwickeln kann. Dabei werden ein **Worst Case** Szenario, ein **realistisches** und ein **Optimalszenario** dargestellt, um die **Potentiale und Risiken für gelungene Integration** zu verdeutlichen, an denen Methoden der EZ anknüpfen können. Die Methode der Szenarienentwicklung selbst ist übrigens dem im Text vorgestellten Ansatz zur Einschätzung von Konfliktlagen entlehnt.

Unzureichende Information über Hilfeleistungen

In einer Gemeinde empfinden marginalisierte Teile der Bevölkerung Leistungen für Geflüchtete als ungerecht und bekommen von mobilisierenden Asylgegnern den Eindruck vermittelt, dass die Unterstützung von Geflüchteten auf ihre Kosten geht. (Beispiel: „Luxusunterbringung für Asylbewerber".) Fehlt eine klare flankierende Kommunikationsstrategie, die z.B. gut moderierte Informationsveranstaltungen beinhaltet, können berechtigte Hilfsleistungen ungewollt zur Verschärfung von Ressentiments und Konflikten beitragen.

Szenarien

„Worst case": Die Gemeindeverwaltung betrachtet die Neuankömmlinge eher als ein weiteres Problem und einen Störfaktor. Die Unterkunft der Geflüchteten wird auf intransparente Weise durchgesetzt. Die Zivilgesellschaft ist schwach und wird z.T. von rechtsradikalen Gruppierungen unter Druck gesetzt. Auch in den Vereinen bestehen starke Vorbehalte, man will keine „Fremden" aufnehmen. So unterbleiben Anstrengungen, Maßnahmen für Integration zu fördern und zu koordinieren. Gleichzeitig werden die Gruppen, die Geflüchtete unterstützen, eingeschüchtert. Sowohl bei den Bürgern der aufnehmenden Gemeinde als auch bei den Geflüchteten herrscht ein Klima der Angst vor. Gegenseitige Vorbehalte und Wut nehmen zu. Geflüchtete werden in allen Bereichen ausgegrenzt und stigmatisiert. Vereinzelt kommt es zu Gewalt. Bei den Geflüchteten, vor allem bei den Jugendlichen, nimmt die Frustration zu. Misserfolge nehmen eine immer größere Rolle in der Wahrnehmung des neuen Lebens ein. Schutz, Verständnis und Trost scheint nur aus der eigenen Volksgruppe zu kommen, mit der man auch die Sprache teilt. Dabei spielen auch soziale Netzwerke eine große Rolle. Viele der jüngeren Geflüchteten tauchen in eine Parallelwelt ab, kommunizieren fast ausschließlich mit Landsleuten und der Heimat. Einige knüpfen Kontakte zu Extremisten. Gleichzeitig nimmt in der Gemeinde der Zulauf für rechte Gruppen schon bei Heranwachsenden zu.

„Most likely": In der Gemeindeverwaltung herrscht eine ambivalente Haltung gegenüber den Geflüchteten vor. Entsprechend widersprüchlich wird nach außen kommuniziert. Zwar bildet sich ein Komitee, das für Integration zuständig ist, es sind jedoch kaum zeitliche, finanzielle Ressourcen, Motivation und Kapazitäten vorhanden, um eine Strategie koordiniert und wirkungsvoll umzusetzen. Es bleibt bei zahlreichen Initiativen einzelner Organisationen, Vereine und Individuen. Viele Beteiligte und Bürger der Aufnahmegemeinde betrachten allerdings Integration als Bringschuld seitens der Geflüchteten im Sinne von Anpassung. Zwar nimmt die Polarisierung in der Gemeinde zu, es ist aber auch nicht von einem massiven Rechtsruck zu sprechen. Gewalttaten gegen Geflüchtete bleiben aus, dennoch machen viele der neuen Migranten Erfahrungen mit Ablehnung und Ausgrenzung, haben das Gefühl, schlecht behandelt zu werden. Sie möchten umziehen in eine Stadt, wo mehr Menschen aus ihrem Herkunftsland leben. Gleichzeitig freut sich der örtliche Mittelstand über die Tatsache, dass vakante Lehrstellen besetzt werden.

„Best case": Die Gemeindeverwaltung und die ortsansässige Zivilgesellschaft betrachten die Neuankömmlinge als Chance und entschließen sich, mehr Ressourcen in ihre

Integration zu investieren. An Koordinationstreffen nehmen auch Sport- und Freizeitvereine sowie Geflüchtete und Betreuer aktiv teil. Auf der Grundlage externer Beratung wird eine Kommunikationsstrategie entwickelt und umgesetzt. In den Vierteln, in denen viele Bürger Ressentiments gegen Migranten haben, finden moderierte Diskussionsveranstaltungen statt. Viele Bürger verschaffen sich ein realistischeres Bild der Lebensbedingungen Geflüchteter. Rechten Gruppen fällt es zunehmend schwer, Bürger zu mobilisieren, auch weil die Bürger sich einbezogen fühlen und sich die Geflüchteten gut in das Gemeindeleben integrieren, in Schule, Unternehmen und Vereinen. Es bilden sich zahlreiche Freundschaften zwischen Bürgern der Gemeinde und den neu Angekommenen. Viele lernen schnell – falls nötig – die Sprache, können sich zunehmend selbstbewusst und unabhängig bewegen und stehen der vermittelten Normenkultur aufgeschlossen gegenüber. Mittel- und langfristig tragen Migranten mit unterschiedlichen Ausbildungsniveaus sowohl als Arbeitnehmer als auch als Unternehmer dazu bei, dass die lokale Wirtschaft Fahrt aufnimmt.

Im Folgenden werden auf der Basis der Erfahrungen von GIZ-Programmen zum Thema Prävention und Konfliktbearbeitung beispielhaft Methoden vorgestellt, die zu sozialem Zusammenhalt im Rahmen der Integration von Geflüchteten beitragen könnten:

GIZ-Präventionsprogramm	Methodenbeispiel
VPC – Inclusive Violence and Crime Prevention Programme – Präventionsprogramm in Südafrika https://www.giz.de/en/worldwide/17705.html	Partizipative Situationsanalysen, Maßnahmenplanung und Umsetzung für Sicherheit im Gemeinwesen
PREVENIR – Regionalvorhaben für die Prävention von Jugendgewalt in Zentralamerika (El Salvador, Honduras und Guatemala) https://www.giz.de/de/weltweit/13494.html	Gewaltfreie Kommunikation zwischen Schülern, Eltern und Lehrern
JOSY – Projekt „Neue Perspektiven durch akademische Aus- und Weiterbildung für junge Syrer/innen und Jordanier/innen" in Jordanien https://www.giz.de/de/weltweit/37174.html	Betreuung und Ausbildung für geflüchtete und einheimische Jugendliche
FOSIT – Förderung der integralen Bürgersicherheit und Transformation sozialer Konflikte in Guatemala https://www.giz.de/de/weltweit/28443.html	Briefe von Frauen – Kommunikative Verarbeitung und Prävention von Gewalt
FASPAR – Stärkung der sozialen Teilhabe von Palästinensischen Flüchtlingen in Jordanien https://www.giz.de/de/weltweit/360.html	Partizipative Verbesserung der Lebensbedingungen Geflüchteter

Konzepte zur Kontextsensitivität und zur Einschätzung von Konfliktlagen: Sie gelten als zentrale Voraussetzungen bei der Durchführung von EZ-Maßnahmen und werden deshalb in einem gesonderten Kapitel im Zusammenhang mit der Integration Geflüchteter diskutiert. Ansprechpartner hierfür sind in der GIZ das KC Frieden und Nothilfe der Abteilung Governance und Konflikt im Fach- und Methodenbereich sowie das Sektorprogramm „Frieden und Sicherheit, Katastrophenrisikomanagement", https://www.giz.de/de/leistungen/254.html,.

Partizipative Situationsanalysen, Maßnahmenplanung und Umsetzung für Sicherheit im Gemeinwesen

Bei der Integration marginalisierter Jugendlicher wie Geflüchteter spielen **Bezugspersonen in der unmittelbaren sozialen Umgebung** eine zentrale Rolle. Sie nehmen wesentlichen Einfluss auf Entscheidungen sowie Identifikationen und Referenzsysteme in der individuellen Lebenswelt. Aus diesem Grund ist es sowohl für Prävention als auch für Integration von großer Bedeutung, beispielsweise Nachbarn, Lehrer, Eltern und Ausbilder miteinzubeziehen. Sie müssen bei der Planung und Umsetzung von Maßnahmen mitgedacht werden, um eine synergetische Wirkung entfalten zu können.

Beispiel: Dialog und Partizipation bei der Planung von Maßnahmen

In einer Gemeinde soll eine Flüchtlingsunterkunft entstehen. Die Bürger und Interessengruppen werden zu mehreren moderierten Bürgerdialogen und Planungssitzungen eingeladen und gestalten die Integration der Ankommenden aktiv mit. Im Ergebnis steht die Bevölkerung den Geflüchteten und der Unterkunft insgesamt positiv gegenüber.

In einer anderen Gemeinde werden die Anwohner vor vollendete Tatsachen gestellt und nicht beteiligt. Die zunehmend konfliktgeladene Kommunikation zwischen unterschiedlichen Gruppen erfolgt ohne Struktur und Moderation. Die Lage eskaliert und es kommt zu gewalttätigen Auseinandersetzungen.

Für eine Integration im Gemeinwesen, die auf sozialen Zusammenhalt abzielt, ist es folglich erforderlich, die **beteiligten sozialen Gruppen** in ihren Lebensverhältnissen zu kennen. Häufig wird die Bedeutung der **Bedürfnisse sowohl der aufnehmenden Gemeinde als auch der Geflüchteten** unterschätzt. Ohne tiefergehende Kenntnisse der Merkmale und Lebensumstände der beteiligten Gruppen ist es kaum möglich, situationsgerechte Maßnahmen zu konzipieren und eine erfolgreiche Zusammenarbeit einzuleiten. Dabei ist deren Beteiligung von großer Bedeutung. Eine partizipative Umfeld- oder Sozialraumanalyse könnte daher im Rahmen der Strategiebildung und Umsetzung von Maßnahmen durchgeführt werden.

Vergleichbares wird in den meisten der in dem vorliegenden Text vorgestellten GIZ-Programmen umgesetzt und soll an dieser Stelle beispielhaft anhand des Toolkits für partizipative Planung gewaltpräventiver Maßnahmen in Südafrika erläutert werden.

Darstellung der Methoden, ihrer Ziele und Wirkungen

Einführung

Im Rahmen eines Gewaltpräventionsprogramms werden in Südafrika Gemeinden und öffentliche Räume, die zuvor extrem unsicher und gefährlich waren, von Anwohnern und wichtigen kommunalen Akteuren gemeinsam gestaltet, gemanagt und in Stand gehalten. Hierfür werden Praktiker in die systemische Planung von Gewaltprävention auf Gemeindeebene eingeführt.

Die Sicherheit des öffentlichen Raums hat große Auswirkungen auf die Lebensqualität der Bürger, sowie auf ihre Möglichkeiten, am öffentlichen Leben und an Entwicklungsprozessen teilzuhaben.

Dies geschieht auf der Basis von partizipativen und interaktiven Problemanalysen und Planungsprozessen. Dabei wird von folgender Prämisse ausgegangen: Wenn die Hauptakteure und die Betroffenen selbst eine aktive Rolle spielen in der Sicherheitsentwicklung ihrer Gemeinden, führt dies auch zu einer nachhaltigen Änderung in ihrem eigenen Verhalten. Die Beteiligten identifizieren sich mit der Entwicklung, zeigen **Verantwortungsgefühl für die Gemeinde** und andere Gemeindemitglieder. Die Kommunikation verbessert sich und wird konstruktiver.

Auf diese Weise wurde beispielsweise in Johannesburg bei der **Neugestaltung öffentlicher Parks** („Park Upgrades") vorgegangen, die zuvor als chaotisch und unsicher wahrgenommen wurden, z.B. wegen Überfällen und Drogenhandel. Mehr Informationen zu den „Park Upgrades":

(http://www.saferspaces.org.za/blog/entry/designing-for-safer-inner-city-parks-in-johannesburg)

Hintergrund: Beispiel Südafrika

In Südafrika fühlen sich gut 20 Jahre nach dem Ende der Apartheid weite Teile der Gesellschaft vom Fortschritt ausgeschlossen. In den Großstädten sind die Folgen der ehemals segregierten Stadtpolitik noch immer spürbar: Extreme Ungleichheit und dicht bebaute, unterversorgte Siedlungen gehen einher mit hoher Arbeitslosigkeit und **fehlenden Zukunftsperspektiven**, vor allem für Jugendliche. Dies fördert Kriminalität und Gewalt. Den Kommunen fehlen nötige Ressourcen und die Expertise, um die Sicherheit in ihren Gemeinden adäquat zu fördern.

Eine zentrale Aufgabe des GIZ-Präventionsprogramms VCP(„Violence and Crime Prevention Programme") ist es, die notwendigen Bedingungen für die Schaffung sicherer Gemeinden durch gewaltpräventive Maßnahmen zu verbessern:

- Schlüsselakteure werden in der **Klärung ihrer Rollen und ihrer Koordination** unterstützt.

- Über GIZ-Beratung erfolgt die Aufnahme des Präventionsthemas in relevante Regierungsprogramme.

- Um Sicherheit als Gemeinschaftsaufgabe zu verankern, fördert das GIZ-Programm verschiedene **Plattformen und Netzwerke**, z.B. das Online-Wissensportal *www.saferspaces.org.za* und die *Urban Safety Reference Group*, eine Koordinationsplattform zum Thema städtische Sicherheit.

- Jugendliche werden als **Gestalter positiver Veränderung** gefördert und bringen eigene Ideen ein.

- In Pilotprojekten fördert das Programm den **Austausch zwischen Stadtverwaltung und Zivilgesellschaft**.

Vorgehensweise

Im Folgenden wird dargestellt, wie bei der partizipativen Planung und Gestaltung von sicheren Räumen in Südafrika genau vorgegangen wird und welche Schritte hierfür relevant sind.

1. Bedingungen für Partizipation schaffen

Die Anwendung geeigneter demokratischer und interaktiver **Moderationsmethoden in Workshops** ist wesentlicher Bestandteil des gesamten Ablaufs. Prozesse, die auf partizipativen Methoden beruhen, haben keine vordefinierten Ergebnisse, sondern sind ergebnisoffen. So wird ermöglicht, dass Menschen aktiv an Entscheidungen teilhaben, die ihr Leben betreffen.

In einer ersten Phase werden partizipative Instrumente eingeführt, um auf anschauliche und interaktive Weise Basiskonzepte der Gewaltprävention zu vermitteln. Die partizipativen Instrumente garantieren dabei, dass nicht abstrakte Konzepte unterrichtet werden, sondern dass **direkt an der Lebenswelt und der Erfahrung der Teilnehmer angeknüpft** wird. Die Beteiligten lernen, eigene Perspektiven darzustellen und gleichzeitig **einander zuzuhören**.

2. Daten und Informationen erheben

Die Tools, die in diesem Schritt verwendet werden, ermöglichen die partizipative Erhebung von Daten und Informationen, die für die gegenwärtige Sicherheitssituation im Gemeinwesen relevant sind. Es geht dabei darum, nicht nur Symptome zu bearbeiten, sondern die **Hintergründe, Ursachen und Folgen von Gewalt** und Unsicherheit im eigenen Lebensbereich zu verstehen.

Dabei wird z.B. auf die wesentlichen Akteure sowie auf **Lebensbedingungen** eingegangen, auf Gewaltursachen, auf Ressourcen, die die Gemeinde widerstandsfähiger gegen Gewalt machen können, sowie auf Risiko- und Schutzfaktoren.

Als Ergebnis verfügen die Beteiligten über ein Dokument, das die erhobenen Daten auf strukturierte Weise zusammenstellt. Zugleich sind sie bereits Teil eines partizipativen Prozesses, der sie befähigt, die Situation zu analysieren, eigene Lösungen zu identifizieren und aktiv zu werden.

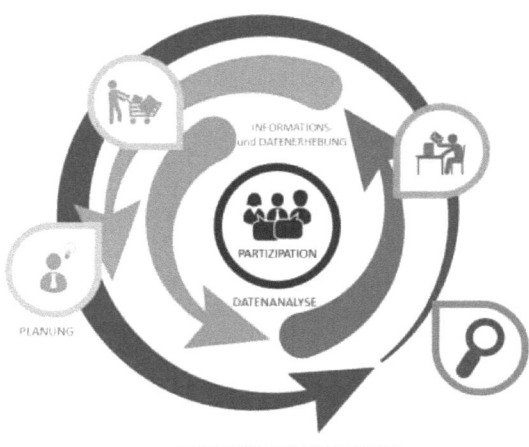

Grafik zur Veranschaulichung der unterschiedlichen Schritte der partizipativen Planung

3. Analyse der Sicherheitssituation

Als nächster Schritt erfolgt die Analyse der Daten. Dabei werden strategische Ansatzpunkte identifiziert. Als Grundlage werden Risiko- und Schutzfaktoren herausgearbeitet. Diese ermöglichen ein tieferes Verständnis der **sozialen Interaktionen**. Es wird deutlich, inwiefern Gruppen stigmatisiert und ausgegrenzt werden, und wie sich dies auf die Wahrnehmung der Unsicherheit auswirkt.

Sozialisation und Interaktion in Akteurssystemen

Eine systemische Perspektive wird zur Analyse von Schutz- und Risikofaktoren genutzt, mit denen sich die Anwohner, beispielsweise Jugendliche, auseinandersetzen müssen, und zwar auf individueller, familiärer, nachbarschaftlicher und Gemeinwesenebene. Dabei spielen die „Signifikanten Anderen" eine zentrale Rolle, die direkt mit Jugendlichen interagieren und ihr Verhalten mit beeinflussen. Beispiele wären Lehrer, Eltern, direkte Nachbarn sowie Gleichaltrige, aber auch Lokalpolitiker oder Polizisten. Ihr Handeln eröffnet **Chancen und Perspektiven für prosoziale, gewaltfreie und produktive Beziehungen**, oder es befördert Risiken. Das Verhalten der „Signifikanten Anderen" wird wiederum ebenfalls von sozialen Beziehungen beeinflusst, die systemisch miteinander in Verbindung stehen.

Ökologisches Sozialisationsmodell

(Bronfenbrenner 1971)

Die Interaktionen, die auf unterschiedlichen Ebenen das Verhalten und die Entscheidungen z.B. von benachteiligten Jugendlichen beeinflussen, dienen als Grundlage für die Planung von Aktivitäten, um letztlich **Veränderungen im Umfeld** zu bewirken. Vor diesem Hintergrund stehen nicht mehr, wie in traditionellen Modellen, beispielsweise die „Problemjugendlichen" und die Veränderung ihres Verhaltens im Mittelpunkt der Intervention.

„Wir sehen junge Leute nicht als Opfer oder Gewalttäter. Stattdessen versuchen wir, eine neue Sichtweise auf sie einzuführen, und zwar als aktive Gestalter von Veränderungen, die eine wichtige Rolle in der Schaffung sicherer Gemeinden einnehmen."

Linda Zali, Psychologin und Skills Facilitator in Port Elizabeth/ Südafrika

Entsprechend würde im Zusammenhang mit der Integration nicht einseitig die **Integrationsleistung des Geflüchteten im Mittelpunkt** stehen, sondern das **Verhalten aller relevanten Akteure**, das Integration **befördert (Schutzfaktoren)** oder **erschwert (Risikofaktoren)**. Die Verfestigung dieser Perspektive wirkt sich entsprechend entstigmatisierend auf den Integrationsprozess aus.

Ein wichtiges Ziel ist in diesem Zusammenhang, Bewusstsein dafür zu schaffen, dass ausgegrenzte Gruppen eine **fördernde Umgebung** benötigen, um Chancen und Gele-

genheiten zu nutzen. Zugleich wird in dieser Phase die proaktive Haltung der Teilnehmer gestärkt, um Veränderungsprozesse gemeinsam anzugehen.

4. Präventionsinitiativen planen

Auf dieser Grundlage lässt sich eine mittelfristige **Strategie mit Zielen und Akti-
onslinien** festlegen. Im Zentrum dieses Schritts steht die Planung von Präventionsmaßnahmen, ob es nun einzelne Initiativen sind oder es sich um umfangreichere Si-
cherheitspläne handelt. Die Ziele werden dabei als erwünschte Verhaltensänderungen
von betroffenen Akteuren beschrieben, die zu einer fördernden Umgebung für Ausgegrenzte beitragen, Risikofaktoren verringern und Schutzfaktoren stärken sollen.

Je höher die Beteiligung von Betroffenen, desto höher ist die Wahrscheinlichkeit, dass
die Beteiligten sich mit den Maßnahmen identifizieren und sie umsetzen. Ziel dieser
Phase ist es nämlich auch, das **Commitment der Akteure** zu stärken.

5. Partizipative Umsetzung, Monitoring und Auswertung

Für Maßnahmen, die sozialen Wandel im Gemeinwesen anstreben, ist ein angemessenes Monitoring- und Evaluierungssystem aufzubauen, das es den Beteiligten erlaubt,
die **Entwicklung beobachten und steuern** zu können. Dabei geht es um die Ermittlung von verändertem Verhalten der Beteiligten.

Gemeinsam mit Schlüsselakteuren wird der zu ändernde Ist-Zustand sowie erwartete und erwünschte Soll-Zustände beschrieben (z.B. Veränderungen in der Praxis der
Integration von Geflüchteten oder hinsichtlich der beteiligten Akteursgruppen in der
Gemeinde). Es werden „Progress Markers" (zu erreichende **Veränderungsschritte**,
die einen Fortschritt bedeuten) identifiziert.

**Mögliche Progress Markers im Zusammenhang mit der Integration Ge-
flüchteter in einer Gemeinde:**

Expect to see: Die lokalen Schlüsselakteure richten ein regelmäßig tagendes
interdisziplinäres Integrationskomitee ein.

Like to see: Die teilnehmenden Organisationen planen wenigstens fünf Integrationsmaßnahmen und setzen sie gemeinsam um.

Love to see: Wenigstens 20 Geflüchtete und 20 Personen der aufnehmenden
Gemeinde nehmen durchschnittlich an den Maßnahmen teil und unterstützen
aktiv weitere Maßnahmen.

In regelmäßigen partizipativen Monitoringworkshops wird im Sinne eines **permanenten Lernprozesses** nachgehalten, inwiefern Progress Marker erreicht wurden, und wie
man die Praktiken und Maßnahmen so gestalten kann, dass sie erreichbar sind.

Auch im Monitoring und bei der Evaluation stellt die Beteiligung der Akteure und der

Gemeinde ein Schlüsselelement dar. Im GIZ-Programm VCP werden die Anwohner zudem über Informationsplattformen eingebunden, was sich insgesamt positiv auf die lokale Regierungsführung auswirkt, da **Maßnahmen nicht nur transparenter und legitimierter sind** sondern auch die **Identifikation und die Ownership** seitens der Anwohner zunehmen.

Erzielte Wirkungen – Was wurde bisher erreicht?

- Erhalt, Sicherung und bessere Nutzung der öffentlichen Räume
- Zahlreiche Aktivitäten, die von Gemeinde- und Jugendorganisationen ausgehen
- Veranstaltungen, die die Anwohner zusammenbringen, z.B. durch Spiele und gemeinsames Lernen (z.B. "Meet your Neighbour"-Events)
- Zusammenarbeit unterschiedlichster öffentlicher Institutionen und der Zivilgesellschaft im Kontext gewaltpräventiver Maßnahmen und der Prävention geschlechtsspezifischer Gewalt
- Entwicklung von Strukturen für das gemeinsame Management öffentlicher Räume (öffentliche Institutionen und Anwohner)
- Zahlreiche Beiträge für die Neugestaltung und Nutzung der öffentlichen Räume

Wie könnte man die Methode für die Integration Geflüchteter verwenden?

Ein ähnliches Vorgehen ist in unterschiedlichen Kontexten nicht nur im Hinblick auf die **Gestaltung öffentlicher Räume** vorstellbar, die gemeinsam von Anwohnern unterschiedlicher Herkunft genutzt werden könnten. Auch und gerade im Hinblick auf die Planung der Unterbringung von Geflüchteten in den Gemeinden wäre eine vergleichbare Methodik zu erwägen. Auf diese Weise könnten **Konflikte mit Anwohnern abgeschwächt** und stattdessen Gemeinsamkeiten herausgearbeitet werden.

Zentrale Erfolgsfaktoren bestehen zum einen in der systemischen Perspektive (Analyse von Schutz- und Risikofaktoren in unterschiedlichen Interaktionssystemen wie Familie, Schule, Nachbarschaft, Gemeinde, etc.) sowie in der partizipativen Einbindung aller wesentlichen Beteiligten.

Im Hinblick auf die **Replizierbarkeit** ist anzumerken, dass in jedem Fall **Moderatoren und Trainer** gebraucht würden, die Erfahrungen mit partizipativen und interaktiven Methoden haben und sich mit einer systemischen Perspektive auf soziale Veränderungsprozesse auskennen.

Die Tools können flexibel auf jeweilige Bedarfe abgestimmt und auf zur Verfügung stehende Zeiträume angewendet werden.

Das VCP-Programm in Südafrika hat ein **Toolkit zur partizipativen Planung und Gestaltung von Sicherheit im Gemeinwesen** entwickelt, in dem detailliert auf die beschriebenen Methoden sowie auf partizipative Instrumente zur Gestaltung von Workshops eingegangen wird. Es findet sich in englischer Sprache unter http://www.saferspaces.org.za/learn-how/entry/building-safer-communities-toolkit

Kontakt: Terence Smith (Leiter des GIZ-Programmes „Inklusive Gewaltprävention" in Südafrika)

terence.smith@giz.de

Gewaltfreie Kommunikation zwischen Schülern, Eltern und Lehrern

Viele geflüchtete Minderjährige und Kinder und Jugendliche aus asylsuchenden Familien sowie aus Flüchtlingsfamilien erleben in der Schule Frustration und Rückschläge. Sie fühlen sich ausgegrenzt und von Lehrern unverstanden.

Einige der interviewten Jugendlichen fühlen sich in der Schule ungerecht behandelt und führen dies auf ihre Hautfarbe, Herkunft oder ihren Status zurück. Bei Konflikten würde beispielsweise immer ihnen die Schuld zugewiesen.

Häufig besteht, wenn Jugendliche in Integrationsklassen kommen, **kein Kontakt zu anderen Klassen**. Ein Austausch wird zudem kaum von Schulseite gefördert oder angeregt. In der Folge treffen sich Jugendliche mit gleicher Nationalität oder gemeinsamer Sprache in den Pausen, was letztlich nicht die Integration fördert.

Beispiel: Wenn Trennung die Lösung ist

In einer Schule haben die Klassen Geflüchteter und andere Schüler getrennte Pausenzeiten, was von der Schulleitung mit einem „Sicherheitsrisiko" begründet wird. So besteht kaum Kontakt zwischen den Gruppen. Während einige Eltern Stimmung gegen „Zuviel Miteinander" machen, sprechen sich der Elternrat und viele Schüler für gemeinsame Pausen und mehr Kontakt aus.

In der Grundschule werden geflüchtete Kinder zwar direkt eingegliedert, treffen aber nicht selten auf überforderte Lehrer, die auf die Situation nicht vorbereitet sind und denen **Kompetenzen und Rollenverständnis** für die Integration und Förderung der Kinder fehlen. Die Lehrer sind zudem mit den Sorgen der anderen Eltern konfrontiert, die den Lernerfolg ihrer Kinder durch die zunehmenden Aufgaben der Integration gefährdet sehen.

In manchen Fällen führt dies zu einer Ausgrenzung der geflüchteten Kinder, deren Potential nicht ausreichend gefördert wird.

Beispiel: Hilf- und Sprachlosigkeit in Familien und Klassen

Die Lehrer einer Grundschule wollen einen arabischstämmigen Schüler loswerden. Seine Eltern sind Geflüchtete, die kaum die Sprache der aufnehmenden Gesellschaft sprechen. Der Junge bringt in der Schule sehr schlechte Leistungen, außer in Sport, wo er sich auch gut mit dem Lehrer versteht. Von Mitschülern wird er zum Teil gehänselt, hat kaum Freunde, und fiel schon einige Male durch äußerst brutales Verhalten auf, wenn er geärgert wurde. Seine Klassenlehrerin kommt mit seinem Verhalten überhaupt nicht klar. Sie hat das Gefühl, dass er sie davon abhält, der Klasse die notwendigen Lerninhalte zu vermitteln, und setzt vor allem auf Sanktionen, denn mahnende Gespräche mit den Eltern scheinen nicht zu fruchten. Der Junge fühlt sich verzweifelt und würde am liebsten gar nicht mehr zur Schule gehen.

Am Beispiel von GIZ-Erfahrungen mit einem Projekt in Zentralamerika kann dargestellt werden, wie die **Kommunikation zwischen Eltern, Schülern und Lehrern** systematisch konstruktiver gestaltet werden und Empathie gefördert werden kann.

Darstellung der Methoden, ihrer Ziele und Wirkungen

Einführung

In Honduras, Guatemala und El Salvador stärkt die Methode *Miles de Manos* (deutsch: „Tausende von Händen") die pädagogischen und kommunikativen **Kompetenzen von Lehrkräften und Eltern** sowie deren Zusammenarbeit zugunsten der Schulkinder. *Miles de Manos* wird im Rahmen des GIZ-Regionalprogramms „Prävention von Jugendgewalt in Zentralamerika" (PREVENIR) umgesetzt. Trainingseinheiten mit mehreren aufeinander aufbauenden Treffen und Veranstaltungen helfen den Erwachsenen dabei, ihre Rolle als Schlüsselpersonen für Kinder und Jugendliche besser wahrzunehmen.

Schlüsselakteure der Methode sind auf nationaler Ebene die Entscheidungsträger im Bildungsministerium, Institutionen der Lehreraus- und -fortbildung, Universitäten sowie nichtstaatliche Organisationen im Bildungsbereich. Sie sollen die Methode **nachhaltig** in Bildungsstrategien und Curricula **verankern.** Auf Bezirksebene werden Angestellte des Bildungsministeriums und lokaler NRO zu Multiplikatoren ausgebildet. Das Trainingsprogramm selbst richtet sich an Lehrpersonal und Eltern.

Miles de Manos zielt darauf ab, Lehrkräfte und Eltern zu einem respektvollen, verantwortungsvollen, konstruktiven, demokratischen und gewaltfreien Umgang mit Kindern und Jugendlichen zu bewegen. Dazu gehören sowohl das kritische Hinterfragen traditioneller autoritärer Erziehungsmethoden als auch das **bewusstere Einnehmen ihrer Rolle als zentrale Bezugspersonen.**

Hintergrund: Beispiel Zentralamerika

In Zentralamerika ist in den Ländern des sogenannten nördlichen Dreiecks (Guatemala, El Salvador und Honduras) die Entwicklung von einem extrem hohen Maß an Gewalt gekennzeichnet. Verbreitete Formen sind **innerfamiliä-**

re Gewalt, deren Opfer häufig junge Frauen sind, Kindesmisshandlungen, Gewalt im Zusammenhang mit Drogenhandel oder –konsum sowie Raub und Schutzgelderpressungen. Insbesondere männliche Jugendliche zwischen 15 und 30 Jahren haben kaum Perspektiven auf wirtschaftliche, soziale und politische Teilhabe und sind sowohl als Opfer als auch als Täter von den extrem hohen Gewaltraten betroffen.

Weder das zentralamerikanische Integrationssystem (SICA) als direkter Partner des GIZ-Regionalprogramms PREVENIR noch die nationalen Regierungen haben erprobte intersektorale Gewaltpräventionsansätze bisher ausreichend in Strategien integriert und umgesetzt. Vor diesem Hintergrund zielt das GIZ-Programm darauf ab, dass nationale Regierungen lokal erprobte und erfolgreiche intersektorale Gewaltpräventionsansätze umsetzen und das SICA zum Austausch und zur Verbreitung von Erfahrungen nutzen.

Um dieses Ziel zu erreichen, arbeitet PREVENIR auf mehreren Ebenen und unterstützt unterschiedliche präventionsrelevante Sektoren: Auf regionaler Ebene berät das Vorhaben das zentralamerikanische Integrationssystem bei der Umsetzung seiner Sicherheitsstrategie. Auf nationaler Ebene werden in den drei Ländern die Ministerien für Sicherheit, Bildung und Arbeit, die Polizei sowie die staatlichen Jugendinstitute beraten. Auf der Ebene der Gemeinden leistet das Vorhaben einen Beitrag zur Verbesserung der Fähigkeiten der beteiligten Akteure sowie zu ihrer Vernetzung und Koordination.

Vorgehensweise

Miles de Manos stützt sich auf verschiedene erzieherische **Präventionsmodelle, die wissenschaftlich nachgewiesen** haben, dass sie das Risikoverhalten bei Kindern und Jugendlichen reduzieren. Diese Modelle wurden ausgewertet, zusammengeführt und an die lokalen Kontextbedingungen der beteiligten Länder angepasst. Es wurden Nationale Begleitkomitees mit zentralen Akteuren aus dem Bildungssektor gebildet, die das pädagogische Angebot begleiteten, Feedback gaben und dessen Aufnahme in die nationalen Lehrerfortbildungs- und Schulcurricula vorbereiteten. Und schließlich wurden **drei spezifische Trainingskomponenten** für Eltern, Lehrkräfte und gemischte (Eltern, Lehrer) Gruppen entwickelt (siehe Graphik).

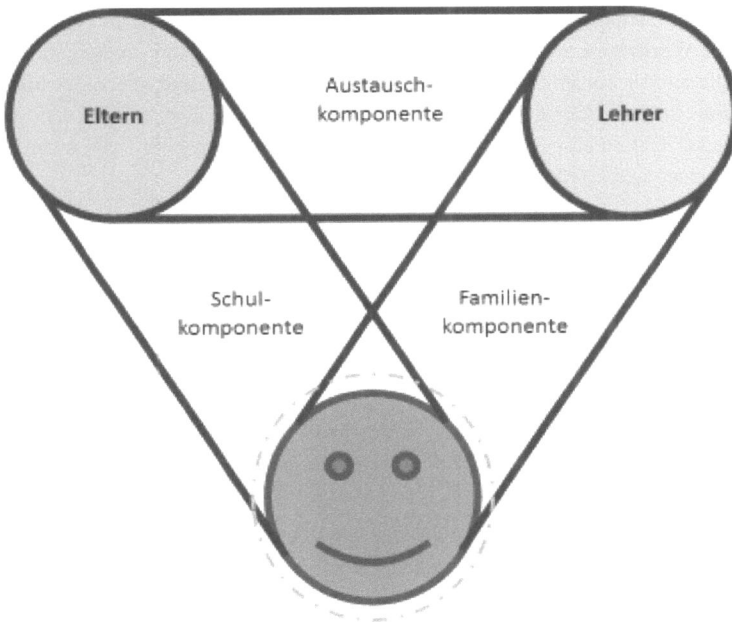

Schüler

Grafik: Komponenten und Akteure der Methode Miles de Manos

Im Anschluss wurden *Miles de Manos*-Trainer ausgebildet und die Durchführung der Trainingsmodule in ausgewählten Pilotschulen begleitet. Die schrittweise Umsetzung von *Miles de Manos* an Pilotschulen in unterschiedlichen Ländern sowie die permanente Diskussion der Wirkungen ermöglichte eine **kontinuierliche Feinjustierung** des Ansatzes. Die Erfahrungen wurden auf Schulnetzwerke und neue Schulen übertragen und flossen in eine Upscaling-Strategie ein. **Wirkungsmonitoring** ist ein fester Bestandteil des Modells.

Die *Miles de Manos*-Treffen werden von Trainern bzw. Moderatoren geleitet, deren vornehmliche Aufgabe es ist, eine vertrauensvolle und kooperative Atmosphäre zu schaffen: Die Teilnehmenden sollen sich frei fühlen, auch unangenehme Erfahrungen und Konflikte in der Kindeserziehung anzusprechen und gemeinsam zu analysieren. Die Methoden, die sie erlernen, unterstützen sie dabei, ihre **Erwartungen an die Kinder** klar zum Ausdruck zu bringen. Außerdem wird ihnen vermittelt, wie sie erwünschtes **Verhalten bei Kindern verstärken**, Grenzen setzen und Konsequenzen für nicht erwünschtes Verhalten festlegen können.

Am Ende eines der Treffen formulierte es ein Lehrer so: „Nach und nach haben wir aus verschiedenen Beispielen und Erfahrungen gelernt. Ich habe meine Stärken und Schwächen erkannt. Wir sollten die ‚Kultur des Neins' aus unserem Denken streichen und das Positive in die Praxis umsetzen."

Die Treffen bieten den Teilnehmenden die Möglichkeit, beispielsweise im Rollenspiel ihre Position als Eltern und Lehrkräfte zu reflektieren und neue Formen des Umgangs mit Kindern auszuprobieren. Dabei bekommen Eltern und Lehrkräfte **praktisch anwendbare Werkzeuge** an die Hand, um ihrer Rolle als „Förderer" von Schutzfaktoren für die Kinder besser gerecht werden zu können. Durch das Einüben der **neuen Techniken**, zuerst in der Gruppe und danach als „Hausaufgabe" (die in dem darauffolgenden Treffen ausgewertet wird), wird ein direkter Bezug zur Lebenswelt der Teilnehmenden hergestellt.

Erzielte Wirkungen – Was wurde bisher erreicht?

* Es wurden über 200 Trainer (Mitarbeiter der Bildungsministerien, Schulpsychologen und ausgewählte Lehrkräfte) ausgebildet, die die Methode derzeit an über 400 Schulen in Honduras, El Salvador, Guatemala und Nicaragua umsetzen. Viele fungieren als Multiplikatoren für die Anwendung an weiteren Schulen.

* Vielen Eltern und Lehrkräften wird erstmals bewusst, dass sie in einer gewaltbelasteten Gesellschaft für Heranwachsende potentielle Schutzfaktoren darstellen.

* Die Rückmeldungen der Teilnehmenden belegen einen vermehrten Bedarf nach praktischen Angeboten von der Art *Miles de Manos*. Eltern und Lehrkräfte empfinden das Modell als eine einzigartige Unterstützung bei der Schaffung eines **harmonischen Zusammenlebens im Elternhaus und in der Schule**.

* Dank *Miles de Manos* haben viele Lehrkräfte die Kommunikation mit ihren Schülern verbessern können, was zu einem harmonischeren Klassen- und Schulklima geführt hat.

* Evaluierungsergebnisse belegen, dass Kinder, deren Eltern und Lehrkräfte teilgenommen haben, **verringertes antisoziales oder aggressives Verhalten** aufzeigen.

* In Honduras und El Salvador ist *Miles de Manos* fester Bestandteil der staatlichen Elternfortbildung und sozialer Lernprogramme an Schulen. In Guatemala wurden erste Schritte zur Integration der Methode in die Lehrerausbildung eingeleitet.

Ein weiteres Beispiel:

Partizipation und Zusammenhalt in Schulgemeinden in Guatemala

Im Rahmen des GIZ-Vorhabens FOSIT in Guatemala wird auf die Förderung einer Friedenskultur sowie den Kinderschutz in Schule und Gemeinde abgezielt. Dabei lernen Schüler, Eltern und Lehrer, Konflikte konstruktiv zu bearbeiten. Es erfolgt dabei eine partizipative Situationsanalyse in Gemeinde und Schule, um Konflikte sowie Gewaltformen und -ursachen zu identifizieren.

Lehrer und andere Akteure bilden Kinderschutzkomitees, die sich in einem peer-to-peer-Ansatz gegenseitig beraten, fortbilden und Aktionen gemeinsam umsetzen. **Kinder und Jugendliche bilden Organisationen nach eigenen Interessenschwerpunkten**, z.B. Arbeitsgruppen zur Konfliktbearbeitung und zur Ausbildung als Konfliktmediatoren, Theatergruppen oder Graffiti-Gruppen. Gemeinsam organisieren Jugendliche, Eltern und Lehrer Friedensfestivals an den Schulen. Beteiligte Schulen richten ein Zentrum für Friedenserziehung im Alltag ein, wo nicht nur Fortbildungen stattfinden, sondern täglich Konflikte besprochen und bearbeitet werden, und sich Schüler, Eltern und Lehrer zu Fragen der gewaltfreien Kommunikation und Friedenserziehung austauschen.

Wie könnte man die Methode für die Integration Geflüchteter nutzen?

Projekte wie *Miles de Manos* sowie das oben genannte Projekt für Zusammenhalt in Schulen in Guatemala wären sicherlich auch für den Zusammenhalt an Schulen in anderen kulturellen Kontexten förderlich und könnten nicht nur die Integration von geflüchteten Schülern, sondern von **marginalisierten Familien** insgesamt stärken, indem über eine kooperative Kommunikationskultur auch das **Selbstvertrauen von Kindern und Eltern** unterstützt würde. Viele Dinge, z.B. Rollenverständnisse, Konflikte und Lernhemmnisse, die bisher aufgrund von fehlender Kommunikation den Beteiligten nicht bewusst sind, kämen zur Sprache. Dies würde beispielsweise auch zu einer erhöhten **Empathiefähigkeit mancher Lehrer und Eltern** sowie zur **kreativen Bearbeitung** von Problemen und Konflikten beitragen.

Die systemische Perspektive stellt einen **Erfolgsfaktor** dar, da sie einen konstruktiven, demokratischen **Austausch zwischen den Hauptbeteiligten** ermöglicht und die Wechselwirkung von schulischer und familiärer Kommunikation einbezieht. Zudem ist der zwar aufwendige, aber notwendige Prozess, in dem die **Methode auf den jeweiligen Kontext abgestimmt** wird, als wichtiges Schlüsselelement zu betrachten, denn in jedem kulturellen Kontext müssen spezifische Faktoren berücksichtigt werden. Die Einrichtung nationaler Begleitkomitees stellt ebenfalls einen Erfolgsfaktor dar, da auf diese Weise ermöglicht wurde, die Methode flächendeckend anzuwenden und in übergreifende Strategien einzubeziehen.

Für eine Nutzung der Methode in anderen Kontexten würden **Moderatoren und Trainer** gebraucht, die Erfahrungen mit partizipativen und interaktiven Methoden, mit systemischer Beratung sowie mit gewaltfreier Kommunikation im Schulbereich haben.

Die methodische Entwicklung von *Miles de Manos* hat sich nicht zuletzt durch den internationalen Dialog der am Prozess beteiligten Experten über zwei Jahre erstreckt. Insgesamt wäre in anderen Kulturkontexten vermutlich von einer ähnlichen Zeitspanne auszugehen, inklusive der Pilotierung in mehreren Schulgemeinden.

Weitere Informationen zur Methode „Miles de Manos" und zum Regionalvorhaben PREVENIR finden sich auf folgenden links:

www.gizprevenir.com/milesdemanos/ (spanisch)

www.giz.de/de/weltweit/13494.html

Kontaktdaten: Rubeena Esmail-Arndt (Programmleiterin)

rubeena.esmail-arndt@giz.de

Integrierte Betreuung für geflüchtete und einheimische Jugendliche
Beispiel: Wenn der Austausch fehlt...

Die Leiterin einer kirchlichen Betreuungseinrichtung für unbegleitete minderjährige Geflüchtete hat eine Idee für ein Projekt für die Beschäftigungsförderung von Geflüchteten, hat aber keine Vorstellung davon, wie man an mögliche Projektgelder kommen könnte. Mitarbeiter der Gemeindeverwaltung sind diesbezüglich erfahren und haben Kontakte zu möglichen Gebern, aber es besteht kein Austausch. Die Leiterin weiß zwar um die Existenz eines kommunalen Arbeitskreises zum Thema (eine Mitarbeiterin geht gelegentlich zu den Treffen). Sie weiß jedoch nicht, was die Aktivitäten des Arbeitskreises sind und inwiefern aus einer Teilnahme ein Mehrwert für ihre Jugendlichen resultieren könnte.

Über Bürgerinitiativen, Nichtregierungsorganisationen (NGOs), kirchliche und staatliche Träger besteht beispielsweise in deutschen Kommunen eine unterschiedlich große Anzahl von **zumeist sehr engagierten Unterstützern und Betreuern**, die Geflüchteten bei der Orientierung, bei der Aushandlung unterschiedlichster Konflikte und bei alltäglichen Fragen der Integration unterstützen. Zum Teil wird diese Arbeit auch von Mentoren mit ähnlicher Herkunft der Geflüchteten übernommen, die nicht immer über Beratungserfahrungen verfügen.

Häufig scheint es allerdings an **Kapazitäten** und an den richtigen **Instrumenten für eine umfassende, koordinierte und komplementäre Unterstützung** zu mangeln, die unterschiedliche Lebensbereiche abdeckt, von der Schaffung von Beschäftigungsperspektiven bis hin zur Bearbeitung möglicher Traumata. Im Zusammenhang mit Letzterem müssen Geflüchtete oft weite Wege in Kauf nehmen.

Eindrücke aus Interviews

Betreuer sind häufig **zentrale Ansprechpersonen für junge Geflüchtete**, gerade wenn die eigene Familie als direkter Ansprechpartner fehlt. Die **Bedeutung von Betreuung** wird von den **unbegleiteten jugendlichen Geflüchte-**

ten, die für die Erstellung dieses Texts interviewt wurden, als besonders hoch bewertet. Dies gilt beispielsweise für das Besprechen von Alltagssorgen, für das Aushandeln von Konflikten, etwa mit Lehrern, oder für das Knüpfen von Kontakten, z.B. in Vereinen. Die Jugendlichen wünschen sich **psychosoziale Unterstützung**, wenn sie traurig wegen der Abwesenheit ihrer Familie oder dem Verlust von Familienmitgliedern sind, und **Unterstützung für Ausbildung und Beschäftigungsförderung**. Letzteres geht mit dem langfristigen **Hauptwunsch der Existenzsicherung** einher.

Gleichzeitig schätzen die interviewten ehrenamtlichen und hauptamtlichen Betreuer die vorhanden **Kapazitäten für die Unterstützung Geflüchteter** als stark **ausbaufähig** ein:

- Das Verhältnis zu Betreuten kann manchmal **paternalistische Formen** annehmen und der Selbständigkeit der Geflüchteten im Wege stehen.
- Viele Betreuer fühlen sich **von der Situation überfordert** („ins kalte Wasser geworfen").
- Systematische **Fortbildungen, Supervision** und Möglichkeiten für Betreuer, im Austausch interkulturellen Perspektivwechsel einzunehmen und die eigene Rolle auf einer Metaebene zu reflektieren, gibt es kaum.
- **Vernetzung und Zusammenarbeit zwischen Schlüsselakteuren** der Integration und Betreuern findet in vielen Fällen nur **punktuell** statt. Aus der Perspektive vieler Beteiligter herrscht eine Unübersichtlichkeit („Wer ist verantwortlich für was?")

In unterschiedlichen Kontexten besteht ein **Bedarf an effektivem Austausch und Koordination** kommunaler Fachkräfte sowie an lokalen **Vereinbarungen, Strategien und Ressourcen** für die systematische Integration von Geflüchteten. Dies kann dazu führen, dass die Ansätze an **Durchschlagskraft** einbüßen und es ihnen an **Nachhaltigkeit** mangelt. Dies geht auf Kosten der **Kompetenzentwicklung**.

Es wird erst damit begonnen, Kooperationssysteme, Austauschmöglichkeiten und Plattformen für Wissensmanagement, für die Bündelung vorhandener Strategien und Konzepte sowie für die Entwicklung neuer Vorhaben zu etablieren (z.B. die Website www.pufii.de).

Vor diesem Hintergrund kann die **Erweiterung der Kapazitäten und Kompetenzen für Betreuung** als erforderliche Entwicklung gesehen werden. Es sollten **Instrumente** etabliert werden, die ein **ganzheitliches, koordiniertes Betreuungsangebot** ermöglichen.

Auf entsprechende Lösungsansätze im Zusammenhang mit der EZ wird im folgenden **Methodenbeispiel aus Jordanien** eingegangen.

Hintergrund:

CAPACITY WORKS – Allgemeines GIZ-Modell für das Management komplexer Prozesse

Die Integration Geflüchteter ist als komplexer Prozess zu verstehen, an dem **unterschiedlichste Akteure beteiligt** sind, die miteinander **kooperieren** sollten, um ein optimales Gelingen zu ermöglichen. Es geht beim Management und der **Steuerung von komplexen Prozessen** nicht nur um die Bereitstellung technischer Lösungen und Dienstleistungen, sondern auch darum, **gesellschaftlichen, politischen und wirtschaftlichen Wandel** zu unterstützen.

Die GIZ hat ihre Erfahrungen im Management von komplexen **Kooperationssystemen** systematisiert und in dem Modell Capacity WORKS zur Verfügung gestellt. **Capacity WORKS wird in allen Vorhaben der GIZ angewandt.** Dabei geht es um die Kooperation von Akteuren aus Staat, Zivilgesellschaft und Wirtschaft, die gemeinsam **nachhaltige Veränderungen** in der Gesellschaft gestalten wollen.

Mehr Information zu Capacity Works findet sich unter https://www.giz.de/fachexpertise/html/4619.html

Darstellung der Methoden, ihrer Ziele und Wirkungen

Einführung

Hintergrund: Beispiel Jordanien

Der Bürgerkrieg in Syrien zwingt die Bevölkerung zur Flucht. Knapp 5 Millionen Menschen haben das Land bisher verlassen. Das Nachbarland Jordanien bietet mittlerweile Zuflucht für über 630.000 Geflüchtete Syrer. Viele von ihnen sind **junge Erwachsene**, die sich nach den traumatischen Erfahrungen des Krieges und der Flucht eine neue Lebensperspektive erhoffen. Mehr als 80 Prozent der Flüchtlinge leben außerhalb der Flüchtlingscamps in den aufnehmenden Gemeinden. Sowohl jungen syrischen Flüchtlingen als auch der ärmeren jordanischen Bevölkerung in den aufnehmenden Gemeinden fehlen verlässliche Zukunftsperspektiven:

Viele junge Syrer mussten ihre Ausbildung oder das Hochschulstudium unterbrechen oder konnten gar kein Studium mehr beginnen. Die Flüchtlinge wollen sich weiterbilden, doch ihre finanzielle Situation, ihr Aufenthaltsstatus, mangelnde Fremdsprachenkenntnisse oder fehlende Dokumente stehen einem Studium in Jordanien im Weg. Ohne Perspektive empfinden viele Flüchtlinge ihre **Lage als aussichtlos**. Viele haben zudem eine Traumatisierung durch Kriegs-und Fluchterlebnisse erlitten.

Durch die Zuwanderung von Flüchtlingen stieg die Einwohnerzahl in Jordanien in nur wenigen Jahren um zehn Prozent. Vor allem für die ärmeren Bevölkerungsgruppen ist es schwierig, die Geflüchteten zu akzeptieren, da sie mit ihnen um Ressourcen wie Schulplätze, Wasser und nicht zuletzt um Arbeitsplätze konkurrieren. Auch der jungen jordanischen Generation **mangelt es vielerorts an Perspektiven.**

Das GIZ-Projekt JOSY ("Neue Perspektiven durch akademische Aus- und Weiterbildung für junge Syrer/innen und Jordanier/innen") ist vor allem in der Region der jordanischen Hauptstadt und in weiteren Aufnahmegemeinden tätig. **Ziel** des Vorhabens ist es, in jordanischen Kommunen, die Geflüchtete aufnehmen, zur Verbesserung der Lebensperspektiven von jungen Frauen und Männern beizutragen. Um **Konkurrenz und damit sozialen Spannungen entgegenzuwirken** und Gemeinsamkeiten zu stärken, werden sowohl syrische Flüchtlinge als auch junge Jordanier gefördert, denen der Zugang zu akademischer Ausbildung sonst nicht ohne Weiteres möglich wäre.

Die GIZ kooperiert hierfür mit dem Deutschen Akademischen Austauschdienst (DAAD), sowie mit vier jordanischen Universitäten in Amman und Irbid. Das Projekt ist Teil der Sonderinitiative des Bundesministeriums für wirtschaftliche Entwicklung und Zusammenarbeit (BMZ) zur Bekämpfung von Fluchtursachen und Reintegration von Flüchtlingen in Regionen mit anhaltenden Krisen. https://www.bmz.de/de/was_wir_machen/themen/Sonderinitiative-Fluchtursachen-bekaempfen-Fluechtlinge-reintegrieren/deutsche_politik/index.html

Um jungen Menschen eine Hochschulbildung zu ermöglichen, die sich viele finanziell nicht leisten können, vergibt die GIZ in Jordanien Vollstipendien. Empfänger sind zu **gleichen Teilen syrische Geflüchtete und bedürftige Jordanier,** die Hälfte aller Stipendiaten sind Frauen.

Die Förderung der Stipendiaten vollzieht sich über ein **integriertes Unterstützungsangebot.**

Sie erhalten einen Beitrag zu den monatlichen Lebensunterhaltskosten, die Studiengebühren an den lokalen Universitäten werden vom GIZ-Vorhaben getragen. Neben Sprachkursen und vorbereitenden Lehrveranstaltungen vertiefen sie in zusätzlich angebotenen Schulungen ihr Wissen zu bestimmten Themen. Bei Nachhilfebedarf werden sie von Tutoren unterstützt. Syrische Stipendiaten werden in dreimonatigen Vorbereitungskursen auf das Studium an der jordanischen Universität vorbereitet. Zur Stärkung der Nachhaltigkeit des GIZ-Vorhabens wird neben der Förderung der Vernetzung der Stipendiaten untereinander und mit anderen Flüchtlingsinitiativen auch der **Aufbau eines Stakeholder-Netzwerks im Bereich Hochschulbildung für Geflüchtete** gefördert, welches ein praxiserprobtes Unterstützungskonzept zu wesentlichen Aspekten des Themas „Studieren als Flüchtling" verbreitet.

Neben den Elementen **Studienunterstützung** und **Vernetzung** spielt die Komponente „Psychosoziale Unterstützung" eine zentrale Rolle. Sie wird im Folgenden detaillierter beschrieben.

Vorgehensweise

Stipendiaten werden vor Ort engmaschig durch das Projektpersonal betreut. Häufig geht es in den individuellen Beratungen um die Bewältigung persönlicher Herausforderungen im Alltag. Die **psychosoziale Unterstützung** der jungen Akademiker soll deren Selbstwertgefühl und selbstständiges Agieren stärken sowie Handlungsoptionen vermitteln. Stressfaktoren sollen abgebaut, Schutzfaktoren aufgebaut werden. Sämtliche Unterstützungsbedürfnisse werden partizipativ erhoben und geplant.

- Syrische und jordanische Stipendiaten werden dabei unterstützt, **soziale Projekte** unter Einbezug ihres fachlichen Hintergrundes zu konzipieren und in ihren Gemeinden umzusetzen. Die Projekte sollen den **sozialen Zusammenhalt zwischen Jordaniern und Syrern** stärken, sowie der Prävention und konstruktiven Bearbeitung von Konflikten dienen. Zudem wird das Selbstvertrauen der Teilnehmer gestärkt, Stipendiaten machen Arbeitserfahrungen, es kommt ihnen in ihrer Gemeinde eine Rolle zu, und sie beteiligen sich aktiv an der Gestaltung ihrer direkten Umgebung.

- Von besonderem Gewicht ist die **psychosoziale Beratung** der Stipendiaten, in denen sie in Gruppen oder individuell von Psychologen unterstützt werden, sowie **bei Bedarf auch traumatische Erlebnisse aufarbeiten** können. Dabei sind sowohl lokale als auch internationale Psychologen Ansprechpartner.

- Durch regelmäßige maßgeschneiderte **extracurriculare Trainingsmaßnahmen** werden die Stipendiaten in den Bereichen Life Skills, Konflikt-, Selbst -und Veränderungsmanagement sowie Kommunikation weitergebildet. Auf diese Weise werden ihre **Selbsthilfekapazitäten** gestärkt und die zukünftige **Beschäftigungsfähigkeit** erhöht. Den Teilnehmern werden sogenannte *safe spaces* bereitgestellt, Räume, in denen sie neu erlernte Fähigkeiten praktizieren und über das eigene Verhalten gemeinsam reflektieren können. Dabei unterstützen sie sich gegenseitig im Sinne eines *peer learning*.

- Zudem werden die Stipendiaten im Hinblick auf **Lebens- und Karriereplanung** unterstützt. Hierbei erfolgen **individuelles Coaching** und Unterstützung durch **Mentoren**. Gleichzeitig bauen die Studierenden ein „Buddy-System" im Sinne eines Netzwerks gegenseitiger Unterstützung für die Zukunft auf.

- Das Vorhaben ermöglicht weiterhin den Stipendiaten Zugang zu regelmäßigen Sportaktivitäten und stellt einen finanziellen Notfall-Fonds für persönliche Notfallsituationen bereit.

Masterstudium
- Vollstipendium (monatliche finanzielle Beihilfe)
- Erstattung von Studiengebühren
- Propädeutikum
- Englischintensivkurs vor Studienbeginn
- Maßgeschneiderte Extrakurse
- Tutor bei Nachhilfebedarf

Psychosoziale Unterstützung
- Eins-zu-Eins-Mentoring und Coaching
- Extracurriculare Trainingsmaßnahmen im Bereich 21st century skills/life skills/Selbsthilfekapazitäten
- Zugang zu Psychologen
- Notfall-Fonds und zinsfreie Darlehen
- Zugang zu regelmäßigen Sportaktivitäten
- Karriereplanung
- Bereitstellung von safe spaces
- Soziale Projekte
- Peer Learning und Buddysystem

Vernetzung
- Wissensaustausch
- Wissenstransfer
- Systemische Aufbereitung von vorhandenem Know-How
- Lobbying

Illustration: Komponenten des integrierten Betreuungsangebots für die Stipendiaten

Erzielte Wirkungen – Was wurde bisher erreicht?

„Heute habe ich einem fast blinden Studenten bei seinem Abschlussexamen geholfen. Ich war sehr froh, denn er fragte mich, woher ich komme. Ich sagte ihm, „aus Syrien", und ich war stolz. Ich fühle mich gut, denn ich helfe Menschen und vermittle ihnen einen guten Eindruck vom syrischen Volk." (Syrischer Student zu der Umsetzung seines Sozialprojekts, Januar 2016)

- Bislang erhielten 80 junge Menschen **die Chance, ein Masterstudium** aufzunehmen. Die ersten 38 Stipendiaten sind für das Studienjahr 2015/2016 an vier Universitäten in 20 Fachrichtungen eingeschrieben. 95 Prozent von ihnen erreichten die benötigte Punktzahl in allen Examen nach dem ersten Semester. Im März 2016 wurden weitere 42 Stipendienträger ausgewählt, die im Oktober ihre Studien beginnen. Für das Studienjahr 2016 gab es mehr als 400 Bewerber für die begehrten Förderungen.

- Neben ihren Studien engagieren sich 70 Prozent der Stipendiaten in insgesamt **17 sozialen Projekten** lokaler oder internationaler Organisationen. Sie unterstützen beispielsweise ein gewaltfreies Zusammenleben von Jordaniern und Syrern in den Aufnahmegemeinden, leisten psychosoziale Unterstützung für syrische Geflüchtete oder leiten Spielenachmittage für Waisenkinder und Computerkurse für Studenten.

- Perspektivisch **profitieren nicht nur die jungen Frauen und Männer** von ihrem Studium und den zusätzlichen Angeboten. Die gut ausgebildeten Jordanier können einen Beitrag für die Weiterentwicklung ihres Landes leisten. Die syrischen Studienabsolventen wiederum können die aufnehmenden Gemeinden und den Wiederaufbau ihres Heimatlandes unterstützen.

Hintergrund: Psychosoziale Betreuung – Der Ansatz der GIZ

Eine **ausbleibende Anerkennung und Bearbeitung psychischen Leids** auf individueller und kollektiver Ebene hat **nachhaltige negative Auswirkungen** auf den sozialen Zusammenhalt einer Gesellschaft und ihre ökonomische Produktivität. Dies gilt sowohl für Geflüchtete in Deutschland als auch für Opfer von Krieg und Gewalt in den Partnerländern der EZ. Von **Traumatisierung** spricht man in diesem Zusammenhang, wenn die individuellen Fähigkeiten zur Bewältigung des Alltags einer Person aufgrund existentieller Erfahrungen von Angst, Zerstörung und Verlust zusammengebrochen sind.

Einige GIZ-Vorhaben zielen bei der **Unterstützung von Verarbeitungsprozessen** auf besonders vulnerable Gruppen ab, zu denen Ex-Kombattanten, Frauen, Kinder und Jugendliche sowie Geflüchtete zählen. Viele Betroffene können sich aus eigener Kraft oder mit relativ geringer Unterstützung von den traumatischen Ereignissen erholen. Die wesentlichen Wirkungsfaktoren sind soziale Unterstützung und Neukonstituierung des Lebenssinns. Dazu müssen die Lebensgrundlagen sichergestellt, Beziehungen und Netzwerke gestärkt sowie Kommunikation und Verarbeitung des Erlebten ermöglicht werden. Da eine große Gruppe betroffen ist, können diese Verarbeitungsprozesse nicht in therapeutischen Einzelsettings ablaufen. Stattdessen können sie sozial bearbeitet und durch breitenwirksame Maßnahmen unterstützt werden.

Zu den **Leistungen der GIZ** gehört in diesem Zusammenhang unter anderem:

- Sensibilisierung und Qualifizierung von Multiplikatoren in den Grundlagen der psychosozialen Hilfe und Krisenintervention
- Strukturelle Förderung von psychosozialen Versorgungs- und Beratungsangeboten und Fortbildung lokaler Fachkräfte
- Netzwerkentwicklung
- Aufbau von Supervisionsstrukturen

Ein weiteres Beispiel hierfür ist die GIZ-Maßnahme „Unterstützung des psychosozialen Beratungsangebotes für palästinensische Flüchtlinge" im Libanon.

Sie unterstützt die Verankerung eines **systemischen und ressourcenorientierten Ansatzes** für psychosoziale Arbeit in Schulen, Gesundheitszentren und Sozialarbeit sowie die Verbesserung der psychosozialen Dienstleistungen durch zivilgesellschaftliche Organisationen in ausgewählten Flüchtlingslagern. Ziel des Projekts ist die Verbesserung der psychosozialen Unterstützungsstrukturen und die Entwicklung neuer Handlungsoptionen im Umgang mit der andauernden Krisensituation. Dies wird erreicht durch das Training von Gesundheitspersonal, Beratern, Lehrern und Sozialarbeitern, den Aufbau von kollegialen Supervisionssystemen und eine Vernetzung mit zivilgesellschaftlichen Akteuren. https://www.giz.de/de/weltweit/22721.html

Wie könnte man die Methode für die Integration Geflüchteter verwenden?

GIZ-Expertise wie in den dargestellten Erfahrungen könnte nützlich sein, um **Angebote** zu schaffen, die sich an den Bedarfen von Geflüchteten orientieren, um **Unterstützungsleistungen so** zu verbinden, dass sie optimal wirken, und um in einem **Kooperationssystem zusammenzuarbeiten**, ohne dass dies das unabhängige Handeln vor allem von freiwilligen Initiativen beeinträchtigt.

Zentrale **Erfolgsfaktoren der Methode** sind die **ganzheitliche Betrachtung der Unterstützungsbedarfe** junger syrischer Geflüchteter, die Maßnahmen zur Kompetenzerweiterung für die Beteiligten sowie die Kontextsensitivität im Hinblick auf **mögliche Konflikte zwischen Syrern und Jordaniern.** Deshalb wurden benachteiligte jordanische Jugendliche in die Förderung einbezogen.

Die **Replizierbarkeit** der Stipendien selbst im Sinne von finanzieller Studienförderung ist schwierig einzuschätzen, da in anderen Ländern andere soziale und finanzielle **Förderungsbedingungen** existieren, gerade im Hinblick auf Geflüchtete. Auf andere Kontexte übertragbar erscheinen dagegen die **kontextsensible Vorgehensweise (Einbezug von Jugendlichen aus den Herkunftsgemeinden)** sowie der Aufbau eines **integrierten Unterstützungsangebots** durch eine ganzheitliche Perspektive und das koordinierte Vorgehen unterschiedlicher Akteure, unter Einbezug der Perspektive der Betroffenen.

Über die Erfahrungen der GIZ mit der Unterstützung junger Jordanier und Syrer kann man sich auf folgender Seite informieren: **https://www.giz.de/de/weltweit/37174.html**

Kontakt: Henrike Hilgenfeld, Beraterin im GIZ-Projekt JOSY in Jordanien

henrike.hilgenfeld@giz.de

„Briefe von Frauen" – Kommunikative Verarbeitung und Prävention von Gewalt

Ein ermutigendes Beispiel: Mut zum Fußball

Vor wenigen Monaten hätte sie es selbst nicht für möglich gehalten: eine sieb-zehnjährige Eritreerin spielt in einer Mädchenfußballmannschaft mit – erfolg-reich und motiviert. Eigentlich ist sie sehr schüchtern und redet nur äußerst ungern über ihre Schwierigkeiten und Konflikte. Über die **psychosoziale Be-treuung**, die sie gemeinsam mit anderen geflüchteten Mädchen durch eine geschulte Sozialpsychologin erfährt, findet sie nun den Mut, ihre Bedürfnisse auszudrücken und selbstbewusst umzusetzen.

In verschiedenen Kulturen stellen **Geschlechterrollenverständnisse** auf unterschied-liche Weise eine Herausforderung für das Gelingen von Integration und sozialer Ko-häsion dar. In vielen arabischen Ländern sind beispielsweise hauptsächlich Männer für die Interaktionen im öffentlichen Raum zuständig. Dies erweist sich als **Heraus-forderung für die Integration vieler geflüchteter Frauen**:

Interviewte ehrenamtliche Helferinnen führen aus, dass es in vielen Fällen sehr schwierig ist, weibliche Geflüchtete aus arabischen Ländern wie Syrien in In-tegrationsmaßnahmen einzubeziehen, während der Kontakt mit den Männern sehr leicht herzustellen ist. Die Interviewten führen dies weniger auf Zwänge zurück als auf **verinnerlichte Rollen und entsprechende Gewohnheiten**. Viele Frauen scheinen sich in den eigenen vier Wänden am wohlsten zu fühlen.

So geraten die Bedürfnisse und Interessen der geflüchteten Frauen kaum in den **Blickpunkt des öffentlichen Bewusstseins**. Dies gilt auch für die Wahrnehmung der Schlüsselakteure der Integration.

Die ohnehin schwierige Aufarbeitung der spezifischen traumatisierenden Erfahrun-gen vieler Frauen, auch auf der Flucht, erscheint vor diesem Hintergrund besonders problematisch.

Eine Methode, die unter anderem von GIZ-Vorhaben in Ecuador, Peru, Bolivien und in Guatemala angewandt wird, könnte in diesem Zusammenhang hilfreich sein, um den Frauen **öffentliches Gehör und Anerkennung sowie eine kommunikative Verarbei-tung ihrer Erlebnisse** zu ermöglichen. Sie soll im Folgenden vorgestellt werden.

Darstellung der Methoden, ihrer Ziele und Wirkungen

Einführung

In der Methode „Briefe von Frauen" werden Mädchen und Frauen darin unterstützt, **Briefe an die Öffentlichkeit** zu schreiben, in denen sie über eigene Gewalterfah-rungen berichten. Die Kampagne zielt darauf ab, auf die Gewalt gegen Frauen auf-merksam und die Auswirkungen für alle sichtbar zu machen. Getragen wird sie von staatlichen und nichtstaatlichen Organisationen.

Die Frauen werden in partizipativen Workshops und über psychosoziale Betreuung zum Schreiben der Briefe ermuntert. Im Rahmen der Kampagne werden dann Aktionen in der Öffentlichkeit organisiert (Medienkampagnen zu den Briefen, Ausstellungen, Veranstaltungen etc.). Die anonymen Briefe werden mit partizipativen Methoden diskutiert und ausgewertet. Aus der Systematisierung der Gewalterfahrungen werden **Vorschläge zur Gewaltprävention für die Politik** entwickelt. Schließlich entstehen Maßnahmen, um die Situation von Mädchen und Frauen zu verbessern.

Hintergrund: Beispiel Guatemala

Guatemala gehört fast zwei Jahrzehnte nach Unterzeichnung der Friedensverträge (1996) immer noch zu den Ländern mit den höchsten Gewaltraten. Seit dem Ende des Bürgerkrieges wird Gewalt zunehmend von privaten Akteuren wie Drogenkartellen und Jugendbanden ausgeübt. Bei der Verbesserung der Bürgersicherheit wurden bislang nur bescheidene Fortschritte erzielt; die meisten **strukturellen Konfliktursachen** bleiben ungelöst. Mangelnde Präsenz und Professionalität der staatlichen Sicherheitsorgane, einhergehend mit der vierthöchsten Mordrate in Mittelamerika, weitgehender Straflosigkeit und zunehmender Selbstjustiz machen Bürgersicherheit und Gewaltprävention zu prominenten innenpolitischen Dauerthemen. Auch **im privaten und familiären Bereich ist Gewalt weit verbreitet**, die Zahl der Morde an Frauen ist erschreckend hoch.

Das GIZ-Programm "FOSIT" *(Stärkung integraler Bürgersicherheit und gesellschaftlicher Konfliktbearbeitung)* zielt deshalb unter anderem auf eine Verbesserung der Bürgersicherheit ab – sowohl objektiv als auch in der individuellen Wahrnehmung der Bürger.

Zur Erreichung dieses Ziels wird die guatemaltekische Regierung bei der Entwicklung erfolgreicher Strategien zur Gewaltprävention und die Einbeziehung aller Interessengruppen in die Umsetzung der Präventionsmaßnahmen unterstützt. Das Programm fördert Strategien und Maßnahmen zur Vorbeugung der Gewalt gegen Kinder, Heranwachsende, Jugendliche und Frauen sowie gegen Gewalt mit Waffen. Gleichzeitig werden zivilgesellschaftliche Akteure wie Nichtregierungsorganisationen und Wirtschaftsverbände bei der Entwicklung von Dialogmechanismen sowie bei der Koordination gemeinsamer Maßnahmen unterstützt. Gewaltprävention und friedliche Konfliktbearbeitung werden so zur **gemeinsamen Aufgabe aller sozialen und ethnischen Gruppen**.

Vorgehensweise

Um die Anpassung erfolgreicher Gewaltpräventionsmaßnahmen auf den guatemaltekischen Kontext zu ermöglichen, wertete das GIZ-Programm in Guatemala verschiedene Kampagnen zum Thema Gewalt gegen Frauen in Lateinamerika aus und diskutierte die Ergebnisse in den eigenen Programmregionen.

Dabei wurde unter anderem die Kampagne „Briefe von Frauen" vorgestellt, die zuvor über ein GIZ-Regionalvorhaben (Combatir la Violencia contra las Mujeres" - ComVoMujer) entwickelt und in Ecuador, Peru und Bolivien umgesetzt worden war: Dort wurden über 13.000 Briefe von Frauen, die anonym über ihre Gewalterfahrungen in der Familie berichteten, zusammengetragen, diskutiert und teilweise veröffentlicht, um die **Vereinzelung der Opfer zu überwinden, eine gesellschaftliche Diskussion anzustoßen und öffentliches Bewusstsein** zu schaffen. Über die Kampagne wurde zudem die Partizipation sowie die Abstimmung und Zusammenarbeit unterschiedlicher Sektoren (Privatwirtschaft, Staat und Zivilgesellschaft) gefördert. Die in den Briefen artikulierten Bedarfe wurden systematisiert und in Maßnahmen zur Prävention von Gewalt gegen Frauen übertragen.

Daraufhin gründeten sich in Guatemala Initiativen von Regierungsorganisationen, Gemeindeverwaltungen und der Zivilgesellschaft, beispielsweise Frauenorganisationen, um die **Erfahrung aus anderen Ländern auf die eigene Situation zu übertragen** und entsprechende Aktivitäten mit Unterstützung der GIZ umzusetzen.

Hauptziel der Kampagne "Briefe von Frauen" in Guatemala war es, die Gewalt sichtbar zu machen, der indigene und andere Frauen auf Gemeindeebene ausgesetzt sind. Dabei wurde angestrebt, das Verfassen von Briefen in ein **Instrument für Gewaltprävention** zu verwandeln.

Während eines Jahres wurde die Kampagne in zwei Gemeinden (Baja Verapaz und El Quiché) durchgeführt. Dies geschah im Rahmen der Umsetzung der „Nationalen Gewaltpräventionspolitik auf Gemeindeebene". Zur Durchführung der Kampagne bildeten sich Koordinationskomitees, die sich aus staatlichen Institutionen und privaten Organisationen der Zivilgesellschaft zusammensetzten. In diesen Kommissionen wirken unterschiedliche Organisationen mit, die zum Thema Frauenrechte arbeiten, zum Beispiel die Organisationen, die für die Rechte indigener Frauen eintreten, das Präsidialsekretariat für Frauenbelange, diverse Nicht-Regierungsorganisationen und Unternehmerinnenverbände.

Die Kommissionen arbeiteten einen **methodischen Plan mit den folgenden vier Phasen** aus:

Zu Beginn wurden in beiden Gemeinden Workshops zur Ausbildung von Moderatoren gehalten, die daraufhin die Workshops als Multiplikatoren in ihren Gemeinden wiederholten. Dabei handelte es sich vor allem um Frauen der unterschiedlichen Gemeindeorganisationen, die das Verfassen der Briefe betreuten.

Die Workshops wurden offen und flexibel umgesetzt, um den Teilnehmerinnen **Raum für gemeinsame Reflexion über Gewalt gegen Frauen** zu geben. Die Frauen wurden motiviert, Briefe zu schreiben oder Bilder zu zeichnen, um ihre Gewalterfahrungen darzustellen. Zugleich wurden sie angeregt, über unterschiedliche Formen von Gewalt nachzudenken, die Frauen im Laufe ihres Lebens erleiden. Die Beteiligten wurden sensibilisiert und ihre **aktive Mitwirkung an Präventionsmaßnahmen** gefördert.

In Einzelfällen schrieben auch Männer, Jugendliche und Kinder ihre Erfahrungen mit häuslicher Gewalt gegen ihre Mütter, Schwestern, Freundinnen usw. auf.

Um die Beteiligung von Frauen und anderen Akteuren anzuregen, wurden **weitere Aktivitäten** mit der Kampagne verknüpft, z.B. Veranstaltungen zum Weltfrauentag sowie Radio- und Fernsehsendungen.

In den Workshops und an öffentlichen Orten, z.B. in den Rathäusern und in den kommunalen Frauenbüros, in Kliniken, Universitäten, Parks und Geschäften wurden **eigene Briefkästen für die Berichte der Frauen** aufgestellt. Insgesamt wurden in den zwei Bezirken 669 Briefe gesammelt.

Im nächsten Schritt wurde der Inhalt der **Briefe thematisch geordnet und systematisiert**. Dabei konnten die Beteiligten unterschiedliche Formen der Gewalt in verschiedenen Lebensphasen der Frauen und an unterschiedlichen Orten identifizieren. Gerade die alltägliche und gesellschaftlich noch immer weitgehend akzeptierte Gewalt, die von Beziehungspartnern ausgeübt wird, wurde von vielen Frauen zum Thema gemacht. Neben der innerfamiliären Gewalt spielt die Gewalt in öffentlichen Räumen, z.b. über Belästigungen auf der Straße oder am Arbeitsplatz, eine große Rolle.

Gerade für Frauen, die nicht gerne über ihre Erfahrungen sprechen, war das Schreiben oder Zeichnen eine ganz **neue Ausdrucksform** in diesem Zusammenhang, geradezu ein **Befreiungsakt**. Andererseits wurde deutlich, dass gerade die Tatsache, dass viele Mädchen und Frauen nicht lesen und schreiben können, noch immer eine Form von struktureller Gewalt darstellt. Die Entwicklungsmöglichkeiten der Betroffenen wird hierdurch nämlich beträchtlich eingeschränkt.

Die Frauenkommissionen bewahren die Briefe auf und nutzen sie weiterhin für die **Sensibilisierung der Bevölkerung zur Prävention von Gewalt gegen Frauen**. Manche Inhalte werden für öffentliche Wandgemälde genutzt, oder bei öffentlichen Veranstaltungen ausgestellt.

Erzielte Wirkungen – Was wurde bisher erreicht?

*   Auf nationaler wie lokaler Ebene wurden unter Beteiligung von Frauen **konkrete, konzertierte Strategien der Bürgersicherheit und Gewaltprävention** umgesetzt und gute Erfahrungen gesammelt.

*   Die **intersektorale Koordination** der lokalen Frauenkommissionen konnte gestärkt werden, so dass von ihnen immer wieder neue Maßnahmen der Prävention ausgehen.

*   Das Thema Prävention von Gewalt gegen Frauen ist auf der **Agenda der beteiligten Gemeinden** und örtlichen Medien. So wurde in einer der beiden Gemeinden inzwischen eine integrale Frauenpolitik (Politica Integral de al Mujer) verabschiedet.

*   Die **Bürgerbeteiligung von Frauen** in den Gemeindeorganisationen hat zugenommen.

*   Das **Bewusstsein**, dass Frauen an der Überwindung der gesellschaftlichen Gewalt mitarbeiten müssen, wurde bei allen Schlüsselakteuren (Staat, Zivilgesellschaft, Privatsektor) gestärkt.

Wie könnte man die Methode für die Integration Geflüchteter verwenden?

Das Verfassen von Briefen, um über Gewalterfahrungen, Konflikte oder auch Alltagssorgen zu sprechen, kann sich auf Menschen befreiend auswirken, die sich in Gesprächen kaum öffnen können. Die Briefform ermöglicht **neue Formen der Reflexion und Verarbeitung**, die zugehörigen Workshops neue Formen des Austauschs. Insofern kann die Methode einen interessanten **Bestandteil psychosozialer Betreuung geflüchteter Männer und Frauen** darstellen, gerade auch, wenn diese traumatisiert sind. Dabei ist darauf zu achten, dass keine Retraumatisierung stattfindet.

Die **sprachliche Kommunikationsbarriere** kann unter Umständen durch Briefe verringert werden, die in der Muttersprache Geflüchteter verfasst und anschließend übersetzt wurden.

Werden die Briefe für öffentliche Kampagnen genutzt, kann dies öffentliches Bewusstsein für die Bedürfnisse der Geflüchteten, insbesondere von Frauen, schaffen, **im Hinblick auf Fluchtursachen und Lebensumstände sensibilisieren** und somit zu **Empathie und Entstigmatisierung** Geflüchteter beitragen. Dabei sollte darauf geachtet werden, dass die Erwartungshaltung seitens der beteiligten Geflüchteten im Hinblick auf positive Wirkungen der Kampagne nicht zu hoch ansetzt.

Ein zentraler Erfolgsfaktor der Methode ist die partizipative Einbindung aller Beteiligten und vor allem die Entwicklung adäquater Ausdrucksformen für die von Gewalt oder Benachteiligung betroffenen Männer und Frauen. Die systematische Aufarbeitung von erfolgreichen Erfahrungen der Prävention, die nachgeahmt und dem eigenen Kontext angepasst werden müssen, stellt einen weiteren Erfolgsfaktor dar.

Die Methode erscheint auf verschiedenen Ebenen und **mit unterschiedlichem Ressourcenaufwand replizierbar.** So könnte man sich eine Umsetzung im Umfeld einer Schule, in einem Stadtteil oder einer Gemeinde, aber auch als größer angelegte Kampagne regionalen Ausmaßes vorstellen, die von Massenmedien flankiert wird. In jedem Fall erscheint auch hier die Einbindung von Trainern und Moderatoren von großer Bedeutung, die **in psychosozialer Beratung und Kampagnenkommunikation erfahren** sind.

> Über die Erfahrungen der GIZ mit der Methode „Briefe von Frauen" kann man sich auf folgenden Seiten informieren:
>
> https://www.giz.de/en/downloads/giz-2013-en-carta-de-mujeres.pdf (in Englisch, generell zu den Erfahrungen in Ecuador, Peru und Bolivien)
>
> http://cartasdemujeres.blogspot.de/ (in Spanisch, spezifisch zur Erfahrung in Quito, Ecuador)
>
> Kontakt: Annekathrin Linck (Komponentenleiterin im GIZ-Programm FOSIT in Guatemala)
> annekathrin.linck@giz.de

Partizipative Verbesserung der Lebensbedingungen Geflüchteter

Beispiel: *Wenn Eigeninitiative und Austausch fehlen*

In einer Unterkunft für Asylsuchende gibt es mehrere musikbegeisterte Bewohner, die keine Instrumente und keinen Proberaum haben. Das örtliche Jugendzentrum hat einen Proberaum und Instrumente, aber weder kennen die Musiker das Zentrum, noch wissen die Zentrumsmitarbeiter von den Musikern. In der Unterkunft selbst gibt es mehrere in Frage kommende Räume, aber die Musiker können sich nicht vorstellen, dass man ihnen die Nutzung überlässt, oder von woher sie Unterstützung bekommen können. So zerschlägt sich die Idee, und Lethargie unter ihnen breitet sich aus.

In Unterkünften für Asylsuchende kommt es nicht selten zu **Auseinandersetzungen zwischen Bewohnern**, die vereinzelt gewalttätige und destruktive Züge annehmen. Dies ist einerseits auf die **belastende Lebenssituation** der Bewohner, die extreme Enge und die Unzufriedenheit mit der **Wohnsituation**, die **Perspektivlosigkeit** und unfreiwillige Beschäftigungslosigkeit zurückzuführen. Nicht zuletzt spielen aber auch **fehlende Kommunikationsmechanismen** und Vorurteile eine Rolle, die einen Austausch, gemeinsame positive Erfahrungen sowie friedliche Konfliktbearbeitung erschweren. Es bestehen wenige Möglichkeiten, die **Wohnsituation gemeinsam und selbstbestimmt zu verbessern**. Vor diesem Hintergrund werden die Mitbewohner häufig als Belastung und Störfaktor, und nicht als mögliche **Quelle für Unterstützung und positive Entwicklungen** im unmittelbaren Lebensumfeld wahrgenommen.

Interviewte Betreuer in einer Unterkunft für unbegleitete minderjährige Geflüchtete in Deutschland berichten von Provokationen und Beleidigungen zwischen Geflüchteten. Dies verstärke häufig das **Gefühl, als minderwertig betrachtet zu werden**, vor allem bei Mädchen und Menschen mit dunklerer Hautfarbe. Alle Befragten führen aus, dass Betreuern und dem Verwaltungspersonal in Unterkünften nicht selten **Kompetenzen im Umgang** mit den Bewohnern fehlen. Als Beispiel wird genannt, dass Normen, die für die meisten Geflüchteten neu und schwer nachvollziehbar sind, oft sehr rigide gehandhabt werden. Veränderungen in der Unterkunft werden häufig als „vollendete Tatsachen" erlebt, die Bewohner in die Planung von Maßnahmen zu wenig einbezogen. Teilweise scheint ein paternalistisches Rollenverständnis von Unterkunftsbetreuern der **Selbständigkeit** der Geflüchteten im Wege zu stehen.

Instrumente für eine **partizipative und interaktive Planungskultur**, wie sie in Zusammenarbeit mit GIZ-Vorhaben erprobt wurden, bieten Ansatzpunkte, die Lebensverhältnisse in Unterkünften für Asylsuchende zu verbessern, Konflikte konstruktiv zu bearbeiten und den **sozialen Zusammenhalt** zu stärken. In diesem Zusammenhang geht es auch um die **Erweiterung der Kompetenzen** für eine ausgewogene Gestaltung von Austausch- und Planungsprozessen, in die sich alle Beteiligte einbezogen fühlen.

Dies wird im Folgenden anhand eines Projektbeispiels aus Jordanien, Libanon und Palästina erläutert. Die hier vorgestellte **Methode partizipativer Pläne zur Verbesserung der Camps** (Camp Improvement Plans – CIP) wurde von der UNRWA[2] entwickelt und gemeinsam mit der GIZ weiterentwickelt. Sie zielt auf ein **Empowerment der Camp-Gemeinschaften** ab: diese sollen befähigt werden, aktiv ihre direkten Lebensverhältnisse im Camp und der Umgebung des Camps zu verbessern.

Partizipation ist direkt verbunden mit dem Begriff „empowerment":

Empowerment bedeutet, benachteiligte Gruppen darin zu unterstützen, ihre eigenen Stärken und Möglichkeiten zu aktivieren, um Probleme, Krisen und Belastungssituationen aus eigener Kraft und selbstbestimmt zu lösen.

Darstellung der Methode, ihrer Ziele und Wirkungen

Einführung

Im Rahmen eines GIZ-Vorhabens in Jordanien, Libanon und Palästina werden palästinensische Flüchtlinge und ihre Organisationen (Gemeindeinitiativen, *Camp-Komitees*, Flüchtlingsdachverbände) auf lokaler Ebene dazu befähigt, **Initiativen zur Verbesserung der Lebensbedingungen** in Flüchtlingslagern partizipativ zu entwickeln und umzusetzen. Hierbei werden die Bedarfe von Frauen und Jugendlichen besonders berücksichtigt und ihre soziale Teilhabe unmittelbar gefördert, indem Selbsthilfeinitiativen unterstützt werden. Die darauf abgestimmten Maßnahmen zum **Kapazitätenaufbau** beinhalten beispielsweise Trainings im Bereich partizipative Planung, Projektmanagement, Konfliktbearbeitung und Kommunikation. Damit wird sichergestellt, dass alle Beteiligten konstruktiv und adäquat ihre Bedarfe formulieren, vertreten und verwirklichen können.

In diesem Zusammenhang wird die Implementation der **partizipativen Pläne zur Verbesserung der Camps (CIPs)** unterstützt, die einige Camps mit der Unterstützung der UNRWA bereits entwickelt haben.

Außerdem werden die Insassen hierdurch in die Lage versetzt, das soziale Miteinander konstruktiv und friedlich zu gestalten. Vorurteile werden abgebaut, **Dialog, Begegnung und Zusammenhalt** gestärkt.

Zugleich verbessert das GIZ-Programm auf nationaler und regionaler Ebene den Austausch zwischen den Flüchtlingskomitees und relevanten Institutionen und versucht, deren **institutionelles Gewicht in Entscheidungsprozessen** zu stärken.

---

[2] United Nations Relief and Works Agency for Palestine Refugees - Hilfswerk der Vereinten Nationen für Palästina-Flüchtlinge im Nahen Osten. www.unrwa.org

Hintergrund: Palästinensische Flüchtlingscamps in Jordanien

Die Zukunft der palästinensischen Flüchtlinge ist eines der zentralen und noch nicht gelösten Kernthemen des arabisch-israelischen Konflikts. Viele Vertriebene haben in den palästinensischen Gebieten, Jordanien, Syrien und Libanon Zuflucht gesucht. Aktuell sind mehr als fünf Millionen bei UNRWA registriert. Die Resolution 194 der Vereinten Nationen von 1948 formuliert das Recht auf Rückkehr der palästinensischen Flüchtlinge. Von diesen lebt ca. ein Drittel in insgesamt 58 von UNRWA betreuten Flüchtlingslagern. Das Lebensumfeld der Flüchtlinge ist im Vergleich zu ihren Nachbarn durch größere Armut, schlechtere Infrastruktur, höhere Arbeitslosigkeit, geringere soziale Teilhabe und Mitsprache sowie ein höheres Maß an Gewalt gekennzeichnet. Die **soziale Kohäsion innerhalb der Flüchtlingslager ist gering** und durch politische und soziale Fragmentierung geprägt. Die Organisationstrukturen auf lokaler Ebene sind kraftlos und nicht repräsentativ, so dass die Belange der Flüchtlinge nicht ausreichend vertreten werden können. Unklare Verantwortlichkeiten und ineffiziente Strukturen führen zu Spannungen und Konflikten zwischen den Organisationen und in den Flüchtlingslagern. Die Flüchtlinge und die sie vertretenden Organisationen können vor diesem Hintergrund kaum an der Verbesserung ihrer Situation mitwirken.

Das GIZ-Programm „Stärkung der sozialen Teilhabe von palästinensischen Flüchtlingen" (FASPAR) setzt hier an und zielt darauf ab, die **soziale Teilhabe** der Flüchtlinge und ihrer (Vertretungs-) Organisationen an relevanten Prozessen zur Verbesserung ihrer Lebensbedingungen zu verbessern.

Das Programm ist hauptsächlich in den palästinensischen Gebieten und in Jordanien tätig, um den Partner UNRWA zu unterstützen. In drei Handlungsfeldern wird die soziale Teilhabe der Flüchtlinge unterstützt:

*   innerhalb der Flüchtlingslager und der Flüchtlingsgemeinschaft,
*   zwischen Flüchtlingen und den Aufnahmegesellschaften sowie
*   bei relevanten Dialog- und Vermittlungsprozessen auf nationaler und regionaler Ebene.

Vorgehensweise

Aktivitäten zur Verbesserung der Camps erfordern eine **ganzheitliche Perspektive**, die soziale, ökonomische und Umweltbedingungen einbezieht. Die aktive Beteiligung der Flüchtlingsgemeinden im gesamten Prozess stellt sicher, dass die Interventionen den Bedarfen der Gemeinden entsprechen und die Bewohner sich mit dem Prozess und seinen Ergebnissen **identifizieren**. Demzufolge muss jedes Camp und jede Unterkunft als individueller Fall verstanden werden, damit **angemessene und maßgeschneiderte Lösungen** für spezifische Herausforderungen und Bedarfe entwickelt werden können.

Der Prozess der Verbesserungsplanung besteht aus mehreren Schritten:

1. Initialkontakt und **Bildung einer Arbeitsgruppe**, die den weiteren Prozess koordiniert.

2. **Integrierte Bedarfsanalyse**: Jeder CIP-Prozess beginnt mit einer partizipativen Bedürfniseinschätzung, inklusive Untersuchungen und Expertengutachten, sowie Fokusgruppen und Workshops mit unterschiedlichen sozialen Gruppen.

3. **Erstellung einer ganzheitlichen Prioritätenliste**: Eine von unterschiedlichen sozialen Gruppen erstellte Liste priorisierter Bedürfnisse und Bedarfe erlaubt den Gemeindemitgliedern, unabhängig voneinander ihre Bedürfnisse und Wünsche für das Camp zu artikulieren und zu priorisieren.

4. **Mittelfristige strategische Planung**: Auf der Grundlage der Bedarfsanalyse und Expertenanalysen entwickelt die jeweilige Gemeinschaft die Pläne zur Verbesserung des Camps. Dies vollzieht sich in themenspezifischen Planungsworkshops, in denen lokal angemessene Verbesserungsmaßnahmen identifiziert werden. In der Regel beinhalten die Pläne sowohl infrastrukturelle Maßnahmen als auch soziale Interventionen.

5. **Aktionsplanung**: Basierend auf den allgemeinen strategischen Zielen werden Aktionspläne erstellt. Darin werden mehrere miteinander verknüpfte und komplementär wirkende Projekte über einen Zeitraum von zwei bis drei Jahren entworfen, inklusive Verantwortlichkeiten sowie den erforderlichen Ressourcen und Kosten.

6. **Implementierung**: Die Maßnahmen des Aktionsplans werden koordiniert umgesetzt in einer Partnerschaft zwischen Flüchtlingen und weiteren staatlichen und nichtstaatlichen Schlüsselakteuren. Die Mitwirkung bei der Umsetzung kann dabei unterschiedliche Formen annehmen, von Beratungen und Konsultationen über aktive Teilbeiträge bis hin zu reiner Selbsthilfe.

7. **Sicherung der Nachhaltigkeit**: Die Verbesserungsprojekte sind nur dann effektiv und nachhaltig, wenn die Flüchtlinge sie sich aneignen, sie intensiv begleitet und dauerhaft aufrechterhalten werden. Deshalb sind partizipative Monitoring- und Evaluierungsmaßnahmen wichtig, um die Lernerfahrungen in die Gesamtentwicklung des Camps einzuspeisen. Außerdem wird eine Struktur zum Management der Verbesserungsprozesse etabliert.

Für alle Schritte dieses Kreislaufs ist die Etablierung von partizipativen Entscheidungsmechanismen und -methoden notwendig. **Trainings und Schulungen** spielen beim Aufbau entsprechender individueller und organisatorischer Kapazitäten eine wichtige Rolle, z.B. zu folgenden Themen: Selbsthilfe, Gruppenorganisation, Management von Projektkreisläufen, Budgetverwaltung, private und öffentliche Vertragsangelegenheiten, etc.

Von besonderer Bedeutung für den partizipativen Prozess ist die **angemessene Repräsentation aller sozialen Gruppen** im Camp, mit speziellem Fokus auf Geschlechtergerechtigkeit, Jugendbeteiligung und die Einbeziehung vulnerabler Gruppen.

Die Verbesserungspläne gehen nicht nur auf infrastrukturelle Bedarfe ein, sondern beinhalten soziale Aspekte, die die Gemeinde als prioritär erachtet, z.B. die Betreuung sowie Unterstützung älterer Menschen.

Erzielte Wirkungen – Was wurde bisher erreicht?

- Die durch das Vorhaben unterstützten Prozesse der Selbsthilfe und Selbstorganisation führen zu einer **Verbesserung der objektiven Lebensumstände** in den Camps.
- Die Flüchtlinge verfügen über eine **verbesserte Versorgung** mit Basisdienstleistungen.
- Konflikte werden zunehmend konstruktiv bearbeitet, wodurch sich zum einen der **Zusammenhalt** untereinander erhöht hat, und sich zum anderen das Verhältnis zu den Anwohnern der aufnehmenden Gesellschaft spürbar verbessert hat.
- Die effektivere Konflikttransformation sowie ein gesteigertes Selbstwertgefühl der Flüchtlinge führen zur **Reduktion von Frustration und Gewalt** in den Lagern.

- Neben konventionellen Maßnahmen wie Schulbau oder Kliniken wurden auch **innovative Projekte** verwirklicht, z.B. Campbegrünung, Aufbau von Jugend- oder Seniorenzentren, etc.

- Frauen und Jugendliche fühlen sich **selbstbewusster** und motivierter für die eigene Mitwirkung im Camp:

> *„Ich bin nicht die gleiche Person wie vor drei oder vier Jahren. Ich war schüchtern und nervös, wenn ich mit Jungen sprechen oder gar arbeiten musste. Seitdem bin ich viel selbstbewusster geworden."* Hala, Talbieh Camp, Jordanien

Wie könnte man die Methode für die Integration Geflüchteter verwenden?

Ein ähnliches Vorgehen wäre im Hinblick auf Flüchtlingsunterkünfte in anderen Kontexten vorstellbar, um **schwierige Wohnverhältnisse zu verbessern** und **Konflikte zwischen Bewohnern vorzubeugen**. Methoden der gemeinsamen Situationsanalyse und Maßnahmenplanung wie in den Flüchtlingscamps in Jordanien, Libanon und Palästina würden sicher zu mehr Zusammenhalt beitragen. Zu Bedenken ist allerdings, dass einige der palästinensischen Flüchtlingslager eher mit Stadtvierteln zu vergleichen sind und die Menschen darin seit Jahrzehnten wohnen. Der Kontext ist folglich sehr spezifisch.

Durch die Methode würden die Bewohner der Unterkünfte jedenfalls befähigt, ihre Bedürfnisse auf friedliche und konstruktive Weise darzustellen, Herausforderungen und **unterschiedliche Perspektiven zu verstehen** und zu akzeptieren, sowie Kompromisse für Veränderungen auszuhandeln. Sie hätten die Möglichkeit, die Unterkünfte nach eigenen Bedürfnissen zu gestalten und möglicherweise **unkonventionelle, aber passende Lösungen** für Probleme zu entwickeln.

Bei Anwendung der Methode bestünde ein wichtiger Mehrwert in der Optimierung des **Vertrauensverhältnisses** und der **Zusammenarbeit zwischen Bewohnern und anderen Akteuren**, die mit der jeweiligen Unterkunft zu tun haben, z.B. Verwaltung der Unterkunft, Betreuer oder Gemeindeverwaltung.

Die Erfolgsfaktoren der partizipativen Verbesserung der Camps bestehen in

- der Entwicklung eines detaillierten und umfassenden Verständnisses der **jeweiligen Herausforderungen und Bedarfe** in unterschiedlichen Camps
- einem breit angelegten **Beteiligungsprozess**, in dem die Campgemeinden Verbesserungsmaßnahmen priorisieren und den Umsetzungsprozess gemeinsam mit Schlüsselakteuren selbst organisieren.

Insgesamt erscheint die Methode gut auf andere Kontexte übertragbar, vor allem wenn es sich um Unterkünfte handelt, in denen die Insassen längerfristig untergebracht sind. Für die **Replizierbarkeit** stellt jedoch die **Verfügbarkeit von Ressourcen** zur Umsetzung der Verbesserungspläne eine große Herausforderung dar. Es sollte vermieden werden, über die partizipative Planung **zu hohe Erwartungen** unter den Geflüchteten zu wecken, die in der nachfolgenden Umsetzung nicht eingelöst werden können. Insofern ist die **Realisierbarkeit der Pläne** ein zentrales Kriterium.

Über die Erfahrungen der GIZ mit der Methode „Partizipative Verbesserung von Flüchtlingscamps" kann man sich auf folgenden Seiten informieren:

https://www.giz.de/de/weltweit/32628.html

Kontakt: Kristina Beck, Projektberaterin im GIZ-Programm FASPAR in Jordanien.

kristina.beck@giz.de

Ein englischsprachiges Toolkit zu den CIP ist über folgenden Kontakt verfügbar:

Vijay Neekhra, Department of Infrastructure and Camp Improvement, UNRWA

v.neekhra@unrwa.org

Kontextsensitivität und Einschätzung von Konfliktlagen

Die Nichtbeachtung von Konflikten und Risiken kann dazu führen, dass mit viel Expertise geplante Maßnahmen für die Integration von Geflüchteten **ungewollt negative Auswirkungen** haben. Dies gilt auch und gerade im Kontext von im Umgang mit Geflüchteten **polarisierten Gesellschaften**. Unter Umständen bewahrheitet sich dann der Ausspruch: „Das Gegenteil von gut ist gut gemeint". Im Folgenden werden einige Beispiele für nicht beabsichtigte Auswirkungen aufgezeigt.

Beispiele:

Auf der Mikroebene: Wenn der Kontext nicht analysiert wird

Ein Mitarbeiter einer Organisation, die Geflüchtete unterstützt, bringt vier junge Geflüchtete in den Fußballverein eines Dorfs, ohne sich zuvor mit dem Trainer und der Mannschaft abzusprechen. Beim nächsten Training kommt der Großteil der bisherigen Mannschaft nicht, mit der Nachricht, dass sie erst dann wieder mitspielen, wenn die „Schwarzen weg" sind.

Auf der Gemeindeebene: Wenn trennende Faktoren nicht ausreichend mitbedacht werden

Um ethnischen Spannungen entgegenzuwirken und Geflüchteten entgegenzukommen, bringt eine Gemeinde sie in ethnisch homogenen Gruppen unter. Die Unterkünfte konzentrieren sich zudem in einem Viertel der Gemeinde. In der Folge zeigt sich bei bestimmten Gruppen wenig Bereitschaft, die Sprache zu lernen. Es besteht die Gefahr der Entwicklung monoethnischer Subkulturen.

Auf gesamtgesellschaftlicher Ebene: Wenn Prävention stigmatisiert

Ein weiteres Beispiel für nicht intendierte negative Wirkungen wäre, wenn Maßnahmen sekundärer oder tertiärer Prävention sich pauschal und verallgemeinernd auf Geflüchtete, insbesondere auf geflüchtete Jugendliche ausrichten. In diesem Fall werden sie als „gefährdet" oder kriminalitätsaffin stigmatisiert, was Vorurteile von Fremdenfeinden und Asylgegnern implizit bestätigen würde.

Kurzdarstellung der Methode

Einschätzung von Konfliktlagen: Peace and Conflict Assessment (PCA)

Die deutsche EZ hat es sich zum Ziel gesetzt, Fluchtursachen zu bekämpfen sowie **Flüchtlinge und Aufnahmegemeinden zu unterstützen**. Um diesen Ansprüchen zu genügen und Maßnahmen gezielt und effektiv umsetzen zu können, ist es notwendig, das Phänomen Flucht im entsprechenden Kontext und im Detail zu verstehen. Das BMZ verfügt mit dem PCA über ein allgemeines Instrument, das die **Handlungsfähigkeit** in von Konflikt, Fragilität und Gewalt geprägten Kontexten verbessern kann und die Zielerreichung und Wirksamkeit von Entwicklungsprojekten dadurch erhöht. Im Fluchtkontext kann ein PCA aus folgenden Analyseelementen bestehen: Hauptfaktoren für Konflikt, Kriege, Flucht und Vertreibung sowie Bedarfe für Frieden und Sicherheit; Bewertung der Relevanz der Entwicklungsmaßnahme für Frieden und Sicherheit; Umgang mit Risiken im Kontext von Krieg, Konflikt, Flucht und Vertreibung; kontextsensible Wirkungsbeobachtung.

In nächsten Abschnitt wird auf das letztere Element näher eingegangen.

In der EZ ist im Kontext von Krisen und Konflikten neben der systematischen Analyse von Konflikten der von Mary B. Anderson entwickelte *„Do No Harm"*-Ansatz eine zentrale Handlungsorientierung. Dabei sollen nicht-intendierte negative und konfliktverschärfende Wirkungen vermieden oder abgeschwächt werden. Um nicht Gefahr zu laufen, ungewollt zur Verschlechterung der Situation beteiligter Bevölkerungsgruppen beizutragen, deren Lebensverhältnisse eigentlich verbessert werden sollen, wird besonders viel Wert auf eine systematisch **kontextsensible Vorgehensweise** gelegt.

Friedensfördernde und die Gegensätze zwischen den Konfliktparteien überbrückende Wirkungen sollen gefördert werden.

Kontextsensibilität bedeutet die **Berücksichtigung der Wechselwirkungen** zwischen relevanten gesellschaftlichen Konflikten und den eigenen Maßnahmen, mit dem Ziel, konfliktverstärkende Wirkungen zu verhindern und stattdessen Faktoren zu stärken, die deeskalieren und den Zusammenhalt stärken.

Um abzuwägen und zu verstehen, welche positiven und negativen Wirkungen auf Zielgruppen, z.B. Geflüchtete, durch Maßnahmen entstehen können, analysieren Entwicklungsvorhaben, die in einem Konfliktkontext arbeiten, systematisch „Dividers" (Konfliktpotenziale) und „Connectors" (Friedenspotenziale), die mit den Aktivitäten in Zusammenhang stehen.

Als methodischer Ansatz umfasst „Do No Harm" **sieben Schritte**, die Entwicklungsorganisationen in Konflikt-, Gewalt- und Fragilitätskontexten eine Hilfestellung sein sollen, um sensibles Vorgehen zu stärken:

1. Den Konfliktkontext genau verstehen

2. Analyse von „Dividers" und Spannungen

3. Analyse von „Connectors" und lokalen Kapazitäten, die zu Frieden beitragen

4. Analyse des Programms oder Projektes im Detail (Wer, was, wann, wo, wie?)

5. Analyse der positiven und negativen Wirkung des Programms oder Projektes durch Maßnahmen, Ressourcenzuwendungen und sogenannte „implizite ethische Botschaften"

6. Identifizierung neuer Optionen: Verstärkung von „Connectors", Schwächung von „Dividers"

7. Beste Optionen auswählen und konzeptionelle Anpassung des Programms

> Auf der Grundlage einer *„Do No Harm"*-Analyse richtet sich beispielsweise das GIZ-Programm „Neue Perspektiven durch akademische Aus- und Weiterbildung für junge Syrer/innen und Jordanier/innen" in Jordanien explizit nicht nur an junge Geflüchtete aus Syrien, sondern bezieht auch marginalisierte Jugendliche aus Jordanien ein. Hierdurch werden Stigmatisierung und Konfliktpotential reduziert.

Um Kontextsensibilität sicherzustellen, helfen u.a. die folgenden **Fragen** weiter:

*   Welche Personengruppen und Akteure sind an unseren Maßnahmen beteiligt? Wer sind **Gewinner**, wer sind mögliche **Verlierer**? (z.B. Geflüchtete versus sozial schwache Gruppen in den Aufnahmegemeinden)

- Gibt es **implizite ethische Botschaften**, die wir durch unsere Intervention oder durch die Auswahl bestimmter Projektpartner, Zielgruppen, Regionen oder Methoden ungewollt vermitteln? (Beispiel: „Geflüchtete sind prioritäres Objekt der Hilfe.")

- Welche **aktuellen lokalen Dynamiken oder auch vorangegangene Ereignisse und Erfahrungen** müssen wir auf dem Schirm haben und/oder strategisch mit einbeziehen? (z.B. hohe Arbeitslosenzahlen in einer Gemeinde/Stadt, in der Flüchtlinge untergebracht werden sollen)

- Vertiefen wir die Gräben und die **Polarisierung** zwischen konfligierenden Gruppen?

- Können unsere Maßnahmen die Sicherheitssituation oder auch -wahrnehmung negativ beeinflussen? (Welche Rolle spielen hierbei Nachbarn einer Unterkunft, oder die Polizei?)

- Welche Gruppen könnten sich durch unsere Maßnahmen beeinträchtigt, bedroht oder in die Ecke gedrängt fühlen und dann zu gewaltsamen Aktionen neigen? (Welche Rolle spielen z.B. ausländerfeindliche Gruppen in der Gemeinde/Stadt?)

- Erzeugen wir eine **Erwartungshaltung** bei Akteuren, die wir eventuell nicht erfüllen können? (beispielsweise hinsichtlich einer schnellen Integration in den Arbeitsmarkt)

Dabei können Ergebnisse aus zuvor durchgeführten **partizipativen Kontextanalysen** einfließen, um zu überprüfen, welche Berührungspunkte die Maßnahmen mit Konfliktdynamiken oder -akteuren haben.

Eine regelmäßige Reflexion zu potenziellen negativen nicht-intendierten Wirkungen sollte auch im Rahmen des **Monitoringsystems** von Integrationsprojekten berücksichtigt werden.

Wie könnte man die Methode für die Integration Geflüchteter verwenden?

Die Methode kann über Workshops z.B. mit Flüchtlingskomitees oder -räten, mit der Stadtverwaltung sowie mit anderen Akteuren angewandt werden, die Integrationsmaßnahmen für Flüchtlinge planen und umsetzen. Mögliche ungewollte negative Wirkungen oder die Zunahme von Konflikten im Programmkontext können dadurch erkannt und vermieden werden. Ebenso können positive Entwicklungen zur Förderung eines friedlichen Miteinanders begünstigt werden.

Erfolgsfaktoren: Notwendigkeit der partizipativen Analyse mit diversen Akteursgruppen; regelmäßige Reflexion der im Kontext als sensibel identifizierten Aspekte und Faktoren, ebenso wie der Auswirkung und Reichweite eigener Maßnahmen.

Kontextsensibles Arbeiten sollte eine Grundvoraussetzung für jede Entwicklungsmaßnahme darstellen – sei es im internationalen Zusammenhang der Entwicklungszusammenarbeit oder auch im Kontext der Integration Geflüchteter. Dabei ist es hilf-reich, auf Berater oder Moderatoren zurückzugreifen, die mit Konzepten, Methoden und der Praxis von kontextsensiblem Arbeiten vertraut sind.

Detailliertere Informationen über die Erfahrungen der EZ mit Kontextsensi-tivität, PCA und der Analyse von Konflikt- und Friedenskontexten sind über das Kompetenzcenter „Frieden und Nothilfe" der Abteilung „Governance und Konflikt" im Fach- und Methodenbereich der GIZ sowie über das Sektor-programm „Frieden und Sicherheit, Katastrophenrisikomanagement" der GIZ-Abteilung „Governance, Krisenmanagement, Bauen" im GloBe-Bereich erhältlich.
Kontakt: Dr. Linda Helfrich und Christian Müller
linda.helfrich@giz.de; christian.mueller@giz.de

GIZ, Gewaltprävention und die Integration Geflüchteter – Was lässt sich schluss-folgern?

Wie dargestellt, können Erfahrungen der GIZ-Programme, die auf soziale Kohäsion und konstruktive Konfliktbearbeitung abzielen, für die erfolgreiche Integration von Geflüchteten relevant und nützlich sein.

In vielen Gemeinden werden die im Folgenden erläuterten Aspekte sicher auf die eine oder andere Weise bereits in das Handeln für die Integration von Geflüchteten einbe-zogen. Zu empfehlen wäre eine **systematische Vorgehensweise**, die die Konzepte miteinander verbindet und so zu optimalen Erfolgsbedingungen beiträgt.

Inhaltliche Relevanz der Methoden

Die Ursachen für fehlenden sozialen Zusammenhalt sind vielschichtig und komplex. Aus diesem Grund ist ein **systemischer, integrierter Ansatz** notwendig, der die akti-ve Kooperation unterschiedlicher Akteure unterstützt. Verschiedene Sektoren sollten für die Integration Geflüchteter synergetisch zusammenarbeiten. Deshalb müssen Be-reiche wie Sport, Kultur, Sicherheit, Gesundheit, Bildung, Beschäftigung, Justiz, etc. in Maßnahmen strategisch einbezogen werden.

Der **Dialog** unterschiedlichster Akteure, z.B. auch Partnerschaften zwischen Wirt-schaft, Staat und Nichtregierungsorganisationen, spielt eine hervorgehobene Rolle für den Wandel hin zu mehr sozialem Miteinander, auch im Zusammenhang mit der Inte-gration von Geflüchteten. Auf lokaler Ebene sind Netzwerke staatlicher und zivilge-sellschaftlicher Akteure ein wichtiger Erfolgsfaktor. Ein **moderierter Austausch** und die Gestaltung von sozial heterogenen Komitees oder runden Tischen tragen dazu bei, dass konstruktive und nachhaltige Lösungen für soziale Problemlagen und Konflikte gefunden werden.

Die Kombination zwischen Moderations-, Vermittlungs- und Kommunikationskompetenzen mit der Vorbereitung, Planung, Umsetzung und dem Monitoring von Maßnahmen ist vor allem für die partizipative **Einbindung relevanter sozialer Gruppen**, gerade auch marginalisierter Gruppierungen, von höchster Relevanz.

Relevante Kernkompetenzen der GIZ

Wie dargestellt, verfügen die GIZ-Präventionsprogramme über hilfreiche Erfahrungen in der Vermittlung von Ansätzen für **Qualitätsmanagement von komplexen Prozessen**, an denen viele unterschiedliche Akteure und Systemebenen beteiligt sind, sowie über **innovative Methoden** für partizipative und koordinierte Planung und Umsetzung von **Maßnahmen sozialer Integration**.

Gleichzeitig zielt die GIZ hauptsächlich auf *Capacity Development* ab. Darunter wird der **Ausbau der Fähigkeiten von Menschen, Organisationen und Systemen** verstanden, damit diese eigene Ziele nachhaltig verwirklichen können. Vor diesem Hintergrund entwickelte Beratungs- und Förderungskompetenzen könnten für die Stärkung der Systeme von Akteuren, die an der Integration Geflüchteter beteiligt sind, von großem Nutzen sein.

Folglich besteht ein **großes Potential für die Beratung von Partnern**, z.B. Schulen, Gemeindeverwaltungen, Integrationsbeauftragten oder auch Gremien und Plattformen wie kommunale Asylarbeitskreise zu präventions- und integrationsrelevanten Themen wie partizipativer Planung, Konzertations- und Koordinationsmechanismen, Dialogprozessen, Kompetenzentwicklung in psychosozialer Beratung sowie Konfliktbearbeitung.

Was lässt sich für die Nutzung der praktischen Erfahrungen aus Vorhaben der Gewaltprävention empfehlen?

Akteure, die an der Integration von Geflüchteten beteiligt sind und sich vom Austausch mit den genannten Präventionsprogrammen einen Mehrwert erhoffen, können folgende Maßnahmen ergreifen:

- Herstellen des **direkten Kontakts** mit den Programmen. Diese können dann an weitere Berater und relevante Projekte an der Schnittstelle zwischen Integration von Geflüchteten und Gewaltprävention verweisen.
- Einladen von Experten und Beratern der entsprechenden GIZ-Programme auf **Foren, Fortbildungen und anderen Events**, in denen diskutiert wird, was funktionieren könnte für die Integration von Geflüchteten.
- Ausprobieren einer oder mehrerer der hier vorgestellten Ansätze und Methoden und **Adaptieren im eigenen Kontext**.
- Konsultieren **weiterführender Websites** wie beispielsweise www.pufii.de (Plattform für präventive Unterstützung von Präventionsinitiativen), oder www.epo.de (Website zu Entwicklungspolitik, auf der auch auf die Unterstützung der Integration von Geflüchteten eingegangen wird).

Quellen

Institut für Demoskopie Allensbach (2016): Situation und Strategien in den Kommunen. Zum Umgang mit der aktuellen Zuwanderung von Asylsuchenden

IASC (2007): IASC Guidelines on Mental Health and Psychosocial Support in
Emergency Settings

Jutta Aumüller, Priska Daphi, Celine Biesenkamp (2015): Die Aufnahme von Geflüchteten in den Bundesländern und Kommunen. Behördliche Praxis und
zivilgesellschaftliches Engagement

GIZ (2010): Systemische Jugendgewaltprävention. Ein Leitfaden zur Planung und
Umsetzung von maßgeschneiderten Maßnahmen der Jugendgewaltprävention

Mary B. Anderson (1999): Do No Harm: How Aid Can Support Peace - or War

Robert Bosch Stiftung (Hrsg.) (2016): Chancen erkennen – Perspektiven schaffen –
Integration ermöglichen. Bericht der Robert Bosch Expertenkommission zur
Neuausrichtung der Flüchtlingspolitik

Stadt Hamburg (Hrsg.) (2013): Hamburger Integrationskonzept. Teilhabe, Interkulturelle Öffnung und Zusammenhalt

Konsultierte Websites:

http://arrivo-berlin.de – Über die Berliner Initiative Arrivo, die Geflüchteten Praktika
und Beschäftigung vermittelt.

https://www.bmz.de/de/was_wir_machen/themen/Sonderinitiative-Fluchtursachen-
bekaempfen-Fluechtlinge-reintegrieren/deutsche_politik/index.html
- Sonderinitiative des BMZ: „Fluchtursachen bekämpfen – Flüchtlinge
reintegrieren". Deutsches Engagement. Fluchtursachen bekämpfen – Auf-
nahmeregionen stabilisieren – Flüchtlinge unterstützen

http://hamburg.arbeitundleben.de/make-it-in-hamburg – Beschäftigungsförderung
für Migranten in Hamburg.

https://www.giz.de/fachexpertise/downloads/giz2015-en-report-diaspora-and-peace-
role-of-development-cooperation(2).pdf – Bericht darüber, wie die Diaspora
von Migranten und ihre Organisationen eine konstruktive Rolle in den
Herkunftsländern einnehmen können.

http://www.donoharm.info/content/materials/documents.php - Informationen und
Dokumente zum Do No Harm-Ansatz

https://www.giz.de/fachexpertise/html/4619.html – Informationen zu "Capacity
Works", dem GIZ-Modell für das koordinierte Management komplexer
Veränderungsprozesse.

https://www.giz.de/de/mit_der_giz_arbeiten/36527.html – Perspektiven für Flüchtlinge und Migranten in Zusammenhang mit der Arbeit der GIZ

https://www.giz.de/de/weltweit/32628.html – Informationen zum Programm FAS-
PAR in Jordanien

https://www.giz.de/de/weltweit/28443.html – Informationen zum Programm FOSIT
in Guatemala

https://www.giz.de/de/weltweit/37174.html – Informationen zum Vorhaben JOSY in
    Jordanien
https://www.giz.de/de/weltweit/13494.html – Informationen zum Programm PRE-
    VENIR in Zentralamerika
https://www.giz.de/de/leistungen/254.html – Informationen zum Thema Sicherheit,
    Wiederaufbau, Frieden
www.gizprevenir.com – Website von PREVENIR auf Spanisch
https://www.giz.de/projektdaten/index.action?request_locale=de_
    DE#?region=3&countries=ZA – Informationen zum Programm VCP
https://www.giz.de/de/weltweit/25942.html – Zur Zusammenarbeit zwischen GIZ,
    der Stadt Hamburg und dem Europäischen Sozialfonds zur Beschäftigungs-
    förderung von Migranten in Hamburg ("Make it Hamburg")
www.makingheimat.de – Zum Zusammenhang zwischen Städteplanung und Integ-
    ration
http://www.make-it-in-germany.com/ – Portal zur wirtschaftlichen Integration von
    Migranten ("Make it in Germany")
www.pufii.de – Präventive Unterstützung für Integrations-Initiativen
www.saferspaces.org.za – Englischsprachige Website im Zusammenhang mit dem
    Programm VCP

Brigitte Gans

Wem gehört der öffentliche Raum?

Gratwanderung zwischen Schutz der Sicherheit und Freiheit der Nutzung

Der öffentliche Raum in München ist hart umkämpft. Die Stadt wird dichter, das Stadtleben/Freizeitverhalten mediterranisiert sich, immer mehr Gruppen beanspruchen den öffentlichen Raum für sich. Daneben gab es immer schon Gruppen, die auf den öffentlichen Raum angewiesen sind, weil der Aufenthalt dort die Teilnahme am öffentlichen Leben ermöglicht und gleichzeitig hinreichend Schutz durch Anonymität bietet: Die sog. Randgruppen. Dazu gehören Wohnungsflüchter, die regelmäßig ihren „Stammplatz" aufsuchen, Obdachlose, aber auch Jugendgruppen wie Punks. Seit vergangenem Jahr vermehrt auch Flüchtlinge, die im öffentlichen Raum beispielsweise das frei zugängliche Internet nutzen.

Andere Menschen fühlen sich durch diesen Aufenthalt – vor allem wenn das Verhalten nicht den gesellschaftlichen Normen entspricht – oft gestört, irritiert. Die Polizei wird gerufen, weil sie das höchste Ansehen genießt in Sicherheitsfragen und rund um die Uhr zur Verfügung steht. Allerdings hat die Polizei bei Störungen, die „nur" im Bereich von Alltagsirritation liegt, Schwierigkeiten einzugreifen. Ihre Konfliktlösungsstrategien sind an das Legalitätsprinzip[1] gebunden und bieten deshalb wenig kreativen Spielraum zur Bearbeitung sozialer Konflikte. Die Aufgabe der Zukunft ist es, Konflikte, die nicht die objektive Sicherheit bedrohen, sondern subjektive Irritationen darstellen, als „Prozesse der Kommunikation und der Selbstkontrolle eines Gemeinwesens"[2] zu lösen.

Aus diesem Grund hat München 2014 per Stadtratsbeschluss die Stelle AKIM – Allparteiliches Konfliktmanagement in München – geschaffen.

Als **Aufgaben** von AKIM wurden im Stadtrat beschlossen:

1. Es gibt eine zentrale Anlaufstelle für Beschwerden und Konflikte im öffentlichen Raum.

2. AKIM soll mit rein kommunikativen Mitteln und allparteilich arbeiten.

---

[1] Steffen, Wiebke (1990): Polizeiliches Alltagshandeln: Konfliktverarbeitung statt Verbrechensbekämpfung? In: Thomas Feltes (Hrsg.): Polizei und Bevölkerung. Holzkirchen, S. 32-37.

[2] Wurtzbacher, Jens (2003): Sicherheit als gemeinschaftliches Gut - Bürgerschaftliches Engagement für öffentliche Sicherheit. In: Leviathan - Zeitschrift für Sozialwissenschaft, 31. Jg., Heft 1.

3. Ziel ist das Wohlfühlen, das gute Miteinander aller Nutzergruppen im öffentlichen Raum.

Im Folgenden werden diese einzelnen Aufgaben erläutert und bebildert.

Zu 1) Zentrale Anlaufstelle für Konflikte im öffentlichen Raum

AKIM ist in der Reihe der städtischen Dienststellen, die sich mit dem öffentlichen Raum beschäftigen, eine wichtige Ergänzung für Konflikte, die nicht sicherheits- oder ordnungsrelevant sind. Bisher ist das Problem, dass sich die Beschwerdeführer – meist Anwohnerinnen und Anwohner - mit vielen Stellen auseinandersetzen müssen, um ihr Anliegen zu platzieren und Informationen zu erhalten - in München frei nach Karl Valentin als der „Buchbinder-Wanninger-Effekt" bezeichnet. AKIM ist – zumindest in Bezug auf Konflikte, die nicht eindeutig in der Zuständigkeit einer anderen Dienststelle liegen, bzw. vielschichtig und diffus sind – ein eindeutiger und verlässlicher Ansprechpartner. AKIM nimmt die Beschwerde oder Konfliktmeldung entgegen und koordiniert die Zuständigkeiten. Dies erleichtert nicht nur den Beschwerdeführenden, sondern auch den anderen Dienststellen die Arbeit. Oft tritt eine einzige Bürgerbeschwerde eine ganze Lawine von Arbeitsaufwand bei verschiedenen Ämtern los. AKIM nimmt schnell und persönlich Kontakt auf, um dies zu verhindern.

Zu 2) Allparteilich und rein kommunikativ

Allparteilichkeit ist ein Begriff aus der Mediation. Allparteilichkeit heißt, dass der Vermittler sich nicht teilnahmslos-neutral verhält, sondern aktiv Partei ergreift für alle Beteiligten. Aufgabe von AKIM ist es, die Perspektiven und Interessen aller Nutzergruppen und Akteure zu verstehen und sich dafür einzusetzen, dass JedeR seine Bedürfnisse artikulieren kann.

Dazu braucht es kein uniformiertes Auftreten und keinen Strafzettelblock. Es geht darum, mit den Menschen zu reden, ihre Perspektiven zu verstehen und sie zu unterstützen, Lösungen auszuhandeln. Dies ist nur dann erfolgreich, wenn ein Dialog auf Augenhöhe stattfindet.

Zu 3) Ziel: Wohlfühlen und gutes Miteinander aller im öffentlichen Raum

Wichtig zum Verständinis von AKIM ist es, dass keine Gruppe aus dem öffentlichen Raum vertrieben, sondern ein „Wohlfühlen aller" ermöglicht werden soll. Dies ist für die Beschwerdeführenden nicht immer befriedigend, wenn beispielsweise die Wohungsflüchter vor ihrer Haustüre nicht entfernt werden. Es geht um eine Aushandlung von Anpassungsprozessen bei den „Störenden" sowie einen Perspektivenwechsel bei den Beschwerdeführenden. So kann beispielsweise mit den Wohnungsflüchtern vereinbart werden, dass sie mehr Platzverantwortung übernehmen oder ihren Standort verändern, so dass weniger Störungen auftreten. Die Beschwerdeführer erhalten durch die Nachfragen des AKIM-Teams die Möglichkeit zu überprüfen, wie unerträglich die Situation für sie tatsächlich ist, in dem sie beispielsweise gestörte und störungsfreie Zeiten protokollieren.

Beide Nutzergruppen sollen „urbane Kompetenz" entwickeln, indem sie aktiv werden und das Gefühl erhalten, selbst etwas bewirken zu können.

Häufige Projektfelder sind: Konflikte rund um das nächtliche Feiern im öffentlichen Raum, mit Jugendlichen in Grünanlagen und auf Spielplätzen nachts, mit Wohnungs-flüchtern an ihren „Stammplätzen" draußen, rund um sowie in Flüchtlingsunterkünften.

Kritische Fragen

Dabei sind folgende kritische Fragen zu klären:

1. Was lässt sich im öffentlichen Raum überhaupt mit kommunikativen Mitteln er-reichen?
2. Wer bestimmt, was verhältnismäßig ist; was toleriert werden muss und wo eine Anpassung zu erfolgen hat?
3. Wie lässt sich Allparteilichkeit herstellen, wenn die Handlungsaufträge immer von der „stärkeren" Seite kommen?

Zu 1) Was lässt sich überhaupt erreichen mit kommunikativen Mitteln?

Erfolg durch Augenhöhe

AKIM hat keine Sanktionsmöglichkeiten für störendes Verhalten. Wir appellieren an den mündigen Bürger, der sein Verhalten selbst regulieren kann. Wir stören ihn in seinem störenden Verhalten und geben ihm ein Stück der verloren gegangenen Selbst-wahrnehmung zurück. Dies kann nur funktionieren, wenn wir ihm auf Augenhöhe begegnen, Wirkungen aufzeigen, ohne zu werten oder zu verurteilen. Auf Wertungen, Verbote, Rügen reagieren Menschen meist sehr empfindlich und gehen dann oft in (kindlichen) Widerstand. So kennen die Feiernden am Gärtnerplatz sehr genau ihre Rechte, wissen, dass sie sich dort aufhalten dürfen – nur eine freundliche, nicht-wer-tende Ansprache ist erfolgreich.

Projektbeispiel Gärtnerplatz:

Die Konflikte um das nächtliche Feiern am Münchner Gärtnerplatz waren An-lass für die Einrichtung von AKIM, da dort die Grenzen eines polizeilichen oder ordnungsrechtlichen Einsatzes deutlich aufgezeigt sind. Auf dem Platz treffen sich an warmen Sommernächten unabhängig von gastronomischen An-geboten bis zu 1.000 Feiernde. Sie picknicken, ratschen, hören Musik. Gegen diese Form von verhaltensbezogenem Lärm, der aufgrund der schieren Menge der feiernden Individuen entsteht, besteht kaum eine Handhabe mit dem übli-chen städtischen Instrumentarium.

AKIM ist mit Teams von je zwei Konfliktmanagerinnen und -managern, er-kennbar an roten Westen mit städtischem Logo, am Platz präsent an Freitag- und Samstagabenden sowie den Abenden vor einem Feiertag. Sie begleiten die Feiernden von 23 bis 4 Uhr morgens. Die Feiernden werden sensibilisiert dafür, dass sie in einem Wohngebiet feiern und zu späterer Stunde auch auf das Ruhebedürfnis der Anwohnenden hingewiesen. Nachdem viele Feiernde den ganzen Abend am Platz verbringen, gelingt meist ein Kontakt- und Vertrauensaufbau. Die Rückmeldungen der Anwohnenden, Feiernden und anderen Akteure zeigt, dass AKIM hilft, die Lärmspitzen zu kappen, das Verhalten der Feiernden zu beeinflussen und Vertrauen für die Anwohnenden zu schaffen, dass sie mit ihrem Problem nicht alleine gelassen werden.

Chance auf Perspektivenwechsel

Schwieriger ist oft der Umgang mit den Beschwerdeführenden, die darauf beharren, dass nur „die anderen" das Problem sind. Dabei kann ein Beschwerdeführer die gesamte Verwaltung beschäftigen und „lahm legen". Wir haben gute Erfahrung damit gemacht, schnell und direkt Kontakt aufzunehmen, zum Gespräch persönlich vorbei zu kommen, anstatt lange Stellungnahmen zu verfassen. In den Gesprächen geht es darum, aufmerksam zuzuhören, die Interessen zu erfassen und gegebenenfalls zu versuchen, die Perspektive zu beeinflussen.

Perspektivenwechsel Nr. 1: Oft vergibt AKIM an die Beschwerdeführer Aufgaben, z.B. zu protokollieren, wann genau, wie genau ein störendes Verhalten auftritt. Wir wollen, dass sie überprüfen, wie schlimm das Problem tatsächlich ist und wieviel Aufwand sie selbst betreiben wollen, um die Lösung anzugehen. 50 % der Anfragenden melden sich daraufhin nicht wieder. Unsere These ist, dass das Problem durch das genaue Hinschauen weniger relevant erscheint. Im persönlichen Gespräch fragen wir: Wann genau ist das Problem das erste Mal aufgetreten? Woran würden Sie erkennen, dass es besser wird? Wann ist es in letzter Zeit einmal besser geworden? usw.

Perspektivenwechsel 2: Durch das Gespräch mit der städtischen Stelle AKIM entsteht Wertschätzung und Respekt der Kommune gegenüber den Menschen, mit denen wir sprechen. Sie haben weniger das Gefühl, ohnmächtig zu sein. Durch ihr Ansprechen von AKIM haben sie aktiv zur Verbesserung beigetragen und wissen, dass sie mit dem Problem nicht alleine sind. Auch dies bewirkt, dass sich die Perspektive auf das Problem verändert.

Schwieriger als ein Perspektivenwechsel ist es, tatsächlich Lösungen im öffentlichen Raum erarbeiten zu wollen. Meist handelt es sich um Ressourcenkonflikte, die win-win-Lösungen ausschließen (beispielsweise *gleichzeitig* feiern und schlafen). Zugang zu den Ressourcen haben zudem meist nicht die Bürger, Interessenvertreter, sondern Behörden, Privateigentümer. Am wirkungsvollsten ist AKIM hier in der Moderation/ Prozessleitung von Runden Tischen, an denen die Interessen zusammen mit den Behörden bearbeitet werden und Spielräume für Lösungen gesucht werden. Auch hier geht es im Wesentlichen darum, urbane Kompetenz (= Selbstwirksamkeit im öffentlichen Raum) zu vermitteln.

Projektbeispiel Müllerstraße:

Der Bereich der Müllerstraße hat sich in den vergangenen Jahren stetig zur „Feiermeile" entwickelt. Im Innenstadtrandgebiet gelegen hat das Viertel einen hohen Wohnanteil. Entsprechend kommt es zum Konflikt zwischen den Bedürfnissen von Feiernden und Gastronomie auf der einen und Anwohnenden auf der anderen Seite.

AKIM begann seine Tätigkeit mit der Erstellung einer Konfliktanalyse. Und einer Situationsbeschreibung aufgrund von vor-Ort-Begehungen, auch nachts. Diese Analyse wurde zunächst den Gastronomen im Gebiet vorgestellt und ein Konsens über den Handlungsbedarf erzielt. Die Müllerstraßen-Wirte verständigten sich darauf, dass die Verbesserung der Lebensqualität der Anwohner auch ihre Geschäftsgrundlage stärkt und dass es sich lohnt, dafür Anstrengungen zu unternehmen. Es entstand eine umfangreiche Selbstverpflichtung der Wirte, das in ihrem Bereich Mögliche zu tun, um Lärm und Müll zu begrenzen sowie die Kommunikation mit den AnwohnerInnen zu verbessern. An einem weiteren Runden Tisch mit AnwohnerInnen, Wirten, Bezirksausschüssen und Behörden entstand ein „Aktionsplan" für die Müllerstraße. Im Anschluss wurden beispielsweise Türsteher mit erweiterten Aufgaben als „Silencer" für das Umfeld der Kneipen eingesetzt. Eine Liste mit Kontaktnummern bei nächtlichem Lärm wurde den Anwohnern zur Verfügung gestellt. Auch AKIM erklärte sich bereit, zwei Monate den nächtlichen Einsatz von AKIM-Präsenzkräften zu testen.

Wesentliche Aufgabe des Konfliktmanagements durch AKIM bestand allerdings darin, die Beteiligten in der Umsetzung engmaschig zu begleiten, zu ermutigen und „den Ball im Rollen zu halten".

Zu 2) Wer bestimmt, was verhältnismäßig ist; was toleriert werden muss und wo eine Anpassung zu erfolgen hat?

AKIM wird grundsätzlich bei jedem Konflikt aktiv, d.h. es findet ein erstes Gespräch und eine Konfliktanalyse statt. Wenn aber über das Gespräch mit Beschwerdeführer und dessen Zielgruppe hinaus in eine aktive Lösungssuche eingestiegen werden soll, ist abzuprüfen, welcher Aufwand in die Lösungssuche investiert werden kann. Wir bewegen uns im öffentlichen Raum, für den auch eine öffentliche Verantwortung besteht. Wann werden also auch öffentliche Stellen, inklusive AKIM genutzt, um auf das Problem eines Beschwerdeführers einzugehen?

Dies ist eine heikle Frage, einmal hinsichtlich unserer Allparteilichkeit (jedes Interesse ist wichtig), aber auch hinsichtlich des politischen Drucks, der entstehen kann, und dem wir uns, selbst Teil der Verwaltung, kaum entziehen können.

Wir versuchen, diese Abschätzung der Verhältnismäßigkeit zu systematisieren. Wir nutzen einen Konfliktanalyse-Leitfaden, der zunächst den Eskalationsgrad, die Reichweite und die Zuständigkeit für den Konflikt bestimmt.

Die weitere Differenzierung erfolgt je nach Problemlage und Zielgruppe. Bei Konfliktmeldungen zu Wohnungsflüchtern an ihren „Stammplätzen" fragen wir beispielsweise weiter: Was ist ortstypisch? Wieviel Prozent des Platzes sind tatsächlich okkupiert und damit der Nutzung durch andere Gruppen entzogen? Handelt es sich um eine physische oder eine ästhetische Beeinträchtigung (was passiert tatsächlich)? Hat es schon eigene Versuche der Kontaktaufnahme gegeben?

Daraufhin erstellt AKIM eine eigene Einschätzung, ob Interventionen gerechtfertigt sind oder ob der Platz keine Betreuung braucht, weil das Problem als verhältnismäßig eingeschätzt wird.

Projektbeispiel Bordeauxplatz:

Im Sommer 2016 wurde ein beschaulicher Platz in Nähe des Münchner Ostbahnhofs – der Bordeauxplatz – über Nacht zum Austragungsort des Pokémon Go-Spielens. 40 bis 240 Menschen fanden sich plötzlich am Platz, ausgerüstet mit Campingmöbeln und Sitzsäcken, 80 Prozent davon mit ihrem Smartphone beschäftigt. Für die Anwohnerinnen und Anwohner stellte dies eine massive Veränderung ihrer beschaulichen Wohnsituation dar, AKIM wurde gerufen. Nach vielen nächtlichen Sondierungen mit Gesprächen am Platz stellte AKIM fest, dass der von den Pokémon Go-Spielern ausgehende Lärm angesichts der anderen Lärmquellen (Verkehr, Wasserfontäne) und der Anzahl der Nutzerinnen und Nutzer als verhältnismäßig zu bewerten ist. Es wurde unterstützt, dass größere Müllkapazitäten schnell geschaffen werden.

Grundsätzliches Ziel ist es, direkten Kontakt zwischen Beschwerdeführenden und ihrer Problem-Zielgruppe herzustellen, damit Selbsthilfe und Nachhaltigkeit unterstützt werden. Manchmal ist dies aber auch eine Überforderung.

3) Wie lässt sich Allparteilichkeit herstellen, wenn die Handlungsaufträge immer von der „stärkeren" Seite kommen?

Unsere Aufträge kommen meist von der Lokalpolitik oder Bürgerinnen und Bürgern, die mit dem politischen System vertraut sind und dieses zu nutzen wissen. Noch nie haben sich Wohnungsflüchter über andere Parknutzer beschwert oder Jugendliche über Anwohner. Meist gibt es Störer und Gestörte. Mit den Störern wird gearbeitet. Die Gestörten erwarten, dass die Kommune den Konflikt für sie löst. Dies ist schwierig für AKIM aufgrund unseres Anspruchs der Allparteilichkeit. Am nächtlichen Gärtnerplatz weisen wir zwar die Störenden auf ihr Verhalten hin, da die eigentlich betroffenen Anwohnerinnen und Anwohner nachts nicht selbst am Platz auftauchen.

Wir alarmieren aber nicht selbsttätig die Polizei, außer es besteht Gefahr für Leib und Leben. Diese Verantwortung müssen die Anwohnenden selbst übernehmen. Wir bringen die Anliegen der Anwohnenden ein, ohne uns mit ihnen zu identifizieren. Und wir stehen auch den Feiernden als Ansprechpartner für Hilfestellungen zur Verfügung (Pflaster, Notruf alarmieren bei toxischer Betrunkenheit).

Und zuletzt entscheidet AKIM selbst, bei welchen Fällen wir aktiv werden und bei welchen wir einen Einsatz nicht für sinnvoll erachten.

Projektbeispiel Flüchtlingsunterkünfte:

München musste 2015 in kurzer Zeit eine große Menge von Flüchtlingen unterbringen. Dies erzeugte im Vorfeld zum Bau der Unterkünfte große Angst vor der Veränderung des Lebensumfeld der vorhandenen Anwohnerinnen und Anwohner. AKIM wurde eingeschaltet, beispielsweise um an ausgewählten, besonders konfliktreichen Standorten die Anwohner_innen ins direkte Gespräch über die neue Unterkunft zu kommen, Befürchtungen und Hinweise der Gesprächspartner_innen zu sammeln, um die Informationsveranstaltungen der Stadt München für die Anwohnerinnen vorzubereiten.

Es wurde klar, dass ein Dialog zwischen vermeintlich „Störenden" und Gestörten kaum herzustellen ist. Deswegen bietet AKIM in den Unterkünften selbst ein Beteiligungsprojekt an, bei dem die Flüchtlinge angeregt werden, ihre Themen selbst anzugehen, Konfliktpunkte (die auch nach außen strahlen) zu bearbeiten und damit sich auch als Ansprechpartner gegenüber der Nachbarschaft zu emanzipieren.

Zusätzlich hat AKIM ein Konzept entwickelt und getestet, das im Format von Diskussionsrunden eine Orientierung für das Miteinander in Deutschland ermöglicht. Dies wird durch einen Piktogramm-Flyer (ohne Sprache) unterstützt. Auch dadurch sollen die Konflikte im Umfeld von Unterkünften reduziert werden.

Ausblick

Die friedliche gemeinsame Nutzung des öffentlichen Raums ist eine Zukunftsaufgabe der Kommunen angesichts von Entwicklungen wie Verdichtung, Gentrifizierung, Mediterrranisierung der Freizeitgewohnheiten, Veränderung der gesellschaftlichen Zusammensetzung. Kommunen und staatliche Organisationen sind gefordert, für die objektive Sicherheit zu sorgen. Die Sorge um die subjektive Sicherheit um die Irritationen durch von der Norm abweichendes Verhalten darf nicht allein an Polizei, Ordnungsdienste, private Sicherheitsdienste und Überwachungstechnik delegiert werden. Es geht darum „Sicherheit in Freiheit" zu gestalten[3] und dies ist Aufgabe der Ge-

---

[3] Glaeßner, Gert-Joachim (2009): Freiheit durch Sicherheit? In: Neue Gesellschaft Frankfurter Hefte.

sellschaft und ihrer Mitglieder, die wieder verstärkt in die Verantwortung genommen werden sollen, für ihr eigenes Wohlbefinden und das des Gemeinwesens zu sorgen. Die politischen Akteure, die Kommunen sind gefordert, ihre Steuerungsaufgaben zu übernehmen und Strukturen zu ermöglichen, die die Selbsthilfe unterstützen.

Dies erfordert einen ganzheitlichen Sensibilisierungsprozess, der sowohl die Bürger als auch Verwaltung, Politik umfasst und der nie abgeschlossen sein wird.

AKIM ist ein Beitrag dazu, die urbane Kompetenz der Bürgerinnen und Bürger in München zu stärken und neue Wege des Miteinanders anzuregen.

Thomas Hestermann

Die Rückkehr der Dämonen:

Wie die Medien über Gewaltkriminalität berichten

Zusammenfassung

Die Medien zeichnen, so wird weltweit kritisiert, das Bild einer erschreckenden Welt: *scary world*. Und es heißt: *If it bleeds it leads*. Tatsächlich endet jede zweite Gewalttat in aktuellen Informationsformaten des deutschen Fernsehens tödlich. Wenn allerdings ein Mensch einem Angriff auf Leib und Leben glücklich entkommt, sinkt die Wahrscheinlichkeit, dass das Fernsehen darüber berichtet, auf fünf Prozent.

Eine Langzeitanalyse der meistgesehenen deutschen Fernsehnachrichten und TV-Boulevardmagazine in Zusammenarbeit zwischen der Hochschule Macromedia und dem Kriminologischen Forschungsinstitut Niedersachsen zeigt, dass drastische und untypische Delikte im Mittelpunkt stehen. Während Tatverdächtige eher im Schatten der Wahrnehmung bleiben, stehen Opfer im Mittelpunkt journalistischer Auswahlentscheidungen, vor allem kindliche und weibliche Opfer. Für Gewaltopfer, die 60 Jahre oder älter sind, interessiert sich das Fernsehen kaum.

Dabei stellt sich in der digitalen Gesellschaft die Frage nach medialer Verantwortung neu. Längst haben die klassischen Medien und der professionelle Journalismus an Wirkungsmacht eingebüßt. *Broadcast yourself* ist das Motto. Durch Handyvideos, die Täter und Täterinnen selbst über soziale Netze verbreiten, wird die Entwürdigung der Opfer grenzenlos. Internetplattformen schreiten gegen Hasskommentare nur zögerlich ein. Zu beobachten ist damit eine neue Mediatisierung der Gewalt: Menschen üben Gewalt aus und inszenieren sich dabei öffentlich selbst.

Die Dämonen sind unter uns

„Da sitzt die fette Bestie", titelt die *Bild-Zeitung* am 10. Mai 2005, als sie einen des zweifachen Kindsmordes Angeklagten abbildet. Der Reporter schildert, wie er erschaudert, den Mann auf der Anklagebank zu sehen: „Dumpfer Blick. Aufgedunsen, fettige Haare und Pickel im Gesicht." Und kommt zu dem Schluss: „Marc H. atmet und schwitzt wie ein Mensch. Er tötete grausam, herzlos, eiskalt. Er ist eine Bestie." Der Angeklagte scheint nur äußerlich ein Mensch zu sein, im Inneren aber ein wildes Tier, im Ursinn des lateinischen Wortes *bestia*.

Eine solche Dämonenbeschwörung schien der Vergangenheit anzugehören, nun kehrt die Bestie erneut zurück, zumindest in die Welt der größten deutschen Zeitung. „Die Höxter-Bestie grinst vor Gericht", raunt das Blatt am 27. Oktober 2016 über den Mann, der gemeinsam mit seiner Lebensgefährtin im niedersächsischen Höxter Frauen gequält und getötet haben soll. Das Schlimme sei, kommentiert Franz-Josef Wagner über die beiden Angeklagten in der *Bild*, „dass sie aussehen wie wir und nicht wie das Böse". Schließlich beschreibt er seine Hoffnung „dass der Prozess uns Auskunft gibt, wie Menschen Monster werden. Monster, die aussehen wie Menschen." Es sind dramatische Texte, vergleichbar den Balladen des 19. Jahrhunderts, vom unschuldigen Opfer und dem reißenden Tier in menschlicher Gestalt.

Das Fernsehen dagegen folgt anderen Regeln der Konstruktion. Als Bildermedium wird es am sichtbaren Beispiel gemessen. Das nüchterne Bild ist stärker als das noch so erschrockene Wort. So sind Bestien rar in der Welt des Fernsehens. In den untersuchten 751 Beiträgen von Nachrichten und Boulevardmagazinen aus drei Analysewellen taucht dieser Begriff kein einziges Mal auf, nicht einmal als Zitat. Nur ein einziges Mal wird er in einer Anmoderation verwendet, wenn es heißt: „Heute stand in Berlin ein Pfleger vor Gericht, der sich an drei Kindern vergangen haben soll, als sie auf der Intensivstation lagen. Angeklagt ist dort aber keine Bestie in Weiß, sondern ein kranker Mann, der mehrfach versuchte, sich das Leben zu nehmen aus Angst vor sich selbst." (*Brisant*, ARD, 19.4.2012)

Um Furcht zu erregen, taugt eine Fokussierung auf Verdächtige und Verurteilte nur bedingt. Vielmehr gelten Unschärfen in der Betrachtung als spannungssteigernd: Die gespenstische Gewalt bleibt unfassbar und von allumfassender Bedrohlichkeit. So sprechen Fernsehreporter vom Spooky-Faktor, also dem Fernsehbericht als Spukgeschichte, die Details ausspart und den Tatverdächtigen allenfalls schemenhaft darstellt.

Schließlich spiegeln sich monströse Taten in aller Regel nicht in den Gesichtern der Beschuldigten wider. Es sind nicht Frankensteins Monster, die auf der Anklagebank sitzen, sondern meist unscheinbare Gestalten – sie taugen kaum als Sinnbilder des Grauens. Um Furcht und Mitgefühl zu erregen, stehen daher vor allem die Opfer und ihr Umfeld im Mittelpunkt des Interesses (Hestermann 2010).

Wie wirklich ist die Medienwirklichkeit?

Wie entwickelt das Fernsehen ein Bild von Gewaltkriminalität? Und, allgemeiner: Wie wirklich ist die Medienwirklichkeit? Damit stellt sich für den Medienwissenschaftler die methodische Frage, woran sich dies messen ließe (vgl. Watzlawick 2004, 2006). Dies kann durch den Abgleich von extramedialen Daten und intramedialen Daten gelingen, also von den Informationen, die in der Welt sind, und denen, die von den Medien herausgefiltert und verbreitet werden.

Die zuverlässigsten Zahlen, die es zur Kriminalität in Deutschland gibt, sind die jährlich erhobenen Daten der Polizeilichen Kriminalstatistik, auch wenn sie keineswegs objektiv und ungefiltert sind. Denn ob eine Straftat überhaupt als solche wahrgenommen wird, ist kulturellen Setzungen unterworfen – etwa bei der Züchtigung von Kindern oder der Vergewaltigung in der Ehe kam es in den vergangenen Jahrzehnten zu einer völligen Neubewertung. Ob eine Auseinandersetzung als Rauferei oder kriminelle Gewalt gilt, hat mit dem Zeitgeist zu tun. Ob eine Straftat angezeigt wird, ist bestimmt von subjektiven Faktoren wie Scham, Furcht und der Fähigkeit, sich zu verständigen. Und wie intensiv die Polizei und wen sie als tatverdächtig ermittelt, ist politischen Vorgaben und behördlichen Routinen unterworfen.

Die Zahlen der Polizeilichen Kriminalstatistik sind also nicht die *Wirklichkeit* des Verbrechens, sondern ein *Abbild*. Gleichwohl liefern sie belastbare Angaben über erkannte Straftaten und damit im Wesentlichen die Informationen, die den Medien zugänglich sind. Denn auch erfahrene Medienprofis sind in der Regel auf die Auskünfte der Polizei und der Rechtspflege angewiesen und haben nur begrenzte Möglichkeiten, eigenständig im Dunkelfeld zu recherchieren.

Wie umfangreich die Medien über Kriminalität berichten, spiegelt dennoch keineswegs die Schwankungen der Polizeistatistiken wider. Dies zeigt ein Blick auf die Gewaltberichterstattung der amerikanischen Fernsehnachrichten. Der Analyst Andrew Tyndall nimmt für sich in Anspruch, „der einzige Mensch auf dem Planeten" zu sein, der seit 1987 keine einzige abendliche Nachrichtensendung der drei großen US-Sender ABC, CBS und NBC verpasst hat – dazu bloggt er täglich und bereitet die Sendungsanteile auf. Wie stark die Anteile der Berichte über Kriminalität an den Fernsehnachrichten schwanken, zeigt die Zitterkurve des medialen Schreckens (Abb. 1): Grau unterlegt sind die Sendeminuten aller drei TV-Sender, die dünnen Linien markieren die einzelnen Sender (Tyndall 2016).

Da die amerikanischen Fernsehnachrichten vor allem Gewaltstraftaten in den Fokus rücken, bieten sich als Vergleichsmaßstab die polizeilichen Zahlen zu Gewaltstraftaten im selben Zeitraum an (dickere Linie). Ganz anders als die heftigen Ausschläge der TV-Nachrichten, die vor allem spektakuläre Einzelfälle aufgreifen, zeigen sie einen deutlichen, allmählichen Rückgang der Kriminalitätsbelastung auf 100.000 Einwohner von 758,2 Gewaltstraftaten im Jahr 1990 auf 365,5 im Jahr 2014, weniger als halb so viel (FBI 2006, 2015, 2016).

Wie US-amerikanische Fernsehnachrichten über Verbrechen berichten – während Gewaltstraftaten abnehmen, Abb.1

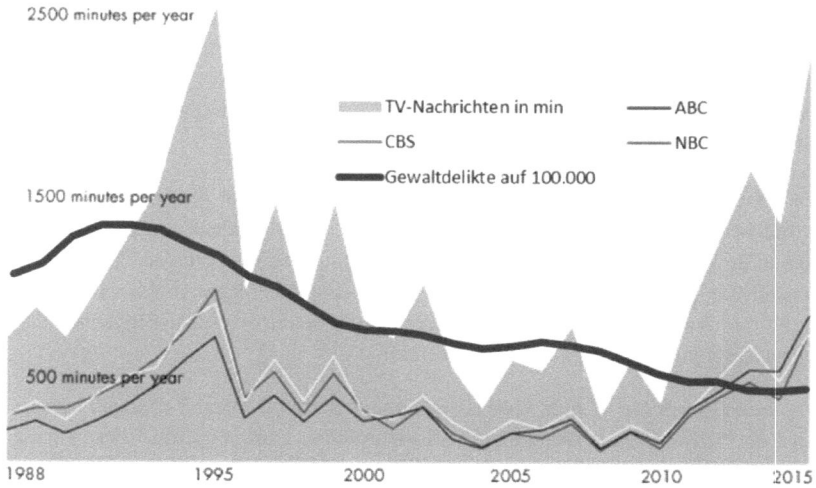

N1 = Sendeminuten zum Thema Kriminalität, Vollerhebung aller Hauptabendnachrichten von ABC, CBS und NBC von 1988 bis 2015. Summe 2015: 2261 Minuten, ABC 820, CBS 719, NBC 723. Quelle: Tyndall, 2016.

N2 = Gewaltstraftaten auf 100.000 Einwohner 1988 bis 2014 und erstes Halbjahr 2015. Quelle: FBI, 2005, 2015, 2016. Grafik: Tyndall, Hestermann.

Medialer Eigensinn offenbart sich auch im Vergleich der deutschen Fernsehnachrichten mit der Polizeilichen Kriminalstatistik. Das Kölner Institut für empirische Medienforschung IFEM erstellt fortlaufend eine standardisierte Vollerhebung der öffentlich-rechtlichen Hauptabendsendungen von *Tagesschau* (ARD) und *heute* (ZDF) und der privaten Konkurrenz *RTL aktuell* und *Sat.1-Nachrichten* und erfasst dabei in den vergangenen zehn Jahren schwankende Anteile der Berichterstattung über Kriminalität zwischen einem Anteil von 4,0 Prozent mit insgesamt 1024 Sendeminuten in 2014 bis zu 6,6 Prozent (1663 Minuten) in 2009.

Da die Kriminalitätsberichterstattung dieser Formate vielfach auch Eigentums- und Drogendelikte aufgreift, dienen hier *alle* polizeilich erfassten Straftaten auf 100.000 Einwohner als Vergleichsmaßstab. Das Bild zeigt – ähnlich wie in den USA – gegenläufige Entwicklungen (Abb. 2). So nimmt die Kriminalitätsberichterstattung der deutschen Fernsehnachrichten von 2007 bis 2009 deutlich zu, während die Polizeistatistiken im selben Zeitraum eine sinkende Kriminalitätsbelastung aufweisen. Anders als in den USA ist die deutsche TV-Berichterstattung weniger von drastischen Einzeltaten getrieben und schwankt in ihrem Umgang weniger.

Wie deutsche Fernsehnachrichten über Verbrechen berichten – während die Kriminalität stagniert, Abb 2

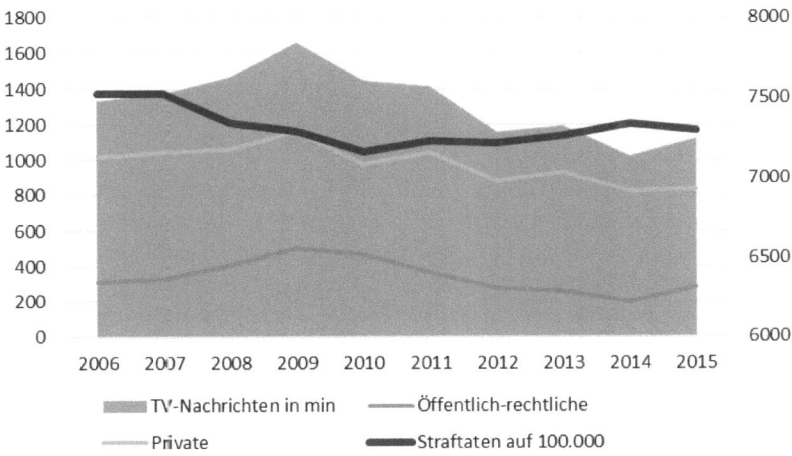

N1 = Sendeminuten zum Thema Kriminalität, Vollerhebung aller Hauptabendsendungen von Tagesschau und heute (öffentlich-rechtlich) sowie RTL aktuell und SAT.1-Nachrichten (privat) von 2006 bis 2015. Quelle: IFEM Köln, Krüger & Zapf-Schramm 2016, S. 74, Krüger 2013, S. 66, Krüger 2010, S. 51, Krüger 2008, S. 59.

N2 = Straftaten auf 100.000 Einwohner 2006 bis 2015. Quelle: Bundesministerium des Innern 2016, S.19. Grafik: Hestermann.

Sécail kommt bei einer Analyse der französischen Kriminalitätsberichterstattung zu einem ähnlichen Befund von „zwei autonomen Wirklichkeiten". Die Zahl der Berichte wächst in den Nachrichten des französischen Fernsehens FT1 zwischen 1985 und 2002 auf mehr als der Vierfache, während die Kriminalitätsbelastung stagniert. Der Anstieg der *gefühlten* Kriminalität hat seinerzeit politische Folgen: Sécail sieht ein „goldenes Zeitalter in der Ausbeutung von Gefühlen und der Kriminalitätsberichterstattung zu politischen Zwecken" (Sécail 2012, S. 83).

Öffentlich-rechtliche Boulevardmagazine stellen Kriminalität besonders intensiv dar

Wie wird im Einzelnen berichtet, wie steht es um die Abbildungsgenauigkeit, was die einzelnen Delikte, ihre Umstände und Beteiligten angeht? Wie unterscheiden sich verschiedene Sendungsformate? Und wie begründen Journalistinnen und Journalisten bei ihren Entscheidungen zur Auswahl des Berichtsgegenstandes und der Art der Berichterstattung? Ein vom Verfasser geleitetes Forschungsprojekt geht dieser Frage seit nunmehr zehn Jahren nach, gestützt auf eine bundesweite Befragung von Journalistinnen und Journalisten verschiedener Fernsehformate in öffentlich-rechtlichen und privaten Sendern (Hestermann, 2010, 2012), und auf eine Programmanalyse der meistgesehenen Fernsehnachrichten und TV-Boulevardmagazine (Hestermann, 2016a, 2016b). Um journalistische Mechanismen in der Fernsehberichterstattung über Gewaltkriminalität empirisch zu erklären, wurden Programmverantwortliche selbst gefragt. 33 Männer und Frauen aller Altersgruppen vom Reporter bis zur Redaktionsleiterin, die in öffentlich-rechtlichen und privaten Sendern tätig sind, von *RTL Explosiv* bis zur *Tagesschau*, gaben unter dem Schutz der Anonymität Einblick in ihre Deutungs- und Handlungsmuster.

Diese qualitative, reaktive Forschungsmethode wurde verknüpft mit einem quantitativen, nicht-reaktiven Zugang – einer standardisierten Erfassung von Fernsehberichten über Gewaltkriminalität im Inland. Aus der Programmanalyse von 313 Nachrichtensendungen und 101 Ausstrahlungen von Boulevardmagazinen aus vier Programmwochen im März, April, Mai und Juni 2014 wurden 230 Beiträge über Gewaltkriminalität im Inland herausgefiltert, transkribiert und nach einem über die gesamte Projektdauer einheitlichen Codebuch erfasst (ausführlich zur Methode: Hestermann 2010).

Die Leitfragen waren etwa: Welche Delikte werden aufgegriffen, wer sind die Tatverdächtigen, wer die Opfer, was ist beispielsweise über deren Hintergrund zu erfahren, wer kommt zu Wort? Wie werden die Straftaten beschrieben? Aus nunmehr drei Erfassungswellen in den Jahren 2007 (264 Beiträge), 2012 (257 Beiträge) und 2014 und damit insgesamt 751 Beiträgen lassen sich konstante Grundmuster, aber auch Veränderungen im Zeitverlauf zeigen.

Lange galt die Gewaltberichterstattung als Domäne der Fernsehsender, die sich als kommerzielle Unternehmen am Markt behaupten müssen. Ein ganz anderes Verständnis von journalistischer Qualität schienen in Deutschland die öffentlich-rechtlichen Fernsehsender zu haben, die sich vor allem über Rundfunkgebühren und kaum über Werbung finanzieren.

Richtig daran ist: Die Nachrichten im deutschen Privatfernsehen berichten unserer TV-Analyse von 2014 zufolge dreieinhalbmal so ausführlich über Gewaltkriminalität im Inland wie ihre öffentlich-rechtliche Konkurrenz. Ein völlig anderes Bild aber ergibt sich, wenn man die quotenstarken Boulevardmagazine betrachtet – kein Format enthält im Untersuchungszeitraum so viel Gewaltberichte wie diese Magazine öffentlich-rechtlicher Sender, *Brisant* (ARD) und *hallo deutschland* (ZDF) (Abb. 3).

Gewaltberichterstattung 2014 nach Sendern und Formaten, Abb.3

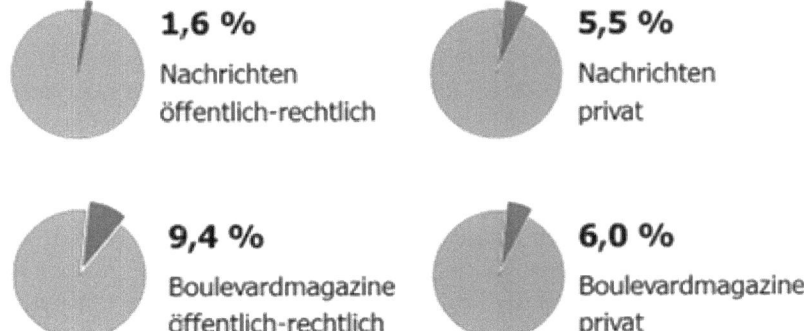

1,6 %
Nachrichten
öffentlich-rechtlich

5,5 %
Nachrichten
privat

9,4 %
Boulevardmagazine
öffentlich-rechtlich

6,0 %
Boulevardmagazine
privat

N = 313 Hauptabendnachrichten (ohne Wetter) und 101 Folgen von Boulevardmagazinen der acht reichweitenstärksten Fernsehsender Deutschlands aus vier Kalenderwochen im März, April, Mai und Juni 2014, bei der Tagesschau über die kompletten Monate. Angegeben ist die anteilige Länge der Berichte über Gewaltkriminalität im Inland. Quelle: TV-Programmanalyse Hestermann, Hochschule Macromedia.

Die Wucht der Bilder ist stärker als die Statistik

Mit der Erweiterung der Medienlandschaft entwickeln sich neue, vielfach komplexe Wechselwirkungen. Als die elfjährige Lena am 25. März 2012 in einem Parkhaus in Emden ermordet aufgefunden wird, verbreitet sich die Nachricht von dem Gewaltverbrechen bundesweit innerhalb weniger Stunden. Radio- und Fernsehsender vermelden das Ereignis, und das Internet spielt eine zentrale Rolle: Ausgelöst von Medienberichten, entsteht aus viralen Debatten rasch eine breite Hassfront gegen den zunächst noch unbekannten Täter.

Die Massenmedien tragen zur Vergesellschaftung von Angst und Zorn bei. Nahezu alle deutschen Fernsehnachrichten zeigen die Festnahme eines 17-jährigen Tatverdächtigen, in Handschellen und vor den Augen der Nachbarschaft. Er kommt in Untersuchungshaft. Gegenüber der abstrakten Unschuldsvermutung ist es die Wucht der medial verbreiteten Bilder, die zahllose Menschen darin bestärkt, dass der Schuldige nun gefasst sei – und dass zugleich die Gefahr, die von Sexualstraftätern ausgehe, immer größer werde.

Es ist ein privater TV-Sender, der einen ungewöhnlichen Akzent dagegen setzt. RTL-Korrespondent Kai Reuker berichtet in einem Nachrichtenbeitrag am folgenden Tag: Die Zahl der Morde an Kindern habe sich von 1993 bis 2010 halbiert, auch die Fälle von sexuellem Missbrauch seien zurückgegangen. Der Kriminologe Christian Pfeiffer kommt zu Wort: „Die Kinder hatten noch nie so viel Sicherheit wie heute." Doch diese Relativierungen dringen in die viralen Debatten kaum vor. Was sind solche Zahlen angesichts der Wirkungsmacht des einzelnen Falls? (Vgl. Pfeiffer 2012)

Die statistischen Fakten wirken wie papierne Theorie, die dem Augenschein nicht gerecht wird. „Die Medien spielen als Vermittler zum Beispiel zwischen den virtuellen Sphären des Fernsehens und des Internets, aber auch den Abgründen der Gewaltkriminalität und dem Alltag des Normalbürgers eine wichtige Rolle", schreibt Gisela Friedrichsen (2012: 45f.), Gerichtsreporterin des *Spiegels*. Aus ihrer Sicht haben bildgestützte Informationen eine ganz besondere Dynamik. „Die blanke Information kommt gedruckt oft dröge und spröde daher, ein Text ist bisweilen schwer verständlich und langatmig. Worten lässt sich widersprechen, nicht aber Bildern."

Nachdem die Bilder von der Festnahme des Tatverdächtigen in Emden kursieren, proklamiert ein 18-Jähriger auf seiner Facebook-Seite: „Aufstand! Alle zu den Bullen. Da stürmen wir. Lass uns das Schwein tothauen." Tatsächlich kommen Dutzende Menschen vor der Emder Polizeiwache zusammen und harren bis spät in die Nacht aus. Einige fordern die Herausgabe des Tatverdächtigen. Gewalttätige Übergriffe allerdings bleiben aus. Die Polizei nimmt von den versammelten Menschen nicht die Personalien auf und widerspricht später Medienberichten von einem „Lynchmob". Wie sich kurz darauf erweist, ist der zunächst Verdächtigte unschuldig.

Die Mediatisierung der Gewalt

„Wieder ein schockierendes Handyvideo, das sich im Netz rasend schnell verbreitet", heißt es in den *Sat.1-Nachrichten* am 9. Mai 2014, „wieder eine Prügelattacke. Diesmal in Wilhelmshaven. Und wieder sind Opfer und Täter Teenager." Zu sehen sind Ausschnitte aus den so verwackelten wie erschreckenden Bildern, die Tritte auf ein wehrlos am Boden liegendes Mädchen zeigen.

„Immer wieder tauchten in den vergangenen Monaten ähnliche Gewaltvideos im Internet auf", heißt es bei Sat.1 und wortgleich in den Nachrichten von Kabel eins und ProSieben im Sprechertext; dazu wird ein wenige Wochen vorher bekannt gewordenes ähnliches Video aus Berlin-Kreuzberg gezeigt. Bereits in vier Beiträgen zwei Monate zuvor, am 17.3. 2014, geht es um ein ähnliches Delikt: Ein 15-Jähriger verprügelt einen 14-Jährigen, stellt das Tatvideo ins Internet. Dabei werden nur bei verschwindend wenigen Gewalttaten Tatvideos bekannt, befördern sie doch die Strafverfolgung erheblich.

In der digitalen Gesellschaft ist Medienmacht neu verteilt. Längst nehmen nicht mehr nur journalistische Profis Einfluss auf das mediale Bild von Gewaltkriminalität. Die Leitformel der Videoplattform YouTube, *broadcast yourself*, zeigt ihre unheimlichen Seiten. Als 2004 in Südlondon Handyvideos von Gewaltattacken Jugendlicher auf Gleichaltrige kursieren, kommt der Begriff des *happy slapping* auf. Um sich medial zu verbreiten, bedarf es keines großen Apparates mehr: Längst haben Gewalttäter die Möglichkeiten entdeckt, sich in den unterschiedlichsten digitalen Netzwerken zu präsentieren. Die Selbstdarstellung entsteht gerade nicht in der Folge der Tat, sie wird zu deren Ursache – eine Mediatisierung der Gewalt (vgl. Yar 2012).

Damit werden die Opfer grenzenlos entwürdigt, bleiben die Momente ihrer Erniedrigung sichtbar, ohne räumliches und zeitliches Ende. Auch Unbeteiligte können zusehen, und das Internet vergisst nichts. Zugleich zeigen sich Gegenbewegungen in sozialen Netzwerken. Das Boulevardmagazin *Taff* (ProSieben) berichtet am 18. März 2014 von massiven Drohungen per Facebook gegenüber einem Schüler im nordrhein-westfälischen Marl, der ein Gewaltvideo ins Netz gestellt hatte.

Der Tatfilm aus Wilhelmshaven löst innerhalb kurzer Zeit aggressive Reaktionen aus, meldet *RTL aktuell* am 11. Mai 2014: „Eine Internetseite, die zur Hetzjagd auf die Täter aufruft, hat inzwischen fast 9000 Befürworter. Einige waren bereits am Wohnhaus des Jungen." Die Mutter des Beschuldigten äußert: „Ich habe mich die letzten paar Tage gar nicht aus dem Haus getraut, weil ich eigentlich auch mit den Nerven völlig am Ende bin." Auch die Wilhelmshavener Zeitung berichtet am 22. Mai 2014 von Aufrufen zur Selbstjustiz, alleine in einem Online-Forum habe die Polizei 6500 Einträge gesichtet und viele der Urheber kontaktiert.

Soziale Netzwerke kommen vielfach ihrer Verantwortung nicht nach, rechtswidrige Hasskommentare zu löschen. Die Zusicherung, die Mehrzahl solcher Botschaften innerhalb von 24 Stunden zu entfernen, wird noch von keinem Unternehmen eingelöst, heißt es in einer Presseerklärung des Bundesministeriums der Justiz und für Verbraucherschutz. Ein Test bei über 600 Hasskommentaren ergab: Nach privaten Nutzerbeschwerden löschte oder sperrte das soziale Netzwerk Facebook 46 Prozent der gemeldeten strafbaren Inhalte, die Videoplattform YouTube kam einer von zehn Meldungen nach, der Kurznachrichtendienst Twitter löschte einen von hundert Hasseinträgen. „Die Verbreitung von Hasskriminalität wird zu einer immer größeren Gefahr für die demokratische Streitkultur im Netz", betont der Justizminister (BMJV, 2016).

Das Fernsehen zeigt vor allem tödliche und sexuelle Gewalt

Im Vergleich verschiedener Gewaltdelikte finden jene das stärkste Medieninteresse, die tödlich enden. International zeigen Analysen etwa des US-amerikanischen Journalismus, dass drastische Gewalt, vor allem Mord und Totschlag, überproportional berichtet wird (Gruenewald, Pizarro & Chermak, 2009).

Neuere Studien nehmen die erhöhte Bedeutung sexueller Gewalt für journalistische Auswahlentscheidungen in den Blick. In den 1970er und 80er Jahren wurde zunächst in den USA und dann in Europa die Wahrnehmung sexueller Gewalt in der Partnerschaft und von sexuellem Missbrauch besonders an Kindern enttabuisiert (vgl. Proctor et al., 2002, Reuband, 2007). So liegt nahe, dass über sowohl sexuelle wie tödliche Gewalt zunehmend intensiv berichtet wird. Tatsächlich ist seit den 1990er Jahren in Deutschland ein drastischer Anstieg an Berichten über Sexualmorde an Kindern zu beobachten – erfüllen sie doch alle Merkmale, um größtmöglichen Schrecken auf den Fernsehbildschirm zu bringen.

Um journalistische Mechanismen in der Fernsehberichterstattung über Gewaltkriminalität empirisch zu erklären, wurden Programmverantwortliche selbst gefragt. Ihre anonymisierten Selbstauskünfte lassen sich mit Ergebnissen unserer standardisierten Programmanalyse von Nachrichtensendungen und TV-Boulevardmagazinen vergleichen. Die Verknüpfung von Befragung und Inhaltsanalyse zeigt erstaunliche Übereinstimmungen. Erstaunlich insofern, als die Medienwissenschaft skeptisch ist gegenüber journalistischen Selbstaussagen und vielfach davon ausgeht, dass Medienschaffende aus dem Bauch heraus agierten und ihr Handeln selbst kaum verstünden. Richtig daran ist, dass Journalistinnen und Journalisten regelgeleitet, aber oft nicht regelbewusst handeln (Hestermann 2012). Daher lassen sich journalistische Handlungsmuster nur bedingt standardisiert abfragen. Wenn Medienschaffende sich aber in qualitativen Interviews in ihrer eigenen Sprache entfalten können, offenbaren sie Muster, die in hoher Präzision ihr Handeln widerspiegeln und sich mithilfe standardisierter Inhaltsanalysen nachweisen lassen.

„Mord ist einfach ein Thema für alle"

In Anlehnung an die Nachrichtenwerttheorie lässt sich aus den Aussagen der befragten Fernsehprofis herausfiltern, dass eine Reihe von Nachrichtenfaktoren in der Gewaltberichterstattung bedeutsam ist – etwa die Folgenschwere einer Gewalttat. Das angenommene Publikumsinteresse an Gewaltkriminalität verknüpfen Medienschaffende eng mit drastischen Formen der Gewalt, vor allem dem Bruch des Tötungstabus. Die Redakteurin einer öffentlich-rechtlichen Nachrichtensendung ist überzeugt, „Mord ist einfach ein Thema für alle", erst recht aus verwerflichen Motiven wie sexueller Lust.

Tatsächlich sind 44 Prozent aller im Untersuchungszeitraum berichteten Gewalttaten vollendete Tötungsdelikte, die nicht einmal ein Zehntelprozent der polizeilich erfassten Gewaltkriminalität ausmachen. Über Sexualmorde wird, verglichen mit der Kriminalstatistik, fünfmal so umfangreich berichtet wie über sonstige tödliche Gewalt. So kommt es zu einer drastischen Verzerrung. Sexualmorde machen in der Gewaltberichterstattung einen mehr als 2700-mal so hohen Anteil aus wie an der polizeilichen Gewaltstatistik (Abb. 4).

Vergleicht man vollendete und versuchte Tötungsdelikte, zeigt sich: Wenn das Opfer überlebt, sinkt die Berichtswahrscheinlichkeit auf fünf Prozent. Sexualdelikte werden um ein Vielfaches stärker beachtet als sonstige Gewaltdelikte.

Wie das Fernsehen drastische Delikte fokussiert, Abb. 4

Delikt	PKS n	PKS %	TV n	TV %	Faktor
Sexualmorde	9	0,001	7	3,0	**2.766**
Tötungsdelikte ohne Sexualmorde	633	0,08	95	41,3	**534**
Versuchte Tötung	1.656	0,2	12	5,2	**26**
Sexualdelikte	46.962	5,7	44	19,1	**3,3**
Körperverletzungen ohne Raub	527.339	64,5	34	14,8	**0,2**
Sonstige Gewaltdelikte	241.265	29,5	38	16,5	**0,6**
Gesamt	817.884	100,0	230	100,0	

PKS n = 817.884 vollendete Gewaltdelikte im Jahr 2014 nach polizeilicher Kriminalstatistik (PKS), Quelle: BMI, 2015.

TV n = 230 Fernsehbeiträge, die sich im Untersuchungszeitraum (vier Programmwochen März bis Juni 2014) auf Gewaltdelikte im Inland beziehen. Quelle: TV-Programmanalyse Hestermann, Hochschule Macromedia.

Vor allem die *gefühlte* Kriminalität bestimmt, wie berichtet wird. Nicht die Zahlen der Polizei oder der Kriminologie sind entscheidend, sondern die Zahlen der Sehbeteiligung. „Ich bediene nur einen Markt", erklärt in unserer Befragung ein Reporter – wer sich der medialen Aufregungsmaschinerie verweigere, weil er keine grundlosen Ängste schüren wolle, würde in den Redaktionen ausgelacht.

Die Medien als Pranger

Die Gerichtsreporterin des Nachrichtenmagazins *Der Spiegel*, Gisela Friedrichsen (2012), kritisiert eine zunehmende Emotionalisierung in der Darstellung von Verbrechen, die vor allem um die Opfer kreise. Für die frühere Justizministerin Sabine Leutheusser-Schnarrenberger (2012, S. 8) ist die Funktionalisierung der Medien als Pranger unvereinbar mit der journalistischen Verantwortung für das öffentliche Diskursgefüge: „Durch die Art und Weise, wie über Straftaten berichtet wird, wird die dargestellte Wirklichkeit mitgestaltet. Die Medien tragen Verantwortung." Aber wie werden die Medienschaffenden dieser Verantwortung gerecht? Und, angesichts einer wachsenden Macht des Publikums, das sich über digitale Kanäle immer stärker selbst mitteilt, ist zu fragen: Wie wird das Publikum seiner Verantwortung gerecht?

Während die frühe Berichterstattung vielfach um die Motive der Täter kreise, ist seit den 1980er Jahren eine zunehmende Fokussierung auf die Verbrechensopfer festzustellen. Das Leid der Opfer steht im Mittelpunkt – ein Trend, der sich kulturübergreifend zeigt, nicht nur in Deutschland, sondern auch in den USA oder Japan (Dussich &

Hestermann, 2016). „Die Geschichte muss rund sein", beschreibt ein Fernsehjournalist in unserer Befragung den Schlüssel zum Markterfolg in der Kriminalitätsberichterstattung. „Wir brauchen einen Hauptdarsteller, wir brauchen einen Nebendarsteller: Wir brauchen einen Helden, wir brauchen einen Täter." Damit ist zugleich klar: Das Opfer ist die heldenhafte Identifikationsfigur im Mittelpunkt. Dem eher schattenhaft bleibenden Täter bzw. Tatverdächtigen ist die Nebenrolle eines Dämonen im Wortsinne zugewiesen.

Doch das journalistische Interesse gilt keineswegs dem Opfer im Allgemeinen, sondern einem Idealbild des Opfers. Das bevorzugte Opfer ist unschuldig und hilflos. Im Zuge dieser Klischeebildung geht es vor allem um weibliche und kindliche Opfer. Sie wecken, so das mediale Kalkül, kollektive Empathie – so wenig eine ganz verschiedenen Lebensstilen anhängende Gesellschaft miteinander gemein hat, in der Abscheu vor Gewalt an den Schwächsten ist sich die überwältigende Mehrheit einig.

Das idealisierte Opfer ist unschuldig an der Gewalttat – bei Kindern wird dies per se angenommen. Der Anteil von Kindern zwischen 0 und 13 Jahren an den Opfern der berichteten Delikte beträgt nach Polizeistatistiken 12,8 Prozent, an der TV-Berichterstattung mehr als doppelt so viel, genau 26,8 Prozent. Der Anteil von Gewaltopfern über 60 Jahren beträgt nach den Statistiken 17,4 Prozent, im Fernsehen mit 5,1 Prozent weniger als ein Drittel. In den TV-Analysen für 2007 und 2012 war dieser Effekt mit einer stärkeren Fokussierung auf das kindliche Opfer und der weitergehenden Ausblendung Älterer noch ausgeprägter. Ob sich darin ein anhaltender Perspektivenwechsel abzeichnet, wird sich erst in einem längeren Forschungszeitraum klären lassen.

Ausnahmslos sprechen die befragten Fernsehjournalistinnen und Fernsehjournalisten, sofern sie allgemein über Opfer als Leitfiguren der Berichterstattung sprechen, von weiblichen Personen. Tatsächlich bestätigt die Inhaltsanalyse, dass auch dieses Muster messbar handlungsrelevant ist. Während der Polizeilichen Kriminalstatistik von 2014 zufolge die Opfer der berichteten Gewaltdelikte mehrheitlich Männer sind (59,4 Prozent), ist im Fernsehen die Minderzahl der Gewaltopfer männlich (49,4 Prozent). Dabei ist diese Verzerrung gegenüber der Programmanalyse von 2012 zurückgegangen – ob sich darin ein anhaltender Trend zu einer stärker faktenorientierten Berichterstattung zeigt, wird sich erst im Langzeitvergleich ermitteln lassen.

Die Wiederentdeckung des Opfers

Bis in die 1970er Jahre standen in Deutschland Verbrechensopfer weithin im Schatten. Menschen, die nach einer Straftat Genugtuung erwarteten oder zumindest die Gelegenheit, öffentlich vor Gericht und in Gegenwart des Täters ihr Leid kundzutun, sahen sich kritischen Fragen auch gegenüber ihrer eigenen Glaubwürdigkeit konfrontiert. Sie erlebten in deutschen Gerichtssälen, dass die Angeklagten Antworten verweigern konnten, während sie zu Zeugenaussagen gezwungen waren. Sie konnten nicht verstehen, dass die Kindheit des Angeklagten – wie es schien, allein zu ihrer

Entlastung – ausführlich Thema war, während ihre eigene persönliche Geschichte kaum Gegenstand des Verfahrens war.

Auch in der journalistischen Berichterstattung ging es vor allem um die Tat und kaum um die Folgen, vor allem um den Täter und kaum um das Opfer. Der Psychologe Carlo Mittendorff, ehemals Leiter des Utrechter Instituts für Psychotrauma (Holland), erklärt dieses Ungleichgewicht so: „Opfer gelten als Verlierer. Opfer haben nichts Heldenhaftes. Opfer bedrohen uns auch. Sie wecken den beunruhigenden Gedanken, dergleichen könnte uns auch passieren." (Hestermann 1997: 57). Sie zerstörten die Fata Morgana der Sicherheit. Dies führe zu Schuldzuweisungen gegenüber dem Opfer oder dazu, sie völlig zu ignorieren.

Es war eine spektakuläre Geiselnahme mit der bis dahin höchsten Lösegeldsumme in der deutschen Geschichte. Das Opfer: Richard Oetker, ein junger Student, Erbe der Industriellendynastie des Dr. Oetker-Konzerns. Doch dem Opfer galt damals, im Jahre 1976, wenig öffentliches Interesse. Schlagzeilen machte, wie der Entführer das Lösegeld entgegennahm und seiner Verhaftung entging.

Die *Bild* schrieb vom „Superding": „Wie der Kidnapper mit den 21 Millionen im Koffer Münchens Polizei entschlüpfte, so ganz lässig durch ein Hintertürchen – es darf geschmunzelt werden." Selbst die *Frankfurter Allgemeine Zeitung* machte das Kompliment: „Bester Generalstabsarbeit entsprach die Entgegennahme des Lösegelds."

Für das Opfer, den heutigen Chef des Dr. Oetker-Konzerns, war die Tat dagegen kein heiteres Ganovenstück, sondern ein Martyrium. Richard Oetker verbrachte Tage in Todesangst, eingesperrt in eine enge Holzkiste. Nach heftigen Stromstößen überlebte er schwer verletzt. Eine öffentliche Anerkennung für das Geschick des Täters ärgert das Opfer. „Über jemanden, der eine derartige Tat begeht, darf man nicht schmunzeln", sagt Richard Oetker heute. „Denn unter seiner Tat haben einfach zu viele Menschen gelitten. Da verbietet es sich, den Täter und die Tat zu verharmlosen." (Hestermann 2012)

Hochachtung für den Täter, Desinteresse am Opfer – heute wäre eine solche Betrachtung undenkbar. Seit den 1970er Jahren hat sich in Deutschland das öffentliche und mediale Interesse von den Tätern bzw. Tatverdächtigen hin zu den Opfern verschoben. Ihr Leid, ihre Emotionen, ihr Trauma und auch ihre Stärke stehen nunmehr im Mittelpunkt.

Wie ist dieser Wandel zu erklären? Bis dahin war die gesellschaftliche Debatte polarisiert. Das Leid der Opfer war ein Vehikel, um Unsicherheit anzuprangern und ein härteres Vorgehen gegen kriminelle Gewalt einzufordern. Insofern waren Verbrechensopfer Symbolfiguren einer konservativen Kriminalpolitik.

In den 1970er Jahren dagegen machte vor allem die Frauenbewegung die sexuelle Gewalt an Frauen und Mädchen zum Thema. Sie forderte, das Schweigen zu brechen und die Gewalt vor allem in den Familien zu benennen. Darüber hinaus prangerte sie ein unsensibles Vorgehen auf den Polizeirevieren und in den Gerichtssälen an. Damit wurde die Situation von Verbrechensopfern erstmals auch zu einem Thema von links und schließlich zu einem gesamtgesellschaftlichen Anliegen. Die Denkblockade, die stärkere Anteilnahme mit Verbrechensopfern und ihre Stärkung im Ermittlungs- und Gerichtsverfahren automatisch mit einem Angriff auf die Rechte von Beschuldigten und Angeklagten zu verknüpfen, löste sich auf.

Dieser Wandel verlief nicht ohne Widerspruch. „Was wir derzeit erleben, ist eine Umverteilung von Macht. Die öffentliche Gewalt als legitime Reaktion auf individuell unzulässige Machtausübung wird zwischen Staat und Gesellschaft neu verteilt", rügt Albrecht. „Mehr noch: Private Formen der Machtausübung – eben auch solche des Verletzten gegenüber dem Täter – erfahren eine Privilegierung gegenüber den bisher formalisierten staatlichen Reaktionsmustern." (Albrecht, 2000, 44f.)

Zwar ist zu beobachten, dass Opfer und ihre Familien zunehmend Gesicht und Stimme in der Öffentlichkeit erhalten. Und soweit diese Emotionen in die öffentliche Debatte einfließen, dienen sie häufig als Beleg für Versäumnisse des Staates und als Argument für populäre Gesetzesverschärfungen. Darin liegt aber kein Automatismus, weder in seinen Folgen für die Gesellschaft insgesamt noch für den Strafprozess. „Man sollte jedoch die Anwendung einer Opferperspektive bei der Strafzumessung nicht automatisch mit dem politischen Missbrauch von Emotionen oder schärferen Strafen gleichsetzen." (Hörnle 2000, S. 175)

Fazit

Die Wirklichkeit des Fernsehens ist ein Konstrukt, geleitet von den Bedürfnissen eines Publikums, so wie die Programmverantwortlichen sie einschätzen. Dabei ist der Blick nicht nur wie durch ein Vergrößerungsglas auf zwar untypische, aber besonders verstörende Delikte gerichtet, sondern er wird auch verzerrt, indem beispielsweise Mädchen als Opfer besonders häufig gezeigt, ältere Gewaltopfer dagegen ausgeblendet werden.

Die Berichterstattung ist kaum geleitet durch polizeiliche Daten oder kriminologische Befunde, sondern im Kern durch Strategien der Emotionalisierung. Dabei geht es vor allem um die Furcht um sich selbst und nahestehende Menschen und das Mitgefühl mit einem idealisierten Opfer.

Doch längst hat sich die Macht über die Medien auf viele verteilt. Zu beobachten ist eine Mediatisierung der Gewalt. Dies reicht von einzelnen Tatvideos, die Gewalttäter selbst verbreiten, bis hin zu massenhaften Hasskommentaren im Internet. Mit der schwindenden Macht der professionellen Medienakteure wird immer bedeutsamer, wie wir alle uns mit Gewalt auseinandersetzen.

Literaturliste

Albrecht, P.-A. (2000). Die Funktionalisierung des Opfers im Kriminaljustizsystem, in: Schünemann, B. & Dubber, M. D. (Hrsg.): Die Stellung des Opfers im Strafrechtssystem. Neue Entwicklungen in Deutschland und in den USA, Köln u.a.: Carl Heymanns, S. 39-50.

Bundesministerium der Justiz und für Verbraucherschutz, BMJV (2016). Fair im Netz. Löschung von strafbaren Hasskommentaren im Netz noch nicht ausreichend. Pressemitteilung, 26. September, 2016.

Bundesministerium des Innern, BMI (2015). Polizeiliche Kriminalstatistik 2014.

Bundesministerium des Innern, BMI (2016). Polizeiliche Kriminalstatistik 2015.

Dussich, J.P.J. & Hestermann, T. (2016). A Comparison of Three Countries: Victim Participation in the United States, Japan and Germany, Scientific Journal of Tokiwa University Graduate School 3 (3), S.1-12.

FBI, Federal Bureau of Investigation (2006). Crime in the United States 2005.

FBI, Federal Bureau of Investigation (2015). Crime in the United States 2014.

FBI, Federal Bureau of Investigation (2016). Crime in the United States January – June 2015. Preliminary Semiannual Uniform Crime Report.

Friedrichsen, G. (2012). Wie die Medien Emotionen schüren: Kriminalität als Nervenkitzel, in Hestermann, T. (Hrsg.), Von Lichtgestalten und Dunkelmännern. Wie die Medien über Gewalt berichten (S. 43-57). Wiesbaden.

Gruenewald, J., Pizarro, J. & Chermak, S. (2009). Race, Gender, and the Newsworthiness of Homicide Incidents. Journal of Criminal Justice, 37, 262-272.

Hestermann, T. (1997). Verbrechensopfer – Leben nach der Tat. Reinbek: Rowohlt.

Hestermann, T. (2010). Fernsehgewalt und die Einschaltquote. Welches Publikumsbild Fernsehschaffende leitet, wenn sie über Gewaltkriminalität berichten. Baden-Baden.

Hestermann, T. (2012) (Hrsg.). Von Lichtgestalten und Dunkelmännern. Wie die Medien über Gewalt berichten. Wiesbaden.

Hestermann, T. (2016a). "Violence Against Children Sells Very Well". Reporting Crime in the Media and Attitudes to Punishment. In H. Kury, S. Redo & E. Shea (Hrsg.), Women and Children as Victims and Offenders: Background, Prevention, Reintegration (S. 923-947). Cham (Schweiz).

Hestermann, T. (2016b). Das Grauen der Nachrichten und die Sehnsucht nach dem Positiven, tv diskurs, 20 (76), S. 32-35.

Hörnle, T. (2000). Die Opferperspektive bei der Strafzumessung, in: Schünemann, B. & Dubber, M. D. (Hrsg.) Die Stellung des Opfers im Strafrechtssystem. Neue Entwicklungen in Deutschland und in den USA, Köln u.a.: Carl Heymanns, S. 175-199.

Krüger, U.M. (2008). InfoMonitor 2007: Unterschiedliche Nachrichtenkonzepte bei ARD, ZDF, RTL und SAT.1. Ergebnisse der kontinuierlichen Analyse der Fernsehnachrichten. Media Perspektiven, 53 (2), S. 58-83.

Krüger, U.M. (2010). InfoMonitor 2009: Fernsehnachrichten bei ARD, ZDF, RTL und Sat.1. Themen, Ereignisse und Akteure. Media Perspektiven, 55 (2), S. 50-72.

Krüger, U.M. (2013). InfoMonitor 2012: Fernsehnachrichten bei ARD, ZDF, RTL und Sat.1. Ereignisse, Themen und Akteure. Media Perspektiven, 58 (2), S. 62-92.

Krüger, U.M. & Zapf-Schramm, T. (2016). InfoMonitor 2015: Europa und Deutschland rücken ins Zentrum globaler Krisen. Fernsehnachrichten bei ARD, ZDF, RTL und Sat.1. Media Perspektiven, 61 (2), S. 70-97.

Leutheusser-Schnarrenberger, S. (2012). Die Macht der Medien ist kein Selbstzweck. In Hestermann, T. (Hrsg.), Von Lichtgestalten und Dunkelmännern: wie die Medien über Gewalt berichten (S. 7-10). Wiesbaden.

Pfeiffer, C. (2012): Verbrechensfurcht und eine Kriminalpolitik des rauchenden Colts, in: Hestermann, T. (Hrsg.), Von Lichtgestalten und Dunkelmännern. Wie die Medien über Gewalt berichten (S. 125-138). Wiesbaden.

Proctor, J. L., Badzinski, D. M. & Johnson, M. (2002). The Impact of Media on Knowledge and Perceptions of Megan's Law. Criminal Justice Policy Review, 13 (4), 356-379.

Reuband, K.-H. (2007). Steigende Kriminalitätsbedrohung, Medienberichterstattung und Kriminalitätsfurcht der Bürger. In H. Hess, H., Ostermeier, L. & Paul, B. (Hrsg.) Kontrollkulturen, Texte zur Kriminalpolitik im Anschluss an David Garland (S. 71–86). Weinheim.

Sécail, C. (2012). The Crime Story: Reporting Crime and its Political Uses in French TV News (1949–2012), Critical Studies in Television 7 (2), S. 72-91.

Tyndall, A. (2016). Tyndall-Report 2015. Year in Review. http://tyndallreport.com, Zugriff 30.9.2016.

Watzlawick, P. (2004). Wie wirklich ist die Wirklichkeit? Wahn, Täuschung, Verstehen (30., unveränd. Aufl., Erstausgabe 1976). München.

Watzlawick, P. (Hrsg.) (2006). Die erfundene Wirklichkeit: Wie wissen wir, was wir zu wissen glauben? Beiträge zum Konstruktivismus (18., unveränd. Aufl., Erstausgabe 1985). München.

Yar, Majid (2012). Crime, media and the will-to-representation: Reconsidering relationships in the new media age, Crime, Media, Culture, 8 (3), S. 245-260.

Sally Hohnstein[1]

Distanzierungsarbeit mit rechtsextrem orientierten Jugendlichen – Elemente gelingender Arbeit

Die Arbeit mit rechtsextrem orientierten Jugendlichen ist seit mehr als zwanzig Jahren Bestandteil pädagogischer Auseinandersetzung mit Rechtsextremismus im Jugendalter. Während dieser Zeit sind im Handlungsfeld verschiedene Angebotsformate entstanden, die Hinwendungs- und Radikalisierungsprozesse bei Jugendlichen aufhalten bzw. Prozesse der Abkehr von rechtsextremen Szenen und/oder Ideologien unterstützen sollen.

Diese Ansätze der distanzierungsunterstützenden Arbeit und die damit gewonnenen Praxiserfahrungen wurden zwischen 2012 und 2014 im Rahmen eines Forschungsprojekts des Deutschen Jugendinstituts (DJI) in den Blick genommen (vgl. Hohnstein/ Greuel 2015). Basierend auf den Ergebnissen dieser Studie werden die Angebotslandschaft im Arbeitsfeld sowie erfolgversprechende Vorgehensweisen und Rahmenbedingungen der Arbeit vorgestellt. Hierzu zählen formatübergreifende, in der Praxis bewährte Grundprinzipien und Kernelemente der Arbeit als auch strukturelle Voraussetzungen und Rahmenbedingungen der Arbeit, die sich positiv auf das Gelingen von Distanzierungsarbeit auswirken können.

Die Angebotslandschaft im Arbeitsfeld

Die Arbeit mit rechtsextrem orientierten und rechtsextremen jungen Menschen wurde zum Erhebungszeitpunkt in vier verschiedenen Formaten realisiert. Zwei dieser Formate richten sich an einstiegsgefährdete junge Menschen, also an Jugendliche, die sich in einer Phase der Annäherung an bzw. Faszination für rechtsextreme Szenen und Ideologien befinden und bei denen einer weiteren Annäherung entgegengewirkt werden soll. Hierzu zählt zum einen die cliquenorientierte aufsuchende Jugendsozialarbeit, die lange Zeit das zentrale Arbeitsformat im Feld darstellte. Inzwischen spielt diese aber eine geringere Rolle, unter anderem, weil rechtsextrem orientierte Jugendliche unter Fachkräften mittlerweile als im öffentlichen Raum schwieriger erreichbar gelten. Auch als Reaktion darauf sind in den letzten Jahren spezialisierte multiplikatorenvermittelte Einzelberatungen entstanden. Sie gewinnen einstiegsgefährdete junge Menschen hauptsächlich über Kooperationspartner, die in ihrer täglichen Arbeit mit diesen jungen Menschen konfrontiert sind.

---

[1] Unter Mitarbeit von Michaela Glaser und Frank Greuel

Zwei weitere Formate im Handlungsfeld richten sich an rechtsextreme (ausstiegswillige) Jugendliche, deren Herauslösung aus rechtsextremen Gruppenzusammenhängen sowie Distanzierung von entsprechenden Verhaltensweisen und Haltungen unterstützt werden soll. Hierzu zählen die überwiegend einzelfallorientiert arbeitenden Ausstiegshilfen in staatlicher wie auch nichtstaatlicher Trägerschaft sowie spezielle, zeitlich begrenzte Gruppentrainingskurse für rechtsextreme Straf- und Gewalttäter.

Die benannten Formate unterscheiden sich u. a. hinsichtlich ihrer Arbeitssettings (z.B. Sozialraum, Gefängnis) und Zielgruppen. Darüber hinaus zeichnen sich einzelne Formate durch spezifische Arbeitsanforderungen aus. So müssen beispielsweise in der Ausstiegsarbeit spezielle Schutzbedarfe der Zielgruppe oder Gruppendynamiken in der Arbeit von Trainingskursen berücksichtigt werden. Trotz dieser Unterschiede sind allerdings auch gemeinsame Vorgehensweisen und Rahmenbedingungen identifizierbar, die feldübergreifend zum Gelingen der Arbeit beitragen.

Grundprinzipien und Kernelemente der Arbeit

Hierzu zählen zunächst Grundprinzipien bzw. Kernelemente, die sich in der Arbeit mit rechtsextrem orientierten Jugendlichen bewährt haben.

Kritisch akzeptierende Grundhaltung

Ein solches zentrales Kernelement der Arbeit ist die bereits in den 1990er Jahren von Franz Josef Krafeld (u. a. 1996) beschriebene kritisch-akzeptierende Grundhaltung der Fachkräfte, mit der sie rechtsextrem orientierten jungen Menschen als Person wertschätzend begegnen und gleichzeitig deren menschenfeindliche Positionen und Verhaltensweisen ablehnen und zurückweisen. Zu dieser Haltung gehört, dass die Bedürfnisse und Probleme der Jugendlichen ernstgenommen werden und ihre Hinwendung zum Rechtsextremismus auch als mögliche Sinnsuche sowie als Bewältigungsstrategie begriffen wird.

Beziehungsarbeit

Auch eine dauerhafte und belastbare Arbeitsbeziehung zwischen Fachkraft und Klient/in wird von den Fachkräften als bedeutsame Gelingensbedingung der Arbeit erachtet. Sie gilt zum einen als Voraussetzung dafür, dass sich Jugendliche öffnen und über ihre Lebensumstände und Probleme berichten, sodass ihnen passgenaue Unterstützungsangebote unterbreitet werden können. Zum anderen erleichtert eine tragfähige Vertrauensbeziehung auch das Gespräch über Themen, die für die Jugendlichen selbst weniger relevant oder sehr herausforderungsvoll sind. Hierzu zählen rechtsextreme Orientierungen und Haltungen genauso wie mögliche biografische Ursachen für ihre Hinwendung zum Rechtsextremismus. Beziehungsarbeit heißt dabei in erster Linie, den Jugendlichen aufmerksam zu begegnen, ihnen zuzuhören und sich für ihre Probleme, aber auch für ihre Meinungen und Positionen zu interessieren.

Ganzheitliche Arbeitsweise

Als zentral gilt weiterhin eine ganzheitlich ausgerichtete Arbeitsweise. Im Fokus stehen die im Einzelfall relevanten, sowohl politischen als auch nicht politischen Hinwendungsursachen, aber auch diejenigen Probleme, die eine erfolgreiche Distanzierung vom Rechtsextremismus hemmen oder gar verhindern könnten. Bestandteil distanzierungsunterstützender Arbeit sind zum einen die der persönlichen Stabilisierung und Stärkung dienende Bearbeitung von psychischen, gesundheitlichen und anderen akuten Problemen (wie Sucht- und Gewaltproblematiken oder Verschuldung) sowie Hilfestellungen bei sozialen Problemen und Integrationsdefiziten (z. B. Integration in Ausbildung und Erwerbsarbeit, Aufbau von Sozialkontakten und Freizeitaktivitäten). Zum anderen findet eine Auseinandersetzung mit weltanschaulich-politischen Überzeugungen statt, mit der rechtsextreme Positionen und Deutungsmuster hinterfragt werden sollen.

Bedürfnis- und Einzelfallorientierung

Eng verbunden mit dem ganzheitlichen Ansatz sind eine starke Bedürfnisorientierung und die Ausrichtung am Einzelfall. Distanzierungsarbeit ist hochgradig individuell, weshalb die Inhalte und Schwerpunkte auf die spezifischen Bedürfnisse einzelner Jugendlicher zugeschnitten sein sollten. Eine Fallanamnese, in der die relevanten (auch nicht ideologischen) Ursachen und Motive hinter rechtsextremen Orientierungen und Gruppenzugehörigkeiten analysiert werden, steht deshalb am Anfang der Betreuung. Sie verfolgt das Ziel, die jeweils individuelle Funktionalität rechtsextremer Angebote zu erfassen, um anschließend mit den Jugendlichen gemeinsam tragfähige Alternativen zu erschließen, die der Anziehungskraft rechtsextremer Angebote entgegenwirken.

Einbeziehung sozialer Kontexte

Darüber hinaus erachten es Fachkräfte als wichtig, Bezugspersonen wie Eltern, Geschwister oder frühere Freunde in der Arbeit zu berücksichtigen bzw. in die Arbeit mit einzubeziehen. Denn zum einen können diese Personen im Distanzierungsprozess eine wichtige Ressource darstellen, indem sie den Jugendlichen zur Seite stehen und sie unterstützen. Sie können jedoch auch selbst „Teil des Problems" sein, z.B. weil sie die Haltungen der Jugendlichen teilen oder innerhalb der Familie Probleme oder Konflikte bestehen, die die Jugendlichen zu bewältigen versuchen. Dies gilt es im Rahmen der Distanzierungsarbeit entsprechend mit zu bearbeiten.

Voraussetzungen und strukturelle Rahmenbedingungen

Darüber hinaus sollten bestimmte strukturelle Voraussetzungen und Rahmenbedingungen gegeben sein, damit distanzierungsfördernde Arbeit gelingen kann.

Qualifikation der Fachkräfte

Die Arbeit mit rechtsextrem orientierten und rechtsextremen ausstiegswilligen Jugendlichen erfordert spezifische Kompetenzen bzw. Qualifikationen auf Seiten der Fachkräfte. Hierzu zählt zunächst eine (sozial-)pädagogische Grundqualifikation, da sozialpädagogische Arbeitsweisen und Methoden (z. B. Fallanamnese, Gesprächsführung und Hilfen) zentraler Bestandteil der Arbeit sind. Zusätzliche Kenntnisse im Bereich der Anti-Gewalt-Arbeit oder der Psychotherapie erweisen sich dabei als förderliche Ergänzungen des professionellen Qualifikationsprofils.

Ebenso bedeutsam sind jedoch auch spezifische Kenntnisse im Phänomenbereich Rechtsextremismus, wie bspw. Wissen zu aktuellen als auch historischen rechtsextremen Erscheinungsformen und Szenen, zu deren Stilen und Akteuren, zu Diskursen und Ideologien sowie zu Hintergründen und Verläufen rechtsextremer „Karrieren". Vor dem Hintergrund fortwährender Modernisierungsprozesse innerhalb rechtsextremer Szenestrukturen und Ideologien erfordert dies kontinuierliche Fort- und Weiterbildung der Fachkräfte im Arbeitsfeld. Darüber hinaus wird die Arbeit mit rechtsextrem orientierten und rechtsextremen jungen Menschen von den Fachkräften als persönlich sehr herausforderungsvolle Tätigkeit beschrieben, weshalb sie für Berufsanfänger/innen nur bedingt geeignet ist.

Teamarbeit

In mehrfacher Hinsicht ist auch die Arbeit im Team für die distanzierungsunterstützende Arbeit gewinnbringend. Der Aufbau von vertrauensvollen Arbeitsbeziehungen wird erleichtert, wenn Klientinnen und Klienten die Möglichkeit haben, unter verschiedenen Fachkräften eine Hauptbezugsperson auszuwählen. Ob die Jugendlichen den Fachkräften mit Sympathie oder Ablehnung begegnen, hängt z.B. von der Persönlichkeit der Fachkräfte, deren Alter und Nähe bzw. Ferne zur Lebenswelt der Jugendlichen, aber auch von ihrem Geschlecht bzw. den von ihnen (vor)gelebten bzw. vermittelten Geschlechterrollen ab.

Vor allem in der Arbeit mit rechtsextrem orientierten und rechtsextremen Mädchen und jungen Frauen ist es entscheidend, dass im Team weibliche Fachkräfte als Bezugs- und Vertrauensperson zur Verfügung stehen, da die Betroffenen nicht selten besondere Problembelastungen aufweisen, bei deren Thematisierung und Bearbeitung männliche Mitarbeiter an ihre Grenzen stoßen können. Gerade wenn es um besonders intime Themen wie Beziehungsprobleme oder gar Gewalterfahrungen geht, zeigen sich Mädchen in Gesprächen „von Frau zu Frau" eher bereit, sich anzuvertrauen.

Darüber hinaus ermöglicht Teamarbeit fachlichen Austausch und gemeinsame Reflexion unter Kolleginnen und Kollegen sowie eine Bündelung unterschiedlicher fachlicher Kompetenzen und Qualifikationen im Team.

Kooperationen

Kooperationen mit verschiedenen Akteuren aus anderen Handlungsfeldern sind eine weitere wichtige Voraussetzung für das Gelingen der Arbeit. Zum einen ist bei vielen Angeboten im Feld die Zusammenarbeit mit Multiplikatoren, die in ihrer alltäglichen Arbeit mit rechtsextrem orientierten und rechtsextremen jungen Menschen konfrontiert sind, zentral für die Gewinnung ihrer Klientel. Zum anderen sind Kooperationen auch in der eigentlichen Fallarbeit unerlässlich, da erst durch die Einbindung spezialisierter Hilfen die vielfältigen Aufgaben in der individuellen Fallbetreuung bewältigt werden können.

Häufige Kooperationspartner sind Akteure des Hilfesystems, wie z.B. Einrichtungen der Jugend-, Familien- und Sozialhilfe sowie der Unterstützung der Arbeitsmarktintegration, aber auch Beratungsstellen, therapeutische Hilfen, die Sozialen Dienste der Justiz und Sicherheits- und Justizbehörden. Zumindest in einzelnen Angeboten werden zudem Akteure der politischen Bildung oder Begegnungspädagogik in die Arbeit eingebunden. Mit Blick auf die inhaltliche Auseinandersetzung mit den rechtsextremen Orientierungen der Klientel verfügen diese Einrichtungen über eine besondere fachliche Expertise, weshalb es lohnenswert erscheint, derartige Kooperationsbeziehungen zukünftig weiter auszubauen.

Der Aufbau und die Pflege von Kooperationsbeziehungen aller Art erweist sich für die Angebote im Feld als ein sehr zeit- und arbeitsintensiver Prozess, der intensive Öffentlichkeitarbeit, systematische Ansprachen und auch kontinuierliche Kontaktpflege erfordert. Besonders personell gering ausgestattete oder zeitlich befristete Angebote stellt dies zum Teil vor große Herausforderungen. Insofern sollten die hierfür notwendigen Ressourcen bereits in der Phase der Projektkonzeption berücksichtigt und eingeplant werden.

Langfristigkeit und Kontinuität

Bereits vor diesem Hintergrund dürfte deutlich werden, dass Distanzierungsarbeit langfristig angelegt und stabil ausgestattet sein sollte, sodass ein kontinuierliches Arbeiten mit den jungen Menschen möglich ist. Weitere Gründe hierfür ergeben sich aus der unmittelbaren Arbeit mit der Klientel: Sowohl der bereits an früherer Stelle diskutierte Aufbau von belastbaren Arbeitsbeziehungen wie auch die Unterstützung der Betroffenen bei der Lösung ihrer zum Teil multiplen Problemlagen gestalten sich nicht selten als ein langwieriger Arbeitsprozess, in dem sich die jeweiligen Fachkräfte gegenüber den Jugendlichen als vertrauensvolle und verlässliche Partner erweisen müssen. Der Abschluss der Betreuung und Beratung sollte demnach durch die Bedürfnisse und Entwicklungsfortschritte der Jugendlichen definiert werden und nicht durch personelle Diskontinuitäten oder gar das Ende der Angebotsfinanzierung. Aus ungünstigen strukturellen Rahmenbedingungen resultierende Betreuungsabbrüche

können das Vertrauen der jungen Menschen in die Ernsthaftigkeit der Distanzierungsarbeit, aber auch in das soziale Hilfesystem im weiteren Sinne tiefgreifend erschüttern
und schlimmstenfalls den Zugang zu den Betroffenen nachhaltig versperren.

Trotz allem ist die distanzierungsunterstützende Arbeit mit rechtsextrem orientierten und rechtsextremen jungen Menschen gegenwärtig häufig projektfinanziert und
nur selten in den Regelstrukturen der Jugendhilfe verankert. Die Angebotslandschaft
selbst befindet sich im Wandel – neue Angebote entstehen, zuvor bestehende Projekte
laufen aus. Insofern bleibt offen, wie sich dieses unverändert bedeutsame Feld der
Arbeit in Zukunft gestalten wird.

Literatur

Bleiß, Karin/Möller, Kurt/Peltz, Cornelius/Rosenbaum, Dennis/Sonnenberg, Imke
(2004): Distanz(ierung) durch Integration. Das Bremer Konzept zur Bearbeitung rechtsextremer und menschenfeindlicher Orientierungen bei Jugendlichen durch aufsuchende Jugendarbeit. Bremen
Glaser, Michaela (2013): Ansetzen an den Problemen, die die Jugendlichen haben…
Zur Rolle individueller Problembelastungen rechtsaffiner und rechtsorien-
tierter Jugendlicher in der Distanzierungsarbeit. In: Becker, Reiner/Pallocks,
Kerstin (Hrsg.): Jugend an der roten Linie. Analysen von und Erfahrungen
mit Interventionsansätzen zur Rechtsextremismusprävention. Schwabach/
Ts., S. 252-266
Glaser, Michaela/Greuel, Frank (2013): Jugendarbeit und Rechtsextremismus. In:
Rauschenbach, Thomas/Borrmann, Stefan (Hrsg.): Enzyklopädie Erzie-
hungswissenschaft Online (EEO). Fachgebiet Jugend und Jugendarbeit.
Weinheim und Basel
Glaser, Michaela/Hohnstein, Sally/Greuel, Frank (2014): Ausstiegshilfen in
Deutschland. Ein vergleichender Überblick über Akteure und Vorgehens-
weisen. In: Rieker, Peter (Hrsg.): Hilfe zum Ausstieg? Ansätze und Erfah-
rungen professioneller Angebote zum Ausstieg aus dem Rechtsextremismus.
Weinheim/Basel, S. 45-76
Hohnstein, Sally/Greuel, Frank/unter Mitarbeit von Glaser, Michaela (2015): Ein-
stiege verhindern, Ausstiege begleiten. Pädagogische Ansätze und Erfahrungen im Handlungsfeld Rechtsextremismus. Band 12. Halle (Saale)
Krafeld, Franz Josef (1996): Die Praxis Akzeptierender Jugendarbeit: Konzepte, Erfahrungen, Analysen aus der Arbeit mit rechten Jugendcliquen. Opladen
Möller, Kurt/Schuhmacher, Nils (2007): Rechte Glatzen. Rechtsextreme Orientie-
rungs- und Szenezusammenhänge – Einstiegs-, Verbleibs- und Ausstiegspro-
zesse von Skinheads. Wiesbaden

Sabrina Hoops

Dauerthema „Geschlossene Unterbringung": Erziehung zur Freiheit durch Freiheitsentzug?

Wenn von der „Geschlossenen Unterbringung (GU)" oder von „Freiheitsentziehende Maßnahmen (FM)"[1] im Kontext der Kinder- und Jugendhilfe die Rede ist, so wie heute in diesem interdisziplinär zusammengesetzten Forum auf dem 21. Deutschen Präventionstag, dann ist die Stimmungslage zumeist sehr zwiegespalten. Was Vertretern aus den Handlungsfeldern Polizei oder Justiz möglicherweise nicht so bewusst ist: Es gibt in den Fachdiskussionen der Kinder- und Jugendhilfe wohl kein Setting, das auch noch 2016 so kontrovers und vor allem auch emotional-erregt erörtert wird – und dies seit vielen Jahren.[2] Auch wenn das Diskussionsklima insgesamt sich heute sicher stärker sachbezogen darstellt als vor 20 Jahren, so gilt immer noch: Die Auseinandersetzung mit der Frage: „Was tun mit (besonders) ,schwierigen', oft auch delinquenten Kindern und Jugendlichen?" oder: „Was tun mit denjenigen, die mit offenen Angeboten mutmaßlich nicht (mehr) erreicht werden können?", wird immer wieder auch für ordnungspolitische Zwecke genutzt und entsprechend medial vorangetrieben und emotional aufgeladen. Entsprechend oft erreichen uns am DJI Anfragen, v.a. nach dem Ausmaß „Geschlossener Unterbringung", zu „typischen Zielgruppen" und „Effekten".

Richten wir den Blick kurz in die Vergangenheit: Die älteren von Ihnen erinnern sich vielleicht an den „Fall Mehmet", den noch strafunmündigen „Serienstraftäter" aus München, der Ende der 1990er Jahre als „Horrorkid", „Klaukind" und „Schrecken von Neuperlach" bundesweit für Schlagzeilen sorgte. Mehmet selbst wurde als erster straffälliger Jugendlicher 1998 ohne seine Eltern in deren Heimatland abgeschoben. Und in der Folge wurden die ersten bayerischen Clearingstellen „für massiv dissoziale und

---

[1] Nach wie vor sind in der Fachpraxis verschiedene Begrifflichkeiten gebräuchlich. Jedoch kann mit Blick auf die letzten 15 Jahre festgestellt werden, dass sich der Terminus der „Freiheitsentziehenden Maßnahmen" (FM) zunehmend – wenn auch nicht umfassend – gegenüber dem der „Geschlossenen Unterbringung" (GU) durchsetzt. Der Begriffswechsel trägt der fachlichen Entwicklung einer Unterbringungsform Rechnung, die heute vor allem auf einer intensiv-pädagogischen und zugleich therapeutischen Betreuung, auf Stufenmodellen und unterschiedlichen Graden von temporärer (Teil-)Geschlossenheit und individueller Öffnung basiert und diese anerkennt.

[2] Der Vortrag stützt sich auf Erkenntnisse, die im Zusammenhang der Forschungsarbeiten des Deutschen Jugendinstituts in München, resp. des Forschungsprojektes „Freiheitsentziehende Maßnahmen im Rahmen von Kinder- und Jugendhilfe, Psychiatrie und Justiz" (Laufzeit 2003-2010) und der Arbeitsstelle Kinder- und Jugendkriminalitätsprävention erzielt werden konnten. Der Text selbst schließt dabei auch an frühere Arbeiten, Vorträge und Veröffentlichungen des Forschungsteams an. Die beiden Abschlussberichte (Hoops/Permien 2006; Permien 2010) stehen zum Download auf der Homepage der Arbeitsstelle Kinder- und Jugendkriminalitätsprävention zur Verfügung: http://www.dji.de/jugendkriminalitaet. Dort findet sich auch eine regelmäßig aktualisierte Auflistung der Einrichtungen mit der Möglichkeit der Unterbringung nach § 1631b BGB (bei Drucklegung Stand November 2016).

kriminell auffällige Kinder" konzipiert und dann, nach vielen Diskussionen, im Jahr 2003 eröffnet.

Aktuell in der Debatte ist die geplante Einführung freiheitsentziehender Maßnahmen in Bundesländern, die bislang auf eigene Heimplätze verzichtet haben (z.B. in Bremen, wo einige Heimplätze für auffällig gewordene minderjährige und unbegleitete Geflüchtete auf dem Gelände der ehemaligen JVA Blockland im Raum stehen).

Die Auseinandersetzung darüber, ob und wenn ja, in welchen besonderen Fällen diese spezifische Form der Heimerziehung fachlich geboten sein kann, bewegt die Fachpraxis sehr und führt dabei immer wieder auch zu zahlreichen Aktionen, Fachtagen und Petitionen.

Zuletzt waren es die erheblichen Missstände in einer brandenburger Einrichtung, die über die interne Aufarbeitung und Untersuchung durch eine unabhängige Berichtskommission hinaus den Anlass dafür boten, ein umstrittenes Setting insgesamt in Frage zu stellen.[3] Über Wochen waren nicht nur besagtes Heim und Aufsichtsbehörden, sondern gleichsam die Freiheitsentziehende Maßnahmen in Gänze in den Schlagzeilen.

„Kinder und Jugendliche dürfen in ihren Menschenrechten nicht verletzt werden!";
„Erziehung ist nur in Freiheit möglich!"; „Man kann nicht an „Heimkindern das exekutieren, was ansonsten in der Gesellschaft mit Fug und Recht als verboten gilt, nämlich eine Erziehung mit psychischem und physische Zwang!"; „Freiheitsentzug verschärft die Probleme, die er lösen soll!"; „Geschlossene Unterbringung ist teurer als ein Luxushotel!"; „Erziehen statt wegsperren!"; „Kniebeugen statt Kinderknast!"

Dies sind nur einige der vielen Parolen, die im Netz in Bezug auf Freiheitsentziehenden Maßnahmen nachzulesen sind.

Man kann also festhalten: Obwohl die Freiheitsentziehenden Maßnahmen im Gesamtspektrum der modernen Kinder- und Jugendhilfe mit ihren ausdifferenzierten Leistungen zahlenmäßig nur eine randständige Größe haben (s.u.), ist die familienrichterlich zu genehmigende Unterbringung gemäß §§ 34 bzw. 35a SGB VIII in Verbindung mit § 1631b BGB auch gegenwärtig im Jahr 2016 ein brisantes Thema.

Befördert wird die Aufregung dabei nicht zuletzt durch die Anfälligkeit für Instrumentalisierungen. Einrichtungen mit freiheitsentziehenden Settings werden dann gerne auch im gleichen Atemzug mit „Bootcamps" oder „Kinderknästen" genannt. Immer wieder steht die Kinder- und Jugendhilfe, wenn die Berichterstattung über jugendliche Gewalttäter die Schlagzeilen beherrscht, in der Kritik. Der Vorwurf, „versagt" zu haben und mit den bisherigen Angeboten gescheitert zu sein, geht einher mit der Erwartung, nun doch „endlich" und vor allem wirkungsvoll zu handeln.

---

[3] Den Haasenburg-Heimen wurde zwischenzeitlich die Betriebserlaubnis entzogen.

So unter Druck gesetzt, ist es kaum erstaunlich, dass Freiheitsentziehende Settings vielfältige Projektionen auslösen: Kontroll- und Schutzbedürfnisse werden dabei ebenso bedient wie die Provokation einer fast schon „reflexartigen Ablehnung" (v. Wolffersdorff 1995).

> „Darf man denn...?" „Soll man gar...?" „Muss man vielleicht...?" „Und wenn ja, unter welchen Bedingungen...?"
>
> Die nicht zuletzt auch unter ethischen Aspekten durchaus komplexe Frage, die sich für die Kinder- und Jugendhilfe stellt, ist also auch: „Erziehung zur Freiheit durch Freiheitsentzug?" Ist das überhaupt möglich? Und ist dies vereinbar mit ethischen Grundsätzen? Oder gebietet nicht auch eine normative Ethik, dieses Mittel anzuwenden, wenn andere Optionen nicht (mehr) gegeben sind? Um auch diese Jugendlichen nicht aufzugeben, und sie in andere Systeme wie Kinder- und Jugendpsychiatrie und Justiz zu überantworten? Sondern sie gemäß § 1 SGB VIII in ihrer Entwicklung zu fördern und zu unterstützen?

Auch in den Debatten der Kriminalitätsprävention sind die Freiheitsentziehenden Maßnahmen immer wieder auf der Agenda: Während die Kritiker an der These festhalten, dass „unter Zwang keine Erziehung" möglich sei, wird auf der anderen Seite argumentiert, dass man – um jemanden zu erziehen – diesen erst einmal „haben" müsste.

„Wir haben alles versucht" oder „Mildere Maßnahmen sind nicht möglich!", so oder ähnlich begründen es Fachkräfte, wenn es darum geht, die Erfordernisse dieser besonderen Form der stationären Hilfe zu legitimieren. Leitend ist die Annahme (oder zumindest die Hoffnung), dass eine individuell gestufte Einschränkung der Freiheit nicht nur notwendig, sondern im Sinne zukünftiger Freiheit auch zielführend sei, um die Jugendlichen zu einer gelungenen Lebensführung zu befähigen, nach dem Motto: „Jetzt hilft nur noch GU!".

Freiheitsentziehende Maßnahmen – ein Sonderfall

Sollen Jugendliche in einer Freiheitsentziehenden Maßnahme der Jugendhilfe zivilrechtlich stationär untergebracht werden, handelt es sich – unabhängig von der hierdurch erst gewährleisteten pädagogischen Betreuung – auch um einen Freiheitsentzug im Sinne des Artikels 104 Abs. 1 GG, der hinsichtlich Zulässigkeit und Dauer einer gerichtlichen Kontrolle bedarf. Rechtliche Bedeutung haben somit nicht nur die Bestimmungen gemäß § 34 SGB VIII (Heimerziehung, sonstige betreute Wohnformen) und § 35a SGB VIII (Eingliederungshilfe für seelisch behinderte Kinder und Jugendliche), sondern vor allem auch die Regelungen des BGB und des Gesetzes über das Verfahren in Familiensachen und in den Angelegenheiten der freiwilligen Gerichtsbarkeit (FamFG).

Freiheitsentziehende Maßnahmen in der Jugendhilfe bedürfen einer begründeten familienrichterlichen Genehmigung, die nur erteilt wird, wenn nach sorgfältiger Prüfung des Einzelfalls keine geeigneten offenen Angebote mehr zur Verfügung stehen und die Freiheitsentziehung für das Wohl des Kindes unumgänglich erscheint. Damit sind die Hürden für eine mögliche Unterbringung, dies ist deutlich zu formulieren, bewusst hoch gesetzt. Der genaue Wortlaut des § 1631b BGB (Mit Freiheitsentziehung verbundene Unterbringung) lautet dabei folgendermaßen:

„Eine Unterbringung des Kindes, die mit Freiheitsentziehung verbunden ist, bedarf der Genehmigung des Familiengerichts. Die Unterbringung ist zulässig, wenn sie zum Wohl des Kindes, insbesondere zur Abwendung einer erheblichen Selbst- oder Fremdgefährdung, erforderlich ist und der Gefahr nicht auf andere Weise, auch nicht durch öffentliche Hilfen, begegnet werden kann. Ohne die Genehmigung ist die Unterbringung nur zulässig, wenn mit dem Aufschub Gefahr verbunden ist; die Genehmigung ist unverzüglich nachzuholen."

Im Gesetz über das Verfahren in Familiensachen und in den Angelegenheiten der freiwilligen Gerichtsbarkeit (FamFG) sind zusätzlich zentrale Verfahrensvorgaben festgelegt, die z.B. die Anhörung des Jugendlichen oder die Bestellung eines Verfahrensbeistands sicherstellen sollen.

Damit steht fest: Die Unterbringung in einer Einrichtung der Jugendhilfe mit der Möglichkeit, Freiheitsentziehende Maßnahmen durchzuführen, kann immer nur eine Ultima Ratio sein – um Gefährdungen abzuwenden, aber auch Entwicklungschancen zu eröffnen. Sie muss – aus verschiedenen Perspektiven – als notwendig, aber auch als sinnvoll erachtet werden, um eine Grenzsetzung vorzunehmen, die die zeitweilige pädagogische Betreuung sicherstellen und eine (weitere) Gefährdung abwenden soll.

Der Adressatenkreis

Wenn Freiheitsentziehende Maßnahmen in Erwägung gezogen werden, geht es nicht um Jugendliche, die – im Sinne von Episodenhaftigkeit und Ubiquität – Grenzen ausloten und diese durch strafbare Handlungen durchaus auch überschreiten können. Es geht vielmehr um Jugendliche, deren grenzüberschreitendes Verhalten einen alterstypischen – und damit zumindest statistisch „normalen" – Umfang bei weitem überschreitet und die vor allem auch einen gravierenden Hilfebedarf haben. Die Bezeichnungen, die die Fachpraxis der verschiedenen Handlungsfelder für diese Jugendlichen gefunden hat, sind dabei vielfältig: Es geht um sog. „Mehrfach- und Intensivtäter" (eine überwiegend von der Polizei bestimmte Definition), um „nicht mehr Erreichbare", um „Schwierige" oder sogar „Schwierigste" (dies als Zuschreibungen v.a. aus der Jugendhilfe), und um „Systemsprenger" oder „Grenzgänger (vgl. auch Schwabe/Stallmann/Vust 2013, S. 25 f.).

Entsprechend der gesetzlichen Rahmung gibt es zwei unerlässliche Bedingungen für eine Unterbringung nach § 1631b BGB:

Zum einen muss eine massive Gefährdung vorliegen und zum anderen sind andere – offene – Maßnahmen nicht (mehr) möglich.

Empirische Befunde zu den Indikationsstellungen und Aufnahmeanlässen zeigen: Die Probleme von Jugendlichen in Freiheitsentziehenden Maßnahmen sind gravierend und oft komplex: sie reichen über familiäre Schwierigkeiten (broken home, Vernachlässigung, Gewalterfahrung), Schulprobleme, Aggressivität, ständiges Weglaufen und Entweichen, Vermeidungsverhalten, Straftaten bis hin zu sexueller Gefährdung und Suchtmittelmissbrauch (Hoops/Permien 2006; Menk/Schnorr/Schrapper 2013).

Dabei zeigt ein geschlechterdifferenzierender Blick beachtliche Unterschiede in den Indikationsstellungen: Die Differenzen verweisen sowohl auf unterschiedliche Schwierigkeiten von Jungen und Mädchen, aber auch auf unterschiedliche Problemzuschreibungen der Fachkräfte. Vor allem sexuelle Gefährdung, Weglaufen oder Selbstverletzung und gefährdendes Umfeld werden bei Mädchen deutlich häufiger als Gründe für eine Freiheitsentziehende Maßnahme genannt als bei Jungen. Umgekehrt liegen die Jungen bei Aggressivität und Delinquenz deutlich vor den Mädchen.

Ein Großteil der Jugendlichen weisen, wenn sie freiheitsentziehend untergebracht werden, eine lange, oft schon sehr früh beginnende Maßnahmenkarriere auf und sind nicht selten Grenzgänger zwischen Jugendhilfe, Psychiatrie, „zu Hause" und „Straße".

Scheinen alle offenen Möglichkeiten und Interventionsversuche ausgeschöpft, stellt sich die Frage: „Was tun?"

Ist die Entscheidung getroffen, dass eine Freiheitsentziehende Maßnahme umgesetzt werden soll, stellt sich daran anschließend die Frage nach dem passenden Heim. Denn die Einrichtungen, die gegenwärtig Freiheitsentziehende Maßnahmen vorhalten, sind durchaus unterschiedlich. So gibt es zwischenzeitlich eine konzeptionelle Vielfalt, aber dennoch nur eine sehr begrenzte Anzahl an Einrichtungen, die in ihrem Leistungsspektrum auch mit Freiheitsentziehenden Settings arbeiten.

Freiheitsentziehende Maßnahmen 2016: Aktuelle Vielfalt

Regelmäßig durchgeführte Dokumentationen, z.B. seitens der Kinder- und Jugendhilfestatistik des Bundes oder der Länder liegen in Bezug auf Plätze in Freiheitsentziehenden Einrichtungen oder zu deren Belegungen nicht vor. Nach einer Recherche am Deutschen Jugendinstitut kann derzeit von insgesamt 310 Plätzen bundesweit ausgegangen werden, die in Einrichtungen der Jugendhilfe freiheitsentziehend belegt werden können (Stand November 2016). Die aktuell vorgehaltenen Plätze verteilen sich auf 26 Einrichtungen der Kinder- und Jugendhilfe in freier Trägerschaft. Davon sind 154 Plätze für Jungen, 90 für Mädchen und 66 für Mädchen oder Jungen. Alle Maßnahmen werden in Gruppensettings unterschiedlicher Größe (ca. 5-9 Jugendliche) durchgeführt, in der Regel verfügen die Gruppen über Einzelzimmer. Das Aufnahmealter ist konzeptionell festgelegt und variiert zumeist zwischen 11-16 Jahren. Vereinzelt werden aber auch bereits 10jährige Kinder aufgenommen.

Die 26 Einrichtungen befinden sich Baden-Württemberg, Bayern, Berlin, Brandenburg, Hessen, Niedersachsen, Nordrhein-Westfalen und Rheinland-Pfalz, wobei die meisten Platzzahlen in Bayern angesiedelt sind. Dort gibt es neben neueren Einrichtungen auch Einrichtungen, die Freiheitsentziehende Maßnahmen schon seit den 1970er und 1980er Jahren praktizieren und entsprechend über langjährige Erfahrungen verfügen. In den anderen Bundesländern gibt es aktuell keine Einrichtungen, die eine Betriebserlaubnis haben, nach § 1631b BGB unterzubringen.[4]

Wie die nachfolgende Abbildung zeigt, hat es in den vergangenen Jahren immer wieder Schwankungen in den Platzzahlen gegeben:

Abbildung: Plätze, die in Einrichtungen der Jugendhilfe freiheitsentziehend belegt werden können (2005-2016)

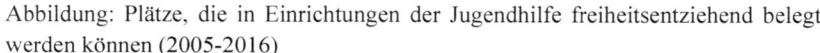

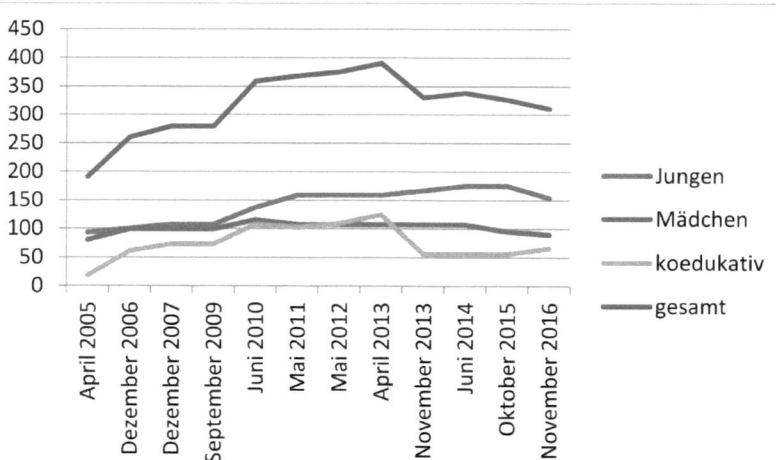

Quelle: Dokumentation des DJI über Einrichtungen mit der Möglichkeit der Unterbringung nach § 1631b BGB, verschiedene Messzeitpunkte, für November 2016, verfügbar über http://www.dji.de/index.php?id=405 [23.11.2016]

Die Statistik zeigt: Von der „immensen Steigerung", von der mitunter gesprochen wird und die vor allem Kritiker befürchten, kann keine Rede sein. Der gewissen Dynamik in den Platzzahlen liegen unterschiedliche Entwicklungen zugrunde. So haben

---

[4] Dass dort keine Plätze vorgehalten werden, soll allerdings nicht zu dem Fehlschluss führen, dass Jugendliche aus diesen Bundesländern nicht auch freiheitsentziehend unter-gebracht werden (müssen) – auch wenn dies nicht mit Zahlen belegt werden kann, darf vermutet werden, dass dies dann eher in Kliniken der Kinder- und Jugendpsychiatrien (die teilweise sehr darüber klagen) oder in einem anderen Bundesland (was teilweise eine wenig hilfreiche Entfernung zur Folge hat) erfolgt.

in den vergangenen Jahren Einrichtungen – aus sehr unterschiedlichen Gründen – Plätze, die freiheitsentziehend belegt werden können, aus ihrem Leistungsspektrum genommen oder haben komplett geschlossen. Andere Plätze mit FM sind hingegen neu hinzugekommen (z.b. die Intensiv-pädagogische Wohngruppe Murialdo des Don Bosco Jugendhilfezentrums in Hessen) oder es haben Einrichtungen nach Neukonzeptionierung und in neuer Trägerschaft erneut geöffnet (z.b. das Jugendhilfezentrum München der ARGE EAL-EJ in Bayern).

Auf die – nicht selten gestellte – Frage, ob es ausreichend Plätze gibt, gibt es keine einfache Antwort. Fest steht freilich, dass es gegenwärtig für die verfügbaren Plätze teilweise lange Wartelisten gibt. Nicht selten wird aus der Fachpraxis berichtet, dass lange und auch vergeblich nach einer „passenden Lösung" für einen hochproblematischen Jugendlichen gesucht wird, gerade dann, wenn es keine offene Einrichtung gibt, die ihn aufnehmen würde. Erschwerend kommt hinzu, dass viele der Einrichtungen Vorstellungsgespräche voraussetzen und bevorzugt Jugendliche aus dem eigenen oder benachbarten Bundesland aufnehmen – was mit Blick auf die Motivation und Mitwirkung der Jugendlichen, die Kooperation mit dem Heimatjugendamt (Hilfeplangespräche) und die Zusammenarbeit mit den Eltern durchaus plausible Argumente sind. Auf der anderen Seite kann es im Einzelfall indes durchaus notwendig und sinnvoll sein, Jugendliche aufgrund einer möglichen Gefährdung gerade eben nicht wohnortnah unterzubringen.

Aktuell vorliegende Leistungsbeschreibungen und Konzeptionen und Expertengespräche verdeutlichen: Das Spektrum der Hilfen hat sich in den letzten Jahren ausdifferenziert. Qualitätsstandards sind ein wichtiger Maßstab fachlichen Handelns geworden – gerade auch im Feld der Freiheitsentziehenden Maßnahmen (Hoops/Permien 2006; Permien 2010; www.geschlossene-heime.de).

Freiheitsentziehende Maßnahmen im Jahr 2016 basieren auf einem stets ähnlichen Grundkonzept, stellen sich aber dann sehr facettenreich und unterschiedlich dar, zumindest lässt die konzeptionelle Vielfalt der im Gruppensetting durchgeführten Maßnahme darauf schließen. Die Angebote reichen hier von „offen mit der Möglichkeit zu kurzfristiger Isolierung", „Time-Outs", über „teilgeschlossen", „zu bestimmten Tageszeiten geschlossen" oder „fakultativ geschlossen" bis hin zu „individuell freiheitsentziehend", „schließbar" oder „engmaschig". Allen Angeboten gemeinsam ist die Dimension der „Geschlossenheit", deren Ausmaß jedoch stark variiert. Ob die Jugendlichen in den intensivpädagogisch-therapeutischen Wohngruppen für einen bestimmten Zeitraum nur das Gelände nicht verlassen können, oder nur die Gruppe nicht verlassen können, oder ob sie zeitweilig sogar in ihrem Zimmer bleiben müssen – all dies wird konzeptionell unterschiedlich gehandhabt und vor allem auch mit Blick auf den Einzelfall umgesetzt. Ganz überwiegend wird mit Phasenmodellen oder Stufenplänen gearbeitet, die neben individuellen „Aufstiegs-" oder „Öffnungs"optionen u.a. den Einsatz von unmittelbaren Konsequenzen, z.B. auf Regelverstöße oder Grenzverletzungen, vorsehen. Das Prinzip der „individuellen Geschlossenheit" bedeutet, dass die Jugendlichen ihrem Entwicklungsstand entsprechend schrittweise zum eigenverantwortlichen Umgang mit immer größeren Freiräumen geführt werden (vgl. www.geschlossene-heime.de).

Wenn also von Freiheitsentziehenden Maßnahmen in der Jugendhilfe die Rede ist, dann ist hier der Freiheitsentzug eine (zeitweilig wichtige) Option. Der Freiheitsentzug ist ein Mittel zum Zweck und als *eine* pädagogische Option erfolgt er dabei immer erzieherisch motiviert (Schwabe 2007, S. 39, Hervorhebung auch im Original). Die Möglichkeit einer pädagogisch wie rechtlich zu legitimierenden Freiheitsentziehung soll dabei gewährleisten, dass sich die jungen Menschen nicht entziehen können und damit ein Zugang zu ihnen möglich werden kann. Im Kern geht es also nicht um eine Geschlossene Unterbringung im engen Wortsinne, sondern Ziel ist es, möglichst rasch pädagogisch motivierte Lockerungen zu erzielen: Denn die Motivation jeglicher Unterbringung, die konzeptionell *auch* auf freiheitsentziehende Maßnahmen setzt, muss neben der Abwendung einer krisenhaften Situation mit Selbst- und Fremdgefährdung auch die Eröffnung von Entwicklungschancen sein.

Zugleich hat sich in einigen der Angeboten (die zumeist nicht koedukativ durchgeführt werden) eine zunehmende Spezialisierung auf eine nochmals präziser bestimmte Zielgruppe vollzogen, z.B. auf sexuell grenzverletzende Jugendliche (Neukirchener Erziehungsverein 2008) oder auf Mädchen mit Traumafolgestörungen (Vogl 2016). Diese Gruppen werden offenbar in besonderem Maße nachgefragt, da diese besonders belasteten und herausfordernden Jugendlichen in anderen Settings oft große Probleme haben oder sogar konzeptionell ausgeschlossen werden. Enge Kooperationen mit der örtlichen Kinder- und Jugendpsychiatrie oder mit konsiliarischen Diensten sind entsprechend üblich. Die Einrichtungen, in denen mit Freiheitsentziehenden Maßnahmen gearbeitet wird, verfügen weiter sehr oft auch über ein breites Spektrum offener Jugendhilfemaßnahmen (teilweise sogar auf demselben Gelände), was vor allem mit Blick auf die Planung von Anschlusshilfen, verbindlicher heiminterner Betreuungsketten und Ausbildungsmöglichkeiten von Bedeutung ist. Nur selten werden Jugendliche geplant nach Hause entlassen (Permien 2010, S. 71). Die Verweildauer beträgt zumeist mehrere Monate (bei Clearing eher kürzer), im Durchschnitt aber mindestens ein Jahr, bei Mädchen im Schnitt etwas kürzer.

In allen Gruppensettings findet sich, wenn auch in unterschiedlichen Mischungsverhältnissen und unterschiedlicher Ausgestaltung, ein intensives Beziehungsangebot und eine auf Verhaltensmodifikation ausgerichtete Konzeption, die sowohl auf einen dicht strukturierten Tagesablauf, ein umfassendes Regelwerk als auch auf Beziehungsangebote und verschiedene therapeutische Zusatzangebote (z.B. Verhaltenstherapie, Gesprächstherapie, Gestalttherapie, Ergotherapie, Reittherapie) setzt. Die Beschulung findet zumeist heimintern in sehr kleinen Klassen statt, da die Jugendlichen einem „normalen" externen Schulbesuch zumeist noch nicht gewachsen sind und an diesen erst wieder herangeführt werden müssen.

Das in der Regel aus SozialarbeiterInnen, PädagogInnen und ErzieherInnen, aber auch PsychologInnen bestehende Team arbeitet – bei hohem Betreuungsschlüssel[5] – überwiegend im Schichtdienst. Viele haben Zusatzqualifikationen, z.B. therapeutische Methoden oder in Erlebnispädagogik oder Deeskalationstechniken. Die Arbeit mit den Jugendlichen, dies zeigen nicht zuletzt Expertengespräche in den Einrichtungen, ist anspruchsvoll und fordernd. Dementsprechend ist vor allem erfahrenes Fachpersonal für die Betreuung notwendig. Dies hat die Erfahrung mit neuen Gruppen, die eben nicht auf kompetentes Fachpersonal zurückgreifen konnten, deutlich gezeigt. Angesichts des oft schwer kalkulierbaren und ambivalenten (Beziehungs-)Verhaltens der untergebrachten Jugendlichen werden den Fachkräften mitunter schwierige Balancen zwischen professioneller Distanz und menschlicher Nähe abgefordert. Zudem befinden sie sich im Spagat zwischen ihrer Rolle als „Bewacher und Kontrolleur", als „Aufpasser" einerseits und andererseits als „Vertrauensperson" für Jugendliche, die oft weder sich selbst noch anderen je vertraut haben (vgl. Pankofer 1997). Es muss daher deutlich gesagt werden: Damit die Fachkräfte bei diesen Anforderungen nicht selbst an ihre Grenzen kommen, brauchen sie nicht nur gute Rahmenbedingungen, sondern auch die Gelegenheit zu Supervision und zur ständigen Erweiterung ihrer Kompetenzen (vgl. für die 2000er Jahre zu Qualitätsstandards für freiheitsentziehende Maßnahmen in der Jugendhilfe die gleichlautende Workshop-Reihe des Diakonischen Werks unter der Federführung von Karl Späth sowie der Arbeitskreis GU 14+; Permien 2014; Vogl 2016).

Ein breit aufgestelltes Qualifikationsprofil und spezifisches Zusatzwissen erleichtert das notwendige Fallverstehen und die Arbeit mit den Jugendlichen, um sie ihrem Entwicklungsstand entsprechend schrittweise zum eigenverantwortlichen Umgang mit immer größeren Freiräumen zu führen (Hoops/Permien 2016): „Eigene Ressourcen und Fähigkeiten sollen möglichst so weiterentwickelt werden, dass die Jugendlichen schädigendes Verhalten aufgeben und sie stattdessen sozial akzeptables Verhalten und für sie selbst befriedigende Perspektiven entwickeln können. Die in der Unterbringung unmittelbar erfahrbaren Konsequenzen des eigenen Handelns haben dabei nicht zuletzt das Ziel, auch das Erleben von Selbstwirksamkeit zu steigern: Die pädagogische Beziehung, resp. die Erfahrung von intensiver Zuwendung, von Verbindlichkeit und Verlässlichkeit stellen hierbei Essentials dar." (ebenda, S. 126)

Fälle *in* Freiheitsentziehenden Maßnahmen: In jedem Fall auch Fälle *für* Freiheitsentziehende Maßnahmen?

Ein Modul des multiperspektivisch angelegten DJI-Forschungsprojektes „Freiheitsentziehende Maßnahmen" umfasste die Befragung der in Freiheitsentziehenden Set-

---

[5] Der Personalschlüssel ermöglicht fast überall eine 1:1-Betreuung. Entsprechend hoch sind die Tagessätze, die gegenwärtig zwischen ca. 270 EUR und 440 EUR angegeben werden.

tings untergebrachten Jugendlichen. 36 Jugendliche (13 Jungen, 23 Mädchen) wurden zum Teil über mehrere Erhebungszeitpunkte befragt. Gegenstand der Gespräche waren u.a. der Einweisungsprozess, die Indikationsstellung, der Heimalltag, resp. vorhandene Partizipations- und Aushandlungsmöglichkeiten sowie – bei den Follow-up-Gesprächen nach der Entlassung aus der Maßnahme – Fragen, die die weitere Entwicklung der Jugendlichen und deren Zukunftsvorstellungen betrafen.

Charakteristische Fallbeispiele aus der DJI-Studie

Sienna (14): beschimpft und bedroht Lehrer, lügt, verleumdet, hält sich an keine Regeln, nach Scheidung der Eltern Schulabsenz, fliegt bzw. flieht aus allen Schutzstellen, lebt schließlich v.a. auf der Straße, klaut, trinkt, kifft…

Martin (15): lange Pendelkarriere zwischen Heim und Psychiatrie, seit Monaten kein Schulbesuch, lebt mit Bruder auf der Straße, kriminell und alkoholabhängig…

Josy (13): fühlt sich für ihre alkoholabhängige Mutter und kleinen Brüder verantwortlich, trinkt selbst, geht nicht zur Schule, Prostitutionsgefahr, verprügelt andere Mädchen, bricht offene Hilfen ab…

Bernd (16): Heimkarriere, Drogen, Gewaltdelinquenz, bedroht seine Mutter (die weder mit, noch ohne ihn leben kann), ist für offene Jugendhilfe nicht mehr erreichbar…

In Fällen wie Sienna, Martin, Josy und Bernd vereinigen sich die „typischen Bedingungen", die zu einer Unterbringung in einem Freiheitsentziehenden Setting führen können: Zum einen liegt eine massive Gefährdung vor und zum anderen sind andere – offene – Maßnahmen in der Jugendhilfe nicht (mehr) möglich.

Zugleich ist trotz aller Erfolgshoffnung nicht gesichert, dass die Freiheitsentziehende Maßnahme sich als die pädagogische Intervention herausstellt, die Halt, Orientierung und Sicherheit vermittelt oder ob ein anderes Setting – wenn es realisierbar wäre – besser geeignet wäre.

Damit ist angedeutet, dass es neben den Belastungen der jungen Menschen selbst auch äußere Einflüsse[6] sind, die darüber entscheiden, ob es zu einer Unterbringung in einem Freiheitsentziehenden Setting kommt oder ob es doch noch Alternativen (vor Ort oder ggfls. auch bewusst nicht wohnortnah) gibt. Entsprechend kann auch nicht beantwortet werden, ob z.B. Ricky (16), der gute Erfolge in der Freiheitsentziehenden Maßnahme hatte, evtl. doch auch von einer passgenauen niedrigschwelligen ambulanten Maßnahme profitiert hätte – die er aber nicht bekam, weil es diese vor Ort nicht gab.

---

[6] Neben der Unterstützung der Maßnahmen durch die Eltern, der Verfügbarkeit guter Alternativen im Vorfeld, der Belastung und dem Engagement der Fachkräfte im Jugend-amt, der Verfügbarkeit und Finanzierbarkeit von FM-Plätzen im eigenen Bundesland sind dies z.B. öffentlicher und politischer Druck.

Auch wenn es zwischenzeitlich zu Einzelaspekten des Themas durchaus Befunde gibt, so ist die Datenlage zu den Effekten Freiheitsentziehender Maßnahmen nach wie vor sehr wenig befriedigend. Nur vereinzelt kann auf empirische Untersuchungen verwiesen werden (z.B. Pankofer 1997; Permien 2010; Menk/Schnorr/Schrapper 2013).

Zentrale Ergebnisse der DJI-Studie: Ende (von FM) gut – alles gut?!

Die DJI-Follow-up-Studie (Permien 2010) fragte neben dem Verbleib der Jugendlichen u.a. nach der Bewertung und der Bewältigung zentraler Aspekte der Maßnahme aus der Perspektive der Jugendlichen. Kurz vor der Entlassung sowie auch noch ca. ein Jahr nach Beendigung der Maßnahme zogen viele Jugendliche eine überwiegend positive Bilanz: „*Es war hart, aber es hat mir viel gebracht* " – diese Aussage trifft die Einschätzung der meisten Befragten. Nur in wenigen Fällen meinen die Betreuenden oder die Jugendlichen selbst, die Freiheitsentziehende Maßnahme habe gar nichts gebracht oder sei sogar nachteilig gewesen, und nur selten scheint ihre Situation ein Jahr nach der Entlassung noch genauso oder sogar verschärft problembelastet (ebenda).

Die Ergebnisse geben deutliche Hinweise darauf, dass es ohne die Unterbringung für viele der in die Studie einbezogenen Jugendlichen kaum eine alternative Erfolgshoffnung gegeben hätte: Für einzelne Jugendliche war die Maßnahme der sprichwörtliche Rettungsanker, und andere hat sie zumindest befähigt, danach wieder in offenen Settings zurechtzukommen, sei es in offenen Jugendhilfe-Einrichtungen, sei es in ihren Familien.

Die nachfolgende Tabelle zeigt, wohin die Jugendlichen aus dem Heim entlassen wurden und wo sie zum Zeitpunkt der Zweitbefragung lebten:

Tabelle: Verbleib der Jugendlichen nach der Freiheitsentziehenden Maßnahme (Permien 2010)

Verbleib der Jugendlichen	Mädchen (N = 23)	Jungen (N = 13)	Insgesamt (N =36)	
Aufenthalt direkt nach der Unterbringung:				
stationäre Erziehungshilfen	22	12	34	
Mutter/Eltern	1	1	2	
Aufenthalt nach 10-14 Monaten:				
stationäre Erziehungshilfen	11	6	17	
Mutter/Vater/Großmutter	7	4	11	
kein fester Wohnsitz	3	--	3	
Haft oder U-Haft	--	2	2	
Freundin	--	1	1	
unbekannt	2	--	2	

Von den 36 Jugendlichen war für 34 eine stationäre Anschlussmaßnahme geplant, die auch von allen Jugendlichen begonnen wurde, ein Mädchen und ein Junge kehrten zu ihren Müttern zurück.

Die Interviews mit den Jugendlichen nach ihrer Entlassung bestätigen die Erkenntnisse, die man zwischenzeitlich auch aus der Forschung zu Careleavern hat: Auch ältere Jugendliche haben im Anschluss an stationäre Hilfen durchaus Unterstützungsbedarf in verschiedenen Lebensbereichen. Und es ist kaum verwunderlich, dass vor allem Jugendliche, die – mit guten Gründen – in einer Einrichtung mit Freiheitsentziehenden Maßnahmen untergebracht waren, auf dem Weg der Verselbständigung dann nicht alleine gelassen werden, sondern dass diese jungen Menschen weiterhin Begleitung benötigen.

Nach ca. einem Jahr befanden sich noch 17 Jugendliche in den anschließenden Erziehungshilfen oder auch, z. T. nach Unterbrechungen, in anderen Maßnahmen. Davon wurde ein Junge nach Aufenthalt bei seinen Eltern und im Jugendstrafvollzug erneut freiheitsentziehend untergebracht. Zwei Mädchen konnten von einer Wohngruppe in eine Verselbständigungsgruppe bzw. ins Betreute Einzelwohnen überwechseln. 13 dieser Jugendlichen gingen zur Schule, vier machten eine Ausbildung oder ein Freiwilliges Soziales Jahr.

Unter den 17 Jugendlichen, die zum Zeitpunkt der Follow-up-Befragung eine Maßnahme abgebrochen haben oder gleich zu ihrer Familie zurückgekehrt sind, ist die Zahl derer, die noch oder wieder eine Schule besuchten oder in eine Arbeit eingestiegen sind, wesentlich geringer. Nur drei von ihnen besuchten eine Schule, ein Junge hatte darüber hinaus eine Arbeit, zwei Jugendliche hatten einen Gelegenheitsjob. Die Lebensverhältnisse stellten sich teilweise sehr prekär dar: Drei Mädchen konnten nach Abbruch ihrer Folgemaßnahmen – sowie der damit verbundenen Schul- und Ausbildungsarrangements – nicht nach Hause zurückkehren, sondern waren (wieder) auf der Straße bzw. ohne festen Wohnsitz, eine davon lebte in einer Jugendpension, zwei Jungen waren in Haft, einer davon war vorher ebenfalls obdachlos, einer wohnte vorher bei seiner Mutter.

Über die Lebensumstände von zwei Mädchen konnte nach Abbruch der Folgemaßnahme nichts mehr in Erfahrung gebracht werden.

Neun Jugendliche lebten wieder bei ihren Müttern, ein Mädchen lebte bei ihrem Vater, eine bei ihrer Großmutter. Ein Junge war bei seiner Freundin und deren Mutter untergekommen. Der Rückkehr in die Familie, so haben die Interviews gezeigt, war oft jedoch eine Folge von Abbrüchen der Anschlussmaßnahmen und verweist auf mögliche Komplikationen (ebenda).

Die Befragung zu beiden Erhebungszeitpunkten zeigt deutlich, dass der Übergang in ein neues Setting, sei es durch die Rückkehr in die Familie oder in eine Anschlusshilfe oft auch mit Komplikationen und Unsicherheiten verbunden ist. Denn als weiteres „kritisches Lebensereignis", das die Jugendlichen bewältigen müssen, erfolgt nicht nur eine erneute Trennung von vertrauten Orten, Abläufen und Personen, sondern notwendig ist auch der Transfer des Gelernten vom „künstlichen Kosmos" FM in das reale und weniger berechenbare „Leben draußen".

Übergänge und Neubeginn als Krise und Chance: Ein Fazit

Die Interviews haben gezeigt: Auch wenn es ohne eine mit temporärem, am individuellen Fall sich orientierenden Freiheitsentzug verbundene Hilfe für viele Jugendlichen kaum eine alternative Erfolgshoffnung gegeben haben dürfte, so stellte sich die konkrete Lebenssituation der Jugendlichen nach einem Jahr dennoch vielfach nach wie vor risikobehaftet dar: Insbesondere die weitere Perspektive im Hinblick auf Schule oder Ausbildung war häufig noch von Unsicherheit geprägt und ließen weitere Hilfen notwendig erscheinen. Fortschritte wurden hingegen insbesondere z.B. bezüglich geringerer Aggressivität, Straffälligkeit und Drogengebrauch berichtet.

Berücksichtigt muss werden, dass bei einer Freiheitsentziehenden Maßnahme in der Regel zunächst genau das außer Kraft gesetzt wird, was sonst als erste Bedingung für den Erfolg einer Hilfe gilt: Die Rede ist von der Mitwirkungsbereitschaft der Jugendlichen und ihre Partizipation an der Entscheidung über Art, Ort und Dauer der Hilfe. Dies bedeutet, dass vor allem der besonders belastende Anfangsprozess, aber auch die späteren Phasen der Unterbringung so gut wie möglich eingeleitet, begleitet und reflektiert werden müssen, um Abwehrreaktionen bei den Jugendlichen möglichst gering zu halten, gemeinsam zu reflektieren und frühzeitig eine Eigenmotivation zu fördern.

„Erziehung zur Freiheit durch Freiheitsentzug?" Nach den Befunden der DJI-Studie ist dies also durchaus möglich, sofern die Dimension Geschlossenheit pädagogisch motiviert ist und zentrale Rahmenbedingungen gewährleistet sind. „Gelingt es uns, Zwang und potentielle Freiheit methodisch zusammenzubringen, dann können wir auch ein legitimes pädagogisches Angebot für diejenigen Kinder und Jugendlichen entwickeln, die uns bisher ratlos machen" (vgl. Neumann 2003, S. 157). Die Ergebnisse der DJI-Studie scheinen dies jedenfalls zu bestätigen: Sie zeigen, dass Freiheitsentziehende Maßnahmen dann positive Effekte aufweisen können, wenn Jugendliche diese als Hilfe für sich anerkennen und mitgestalten konnten und frühzeitig und mit Beteiligung der Jugendlichen Anschlusshilfen im Sinne eines Übergangsmanagements geplant wurden.

Voraussetzung dafür ist aber, dass die Maßnahme nicht nur als Zwang erfahren wird, sondern dass die Jugendlichen die Grenzsetzung als Chance nutzen lernen, „etwas zu erreichen". Dazu müssen sie das Angebot, sich die Freiheit nach und nach zurück zu erobern, als eine „Bewährungsprobe" annehmen können. Die Interviews legen nahe, dass dies den Jugendlichen umso eher gelingt, je mehr sie die massive Grenzziehung, den Verlust der „Freiheit" durch subjektive Gewinnerfahrungen ausgleichen können (Permien 2010). Dabei kommt es wesentlich darauf an, welche Ressourcen die Jugendlichen aktivieren können und wie weit sie auf soziale Unterstützung von Eltern und Umfeld zählen können – und dies ist nicht immer im wünschenswerten Ausmaß der Fall.

Die „persönlichen Gewinne" beziehen sich, wie einige der Jugendlichen schildern, öfter auf schulische Erfolge, aber auch auf andere neu erworbene Fähigkeiten. Auch die Beziehungen zum Betreuungspersonal und die in diesem Rahmen erworbene größere Sozial- und Konfliktkompetenz beschreiben die Jugendlichen häufig als Gewinn. Die oft vorgebrachte These, unter Freiheitsentzug könnten sich keine tragfähigen pädagogischen Beziehungen entwickeln, kann jedenfalls nicht bestätigt werden. Die vorliegenden Befunde stützen vielmehr die Vermutung, dass individuell angepasste Grenzsetzungen im pädagogischen Prozess einer solchen Maßnahme, gekoppelt mit stetigen Beziehungsangeboten durch verlässlich und authentisch erlebte Fachkräfte, einen subjektiv spürbaren Gewinn oft erst ermöglichen – auch wenn die Erfolge vielfach fragil sind. Positive Prozesse, die durch Freiheitentziehende Maßnahmen durchaus initiiert werden, müssen daher – durch flexible und am Einzelfall orientierte – Betreuungssettings weiter unterstützt und gefördert werden.

Literatur

Baumann, M. (2014): Jugendliche Systemsprenger – zwischen Jugendhilfe und Justiz (und Psychiatrie). In: Zeitschrift für Jugendkriminalrecht und Jugendhilfe (ZJJ) 25 (Heft 2), S. 162-167

Hoops, S./Permien, H. (2006): „Mildere Maßnahmen sind nicht möglich!" - Freiheitsentziehende Maßnahmen nach § 1631b BGB in Jugendhilfe und Jugendpsychiatrie. Deutsches Jugendinstitut: München

Hoops, S./Permien, H. (2008): „Wir werden dir schon helfen!". Zwangskontexte im Rahmen von Kinder- und Jugendhilfe. In: Unsere Jugend 60 (Heft 3), S. 98-112

Hoops, S. /Permien, H. (2016): Freiheitsentziehende Maßnahmen in der Jugendhilfe. Hilfe für Jugendliche in Grenzsituationen? In: Ahrbeck, B./Dörr, M./Göppel, R./Krebs, H./Wininger, M. (Hg.): Innere und äußere Grenzen. Psychische Strukturbildung als pädagogische Aufgabe. Jahrbuch für Psychonanalytische Pädagogik 24, S. 117-130

Menk, S./Schnorr, V./Schrapper, Chr. (2013): „Woher die Freiheit bei all dem Zwange?" Langzeitstudie zu (Aus-)Wirkungen geschlossener Unterbringung in der Jugendhilfe. (Koblenzer Schriften zur Pädagogik, hrsg. von Nicole Hoffmann, Norbert Neumann, Christian Schrapper) Beltz Juventa: Weinheim und München

Neukirchener Erziehungsverein: TIG. Therapeutische Interventionsgruppen. Ein integratives Behandlungsmodell für sexuell grenzverletzende Jungen. Verfügbar über: https://www.neukirchener.de/Arbeitsbereiche/Kinder_und_Jugendhilfe/Stationaere_Einrichtungen/Kinder_und_Jugenddorf/Gruppenuebersicht.html. [Zugriff 21.11.2016]

Neumann, G. (2003): Zwang in der Erziehung: legitimes Mittel oder schwarze Pädagogik? In: Evangelische Jugendhilfe (Heft 3), S. 150-158

Pankofer, S. (1997): Freiheit hinter Mauern. Mädchen in geschlossenen Heimen. Juventa: Weinheim und München

Permien, H. (2010): Erziehung zur Freiheit durch Freiheitsentzug? Zentrale Ergebnisse der DJI-Studie „Effekte freiheitsentziehender Maßnahmen in der Jugendhilfe". Deutsches Jugendinstitut: München

Permien, H. (2014): Freiheitsentziehende Maßnahmen – gibt es für sie ein optimales Setting? In: Evangelische Jugendhilfe (Heft 4), S. 236-244

Schwabe, M. (2007): Zwang in der Erziehung und in den Hilfen zur Erziehung. In: Widersprüche 27 (Heft 106), S. 19-40

Schwabe, M./Stallmann, M./Vust, D. (2013): Freiraum mit Risiko. Niederschwellige Erziehungshilfen für sogenannte Systemsprenger/innen. Münstermann: Ibbenbürren

Vogl, B. (2016): Intensivtherapeutische Gruppe für Mädchen mit einer Traumafolgestörung. In: Ahrbeck, B./Dörr, M./Göppel, R./Krebs, H./Wininger, M. (Hg.): Innere und äußere Grenzen. Psychische Strukturbildung als pädagogische Aufgabe. Jahrbuch für Psychonanalytische Pädagogik 24, S. 131-161

Wolffersdorff, Chr. v. (1995): Rückkehr zur geschlossenen Heimerziehung? In: Sozialpädagogik 2/1995, S. 50-62

Leo Keidel

„Nix Rechts!"

Ein interaktives Präventionsprojekt für Schulen zum Thema Rechtsextremismus

Anlass

Im Jahr 2013 ging die Anzahl der rechtsextremistischen Straftaten im Rems-Murr-Kreis erneut von 53 auf 41 Fälle zurück und stellte den niedrigsten Wert seit 10 Jahren dar. Wie im Vorjahr gab es keine Gewalttat, sondern hauptsächlich sog. Propagandadelikte. Darunter fielen auch die Strafanzeigen gegen Schüler, welche einen sogenannten „Hitlerbrief" mit verbotenen Hakenkreuzen und Hitler-Konterfei über WhatsApp verbreitet hatten.

Die Verbreitung des rechtsextremen Gedankenguts findet heute überwiegend in den „neuen Medien" wie Internet statt und nicht mehr offen wie früher z.B. bei der Verteilung der so genannten „Schulhof-CD". Die Rechtsextremisten haben erkannt, dass auf diesen medialen Wegen i.V.m. passenden Musikstücken und Videos Jugendliche viel besser erreicht werden können.

Deshalb musste die Präventionsarbeit auf diesem Feld angepasst werden.

Bisherige Aufklärungsarbeit in den Schule beschränkt sich auf die klassische Methode der Wissensvermittlung durch Vorträge von Fachleuten (wie z.B. die KOREX der Polizei bzw. die Fachstelle Rechtsextremismus des LRA Rems-Murr-Kreis) oder durch einen Infostand als Wanderausstellung. Dadurch wird die Zielgruppe Jugendliche/Schüler zwar erreicht, der Zugang erfolgt aber immer nur indirekt über den engagierten Pädagogen und die intensive Aufarbeitung innerhalb der Klasse bleibt die Ausnahme. Eine positive Wirkung ist lediglich kurzfristig feststellbar.

Im Jahr 2013 wurde dieses regionale Angebot um einen Touchscreen-Monitor erweitert, der einerseits die Inhalte auf der Infowand multimedial darstellt und andererseits das Abspielen von Bild und Ton ermöglicht und durch eine spielerische Komponente eine „Interaktion" des Schülers erlaubt. Dieses modifizierte Angebot, technisch erstellt durch die Fa Kastanie Eins aus Stuttgart, und u.a. auf der DIDACTA in Stuttgart 2014 vorgestellt, führte zu landesweitem Interesse.

Es wurde deutlich häufiger von den Schulen angefragt und erweckte kurzzeitig auch deutlich mehr Interesse bei der eigentlichen Zielgruppe, wie die Ausstellung im Rahmen der Jugendkulturwoche „Bunt statt Braun" in Waiblingen 2014 zeigte.

Leider kann damit aber immer noch nicht eine längerfristige oder gar nachhaltige Wirkung erzielt werden. Außerdem wirkt sich die „Einmaligkeit" des interaktiven Infostands nachteilig aus, weil das Angebot in den gewünschten Zeiträumen des Schuljahrs nicht an mehreren Schulen gleichzeitig genutzt werden kann.

Nun war zwar die Ausstellung interaktiv, aber das grundsätzliche Hemmnis blieb, das Angebot ist zwar mobil, aber zu sperrig für eine (landesweite) Nutzung. Außerdem kann damit aber immer noch nicht eine längerfristige oder gar nachhaltige Wirkung erzielt werden.

Projektidee

Hier setzt das Präventionsprojekt „Rechtsextremismus im Internet" an. Einerseits werden die zu vermittelnden Inhalte der Infowand multimedial darstellt, andererseits das Abspielen von Bild und Ton ermöglicht und durch eine spielerische Komponente eine „Interaktion" des Schülers erlaubt.

Die interaktiven Aufklärungsangebote der Ausstellung können jeder Schule dauerhaft und auf virtueller Grundlage zur Verfügung gestellt werden. Neue Präventionsangebote nutzen aktuelle Medien nicht nur zur Vermittlung von interessanten fachlichen Inhalten, sondern bieten auch technische Herausforderungen und Gestaltungsmöglichkeiten für den Nutzer.

Das Projekt fördert die Entwicklung und Bereitstellung einer passgenauen interaktiven Informationsplattform (www.nixrechts.de) für das Intranet/Internet der Schule. Es vermittelt altersgerecht und multimedial die wichtigsten Inhalte zum Thema Rechtsextremismus und erlaubt zusätzlich, diese im Rahmen des Schulunterrichts zu ergänzen und eigene Ideen einzubringen (s. Muster).

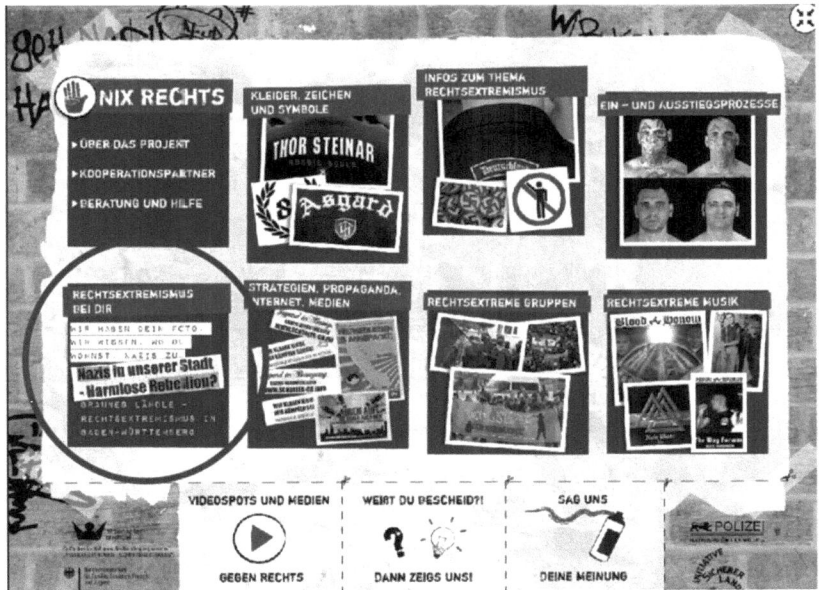

Es eröffnen sich neue Wege, den Schülern über das technische Interesse an der Gestaltung von Webseiten, virtuellen Wissensabfragen und Dokumentationen einen Zugang zum eigentlichen Thema Rechtsextremismus zu ermöglichen und sich über einen längeren Zeitraum intensiv damit zu beschäftigen. Damit kann nachweislich eine bessere Nachhaltigkeit bei der Zielgruppe erreicht werden. Im Idealfall verstärkt die positive Resonanz auf das veröffentlichte Ergebnis der neu gestalteten Plattformdiesen Effekt bei den Beteiligten und fördert einen „Wettbewerb" innerhalb der Schule oder gegenüber anderen vergleichbaren Schulen.

Außerdem kann das Projekt hervorragend in das neue Unterrichtsfach „Medien" in Baden-Württemberg eingebunden werden.

Um die Schüler auch außerhalb der Unterrichtsstunden zur Nutzung zu animieren, wird im Rahmen des Projekts eine Applikation zum Download auf das persönliche Smartphone im App-Store bereitgestellt.

Projektverlauf

Schuljahr 2015/2016:

Die notwendigen inhaltlichen Voraussetzungen für die Bereitstellung der Informationsplattform für die Schulen wurden inhaltlich durch die Fachstelle Rechtsextremismus des Landratsamtes Rems-Murr-Kreis, die Koordinierungsstelle gegen Rechtsextremismus der Kriminalpolizei Waiblingen sowie durch das Referat Prävention des Polizeipräsidiums Aalen geschaffen. Die technische Umsetzung erfolgte durch die Fa. Kastanie Eins aus Stuttgart, welche auch im Haus der Geschichte verschiedene interaktive Lösungen für die Besucher konzipiert hat.

Bis Ende des Jahres 2015 stand ein Prototyp der Informationsplattform für einen Pretest an Winnender Schulen zur Verfügung. Hierfür konnten Drittmittel vom Lokalen Aktionsplan Winnenden eingesetzt werden.

Im Frühjahr 2016 wurde die aktualisierte Version an Backnanger Schulen getestet und erste Schülermultiplikatoren ausgebildet. Die Ausbildung erfolgt federführend durch die im Rems-Murr-Kreis gegründeten Medienscouts e.V., welche u.a. durch das Berliner Bündnis für Demokratie und Toleranz ausgezeichnet wurden, sowie durch sowie die Multimediaberater der Schulen.

Unter Einbeziehung der beteiligten Schulen entsteht das pädagogische Begleitheft sowie ein Informationsflyer als Druckwerk.

Schuljahr 2016/2017:

Alle Schulen und die Medien im Rems-Murr-Kreis werden über das neue Präventionsangebot informiert und weitere Schulen aus den restlichen 29 Kommunen können sich für die Teilnahme bewerben.

Ab diesem Zeitpunkt wird für den gesamten Projektzeitraum eine Online-Redaktion durch die Experten für die beteiligten Schulen angeboten.

Hier können Sie die "Nix Rechts" Applikation downloaden und für Ihren Schulunterricht benutzen. Die Applikation ist kostenlos. Nach einer Registrierung wird ihr Account von uns geprüft und anschließend freigeschaltet.

Außerdem steht dann eine App zur freien Nutzung außerhalb des Schulunterrichts auf dem Smartphone im App-Store zur Verfügung.

Die Ausweitung der Nutzung durch Schulen aus dem gesamten Bundesgebiet wird angestrebt, um die Inhalte möglichst durch viele aktive Schulklassen aktuell zu halten und eine stetige Fortentwicklung der Inhalte zu gewährleisten, im Idealfall vergleichbar wie bei Wikipedia.

Schuljahr 2017/2018:

Die Schülermultiplikatoren und die Multimediaberater von den bereits beteiligten Schulen unterstützen bei der Implementierung des Präventionsprojekts an den anderen Schulen in ihrer Kommune im Rahmen des neuen Schulfachs „Medien".

Danach sind die Schulen im Landkreis in der Lage, innerhalb ihrer Schule weitere Multiplikatoren in den nachfolgenden Klassenstufen auszubilden.

Durch den Projektverantwortlichen wird ein regionaler Abschlussbericht mit Aufstellung der erreichten Schulen und ausgebildeten Schülermultiplikatoren unter Einbeziehung ihres Feedbacks erstellt.

Kooperationspartner:

- Polizeipräsidium Aalen, Referat Prävention, Außenstelle Rems-Murr-Kreis
- Fachstelle Rechtsextremismus des LRA Rems-Murr-Kreis
- Initiative Sicherer Landkreis Rems-Murr e.V.
- Staatliches Schulamt Backnang
- Lokaler Aktionsplan Winnenden
- Kastanie Eins Stuttgart
- Bundesministerium für Familien, Senioren, Frauen und Jugend

Fundstelle im Internet:

www.nixrechts.de

Daniel Köhler, Belinda Hoffmann

Kompetenzzemtrum zur Koordinierung des Präventionsnetzwerks gegen (islamistischen) Extremismus in Baden-Württemberg (KPEBW)

Warum KPEBW? – Die aktuelle Lage

Die nicht abreißende Kette von Terroranschlägen in Europa macht die zunehmende Bedeutung einer effektiven Extremismus- und Terrorismusbekämpfung auch für Baden-Württemberg deutlich. Ziel der terroristischen Aktionen sind die Spaltung und Destabilisierung der Gesellschaft sowie die Zerstörung eines friedlichen Zusammenlebens. Dadurch soll insbesondere der Unmut zwischen der nichtmuslimischen und muslimischen Bevölkerung gefördert werden. Die Verhinderung islamistisch geprägter Anschläge bzw. das frühzeitige Erkennen potenzieller Anschlagsplanungen schon im Ansatz stellt Polizei und Verfassungsschutz vor sehr große Herausforderungen. Das im Verborgenen in Kleingruppen, als Terrorzellen oder als fanatisierte Einzeltäter (sog. „Lone Wolf Terrorism") operierende islamistische und anschlagsbereite Personenpotenzial ist nur mit hohem personellem, finanziellem und logistischem Aufwand bereits im Vorfeld von Straftaten zu identifizieren und zu beobachten. Potenzielle Terroristen haben sich längst auf Überwachungsmaßnahmen eingestellt und Handlungen zum Unterlaufen dieser Maßnahmen sind regelmäßig Bestandteil der Tatplanungen.

Bei der Bekämpfung des extremistischen Terrorismus muss stärkeres Augenmerk auf den Bereich der Prävention gelegt werden. Die bereits zahlreich vorhandenen Programme und Maßnahmen müssen noch stärker zur Geltung kommen und effizienter koordiniert werden. Deshalb sind eine Vernetzung der Akteure in diesem Bereich und die langfristige Einrichtung einer zentralen Koordinierungsstelle unabdingbar.

Eine wirksame Früherkennung, ein dem Extremismus klares Entgegentreten und das Anbieten von wirksamen Hilfen und Unterstützungsleistungen z.B. beim Ausstieg sind elementare Voraussetzung zur Abwehr von Anschlagsereignissen. Um hierbei konkrete Bedarfe zu erkennen, aber auch Information und Überblick geben zu können, werden in regelmäßigen Abständen Gefährdungslagen erstellt und aktualisiert.

Gefährdungslage Deutschlandweit

Es liegen derzeit Erkenntnisse zu mehr als 850 Islamisten vor, die aus Deutschland in Richtung Syrien/ Irak gereist sind, um dort auf Seiten des Islamischen Staats und anderer terroristischer Gruppierungen an Kampfhandlungen teilzunehmen oder diese in sonstiger Weise zu unterstützen. Insgesamt zeichnet sich eine verringerte Ausreisedynamik ab. Etwa ein Fünftel der gereisten Personen ist weiblich. Der überwiegende Teil der insgesamt gereisten Personen ist jünger als 30 Jahre. Nicht in allen Fällen liegen Erkenntnisse vor, dass sich diese Personen tatsächlich in Syrien/ Irak aufhalten oder aufgehalten haben. Etwa ein Drittel dieser gereisten Personen befindet sich momentan wieder in Deutschland. Ob sich diese Rückkehrer aktiv an Kampfhandlungen in Syrien/ Irak beteiligt haben lässt sich lediglich in Einzelfällen belegen. Zu ca. 140 Personen liegen Hinweise vor, dass diese in Syrien oder im Irak ums Leben gekommen sind.

Zudem wurden weitere Ausreiseplanungen bekannt. Die deutschen Sicherheitsbehörden sind bestrebt, möglichst viele dieser Ausreiseplanungen frühzeitig wahrzunehmen, um deren Verwirklichung zu unterbinden. Die Anzahl der behördlich verhängten Ausreiseverbotsverfügungen bewegt sich im niedrigen dreistelligen Bereich.

Gefährdungslage Baden-Württemberg

Dem Landeskriminalamt Baden-Württemberg (LKA) und dem Landesamt für Verfassungsschutz Baden-Württemberg (LfV) liegen Hinweise zu rund 50 Islamisten, davon zehn Frauen, aus Baden-Württemberg vor, die in Richtung Syrien oder Irak ausgereist sind, um dort für jihadistische Gruppierungen zu kämpfen oder diese anderweitig zu unterstützen.

Ein Teil dieser Islamisten ist wieder nach Baden-Württemberg zurückgekehrt. Bei einigen wenigen gibt es Hinweise, dass sie an Kampfhandlungen teilgenommen haben. Etwa ein Duzend dieser Jihadisten kamen bei Kampfhandlungen oder Selbstmordattentaten ums Leben.

Was kann das KPEBW leisten?

Die Einrichtung des „Kompetenzzentrum zur Koordinierung des Präventionsnetzwerks gegen (islamistischen) Extremismus in Baden-Württemberg" (KPEBW) im Ministerium für Inneres, Digitalisierung und Migration Baden-Württemberg wurde im Zuge des Maßnahmenpakets „Sonderprogramm der Landesregierung zur Bekämpfung des islamistischen Terrorismus" durch die Landesregierung im Februar 2015 beschlossen. Mit dem Kompetenzzentrum steht in Baden-Württemberg eine landesweite, zentrale Koordinierungsstelle zum Aufbau eines Präventionsnetzwerks gegen (islamistischen) Extremismus zur Verfügung. Zielsetzungen, Ausrichtung und Aufgabenschwerpunkte des KPEBW werden in einem Fachbeirat und einem Lenkungsausschuss unter Beteiligung der betroffenen Ressorts und der Spitzen der Netzwerkpartner sowie der Zivilgesellschaft vereinbart. Das KPEBW steuert und koordiniert die Maßnahmen der Prävention und Intervention (einschließlich Aussteigerbetreuung) und gewährleistet den Informationsfluss zwischen staatlichen und nichtstaatlichen Akteuren des Netzwerks. Kernaufgabe im Sinne eines ganzheitlichen Ansatzes ist die

Unterstützung aller Beteiligten bei der Identifizierung aktueller Problemfelder sowie bei der Umsetzung wirkungsvoller Konzepte.

Als Kernfelder des KPEBW sind u. a. die Projektentwicklung, Qualitätssicherung, Evaluation und die Entwicklung eines Stufenkonzeptes zu nennen.

Qualitätshandbuch

Ein wichtiger Baustein präventiver Arbeit bildet die einheitliche und qualitativ hochwertige Fortbildung von Fachkräften und Multiplikatoren. Deutschlandweit gibt es ein großes Angebot an Projekten und Trägern in der Extremismusprävention (721 aktive Projekte insgesamt, davon 336 in staatlicher Trägerschaft[1]), deren inhaltliche Qualität stark variiert. Die Situation in Bezug auf existierende Standards und Evaluationen wurde durch das BKA als „äußerst dürftig" bezeichnet.[2] Qualitätsstandards, Transparenz und Evaluation in der Extremismusprävention sind nach wissenschaftlichen Standards durchweg als unbefriedigend einzuschätzen. Bisher hat weder die Zivilgesellschaft noch eines der verschiedenen staatlichen Koordinationsgremien einen Vorschlag für strukturelle Mindeststandards vorgelegt.

Deshalb hat das KPEBW ein Grundlagenhandbuch mit dem Titel „Strukturelle Qualitätsstandards in der Interventions- und Präventionsarbeit gegen gewalttätigen Extremismus. Ein Handbuch für Praktikerinnen, Praktiker und staatliche sowie zivilgesellschaftliche Koordinationsstellen in Deutschland" erarbeitet. Mit dem Handbuch wurde eine erste Grundlage für strukturelle Mindestanforderungen für Programme, Träger und Initiativen geschaffen, welche zumindest in Baden-Württemberg als Leitfaden für eine mehrstufige Evaluation und Qualitätssicherung der Extremismusprävention im Land fungieren wird. Damit ist Baden-Württemberg das erste Bundesland, welches Qualitätsstandards für dieses Feld definiert und dazu umfassende Erfahrungen aus der internationalen Forschung und Praxislandschaft aufgenommen hat.

So kann eine Intransparenz bei der Arbeitsweise der zivilgesellschaftlichen Organisation überwunden und die Überprüfung der fachlichen Grundlagen der Interventionsarbeit verbessert werden. Die Beratungstätigkeit kann somit effektiver gestaltet und die Zielerreichung nachvollzogen werden.

Als erste Grundlage ist dieser Leitfaden sowohl für staatliche Koordinierungsstellen der Präventionsnetzwerke eine entscheidende Hilfe bei der Bewertung der strukturellen Qualität von Projektträgern, als auch für die Träger selbst eine erste Möglichkeit, die eigene Arbeit strukturell abzusichern und sich weiterzuentwickeln. Dabei beinhaltet dieses Handbuch sechs Themenfelder: Programmleitung und Entwicklung, Organisation, Klienteneinstufung, Beratung und Betreuung, Qualitätssicherung, Transparenz.

---

[1] Gruber/Lützinger/Kemmesies: Extremismusprävention in Deutschland – Erhebung und Darstellung der Präventionslandschaft – Schwerpunktdarstellung Präventionsprojekte in staatlicher Trägerschaft (2014/2015).

[2] Gruber/Lützinger/Kemmesies: Extremismusprävention in Deutschland – Erhebung und Darstellung der Präventionslandschaft – Schwerpunktdarstellung Präventionsprojekte in staatlicher Trägerschaft (2014/2015).

Landesbildungszentrum Deradikalisierung

Zudem fehlt bislang eine Koordinierung von Fortbildungsmaßnahmen in diesem Feld. Lediglich einige wenige zivilgesellschaftliche Träger haben rudimentäre Ausbildungsmodule für das eigene Beratungspersonal entwickelt, welche allerdings nach aktuellem Stand nicht dem Qualitätsstandard staatlicher Ansprüche entsprechen.

Deshalb wird derzeit das Landesbildungszentrum Deradikalisierung (LBZ Derad) unter dem Dach des KPEBW eingerichtet. Ein solch spezialisiertes „Bildungszentrum" im Bereich der Deradikalisierung ist bundesweit einzigartig und ein großer Fortschritt für die deutsche Präventionslandschaft.

Weiterbildung für Lehrkräfte

In Kooperation mit dem Ministerium für Kultus, Jugend und Sport Baden-Württemberg und der Landeszentrale für politische Bildung Baden-Württemberg wird zudem ein Konzept zur Weiterbildung für Lehrkräfte entwickelt, welches über das LBZ Derad gebucht werden kann. Inhaltliche Schwerpunkte werden sein:

Erkennen der Erscheinung

Extremistische Bewegungen bilden eigene ‚Kontrastgesellschaften' aus. Musik, Kleidung, Symboliken, Sprachcodes, sowie vielfältige andere Bereiche des sozialen Lebens werden durchdrungen und mit eigenen Angeboten versehen. Diese zu erkennen und korrekt einordnen zu können, verlangt eine besondere Sachkenntnis über die jeweiligen ideologischen und kulturellen Muster. Besonderen Wert wird dabei auf rechtsextreme Symbolik und Erscheinungsform sowie auf das islamistische Pendant gelegt.

Erkennen der Argumentation

Aus der wissenschaftlichen und zivilgesellschaftlichen Erfahrung lässt sich zeigen, dass ideologisch geschulte junge Rechtsextremisten (üblicherweise ab dem Alter 13 – 14) gezielt auf die argumentative Konfrontation mit Lehrkräften in der Schule vorbereitet werden. Dies geht nachweislich bis hin zu nachgestellten Klassensituationen und Prüfungsleistungen während Wochenendseminaren rechtsextremer Organisationen. Auf diese Kenntnisse sollen Lehrkräfte vorbereitet werden.

Wie ist das KPEBW aufgebaut?

Seit September 2015 arbeitet das KPEBW intensiv an seinen gestellten Aufgaben. Es erweitert u. a. das Netzwerk, vermittelt Informationen und Vorträge, entwickelt eine Datenbank, die Präventionsprojekte in Baden-Württemberg und Experten im Bereich Islamismus abbildet. Zusätzlich vernetzt es Wissenschaft und Praxis miteinander und gewährleistet eine Kommunikation zwischen allen Interessierten und Betroffenen.

Zentraler Punkt ist die Geschäftsstelle des KPEBW, mit Sitz im Innenministerium. Dieser ist auf strategischer Ebene ein Lenkungsausschuss vorgeschaltet, dessen Teilnehmer die Spitzen bzw. deren Vertreterinnen/ Vertreter der Kommunalen Landesverbände, drei gewählte Vertreterinnen/ Vertreter der landesweiten nichtstaatlichen Organisationen, die Ministerialdirektorinnen/ Ministerialdirektoren der betroffenen Ressorts (Justiz-, Sozial-, Kultus-, Integrationsministerium), eine Vertreterin/ ein Vertreter des Staatsministeriums, die Leiterin/ der Leiter der Landeszentrale für politische Bildung sowie die Geschäftsführerin/ der Geschäftsführer des KPEBW sind.

Der Fachbeirat des KPEBW stellt die operative Ebene dar. Die Mitglieder des FB KPEBW kommen aus den Bereichen der landesweit tätigen, nichtstaatlichen Organisationen, Ministerien, Landesbeauftragte und nachgeordnete Behörden sowie wissenschaftlichen Institutionen.

Aufgrund dieser Struktur ist die Informationssteuerung und der Austausch zwischen staatlichen und zivilgesellschaftlichen Trägern gewährleistet.

Beratungsstelle Baden-Württemberg

Beim Kampf gegen Extremismus und Terrorismus kann jedes Land aus drei verschiedenen Werkzeugkategorien wählen: Prävention, Repression und Intervention. Während einerseits eine extremistische Gruppe eingedämmt werden soll, versucht man andererseits zu verhindern, dass meist junge Menschen überhaupt einsteigen. Doch was ist mit jenen, die bereits mitten im Radikalisierungsprozess stecken und wieder herauswollen? Baden-Württemberg hat für diese Personen ein Ausstiegsprogramm geschaffen.

Der Bedarf an Beratung und Unterstützung, insbesondere aus dem Umfeld radikalisierter Personen, ist in jüngster Vergangenheit deutlich gestiegen. Um die gefährdeten Jugendlichen zu erreichen gilt es, die Mechanismen des Abgleitens in religiösen Fanatismus zu verstehen. Es ist wichtig, so viel wie möglich über gewaltbereite Jugendliche zu erfahren, um zu erkennen, wo es Brüche in ihren Lebensläufen gegeben hat. Das KPEBW ist sich sehr wohl bewusst, dass das universelle Gegenmittel noch nicht gefunden und die Gründe des Abdriftens vielfältig und jeder für sich besonders ist.

Dabei ist es entscheidend, den Jihadisten ihre „coole" Aura zu nehmen und den „Mythos" des „gloreichen Jihad" zu brechen – mit der Hilfe von Familie und Freunden. Wenn wir künftige Anschläge verhindern wollen, dann müssen wir die Familien und enge Freunde der potenziellen Attentäterinnen und Attentäter in die Interventionsarbeit einbeziehen und ihnen speziell ausgebildete Experten zur Seite stellen. Um die „Marke" IS in ihrer Anziehungskraft zu brechen, gibt es keine effektiveren Mitstreiter als die Familien und das direkte Umfeld der Jugendlichen, die von den perfiden Versprechungen des Märtyrertums verführt wurden.

Gerade deshalb wurde unter dem Dach des KPEBW die Beratungsstelle Baden-Württemberg in Stuttgart eingerichtet, in der diese Personen und auch deren Angehörige und Freunde, Lehrerinnen und Arbeitgeber, Trainer und sonstige Kontaktpersonen Hilfe finden. Sollte bereits eine Radikalisierung stattgefunden haben, wird Hilfe zum Ausstieg gegeben.

Die Beratungsstelle wird von einem zivilen Träger betrieben.

Erreichbarkeit und Möglichkeiten der Beratung

Die Beratungsstelle Baden-Württemberg ist unter der Rufnummer 0711 72 23 08 93 erreichbar.

Die Beratung kann in verschiedenen Sprachen und ganz nach den individuellen Bedürfnissen der Hilfesuchenden erfolgen. Zunächst wird eine Einschätzung der Situation zusammen mit der Beraterin oder dem Berater erarbeitet. Entsprechend der Dringlichkeit der Situation, können auch Sofortmaßnahmen ergriffen werden, beispielsweise wenn eine Person kurz vor der Ausreise steht.

Im weiteren Beratungsverlauf soll der externe Partner alles versuchen, um die Radikalisierung in der Familie oder Umfeld des Hilfesuchenden zu verhindern oder wieder umzukehren. Dazu können auch weitere Partner hinzugezogen werden, um auf die spezielle Situation einzugehen.

Aufgabenerweiterung KPEBW auf alle Extremismusbereiche

Bereits die ersten Erfahrungen zeigten, dass das KPEBW optimale Voraussetzungen bietet, um auch in anderen Extremismusbereichen die bestehenden vielfältigen Maßnahmen zu bündeln und zu koordinieren.

Gemäß dem Koalitionsvertrag der Regierungsparteien soll deshalb das KPEBW mit der Beratungsstelle Baden-Württemberg weiter gestärkt und auf andere Extremismusformen ausgeweitet werden. Durch die beschlossene Erweiterung des Aufgabenspektrums des KPEBW entstehen erhebliche Synergieeffekte, sowohl personell als auch in der konkreten Erfahrung der Fallbetreuung und Erprobung von Methoden.

Studien zeigen, dass erfolgreiche Extremismusprävention auf Dauer und ganzheitlich angelegt sein muss. Alle Akteure, staatliche wie nicht-staatliche, müssen gemeinsam Ursachenforschung betreiben und gemeinsam aber auch koordiniert gegen extremistische Strömungen vorgehen.

Staatsministerin Eva Kühne-Hörmann, MdL

„Cybercrime – Strategien der Kriminalprävention"

Das Medium Internet hat in den letzten Jahren und Jahrzehnten die persönlichen, gesellschaftlichen, wirtschaftlichen und auch politischen Entfaltungsmöglichkeiten signifikant erweitert. Die heutige Informationstechnologie zeichnet sich durch ihre Fähigkeit zur Integration in praktisch alle Bereiche des menschlichen Lebens aus und treibt damit die Digitalisierung unserer Welt voran. Über 92% der Berufstätigen und 100% der 14-19jährigen in Deutschland sind online. 99% der jungen Menschen im Alter zwischen 12 und 25 Jahren verbringen durchschnittlich über 18 Stunden wöchentlich im Internet.

Vor allem mobile Endgeräte und Alltagsapplikationen stehen dabei gegenwärtig im Vordergrund. Gerade die Nutzung sozialer Netzwerke ist - nicht nur für junge Menschen – eine Möglichkeit, weltweit und in Echtzeit zu kommunizieren, Bilder und Erinnerungen zu teilen sowie die eigene Persönlichkeit anderen vorzustellen.

Doch die enormen Entfaltungsmöglichkeiten, die das Internet bietet, dürfen nicht verdecken, dass es auch für Straftäter nahezu unbegrenzte Möglichkeiten bereithält, Straftaten in vorher nicht gekannter Weise zu begehen. Je umfassender sich die Gesellschaft in der digitalen Welt bewegt, desto mehr Tatgelegenheiten ergeben sich für Cyberkriminelle.

Zunächst ist festzuhalten, dass jeder – nicht nur die Internetnutzer – Opfer von Cybercrime werden kann, sei es der einzelne Bürger, Unternehmen oder auch staatliche Stellen. Mit der Zunahme der Bedeutung der IT als Bestandteil des Alltags der Bürger steigen die Manipulations- und Angriffsmöglichkeiten auf Seiten der Cyberkriminellen. Cyberkriminelle handeln global, nationale Grenzen spielen keine Rolle, wobei Handlungs-, Taterfolgs- und Aufenthaltsorte von Tätern und Opfern irrelevant sind. Das Internet bringt alles und alle zusammen. Bucht ein Bürger in Frankfurt am Main eine Urlaubsreise über Internet, hat der am anderen Ende der Welt wartende Straftäter in Echtzeit potentiellen Zugriff auf den für die Buchung genutzten Computer.

Aber auch diejenigen, die ihre Urlaubsreise nicht selbst über Internet buchen, können Opfer von Cybercrime werden, z.B. dadurch, dass die Täter sich Zugriff auf die persönlichen Daten durch einen Angriff auf die Server des Reisevermittlers verschaffen.

Das bedeutet kurz gefasst, dass durch das Internet erstmals in der Geschichte der Kriminalität Straftaten weltweit und unter Überwindung jeder räumlichen Distanz zwischen Täter und Opfer in Echtzeit begangen werden können.

Während dabei in der Vergangenheit meist eine relativ klare Zweiteilung der Cybercrime-Phänomene in technikbezogene Delikte – Cybercrime im engeren Sinne, etwa Ausspähen von Daten - und dem Internet als Tatmittel für allgemeine Straftaten wie etwa Betrug – Cybercrime im weiteren Sinne – beobachtet werden konnte, zeigt sich aktuell ein Trend zu kombinierten Angriffen auf Mensch und Maschine.

Die zunehmende technische Absicherung der Banken gegen Online-Banking-Betrug zum Nachteil von Bankkunden führt dazu, dass derzeit der Einsatz von Erpressungssoftware – Ransomware – für die Täter deutlich lukrativer ist. Krankenhäuser und andere Institutionen, aber auch Privatpersonen waren von diesen Vorfällen betroffen. Derartige Schadprogramme verschlüsseln Daten auf den Rechnern der Opfer sowie möglicherweise weiteren angeschlossenen Laufwerken und verlangen zur Wiederherstellung die Zahlung eines Lösegelds. Es handelt sich also um eine Form digitaler Erpressung. Das Bundesamt für Sicherheit in der Informationstechnik (BSI) beobachtet täglich kurzzeitige, massive Spam-Wellen, deren E-Mail-Anhänge sog. Downloader beinhalten. Diese z.B. als Word-Dokumente oder JavaScript getarnten Dateien laden nach dem Öffnen unbemerkt Schadprogramme, wie die oben beschriebene Ransomware, nach. Haben die Opfer kein Backup ihrer Daten, bleibt nur noch die Wahl zwischen Zahlung des Lösegeldes oder dem Verlust der Daten.

Ein weiterer aktueller Trend ist die digitale Identitätsfälschung, bekannt unter dem Stichwort „Fake President Fraud": Auf sehr überzeugende Weise ordnet mithilfe von Stimmenrekorder, E-Mail-Manipulation oder Ausnutzung ausspionierter Unternehmensabläufe ein fingierter Geschäftsführer einem Mitarbeiter persönlich eine Überweisung an. Die Betrugsopfer sind häufig größere, vor allem international arbeitende Firmen. Auch bei diesem Phänomen werden also technische Manipulationen mit Social engineering, also dem Einwirken auf Mitarbeiter, verbunden.

Diese beiden aktuellen Beispiele zeigen, dass erfolgversprechende Ansätze und Wege für Kriminalprävention im Cyberbereich immer auf beide Schwachstellen – Mensch und Technik – abzielen müssen. Demzufolge kann die Vorbeugung von Internetstraftaten mittels verbesserter technischer Maßnahmen erreicht werden, aber auch ganz herkömmlich durch Aufklärung und der Schaffung von Gefahrenbewusstsein. Neben technischen Maßnahmen wie der Verwendung von aktuellen Betriebssystemen, Browserplugins, Antivirensoftware und sicherer Passwörter sowie dem regelmäßigen Anlegen von Backups wichtiger Dateien heißt das: keine E-Mails unbekannter Absender öffnen, keine Daten preisgeben.

Gerade Unternehmen sind auf die Sicherstellung vertraulicher Daten angewiesen. Hierzu zählen meist bestimmte Personal- und Kundendaten, Finanzdaten oder auch Geschäftsgeheimnisse. Insbesondere in Unternehmen liegt das größte Problem regelmäßig nicht im fehlenden Sicherheitssystem der Rechner, sondern meist in der unzureichenden Sensibilisierung der Mitarbeiter. So sollten diese dahingehend geschult werden, welche Daten kommuniziert werden können und welche nicht.

Auch um das Risiko einer Infektion mit Schadsoftware im Vorhinein zu minimieren, empfiehlt sich die regelmäßige Schulung von Mitarbeitern. Insbesondere Abteilungen, in denen häufig E-Mail-Anhänge von unbekannten Absendern geöffnet werden – z. B. in Personalabteilungen eingehende Bewerbungen – gelten als besonders exponiert. Aber auch beim Öffnen von E-Mails vermeintlich bekannter Verfasser sollte stets auf Unregelmäßigkeiten geachtet werden, schließlich könnte sich ein Angreifer z. B. Zugriff auf das Postfach des Absenders verschafft haben. Sind die Mitarbeiter in der Lage, bösartige E-Mails vor dem Öffnen zu erkennen, bedeutet dies einen signifikanten Sicherheitsgewinn für die Unternehmens-IT.

Neben Unternehmen, die in großem Umfang auf die Nutzung des Internets angewiesen und damit besonders verwundbar sind, spielt Prävention bei Cyberdelikten in einem völlig anderen Bereich eine herausragende Rolle. Ich meine damit den Schutz von kindlichen und jugendlichen Internetnutzern vor digitaler Gewalt. Cybermobbing, Cyberstalking und Cybergrooming kann mit technischen Präventionsmaßnahmen kaum wirksam vorgebeugt werden. Der Schutz der Betroffenen und ihre ausreichende Sensibilisierung für die Gefahren kann primär durch Aufklärung und Schaffung von Medienkompetenz verbessert werden. In diesem Sinne kümmert sich der Landespräventionsrat in Hessen bereits seit Längerem um die Problematik „Cybermobbing".

Zudem hat es sich bewährt, operativ tätige Staatsanwältinnen und Staatsanwälte an interdisziplinär besetzten Präventionsveranstaltungen gemeinsam mit Polizeibeamten, Pädagogen und Kinder- und Jugendpsychologen teilnehmen zu lassen. Erfahrene Strafverfolger kennen die Phänomene der Internetkriminalität unmittelbar und können ihre Erfahrungen häufig besonders eindrücklich vermitteln.

Mit der Zentralstelle zur Bekämpfung der Internetkriminalität (kurz ZIT) besitzt Hessen seit dem Jahr 2010 eine spezialisierte Ermittlungseinheit für diesen Kriminalitätsbereich. Die ZIT bearbeitet hessenweit Ermittlungsverfahren wegen besonders schwerwiegender oder umfangreicher Internetstraftaten und arbeitet dabei eng mit dem Bundeskriminalamt und dem Hessischen Landeskriminalamt zusammen. Im Jahre 2011 hat die ZIT durch intensive Ermittlungen dafür gesorgt, dass die bundesweit bekannte Plattform für Cybermobbing namens „Isharegossip" von den Tätern aus dem Netz genommen wurde, um dem Verfolgungsdruck zu entgehen. Die fehlende Vorratsdatenspeicherung verhinderte damals die Identifizierung und Ergreifung der Täter.

Die Spezialisten der ZIT bringe ihre Erfahrungen regelmäßig bei Präventionsveranstaltungen ein. Oft ist es die Mischung aus Phänomenkenntnis und juristischem Fachwissen, die z.b. Eltern vorbeugend über die richtige Verhaltensweisen bei Abofallen oder Filesharing aufklären kann.

Bei der Strafverfolgung gemachte Beobachtungen über die typischen Verhaltensweisen von pädophilen Erwachsenen, die sich in sozialen Netzwerken als Kinder ausgeben, um so Kontakt zu ihren späteren kindlichen und jugendlichen Opfern zu erhalten, helfen dabei, in Öffentlichkeitsveranstaltungen brauchbare Hinweise zum Erkennen derartiger Täter zu geben und so die Medienkompetenz der Betroffenen zu stärken.

Neben der Vorbeugung durch die Vermittlung von Medienkompetenz gilt es aber auch, die Ermittler mit geeigneten Werkzeugen auszustatten, damit sie ihre Aufgabe erfüllen können. Um die vorhandenen Defizite der geltenden Gesetze zu beheben, hat Hessen in den letzten Jahren immer wieder gesetzgeberische Initiativen im Bereich von Cybercrimebekämpfung ergriffen, die sich mittelbar auch präventiv auswirken. Die Datenhehlerei wurde 2015 als Folge eines hessischen Vorstoßes in das StGB aufgenommen.

Weiterhin setze ich mich im Rahmen der Überarbeitung der Sexualstraftatbestände des Strafgesetzbuches vehement dafür ein, eine Versuchsstrafbarkeit für das Cybergrooming, also das gezielte Ansprechen von Kindern durch Erwachsene unter Nutzung digitaler Kommunikationsmittel zum Zwecke der Herbeiführung sexueller Handlungen, einzuführen. Die fehlende Versuchsstrafbarkeit führt dazu, dass unsere Bemühungen um eine effektive Bekämpfung dieses nur selten zur Anzeige gebrachten Deliktes mit Hilfe verdeckt agierender Polizeibeamter, die sich als Kinder ausgeben, häufig nicht von Erfolg gekrönt sind. Kommt es bei Internetkontakten des Pädokriminellen mit den verdeckten Ermittlern nicht zu expliziten sexuellen Handlungen des Täters oder fordert dieser nicht unmittelbar zur Vornahme derselben durch das vermeintliche Kind auf, ist dies als untauglicher Versuch noch nicht strafbar. Gerichte weigern sich in diesen Fällen regelmäßig, Durchsuchungsbeschlüsse zu erlassen. Hier muss weiter auf die Bundesregierung eingewirkt werden, um das Gesetz nachzubessern.

Aktuell hat Hessen daneben die effektive Bekämpfung der sogenannten „Botnetzkriminalität" in den Fokus genommen. Als ein „Botnetz" bezeichnet man eine große Anzahl von mit dem Internet ständig oder zeitweise verbundener Computer, die – von ihrem rechtmäßigen Nutzer unbemerkt – mit Schadprogrammen infiziert sind und daher einzeln oder in ihrer Gesamtheit einer fremden Kontrolle unterliegen.

Große Botnetze umfassen mehrere Millionen Opferrechner, die von dem jeweiligen sie kontrollierenden Täter einzeln oder zusammen ferngesteuert werden können. Botnetze sind auch Handelswaren, die über kriminelle Märkte im Internet in Gänze oder in Teilen verkauft, verliehen oder vermietet werden. Sie stellen eine der wichtigsten Täterinfrastrukturen im Bereich der Cyberkriminalität dar. Botnetze werden genutzt zum Versenden von Spam-Emails, zur Begehung von Onlinebankingbetrug, zur Verschleierung des Standortes von Servern mit kriminellen Inhalten oder für Angriffe auf Webseiten, die diese unerreichbar machen, sogenannte „Distributed-Denial-of-Service-[DDoS]-Attacken".

Die derzeit verfügbaren Rechtsnormen §§ 303a, 303b StGB, die zur Bekämpfung der Botnetzkriminalität herangezogen werden können, sind im Kern fast 30 Jahre alt. Die Verurteilungszahlen nach diesen Normen sind gering, weil ihre Konzeption der Schutzgüter zu kompliziert und durch die heutige Realität überholt ist. Hessen wird daher noch vor der Sommerpause einen Gesetzentwurf für eine neue Strafnorm in den Bundesrat einbringen, die bereits das schlichte Gebrauchsrecht an IT-Systemen, unabhängig davon, ob bereits Daten auf diesen Systemen verändert, ausgespäht oder zerstört worden sind, einem strafrechtlichen Schutz unterstellt. Auch soll die heimliche Infiltration eines IT-Systems bereits ohne das Hinzutreten weiterer Voraussetzungen, also der schlichte digitale Hausfriedensbruch, bestraft werden.

Wie ich schon seit langem betone, muss das deutsche Strafrecht den Schritt ins 21. Jahrhundert vollziehen und auf die neuen Gegebenheiten und die damit einhergehenden neuen Kriminalitätsformen reagieren. So kann eine zeitgemäße Kriminalprävention wirksam flankiert und den Gefahren, die die digitale und vernetzte Welt für den Einzelnen und für Unternehmen birgt, wirkungsvoll begegnet werden.

Adelina Michalk

„Fairplay in der Liebe"– Ein Präventionsprojekt aus der Opferperspektive zum Thema Beziehungsgewalt

Der WEISSE RING ist eine bundesweite Opferorganisation, die in diesem Jahr ihr vierzigjähriges Bestehen feiert. Neben der Opferbetreuung verfolgt der Verein das gleichrangige Satzungsziel der Prävention, frei nach dem Motto „Vorbeugung ist der beste Opferschutz". Dies geschieht aus der Opferperspektive, da diese die Kernkompetenz des WEISSEN RINGs bildet.

Die Idee zu einem Projekt zum Thema Beziehungsgewalt ist vor einigen Jahren entstanden. Die Mitarbeiter des WEISSEN RINGS Hamburg haben intern evaluiert, welche Delikte besonders häufig Gegenstand der Opferbetreuung sind. Dabei wurde schnell deutlich, dass es sich bei einer Großzahl der betreuten Fälle um Opfer von häuslicher Gewalt handelt. Aus dieser Erkenntnis wurde die Notwendigkeit eines präventiven Ansatzes abgeleitet. Die Gruppe der jungen Mitarbeiter wurde durch einen externen Träger geschult und zertifiziert, so dass sie mit dem Angebot an Schulen gehen können. Das Konzept richtet sich hauptsächlich an Schüler/innen ab der 7. Klasse. In diesem Alter sind die Jugendlichen zum einen kognitiv in der Lage, sich mit einem solch komplexen Thema auseinander zu setzten und zum anderen ist dies das Alter, in dem sie ihre ersten eigenen Beziehungen eingehen und somit auch das Thema antizipieren können.

Ziel des Projektes ist die Sensibilisierung der Jugendlichen zum Thema Gewalt allgemein und Gewalt in Beziehungen. In diesem Zusammenhang sollen Rollenmuster und eigene Grenzen reflektiert und gegebenenfalls hinterfragt werden. Auch die Auswirkungen auf Opfer und auf Kinder, in diesem Zusammenhang, werden vermittelt. Der Gewaltkreislauf, der die Dynamik von Beziehungsgewalt abbildet, wird den Jugendlichen näher gebracht. Sie sollen über das Hamburger Hilfesystem aufgeklärt werden, damit sie wissen, wohin sie sich wenden können, wenn sie selbst oder Personen aus ihrem sozialen Nah-Raum betroffen sind.

Dieses Ziel soll durch Rollenspiele, Visualisierungsübungen und Gruppengespräche erreicht werden. Bei dem Aufbau des Projektes handelt sich um ein Baukastenkonzept, das durch weitere Module ergänzt und je nach zeitlichem Umfang der Veranstaltung entsprechend verlängert oder gekürzt werden kann, die empfohlene Mindestzeit beträgt jedoch 3 Schulstunden. Die Lehrkraft leitet im Rahmen ihres Unterrichts auf das Thema hin und bearbeitet es auch nach dem Projekttag zur Gewährleistung der

Nachhaltigkeit mit den Jugendlichen. Es gibt im Vorfelde ein Vorgespräch mit der Lehrkraft, um die Aufgaben-/ Rollenverteilung für den Veranstaltungstag zu klären und um Besonderheiten der Klasse oder der Gruppe berücksichtigen zu können. Die Gestaltung des Projekttages wird von mindestens drei durchführenden Referenten des WEISSEN RINGs gewährleistet. Im Anschluss findet eine Nachbesprechung und Auswertung des Projekttages mit der Lehrkraft statt, diese ist auch bei der Durchführung anwesend.

Das Projekt ist in Kooperation mit der Schulbehörde Hamburg entstanden, wird regelmäßig weiter entwickelt und wurde bereits zweimal ausgezeichnet.

Das Thema ist gesellschaftlich hochgradig relevant, denn es betrifft alle sozialen Milieus und gesellschaftlichen Gruppen. Da es ein natürlicher Prozess ist, vorgelebtes Verhalten in das eigene Handlungsrepertoire zu integrieren, sollen gewalttätige Verhaltensmuster im sozialen Nah-Raum identifiziert und durchbrochen werden können, damit die intergenerationale Weitergabe von schädlichen Verhaltensmustern verhindert wird.

Harkmo Daniel Park, Cheonhyun Lee

Prävention und Freiheit im Spannungsfeld des Infektionsschutzes in Südkorea

I. Die MERS-Epidemie in Südkorea (2015)

Am 20. Mai 2015 brach das MERS (Middle East Respiratory Syndrome) erstmals in Südkorea aus. Bis die offizielle Aufhebung des Warnzustands mit dem Ende der Seuche am 28. Juli 2015 erfolgte, hatten sich 186 Menschen angesteckt und 36 sind der Krankheit erlegen.

Die Zahl der ansteckungsverdächtigen Personen, die daraufhin unter Quarantäne gestellt wurden, hatte mit 6.729 Personen am 27. Juni 2015 ihren Höchststand erreicht. Dabei wurden bedingt durch die Furcht vor Ansteckungsgefahr in der Bevölkerung erhebliche Beeinträchtigungen des Alltagslebens und auch nicht geringe Einbußen in der Wirtschaft in Kauf genommen (27. Juni 2015).

[Abbildung 1] Gesamtzahl der MERS-Infizierten und –Toten

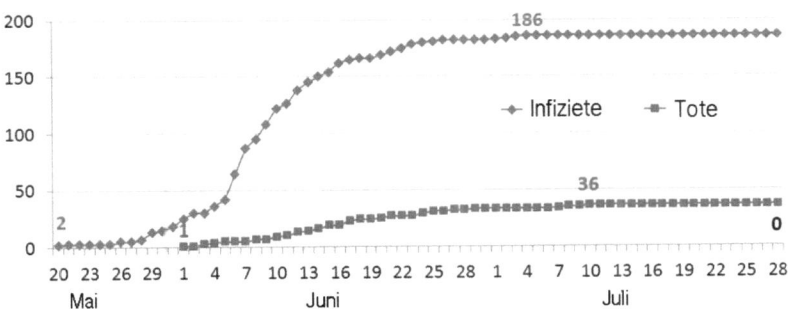

(20.5. - 28.7.2015. jeweils 06:00 Uhr)

Der erste Ausbruch des MERS erfolgte im April 2012 auf der arabischen Halbinsel. Bis zum 30. Juli 2015 hatten sich im Nahost 1.401 Menschen angesteckt, von denen 543 Menschen gestorben sind (Sterberate: 38.8%). Die meisten MERS-Infizierten kamen in den 10 Nahost-Ländern vor, wobei es 496 Toten unter den 1.188 MERS-Infizierten gab (Sterberate: 41.8%).

Insbesondere in Saudi-Arabien gab es 467 Toten unter den 1.057 Infizierten (Sterberate: 44.2%). Neben Saudi-Arabien war Südkorea das Land mit den meisten MERS-Infizierten bzw. –toten. Südkorea war also am zweitschlimmsten vom MERS betroffen (Sterberate: 19.4%).

[Abbildung 2] Neue Hausquarantänegebote für MERS-Ansteckungsverdächtige

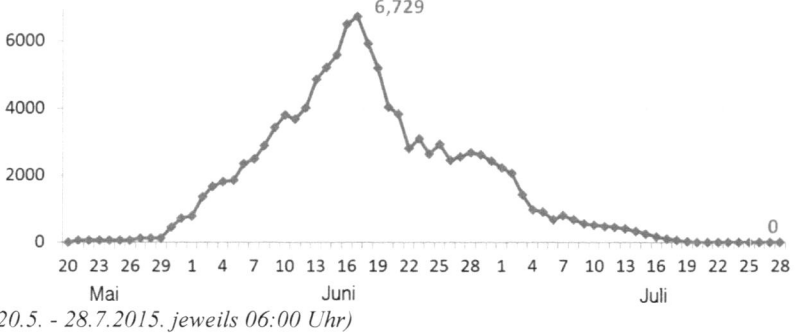

(20.5. - 28.7.2015. jeweils 06:00 Uhr)

Die Ausbreitung des MERS hat verschiedene Industriezweige beeinträchtigt, so dass die volkswirtschaftlichen Folgen beachtlich waren. Hart betroffen waren insbesondere verkehrsträchtige Dienstleistungsbetriebe wie Kleinhandel, Transportgewerbe, Tourismus und Kultur- sowie Freizeitindustrie.

Überdies hatte das MERS erhebliche immaterielle Schäden verursacht, so zum Beispiel die Schließung der Schulen, Einbußen bei Investitionen und Außenhandel sowie der staatliche "Imageschaden" als ein „Land der Epidemie".

Die koreanische MERS-Epidemie war auf mangelhafte Informationspolitik über bzw. für die Angesteckten, Fehlen einer übergeordneten Kontroll- und Koordinationseinheit und Systemversagen der verantwortlichen Institutionen wie Krankenhäuser usw. zurückzuführen. Ein Hauptproblem bei der MERS-Epidemiekontrolle war allerdings Verweigerung der Hausquarantäne unter den MERS-Ansteckungsverdächtigen. Seitdem ist heftig umstritten, ob die Maßnahme "Hausquarantäne" zur Prävention der Verbreitung von Infektionskrankheiten die Grundrechte der Bevölkerung allzu sehr eingreifen könnte oder ob es sich um eine zulässige Freiheitseinschränkung handelt.

II. Einschränkung der Freiheiten zur Prävention bzw. Bekämpfung von Infektionskrankheiten

Es kommen folgende freiheitseinschränkende Maßnahmen nach dem koreanischen Infektionsschutzgesetz(kIfSG) in Betracht.

1. Hospitalisierung zur Behandlung

Wer von einer übertragbaren Krankheit mit hoher Ansteckungsgefahr (insgesamt für 21 Infektionskrankheiten) angesteckt ist, soll in den Sondereinrichtungen hospitalisiert werden (kIfSG § 41 Abs. 2). Das ist jedoch nicht als eine Zwangsmaßnahme vorgesehen, sondern lediglich strafbewehrt. Verweigerer werden mit einer Geldstrafe bis zu 3.000.000 Won (ca. 2.000 EUR) geahndet (kIfSG § 80 Abs. 2).

2. Zwangsunterbringung

Für die Infizierten besonders ansteckender Krankheiten (insgesamt für 26 Infektionskrankheiten) kann eine Zwangsuntersuchung oder Zwangshospitalisierung angeordnet werden (kIfSG § 42 Abs. 1), wobei Verweigerer mit einer Geldstrafe bis zu 3.000.000 Won (ca. 2.000 EUR) bestraft werden können (kIfSG § 80 Nr. 2). Es gibt also keinen Unterschied zur oben erwähnten Hospitalisierung bei der strafrechtlichen Sanktionierung.

3. Hausquarantäne

Sonstige Ansteckungsverdächtige können sich im eigenen Haus oder in den zugewiesenen Quarantäneeinrichtungen behandeln lassen (kIfSG § 41 Abs. 3 - 4). Dies ist ebenfalls keine Zwangsmaßnahme. Verweigerer werden mit einer Geldstrafe bis zu 3.000.000 Won (ca. 2.000 EUR) bestraft (kIfSG § 80 Nr. 2).

Wie die Hausquarantäne beim MERS-Fall in Südkorea praktisch abgelaufen ist, lässt sich folgendermaßen zu veranschaulichen:

[Abbildung 3] Verfahren der Hausquarantäne:

[Hausquarantäne(HQ) beim MERS-Fall]

- **Frist**: 14 Tage Quarantäne ab dem Zeitpunkt des Kontakts mit dem MERS-Infizierten
- **Verfahren**: "Mitteilung der HQ-Maßnahme" → Ausgangssperre während der Frist→ täglich zweimal vom Gesundheitsamt überprüft
- **Auftreten des MERS-Symptoms während der HQ-Frist**: Meldung beim Gesundheitsamt → Absonderung → Untersuchung → Behandlung
- **Aufhebung** der HQ bei Nichtauftreten des MERS-Symptoms in der HQ-Frist

---

> - Im Falle der Aufhebung der HQ des Ansteckungsverdächtigen, mit dem zwei maligen Ergebnis „Negativ beim PCR-Test" mit 48 Stunden Abstand aufweist und in der HQ-Frist keine MERS-Symptome gezeigt hat, wird auch die HQ bzw. das aktive Monitoring für die Personen mit Nahkontakt aufgehoben.

4. Sonstige Maßnahmen

Neben der Hospitalisierung zur Behandlung, Zwangsunterbringung sowie Hausquarantäne sind im koreanischen Infektionsschutzgesetz folgende sonstige Maßnahmen vorgesehen: Beschränkung der beruflichen Tätigkeit, Untersuchung, Evakuierung, Verkehrsbeschränkung usw., die einzeln angeordnet werden können.

III. Behördliche Maßnahmen zur Prävention bzw. Bekämpfung von Infektionskrankheiten in Deutschland

1. Maßnahmen zur Verhütung von Infektionskrankheiten

Maßnahmen zur Verhütung von Infektionskrankheiten sind nach dem deutschen IfSG in allgemeine Maßnahmen und besondere Maßnahmen unterteilt.

Allgemeine Maßnahmen sind die notwendigen Maßnahmen zur Abwendung der drohenden Gefahren durch Auftreten von Infektionskrankheiten (IfSG § 16 Abs. 1), wie zum Beispiel Schwimmverbote, Versammlungsverbote, Schließung von verschmutzten Spielplätzen usw.

Wenn allgemeine Maßnahmen zur Abwendung der Ansteckungsgefahr nicht mehr ausreichen sollten, ist die zuständige Behörde berechtigt, die notwendigen Maßnahmen zur Abwendung der hierdurch drohenden Gefahren zu treffen (IfSG § 17).

2. Bekämpfung der Infektionskrankheiten

Als Maßnahmen zur Bekämpfung von Infektionskrankheiten vorgesehen sind Maßnahmen wie Ermittlungen, Schutzmaßnahmen, Beobachtung, Quarantäne usw.

Für Personen, die krank, krankheitsverdächtig, ansteckungsverdächtig oder Ausscheider von Krankheitskeimen sind, stellt das Gesundheitsamt die erforderlichen Ermittlungen an, insbesondere über Art, Ursache, Ansteckungsquelle und Ausbreitung der Krankheit (IfSG § 25).

Nach der Feststellung der Ausgangslage trifft die zuständige Behörde die notwendigen Schutzmaßnahmen, insbesondere Beobachtung (IfSG § 29), Quarantäne (IfSG § 30), berufliches Tätigkeitsverbot (IfSG § 31), und zwar solange es zur Verhinderung der Verbreitung übertragbarer Krankheiten erforderlich ist (IfSG § 28 Abs. 1 Satz 1).

Zur Überwachung des Ansteckungsverdächtigen und des Angesteckten (IfSG § 29 Abs. 1) sind Beobachtungsmaßnahmen zulässig. So haben sie dem Beauftragten des Gesundheitsamtes zum Zwecke der Befragung oder der Untersuchung den Zutritt zu ihrer Wohnung zu gestatten und auf Verlangen ihnen über alle ihren Gesundheitszustand betreffenden Umstände Auskunft zu geben. Im Übrigen sind sie im Falle des Wechsels der Wohnung oder des Aufenthaltes verpflichtet, dies unverzüglich dem Gesundheitsamt anzuzeigen.

Quarantäne, also Absonderung einer Person ist nur in bestimmten Fällen möglich. Dazu gehören zum Beispiel Infizierte, die an Lungenpest oder an von Mensch zu Mensch übertragbarem hämorrhagischem Fieber erkrankt sind. Für diese kann die Behörde unverzüglich die Quarantäne in einem Krankenhaus oder einer für diese Krankheiten geeigneten Einrichtung anordnen (IfSG § 30 Abs. 1). Für Verweigerer erfolgt die Zwangsabsonderung (IfSG § 30 Abs. 2).

IV. Prävention vs. Freiheit bei Verhütung und Bekämpfung von Infektionskrankheiten

1. Beschränkung der Freiheiten zur Prävention bzw. Bekämpfung von Infektionskrankheiten

Wie oben betrachtet bestehen Beschränkungen der Freiheiten zur Prävention bzw. Bekämpfung der Infektionskrankheiten nach dem koreanischen Recht aus Verpflichtungen als allgemeine Maßnahmen wie zum Beispiel Hospitalisierung oder Hausquarantäne einerseits und aus Zwangsmaßnahmen wie zum Beispiel Zwangsuntersuchung oder Zwangsunterbringung zur Behandlung andererseits (Abbildung 4).

2. Freiheitseinschränkung und ihre Grenze

Ein wesentlicher Unterschied zwischen allgemeinen Maßnahmen und Zwangsmaßnahmen besteht darin, ob eine Verwaltungsfügung zur Duldung bzw. Erfüllung der Verpflichtung möglich ist oder nicht. Denn bei Durchführung der allgemeinen Maßnahmen ist es nicht möglich, die Verweigerer über eine Verwaltungsverfügung zu zwingen, im Gegensatz zu den Zwangsmaßnahmen. Allgemeine Maßnahmen sind also faktisch nicht durchzusetzen, wenn sich der Einzelne dagegen hartnäckig wehrt. Dennoch sind die beiden Sanktionen darin gemeinsam, dass für Verweigerer eine Geldstrafe bis zu 3.000.000 Won (ca. 2.000 EUR) auferlegt werden kann.

[Abbildung 4] Beschränkungen der Freiheiten zur Prävention bzw. Bekämpfung von Infektionskrankheiten

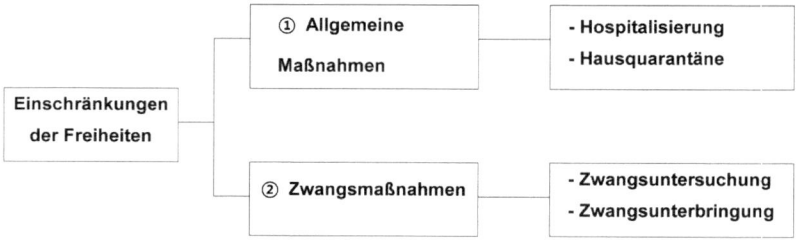

Diese Situation der gesetzliche Regelung ist in Korea sehr umstritten. Nach einer Meinung sei angesichts großer Gefahr der Verbreitung von Infektionskrankheiten (insbesondere mit hoher Ansteckungsgefahr) die jetzige Sanktion zu milde, so dass eine wesentlich härtere Sanktionierung erforderlich sei. Eine andere Meinung besagt aber, dass im Hinblick auf Behandlung der Infizierten differenzierte Maßnahmen geboten seien. Denn Infektionskranken seien nicht wie Straftäter zu sanktionieren, sondern als Behandlungsbedürftige zu betrachten und zu behandeln.

Es wäre nicht ernsthaft zu bestreiten, dass Zwangsmaßnahmen bei Prävention und Bekämpfung der Infektionskrankheiten eine entscheidende Rolle spielen, wobei der Staat zum öffentlichen Wohl Freiheiten der Personen stark einschränken kann. Zwangsuntersuchung bzw. Zwangsunterbringung als individuelle Zwangsmaßnahmen tasten verschiedene Grundrechte an, so dass bei Anwendung dieser Maßnahmen große Vorsicht geboten ist.

3. Prävention und Freiheit zur optimalen Infektionsschutz in Korea

In Südkorea gibt es kein allgemeines Verwaltungsverfahrensgesetz, das unmittelbaren Zwang bzw. Zwangseingriff aus Gefahr im Verzug im Allgemeinen regelt, sondern je nach Bedarf regelt ein einzelnes Sondergesetz Voraussetzungen und Verfahren. Das koreanische Infektionsschutzgesetz regelt allerdings nur die Zuständigkeit der Behörden in Bezug auf Zwangsmaßnahmen, sieht jedoch weder die konkreten Voraussetzungen, die für die Durchführung von Zwangsmaßnahmen vorliegen müssen noch die Verfahrensweisen vor.

Beim Infektionsschutz geht es nicht nur um das „Wer" sondern auch und gerade um „Wie", also darum, wie welche Maßnahmen ausgewählt und umgesetzt werden! Zur Rechtfertigung der Zwangsmaßnahmen des kIfSG ist es also dringend erforderlich, deren Voraussetzungen klar im Gesetz zu definieren und das Verfahren transparenter auszugestalten. Neben Feststellung der zuständigen Behörde ist es daher dringend nötig, die Voraussetzungen und das Verfahren für Zwangsmaßnahmen nach Maßgabe des Grundsatzes der Subsidiarität bzw. Verhältnismäßigkeit zu regeln.

Das geltende kIfSG regelt für die befugten Beamten nur Ausweisvorzeigepflicht bei der Zwangsvollstreckung. Im Gesetz sollten noch Verfahrensinhalte und -garantien betr. Belehrung, Frist, Anhörung, Anfechtung, Aufhebung usw. konkret und ausführlich geregelt werden. Auch im Infektionsschutz sind Prävention und Freiheit des Einzelnen abzuwägen. Dazu gehört, die Freiheit jedes einzelnen rechtsstaatlich zu garantieren und nur so ist sie sicher und nachhaltig in den Ausführungsgesetzen umzusetzen!

Isabell Plich / Bettina Doering

Konfliktprävention in Gemeinschaftsunterkünften für Geflüchtete

Konflikte in Gemeinschaftsunterkünften können verschiedene Ursachen haben. Überbelegung und mangelnde Privatsphäre sind räumliche Faktoren, welche die Wahrscheinlichkeit von Konflikten erhöhen. Darüber hinaus können auch Frustration, Zukunftsängste, psychische Labilität und kulturelle Diversität genannt werden. Diese sehr unterschiedlichen Konflikte können Vorurteile und Fremdenfeindlichkeit in der Bevölkerung fördern und bei der Gesamtheit der Geflüchteten zusätzliche Unsicherheit hervorrufen. Das Landes-Demokratiezentrum Niedersachsen hat daher ein Projekt zur Konfliktprävention konzipiert, mit dessen Hilfe sowohl die Bewohnerinnen und Bewohner als auch das Personal der Gemeinschaftsunterkünfte Konflikte vor einer gewalttätigen Eskalation selbstständig schlichten können.

1. Hintergrund

Seit 2015 sind etwa 1.1 Millionen Asylanträge in ganz Deutschland gestellt worden. Etwa 118.000 der Asylerst- und Folgeanträge entfallen dabei auf Niedersachsen. Im Kontext der problematischen Unterbringungssituation[1] häufte sich die Wahrnehmung von Konflikten und zum Teil gewalttätiger Auseinandersetzungen innerhalb der Bewohnerschaft niedersächsischer Flüchtlingsunterkünfte. Zudem nahm die mediale Berichterstattung über das Konflikt- und Gewaltpotential in Unterkünften für Asylbegehrende zu.[2] Auslösende Bedingungen und Auswirkungen der teilweise gewalttätigen Konflikte, aber auch bedeutsame Risiko- und Schutzfaktoren zur Vermeidung weiterer Konfliktsituationen lagen dabei jedoch meist im Dunkelfeld. Über Häufung, Ursachen, Art und Schwere der Konflikte sowie bestehende Konfliktlösungsstrategien gab es nur wenige bis gar keine Informationen. Eine vom Landes-Demokratiezentrum Niedersachsen in Auftrag gegebene, qualitative Erhebung in vier Gebieten Niedersachsens und drei niedersächsischen Beispielunterkünften sollte dabei helfen das

---

[1] Nds. LT-Drucksache 17/4566 vom 04.11.2015, S. 1; Pistorius will Lager Friedland entlasten, dpa, in: Hannoversche Allgemeine Zeitung vom 09.10.2015, unter: http://www.haz.de/Nachrichten/Politik/Niedersachsen/Minister-Boris-Pistorius-stellt-Lager-Friedland-Entlastung-in-Aussicht (Abruf: 04.12.2016); Doeleke, Karl/von Meding, Conrad: Doppelt so viele Flüchtlinge für Kommunen, in: Hannoversche Allgemeine Zeitung vom 03.12.2015, unter: http://www.haz.de/Nachrichten/Politik/Niedersachsen/Kommunen-muessen-doppelt-so-viele-Fluechtlinge-aufnehmen (Abruf: 04.12.2016).

[2] Waldermann, Anselm/Pilarczyk, Hannah/Roth, Anna-Lena: Politiker wollen Christen und Muslime getrennt unterbringen, in: Spiegel Online vom 28.09.2015, unter: http://www.spiegel.de/politik/deutschland/fluechtlinge-chr sten-und-muslime-getrennt-unterbringen-a-1054931.html (Abruf: 04.12.2016); Fischhaber, Anna: Wann die Gewalt eskaliert, in: Süddeutsche Zeitung vom 28.09.2016, unter: http://www.sueddeutsche.de/leben/konflikte-in-fluechtlingsunterkuenften-wann-die-gewalt-eskaliert-1.2668094 (Abruf: 04.12.2016); Steffen, Tilmann: Trennen oder nicht? , in: ZEIT Online vom 29.09.2015, unter: http://www.zeit.de/politik/deutschland/2015-09/fluechtlinge-gewalt-trennung-fluechtlingsheime-asylbewerber (Abruf: 04.12.2016).

Konfliktaufkommen besser zu verstehen. Neben allgemeinen Aspekten zur Organisation der Unterbringung in Niedersachsen und den hieraus erwachsenden Problemfel-
dern, wurden insbesondere die Konfliktbereiche und Konfliktlösungsstrategien in den
Unterkünften sowie Risiko- und Schutzfaktoren untersucht.

Die Erhebung in den Beispielunterkünften hat aufgezeigt, dass die Masse der Konflikte aus dem alltäglichen Zusammenleben entstehen. Unterschiedliche Auffassungen
von Sauberkeit, Ruhestörungen oder Streitigkeiten zwischen Kindern führen häufig
zu Auseinandersetzungen zwischen den Bewohnerinnen und Bewohnern.[3] Aber auch
häusliche Gewalt sowie kulturell, ethnisch oder religiös motivierte Konflikte existieren. Die vorhandenen und entstehenden Alltagskonflikte bilden häufig ein reflexives
Konfliktsystem mit ethnischen, religiösen oder kulturellen Konflikten. Deutlich wurde allerdings auch, dass das Konfliktaufkommen bezogen auf die Anzahl der untergebrachten Menschen in den abgefragten Gebieten nicht übermäßig hoch ist. Das
Konfliktaufkommen hängt dabei in nicht unerheblichem Maße von den Unterbrin-
gungsstandards, der Unterkunftsgröße, der räumlichen Gestaltung und zum Teil vom
Freizeitangebot ab. Nachdem die Menschen in 2015 vielerorts noch in provisorischen
Notunterkünften untergebracht werden mussten, hat sich die Situation in Hinblick auf
die Unterbringung in Niedersachsen meist entspannt. So endete am 31. März 2016
die Amtshilfe zur Unterbringung von Flüchtlingen und Asylbegehrenden durch die
Kommunen. Die Landkreise, kreisfreien Städte sowie die Region Hannover wurden
im letzten Quartal 2015 durch das Land Niedersachsen im Wege der Amtshilfe hierfür
in Anspruch genommen.[4]

Ein Teil der Konflikte kann auf die angespannte Unterbringungssituation zurückgeführt werden. Für die Bewohnerinnen und Bewohner der Unterkünfte stellten die beengten Verhältnisse
eine enorme Belastung dar. Dennoch kann die Entspannung der Unterbringungssituation insgesamt nur bedingt einen Beitrag zur Konfliktreduktion innerhalb der Bewohnerschaft leisten.
Zwischenmenschliche Konflikte des alltäglichen Zusammenlebens zeigten sich hiervon meist
unabhängig. Die Bewohnerinnen und Bewohner leben in den Gemeinschaftsunterkünften in
einer Art Zwangsgemeinschaft zusammen. Bereits diese Situation kann sich konfliktfördernd
auswirken. Das Aufkommen von Konflikten erschwert überdies das Zusammenleben in dieser
Form von Zwangsgemeinschaft. Daneben ist zu berücksichtigen, dass die Gemeinschaftsunterkunft das zu diesem Zeitpunkt einzige Zuhause für die Bewohnerinnen und Bewohner darstellt. Es existieren keine Ausweichmöglichkeiten.

---

[3] Die nachfolgenden Ausführungen nehmen Bezug auf die beim 21. Deutschen Präventionstag vorgestellte
Erhebung: Plich (2016), Feststellung der Konfliktbereiche in drei Gemeinschaftsunterkünften zur Unterbringung von Flüchtlingen und Asylsuchenden sowie deren kommunaler Umgebung in Niedersachsen,
unter: http://www.lpr.niedersachsen.de/html/download.cms?id=2265&datei=Gutachten_Konfliktbereiche+i
n+Fl%C3%BCchtlingsunterk%C3%BCnften_final.pdf (Abruf: 05.12.2016).

[4] MI Niedersachsen, Pressemitteilung vom 31.03.2016, http://www.mi.niedersachsen.de/aktuelles/presse_in-
formationen/amtshilfe-endet-heute--innenminister-pistorius-dankt-den-kommunen-142159.html (Abruf:
04.12.2016).

Die Bewohnerinnen und Bewohner der Unterkünfte sind in den Gemeinschaftsunterkünften bestimmten Risikofaktoren ausgesetzt, welche die Entstehung und Eskalation von Konflikten zusätzlich begünstigen. Fehlende Tagesstruktur, Langeweile, Lagerkoller oder Frust über die persönliche Situation sind solche Risikofaktoren, denen kaum durch eine Entspannung der Unterbringungssituation begegnet werden kann.

Gleichzeitig stellte sich heraus, dass die Konfliktbereiche mit den bestehenden Konfliktlösungsstrategien und personellen Ressourcen nur bedingt bewältigt werden können. Schutzfaktoren und präventiv wirkende Lösungsansätze existierten nur in geringem Umfang Zu nennen sind diesbezüglich die gemeinsame Unterbringung von Personen gleicher Herkunftsländer in einzelnen, abgeschlossenen Wohneinheiten, die bedingte Übertragung von Selbstorganisation sowie die Bildung einer Vertrauensbeziehung zwischen Personal und Bewohnerschaft.

Positiv hervorzuheben ist für die Entwicklung von Ansätzen zur Konfliktprävention und Konfliktlösungsstrategien, dass die benannten Risikofaktoren beinahe ausschließlich auf der Mesoebene[5] zu finden sind. Auch die festgestellten Konfliktbereiche bewegen sich meist hier. Auf der Mikroebene lassen sich hingegen lediglich das häufig junge Alter der überwiegend männlichen Bewohner, Alkohol- und seltener Drogenkonsum sowie traumatisierende Erfahrungen als Risikofaktoren benennen.

Risikofaktoren	Schutzfaktoren
Mesoebene: - Fehlende Tagesstruktur - Langeweile - Frust - Lagerkoller - Zukunftsängste **Mikroebene:** - Männliche junge Erwachsene - Alkohol- und Drogenkonsum - Traumaerfahrungen	**Mesoebene:** - Räumliche Bedingungen - Gemeinsame Unterbringung von Menschen gleicher Herkunft - Vertrauensbasis - Selbstorganisation - Betreuungsangebote - Netzwerkarbeit

Neben dem Konfliktaufkommen selbst sind vor allem die bei den interviewten Bewohnerinnen und Bewohnern zu beobachtenden Rückzugstendenzen problematisch. Die Interviewpartnerinnen und Interviewpartner gaben an, im Rahmen des Möglichen zurückgezogen in der Unterkunft zu leben. Der Kontakt zu anderen Bewohnerinnen und Bewohnern wird bewusst gemieden. Auch bei aufkommenden oder bestehenden

---

[5] Entsprechende des sogenannten ökosystemischen Ansatzes von Bronfenbrenner wird der Lebensraum eines Individuums in verschiedene Ebenen der Einflussnahme differenziert. Dabei bezeichnet die Microebene die unterschiedlichen Beziehungen eines Menschen untereinander, währenddessen die Mesoebene die formellen Organisationsstrukturen der Institutionen und der deren Merkmale umfasst.

Konflikten wurde meist der Rückzug gewählt. Das dauerhafte Risiko der Entstehung oder Eskalation von Konflikten trägt hierzu bei. Trotz starker situativer Unzufriedenheit versuchten die Interviewpartnerinnen und Interviewpartner Konflikte gar nicht erst entstehen zu lassen. Die Bewohnerinnen und Bewohner wählten meist den Rückzug aus der Konfliktsituation. Es wurden selten Lösungsstrategien bei bestehenden Konflikten entwickelt. Die beobachteten Rückzugstendenzen führen nicht bloß zur Vernachlässigung positiver Aktivitäten und der hierdurch fehlenden Möglichkeit positiver emotionaler Erfahrungen. Sozialer Rückzug führt zur Verminderung der Kontaktfähigkeit und anderer alltäglicher Fähigkeiten. Auch die Integrationsbereitschaft und Integrationsfähigkeit sowie die psychische Gesundheit können unter den Rückzugstendenzen leiden.

Ein erhöhtes Konfliktaufkommen in den Flüchtlingsunterkünften prägt zudem die öffentliche Wahrnehmung. In der öffentlichen Wahrnehmung finden häufig nur die Konflikte selbst und selten deren Ursachen Beachtung. Vorurteile zur Kriminalität von Geflüchteten werden durch ein erhöhtes (gewalttätiges) Konfliktaufkommen zusätzlich geschürt. Hinzukommend traten die Konfliktbereiche teilweise auch im Zusammenhang mit der kommunalen Umgebung auf. Vielfach gaben die befragten Expertinnen und Experten an, dass häufig im Vorfeld der Einrichtung einer Unterkunft kritische Anmerkungen und Ängste in Bezug auf die Bewohnerschaft aus der direkten Nachbarschaft an sie herangetragen worden sind. Auch Sachbeschädigungen an den Unterkünften wurden in drei von vier Gebieten festgestellt. In zwei Gebieten gab es direkte Konflikte zwischen Bürgerinnen und Bürgern und der Bewohnerschaft.

Durch die persönliche Wahrnehmung von Konfliktbereichen im Zusammenhang mit Gemeinschaftsunterkünften können das Sicherheitsempfinden in der Gesellschaft verringert und die Kriminalitätsfurcht sowie Vorurteile gegen Geflüchtete verstärkt werden. Langfristig kann die Integrationsbereitschaft der Aufnahmegesellschaft hierunter leiden, was die Entstehung weiterer Konflikte befürchten ließe. Daneben kann eine derartige gruppenbezogene Menschenfeindlichkeit die Rückzugstendenzen der Geflüchteten verstärken, womit die Integration beidseitig erschwert würde.

Für das Personal in den Flüchtlingsunterkünften sowie die Beschäftigten bei der Polizei und den Kommunen bedeutet ein erhöhtes Konfliktaufkommen ein Mehr an Arbeit, das neben die originären Aufgaben tritt. Die meisten befragten Expertinnen und Experten gaben an, keine speziellen Konfliktlösungsstrategien zu besitzen. Für die Sozialarbeiterinnen und Sozialarbeiter in den Unterkünften, aber auch für die Polizeibeamtinnen und Polizeibeamten ist es Teil des Tätigkeitsfeldes, Konflikte deeskalierend zu lösen. Die personelle Situation und die eigentlichen Tätigkeitsfelder ermöglichen präventives Handeln vor allem im Bereich der alltäglichen Konflikte jedoch nur bedingt. Vereinzelt bieten bestimmte Rituale eine funktionierende Möglichkeit, um Konflikte beizulegen. Der Konfliktentstehung und dem damit eigentlichen Problem in den Unterkünften kann hierdurch jedoch nicht abgeholfen werden. Die Sprachbarriere zwischen Personal und Bewohnerschaft tritt im Rahmen der Konfliktlösungen durch Personal und Polizei erschwerend hinzu.

Auch die psychische Gesundheit des Personals kann durch das Konfliktaufkommen verschlechtert werden. Das Personal ist den Konflikten jedenfalls mittelbar häufig ausgesetzt. Auf Dauer kann dies zu einer Verringerung der Leistungsfähigkeit und Belastbarkeit führen.

2. Projektziele

Zur Unterstützung der Integrationsfähigkeit der Bewohnerinnen und Bewohner, zur Verringerung des Konfliktaufkommens insgesamt und zur Verhinderung der Eskalation bestehender Konflikte in Gemeinschaftsunterkünften ergibt sich daher auf unterschiedlichen Ebenen Handlungsbedarf.

Primäre Ziele sind die Konfliktprävention sowie die Unterstützung der Integrationsfähigkeit. Dabei soll jedoch gleichzeitig die Selbstwirksamkeit der Bewohnerinnen und Bewohner gestärkt werden. Weiterhin ist den zu beobachtenden Rückzugstendenzen durch eine verstärkte Beteiligung im Organisationsablauf der Gemeinschaftsunterkunft sowie Möglichkeiten zur Konfliktlösung entgegenzuwirken. Das „funktional begründete Autoritäts- und Weisungsgefälle"[6] zwischen dem Personal einer Gemeinschaftsunterkunft und der Bewohnerschaft sollte hierfür aufgeweicht und nach Möglichkeit bis auf gesetzlich definierte Vorbehalte zurückgenommen werden.[7] Durch die Übertragung von „Argumentations- und Handlungsspielräumen"[8] innerhalb demokratischer Entscheidungsfindungen im vorübergehenden „Zuhause Gemeinschaftsunterkunft" sollen die Bewohnerinnen und Bewohner nicht bloß zur Entwicklung eigener Konfliktlösungsstrategien angehalten werden. Die Entwicklung einer derartigen moralischen Kultur kann zum einen auch das moralische Denken und Handeln positiv beeinflussen und zum anderen die subjektive Zufriedenheit durch gleichberechtigte Partizipationschancen erhöhen.[9] Das Erlernen und Erleben demokratischer Prinzipien durch die Einräumung von Beteiligungs- und Entscheidungsmöglichkeiten fördert die individuelle Urteilsfähigkeit sowie ein vielfältiges, gewaltfreies und demokratisches Miteinander. Auf diese Weise können demokratische Strukturen in Gemeinschaftsunterkünften etabliert und verfestigt werden.[10] Das Ziel soll nicht die bloße Konfliktprävention, sondern die Entwicklung und Stärkung der demokratischen Kultur innerhalb der Bewohnerschaft und dadurch auch in der Gesamtgesellschaft sein. Die Integration der teilnehmender Bewohnerinnen und Bewohner wird hierdurch unterstützt, in dem durch die Selbstorganisation ihrer Lebenswelt aktives Gestalten an die Stelle von passivem Warten tritt

---

[6] Brumlik, Ruperto Carola 3/1997, S. 18.
[7] Brumlik, Ruperto Carola 3/1997, S. 18.
[8] Brumlik, Ruperto Carola 3/1997, S. 19.
[9] Brumlik, Ruperto Carola 3/1997, S. 18; Rösemann, ZJJ 4/2015, S. 374.
[10] Sutter/Baader/Weyers, Neue Praxis 1998, S. 388; Weyers in: Handbuch Jugendkriminalität: Demokratische Partizipation durch „Just Communities", S. 415-425 (S. 421).

Ein verringertes Konfliktaufkommen kann das Personal in den Gemeinschaftsunterkünften, aber auch die örtlichen Polizeidienststellen dauerhaft entlasten und den jeweiligen Arbeitsaufwand verringern, wodurch eine verstärkte Konzentration auf die
originären Aufgabenfelder wieder möglich wird. Auch die psychische Gesundheit des
Personals in den Gemeinschaftsunterkünften wird auf diese Weise geschützt.

Ein weiteres Ziel ist die Stärkung des Sicherheitsempfindens und der Integrationsbereitschaft der Aufnahmegesellschaft. Die Verringerung des Konfliktaufkommens und
die Verhinderung der Konflikteskalation in den Gemeinschaftsunterkünften wirken
sich positiv in der öffentlichen Wahrnehmung Geflüchteter aus.

Hinsichtlich der Überprüfung der erreichten Ziele nach Umsetzung der Maßnahmen
ist auf die Feststellung des Konfliktaufkommens innerhalb der Bewohnerschaft in
den Gemeinschaftsunterkünften, die Entwicklung ihres demokratischen Denkens und
Handelns sowie die Integration in der Aufnahmegesellschaft abzustellen. Die Überprüfung wird anhand einer Evaluation der durchgeführten Maßnahme vorgenommen.

3. Maßnahmen

Bislang werden entstehende und bestehende Konflikte innerhalb der Bewohnerschaft
zumindest in den untersuchten Beispielunterkünften deeskalierend durch das Sozial-
und/oder Sicherheitspersonal entschärft. Teilweise wird auch die Polizei hinzugezogen. Grundsätzlich bemühen sich die Unterkunftsleitungen darum, Konflikten insbesondere durch räumliche Strukturen entgegenzuwirken. Hier ist zum Beispiel die
gemeinsame Unterbringung von Menschen aus gleichen Herkunftsländern zu nennen.
Aber auch die Übertragung einer gewissen Selbstorganisation für die Bewohnerinnen
und Bewohner innerhalb der Unterkünfte und die damit einhergehende Vertrauensba-
sis zwischen Unterkunftspersonal und Bewohnerschaft haben sich positiv ausgewirkt.
Wünschenswert sind jedoch ergänzende Maßnahmen, die zum einen frühzeitig auf
konkrete Konfliktlagen reagieren können sowie andererseits langfristig und nachhaltig orientiert sind und dadurch die Integrationsfähigkeit stärken. Zudem sollten die
Maßnahmen möglichst alle benannten Projektziele erreichen können.

Eine mögliche Methode wäre der Mediationsansatz bzw. die Ausbildung von Media-
torinnen und Mediatoren innerhalb der Bewohnerschaft, wobei dieser eine gute Basis
für das Erkennen und Bearbeiten von Konflikten im Vorfeld der Eskalation bietet. Problematisch sind hierbei allerdings zwei Punkte. Erstens kann die Auswahl einzelner
Personen neue oder ggf. bestehende hierarchische Strukturen innerhalb der Bewohnerschaft begünstigen. Außerdem können Konflikte auf diese Weise in ungewollte
Parallelstrukturen abgedrängt werden, sodass beispielsweise strafrechtlich relevante
Konflikte kaum mehr handhabbar werden. Derartige Entwicklungen widersprechen
den rechtsstaatlichen Grundsätzen einer demokratischen Gesellschaft und sind insbesondere im Bereich der häuslichen Gewalt unbedingt zu verhindern. Zweitens würde
ein Mediationsansatz keine demokratischen Partizipationsmöglichkeiten vermitteln

und stärkt dadurch auch nur bedingt die Integrationsfähigkeit. Dieser wünschenswerte Zusatzeffekt einer Maßnahme zur Konfliktprävention in Gemeinschaftsunterkünften sollte jedoch unbedingt angestrebt werden.

Eine Maßnahme, die sowohl die Integrationsfähigkeit durch Stärkung der Selbstwirksamkeit unterstütz-, als auch Lösungsmöglichkeiten für Konflikte und Eigenverantwortung durch demokratische Strukturen schafft, ist der Just Community-Ansatz.

„Just Community ist eine Gemeinschaft, die nach Prinzipien partizipatorischer Demokratie organisie:t ist und die Regeln des Zusammenlebens innerhalb der jeweiligen Institution, in der sie angesiedelt ist, selbst hervorbringt".[11] Der Ansatz stammt von Lawrence Kohlberg und strebte ursprünglich die Förderung des moralischen Denkens und die Resozialisierung jugendlicher Inhaftierter an.[12] Auch in verschiedenen Schulformen wurde der Just Community-Ansatz bereits erprobt.[13]

Bei der Heranziehung des Just Community-Ansatzes zur Stärkung der Integrationsfähigkeit und der Konfliktprävention in Gemeinschaftsunterkünften ist allerdings nicht die Steigerung des moralischen Urteilsvermögens der Bewohnerinnen und Bewohner das Ziel. Vielmehr bietet der Just Community-Ansatz Strukturen, die das Zusammenleben in einer Zwangsgemeinschaft erleichtern und das demokratische Verständnis fördern können. Mit der „Just Community" soll eine Gemeinschaft gegründet werden, die von allen Beteiligten als gerecht wahrgenommen wird und in der Konflikte gemeinsam gelöst werden können.[14] Der Just Community-Ansatz bildet einen von bislang wenigen präventiven Ansätzen zur Konfliktvermeidung und zur Stärkung der Selbstwirksamkeit, was sich wiederum integrationsfördernd auswirkt.

Die Einführung einer gerechten, demokratischen Gemeinschaft in einer Gemeinschaftsunterkunft unterstützt die Aufweichung der „funktional begründeten Autoritäts- und Weisungsgefä.le" zwischen Bewohnerschaft und Personal.[15] Die gleichberechtigte Teilhabe des Personals am Just Community-Ansatz fördert diese Aufweichung.[16] Gleichzeitig werden Parallelstrukturen durch Wahrung der Öffentlichkeit innerhalb der Unterkunft verhindert. Auf diese Weise wird die Selbstwirksamkeit der Bewoh-

---

[11] Baader in: Werteaneignung als Drahtseilakt. Orientierung für schulische und außerschulische Bildung: Demokratische Gemeinschaft, S. 69-75 (S. 71).

[12] Kohlberg in: Transformation und Entwicklung. Grundlagen der Moralerziehung: Der „Just Community"-Ansatz der Moralerziehung in Theorie und Praxis, S. 21-25 (S. 22 f.); Kohlberg/Scharf/Hickey in: Sozialisation und Moral. Neuere Ansätze zur moralischen Entwicklung und Erziehung: Die Gerechtigkeitsstruktur im Gefängnis. Eine Theorie und eine Intervention, S. 202-214 (S. 203).

[13] Lind, Moral ist lehrbar, S. 123 ff.; Lind, Georg/Althof, Wolfgang, Moralentwicklung und Kontext Schule: Wirksamer als wir da:hten, S. 6 ff., unter: http://www.uni-konstanz.de/ag-moral/pdf/Lind-1999_Althof-ergebnisse-DES.pdf (Abruf: 04.12.2016).

[14] Brumlik, Ruperto Carola 3/1997, S. 16; Kohlberg/Scharf/Hickey in: Sozialisation und Moral. Neuere Ansätze zur moralischen Entwicklung und Erziehung: Die Gerechtigkeitsstruktur im Gefängnis. Eine Theorie und eine Intervention, S. 202-214 (S. 207).

[15] Brumlik, Ruperto Carola 3/1997, S. 18; Kohlberg/Scharf/Hickey in: Sozialisation und Moral. Neuere Ansätze zur moralischen Entwicklung und Erziehung: Die Gerechtigkeitsstruktur im Gefängnis. Eine Theorie und eine Intervention, S. 202-214 (S. 207).

[16] Kohlberg/Scharf/Hickey in: Sozialisation und Moral. Neuere Ansätze zur moralischen Entwicklung und Erziehung: Die Gerechtigkeitsstruktur im Gefängnis. Eine Theorie und eine Intervention, S. 202-214 (S. 207).

nerinnen und Bewohner durch aktive Teilhabe an Entscheidungsprozessen gestärkt. Den Bewohnerinnen und Bewohnern werden Argumentations- und Handlungsspielräume zur Entwicklung eigener Regeln und eigener Konfliktlösungen in einem demokratischen und konstitutionellen Prozess übertragen.[17] Dabei werden demokratische Prinzipien durch Einräumung dieser Beteiligungs- und Entscheidungsmöglichkeiten erlernt und erlebt und eine demokratische Kultur bereits in der Gemeinschaftsunterkunft selbst geschaffen. Die gleichberechtigten Partizipationschancen erhöhen die subjektive Zufriedenheit der einzelnen Bewohnerinnen und Bewohner. Zudem wird das soziale Klima auf diese Weise insgesamt optimiert.[18]

Da die Konfliktursachen in den untersuchten Unterkünften primär auf der Mesoebene zu finden sind, bietet sich ein derartiger Ansatz zur Neustrukturierung des organisationellen Netzwerkes an. Die Stärkung der Selbstorganisation im Rahmen eines systemischen Ansatzes für die Gemeinschaftsunterkünfte schützt dabei zum einen die psychische Gesundheit (Verhinderung der Rückzugstendenzen, Stärkung der Selbstwirksamkeit und subjektiven Zufriedenheit durch Verbesserung der partizipatorischen Möglichkeiten) und verbessert zum anderen die Integrationsfähigkeit und das demokratische Verständnis der Bewohnerinnen und Bewohner.

Hinsichtlich der Entwicklung eigener Regeln des gemeinsamen Zusammenlebens ist zu berücksichtigen, dass sich diese Regeln ausschließlich im Rahmen der Regelungen der Unterkunftsleitung bewegen können und nicht gegen gesetzliche Regelungen verstoßen dürfen. Hierfür ist erforderlich, den teilnehmenden Bewohnerinnen und Bewohnern gesetzliche Regeln vorab zu erläutern. Auch die Grundprinzipien einer repräsentativen Demokratie sollten den Bewohnerinnen und Bewohnern in diesem Zusammenhang näher gebracht werden, um Enttäuschungen durch falsche Erwartungen vorzubeugen. Viele der nach Deutschland geflohenen Menschen stammen zwar aus Staaten, die offiziell demokratische Staatsformen aufweisen.[] Allerdings sind demokratische Regierungssysteme vielerorts noch nicht ausreichend lange etabliert, um ein demokratisches Verständnis bei den Bürgerinnen und Bürgern voraussetzen zu können. Hinzukommend können Demokratiedefizite und Einschränkungen der individuellen Freiheitsrechte in den jeweiligen Herkunftsländern nicht ausgeschlossen werden, zumal nicht alle Herkunftsländer der Bewohnerinnen und Bewohner demokratische Staatsformen aufweisen. Aufgrund dessen sollte den Bewohnerinnen und Bewohnern vor Beginn der eigentlichen Maßnahme Grundlagenwissen zur Demokratie in Deutschland und zum deutschen Grundgesetz vermittelt werden.

---

[17] Brumlik, Ruperto Carola 3/1997, S. 16; Sutter/Baader/Weyers, Neue Praxis 1998, S. 385.
[18] Kohlberg/Scharf/Hickey in: Sozialisation und Moral. Neuere Ansätze zur moralischen Entwicklung und Erziehung: Die Gerechtigkeitsstruktur im Gefängnis. Eine Theorie und eine Intervention, S. 202-214 (S. 207); Weyers in: Handbuch Jugendkriminalität: Demokratische Partizipation durch „Just Communities", S. 415-425 (S. 422).

4. Durchführung

Für die Durchführung des Just Community-Ansatzes in einer niedersächsischen Gemeinschaftsunterkunft ist zunächst eine Pilotphase von einem Jahr vorgesehen. In diesem Zeitraum findet vorab ein achtwöchiger Vorkurs zur Vermittlung von Grundkenntnissen zur Demokratie in Deutschland und zum Grundgesetz statt. Im Anschluss daran beginnt die zehnmonatige Pilotphase des Just Community-Ansatzes in einer niedersächsischen Gemeinschaftsunterkunft.

a. Vorkurs

Die Wissensvermittlung zur Demokratie in Deutschland und zum deutschen Grundgesetz wird kultursensibel und nicht als Frontalunterricht gestaltet. An dem Vorkurs nehmen die Bewohnerinnen und Bewohner sowie das am Just Community-Projekt beteiligte Personal der Gemeinschaftsunterkunft teil. Die gemeinsame Erfahrung fördert das Verständnis für die jeweils andere Kultur und gleichzeitig wird der spätere Rahmen unter Aufweichung der hierarchischen Strukturen für die „gerechte Gemeinschaft" geschaffen.

Ziel ist es nicht, den Bewohnerinnen und Bewohnern die Werte der deutschen Gesellschaft aufzudrängen, sondern die Werte durch die Vermittlung kultureller Gemeinsamkeiten verständlich und nachvollziehbar zu machen. In jeder Kurseinheit werden ein bis zwei Grundrechte erörtert, deren Bedeutung für die Gesellschaft und deren historische Entstehung den Bewohnerinnen und Bewohnern durch die Methode des Storytellings nähergebracht wird.

Die Wirksamkeit von Geschichtserzählungen wird von Therapeutinnen und Therapeuten im Bereich der narrativen und systemischen Therapie genutzt, um unter anderem Einstellungsänderungen anzuregen.[19] Geschichtserzählungen können auch zur Konfliktklärung und -lösung dienen. Die für die Zuhörenden auf diese Weise geschaffene Distanz zum bestehenden Dilemma oder Konflikt schafft die Möglichkeit für den notwendigen Abstand zu den eigenen Gefühlen und der „Beziehung zum Konflikt". Trotzdem regen Geschichtserzählungen zur persönlichen Auseinandersetzung mit dem durch die Geschichte vermittelten Wissen an und ermöglichen die Identifikation mit dem erzählten Dilemma.[20] Bei der sich anschließenden Diskussion besprechen die Teilnehmenden zwar die Geschichte, können aber gleichzeitig eigene Emotionen, Konflikte und Probleme einbringen. „Das Assoziieren zu einer Geschichte fällt häufig wesentlich leichter, als das direkte Ansprechen schwieriger Themen und Verhaltensmuster. Die Geschichte nimmt so eine Spiegelfunktion ein."[21] Vor allem emotional schwierige Themen wie die Vereinbarkeit von Religiosität und Demokratie können auf diese Weise (kultur-)sensibel erörtert werden.

---

[19] Milling, Storytelling. S. 11, 14.
[20] Milling, Storytelling. S. 43 ff.
[21] Milling, Storytelling. S.45, m.w.N.

Neben der Erörterung der deutschen Grundrechte werden Verknüpfungen zu Werten und Rechten der Heimatländer hergestellt und Gemeinsamkeiten in der Gruppe herausgearbeitet.

Überträgt man die Methode des Storytellings auf die Vermittlung von Kenntnissen zu deutscher Demokratie und dem deutschem Grundgesetz, bilden die für den Vorkurs ausgewählten Grundrechte jeweils eine Metapher. Die persönliche Einbindung der Kursteilnehmenden ist durch eine geeignete Kursleitung vorzunehmen, die dabei kultursensibel vorgeht. Die Erzählung und die Metapher enthalten neben den Rechten und Pflichten, die jedes Grundrecht vermittelt, auch Informationen zur Entstehung. Den Kursteilnehmenden wird zur Verständnisförderung nicht das Recht als solches, sondern auch dessen Begründung vermittelt. Hierfür werden beispielsweise philosophische Geschichten, Erzählungen oder Fabeln herangezogen, die ihren Ursprung nach Möglichkeit in den Heimatländern der Bewohnerinnen und Bewohner oder in Deutschland haben. Um die Lebenswelt aller Kursteilnehmenden abzubilden, setzt die Kursleitung Erzählungen aus allen Kulturkreisen ein. Die Kursleitung wird durch ein gemischt-geschlechtliches Team gebildet. Auf diese Weise wird Hemmungen gegenüber dem jeweils anderen Geschlecht abgeholfen. Zudem werden die Gruppengespräche und Diskussion durch zwei Personen intensiver moderiert. Die Kursleitung verfügt über sozialpädagogische und interkulturelle Kompetenzen sowie Kenntnisse der Mediation. Die Methode des Storytellings wird ebenfalls von einem Vertreter bzw. einer Vertreterin der Kursleitung beherrscht. Der Kursleitung werden Dolmetscher für die jeweils vertretenen Muttersprachen zur Seite gestellt.

Nachdem die jeweilige Geschichte erzählt wurde, gibt die Kursleitung den Kursteilnehmenden Zeit, um den Kern der Geschichte zu erfassen. Im Anschluss diskutiert die Gruppe unterschiedliche Eindrücke und Sichtweisen auf die Metapher und alle Kursteilnehmenden äußern ihre Ansicht zur kulturellen Herkunft der Geschichte. Der Umgang mit Konfliktlagen und Diskussionen wird dabei anhand von Dilemmadiskussionen innerhalb der jeweiligen Geschichtserzählung erprobt, damit diese Fähigkeiten später auf reale Dilemmata übertragen werden können. Die Kursleitung stellt mit der Geschichtserzählung ein Dilemma vor, das die Diskussion zwischen mindestens zwei gegensätzlichen Ansichten zulässt und die Entwicklung von unterschiedlichen Konfliktlösungsstrategien ermöglicht. Das Vorgehen der Dilemmadiskussion verdeutlicht unter anderem, dass auch der eigenen Ansicht entgegenstehende Argumente nachvollziehbar sein können.

Die Kursleitung löst erst nach dieser Diskussionsrunde auf, aus welchem Kulturkreis die Geschichte stammt. Um die kulturellen Gemeinsamkeiten für alle Kursteilnehmenden aufzudecken, ist es unerlässlich, Erzählungen aus allen vertretenen Kulturkreisen einzubinden. Den Kursteilnehmenden wird nochmals die Möglichkeit zu einem moderierten Austausch gegeben. Erst dann löst die Kursleitung auf, welches Grundrecht sich hinter der Erzählung verbirgt, welche Rechte und

Pflichten aus diesem Grundrecht erwachsen und welcher der historische Hintergrund des Grundrechts in Deutschland ist. Auch die Merkmale und Grundsätze der parlamentarischen Demokratie werden auf diese Weise inzident vermittelt.

Das erlernte Wissen wird sodann in der Erprobungsphase des Just Community-Ansatzes in der Gemeinschaftsunterkunft praktisch umgesetzt und verinnerlicht.

b. Just Community-Projekt

Durch die Etablierung des Just Community-Ansatzes in einer Gemeinschaftsunterkunft werden die Bewohnerinnen und Bewohner dazu in die Lage versetzt, sich selbst „eine Umgebung zu schaffen, in der gemeinschaftlich ein demokratischer Alltag"[22] gelebt wird. Daneben haben die Bewohnerinnen und Bewohner durch die Etablierung einer gerechten Gemeinschaft die Möglichkeit, Konflikte, die sich nicht im strafrechtlich relevanten Bereich bewegen, selbstständig zu bearbeiten und bei Bedarf zu sanktionieren. Die Unterkunftsleitung stellt „Teile ihrer Sanktionshoheit zur Disposition".[23] Unterstützt wird die Bewohnerschaft durch einen Teil des Personals der Gemeinschaftsunterkunft sowie einen originär zuständigen Sozialarbeiter bzw. eine Sozialarbeiterin, der bzw. die organisatorisch unterstützend sowie beratend tätig ist.

Die gerechte Gemeinschaft gibt sich gemeinschaftlich ein Regelwerk, welches das alltägliche Zusammenleben in der Gemeinschaftsunterkunft ordnet und Sanktionen für Verstöße vorsieht.[24] Das Regelwerk orientiert sich dabei an den gesetzlichen Regelungen sowie den unumstößlichen Regeln der jeweiligen Unterkunftsleitung. Die Bewohnerinnen und Bewohner werden durch den Vorkurs in ihren Fähigkeiten gestärkt, ein solches Regelwerk zu entwickeln.

Um auftretende und bestehende Konflikte zu bearbeiten, eine Satzung und Regeln zu beschließen und um die gerechte Gemeinschaft in der Unterkunft zu stärken, sieht der Just Community-Ansatz einmal wöchentlich stattfindende Vollversammlungen vor.[25] An der Vollversammlung sind alle Bewohnerinnen und Bewohner, aber auch alle Vertreterinnen und Vertreter des Sozial- und Sicherheitspersonals mit einer Stimme beteiligt. Die Vollversammlung bildet damit das „oberste Organ" der gerechten Gemeinschaft und ist zuständig für das Aufstellen gemeinsamer Regeln und Sanktionen für Verstöße sowie die Beratung über Konfliktfälle. Die Vollversammlung wählt zudem ein Leitungskomitee und ein Fairnesskomitee.[26]

---

[22] Rösemann, ZJJ 4/2015, S. 372.
[23] Brumlik, Ruperto Carola 3/1997, S. 16.
[24] Brumlik, Ruperto Carola 3/1997, S. 16 f.
[25] Brumlik, Ruperto Carola 3/1997, S. 16.
[26] Brumlik, Ruperto Carola 3/1997, S. 16; Sutter/Baader/Weyers, Neue Praxis 1998, S. 386 f.

Das Leitungskomitee ist für die Vorbereitung und moderierende Leitung der wöchentlichen Vollversammlungen zuständig. Personell ist das Leitungskomitee mit Bewohnerinnen und Bewohnern sowie Vertreterinnen und Vertretern des Sozial- und/oder Sicherheitspersonals zu besetzen, wobei die Anzahl der Bewohnerinnen und Bewohner in der Besetzung überwiegt.[27] Entsprechend der Anzahl der an der Vollversammlung beteiligten Personen besteht das Leitungskomitee aus mindestens drei[28] und maximal fünf[29] Personen. Zusätzlich beschließt die Vollversammlung eine Stellvertreterregelung für den Fall der Verhinderung einzelner gewählter Mitgliederinnen bzw. Mitglieder.[30] Das Leitungskomitee wird jeweils für einen Zeitraum von zwei Monaten gewählt. Für die Wahlen gelten die Wahlrechtsgrundsätze des Art. 38 Abs. 1 Grundgesetz (GG)[31]. Einer Wiederwahl wird durch die Satzung der Vollversammlung vorgebeugt.

Das Fairnesskomitee orientiert sich in seiner personellen und zeitlichen Zusammensetzung am Leitungskomitee. Eine gleichzeitige Mitgliedschaft in beiden Komitees ist durch die Satzung auszuschließen. Hauptaufgabe des Fairnesskomitees ist die Vermittlung zwischen den Parteien im Konfliktfall.[32] Gemeinsam mit den Konfliktparteien werden Lösungsansätze entwickelt. Außerdem ist das Fairnesskomitee mit der Beaufsichtigung der Umsetzung der Beschlüsse der Vollversammlung und der Einhaltung der Wahlrechtsgrundsätze betraut.

Nach Abschluss des Vorkurses findet daher zunächst eine konstituierende Sitzung der Vollversammlung statt. In dieser Sitzung werden Ideen für die Satzung der gerechten Gemeinschaft gesammelt und es findet eine Abstimmung über die Inhalte der Satzung statt. Die Moderation der konstituierenden Sitzung übernimmt der originär zuständige Sozialarbeiter bzw. die originär zuständige Sozialarbeiterin. Zudem werden das erste Leitungs- und Fairnesskomitee aus der Mitte der Vollversammlung gewählt. Daneben wird über den wöchentlichen Sitzungstermin der Vollversammlung abgestimmt. Das Leitungskomitee formuliert in seiner ersten Sitzung die Satzung für die Vollversammlung. Über die Annahme der ausformulierten Satzung stimmt die Vollversammlung dann in der zweiten Sitzung ab.

c. Evaluation

Die Effekte des Just Community-Ansatzes in Bezug auf die Konfliktprävention, das demokratische Verständnis sowie die Selbstwirksamkeit innerhalb der

---

[27] Sutter/Baader/Weyers, Neue Praxis 1998, S. 386 f.

[28] Zusammensetzung: Zwei Bewohnerinnen und Bewohner, ein Personalvertreter bzw. eine Personalvertreterin.

[29] Zusammensetzung: Drei Bewohnerinnen und Bewohner, zwei Personalvertreter bzw. Personalvertreterinnen.

[30] Sutter/Baader/Weyers, Neue Praxis 1998, S. 386 f.

[31] Art. 38 Abs. 1 GG: Allgemeine Wahl, unmittelbare Wahl, freie Wahl, gleiche Wahl, geheime Wahl.

[32] Brumlik, Ruperto Carola 3/1997, S. 16.

Gemeinschaftsunterkunft werden anhand von Beobachtungsberichten und Verlaufsprotokollen, Fragebögen sowie qualitativen Interviews mit dem beteiligten Personal erhoben.

Für die Evaluation sind vier Erhebungszeitpunkte vorgesehen: Die erste Untersuchung (T1) mittels Befragung findet vor Beginn des Vorkurses statt und die zweite Befragung wird nach Abschluss des Kurses durchgeführt (T2). Die dritte Folgebefragung (T3) erfolgt unmittelbar nach Abschluss des Just Community-Projektes. Eine vierte Folgebefragung (T4) findet drei Monate nach Abschluss des Just Community-Projektes statt. Zusätzlich protokolliert ein Sozialarbeiter bzw. eine Sozialarbeiterin den Verlauf des Just Community-Projektes und führt eine teilnehmende Beobachtung innerhalb der Gruppe des Just Community-Projektes durch.

Der für die Befragung heranzuziehende Fragebogen wird in unterschiedliche Sprachen übersetzt. Die zentralen Fragestellungen sind dabei

1. Wurden die Integrationsfähigkeit, die Integrationsbereitschaft und die Partizipation durch die Maßnahmen gestärkt?

2. Haben sich die Maßnahmen zur Konfliktprävention und der Entwicklung von Konfliktlösungsstrategien beigetragen?

3. Wurde der soziale Rückzug vermindert und die Selbstwirksamkeit durch die Maßnahmen gestärkt?

4. Welchen Wissensstand haben die Bewohnerinnen und Bewohner zur Demokratie in Deutschland?

Die Integrationsfähigkeit, Integrationsbereitschaft und Partizipation (Ziel 1) werden anhand von Fragestellungen zur kulturellen, strukturellen, sozialen und identifikativen Integration gemessen (Baier et al., 2012).[33]

Die Konfliktprävention und die Entwicklung von Konfliktlösungsstrategien (Ziel 2) werden anhand der Verlaufskontrolle und mittels Fragestellungen zum Konfliktaufkommen und dem Umgang mit Konflikten ermittelt. Damit wird auch gleichzeitig die Tendenz zum sozialen Rückzug (Ziel 3) abgefragt. Die Abfrage der Selbstwirksamkeit (Ziel 3) erfasst, inwieweit die Bewohnerinnen und Bewohner ihre eigene Beteiligung in der Gemeinschaft als lohnenswert erachten und ob Hilflosigkeit in Bezug auf das Leben in der Gemeinschaftsunterkunft festgestellt wird. Die Skalierung der Items zum Wissen über die Demokratie in Deutschland erfolgt anhand Items zum politischen Wissen nach Goll et al.[34]

---

[33] Baier et al., Kinder und Jugendliche in Deutschland: Gewalterfahrungen, Integration, Medienkonsum - Zweiter Bericht zum gemeinsamen Forschungsprojekt des Bundesministeriums des Innern und des KFN, unter: http://kfn.de/wp-content/uploads/Forschungsberichte/FB_109.pdf (Abruf: 04.12.2016).

[34] Goll et al., POWIS II - Die Entwicklung des politischen Wissens bei Schülern/innen in den Schulformen der Sekundarstufe I – Längsschnittstudie (2009-2013).

Literatur (Auswahl auch zur Vertiefung mit jeweils weiteren Nachweisen):

Brumlik, Micha, Just community – demokratische Strukturen im Strafvollzug, Ruperto Carola 3/1997, S. 16-21.

Dollinger, Bernd/Schmidt-Semisch, Henning (Hrsg.), Handbuch Jugendkriminalität Kriminologie und Sozialpädagogik im Dialog, Wiesbaden 2011.

Giebler, Karl (Hrsg.), Werteaneignung als Drahtseilakt Orientierung für schulische und außerschulische Bildung, Bad Boll 1998.

Lind, Georg, Moral ist lehrbar, 3. Auflage, Berlin 2015.

Milling, Hanna, Storytelling - Konflikte lösen mit Herz und Verstand, Frankfurt am Main 2016.

Oser, Fritz/Fatke, Reinhard/Höffe, Otfried (Hrsg.), Transformation und Entwicklung. Grundlagen der Moralerziehung, Frankfurt am Main 1986.

Portele, Gerhard (Hrsg.), Sozialisation und Moral. Neuere Ansätze zur moralischen Entwicklung und Erziehung, Weinheim 1978.

Rösemann, Antja, „Just Community" im Strafvollzug, Zeitschrift für Jugendkriminalrecht und Jugendhilfe 4/2015, S. 371-377.

Sutter, Hansjörg/Baader, Meike/Weyers, Stefan, Neue Praxis Zeitschrift für Sozialarbeit, Sozialpädagogik und Sozialpolitik 1998, S. 383-400.

Stefan Saß

Prozessorientierte Ausstiegsbegleitung – ein Praxisbericht

Die folgenden Ausführungen basieren auf den praktischen Erfahrungen in der sozial-pädagogisch konturierten Ausstiegsbegleitung aus der rechtsextrem orientierten Szene, die seit Gründung der AussteigerhilfeRechts des Landes Niedersachsen im Jahre 2001 gesammelt wurden.

Was ist Ausstieg?

Unter Ausstieg wird hier eine Überwindung von rechtsextremen Szenezugehörigkeiten in drei Dimensionen verstanden:

1. Die soziale Desintegration von rechtsextrem orientierten Szenezusammenhängen: Um Ausstiege nicht nur im Sinne einer gesellschaftlichen Reintegration erfolgreich bewältigen zu können, sondern diese auch gegenüber eventuellen Bestrebungen der Sanktionierung durch rechtsextreme Szenezusammenhänge abzusichern und möglichen Reaktivierungen rechtsextremer Haltungspotenziale angemessen vorbeugen zu können, ist es erforderlich, soziale Bindungen zu rechtsextremen Szenezusammenhängen zu lösen.

2. Die Überwindung rechtsextremer Haltungen: Rechtsextreme Haltungen erfahren im Idealfall im Verlauf der Ausstiegsbegleitung auf der Einstellungsebene eine Totalrevision, werden mindestens aber auf ein Maß reduziert, dass sie nicht mehr verhaltensleitend wirksam werden und als privatisiert gelten können. Darüber hinaus werden auf der Verhaltensebene rechtsextreme Performanzen nicht länger als Grundlage für das eigene Handeln genommen.

3. Der Verzicht auf Strafrechtsnormen verletzendes Verhalten: Da Zugehörigkeiten zu rechtsextrem orientierten Szenestrukturen häufig mit Verletzungen der Strafrechtsnormen auch in Bereichen, die der allgemeinen Kriminalität zugerechnet werden, einhergehen, muss für die Feststellung des erfolgreichen Verlaufes einer Ausstiegsbegleitung die grundsätzliche Bereitschaft zum Verzicht auf den Strafrechtsnormen der Bundesrepublik Deutschland zuwider laufenden Handlungen erkennbar sein.

Grundsätzlich wird für Ausstiege aus der rechtsextrem orientierten Szene ein prozesshafter Verlauf angenommen:

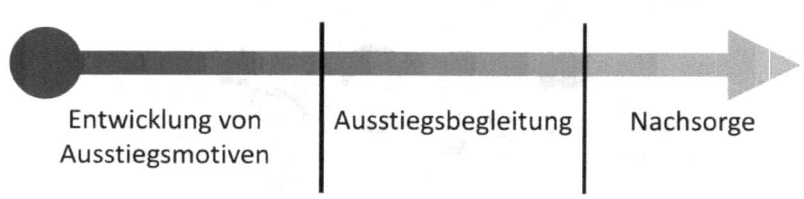

Entwicklung von   Ausstiegsbegleitung   Nachsorge
Ausstiegsmotiven

Ausstieg beginnt lange vor dem Ausstieg

Die Grafik macht deutlich, dass Ausstiege schon weit vor den eigentlichen Ausstiegsbegleitungen beginnen. Die Praxis zeigt, dass sich die Entwicklung von Ausstiegsmotiven u.U. über die Hälfte der Dauer einer Szenezugehörigkeit erstrecken kann. Das umfasst i.d.R. Zeiträume von mehreren Jahren. In dieser Zeit werden Szeneangehörige durch verschiedene Einflüsse, Erfahrungen und Erlebnisse immer wieder angeregt, sich kritisch mit ihrer Szenezugehörigkeit auseinanderzusetzen.

In der Reflexion der Entstehung von **Ausstiegsmotiven** kann nachvollzogen werden, dass deren Entwicklung grundsätzlich **multifaktoriell** beeinflusst ist:

▪ Es werden in der Nachbetrachtung von Szenezugehörigkeiten immer **negative Erfahrungen in Szenekontexten** als bedeutsam für die Entwicklung von Ausstiegsmotiven angeführt. Dabei handelt es sich i.d.R. um zentrale Erwartungen an Szenezugehörigkeiten, die enttäuscht werden; seien es Vorstellungen von Kameradschaft, hinter denen sich häufig ausgeprägte Loyalitäts- und Solidaritätserwartungen verbergen, Erwartungen an Anerkennungspotenziale, die sich durch Szenezugehörigkeiten erschließen sollen, an Möglichkeiten der Einflussnahme auf gesellschaftliche Aushandlungsprozesse oder Selbstwertquellen, die mit Szenezugehörigkeiten assoziiert werden.

▪ Häufig stehen auch **Sanktionserfahrungen** im Zusammenhang mit der Entwicklung von Ausstiegsmotiven. Sanktionserfahrungen beziehen sich jedoch nicht ausschließlich auf solche, die im Kontext der Verfolgung und Ahndung von Straftaten gemacht werden – auch wenn diese den größten Anteil an der Entstehung von Ausstiegsmotiven haben –, sondern auch auf Sanktionierungen von rechtsextremen Szenezugehörigkeiten in anderen Zusammenhängen: wenn Arbeitsplätze drohen, verloren zu gehen; Schulkarrieren vor dem Scheitern stehen; oder die Partizipation an Angeboten der Mehrheitsgesellschaft aufgrund von Szenezugehörigkeiten verweigert wird.

- **Diskrepanzen auf der Haltungsebene** stehen häufig in Zusammenhang mit negativen Erfahrungen bzw. enttäuschten Erwartungen an Szenezugehörigkeiten. Wenn in Szenekontexten propagierte Weltbilder und Wertvorstellungen einer Überprüfung an der szenischen Realität nicht standhalten, können diese Erfahrungen ausstiegswirksam werden.

- Häufig werden als Begründung für Ausstiege auch **negative Effekte auf außerszenische soziale Umfelder**, die sich aus Szenezugehörigkeiten ergeben können, benannt. D.h. Familienangehörige oder Partnerinnen bzw. Partner werden durch Sanktionierungen von Szenezugehörigkeiten in Mitleidenschaft gezogen oder Beziehungsqualitäten werden aufgrund von Szenezugehörigkeiten in bedeutsamem Maße beeinträchtigt, sodass einschneidende Beziehungsbrüche erfolgen, bevorstehen oder möglich erscheinen.

So sehr jeder einzelne Begründungszusammenhang dieser (unvollständigen) Auflistung geeignet wäre, Ausstiege zu legitimieren, tun sie das i.d.R. nicht unmittelbar. Realiter stellt es sich so dar, dass Szenezugehörigkeiten häufig auch mit positiven Attribuierungen versehen und Ausstiegsentscheidungen daher auch immer ein Resultat von Abwägungsprozessen sind. Eine **Szenezugehörigkeit** erscheint möglicherweise dann als **sinnhaft**, wenn sie beispielsweise

- mit **exklusiver Bedürfnisbefriedigung** assoziiert wird: sie kann alleinig für die Bereitstellung von Anerkennungsquellen und Gelegenheitsstrukturen zur Erschließung von Zugehörigkeits- oder Partizipationspotenzialen stehen.

- Teil einer **Problemlösungsstrategie** ist und keine Alternativen zur ihr greifbar sind oder als Handlungsoption vorliegen.

- mit (i.d.R. devianten) **Haltungen** korrespondiert, die zwar nicht originär rechtsextrem und nicht ausschließlich in rechtsextremen Szenekontexten zu finden sind, die aufrechterhalten werden sollen und in der Mehrheitsgesellschaft als sozial nicht akzeptabel gelten.

In diesem Spannungsfeld scheinen sich Leidensdrücke und mit ihnen in der Folge Ausstiegsmotive zu entwickeln.

Ausstiegsmotive werden i.d.R. erst mit dem Ersuchen um Ausstiegshilfe sichtbar

Abnehmende außerszenische Sozialkontakte als Folge von Szenezugehörigkeiten reduzieren Gelegenheitsstrukturen, in der Entstehung begriffene Ausstiegsmotive kommunizieren bzw. im Dialog reflektieren zu können und diese gegebenenfalls durch Anregungen außerszenischer Dritter zu unterfüttern. Das Wissen um den Umstand, dass nicht nur Ausstiege, sondern Zweifel an Szenezugehörigkeiten und rechtsextremen Weltbildern grundsätzlich in szenischen Zusammenhängen als strafbewehrt gelten, führt dazu, dass Ausstiegsmotive innerhalb rechtsextremer Szenezusammenhänge nicht kommuniziert werden. Die Reduktion außerszenischer Gelegenheitsstrukturen zur Kommunikation und Reflexion von Ausstiegsmotiven und das vollständige Fehlen derselben innerhalb rechtsextrem orientierter Szenestrukturen zwingt Szeneangehörige dazu, sich weitgehend selbständig mit ihren wachsenden Zweifeln an ihren Szenezugehörigkeiten und ihren Ausstiegsmotiven auseinanderzusetzen.

Erst wenn Leidensdrücke soweit gediehen sind, dass ein Ausstieg unumgänglich scheint, werden Ausstiegsmotive u.U. für nicht Szeneangehörige sichtbar: entweder, wenn sich die Betreffenden eigeninitiativ an Ausstiegsinitiativen wenden oder aber, wenn sie außerszenische Dritte ins Vertrauen ziehen und gegebenenfalls um Hilfe beim Ausstieg ersuchen. 80% der Klientinnen und Klienten der AussteigerhilfeRechts finden auf diesem Wege in die Ausstiegsbegleitung.

Ausstiegshilfe als Beitrag zur Persönlichkeitsentwicklung

Auch wenn Ausstiegsmotive in großen Teilen von Sanktionserfahrungen begünstigt werden, so erfolgen sowohl die Kontaktaufnahme als auch die Inanspruchnahme einer Ausstiegsbegleitung durch die AussteigerhilfeRechts grundsätzlich freiwillig. Eine Feststellung Krafelds macht die Bedeutung von Freiwilligkeit für Hilfsangebote, die auf die Förderung von Persönlichkeitsentwicklungsprozessen abzielen, deutlich:

„Menschen ändern sich nur dann, wenn sie für sich selbst einen Sinn darin sehen, sich zu ändern. Deshalb versagen auch immer wieder alle Konzepte, die jemanden lediglich von etwas abbringen oder wegholen, die belehren, informieren, aufklären oder entlarven wollen" (Krafeld: Rechtsextremismus und Jugendarbeit, in: Deutsche Jugend, 7/8 2007, S. 306).

Im Folgenden wird der Versuch unternommen, mit Hilfe einer vereinfachenden Darstellung das komplexe Arbeitsfeld der Ausstiegshilfe zu veranschaulichen. Das Angebot der AussteigerhilfeRechts ist grundsätzlich als **Hilfe zur Selbsthilfe** verfasst, d.h. die Klientinnen und Klienten sollen befähigt werden, eigenverantwortlich und selbständig ein Leben in einer demokratischen Gesellschaft zu führen und in die Lage versetzt werden, sich sozialverträglich in gesellschaftliche Prozesse einbringen und am gesellschaftlichen Leben partizipieren zu können. Hinter dem Gedanken der Hilfe zur Selbsthilfe steht nicht nur das hier skizzierte Ziel, sondern auch die vor dem Hintergrund der Feststellung oftmaliger sozialer Abhängigkeitsverhältnisse in rechtsextremen Szenezusammenhängen entwickelte Absicht, durch die Stärkung der Selbstwirksamkeit der Klientinnen und Klienten möglichen zukünftigen sozialen Abhängigkeiten vorzubeugen.

Die Grafik macht deutlich, dass einzelne Bereiche der Ausstiegsbegleitung nicht getrennt von anderen betrachtet werden können; sie gehen ineinander über und beeinflussen sich wechselseitig:

- Anlässlich der grundsätzlichen Sanktionsfähigkeit von Ausstiegen aus der rechtsextrem orientierten Szene beginnen Ausstiegsbegleitungen i.d.R. mit der **Bearbeitung von möglichen Gefährdungslagen.** Dazu gehören sowohl die Sensibilisierung der Klientinnen und Klienten für mögliche gefahrenträchtige Situationen, als auch das Erschließen individueller Ressourcen zur Vermeidung von Gefährdungslagen und im Bedarfsfall die Erstellung individueller Notfallpläne.

- Häufig entstammen Klientinnen und Klienten unabhängig von bereits zum Szenebeitritt vorliegenden rechtsextremen Haltungen hochbelasteten sozialen Umgebungen und Situationen. Rechtsextreme Szenezugehörigkeiten können als Versuch angesehen werden, diese Belastungen bzw. pathogenen Faktoren zu bearbeiten. Im Falle des Vorliegens solcher Bedingungsfaktoren werden gemeinsam mit den Klientinnen und Klienten und möglicherweise unter Einbezug weiterer Fachkräfte Bearbeitungsstrategien entwickelt und angeboten, die eine Szenezugehörigkeit obsolet werden lassen. U.U. ergeben sich aber auch durch Szenezugehörigkeiten oder im Verlauf derselben weitere Belastungssituationen bzw. **pathogene Bedingungsfaktoren**, die einer **Bearbeitung** bedürfen. Als pathogene Bedingungsfaktoren wären u.a. grundsätzlich zu nennen: Stoffgebundene Suchterkrankungen, Ver- und Überschuldungssituationen, psychische wie auch physische Erkrankungen oder Störung in außerszenischen Referenzbeziehungen.

- Sowohl die Zugehörigkeit zur rechtsextrem orientierten Szene als auch die familiären Hintergründe der Klientinnen und Klienten sind häufig nicht dazu geeignet, soziale Kompetenzen soweit auszubilden, dass sie ausreichend wären, eigenverantwortlich und selbständig ein sozialverträgliches Leben in einer demokratisch verfassten Gesellschaft zu führen. Zu unterschiedlich und zu nah an der Devianz sind Konflikt- und Problemlösungsstrategien wie auch Umgangsformen häufig ausgelegt; und zu gering sind Selbstvertrauen und die Gewissheit in die Fähigkeit zur Entwicklung und Umsetzung individueller Lebensentwürfe i.d.R. ausgeprägt. **Ausstiegshilfe ist** vor diesem Hintergrund auch **Sozialisationsarbeit**, die sowohl in Form (biographisch-rekonstruktiver) Einzelgespräche und Übungen als auch unter Einbezug qualifizierter Fachkräfte umgesetzt wird.

- Mit der **gesellschaftlichen Reintegration** wird nicht nur eine wichtige Bedingung für das Ablösen sozialer Bindungen in die rechtsextrem orientierte Szene erfüllt. In der gesellschaftlichen Reintegration werden darüber hinaus einstiegsrelevante Aspekte von Sozialintegrationen aufgegriffen und -gearbeitet und Entwürfe individueller zukünftiger Biographieverläufe realisiert. Das umfasst die Erschließung alternativer Freizeitaktivitäten und sozialer Einbindungen wie z.B. über das Engagement in Vereinen ebenso wie eine Qualifizierung Aussteigender für den Arbeitsmarkt resp. die Sicherstellung der Erfüllung der Voraussetzungen zur Integration in diesen durch den Einbezug von Bildungseinrichtungen. Für eine erfolgreiche gesellschaftliche Reintegration ist es auch erforderlich, mit (ehemaligen) Zugehörigkeiten zur rechtsextrem orientierten Szene verbundene optische Stigmatisierungspotenziale zu verringern. Das bezieht sich sowohl auf rechtsextreme oder stigmatisierende Tätowierungen, die entweder per Laser entfernt oder mit einer anderen professionell erstellten Tätowierung überdeckt werden können als auch auf die Bewusstmachung der Nutzung szenerelevanter Codes in der Auswahl der Bekleidung. Es bedarf häufig intensiver Beratung auch im Bereich der Nutzung von Kleidung, um eine vormalige Zugehörigkeit zur rechtsextrem orientierten Szene auch in Bekleidungsfragen unsichtbar werden zu lassen.

- Die Komplexität des Arbeitsfeldes Ausstiegsbegleitung erfordert die **Einbindung externer Fachkräfte**. Eine kursorische Aufzählung gibt einen Überblick über die Vielzahl der infrage kommenden Kooperationspartner: Träger von Bildungseinrichtungen, Jobcenter und ARGE'n, Suchtberatungsstellen, Therapieangebote, Partnerschaftsberatungen, psychologische Beratungsstellen, Schuldnerberatungsstellen, Sicherheitsbehörden, Soziale Trainingsangebote, Tätowierer und Laserpraxen. Darüber hinaus wird möglichen sozialen Abhängigkeiten der Klientinnen und Klienten von den Ausstiegsbegleitern durch den Einbezug eines individuellen, jederzeit durch sie nutzbaren Helfernetzwerkes vorgebeugt. Die Einbindung externer Fachkräfte ist allerdings nicht nur professionelles Gebot zur erfolgreichen Bearbeitung von sozialen Problemlagen. Sie ist auch ein Beitrag zur gesellschaftlichen Reintegration der Klientinnen und Klienten der AussteigerhilfeRechts. Indem für jede Ausstiegsbegleitung individuell ein in der Mehrheitsgesellschaft verwurzeltes Helfernetzwerk erschlossen wird, wird das Potenzial zur gesellschaftlichen Verankerung der Klientinnen und Klienten ausgebaut.

• Wie in der Grafik angedeutet, werden alle bis hier aufgeführten Arbeitsbereiche und -inhalte durchzogen von der **Aufarbeitung rechtsextremer Haltungen.** Es wird zu jedem sich bietenden Anlass Bezug auf rechtsextreme Haltungen und Szenezugehörigkeiten genommen und diese auf der Folie neuer Erfahrungen und neu entwickelter Lebensentwürfe bzw. erworbener resp. sich als Alternative andienender Problemlösungsstrategien reflektiert. Darüber hinaus wird ausgehend von der Erfahrung, dass rechtsextreme Haltungen sowohl Ausdruck einer entsprechenden Sozialisation als auch eines dysfunktionalen Versuches der Bearbeitung sozialer Problemlagen sein können, mit jeder Klientin und jedem Klienten individuell der Weg zu rechtsextremen Haltungen und in die rechtsextrem orientierte Szene nachvollzogen. Die identifizierten einstiegsrelevanten Bedingungsfaktoren werden gezielt bearbeitet, wie einige Schlaglichter verdeutlichen sollen: wenn mit einem Szenebeitritt die Erschließung exklusiver Gelegenheitsstrukturen zur individuellen Bedürfnisbefriedigung erreicht wurde, werden außerszenische Substitute erschlossen; wenn rechtsextreme Haltungen als wesentlicher Quell der Selbstwertstiftung dienten, werden entsprechende funktionale Äquivalente innerhalb der Mehrheitsgesellschaft erschlossen; und schließlich wird sich kritisch und konstruktiv mit rechtsextremen Weltanschauungen, Werten, Menschenbildern, geschlechtsspezifischen Rollenvorstellungen und Geschichtsdeutungen auf dem Fundament einer demokratischen und menschenrechtsorientierten Haltung auseinandergesetzt.

Ausstiegshilfe ist zeitlich umrissen, Ausstiegsprozesse sind dies tendenziell nicht

Noch einmal auf die eingangs verwendete Grafik verweisend kann festgestellt werden, dass Ausstiegshilfe zwar einen individuell verhandelbaren und in seiner Dauer von Minimum vier Monaten bis zu sieben Jahren unterschiedlich langen, aber doch relativ klar definierbaren Zeitraum umfasst: vom Beginn des Ersuchens um Hilfe bis zum Abschluss der Ausstiegsbegleitung. Wenn Ausstiege als prozesshaft verstanden werden, dann markiert die Feststellung des positiven Verlaufes und der Beendigung einer Ausstiegsbegleitung nicht zwingend auch das Ende eines Prozesses der kritischen Reflexion und fortlaufenden Revision rechtsextrem konnotierter Orientierungen, sondern vielmehr einen Zeitpunkt im Verlauf eines Prozesses, an dem zuvor o.a. Ziele erreicht und getroffene Vereinbarungen erfüllt wurden. Auch nach Beendigung einer Ausstiegsbegleitung können evtl. noch vorhandene Fragmente rechtsextrem orientierter Gestimmtheiten oder auf Ungleichwertigkeitsvorstellungen zurückzuführende menschenfeindliche Ressentiments durch kognitive Entwicklungen, aktuelle Erlebnisse oder neue kontrastierende Erfahrungen getriggert und Reflexionsprozesse fortgeführt werden. Auch ist es vorstellbar, dass neu erlernte Problemlösungsstrategien an ihre Grenzen geraten und zu scheitern drohen. Um krisenhafte Episoden bewältigen zu können, sollen die Klientinnen und Klienten im Laufe der Ausstiegsbegleitung befähigt werden, sich der Prozesshaftigkeit ihrer Entwicklung bewusst zu werden, diese zu reflektieren und krisenhafte Situationen einerseits durch Kreativität und Vertrauen in die eigenen Kompetenzen zur Krisenbewältigung, aber auch durch die Möglichkeit des Rückgriffs auf ein etabliertes Helfernetzwerk eigenverantwortlich bewältigen zu können.

Lara Schartau, Sylwia Buzas

Sicherheitsempfinden älterer Menschen im Wohnquartier

Die „Seniorensicherheitskoordination" als ein Modell sozialraumorientierter Prävention

Gliederung

1. Einführung

Mit dem Älterwerden verändert sich das subjektive Sicherheitsempfinden vieler Menschen (vgl. Ferraro & LaGrange, 1988; Greve & Wetzel, 1995; Hummelsheim-Doß, 2016). Ein kleines Gedankenspiel unterstreicht dies: Stellen Sie sich vor, wie im Alter zunehmend die körperlichen Fähigkeiten schwinden – Ihr Gang wird wackeliger, Ihre Sehkraft lässt nach, Ihre Reaktionszeiten werden länger. Der Weg zur Bäckerei bringt zunehmend Erschwernisse mit sich. Gehwegschäden durch ausschlagende Astwurzeln, kaum einsehbare Ecken, schlecht ausgeleuchtete Straßen oder von Jugendlichen „eingenommene" Plätze stellen größere Barrieren dar als in jüngeren Jahren. Der Stadtteil, in dem Sie seit Jahrzehnten leben, hat sich über die Zeit auch stark verändert: Es gibt eine höhere ethnische Diversität und immer mehr neu Hinzugezogene bewohnen die Wohnsiedlung. Möglicherweise suggerieren die Medien eine gestiegene Kriminalitätsbelastung. Welche Auswirkungen werden diese Entwicklungen auf Ihre persönliche Wahrnehmung des Alltags haben? Nehmen Unsicherheitsgefühle bei Ihnen zu und fühlen Sie sich verletzlicher? Bleiben Sie abends lieber zuhause und meiden Sie riskante Situationen? Entwickeln Sie eine Angst vor Fremden oder vor Jugendlichen, die Sie früher vielleicht nicht hatten? Ältere Menschen werden durchschnittlich zwar seltener Opfer von Straftaten, doch fühlen sie sich gemessen an diesem Viktimisierungsrisiko unsicherer. Häufig reagieren sie darauf mit einem Schutz- und Vermeidungsverhalten in die eigenen vier Wände (vgl. u.a. Ferraro & LaGrange, 1988; Greve & Wetzel, 1995). Negative Konsequenzen für die eigene Lebensqualität und soziale Teilhabe, aber auch für das kollektive Sozialkapital im gesamten Wohnquartier können die Folge sein.

Kriminalitätsfurcht bzw. Unsicherheitswahrnehmungen älterer Menschen im Wohnquartier waren bislang ein unterrepräsentiertes Thema in der anwendungsorientierten Sozialforschung. Mit dem demografischen Wandel werden spezifische Sicherheitsbedürfnisse und soziale Teilhabechancen allerdings zu einem zunehmend wichtigeren Thema. Vor diesem Hintergrund führten das Max-Planck-Institut für ausländisches und internationales Strafrecht und der Forschungsschwerpunkt Sozial • Raum • Management der Technischen Hochschule Köln das Verbundprojekt „Sicherheit älterer Menschen im Wohnquartier – Analyse und Konzeption der Seniorensicherheitskoordination" (SENSIKO) durch. Innerhalb des vom Bundesministerium für Bildung und Forschung geförderten Projekts wurden die Sicherheitslage und Unsicherheitswahrnehmungen älterer Menschen im Wohnquartier untersucht. Das Max-Planck-Institut führte dazu eine postalische Längsschnittbefragung von 6565 Befragten in Köln und Essen sowie systematische Beobachtungen von Risikozeichen wie Müll und anderen Signalen der Unordnung in den jeweiligen Stadtgebieten durch. Der Forschungsschwerpunkt Sozial • Raum • Management entwickelte darauf aufbauend ein integriertes Handlungskonzept der Seniorensicherheitskoordination, das einen Rahmen für sozialraumorientierte Präventionsmaßnahmen für Ältere bietet. Verantwortlich für die Entwicklung und Umsetzung lokaler Präventionsmaßnahmen waren Fachkräfte der Kreisgruppe Köln des Der Paritätische NRW e.V. in den vier Kölner Stadtteilen Bocklemünd, Deutz, Finkenberg und Vogelsang. Die einjährige Erprobungsphase wurde durch den Forschungsschwerpunkt wissenschaftlich begleitet und evaluiert.

Dem Konzept der Seniorensicherheitskoordination liegt ein Sicherheitsbegriff zugrunde, der die teils spezifisch ausgeprägten Einflussfaktoren auf die Kriminalitätsfurcht älterer Menschen miteinbezieht. Dieser Blick eröffnete ein neues Handlungsfeld für die Soziale Arbeit. Durch die Verknüpfung von Prinzipien, Anliegen und Methoden der Gemeinwesenarbeit und der Kriminalprävention konnten in dem Konzept sowohl individuelle als auch sozialraumorientierte Handlungsansätze kombiniert werden. Unter „Seniorensicherheitskoordination" ist eine in einer lokalen Einrichtung im Sozialraum tätige Fachkraft zu verstehen, die Maßnahmen zur Verbesserung der subjektiven und objektiven Sicherheitslage älterer Menschen koordiniert und durchführt. Mithilfe eines partizipativen Prozesses, bei dem Seniorinnen und Senioren die Definition ihrer Sicherheitsprobleme selbst vornehmen, können individuell auf die Zielgruppe zugeschnittene Präventionsmaßnahmen entwickelt werden.

Der vorliegende Beitrag gibt einen Überblick über die Konzeption des integrierten Handlungskonzepts der Seniorensicherheitskoordination und die Durchführung des Modellprojekts am Beispiel von Köln-Finkenberg. Zunächst werden für das Projekt relevante Ansätze der Kriminalitätsfurchtforschung dargestellt, die sich in der nachfolgenden Konzeption der Seniorensicherheitskoordination niederschlagen (vgl. auch Schubert et al., 2015). Wenngleich dieser Beitrag eine Überblicksarbeit über die Implementierung des Modellprojekts darstellt, soll dennoch die Methodik der Prozessevaluation kurz skizziert werden. Anschließend wird die Umsetzung der Seniorensicherheitskoordination in Köln-Finkenberg dargestellt. Diese zeigt, wie lokale Strukturen sozialräumlich differenzierte und auf die spezifischen Bedürfnisse der älteren Menschen angepasste Präventionsmaßnahmen in ihre reguläre Arbeit integrieren können.

2. Kriminalitätsfurcht älterer Menschen im Wohnquartier

Bisherige Studien auf der Basis von Hellfelddaten (Polizeiliche Kriminalstatistik) und Dunkelfelddaten (Bevölkerungsbefragungen zu Viktimisierungserfahrungen) stellen für die Altersgruppe der 60-Jährigen und Älteren im Vergleich zu jüngeren Altersgruppen ein niedrigeres Viktimisierungsrisiko fest (vgl. Görgen et al., 2015; Birkel, 2016). Nach einer altersdifferenzierten Auswertung der Polizeilichen Kriminalstatistik von Görgen et al. (2009) besteht in den Deliktsbereichen des Handtaschenraubs, der Misshandlung von Schutzbefohlenen, des Mordes in Verbindung mit Raubdelikten sowie der fahrlässigen Tötung ein erhöhtes Viktimisierungsrisiko für ältere Personen, für hochaltrige Personen insbesondere auch im Bereich der Trickdiebstähle (S.72). Trotz des objektiv geringeren Risikos der Opferwerdung wurde bei älteren Menschen wiederholt eine hohe Kriminalitätsfurcht festgestellt.

Bei der Kriminalitätsfurcht handelt es sich um ein mehrdimensionales Konzept, bei dem zunächst zwischen einer gesellschaftlichen und einer persönlichen Komponente zu differenzieren ist. Die gesellschaftliche Komponente bezieht sich auf die Einschätzung der allgemeinen Kriminalitätsentwicklung. Die persönliche Kriminalitätsfurcht setzt sich wiederum aus der kognitiven, der affektiven und der konativen Dimension zusammen (vgl. dazu u.a. Boers, 1991). Die kognitive oder verstandesbezogene Dimension beinhaltet die eigene Risikoeinschätzung, Opfer einer Straftat zu werden. Die affektive Dimension beschreibt die gefühlsmäßige Beunruhigung, Opfer zu werden. Zudem wird unter der konativen Dimension das Schutz- und Vermeideverhalten verstanden, das einer Opferwerdung vorbeugen soll. Hiermit können unter anderem Sicherungsmaßnahmen der Wohnung, aber auch das Meiden gefährlicher Orte gemeint sein. Die Kausalitäten und Mechanismen zwischen den einzelnen Dimensionen werden in der Kriminalitätsfurchtforschung weiterhin kontrovers diskutiert, ebenso wie die Erklärungsansätze zur Entstehung von Unsicherheitswahrnehmungen (vgl. Lüdemann, 2006). Viele der Ansätze stehen nicht in Konkurrenz miteinander, sondern betonen unterschiedliche Faktoren oder setzen auf unterschiedlichen Ebenen an.

Für ein Projekt der lokalen Kriminalprävention ergeben sich Ansätze auf der Mikroebene des Individuums und der Mesoebene des Wohnquartiers. Gemäß dem Vulnerabilitätsansatz hat die Wahrnehmung einer hohen Verletzbarkeit einen negativen Einfluss auf das Sicherheitsempfinden. Durch altersbedingte Veränderungen der Wahrnehmungs- und Bewegungsfähigkeiten erleben viele Seniorinnen und Senioren einen Wandel der eigenen Kompetenz, schwierige Situationen und die Vulnerabilität in Gefahrensituationen zu bewältigen (vgl. Wahl & Heyl, 2004). Zudem verändern sich soziale Bedingungen und Rollen mit dem Austritt aus dem Berufsleben, dem Auszug der Kinder oder durch Todesfälle im Freundes- und Bekanntenkreis (vgl. Mesch, 2000). Mit dem Alter können Resilienz und persönliche Schutzfaktoren in Zweifel geraten, sodass das Selbstkonzept und die Selbstwirksamkeit negativ beeinflusst werden. Selbstwirksamkeit als die Fähigkeit, mit Anforderungen aus der Umwelt umgehen zu können, ist für die Beurteilung der persönlichen Fähigkeiten relevant und entwickelt sich primär durch eigene Erfahrungen (vgl. Bandura, 1997).

Auf der Mesoebene haben sozialräumliche Faktoren wie die soziale Organisation und in der Folge das Sozialkapital im Wohnquartier Einfluss auf die Kriminalitätsfurcht (vgl. Schubert 2016). Bei diesen Ansätzen wird eine Wechselwirkung zwischen sozialer und materiell-baulicher Organisation im Raum konstatiert. Der kausale Zusammenhang zwischen der Wahrnehmung von Unordnung, sozialer Desorganisation, Kriminalitätsfurcht und Kriminalität ist dabei zwar nicht gänzlich geklärt, nichtsdestotrotz bieten die Konzepte praktische Anknüpfungspunkte für die angewandte Sozialforschung (vgl. u.a. Sampson, 2006).

Wilson und Kelling (1982) differenzieren in ihrem Broken-Windows-Ansatz zwischen „physical" (physischer) und „social" (sozialer) „disorder" (Unordnung). Physische Unordnung bezieht sich beispielsweise auf leerstehende Gebäude, herumliegenden Müll, ungepflegte Vorgärten und zerstörte Mülltonnen im Stadtviertel. Die soziale Unordnung wird meistens an unzivilisiertem Verhalten festgemacht wie beispielsweise das Herumhängen von Jugendlichen im öffentlichen Raum, Lärm oder Verkehr, Bettelei und öffentlicher Alkohol- und Drogenkonsum (vgl. Skogan, 2008, S.195). Kommt es in der Wahrnehmung der Bewohnerschaft zu einer Häufung physischer und sozialer Verfallserscheinungen, führt dies nach dem Disorder-Ansatz zu einer erhöhten Kriminalitätsfurcht und in der Folge zu Rückzugstendenzen der Bewohnerschaft aus dem öffentlichen Raum. Weniger die Beschaffenheit, sondern die Bedeutung der wahrgenommenen Risikozeichen führen zu der Einschätzung, dass die (informelle) soziale Kontrolle im öffentlichen Raum zurückgeht, deviantes Verhalten zunimmt und das Risiko der Opferwerdung gleichzeitig steigt (vgl. u.a. Brunton-Smith et al., 2014). Die beobachtete Zerstörung und Verwahrlosung werden als Signal der Gefahr und als Schwäche der für den Ort verantwortlichen Interventionsagenturen interpretiert (wie zum Beispiel die Polizei, die Eigentümerinnen oder Eigentümer). Diesem Ansatz zur Folge sollten Unordnungserscheinungen möglichst kurzfristig behoben werden.

Die Bedeutsamkeit der sozialen Organisation des Quartiers für die Kriminalitätsfurcht spiegelt sich in Ansätzen wider, bei denen die Konzepte der sozialen Kohäsion und der kollektiven Wirksamkeit („collective efficacy") im Vordergrund stehen. Soziale Kohäsion definiert sich über soziale Bindungen im Quartier. Kontakte zu und Vertrauen in Nachbarinnen und Nachbarn sowie feste Nachbarschaftsbeziehungen gehen gemäß diesem Ansatz mit einem Rückgang der Kriminalitätsfurcht einher (vgl. u.a. Lüdemann, 2006, S.288). In engem Zusammenhang steht das Konzept der kollektiven Wirksamkeit, das generalisierte Vertrauens- und Verhaltenserwartungen als selbstregulierenden Mechanismus in der Gemeinschaft beschreibt. Demnach setzen sich Bewohnerinnen und Bewohner erfolgreich für die Gemeinschaftsinteressen ein, wenn gegenseitiges Vertrauen und geteilte Normen vorhanden sind. In Wohnquartieren mit starker Ausprägung kollektiver Wirksamkeit sind eine geringe Kriminalitätsrate und geringere Unordnungserscheinungen zu erwarten, die wiederum einen positiven Einfluss auf die Kriminalitätsfurcht haben (vgl. u.a. Brunton-Smith et al., 2014). Soziale Kohäsion und kollektive Wirksamkeit sind nicht unabhängig voneinander zu betrachten. Die Bereitschaft, sich für das Gemeinschaftsinteresse einzusetzen, setzt soziale Bindungen und Vertrauen innerhalb der Gemeinschaft voraus. Vorhandene soziale Kohäsion und soziale Wirksamkeit bilden in kumulierter Form der individuellen Handlungsdispositionen kollektives soziales Kapital (vgl. u.a. Coleman, 1991). Eine Stärkung der sozialen Kohäsion und der kollektiven Wirksamkeit sollte demzufolge ein Ziel der lokalen Kriminalprävention sein.

3. Konzeption der Seniorensicherheitskoordination

Die Seniorensicherheitskoordination will subjektive Unsicherheitswahrnehmungen und objektive Sicherheitsrisiken älterer Menschen im Wohnquartier verringern. Für die Seniorensicherheitskoordination wurden deshalb das polizeiliche Konzept der „Seniorensicherheitsberatung" und das sozialräumliche Konzept der „Quartierskoordination" weiterentwickelt. Ein interdisziplinärer Ansatz unter aktiver Beteiligung älterer Menschen kann dabei sozialraumbedingte Unterschiede und individuelle Bedarfe vereinen. Durch die Koordination werden lokal bestehende Initiativen und Angebote unterschiedlicher Ausrichtung gebündelt, die in ihrem Zusammenwirken objektive Risiken und Unsicherheitswahrnehmungen reduzieren und die soziale Teilhabe der älteren Bewohnerschaft fördern.

3.1. Die soziale Infrastruktureinrichtung als Impulsgeberin

Fachkräfte der Sozialen Arbeit, die in einer sozialen Infrastruktur tätig sind, stellen die handelnden Impulsgeber der Seniorensicherheitskoordination. Der Ansatz knüpft an das Konzept der kommunalen Kriminalprävention an, das im angelsächsischen Raum als Community Crime Prevention entwickelt wurde. In der kommunalen Kriminalprävention wird eine ressortübergreifende Zusammenarbeit und Vernetzung von Polizei, Ordnungsamt, Jugendamt, Sozialamt, Wohnungsunternehmen und anderen Akteuren in der Kommune angestrebt. Vor dem Hintergrund eines erweiterten Sicherheitsbegriffs treten Parallelen in Prinzipien, Anliegen und Vorgehensweisen zwischen Kriminalprävention und Gemeinwesenarbeit zutage, die für die Bearbeitung sicherheitsrelevanter Themen im Sozialraum genutzt werden können. Auch die Seniorensicherheitskoordination macht sich lokale Strukturen zunutze und kooperiert mit alten und neuen Netzwerkpartnerinnen und Netzwerkpartnern bei der Entwicklung und Durchführung von Präventionsmaßnahmen (vgl. Schubert & Veil, 2011). Die sozialen Schutzfaktoren der älteren Bevölkerung werden gestärkt, sodass Risikozeichen im Gemeinwesen weniger verunsichernd wirken und die Teilhabe der älteren Bewohnerinnen und Bewohner am Alltagsleben im Wohnquartier gefördert wird.

3.2. Drei Handlungsebenen der Seniorensicherheitskoordination

Das integrierte Konzept der sozialraumorientierten Seniorensicherheitskoordination setzt an drei Handlungsebenen an: Der individuellen Situation, dem nachbarschaftlichen Umfeld und dem Stadtteil. Je nachdem in welchem Stadtteil, mit welcher lokalen Zielgruppe und mit welchen Ressourcen gearbeitet wird, kann es sinnvoll sein, sich entweder auf eine der drei Handlungsebenen zu fokussieren oder sie umfassend – sozusagen im Dreiklang – zu berücksichtigen.

Die individuelle Handlungsebene ergibt sich vornehmlich aus dem Vulnerabilitätsansatz und der Rolle personaler Ressourcen. Die Abmilderung der wahrgenommenen Verletzbarkeit sowie die Stärkung personaler Ressourcen stehen im Vordergrund. Durch die Einbringung des Sicherheitsthemas in den Sozialraum und neuer Partizipationsmöglichkeiten zur Behebung identifizierter Sicherheitsprobleme sollen ältere Menschen aktiviert werden, sich mit der eigenen Sicherheitslage kritisch und produktiv auseinanderzusetzen. Sensibilisierungsmaßnahmen zur Medienberichterstattung bei Sicherheitsthemen oder zu den geringen Risiken der Opferwerdung können der Hinterfragung der kognitiven Risikoeinschätzung dienen. Andererseits soll auch eine Stärkung auf der affektiven Ebene erreicht werden. Durch Maßnahmen zur Stärkung individueller Ressourcen wie der Erarbeitung und Festigung von altersgerechten Handlungs- und Lösungsstrategien in kritischen Situationen, kann die Selbstwirksamkeit gefestigt werden.

Die nachbarschaftliche Handlungsebene greift Aspekte der sozialen Organisation im Wohnquartier auf. Die Stärkung der kollektiven Wirksamkeit und der sozialen Kohäsion soll über die Organisation von niederschwelligen, intergenerativen und interkulturellen Begegnungs- und Austauschmöglichkeiten und das Kennenlernen der veränderten Nachbarschaft erfolgen. Zum einen soll eine neue Nachbarlichkeit zwischen den teils zurückgezogen lebenden älteren Menschen untereinander gefördert werden, um ihre soziale Teilhabe zu stärken (vgl. Schubert & Veil, 2011). Zum anderen ist auch der Austausch zwischen älteren Menschen und den identifizierten „angsteinflößenden" Gruppen im Quartier wichtig, um die Bedürfnisse des jeweils anderen Kontextes kennenzulernen, Vorurteile abbauen zu können und ein gegenseitiges Verständnis aufzubauen. Belebung und aktive Gestaltung des Sozialraums fördert die Identifikation mit dem Quartier und ist damit Voraussetzung für die gemeinsame Interessenswahrnehmung der Bewohnerschaft. Die älteren Menschen werden sowohl als „Zielgruppe für sicherheitsfördernde Maßnahmen verstanden als auch als zivilgesellschaftliche Ko-Konstrukteure und Garanten von Sicherheit" (Schubert et al., 2009, S.8).

Die dritte Handlungsebene der Seniorensicherheitskoordination bezieht sich auf stadtteilbezogene Aspekte. Der öffentliche Raum soll sowohl von seiner baulich-gestalterischen Gegebenheit her wehrhaft und verteidigungsfähig sein als auch für die Bewohnerinnen und Bewohner selbst zu verteidigen sein. Physische Unordnungserscheinungen können teils mithilfe einfacher Arbeitsschritte beseitigt werden. Durch die Vermittlung der richtigen Ansprechpersonen in der Kommunalverwaltung oder im Wohnungsunternehmen bei defekten Wegen, kaputten Straßenlampen oder unübersichtlichen Raumsituationen können kurzfristig objektive Verbesserungen herbeigeführt und persönliche Erfolge erzielt werden.

3.3. Partizipationsansatz zur Aktivierung der älteren Menschen und zur Entwicklung passgenauer Maßnahmen

Zwar wurde in immer mehr Gemeinden und Städten in den letzten Jahrzehnten die Kriminalprävention als kommunale Aufgabe in Form von Präventionsräten oder -gremien etabliert, doch bleiben Bürgerinnen und Bürger, und insbesondere ältere Menschen, in diesen Gremien häufig unterrepräsentiert. Die Sicherheitsbedürfnisse von Seniorinnen und Senioren schlagen sich aus diesem Grund vielfach nicht in kriminalpräventiven Maßnahmen nieder. Die Seniorensicherheitskoordination soll dazu beitragen, diese Lücke zu füllen. Dem Konzept der Seniorensicherheitskoordination wird das Prinzip der Bedarfsorientierung zugrunde gelegt, um die Durchführung von Maßnahmen der Kriminalprävention am Bedarf der älteren Menschen vor Ort auszurichten und in das sozialpolitische Feld der Seniorenarbeit mitaufzunehmen.

Die Seniorensicherheitskoordination strebt einen möglichst hohen Partizipationsgrad an, denn sie hat neben der Bedarfsorientierung auch die Ressourcenaktivierung der älteren Menschen zum Ziel. Durch die weitreichende Form der Mitbestimmung und hohen Entscheidungskompetenzen soll den beteiligten Personen signalisiert werden, dass ihre Probleme und Wahrnehmungen ernst genommen werden. Die Partizipationsangebote stärken so das Gefühl der individuellen Handlungsfähigkeit. Vor diesem Hintergrund kann die Mitbestimmung der Zielgruppe nicht nur als Instrument für die Entwicklung passgenauer Angebote verstanden werden, sondern bewirkt gleichzeitig auch die Stärkung der eigenen Ressourcen und des subjektiven Sicherheitsempfindens (vgl. Heusinger & Kammerer, 2011).

3.4. Prozessmodell der Seniorensicherheitskoordination

Das Prozessmodell mit mehreren, aufeinander aufbauenden Projektschritten dient dazu, den Bedarfen und Bedürfnissen Sorge tragende Präventionsmaßnahmen zu entwickeln. Die Fachkraft der sozialen Infrastruktureinrichtung übernimmt in diesem Modell die koordinierende Aufgabe bei

1.   der Durchführung des Sicherheitsassessments,
2.   der Entwicklung von Maßnahmen
3.   der Durchführung der Maßnahmen, sowie
4.   der (Zwischen-)Evaluation der Maßnahmen.

Die Analyse der objektiven Sicherheitslage und der Unsicherheitswahrnehmungen der älteren Wohnbevölkerung bildet die Grundlage der Seniorensicherheitskoordination. Auf Basis von Recherchen zu soziodemografischen Merkmalen und bisherigen Sicherheitsprojekte im Sozialraum sowie partizipativer Befragungs- und Beteiligungsrunden entsteht eine Problemdefinition, das sogenannte Sicherheitsassessment. Der breite Partizipationsansatz spiegelt sich in einem partizipativen Auditverfahren wider, das einen vertiefenden Austausch zu Unsicherheitswahrnehmungen, lokalen sicherheitsrelevanten Problemlagen, eigener Betroffenheit von Kriminalität und einer Einschätzung der Arbeit der Behörden ermöglicht. Es besteht aus drei Bestandteilen:

•   einer variablen Anzahl leitfadengestützter Befragungen von älteren Menschen sowie von professionellen Akteuren im Sozialraum
•   einer Stadtteilbegehung
•   einer ersten (von insgesamt drei) Sozialraumveranstaltung

Im Rahmen des partizipativen Auditverfahrens sollen professionelle Partnerinnen und Partner für ein lokales Netzwerk relevanter Sicherheitsakteure aktiviert werden. So können im Verlauf der Umsetzungsphase bestehende Angebote sowie Veranstaltungen der Netzwerkakteure auf die Sicherheitsthematik angepasst werden.

Um Aussagen über den physischen Zustand eines Wohnquartiers treffen zu können, werden Begehungen der betreffenden Gebiete durchgeführt. Zur Strukturierung und Dokumentation der Begehungen wurden die Kriterien des Niedersächsischen Qualitätssiegels für Sicheres Wohnen in einer Checkliste weiterentwickelt (vgl. Sicherheitspartnerschaft im Städtebau in Niedersachsen 2013). Durch die detaillierte Erfassung baulicher und technischer Mängel an der Wohninfrastruktur und an öffentlichen Plätzen in einem Stadtteil sollen die älteren Menschen befähigt werden, die vorgefundenen Mängel an die Stadtverwaltung weiterzugeben und die Beseitigung dieser zu veranlassen.

Mindestens drei Sozialraumveranstaltungen stellen die zentrale Achse der Seniorensicherheitskoordination dar. Sie ermöglichen als partizipatorisches Element der Seniorensicherheitskoordination den Seniorinnen und Senioren die Teilhabe an der Gestaltung der Präventionsmaßnahmen und geben dem Projektverlauf gleichzeitig einen nachvollziehbaren Rahmen. So können die Seniorinnen und Senioren bei den Sozialraumveranstaltungen selbst entscheiden, welche Sicherheitsprobleme im Quartier die gravierendsten sind, welche Maßnahmen zum Ausbau des Sicherheitsgefühls durchgeführt werden sollen und wie erfolgreich diese im Nachhinein zu bewerten sind.

Aus den von den älteren Menschen als relevant eingestuften Sicherheitsproblemen werden sozialraumorientierte Präventionsmaßnahmen abgeleitet. Die Maßnahmenentwicklung findet im Kontext der drei Handlungsebenen sowie vorhandener Ressourcen statt. Bestehende Angebote der Sozialraumkoordination und ihrer Netzwerkpartnerinnen und –partner können dabei entsprechend adaptiert werden. In einem weiteren partizipativen Zwischenschritt – einer zweiten Sozialraumveranstaltung – werden die entwickelten Maßnahmen der Zielgruppe noch einmal zur Diskussion gestellt und gegebenenfalls angepasst. In einem Zeitraum von zwölf Monaten kann die Seniorensicherheitskoordination im Sozialraum eingerichtet und der erste Durchgang an Maßnahmen durchgeführt werden. Im letzten Prozessschritt wird mit den Seniorinnen und Senioren in einer dritten Sozialraumveranstaltung evaluiert, inwiefern die Maßnahmen einen positiven Beitrag auf das Sicherheitsempfinden der älteren Menschen und die soziale Organisation im Wohnquartier leisten konnten.

4. Prozessevaluation der Seniorensicherheitskoordination

Den Grundsätzen einer formativen Programmplanung entsprechend wurde das integrierte Konzept der sozialraumorientierten Seniorensicherheitskoordination durch den Forschungsschwerpunkt Sozial • Raum • Management entworfen und durch Fachkräfte sozialer Infrastruktureinrichtungen in vier Kölner Modellstadtteilen implementiert. Die Auswahl der Modellstadteile Bocklemünd, Deutz, Finkenberg und Vogelsang orientierte sich an einem Mix großer und kleiner, zentral und peripher gelegener Stadtteile sowie unterschiedlicher Bevölkerungsstrukturen (u.a. Anteil älterer Bewohnerinnen und Bewohner).

Der Forschungsschwerpunkt Sozial • Raum • Management begleitete die Umsetzung des Handlungskonzepts mithilfe einer Prozessevaluation. Im Fokus standen primär die Optimierung des Konzepts sowie die Übertragbarkeit auf andere Sozialräume.

Durch die systematische Herausarbeitung förderlicher und hemmender Faktoren soll eine Leistungssteigerung des Programms zum effizienteren Gebrauch vorhandener Ressourcen in Hinblick auf das dem Programm zugrunde liegende Präventionsziel erfolgen (vgl. Stufflebeam & Shinkfield, 2007). Der gewählte Ansatz erfolgte in Anlehnung an das CIPP-Modell von Stufflebeam (vgl. ebd.), wobei das Vier-Dimensionen-Modell (Context, Input, Process und Product) um die wertvolle Ausdifferenzierung der Income/Input-Dimensionen sowie der Output/Outcome-Dimensionen ergänzt wurde (vgl. Farrokhzad & Mäder, 2014, S.25).

Das Evaluationsmodell unterscheidet zwischen einer Erfassung der langfristigen (Outcomes) und unmittelbaren (Outputs) Zielvorstellungen. Das oberste Ziel der Seniorensicherheitskoordination ist das Präventionsanliegen und damit die Reduzierung von objektiven Sicherheitsrisiken und von subjektiven Unsicherheitswahrnehmungen älterer Menschen im Wohnquartier. Aus der Komplexität der Individual- und Kontextmerkmale, die das Sicherheitsempfinden beeinflussen, ergeben sich die Outcomes zur Stärkung persönlicher Ressourcen sowie nachbarschaftlicher Organisation: Steigerung des Selbstwerts und der Selbstwirksamkeit der Seniorinnen und Senioren sowie die Stärkung des Sozialkapitals, der sozialen Kohäsion und der kollektiven Wirksamkeit. Auf der Ebene unmittelbarer Resultate wurden zudem mehrere Outputs definiert zur Erreichung der Zielgruppe, zur Teilnahme an den Maßnahmen, der aktiven Beteiligung und der Zufriedenheit der älteren Menschen mit den Maßnahmen (vgl. ebd., S.29).

Die Analyse der Kontext-, Struktur-, Input- und Incomes-Dimensionen sind für die abschließende Bewertung der Projektleistung und mögliche Übertragbarkeit des Konzeptes eine notwendige Grundlage, da sie zum einen als Referenzrahmen dienen und zum anderen die Bedingungen für eine mögliche Übertragbarkeit offenlegen. Kontextdaten sind Daten der Programmumwelt wie soziodemografische Merkmale. Strukturdaten beziehen sich auf die Ausgangsbedingungen bei den im Programm involvierten Akteuren, z.B. den vorhanden Kooperations- und Entscheidungsstrukturen. Ein adressatengerechtes Programm bedarf einer Analyse der persönlichen Ressourcen der Zielgruppe, der Incomes, die aufgegriffen und genutzt werden (vgl. ebd., S.27). Mit Inputs werden finanzielle, personale und weitere Ressourcen beschrieben, die in eine Maßnahme, in diesem Fall durch die Seniorensicherheitskoordination und etwaige Netzwerkakteure, investiert werden müssen.

Der Evaluation lag ein Methodenmix der qualitativen Datenerhebung und -auswertung zugrunde. Zum einen wurde eine Kombination aus Selbst- und Fremdevaluation gewählt, damit möglichst objektive und gleichzeitig detaillierte Evaluationsergebnisse gewonnen werden konnte sowie eine Triangulation der Daten möglich war. Die Umsetzung der Seniorensicherheitskoordination in den vier Modellstadtteilen in Köln wurde im Rahmen einer Selbstevaluation intensiv durch die Fachkräfte dokumentiert sowie durch den Forschungsschwerpunkt Sozial • Raum • Management begleitet. Die

Fachkräfte der Seniorensicherheitskoordination führten im Rahmen des Sicherheitsassessments leitfadengestützte Gruppen- und Einzelinterviews mit älteren Menschen,
Netzwerkpartnerinnen und -partnern. Während der Umsetzungsphase dokumentierten
sie Inputs, Incomes, Kontext- und Strukturdaten sowie Outputs für die Evaluation der
einzelnen Maßnahmen. Der Forschungsschwerpunkt Sozial • Raum • Management
führte zudem in drei Wellen leitfadengestützte Interviews mit an den Maßnahmen beteiligten und unbeteiligten Senioren (n=101) in den einzelnen Stadtteilen. Zudem gab
es zwei Wellen an leitfadengestützten Experteninterviews (n=9) mit den Fachkräften der Modellprojekte. Monatliche Projekttreffen zwischen Praxis und Forschung
dienten der kontinuierlichen Anpassung des Konzepts. Bei den Sozialraumveranstaltungen und dem Selbstbehauptungstraining wurden die Maßnahmen teilnehmend beobachtet. Zwei Expertenworkshops wurden zur Optimierung des Konzepts der Selbstbehauptungstrainings durchgeführt.

5. Umsetzung der Seniorensicherheitskoordination in Finkenberg

5.1. Soziodemografische Merkmale im Rahmen des Sicherheitsassessments für den Stadtteil Köln-Finkenberg

Im Rahmen des Sicherheitsassessments wurden soziodemografische Merkmale für
den Stadtteil Köln-Finkenberg aufbereitet. Finkenberg mit seinen 6814 Einwohnerinnen und Einwohnern ist einer der am dichtest besiedelten Stadtteile Kölns. Das
Durchschnittsalter beträgt 40,8 Jahre, wobei etwa ein Viertel der Bevölkerung 60
Jahre und älter ist (60-74 Jahre: 15,7 Prozent, 75 Jahre und älter: 10,5 Prozent). Die
Minderjährigen (0-17 Jahre) stellen einen Anteil von ca. 23,3 Prozent an der Gesamt-
bevölkerung des Stadtteils.

91,5 Prozent der 1585 Personen in der Altersgruppe 0-17 Jahre in Finkenberg haben
einen Migrationshintergrund. Etwa 46,4 Prozent besitzen keinen deutschen Pass. Der
Anteil der Bewohnerinnen und Bewohner mit Migrationshintergrund in Finkenberg
ist mit 80 Prozent mehr als doppelt so hoch wie im gesamten Stadtgebiet Kölns (34,9
Prozent). Der Ausländeranteil unter allen Einwohnerinnen und Einwohnern liegt in
Finkenberg bei 40,8 Prozent.

Durchschnittlich wohnen in einem Finkenberger Haushalt 2,6 Personen. Pro 1000
Einwohnerinnen und Einwohner fanden im Jahr 2013 217 Zu-, Fort- oder Umzüge
statt.

Gemessen an allen Einwohnern unter 65 Jahren mit Hauptwohnung in Finkenberg
sind 40,1 Prozent der Personen für die Leistungen der Grundsicherung nach SGB II
berechtigt, was im Vergleich zum Stadtgebiet Köln etwa dreimal so hoch ist (13,2
Prozent). Auch die Jugendarbeitslosenquote liegt mit 14,1 Prozent deutlich über dem
Kölner Durchschnitt (6,5 Prozent).

5.2. Partizipatives Auditverfahren im Stadtteil Köln-Finkenberg

In Einzel- und Gruppengesprächen wurden von der Fachkraft im Bürgerzentrum
Köln-Finkenberg mehr als 80 Seniorinnen und Senioren zu ihren Sicherheitswahrnehmungen befragt. Die älteren Menschen wurden über die Angebote des Bürgerzentrums Finkenberg, die Synagogengemeinde, das Seniorenheim und lokal vor Ort
erreicht. Der größte Teil der befragten Seniorinnen und Senioren nahm regelmäßig
Angebote des Bürgerzentrums Finkenberg wahr (ca. 50-60 Personen). Zudem wurden
Gespräche zu Sicherheitsproblemen und bestehenden Angeboten mit lokalen Professionellen wie der Sozialraumkoordination, der Bezirkspolizei, Kirchengemeinden
und der lokalen Politik geführt. Die Daten wurden anschließend für die erste Sozialraumveranstaltung aufbereitet.

Von den befragten Bewohnerinnen und Bewohnern sehen die meisten eine Verschlechterung bzw. Stagnation der sozialen Lage. Die befragten Seniorinnen und Senioren
nehmen vermehrt Incivilities als Störung wahr, z.B. durch Verschmutzung bzw. der
unerlaubten Müllentsorgung durch das Fenster, ungepflegte Grünflächen bzw. nicht
geschnittenen Sträuchern, verwahrloste Wohngebäude, nicht funktionierende Aufzü-
ge, Drogenhandel, defekte Straßenbeleuchtung sowie zu hohe Bürgersteige für den
Rollatorengebrauch. Des Weiteren beklagen die Anwohnerinnen und Anwohner eine
Verschlechterung der Situation durch den Zuzug von „Roma", die für Ruhestörungen
und verschmutzte Wohnblocks verantwortlich gemacht werden, aber auch durch aggressives Verhalten auffallen. Einige Anwohnerinnen und Anwohner fühlen sich dadurch zunehmend unwohl sowie unsicher und ziehen in Erwägung wegzuziehen. Das
Zusammenleben mit Angehörigen „fremder" Kulturen erzeugt bei den Interviewten
Unsicherheitsgefühle und führe zu stereotypen Wahrnehmungen. Außerdem wirken
die Jugendlichen im öffentlichen Raum verunsichernd auf viele Bewohnerinnen und
Bewohner. Die mangelnde Präsenz der Polizei und die zunehmende Armutskrimina-
lität durch Kinder und Jugendliche werden außerdem als Problemfaktoren beschrie-
ben. Die befragten älteren Menschen berichten, dass sie den Stadtteil vor allem ab
Einbruch der Dunkelheit meiden. Außerdem wird von Wünschen nach einem Wech-
sel des Wohnorts in einen anderen Stadtteil als Finkenberg berichtet, da die Lage in
Finkenberg sich zusehends verschlechtere. Allerdings kommt ein Wegzug für viele
aus finanziellen Gründen nicht in Frage, da das Wohneigentum momentan nur „unter
Wert" verkauft werden könne. Dennoch zögen einige aus dem Stadtteil weg. Die hohe
Fluktuation sei ein Grund für die Verschlechterung der Situation im Quartier und tra-
ge zu einer Verschärfung der sozialen Probleme bei. Damit einher ginge laut einiger
Interviewpartnerinnen und -partner auch ein Verlust an Lebensqualität. In mehreren
Interviews wurde berichtet, dass das subjektive Unsicherheitsgefühl durch persönli-
che Viktimisierungserfahrungen (z.B. Wohnungseinbruch oder Überfall/ Raub auf der
Straße) sowie durch indirekte Viktimisierung (Kriminalitätserfahrungen im Bekanntenkreis) stark beeinflusst sei.

Während sich die meisten befragten Anwohnerinnen und Anwohner negativ über ihr Wohnumfeld äußerten und sich grundsätzlich nicht mehr sicher und wohl fühlten, war die Meinung der professionellen Akteure deutlich unterschiedlicher. Eine Gruppe empfand Finkenberg, verglichen mit anderen als „problematisch" wahrgenommenen Stadtteilen Kölns, nicht als schwierig. Eine weitere Gruppe war sich einig, dass sich die Sicherheitslage deutlich verschlechtert habe. Sie nannten vor allem den hohen Anteil unterschiedlicher Bevölkerungsgruppen, der zu einer Konzentration sozialer Probleme und steigender Kriminalität geführt habe. Die Bewohnerschaft bliebe und lebe in ihrer Kultur, weshalb kaum Durchmischung bzw. Offenheit für andere Kulturen festzustellen sei. Zudem wurde beklagt, dass der Schulhof von jungen Erwachsenen häufig für Drogen- und Alkoholkonsum genutzt werde.

Die Stadtteilbegehung in Finkenberg zeigte, dass die Wohnblocks teilweise sanierungsbedürftig sind. Der technische sowie bauliche Zustand war oftmals auch im Inneren der Häuser als sehr schlecht zu bewerten. Einige Innenhöfe wurden stark vernachlässigt, intensiv begrünt und haben teilweise Nischen, die erst nach Betreten des Durchgangs eingesehen werden können. Diese Ecken werden oft zum Urinieren genutzt und sind stark verschmutzt. Die Wege zu den Hauseingängen sind in bestimmten Gebieten geschottert und von ungepflegten Grünflächen umgeben, die sehr unübersichtlich gestaltet sind und als Versteckmöglichkeiten genutzt werden können („Angstecken"). Manche Straßen sind schlecht beleuchtet und es fehlen fast überall übersichtliche Beschilderungen und Wegweiser. Zudem wird von einigen Teilnehmenden der Begehung auf die große Müllproblematik in Ecken und auf Grünflächen, auf fehlende öffentliche Toiletten sowie auf verschmutzte Durchgänge und Innenarkaden hingewiesen.

In der Begehung zeigten die Seniorinnen und Senioren einige Ecken und Wege, die aufgrund der wuchernden Hecken und Sträucher als sehr unübersichtlich und damit als beängstigend empfunden werden. Verstärkt wird dieses Gefühl durch die mangelhafte Beleuchtung. Seit ca. vier bis fünf Jahren werden die Bänke der Grünanlage, auf denen sich früher oft Seniorinnen und Senioren ausruhten, von Jugendlichen „belagert". Die Bänke sind mittlerweile teilweise beschädigt und häufig von den umliegenden Büschen „eingewachsen".

Als weiterer Bereich, der Unsicherheitsgefühle auslöst, gilt eine dunkle Bahnunterführung mit schlecht einsehbaren und bemalten Ecken. Laut Aussagen der Interviewten steigen viele ältere Menschen in den Abendstunden eine Station früher aus der Straßenbahn aus und nehmen ein Taxi, um den Weg durch die Unterführung zu vermeiden.

Bei der Begehung der neugestalteten Fußgängerzone mit dem Platz der Kulturen stellten die Seniorinnen und Senioren fest, dass es zwar auf dem Platz selbst eine ausreichende Beleuchtung in der Dunkelheit gäbe, der Platz jedoch trotzdem gemieden werde, weil sich dort häufig verschiedene Gruppierungen aufhalten, die das Sicherheitsempfinden negativ beeinflussen. Die Zugänge zum Platz der Kulturen sind teilweise unzureichend beleuchtet und spielen den Berichten zufolge in der lokalen Drogenszene eine bedeutende Rolle. Dadurch fühlen sich die älteren Menschen verunsichert. Die Teilnehmenden der Begehung finden den Platz, dessen Sanierung im Jahr 2013 fertiggestellt wurde, nicht attraktiv und bezeichnen ihn als „Betonwüste". Sie wünschen sich eine schönere Bepflanzung sowie mehr Sitzgelegenheiten für Seniorinnen und Senioren, da es lediglich Sitzbänke aus Beton ohne Rückenlehne gibt. Auf dem Platz fehle zudem eine Beschilderung und Wegeführung. Fehlende Sitzgelegenheiten bzw. die Inanspruchnahme der vorhandenen Bänke durch Jugendliche beklagen die Seniorinnen und Senioren an mehreren Begehungsterminen: „Wir haben keinen Platz uns hinzusetzen".

Bei der ersten Sozialraumveranstaltung wurden die folgenden Sicherheitsthemen durch die Seniorinnen und Senioren mithilfe der Mehrpunktentscheidung mit Klebepunkten priorisiert:

I.   Vandalismus/ Schmutz
II.   Aufmerksamkeit/ Präsenz der Behörden
III.   Leerstände/ fehlende Geschäfte
IV.   Schlechtes Image
V.   Menschen mit Migrationshintergrund/ Förderung der Integration
VI.   Schutz- und Vermeideverhalten/ abendliches Zuhause bleiben
VII. Herumlungernde Jugendliche/ Alkohol- und Drogenkonsum

Die Fachkraft entwickelte auf der Basis der priorisierten Problemlagen Entwürfe für Maßnahmen. Diese berücksichtigten die Ressourcen der lokalen Fachkraft (Inputs), die vorhandenen Netzwerke (Struktur) sowie die teils großen Problemlagen, deren Bearbeitung sich innerhalb der Seniorensicherheitskoordination nicht als realisierbar erwiesen (z.B. Leerstände/ fehlende Geschäfte). Die Maßnahmenvorschläge wurden den älteren Menschen bei einer zweiten Sozialraumraumveranstaltung zur Diskussion gestellt. Es ergaben sich Maßnahmen zu den folgenden vier Sicherheitsthemen.

I.   Fehlende Präsenz der Behörden
II.   Schlechtes Image des Stadtteils
III.   Herumlungernde Jugendliche
IV.   Schutz- und Vermeideverhalten

5.3. Maßnahmen in Köln-Finkenberg

Im Zeitraum von April 2015 bis März 2016 wurden zahlreiche sicherheitsfördernde Maßnahmen in allen vier Modellstadtteilen durchgeführt bzw. initiiert. Zur Anschauung werden einige der in Köln-Finkenberg durchgeführten Maßnahmen vorgestellt. Die Maßnahmen ergaben sich aus den priorisierten Sicherheitsproblemen durch die älteren Menschen im Wohnquartier sowie aus den ressourcenbedingten Gegebenheiten wie der vorhandenen Netzwerkarbeit im Stadtteil.

5.3.1. Maßnahmen auf individueller Ebene

Eine in allen Modellstadtteilen angebotene Maßnahme auf der individuellen Ebene war das Selbstbehauptungstraining für ältere Menschen, das eigens für das Modellprojekt konzipiert wurde. Ziel der Maßnahme war die Steigerung der Selbstwirksamkeit durch die Stärkung der Selbstbehauptung. Der Umgang mit unsicheren oder bedrohlichen Situationen hängt vom Umfang und der Ausgestaltung der eigenen Handlungssicherheit ab, persönliche Grenzen definieren und deutlich machen zu können. Insbesondere in sozialen Interaktionen, in denen es zum Austausch mit Unbekannten und Fremden im öffentlichen Raum kommt, können ältere Menschen vor die Herausforderung gestellt werden, wie die eigene Handlungssicherheit aufrechtgehalten werden kann. Das Training dient deshalb dazu, Ressourcen im Umgang mit täglichen Herausforderungen besser mobilisieren zu können und Handlungsstrategien durch praktische Übungen zu internalisieren.

Das Training richtete sich an Menschen ab 65 Jahren. Auch Menschen mit körperlichen und Sinneseinschränkungen (z.B. beim Gehen oder Hören) wurden erfolgreich beim Training miteinbezogen. Die durchschnittlich etwa 15 Personen starke Gruppe in Finkenberg bestand aus einer überwiegend weiblichen Klientel, wobei das Geschlechterverhältnis in den vier Stadtteilen unterschiedlich war. In Köln-Finkenberg konnten auch einige Teilnehmende mit Migrationshintergrund bzw. Migrantinnen und Migranten aus dem europäischen Ausland gewonnen werden, wobei Deutsche die Mehrheit der Teilnehmenden darstellten. Das Angebot des Selbstbehauptungstrainings konnte in allen vier Modellstadtteilen auch ältere Menschen erreichen, die bislang nicht an den regelmäßigen Angeboten der Stadtteileinrichtungen teilnahmen. Hinsichtlich der Erweiterung des Kreises der Teilnehmenden wurden im evaluativen Expertenworkshop weitere Strategien beispielsweise zur Ansprache muslimischer Frauen in der Moschee identifiziert.

Eine sowohl für die Fachkraft als auch die Zielgruppe niederschwellige Maßnahme stellte eine „Sicherheitstafel" dar, die seit der Implementierung gut einsehbar im Eingangsbereich des Bürgerzentrums über aktuelle Sicherheitsthemen in Köln-Finkenberg und über die Ansprechpersonen der lokalen Sicherheitsakteure informiert. Die Sicherheitstafel dient der Erreichung weiterer älterer Menschen und der ersten Sensibilisierung zu Sicherheitsthemen im Wohnquartier. Zielgruppengerecht werden monatlich Zeitungsartikel vergrößert oder Sicherheitstipps zum Schutz vor Wohnungseinbruch aufgehängt.

Um dem Schutz- und Vermeideverhalten der älteren Menschen zu begegnen und die Resilienz zu stärken, wurde neben der Stadtteilbegehung noch ein Geocaching angeboten. Geocaching ist eine moderne Form der Schatzsuche, bei der kleine „Schätze" mithilfe von GPS-Koordinaten gefunden werden. Die für die Seniorensicherheitskoordination abgewandelte Version beinhaltete nur an der letzten Station einen Schatz – davor gab es verschiedene Rätselstationen, die jeweils zur nächsten Örtlichkeit führten. Die Maßnahme diente dem Erhalt beziehungsweise der Erweiterung des Mobilitätsradius der Teilnehmenden und sollte Angsträume entschärfen. Die Rätsel hatten teilweise einen pädagogischen Ansatz, indem über lokale Örtlichkeiten oder Sicherheitstipps informiert wurde. So konnten sich die älteren Menschen neue Orte in ihrem Wohnumfeld erschließen und erlangten Handlungskompetenz für die Bewältigung von Unordnungserscheinungen.

Eine weitere Maßnahme auf der individuellen Ebene war die Einführung einer regelmäßigen Polizeisprechstunde im Bürgerzentrum Köln-Finkenberg. Die Sprechstunde des Bezirkspolizisten soll die Präsenz der Behörden im Quartier stärken und Barrieren zwischen der Polizei und der älteren Bewohnerschaft abbauen. Für die Fachkraft in der sozialen Infrastruktureinrichtung konnte gleichzeitig ein neuer Kommunikationskanal erschlossen und das lokale Netzwerk erweitert werden, da die Bezirkspolizei bis dato noch nicht zum professionellen Netzwerk des ansonsten gut vernetzten Bürgerzentrums gehörte.

5.3.2. Maßnahmen auf nachbarschaftlicher Ebene

Dem Problem der fehlenden Präsenz der Behörden wurde auch auf der nachbarschaftlichen Handlungsebene in Köln-Finkenberg begegnet. Die Reihe „Finkenberger Dialog" wurde im Bürgerzentrum ins Leben gerufen, bei der ein Bürgerdialog zur Sicherheit im Quartier angestrebt wurde. Der Bezirkspolizist konnte für die regelmäßige Beteiligung gewonnen werden. Zudem sollte der Finkenberger Dialog einen Rahmen schaffen, lokale Expertinnen und Experten wie Vertreterinnen und Vertreter der Kommunalpolitik für Impulsvorträge und zur Diskussion einzuladen. Das Angebot wurde insgesamt gut angenommen; allerdings muss bei Vortragenden, die nicht in der Seniorenarbeit tätig sind, auf eine Sensibilisierung hinsichtlich altengerechter Vortragsformen geachtet werden. Der Finkenberger Dialog konnte zumindest punktuell eine Aktivierung der Zielgruppe erreichen: Nachdem im Stadtteil mehrere Wochen von Problemen mit Knallkörpern berichtet worden war, entwickelte sich aus dem Finkenberg Dialog heraus eine Unterschriftensammlung gegen Lärm.

In einer weiteren Maßnahme, der Veranstaltungsreihe „Alt trifft Jung", sollte der für Seniorinnen und Senioren relevanten Problematik der „herumlungernden Jugendlichen" begegnet werden. Alt trifft Jung zielte dabei auf ein gegenseitiges Kennenlernen und ein Abbauen von Barrieren zwischen der älteren und der jüngeren Bewohnerschaft in Finkenberg. Durch den Austausch sollten beide Gruppen für die Bedürfnisse und Interessen der jeweils anderen im Wohnquartier sensibilisiert werden. Für die Umsetzung der Zielstellung wurden reguläre Veranstaltungsangebote für Seniorinnen und Senioren dahingehend angepasst, dass Begegnungsmöglichkeiten mit jüngeren Stadtteilbewohnerinnen und -bewohnern geschaffen wurden. So wurden ein gemeinsames Kegelturnier, ein Bastelnachmittag zum „Upcycling" alter

Hüte für Karneval und ein Besuch der lokalen Jugendwerkstatt mit den Seniorinnen und Senioren durchgeführt. Bei den älteren Menschen wurden die Angebote positiv begrüßt und Vorschläge für die Organisation weiterer gemeinsamer Aktionen eingebracht.

Im Rahmen der identifizierten Problematik des „schlechten Images" aktivierte die Seniorensicherheitskoordination Netzwerkpartnerinnen und -partner aus verschiedenen Einrichtungen in Finkenberg und lud sie zu einem gemeinsamen Vorlesetag mit relevanten Stadtteilakteuren ein. „Finkenberg liest" hatte zum Ziel, die Wahrnehmung der Stadtteilbewohnerinnen und -bewohner auf ihren Stadtteil zu verbessern und Sensibilisierung dafür zu schaffen, welche Einrichtungen und Angebote im Stadtteil bereits vorhanden sind. Die Fachkraft der sozialen Infrastruktureinrichtung konnte hierfür das bestehende Netzwerk an professionellen Akteuren im Quartier aktivieren und somit vergleichsweise einfach, wenngleich doch arbeitsintensiv, eine Maßnahme anregen, die alle Akteure in ihr Tagesgeschäft einbauen konnten.

Zur Feier des Weltfrauentags am 8. März wurde im Bürgerzentrum ein internationales Frauenfrühstück organisiert, um die nachbarschaftlichen Bindungen zu stärken. Der Austausch zwischen der ethnisch diversen Bevölkerung in Köln-Finkenberg sollte durch ein gemeinsames Thema auf niederschwellige Weise gestärkt werden. Von den Frauen organisierte Programmbeiträge dienten dazu, das Verständnis für die jeweils andere Kultur zu erhöhen. Das Frühstück wurde mit über 50 Teilnehmerinnen aus einer Vielzahl von Kulturkreisen gut angenommen.

5.3.3. Maßnahmen auf stadtteilbezogener Ebene

Wie auch in Köln-Finkenberg wurden in allen Modellstadtteilen Stadtteilbegehungen durchgeführt. Diese verfolgten zum einen den Zweck, im Rahmen des partizipativen Sicherheitsaudits relevante Informationen über objektive Risiken durch Baumängel oder Verfallserscheinungen zu sammeln. Die Ergebnisse wurden im Anschluss von der Fachkraft gebündelt und für die erste Sozialraumveranstaltung aufbereitet. Stolpersteine und unsichere Orte sollten aufgedeckt und im Anschluss durch lokale Sicherheitsakteure beseitigt bzw. gemindert werden. Zum anderen dienten die Stadtteilbegehungen der Erschließung neuer und der Rückgewinnung gemiedener Orte durch die Seniorinnen und Senioren. Praktische Informationen über die richtige Meldung von funktionsuntüchtigen Straßenlampen oder von herumliegendem Müll sollten dazu beitragen, die Handlungskompetenz der älteren Menschen zu erweitern.

In Köln-Finkenberg wurde zudem ein Sicherheitstag durchgeführt, bei dem lokale Sicherheitsakteure an Informationsständen im Bürgerzentrum über ihre Arbeit berichteten und sich als lokale Ansprechpersonen zur Verfügung stellten. Ziel und Inhalt war der Austausch der älteren Menschen zum Thema Sicherheit im Wohnquartier untereinander. Gleichzeitig wurde die Präsenz der Behörden gestärkt, da relevante Akteure als Expertinnen und Experten an der Veranstaltung teilnahmen.

6. Fazit und Nachhaltigkeit des Modellprojekts der Seniorensicherheitskoordination

Das integrierte Handlungskonzept der Seniorensicherheitskoordination wurde als zielgruppenspezifisches Programm der lokalen Kriminalprävention von den involvierten Akteuren gut angenommen. Vonseiten der beteiligten Seniorinnen und Senioren wurden insbesondere Maßnahmen der individuellen und nachbarschaftlichen Ebene positiv bewertet. Der Mehrwert des Konzepts besteht darin, dass die soziale Infrastruktureinrichtung im Wohnquartier als Impulsgeberin mit Methoden der Gemeinwesenarbeit die Bedarfe und Bedürfnisse der älteren Menschen aufnimmt und diese in Zusammenarbeit mit professionellen Sicherheitsakteuren im Stadtteil bearbeitet. Die Partizipation der älteren Menschen bei mindestens drei Sozialraumveranstaltungen erhöht Akzeptanz und Passgenauigkeit der Maßnahmen und ist ein erster Schritt zur Förderung der Verantwortungsübernahme der älteren Bewohnerschaft für den Stadtteil und die sicherheitsrelevanten Problemlagen.

Vor dem Hintergrund ohnehin vorhandener Probleme bei der Messung von Einflüssen auf die Kriminalitätsfurcht ist eine Messung der Wirkungskraft des 12 Monate andauernden Modellprojekts auf die Sicherheitswahrnehmungen der Teilnehmenden im Rahmen der Prozessevaluation kaum verlässlich möglich. Zwar wurde in qualitativen Interviews mit beteiligten und unbeteiligten Seniorinnen und Senioren, in der dritten Sozialraumveranstaltung sowie in Experteninterviews die Wirkung der Maßnahmen auf das Sicherheitsempfinden der älteren Menschen adressiert, doch können die Ergebnisse so kurz nach der Implementierung noch kein verlässliches Bild bieten. Die Maßnahmenbeispiele aus Köln-Finkenberg zeigen zudem, dass einigen Problemen wie dem „herumlungernder" Jugendliche im Rahmen eines solchen Projekts nur begrenzt begegnet werden kann – gegenseitiges Kennenlernen ist wichtig, aber kann etwaige Nutzungskonflikte im öffentlichen Raum nicht ad hoc aufheben.

Das Projekt der Seniorensicherheitskoordination kann allerdings als ein Schritt der Initiierung eines Prozesses verstanden werden, der sich in der Weiterführung einiger Maßnahmen als erfolgreich benennen lässt. Die Fachkräfte in den Modellstadtteilen berichten, für sich und die Arbeit in „ihrem" Stadtteil ein neues Themenfeld erschlossen zu haben, das sich in ihrer zukünftigen Arbeit niederschlagen wird. Ein neuer Blick auf den Stadtteil, Kenntnisse der Kriminalprävention und das erweiterte Netzwerk von professionellen Akteuren bestünden weiter fort. Innerhalb der vier Kölner Stadtteile stießen einige der Maßnahmen der Seniorensicherheitskoordination auf große Resonanz, sodass eine Fortführung bzw. Wiederholung durch die Fachkräfte beabsichtigt ist. Insbesondere das Selbstbehauptungstraining wurde so positiv angenommen, dass mittlerweile durch die Kreisgruppe Köln Der Paritätische NRW e.V. mithilfe von Fördermitteln ein Auffrischungstraining auf den Weg gebracht werden konnte.

Die Ergebnisse des Verbundprojekts „Sicherheit älterer Menschen im Wohnquartier. Analysen und Konzeption der Seniorensicherheitskoordination" werden in ein Praxishandbuch einfließen, das ein zentrales Werkzeug für die Verstetigung und Verbreitung des entwickelten Modells der Seniorensicherheitskoordination darstellt. Es richtet sich an Multiplikatorinnen und Multiplikatoren aus der Praxis, an Vertreterinnen und Vertreter von Verbänden der Altenhilfe sowie an kriminalpräventive Gremien auf kommunaler, Landes- und Bundesebene.

Literatur

Bandura, A. (1997). Self-efficacy: The exercise of control. New York: Freeman.

Birkel, C. (2016). Opfer einer Straftat werden nur wenige und das Risiko variiert mit dem Lebensstil. Ergebnisse des Deutschen Viktimisierungssurveys 2012. ISI 55, 11-16.

Boers, K. (1991). Kriminalitätsfurcht. Über den Entstehungszusammenhang und die Folgen eines sozialen Problems. Pfaffenweiler: Centaurus.

Brunton-Smith, I., Jackson, J. & Sutherland, A. (2014). Bridging Structure and Perception. On the Neighbourhood Ecology of Beliefs and Worries. About Violent Crime. British Journal of Criminology, 54(4), 503-526.

Coleman, J. S. (1991). Grundlagen der Sozialtheorie. Handlungen und Handlungssysteme [Bd. 1]. München: Oldenbourg.

Farrokhzad, S. & Mäder, S. (2014). Nutzenorientiere Evaluation. Ein Leitfaden für die Arbeitsfelder, Integration, Vielfalt und Toleranz. Münster: Waxmann.

Ferraro, K. & LaGrange, R. (1988). Are older people afraid of crime? Journal of Aging Studies, 2(3), 277-287.

Greve, W. & Wetzels, P. (1995). Opfererfahrungen und Kriminalitätsfurcht älterer Menschen. Report Psychologie, 20(9). 24-35.

Görgen, T., Herbst, S., Kotlenga, S.,Nägele, B. & Rabold, S. (2009). Kriminalitäts- und Gewaltgefährdungen im Leben älterer Menschen – Zusammenfassung wesentlicher Ergebnisse einer Studie zu Gefährdungen älterer und pflegebedürftiger Menschen. Berlin: Bundesministerium für Familie, Senioren, Frauen und Jugend.

Görgen, T., Nägele, B. & Kotlenga, S. (2015). Sicherheitsbezogenes Erleben und Handeln im Alter: Perspektiven für die Prävention. In E. Marks & W. Steffen (Hrsg.). Prävention rechnet sich. Zur Ökonomie der Kriminalprävention. Ausgewählte Beiträge des 20. Deutschen Präventionstages. 8. und 9. Juni 2015 in Frankfurt am Main (261-276). Mönchengladbach: Forum Verlag Godesberg GmbH.

Heusinger, J. & Kammerer, K. (2011). Partizipative Methoden in der Gesundheitsforschung für und mit älteren Menschen. Journal für Psychologie 19(2), 1-21.

Hummelsheim-Doß, D. (2016). Kriminalitätsfurcht in Deutschland. Fast jeder Fünfte fürchtet, Opfer einer Straftat zu werden. ISI 55, 6-11.

Lüdemann, C. (2006). Kriminalitätsfurcht im urbanen Raum – Eine Mehrebenenanalyse zu individuellen und sozialräumlichen Determinanten verschiedener Dimensionen von Kriminalitätsfurcht. Kölner Zeitschrift für Soziologie und Sozialpsychologie, 58(2), 285-306.

Mesch, G. (2000), Perceptions of risk, lifestyle activities, and fear of crime. Deviant Behavior 21(1), 47-62.

Sampson, R. J. (2006). Collective efficacy theory: Lessons learned and directions for future inquiry. In F. Cullen, J. Wright & K. Blevins (Hrsg.). Taking stock: The status of criminological theory (149-168). Edison, New Jersey: Transaction Publishers.

Schubert, H., Veil, K., Spieckermann, H., Kaiser, A. & Jäger, D. (2009). Wirkungen sozialräumlicher Kriminalprävention. Evaluation von städtebaulichen und wohnungswirtschaftlichen Maßnahmen in zwei deutschen Großsiedlungen. Band 1, Köln: SRM Verlag.

Schubert, H. & Veil, K. (2011). Nachbarlichkeit – Solidarität als Faktor der sozialräumlichen Kriminalprävention. In: Marks, E. & Steffen, W. (Hrsg.). Solidarität leben – Vielfalt sichern. Ausgewählte Beiträge des 14. Deutschen Präventionstages 2009 (229-245). Mönchengladbach: Forum Verlag Godesberg.

Schubert, H., Stork, A.-K., Wolter, D., Nutz, A. (2015). Sicherheit älterer Menschen im Wohnquartier – Konzeption des Praxismodells „Seniorensicherheitskoordination". Zwischenbericht. SRM-Arbeitspapier 54. https://www.th-koeln. de/angewandte-sozialwissenschaften/publikationen-des-forschungsschwerpunkts-sozial-raum-management_15361.php#sprungmarke_1_3 (Zugriff: 06.11.2016).

Schubert, H. (2016). Urban Crime Prevention – Broadening of Perspectives. Journal of Place Management and Development, 9(2), 120-136.

Skogan, W. G. (2008). Broken windows: Why – and how – we should take them seriously. Criminology and Public Policy, 7(2), 195-201.

Stufflebeam, D. L., & Shinkfield, A. J. (2007). Evaluation theory, models, & applications. San Francisco, CA: Jossey-Bass.

Wahl, H.-W. & Heyl, V. (2004). Gerontologie – Einführung und Geschichte. Stuttgart: Kohlhammer.

Wilson, J. Q. & Kelling, G. L. (1982). The police and the neighborhood safety: Broken Windows. The Atlantic Monthly, 249(3), 29-39.

Schneider, L.[1], Kaplan, A.[2], Roos, S.[3], Schlachzig, L.[4] & Tölle, J.[5]

Junge geflüchtete Menschen in Deutschland – Rahmenbedingungen, Herausforderungen und pädagogische Implikationen[6]

Gliederung

---

[1] Universität Siegen
[2] Universität zu Köln
[3] Universität zu Köln
[4] Universität zu Köln
[5] EXIT-EnterLife e.V.
[6] Die ersten Seiten dieses Artikel sind in veränderter, übersetzter Form bereits in der Tagungsschrift (2016) der IAIE Mobilities, Transitions, Transformation Intercultural Education at the Crossroads Conference erschienen.

1 Einleitung

Die aktuelle Debatte um die verstärkte Zwangsmigration von flüchtenden Menschen besonders aus Syrien, Afghanistan, Irak, Iran, Eritrea und Albanien (vgl. Bundesamt für Migration und Flüchtlinge [BAMF], 2016a, S. 2) ist auf der einen Seite bestimmt durch aktive Geflüchtetenhilfe, zivilgesellschaftliches Engagement und eine Willkommenskultur (vgl. Daphi, 2016). Auf der anderen Seite ist der Diskurs geprägt durch eine westliche Politik, die sich am ehesten als Abschottung charakterisieren lässt – das Aufstellen von Zäunen entlang gängiger Fluchtrouten, die geltende Residenzpflicht[7] (vgl. BAMF, 2016b), das Austeilen von Wertgutscheinen und Sachleistungen statt finanzieller Grundversorgung, um geringere Anreize für eine Einreise zu schaffen, die konsequente Anwendung des Dublin-Abkommens[8] (vgl. Europäische Union, 2013), Flughafenverfahren[9] (BAMF, 2016c), und die Anwendung von Arbeits- und Bildungsverboten sowie eine verstärkte Kriminalisierung[10] (vgl. hierzu Oberwittler & Lukas, 2010, S. 228 ff.) prägen das Leben von Geflüchteten in fast allen europäischen Ländern[11] (vgl. Soyer, 2014, S. 7 f.; vgl. Struck, 2014, S. 24). Auch (rechts-)populistische und rechtsradikale Strömungen werden stärker, wie sich u.a. am Aufstieg der Partei ʹAlternative für Deutschlandʹ (AfD)[12], der ʹFreiheitlichen Partei für Österreichʹ (FPÖ) oder der ʹPartei für die Freiheitʹ in den Niederlanden (vgl. hierzu Soyer, 2014, S. 8; vgl. Brumlik, 2016), aber auch in den zahlreichen "quasi militärischen" Aktionen der sogenannten "Identitären Bewegung[13]" und nicht zuletzt am positiven Entscheid der Bevölkerung Großbritanniens über den EU-Austritt nachzeichnen lässt. Auch über die Grenzen Europas hinaus zeigt sich eine massiv diskriminierende Rhetorik in politischen Kampagnen, wie sich beispielsweise am Wahlsieg des republikanischen Präsidentschaftskandidaten Donald Trump ablesen lässt, dessen Wahlkampfkampagne maßgeblich durch Abschreckung und Abschiebung von Einwanderern, beispielsweise durch den Bau einer Mauer entlang der amerikanisch-mexikanischen Grenze geprägt war (vgl. Butler, 2016). Diese Formen des sich ver-

---

[7] Nach Stellen des Asylantrags erhalten Antragstellende eine Bescheinigung über die Aufenthaltsgestattung. Diese weist sie gegenüber staatlichen Stellen als Asylantragstellende aus und belegt, dass sie sich rechtmäßig in Deutschland aufhalten. Die Aufenthaltsgestattung ist räumlich auf den Bezirk beschränkt, in dem sich die zuständige Aufnahmeeinrichtung befindet. Diesen Bezirk dürfen Asylsuchende nicht ohne Erlaubnis der Behörden verlassen (BAMF, 2016 b).

[8] Die sogenannte Dublin-Verordnung ist eine europarechtliche Verordnung, die Regelungen zur Bestimmung des Mitgliedstaates festlegt, der für die Durchführung eines Asylverfahrens zuständig ist. In Europa ist in der Regel das europäische Land zuständig, dass der Asylsuchende zuerst betreten hat (vergleichbar mit der sicheren Drittstaatenregelung) (vgl. Europäische Union, 2013).

[9] Nach § 18 a AsylVfG gilt dieses Verfahren für Menschen, die aus einem „sicheren" Herkunftsland kommen oder sich nicht ausweisen können und über den Flughafen einreisen wollen, um Asyl zu beantragen. Im Transitbereich des Flughafens wird eine Asylverfahren durchgeführt, sofern der um asylbittende Mensch dort untergebracht werden kann (vgl. BAMF, 2016c).

[10] Es gibt eine Reihe von Straftaten, die nur von Geflüchteten verübt werden kann (wie beispielsweise Verstöße gegen die Residenzpflicht, Aufenthalt im Inland ohne eine Aufenthaltsgenehmigung oder einen Pass, illegale Einreise) (siehe hierzu § 95 und § 98 Aufenthaltsgesetz).

[11] Das Asylpaket II, das am 17.3.2016 in Kraft getreten ist, sieht massive Asylrechtsverschärfungen, wie beispielsweise den Abbau von Abschiebehindernissen, Kürzungen der Leistungen, verschnellerte Asylverfahren (zum Teil 48h) und einen erschwerten Familiennachzug vor (vgl. Die Bundesregierung, 2016a).

[12] Bei der kürzlich stattgefundenen Landtagswahl in Mecklenburg-Vorpommern erhielt die ʹAlternative für Deutschlandʹ (AfD) 21% der Stimmen (Munzinger & Brunner, 2016).

[13] Die ʹIdentitäre Bewegungʹ ist eine rechtsextreme, europaweite, popkulturelle Bewegung, die sich besonders durch spektakuläre Guerillaaktionen hervortut und vom Verfassungsschutz beobachtet wird (vgl. Rietzschel, 2016).

schärfenden rechten und rechtsextremen Populismus richten sich gegen Gesetze, die die Gleichheit von Männern und Frauen sicherstellen, Gesetze gegen Rassismus, Gesetze, die Migration möglich machen und ein Zusammenleben einer diversen Gesellschaft schützen. Reaktionärer Populismus möchte, getrieben von Nostalgie und Verlust von Privilegien, den früheren Stand der Gesellschaft wiederherstellen. Das Sich-Ausgegrenzt-Fühlen rechter Gruppierungen basiert tatsächlich auf einem Gefühl des Verlorengehens "weißer Privilegien" (vgl. Butler, 2016). Die Diskussionen über Obergrenzen und Transitzonen[14] in Deutschland, eine schnelle Registrierung und Abschiebung von Geflüchteten, vorwiegend aus den Westbalkanstaaten, und eine konsequente Abschiebung von „Sexualstraftätern" oder die Sicherung europäischer Außengrenzen mit Waffengewalt[15] sind nur einige Beispiele dafür (vgl. Brumlik, 2016; vgl. Herrmann 2015, S. 13 f.). Die fundamentale Menschenrechtsidee, dass all diejenigen Asyl erhalten, die unter existentiellen Bedrohungen leiden, wie z. B. die Menschen, die vor Krieg und Terror aus Syrien fliehen oder die Menschen, die durch strukturelle Diskriminierungen sowie existenzielle Beschränkungen wie beispielsweise Roma in den Balkanstaaten betroffen sind, wird von vielen Seiten in Frage gestellt und durch die ständigen Asylrechtsverschärfungen eingeschränkt (vgl. Müller & Schwarz, 2016, S. 23).

Die in den Medien häufig so genannte "Flüchtlingskrise" ist nach Espenhorst (2016) als Krise der Strukturen hinsichtlich der Aufnahme von Geflüchteten, der westlichen Asyl- und Migrationspolitik zu beschreiben und keine Krise, die direkt durch die tatsächliche Zuwanderung Geflüchteter ausgelöst wird (vgl. Espenhorst, 2016, S. 10).

Ziel dieses Beitrags ist es, die jungen, nach Deutschland geflüchteten Menschen mit ihren, dem Entwicklungsabschnitt des Jugendalters typischen, Bedürfnissen in den Mittelpunkt zu stellen, die Frage nach dem Vorhandensein eines pädagogischen Auftrags zu diskutieren und konkrete Vorschläge zur Ausgestaltung eines solchen professionellen pädagogischen Handelns zu unterbreiten. Ausgehend von einer Klärung von Begrifflichkeiten, aktuellen Zahlen junger geflüchteter Menschen in Deutschland und zentralen rechtlichen Bestimmungen werden die Lebenslagen sowohl von begleiteten als auch unbegleiteten minderjährigen Geflüchteten dargestellt und diesbezügliche Herausforderungen herausgearbeitet. Um die Lebenslagen dieser heterogenen Gruppe tatsächlich in ihrer Komplexität zu erfassen, wird der Fokus nicht nur auf Wohnen und Unterbringung, materielle (Un-)Sicherheit und schulische Bildung gelegt, sondern auch Aspekte von Freizeit, non-formaler Bildungsteilhabe, gesundheitlicher Versorgung sowie psychischer Gesundheit in den Blick genommen. Aus dem so gezeichneten Bild ergeben sich einige noch offene Fragen, die im zukünftigen Diskurs um junge geflüchtete Menschen eine große Rolle spielen sollten. Mögliche pädagogische Implikationen werden abgeleitet und diskutiert.

---

[14] vgl. Zeit Online, 2015.
[15] Hier sei an die medialen Äußerungen der AfD Politiker_in Beatrix von Storch erinnert (vgl. Zeit Online, 2016).

2 Begriffsbestimmungen

Im Fokus der Betrachtung stehen in diesem Beitrag geflüchtete junge Menschen. Zuerst handelt es sich also um junge Menschen, die sich in einer ganz eigenen Phase zwischen „Nicht mehr Kindsein" und „noch nicht Erwachsener sein" befinden. Diese Lebensphase ist geprägt durch vielfältige Entwicklungsaufgaben, die es zu bewältigen gilt, und ist daher als eine besonders sensible Zeit anzusehen, von der für die zukünftige Entwicklung der jungen Menschen viel abhängt (vgl. Havighurst, 1964, S. 2; vgl. Fend, 2005, S. 421). Letztlich besteht das Ziel, eine persönliche Identität zu erlangen (vgl. Grob & Jaschinski, 2003, S. 28 f.). In diesen ohnehin herausfordernden Entwicklungsabschnitt, in dem es u.a. um eine Auseinandersetzung mit und Anpassung an kulturelle Ansprüche und Normen geht (vgl. Fend, 2005, S. 211), fällt für junge Geflüchtete nun zudem die Auseinandersetzung mit ihren Fluchterfahrungen und ihren Lebensbedingungen als Geflüchtete in einem für sie fremden Land.

Der Oberbegriff ′Flüchtling′ umfasst in einem weiten – nicht (zuwanderungs)rechtlichen – Sinne Menschen auf der Flucht bzw. Menschen mit Fluchtgeschichte (vgl. BAMF, 2004, S. 9 ff.; vgl. Kothen, 2016). Artikel 1 der Genfer Flüchtlingskonvention definiert einen ′Flüchtling′ als

> Person, die sich außerhalb des Landes befindet, dessen Staatsangehörigkeit sie besitzt oder in dem sie ihren ständigen Wohnsitz hat, und die wegen ihrer Rasse, Religion, Nationalität, Zugehörigkeit zu einer bestimmten sozialen Gruppe oder wegen ihrer politischen Überzeugung eine wohlbegründete Furcht vor Verfolgung hat und den Schutz dieses Landes nicht in Anspruch nehmen kann oder wegen dieser Furcht vor Verfolgung nicht dorthin zurückkehren kann. (The UN Refugee Agency [UNHCR], 2015).

Ausgeschlossen werden in dieser Definition Flüchtende, die aufgrund von Armut, Hunger, Naturkatastrophen, Benachteiligung durch globale soziale Ungleichheiten (vgl. Mecheril, 2016) oder anderen Zwängen[16] aus ihren Heimatregionen fliehen müssen. Sie sollen hier auch unter dem Begriff „Flüchtende" gefasst werden, da sie ebenso zwangsweise ihre Heimat verlassen haben, um in anderen Ländern Schutz zu suchen und sie ebenfalls einen unsicheren Aufenthaltsstatus in Deutschland haben.

In diesem Beitrag sollen unter dem Begriff "geflüchteter Mensch" ferner alle diejenigen eingeschlossen werden, die zwangsweise nach Deutschland migriert sind – mit gesichertem oder mit prekärem Aufenthaltsstatus – sowie Menschen, die nach §60a Aufenthaltsgesetz (AufenthG) geduldet sind, die im Ausländerzentralregister als ausreisepflichtig vermerkt sind oder die weder über einen Aufenthaltstitel noch über eine Duldung verfügen und nicht behördlich erfasst sind (vgl. Bundesministerium für Justiz und Verbraucherschutz [BMJV], 2008).

---

[16] Gekennzeichnet ist Zwangsmigration durch (1) das unfreiwillige Verlassen der Heimat aus vielen verschiedenen Gründen, (2) eine illegalisierte und gefährliche Migration, die nicht selten geprägt ist durch extreme Abhängigkeit (z.B. von Schleppern oder Grenzsoldaten) und (3) unsichere Aufenthaltsbedingungen im Aufnahmeland, über eine kürzere oder längere Zeit (vgl. Goldstein, 2007).

3 Aktuelle Zahlen zu jungen geflüchteten Menschen in Deutschland

Weltweit machen Kinder und Jugendliche unter 18 Jahren 51% aller Flüchtenden aus (vgl. United Nations Organization [UNO]-Flüchtlingshilfe, 2016). Somit befinden sich aktuell über 28 Millionen junge Menschen auf der Flucht vor Krieg und Konflikten (vgl. United Nations Children's Fund [UNICEF], 2016, S. 1 vgl. Struck, 2014, S. 23). Im Zeitraum von Januar bis September 2016 wurden 229.876 Asylerstanträge in Deutschland von unter 18-jährigen gestellt; das sind 35,7% aller Asylerstanträge im genannten Zeitraum (vgl. BAMF, 2016a). Von der Gesamtheit aller vertriebenen und flüchtenden Personen kommt also nur eine marginal kleine Zahl überhaupt in der EU an[17].

Es gilt zwei Gruppen von minderjährigen Geflüchteten zu unterscheiden:

1. begleitete minderjährige Geflüchtete

2. unbegleitete minderjährige Geflüchtete

Kinder, Jugendliche und junge Erwachsene, die nach Deutschland flüchten, reisen zumeist im Familienverband bzw. mit einem Elternteil ein – sie werden im Diskurs als *begleitete junge Geflüchtete* bezeichnet (vgl. Johannsen, 2014, S. 25) und stellen mit ca. 86% aller minderjährigen Geflüchteten, die nach Europa reisen, die größte Gruppe (vgl. Hebebrand et al., 2016, S. 2).

Unbegleitete minderjährige Geflüchtete (UMG), die in Deutschland ankommen, sind in der Regel zwischen 14 und 18 Jahren alt. Der Bundesfachverband Unbegleiteter Minderjähriger Flüchtlinge e.V. schätzt, dass aktuell 64.000 UMG in Deutschland leben (vgl. Bundesfachverband unbegleitete minderjährige Flüchtlinge [BumF], 2016a). Im letzten Jahr wurden von Anfang November 2015 bis Anfang März 2016 25.000 junge unbegleitete Geflüchtete aufgenommen. In den folgenden vier Monaten bis Anfang Juli 2016 lediglich 2.000 weitere (vgl. BumF, 2016b). Junge Menschen fliehen alleine, wenn die lokalen oder familiären Ressourcen nur für die Flucht eines „ausgewählten" (zumeist männlichen[18]) Familienmitglieds ausreichen, wenn die Familie zerbrochen ist oder Eltern(-teile) sowie andere zentrale Bezugspersonen im (Bürger-)Kriegsgeschehen oder auf der Flucht ums Leben gekommen sind (vgl. UN-HCR, 2013; vgl. Johannsen, 2014, S. 26). Die Gruppe unbegleiteter minderjähriger Geflüchteter ist eine recht neue Gruppe der Jugendhilfe, auch wenn im weltweiten Flucht- und Migrationsgeschehen schon immer junge Menschen alleine gereist und folglich auch in Deutschland angekommen sind. Dennoch sind sie erst in den letzten Jahren verstärkt in den Fokus der Fachöffentlichkeit gerückt (vgl. Berthold & Espenhorst, 2013, S. 145 f.).

---

[17] In Deutschland kommen auf 1000 Einwohner 5,9 Geflüchtete, im Libanon 183 Geflüchtete auf 1000 Einwohner (vgl. UNO-Flüchtlingshilfe, 2015; Proasyl, 2015).

[18] Dies kann sowohl strukturelle als auch kulturelle Gründe haben z. B. weil männlichen Familienmitgliedern in bestimmten Kulturkreisen eher zugetraut wird, die Flucht alleine zu bestreiten (vgl. Kahle & Meineke, 2015). Laut einer Pressemitteilung vom 02.08.2016 des Statistischen Bundesamts waren 91% aller im Jahr 2015 eingereisten UMGs männlich (vgl. Statistisches Bundesamt, 2016).

4 Rechtliche Grundlagen

Die UN Kinderrechtskonvention (Convention on the Rights of the Child, CRC/ UN-KRK), ist das wichtigste internationale Menschenrechtsinstrumentarium für Kinder. Es gilt – mit Ausnahme der Vereinigten Staaten von Amerika – weltweit und schützt die Rechte der Kinder in dem von der Kinderrechtskonvention garantierten Mindestumfang. Laut Artikel 3 Absatz 1 der Konvention gilt: "In all actions concerning children, whether undertaken by public or private social welfare institutions, courts of law, administrative authorities or legislative bodies, the best interests of the child shall be a primary consideration." Somit wird die Wahrung des Kindeswohls zum Grundpfeiler allen (sozial-)staatlichen Handelns erhoben.

In Deutschland dient zudem das Achte Buch Sozialgesetzbuch – Kinder- und Jugendhilfegesetz – (SGB VIII/KJHG) als Instrument zur Vorbeugung, zur Hilfestellung und zum Schutz von Kindern und Jugendlichen. Unterschieden wird im SGB VIII zwischen Leistungen der Jugendhilfe (§2 Abs. 2 SGB VIII), wie z.B. Angeboten der Jugendsozialarbeit, Angeboten zur Förderung der Erziehung in der Familie oder Angeboten zur Förderung von Kindern in Tageseinrichtungen und anderen Aufgaben der Jugendhilfe (§ 2 Abs. 3 SGB VIII) wie z.B. Inobhutnahme unbegleiteter Minderjähriger. Ausschlaggebend für die Erfüllung der anderen Aufgaben ist laut §6 Abs. 1 SGB VIII der tatsächliche Aufenthalt in Deutschland. "Für Leistungen dagegen wird eine doppelte Tatbestandsvoraussetzung gefordert, nämlich rechtmäßiger Aufenthalt oder Duldung und zusätzlich gewöhnlicher Aufenthalt in Deutschland" (Kunkel, 2006; vgl. §6 Abs. 2 SGB VIII).

Die rechtliche Situation der unbegleiteten und der begleiteten minderjährigen Geflüchteten unterscheidet sich erheblich. Das liegt zum einen daran, dass bei unbegleiteten minderjährigen Geflüchteten die Bestimmungen des SGB VIII greifen. Für diejenigen von ihnen, die das 16. Lebensjahr noch nicht erreicht haben, wird automatisch ein Jugendhilfebedarf festgestellt. Bis zu ihrem 18. Lebensjahr fallen sie unter den Schutz des Kinder- und Jugendhilfegesetzes (vgl. Weiss, 2009, S. 61), was es ihnen ermöglicht, reguläre Leistungen nach diesem Gesetz zu beziehen (z.B. betreutes Wohnen, Unterbringung in der Heimerziehung etc.) und was sie bis zu ihrem 18. Lebensjahr vor einer Abschiebung schützt. Aus diesem Grunde ist die sogenannte ´Altersfeststellung´ insbesondere für Einrichtungen der Jugendhilfe bzw. für die jeweiligen Kommunen ein vordringliches Thema, ist doch für die Behandlung junger Geflüchteter nach dem SGB VIII – die de facto eine Besserstellung bedeutet – das Alter der jungen Menschen maßgeblich. In der Praxis wird deshalb zuerst geprüft, ob junge geflüchtete Menschen, die oftmals ohne Papiere nach Deutschland einreisen, das 18. Lebensjahr erreicht haben (vgl. BumF, 2016f). Aus diesem Grund müssen sich alle jungen Menschen, die um Asyl bitten und die angeben, unter 18 Jahre alt zu sein, einer Altersfeststellung unterziehen. Diese wird in der Praxis oft durch eine reine „Inaugenscheinnahme" abgehandelt – ohne weitere Erstellung eines entwick-

lungs- psychologischen Gutachtens (vgl. Weiss, 2009, S. 61; vgl. auch Jordan, 2000).
Diese Praxis ist zumindest fragwürdig, da grundsätzlich davon auszugehen ist, dass
es kein Verfahren gibt, das zuverlässig und hinreichend genau das Alter feststellen
kann, weder auf medizinischem, psychologischem, pädagogischem oder anderem
Wege (Berthold & Espenhorst, 2013, S. 146 f.). Ist der Geburtszeitpunkt nicht sicher
feststellbar, wäre im Zweifel aus Gründen des Kindeswohles[19] immer vom späteren
Zeitpunkt auszugehen[20].

Im Gegensatz dazu sind *begleitete minderjährige Geflüchtete* nicht völlig auf sich
allein gestellt und unterliegen damit dem allgemeinen Asylrecht. In ihrem Fall wird
im Rahmen des Asylverfahrens geprüft, ob die Voraussetzungen für Familienasyl, für
Familienflüchtlingsschutz[21] oder für subsidiären Schutz[22] gegeben sind. Diese rechtliche Schlechterstellung bedeutet gleichzeitig auch, dass für sie eingeschränkte Richtlinien hinsichtlich der Grundversorgung und der medizinischen Versorgung gelten
(vgl. Weiss, 2009. S. 61 f.). Sie sind nicht nur materiell schlechter gestellt, sondern
bei vielen Entscheidungen über Wohnraum, Zugang zu Bildung und Förderung etc.
werden nicht zuerst, wie oben beschrieben, das Kindeswohl und die Interessen der
jungen Menschen (vgl. Berthold, 2014, S. 16) betrachtet, sondern es wird ausländerrechtlichen Bestimmungen gefolgt. Die begleiteten jungen Menschen befinden sich
somit im „Kreuzfeuer" zwischen dem Schutz der UN-KRK sowie dem SGB VIII auf
der einen Seite und der Asylpolitik gemäß des Ausländerrechts und dem Asylrecht auf
der anderen (vgl. Friedrichs, 2003, S. 312) – ein Zustand, der für ´deutsche Kinder´
wohl undenkbar wäre und von zahlreichen NGOs seit Jahren kritisiert wird (vgl. hierzu Deutscher Caritasverband, 2014, S. 19; vgl. Pro Asyl, 2011, S. 4 ff.)[23].

Die unterschiedliche rechtliche Behandlung zeigt sich auch bei erwachsenen geflüchteten Menschen. Insbesondere durch das kürzlich beschlossene Integrationsgesetz
"Fördern und Fordern" werden geflüchtete Menschen je nach Bleibeperspektive in
zwei Gruppen unterteilt. Menschen mit einer guten Bleibeperspektive, die über eine
hohe Schutzquote des jeweiligen Herkunftslandes definiert werden, sollen durch
Maßnahmen wie Integrationskurse schnell integriert werden. Menschen mit schlechter Bleibeperspektive bleiben hingegen außen vor. Wenn Menschen sich weigern an
den Integrationsmaßnahmen teilzunehmen, werden die Leistungen gekürzt (vgl. Die
Bundesregierung, 2016b). Diese Maßnahmen und insbesondere auch die Sanktionen
(z. B. Kürzungen der Leistungen) wirken sich dann auch auf das Leben der Kinder der
betroffenen Menschen aus.

---

[19] „die positive Förderung sowie den Schutz des Kindes vor Gefahren für sein Wohl" (Wiesner, 2008, S. 9);
„Kindeswohl bedeutet die Berücksichtigung der Interessen und Willensbekundungen der jungen Menschen" (BumF, AFET, BVkE, EREV, 2015).

[20] so auch VG-Düsseldorf-Urteil vom 21.06.2007– 13 K 6992/04 ergangen zum AsylVfG/VwVfG.

[21] bei einer Anerkennur g eines Elternteils als Asylberechtigte_r nach Art. 16a GG (nach Artikel 16a des
Grundgesetzes (GG) der Bundesrepublik Deutschland genießen politisch Verfolgte Asyl) gemäß § 60 Abs.
1 AufenthG.

[22] vgl. BAMF (2016d).

[23] weitere Informationen zum Königssteiner Schlüssel siehe BumF (2015a).

5 Lebenslagen und Herausforderungen

Für die bestmögliche Förderung junger (un-)begleiteter Geflüchteter müssen zunächst ihre Lebensbedingungen beschrieben werden, um auf dieser Grundlage Schlussfolgerungen für das pädagogische Handeln zu formulieren. Das Leben als Mensch mit Fluchtgeschichte im deutschen Exil bewegt sich in beständiger Unsicherheit. Oft liegen Risiken einer multiplen Deprivation in den Bereichen materielle Sicherheit, Wohnen, Bildung, Freizeit und Gesundheit vor. Die fehlende Gewissheit über die Aufenthaltsaussicht in Deutschland ist äußerst belastend und erschwert es den jungen Menschen zusätzlich, eine Zukunftsperspektive zu entwickeln (vgl. Weiss, 2009, S. 69). Auf der Flucht müssen alle jungen Menschen – ob begleitet oder unbegleitet – häufig nicht kindgerechte Aufgaben übernehmen und sind zahlreichen Gefahren ausgesetzt. Vor, während und nach der Flucht machen sie Erfahrungen mit Krieg, dem Verlust von Angehörigen, der ungewollten Trennung von Familienmitgliedern, physischer Misshandlung oder sexuellem Missbrauch (vgl. Kurzendörfer, 2000, S. 576; vgl. Ahmad & Rudolph, 2000, S. 583). Obwohl es keinerlei fachliche Anhaltspunkte dafür gibt, begleitete junge Geflüchtete anders zu behandeln als unbegleitete – ebenso wie junge volljährige Geflüchtete anders zu behandeln als beispielsweise 17jährige – werden sie rechtlich deutlich anders gestellt, was sich negativ auf die gesamten Lebensbedingungen auswirkt.

Die Gruppe der unbegleiteten minderjährigen Geflüchteten, die in Deutschland leben, zeichnet sich durch eine große Heterogenität aus – die einzig verbindenden Merkmale sind häufig die unbegleitete Zwangsmigration sowie die Fremdheit in Deutschland (vgl. Katzenstein & Meysen, 2016, S. 20). Die Fluchtgründe und -geschichten, die persönlichen Lebensverläufe und -ziele, die Haltungen und Stimmungen, die gesundheitliche Situation und die Fähigkeit, sich auf die neue Lebenssituation einzulassen, sind als höchst unterschiedlich einzuschätzen (vgl. Berthold & Espenhorst, 2013, S. 151 f.). Zudem verfügen sie über verschiedenartig gelagerte Kenntnisse und Fertigkeiten, was u.a. die Schulbildung betrifft (vgl. Mavruk & Schmidt, 2016, S. 59). So standen einige der geflüchteten Menschen in ihren Heimatländern bereits in einem festen Arbeitsverhältnis und konnten ihr Leben selbstständig führen, weshalb die Eingliederung in eine Jugendhilfeeinrichtung für sie eine besondere Herausforderung darstellt (vgl. Peucker & Seckinger, 2014, S. 12; vgl. auch Wrede, 2013, S. 165). Um eine fachgerechte Entscheidung über den weiteren Verbleib sicherzustellen, werden die jungen Menschen nach ihrer Inobhutnahme zunächst in sogenannten Clearingstellen[24] untergebracht (vgl. Schmeling et al., 2014, S. 637). Die Träger der öffentlichen Jugendhilfe tragen nach §79 SGB VIII die Gesamtverantwortung einschließlich der Planungsverantwortung für eine angemessene Bereitstellung von Kapazitäten zur Unterbringung von jungen Geflüchteten. Aktuell stehen die Kommunen unter star-

---

[24] Ein Clearingverfahren (Klärung der individuellen Flucht- und Lebensumstände), kann in einer Clearingstelle, die ausschließlich für die Zeit des Clearingverfahrens vorgesehen ist, durchgeführt werden oder in einer sozialpädagogischen Wohngruppe, in der die UMG auch nach der Zeit des Clearing bei Bedarf weiter leben können (vgl. Caritas, 2013).

kem Druck, ausreichende und qualifizierte Plätze für unbegleitete Minderjährige zu schaffen (vgl. Peucker & Seckinger, 2014, S. 12), denn durch die bereits seit 2008 steigenden Einreisezahlen muss die Jugendhilfe besonders schnell und flexibel auf die Bedürfnisse der jungen Menschen reagieren (vgl. Stauf, 2011, S. 27).

5.1 Wohnen und Unterbringung

Die Unterbringung von unbegleiteten minderjährigen Geflüchteten gestaltet sich schwierig. Eine Evaluation des BumF (2016c) zeigte, dass bei der vorläufigen Inobhutnahme zu fast 60% Einrichtungen genutzt werden, die den Jugendhilfestandards nicht entsprechen (vgl. Espenhorst, 2016, S. 13). Nach dieser vorläufigen Inobhutnahme finden sich unbegleitete Minderjährige in der Regel in Einrichtungen der Jugendhilfe wieder. Hier wäre eine Debatte über die Zusammensetzung nötig. Bislang werden viele Jugendliche in Gruppen untergebracht, in denen sich nur unbegleitete minderjährige Geflüchtete befinden (vgl. Berthold & Espenhorst, 2013, S. 151 f.). Gleichzeitig stellt sich die Frage, ob eine gemischte Unterbringung mit anderen Jugendlichen nicht vielfach sinnvoller sein kann, insbesondere mit Blick auf die Integration. Allerdings gilt hierbei auch zu beachten, dass diejenigen jungen Menschen, die in der Jugendhilfe untergebracht sind, selbst starke Anzeichen von Marginalisierung mit allen einhergehenden Problemen aufweisen (vgl. Möhrle, Dölitzsch, Fegert & Keller, 2016, S. 213). Ob so die nötige Ruhe und Sicherheit gewährleisten werden kann, gilt es zu prüfen.

Aktuell wird über eine Reform des Kinder- und Jugendhilfegesetzes (SGB VIII), von der UMG unmittelbar betroffen sind, debattiert. Die Ministerpräsident_innen der Bundesländer sprachen sich auf der Landeskonferenz in Rostock[25] bereits für eine Reform aus, die in Zusammenarbeit mit dem Bund in einen rechtlichen Kontext gebracht werden soll. Um Kosten einzusparen, wird dabei eine alternative Form der Unterbringung des §34 SGB VIII sowie die Betreuungsform des "Jugendwohnen" (§13 Absatz 2, 3 SGB VIII) fokussiert. Anstatt einer individualpädagogischen Betreuung, die junge Menschen in ihrer Entwicklung fördert, soll die Betreuung für UMG nun auf ein Minimum reduziert werden. Lediglich der Bildungsweg und die Arbeitsmarktintegration sollen durch pädagogische Fachkräfte begleitet und unterstützt werden (vgl. BumF, 2016g). Aufgabe der Kinder- und Jugendhilfe ist aber nicht nur die Unterstützung in (schulischer) Ausbildung, sondern auch die Begleitung junger Menschen in unsicheren und beunruhigenden Situationen und in Erfahrungen von Fremdheit, (vgl. Katzenstein & Meysen 2016, S. 21). Begründet wird diese Reform nicht nur mit Kosteneinsparungen, sondern durch eine unterstellte vorhandene Selbstständigkeit der geflüchteten jungen Menschen, die diese auf dem Weg nach Deutschland bewiesen hätten. Die Reform des SGB VIII stellt deshalb eine faktische Schlechterstellung von geflüchteten, unbegleiteten minderjährigen Jugendlichen dar (vgl. BumF, 2016g).

---

[25] Jahreskonferenz der Regierungschefinnen und Regierungschefs der Länder vom 26.-28.Oktober in Rostock Stand: 28.10.2016 Vorläufiges Ergebnisprotokoll.

Begleitete junge Menschen werden in der Regel zunächst mit ihren Familien in Erstaufnahmeeinrichtungen und Gemeinschaftsunterkünften untergebracht. Da die Ausstattung, Betreuung und Versorgung der Unterkünfte auf Landesebene geregelt wird, gibt es keine formulierten Mindeststandards und die jeweiligen Einrichtungen unterscheiden sich stark (vgl. Weiss, 2009, S. 63). Zu Unterbringung und Wohnverhältnissen der begleiteten Geflüchteten liegen recht umfangreiche Erkenntnisse vor (Johannsen, 2014; Möller, 2013). Insgesamt zeichnet sich hierbei ab, dass menschenrechtliche Mindeststandards bzw. Standards der UN Kinderrechtskonvention vielfach nicht eingehalten werden (vgl. Scherr, 2015, S. 17). Die Unterkünfte befinden sich häufig in einem schlechten baulichen Zustand (zum Teil handelt es sich um Baracken, Turnhallen oder Container), liegen dezentral, haben äußerst beengte Räumlichkeiten und verfügen fast ausschließlich über Gemeinschaftstoiletten und -duschen auf dem Gang (vgl. Ottersbach, 2011, S. 152; vgl. Johannsen, 2014, S. 27; vgl. Jütte, 2016, S. 66). Auf oft engstem Raum leben Menschen aus verschiedenen Herkunftsländern mit verschiedenen Sprachhintergründen – die allermeisten von ihnen traumatisiert, verängstigt, krank und erschöpft von der Flucht – zusammen (vgl. Weiss, 2009, S. 63). Häufig schlafen alle Familienmitglieder in einem Raum, der in einigen Fällen noch mit anderen geflüchteten Menschen geteilt werden muss. Diese beengte Raumsituation bedingt, dass junge Menschen nicht kind- und jugendgerechte Situationen miterleben müssen (vgl. Johannsen, 2014, S. 27) und nicht ausreichend Raum für Spiel-, Lern- und Rückzugsmöglichkeiten zur Verfügung stehen (vgl. Johannsen, 2014, S. 27; vgl. Schneider, 2003, S. 6 f.). Lärm und Ruhestörungen sowie Polizeirazzien und Abschiebungen verhindern in vielen Fällen, dass Schlaf, Spiel und Hausaufgaben in ruhiger, als sicher empfundener Atmosphäre stattfinden können (Weiss, 2009, S. 63). Auch Kontakte zu Gleichaltrigen, die nicht in der Unterkunft untergebracht sind, gestalten sich aufgrund der dezentralen Lage der Unterkünfte und bestehenden Schamgefühlen auf Seiten der Geflüchteten ob ihrer Wohnsituation oft schwierig. Eine adäquate pädagogische Betreuung von Kindern und Jugendlichen in Aufnahme- und Gemeinschaftsunterkünften findet häufig nicht statt (vgl. Johannsen, 2014, S. 28; vgl. Weiss, 2009, S. 63). Durch die Auswirkungen der Residenzpflicht können junge Menschen auch an Sport- und Freizeitaktivitäten (oder auch Besuchen, Geburtstagen etc.) außerhalb des Landkreises nicht teilhaben (vgl. Weiss, 2009, S. 63).

5.2 Materielle (Un-)Sicherheit

Die hohen Armutsrisiken von geflüchteten Menschen, insbesondere von Asylsuchenden und weiteren Empfänger_innen von Leistungen nach dem Asylbewerberleistungsgesetz (AsylbwLG) sind vielfach dokumentiert (vgl. Butterwegge, 2010; vgl. Ottersbach, 2011, S. 152 ff.; vgl. Johannsen, 2014). Die Ursachen dafür liegen hauptsächlich in den asyl- und ausländerrechtlichen Restriktionen, wie den gegenüber dem SGB XIII gekürzten Sozialleistungen nach dem AsylbwLG, durch Arbeitsverbote und einem nachrangigen Zugang zum Arbeitsmarkt (vgl. Butterwegge, 2010; Voigt, 2010; Weiss, 2009).

Ende des Jahres 2015 bezogen rund 975.000 geflüchtete Menschen Regelleistungen nach dem Asylbewerberleistungsgesetz. Fast 30% aller Leistungsberechtigten waren noch nicht volljährig (vgl. Statistisches Bundesamt, 2016). Die weitreichenden Auswirkungen von Armut und Deprivation auf die Entwicklungsmöglichkeiten von Kindern und Jugendlichen sowie auf das innerfamiliale Beziehungsgefüge sind gut untersucht. Armut bedeutet für Betroffene mehr als „nur" kein Geld zu haben. Vielmehr ist darunter auch das Leben mit eingeschränkten Entfaltungs- und Entwicklungsmöglichkeiten sowie eine dauerhafte Mangelversorgung mit unentbehrlichen Gütern zu verstehen. Besonders für Kinder ist das Fehlen von monetären Ressourcen häufig nicht greifbar – für sie bedeutet arm sein, in mehreren Lebensbereichen (Wohnen, Gesundheit, Bildung und Freizeit) benachteiligt zu sein (vgl. Butterwegge, 2009, S. 3; Butterwegge, 2010; Holz & Skoluda, 2003; Johannsen, 2014, S. 28).

5.3 Schulische Bildung

Deutschland nimmt in Sachen sozialer Selektion innerhalb der Schule eine Spitzenposition ein (vgl. Deutsches PISA-Konsortium, 2002, S. 383). Als wissenschaftlich gesichert kann gelten, dass Schüler_innen mit Migrationshintergrund im deutschen Bildungssystem benachteiligt werden (vgl. Auernheimer, 2009; vgl. Gomolla & Radtke, 2009; Gogolin, 2006; Gomolla, 2006). Hierfür ist zum einen die starre externe Differenzierung in die verschiedenen Schulzweige der Sekundarstufe und zum anderen die frühe Unterteilung der Schüler_innen in jene verantwortlich. Diese frühe Separierung lässt Schüler_innen mit ungünstigen Startbedingungen – beispielsweise jene, die ohne Deutschkenntnisse in die Schule starten, Seiteneinsteiger, die erst Ende der Grundschulzeit nach Deutschland kommen etc. – wenig Möglichkeiten, bestehende Lücken aufzuholen (Auernheimer, 2009, S. 102).

Was für Schüler_innen mit Migrationsgeschichte bereits ausführlich dokumentiert ist, gilt nicht im Gesamten auch für Schüler_innen mit Zwangsmigrationsgeschichte. Dennoch ist es wahrscheinlich, dass sie allein aufgrund ihres „nicht-deutschen" Status ebenso von institutionellen Diskriminierungen und Rassismen betroffen sind (vgl. Behrensen & Westphal, 2009, S. 46). Sie sind allerdings – neben den Folgen subtiler Ausgrenzung – zusätzlich durch den begrenzten rechtlichen Zugang zu Bildung den Folgen direkter Ausgrenzung ausgesetzt.

Für schulrechtliche Angelegenheiten sind aufgrund der föderalen Struktur Deutschlands die jeweiligen Ländergesetzgebungen zuständig. Das bedeutet, dass es 16 unterschiedliche Schulgesetze gibt und damit auch 16 unterschiedliche Konzepte, wie mit Geflüchteten im jeweiligen Bundesland in Bezug auf den Schulbesuch umgegangen werden soll. Für junge Geflüchtete gilt in den meisten Bundesländern, dass entweder nach drei bzw. sechs Monaten oder nach einer kommunalen Zuweisung eine Schulpflicht besteht. Zudem gelten bestimmte Altersgrenzen: Die allgemeine Schulpflicht endet, abhängig von Bundesland und Geburtsdatum, im Alter von 15 bis 18 Jahren

(vgl. Massumi et al., 2015, S. 36 f.; BumF, 2016d). Asylbewerber_innen, deren Antrag noch in Bearbeitung ist, Kinder und Jugendliche, die über (noch) keinen – beziehungsweise nicht mehr über einen – aufenthaltsrechtlichen Status in Deutschland
verfügen, unterliegen nicht in allen Bundesländern automatisch der Schulpflicht. Die
Schulpflicht wird in diesem Fall von verschiedenen Voraussetzungen, die erfüllt werden müssen, abhängig gemacht (vgl. Massumi et al., 2015, S. 6; vgl. Harmening,
2005, S. 9). In einigen Bundesländern besteht eine Schulpflicht beispielsweise nur für
jene Asylberechtigte, die das 16. Lebensjahr noch nicht vollendet haben (vgl. Weiss,
2009; Möller & Adam, 2009, S. 89). Der Zugang zu (weiterführenden) Schulen ist
für einige Statusgruppen von Menschen mit Fluchthintergrund – beispielsweise Ge-
duldete oder Menschen ohne Papiere – ohnehin eingeschränkt (vgl. von Balluseck,
2003, S. 182). Besonders problematisch ist die Situation für die jungen Menschen,
die das nach deutschem Schulrecht schulpflichtige Alter bereits überschritten haben,
in ihrem Herkunftsland aber gar nicht oder nur kurz eine Schule besucht haben, weil
sie ihre schulische Sozialisation aufgrund von Krieg und Flucht unter- bzw. abbrechen
mussten und bspw. sehr lange auf der Flucht waren (vgl. Rieker, 2000, S. 424). Es
gibt insgesamt keine gesetzliche Verpflichtung dazu, jungen Menschen diesen Alters
einen Schulbesuch zu ermöglichen (vgl. Zimmermann, 2015, S. 75). Zudem kritisiert besonders der BumF, dass die Schulpflicht häufig schon durch die Teilnahme an
Sprachkursen – die zum Teil nur wenige Stunden täglich in Anspruch nehmen – von
den Behörden als erfüllt betrachtet werden (BumF, 2016e, S. 1).

Schüler_innen mit Fluchtgeschichte treten häufig als sogenannte „Seiteneinsteiger"
in die Schule ein und werden in der Praxis oft zunächst sogenannten „Vorbereitungsklassen", „Integrationsklassen" oder „Willkommensklassen" zugewiesen, die sie zwischen 6 und 18 Monaten besuchen, um danach in einer Regelklasse zugelassen zu
werden (vgl. Massumi et al., 2015, S. 44). Obwohl diese Vorbereitungsklassen nicht
flächendeckend in allen Schulformen und in allen Bundesländern angeboten werden,
stellen sie doch ein wichtiges Förderinstrument dar. Die Integration in Regelklas-
sen erfolgt dann allerdings meist in Förder- oder Hauptschulen (vgl. Butterwegge,
2010, S. 282; vgl. Auernheimer, 2009), an denen zwangsmigrierte Kinder und Jugendliche überproportional häufig wiederzufinden sind, hier besonders häufig in den
Förderschwerpunkten Lernen und emotional-soziale Entwicklung (vgl. Kornmann,
2003, S. 81 ff.; vgl. Schumann, 2007). Inwiefern politische Rahmenbedingungen der
Länder hinsichtlich der Schulorganisation tatsächlich umgesetzt werden, wird von
jeder Schule eigenmächtig festgelegt (vgl. Massumi et al., 2015, S. 44). Da die vor-
schulischen Kenntnisse höchst variabel sind und Sprachbarrieren den tatsächlichen
Entwicklungsstand nicht deutlich werden lassen, erweist es sich oft als schwierig, die
Schüler_innen passend ihres individuellen Entwicklungsstandes sowie ihrer Kenntnisse einer Bildungseinrichtung und einer Jahrgangsstufe zuzuweisen.

5.4. Freizeit und non-formale Bildungsteilhabe

Neben der formal-schulischen Bildung ist auch der Zugang zur non-formalen und informellen Bildung, zu sozialer Teilhabe und politischer Partizipation durch gesetzliche Regelungen und politische Entscheidungen stark eingeschränkt (vgl. Auernheimer, 2009, S. 106; Weiss, 2009, S. 68). Der Bereich des Freizeitverhaltens, der non-formalen Bildungsteilhabe und der Freundschaftsbeziehungen von jungen (un-)begleiteten Geflüchteten wurde bislang wenig erforscht (vgl. Johannsen, 2014, S. 29). Systematische Untersuchungen, die zudem die Sichtweisen und das Erleben der Kinder und Jugendlichen mit einbeziehen und die Einflüsse asyl- und ausländerrechtlicher Bestimmungen (etwa der Residenzpflicht) untersuchen, fehlen bislang weitgehend (vgl. Johannsen, 2014, S. 29). Die Sozialbetreuung in Geflüchtetenunterkünften ist nicht auf die Freizeitgestaltung von Kindern und Jugendlichen ausgerichtet. Die Freizeitaktivitäten der Kinder und Jugendlichen sind meist eng begrenzt: Sie haben kaum Bargeld zur Verfügung und leben oft in Unterkünften, die weit entfernt von Stadtzentren oder Sportstätten liegen (vgl. Weiss, 2009, S. 63). Ob junge Geflüchtete ihre Freizeit altersgemäß verbringen können, hängt vielfach vom bürgerschaftlichen Engagement von Privatpersonen oder von der Bereitschaft bestehender Jugendhilfeeinrichtungen ab, sich in der Arbeit mit jungen Geflüchteten zu engagieren (vgl. Peucker & Seckinger, 2014, S. 12; vgl. Soyer, 2014, S. 8). Viele Vereine, Flüchtlingsräte und Träger der Jugendhilfe haben mittlerweile Angebote, die sich explizit an Geflüchtete wenden. Wie gut diese wahrgenommen werden, ob und in welchen Weisen Zugänge erleichtert werden, ist allerdings schwer zu überprüfen. In der Entwicklung dieser Angebote, der Kooperation zwischen den Akteur_innen und der Lobbyarbeit ist bisher zu wenig geschehen, um Lebenssituationen merklich zu verbessern (vgl. Peucker & Seckinger, 2014, S. 12). Zu oft bleiben diese Angebote rein formal zugänglich für Geflüchtete und richten sich nicht darauf, tatsächlich inklusive Umfelder zu gestalten.

5.5. Gesundheitliche Versorgung und psychische Gesundheit

Die Gesundheitssituation von jungen, geflüchteten Menschen wird in der Sozial-, Gesundheits- und Migrationsberichterstattung weitgehend ausgeblendet (vgl. Butterwegge, 2010). In der Forschung gibt es allerdings Hinweise darauf, dass junge Geflüchtete häufig noch unter Auswirkungen eingeschränkter oder mangelnder Gesundheitsaufklärung und -versorgung in den Herkunftsländern leiden (vgl. Bautz, 2009) und einen schlechten Impfstatus aufweisen (vgl. Butterwegge, 2010). Zudem sind sie durch die Lebensbedingungen in Deutschland – die hier beschriebenen wohnliche Situation, die materielle Deprivation und die Unsicherheit bezüglich des eigenen Verbleibs in Deutschland – zusätzlichen Risiken und Belastungen ausgesetzt (vgl. Bautz, 2009). Die medizinische Versorgung bei (jungen) Geflüchteten ist, unabhängig davon, ob sie asylsuchend, anerkannt oder geduldet sind, stark eingeschränkt (vgl. van Keuk, 2013, S. 3). Laut dem Asylbewerberleistungsgesetz haben geflüchtete Menschen in den ersten 15 Monaten einen reduzierten Anspruch auf (zahn-)ärztliche Hilfe und können nur bei akuten Erkrankungen und Schmerzen medizinische Hilfe in Anspruch nehmen. Präventive Behandlungen sind nicht vorgesehen. In einigen Kommunen muss vor dem Arztbesuch eine Genehmigung beim zuständigen Sozialamt eingeholt werden (vgl. Angenendt, 2000, S. 74). In der Folge dieser Verzögerungen werden Erkrankungen oft nicht rechtzeitig erkannt und behandelt. Praktiker_innen bemängeln weiterhin die ungenügenden hygienischen Verhältnisse in Gemeinschaftsunterkünften. Sie können zu Krankheitsanfälligkeit und frühen chronischen Krankheiten bei Kindern und Jugendlichen führen (vgl. Johannsen, 2014, S. 27).

Vergleichsweise gut untersucht und dokumentiert sind die psychischen Belastungen und Erkrankungen von geflüchteten Menschen sowie mögliche Auswirkungen der Belastungen von Kindern, Jugendlichen, Geschwisterkindern und/oder Eltern(teilen) auf die gesamte Familie (Lennertz, 2011; Möller, 2009; Siebert, 2009; Wirtgen, 2010; von Balluseck 2003; Bräutigam, 2000; Witt et al. 2015; Zimmermann 2012, 2014, 2015, 2016). Besonders junge Geflüchtete leiden darunter, dass sie psychisch belastende oder traumatisierende Situationen (wie Kriegsereignisse, Verfolgung, Tod von Eltern(teilen), Geschwistern, Verwandten oder Peers, die Trennung der Familie) im Herkunftsland als Betroffene direkt miterlebt haben. Diese bereits traumatisierenden Erlebnisse können zusätzlich durch die unsicheren Lebensbedingungen (beispielsweise den prekären Aufenthaltsstatus, restriktive asyl- und ausländerrechtliche Rahmenbedingungen oder Diskriminierung) im Aufnahmeland fortgeführt werden und münden möglicherweise in eine (sequentielle) Traumatisierung (vgl. Angenendt, 2000, S. 75; vgl. Johannsen, 2014, S. 29; vgl. Zimmermann, 2014). Auch wenn nicht alle jungen Geflüchteten traumatisiert sind, so stellen Menschen, die zwangsmigriert sind, in jeder Altersgruppe eine besonders traumavulnerable Gruppe dar, weil schwerwiegende seelische Verletzungen im Zuge und im Verlauf einer Zwangsmigration fast immer eine Rolle spielen (vgl. Zimmermann, 2015, S. 14; vgl. Ardjomandi & Streek, 2002; Bürgin, 1995; Peltzer, 1995; Stein, 2006).

Bei einer ausschließlichen Konzentration auf in der Vergangenheit (hier also auf Fluchtgründe und Fluchtgeschichte) liegende und möglicherweise traumatisierende Erlebnisse werden Belastungskonstellationen, die sich aus den Lebensbedingungen im Gastland ergeben, häufig fahrlässig ausgeblendet (vgl. hierzu Reinelt, Vasileva & Petermann, 2016, S. 232). In dem Konzept der sequentiellen Traumatisierung (Keilson, 1979; vgl. auch Becker, 2006, S. 190 ff.) werden sowohl vergangene Erlebnisse im Herkunftsland als auch die Alltagssituationen von zwangsmigrierten Menschen als Teile der Entstehung eines Traumas betrachtet (vgl. Pletzer, 1995). So wird deutlich, dass sich nicht nur potenziell traumatische Erfahrungen wie Gewalt und Krieg, sondern auch die unsicheren Gegenwarts- und Zukunftsperspektiven, die während einer Heimunterbringung oder im Prozess des Asylverfahrens bestehen, zur Entwicklung und Chronifizierung traumatischen Erlebens beitragen können (vgl. Zimmermann, 2015, S. 59). Eine Untersuchung von Zijlstra (2012) beispielsweise bestätigt, dass sich ein über lange Zeit unklarer Aufenthaltstitel bei jungen Menschen belastend bis traumatisierend auswirken kann (vgl. Adam, Bistritzky & Inal, 2016, S. 19; vgl. Zijlstra, 2012). Die extreme Abhängigkeit von den Unterkünften und Behörden steht in Kontinuität mit der vorher erlebten Abhängigkeit und Machtlosigkeit gegenüber politischen Autoritäten, Schleppern u.a. (vgl. Zimmermann, 2015, S. 57).

Bislang erhalten die wenigsten geflüchteten jungen Menschen trotz ihrer massiven Belastungskonstellationen zeitnah angemessene psychotherapeutische Angebote, was zu einer chronischen Entwicklung der traumatischen Belastung und zu langfristig negativen Folgen für die psychische Gesundheit führen kann (vgl. Kindler, 2014, S. 9 f). Auch die 2013 beschlossene verpflichtende psychosoziale Betreuung von UMG gilt nicht für begleitete Geflüchtete (vgl. Soyer, 2014, S. 421). Die Verhaltensweisen der jungen Menschen (beispielsweise in der Schule oder der Jugendhilfe) werden häufig ohne jeden lebensgeschichtlichen oder gesellschaftlichen Kontext individuell betrachtet (Zimmermann, 2014) oder einseitig als institutionelle Diskriminierung gedeutet (vgl. Gomolla & Radtke, 2002). Viele junge Geflüchtete – auch die, die nicht traumatisiert sind – leiden beispielsweise unter starken psychosomatischen Beschwerden (vgl. Menesch & Keller, 2016, S. 210) wie Kopfschmerzen oder Müdigkeit durch Schlafstörungen (zusätzlich zur gestörten Nachtruhe in der Unterbringung), die die Teilnahme an pädagogischen Angeboten und am alltäglichen Leben erheblich erschweren.

6. Offene Fragen

Die bislang in diesem Beitrag benannten Rahmenbedingungen und Herausforderungen sollten bei der Gestaltung pädagogischer Angebote für junge geflüchtete Menschen angemessen berücksichtigt werden, um eine Passung der Angebote sicher zu stellen und an den Lebenswelten orientierte Handlungsperspektiven (vgl. hierzu Thiersch 2005) zu gewährleisten. Die beschriebenen Lebenslagen der jungen geflüchteten Menschen werfen eine Reihe an offenen Fragen auf, die im fachlichen Diskurs bisher noch nicht beantwortet werden konnten. Unter Bezugnahme auf menschenrechtliche Standards, Standards des deutschen Kinder- und Jugendhilferechts sowie allgemeingültige entwicklungspsychologische Erkenntnisse, ergeben sich im Mindesten folgende drängende Fragenkomplexe:

1. Es wurde in diesem Beitrag festgestellt, dass junge geflüchtete Menschen ebenso **Entwicklungsanforderungen** der Adoleszenz zu bewältigen haben wie alle Jugendliche und Heranwachsende. Diese Anforderungen bzw. Entwicklungsaufgaben sind auch unabhängig ihres Geflüchtetenstatus zu lösen. Offen ist, wie die altersgemäßen Entwicklungsanforderungen in der pädagogischen Arbeit mit jungen geflüchteten Menschen besser in den Blick genommen werden können und welche Unterstützung diese dabei benötigen (Wie kann also z.B. die zentrale Entwicklungsaufgabe der Verselbstständigung erfolgreich bearbeitet werden, wenn junge Menschen ihre Eltern vor oder während der Flucht verloren haben?).

2. Es konnte gezeigt werden, dass für junge geflüchtete Menschen oftmals keine hinreichende **Grundversorgung** besteht. Bedürfnisse wie Ernährung, Unterbringung, gesundheitliche Versorgung und Sicherheit müssen aber in vollem Umfang abgedeckt sein, um darüber hinausgehende Probleme, wie psychische Beeinträchtigungen durch die Fluchterlebnisse, überhaupt angehen zu können (vgl. Reinelt et al., 2016, S. 234). Offen ist hier deshalb u.a., wie für geflüchtete Menschen eine menschenwürdige Grundversorgung sichergestellt werden kann. Dabei stellt sich die Frage, ob nicht Geldleistungen anstelle von Wertgutscheinen o.ä. zum Bestreiten des Lebensunterhalts gewährt werden müssen, um die materielle Teilhabe selbstbestimmt zu gestalten.

3. Eng verknüpft mit der Grundversorgung ist die **Unterbringung** geflüchteter junger Menschen. Es wurde hier dargestellt, dass insbesondere für die begleiteten jungen Geflüchteten die menschenrechtlichen Mindeststandards, wie der Schutz vor Gewaltanwendung gemäß Art. 19 Abs. 1 UN-KRK, nicht gewährleistet sind. Eine politische Entscheidung hin zu einer Unterbringungssituation aller jungen Menschen mit ihren Familien, in der Rückzugsräume für Schlaf, Freizeit, Lernen – beispielsweise in einer eigenen Wohnung – etc. vorhanden sind, ist aus pädagogisch-fachwissenschaftlicher Sicht unverzichtbar. Auch ist nicht geklärt, in welcher Weise die Unterbringung der jungen Menschen regelmäßig überprüft wird, wie Art. 25 UN-KRK es vorschreibt. Für die Unterbringung unbegleiteter junger Geflüchteter ist zu überdenken, ob es alternative Unterbringungsmöglichkeiten zu den Inobhutnahmestellen gibt, wo sie mit deutschen jungen Menschen zusammenleben, die ganz anders gelagerte und massive Problemkonstellationen mitbringen (vgl. Möhrle et al., 2016, S. 213).

4. In diesem Beitrag wurde weiterhin beschrieben, inwiefern sich die Lebenslagen der beiden ausländerrechtlichen Statusgruppen (begleiteter und unbegleiteter) minderjähriger Geflüchteter voneinander unterscheiden. Bei den unbegleiteten minderjährigen Geflüchteten ist für die rechtliche Stellung das Alter der jungen Menschen maßgeblich. Zu klären bleibt hier, ob die sogenannte *"Altersfeststellung"* ein geeignetes Instrument darstellt (vgl. u.a. Schmeling et al., 2014); medizinisch ist die genaue Altersklärung jedenfalls nicht möglich. Es stellt sich deshalb auch die Frage, ob junge Menschen, deren Alter unklar ist und die entwicklungspsychologisch mit unter 18-Jährigen gleichzustellen sind, nicht per se als Minderjährige zu behandeln und damit – auch im Sinne des Kindeswohls – unter den rechtlichen Schutz des SGB VIII zu stellen sind. Es besteht auch grundsätzlicher Diskussionsbedarf bezüglich der unterschiedlichen **rechtlichen Behandlung** voll- und minderjähriger bzw. begleiteter und unbegleiteter Geflüchteter. Die Vorgabe des Art. 22 Abs. 1 der UN-KRK, wonach einem geflüchteten Kind Hilfe zu gewähren ist "und zwar unabhängig davon, ob es sich in Begleitung seiner Eltern oder einer ande-

ren Person befindet oder nicht", wird durch die momentane rechtliche Praxis missachtet Auch von einer konsequenten Wahrung des Kindeswohls (Art. 18 UN-KRK) kann hier nicht die Rede sein. Es wäre also zu klären, ob nicht alle geflüchteten jungen Menschen Leistungen des SGB VIII – das bis zum 27. Lebensjahr gültig ist – zu erhalten haben.

5. Bezüglich der **schulischen Bildung** junger geflüchteter Menschen ist offen, wie für *alle* schnellstmöglich die Teilhabe an schulischer Bildung sichergestellt werden kann. In Deutschland hat die UN BRK (Behindertenrechtskonvention) seit 2009 rechtlichen Bestand, so dass die volle Inklusion junger geflüchteter Menschen in das Bildungssystem als verpflichtend anzusehen ist. Doch selbst wenn eine konsequente Umsetzung der UN BRK erfolgt, ist offen, wie die oben beschriebene institutionelle Diskriminierung von Menschen mit Migrationshintergrund abgebaut werden kann, wie die jungen Menschen im Einzelnen beschult werden sollen – wie viele Kinder pro Klasse, welche Schulform für wen etc. – und inwieweit die Lehrer_innen entsprechend aus- und fortgebildet werden müssen. Eine weitere Frage betrifft den Umgang mit den über 18-Jährigen, für die nach deutschem Recht keine Schulpflicht mehr besteht, die aber über keine oder nur kurze Schulerfahrungen verfügen. Wie kann ihnen ein berufsqualifizierender Schulabschluss ermöglicht werden? Letztlich bleibt auch zu klären, ob das Absolvieren eines Sprachkurses, wie beschrieben, mit der Erfüllung der Schulpflicht gleichzustellen ist.

7. Mögliche pädagogische Implikationen

Nicht alle der genannten Fragen können in diesem Beitrag in vollem Umfang beantwortet werden. Dennoch können einige übergeordnete Aufgaben aller Akteur_innen im Erziehungs- und Bildungssystem abgeleitet werden.

Grundsätzlich kann gelten, dass für die pädagogische Arbeit mit jungen geflüchteten Menschen keine neuen oder eigenen Ziele formuliert werden müssen. Das übergeordnete Ziel pädagogischer Bemühungen ist immer die Verselbstständigung und Mündigkeit junger Menschen als Ergebnis der Förderung ihrer Persönlichkeit (vgl. Brezinka, 1977, S. 91). Dazu müssen ihnen Lerngelegenheiten zur Verfügung gestellt werden (vgl. Giesecke, 2010, S. 29), um entsprechende Kenntnisse, Fähigkeiten, Fertigkeiten, Verhaltensweisen etc. kennenzulernen, einzuüben und zu beherrschen (vgl. Brezinka, 1995, S. 161 f.). Solche Lerngelegenheiten sind zu gestalten im Bereich der formalen Bildung, also der Schule, sowie der informellen und non-formalen Bildung, also im Bereich des alltäglichen (Er-)Lebens und der Freizeit (vgl. Rauschenbach, 2005, S. 234). Somit gilt auch für geflüchtete junge Menschen, was in den sogenannten "Leipziger Thesen" als Kern jeglicher Jugendbildungsarbeit bestimmt wurde: „Bildung ist der umfassende Prozess der Entwicklung und Entfaltung derjenigen Fähigkeiten, die

Menschen in die Lage versetzen, zu lernen, Leistungspotenziale zu entwickeln, kompetent zu handeln, Probleme zu lösen und Beziehungen zu gestalten" (Bundesjugendkuratorium, Sachverständigenkommission für den Elften Kinder- und Jugendbericht & Arbeitsgemeinschaft für Kinder und Jugendhilfe [AGJ], 2002, S. 317).

Ausgehend von dieser Prämisse sollen folgende pädagogische Überlegungen angestellt werden:

- Die **Unterbringung** junger geflüchteter Menschen ist als sicherer Ort zu gestalten, der Schutz vor physischer, psychischer Gewalt, Diskriminierung und einer überraschenden Abschiebung leistet (Siebert, 2010, S. 80 ff.). Unterkünfte in Turnhallen, am äußersten Stadtrand, mit schlechten Anbindungen an den ÖPNV, die die Entwicklung von Ghettoisierung fördern, sind abzulehnen. Sie verhindern inklusive Bewegungen, für die eine dezentrale Unterbringung maßgeblich ist. Es gibt hier bereits Vorstöße, wonach – bei konsequenter Ausrichtung an der Kinderrechtskonvention – alle Kinder und Jugendliche aus Gemeinschaftsunterkünften herausgenommen werden, da in diesen das Kindeswohl nicht ausreichend berücksichtigt werden könne (vgl. Soyer, 2014, S. 8). Die Unterbringung sollte dabei in Einzelzimmern erfolgen, da Gemeinschaftsunterkünfte, wie beschrieben, meist nicht den Bedürfnissen der Jugendlichen entsprechen (vgl. Berthold & Espenhorst, 2013, S. 151 f.). Neben einem Schlafzimmer brauchen junge Menschen Platz zum Kochen, Essen, Lernen, Spielen, Sport treiben, Entspannen und für Gemeinschaftsaktivitäten. Schmid (2001) dokumentiert den von Geflüchteten häufig geäußerten Wunsch nach solchen Räumen und Plätzen, die bei Bedarf zur Verfügung stehen und in Eigenregie und unkontrolliert genutzt werden können. Auch sollte in der Unterbringung ein ausgewogenes Verhältnis von Partizipation und Selbstermächtigung auf der einen Seite und haltgebenden Strukturen auf der anderen Seiten herrschen (vgl. Siebert, 2010, S. 80 ff.). Zu berücksichtigen ist, dass einige der jungen geflüchteten Menschen über lange Zeit ohne Tagesstruktur gelebt haben, so dass es ihnen mitunter schwer fällt, sich nach vorgegebenen Regelwerken – feste Essens- und Ausgehzeiten, Sport und Freizeitangebote usw. – zu richten (vgl. Menesch & Keller, 2016, S. 217). Hilfreich könnte es hier sein, wenn die jungen Menschen die Regeln mit aushandeln und bestimmen dürfen.

- Wie oben angedeutet, müsste die **Beschulung** junger geflüchteter Menschen inklusiv erfolgen. Nicht ausreichend ist hier das "Deutsch Lernen", das sicher zentral für die gesellschaftliche Teilhabe der jungen Menschen ist (vgl. Möller & Adam, 2009, S. 83; Adam et al., 2016, S. 19), aber nicht allein eine ihren individuellen Voraussetzungen angemessene, formale wie non-formale Bildungskarriere zu ermöglichen im Stande ist (vgl. Zimmermann, 2015, S. 77). Bildung und Schule bedeutet für die jungen Menschen mit Blick auf die besondere Lebenssituation auch eine psychosoziale Stabilisierung, die Verhinderung sekundärer Traumatisierung sowie im Idealfall eine Minimierung von diskriminierenden Erfahrungen (vgl. Treber, 2009, S. 77). Ein Vorschlag zur inklusiven Beschulung besteht in der Kombination aus Vorbereitungsklasse bei gleichzeitiger Beziehungsaufnahme zu den weiteren Schüler_innen der Schule, gekoppelt mit einer frühzeitigen gemeinsamen Beschulung in einzelnen Fächern (vgl. Zimmermann, 2015, S. 77 f.; vgl. Schmitt, 2004). Hierzu müssten gemäß den Gelingensbedingungen inklusiver Beschulung (vgl. hierzu Borban & Hinz 2003) die unterschiedlichen Lernniveaus und die verschiedenen Schulsysteme in den (Herkunfts-)Ländern beachtet werden und angemessene Lernangebote gemacht werden.

- Im Bereich der informellen und non-formalen Bildung sind insbesondere **Sport und Freizeitaktivitäten**, wie z.B. Besuche von kulturellen Veranstaltungen und kreative Arbeit, dazu geeignet, regelmäßig informell mit Gleichgesinnten in Kontakt zu treten, sich mit ihnen zu vernetzen das eigene Leben frei, eigenverantwortlich und nach der persönlichen Interessenlage zu gestalten (vgl. Meier, 2010, S. 175). Solche Angebote eröffnen Kindern, Jugendlichen und Erwachsenen den Zugang zu öffentlichem Raum, wo sie sich regelmäßig versammeln, Probleme diskutieren und volle Bewegungsfreiheit genießen können. Sie ermöglichen es ihnen weiterhin, ihre Körperlichkeit zu spüren (hier besonders Sportarten und künstlerische Aktivitäten wie Singen, Tanzen, Musizieren und Theaterspielen) und ihre Emotionalität auszuleben (vgl. Meier, 2010, S. 175 ff.). Wie erwähnt, sollte jungen Menschen – sofern sie es möchten – auch die Teilhabe an bestehenden Freizeitinitiativen wie dem örtliche Sportverein, Jugendzentren, bürgerschaftliche Engagements etc. ermöglicht werden.

- Diversität und Heterogenität der jungen geflüchteten Menschen stellen das pädagogische Personal möglicherweise vor multiple Herausforderungen, die von der Entwicklung von Sprachkompetenz über interkulturelle Kompetenz, der Fähigkeit zum Schutz der Klient_innen, bis hin zum Wissen über Symptome von Traumatisierung, Traumapädagogik und gute Netzwerke zum kinderpsychiatrischen Versorgungssystem reichen (vgl. Kindler, 2014, S. 9 f.). Diesem Anforderungsprofil stehen nur unzureichende institutionelle Unterstützung sowie zu wenige qualitativ hochwertige Aus- und Weiterbildungsangebote gegenüber. Um inklusive und barrierearme Settings zu ermöglichen, bedarf es einer **Mitarbeiter_innenschaft**, die sich der Lebensrealitäten und Vergangenheiten ihrer Klient_innen bewusst ist, ein gewisses Maß an Sprachkompetenz hat und einen kultursensiblen Umgang führt. Unabdingbar ist weiterhin Wissen über die Lebenssituation in Geflüchtetenunterkünften und die (unsicheren) Aufenthaltsbedingungen der Klient_innen. Mittelschichtgeprägte Praktiker_innen stehen diesen Realitäten oftmals machtlos und teilweise nicht ausreichend sensibel gegenüber (vgl. Treber, 2009, S. 79; vgl. Schapfel-Kaiser, 2000; Binder & Weiß, 2015). Hierfür ist, über **Weiterbildungen** hinaus, Supervision seitens der Arbeitgeber_innen zu gewährleisten.

- Zentral ist auch die Entwicklung einer **machtsensiblen pädagogischen Haltung** und Praxis, um die jungen Menschen nicht als Opfer ihres Schicksals zu betrachten, sondern sie als bedeutende Akteure im politischen Prozess wahrzunehmen – es sind letztlich sie, die die europäische Grenzsicherungspolitik durch ihre Flucht hinterfragen (vgl. Berthold & Schwarz, 2011, S. 31). Hilfreich zum Aufbrechen des Gefühls der Machtlosigkeit und mangelnder Selbstbestimmung sind Räume echter Partizipation. Sie eröffnen geflüchteten Menschen die Möglichkeit, Hierarchien aufzubrechen und eine eigene politische Repräsentation zu entwickeln. Pädagog_innen können hierbei die Selbstorganisation unterstützen, die Beteiligung in allen Verfahren des alltäglichen Lebens zulassen und einfordern sowie zur Teilhabe am politischen Diskurs anregen. Im Alltag einer Unterkunft kann das Mitsprache und Mitgestaltung der Unterbringungseinrichtungen bedeuten, oder die Umsetzung des Wunsch- und Wahlrechts bei der Unterbringung in der Praxis[26].

- Mögliche Anknüpfungspunkte für ein **pädagogisches Curriculum** können die Grundlagen der traumapädagogischen Arbeit, der interkulturellen Bildung, der menschenrechtlichen Bildung mit den Leitmotiven Anerkennung und Gleichwertigkeit und der inklusiven (schulischen) Bildung liefern (Auernheimer, 2009, S. 99).

- Die Lebensgeschichte und -situation geflüchteter Menschen beinhalten, wie beschrieben, traumatisierende Erlebnisse, die sich in verschiedenen Symptomen äußern können. Neben einer therapeutischen Versorgung ist die pädagogische Praxis aufgefordert, einen **traumasensiblen Umgang** mit geflüchteten Menschen anzustreben. Insbesondere die Arbeit mit Kindern und Jugendlichen, die besonders vulnerabel sind, erfordert eine Einschätzung des biologischen, affektiven, kognitiven und sozialen Entwicklungsstandes sowie der „Konstellation der protektiven Faktoren und Risikofaktoren" (Resch, 1996, S. 3). Notwendig ist ebenso Unterstützung, die die Politik und andere relevante Institutionen für die Arbeit mit geflüchteten Menschen sensibilisiert und den gesamten transnationalen Lebenskontext der Klient_innen miteinbezieht (vgl. Homfeldt & Schmitt, 2014, S. 15 ff.). Gleiches gilt auf der **Beziehungsebene;** Fachkräfte verstehen sich als „sichere Häfen" für die Klient_innen und gehen aktiv Bindungen ein (vgl. Scherwath & Friedrich, 2012, S. 69 ff.). Um dies zu gewährleisten, müssen sich die pädagogische Arbeit und damit ihre Pädagog_innen klar von den an sie übertragene Kontrollaufgaben lösen. Bei der traumapädagogischen Arbeit ist es essentiell, dass die pädagogischen Fachkräfte über interkulturelle Kompetenz verfügen, um bei der Beziehungsarbeit kulturspezifische Merkmale und kollektive Vorerfahrungen des jeweiligen Herkunftslandes erkennen zu können (vgl. Binder & Weiß, 2015). Pädagogische Fachkräfte müssen sich auf fremde Sichtweisen einstellen können, sie als Realität anerkennen und unausgesproche-

---

[26] Beispielsweise entwickelte der Bundesdachverband UMF ein Handlungskonzept zur Beteiligung in der Kinder- und Jugendhilfe gemeinsam mit jungen geflüchteten Menschen (vgl. Berthold & Schwarz 2011, 33 f.).

ne Werte, Muster, Einstellungen, die von großer Bedeutung des gegenseitigen Verständnisses sind, erkennen können (vgl. Schapfel-Kaiser, 2000; vgl. Menesch & Keller, 2016, S. 215 f.).

- Neben einer Traumapädagogik wäre ein pädagogisches Curriculum an einer (neu verstandener) Konzeption interkulturellen Bildung auszurichten, die sich als **"Bildung sozialer Gleichheit"** versteht. Dabei soll nicht dem konventionellen Verständnis interkultureller Bildung, das auf die Eingliederung von Zugewanderten ausgerichtet ist – z.b. Deutschfördermaßnahmen, spezielle Hausaufgabenhilfen und Förderkurse für Kinder aus zugewanderten Familien, Beratungsangebote für erwachsene Zugewanderte – gefolgt werden, sondern müssten all jene Maßnahmen und pädagogische Konzepte einbezogen werden, die auf das Zusammenleben *aller* Menschen in der Einwanderungsgesellschaft gerichtet sind (z.B. rassismuskritische Bildungsprojekte) (vgl. Gogolin & Krüger-Protratz, 2010, S. 154). Adressat_innen der Konzepte interkultureller Bildung und Erziehung sind dann – zumindest der Intention nach – auch Menschen ohne Migrations-/oder Fluchtgeschichte. Ziel ist hierbei die Vermittlung von Einsichten, Fähigkeiten und Kompetenzen für ein friedliches Zusammenleben. Dafür gilt es, Konzepte für die unterschiedlichen pädagogischen Handlungsfelder zu entwerfen, die einen demokratischen und produktiven Umgang mit der gegebenen Heterogenität ermöglichen (Krüger-Protratz, 2010, S. 154 f.).

8. Fazit

Im Verlauf dieses Beitrags wurde die Frage aufgeworfen, ob sich die aus den – überwiegend sehr prekären – Lebenslagen junger geflüchteter Menschen in Deutschland ergebenden Bedarfe im Bereich des pädagogischen Einflussbereiches liegen. Für einige Punkte, wie die Ausgestaltung der schulischen Bildungsangebote, das Erarbeiten einer pädagogischen Konzeption für Unterkünfte oder die Berücksichtigung einer traumasensiblen Pädagogik, liegt es nahe, diese Frage zu bejahen. Für die anderen Problematiken, wie die oftmals benachteiligenden rechtlichen Bestimmungen, das Sicherstellen der Grundversorgung oder das Vorgehen bei der Altersfeststellung, scheint die Pädagogik als Profession zunächst nicht zuständig bzw. fehlt ihr scheinbar das Mandat.

Letzteres kann aus zweifacher Hinsicht entkräftet werden: Zum einen ist professionelles pädagogisches Handeln nicht nur dem Kindeswohl und den jeweiligen institutionellen sowie rechtlichen Vorgaben verpflichtet, sondern ebenso der eigenen Profession. Das bedeutet, dass pädagogisches Handeln wissenschaftlich fundiert ist und über einen eigenen Ethikkodex verfügt. Dieser Ethikkodex orientiert sich – im Sinne einer "Pädagogik als Menschenrechtsprofession" gemäß Staub-Bernasconi – an (sozialer) Gerechtigkeit und an den Menschenrechten (vgl. Staub-Bernasconi 2007, S.13). Dieses so genannte "Tripelmandat" Sozialer Arbeit bzw. pädagogischen Handelns verpflichtet zur Durchsetzung der Menschenrechte, so dass ein Mandat notfalls erzwungen werden muss. Übertragen auf die hier beschriebene Situation geflüchteter junger Menschen in Deutschland bedeutet das für die pädagogisch Handelnden, dass sie sehr wohl Spielräume besitzen, rechtliche (Neu-)Regelungen zu beeinflussen – unter anderem durch Stellungnahmen zu Gesetzen bzw. Gesetzesreformen auf Verbandsebene – und die zum Teil nicht ausreichende Grundversorgung zu verbessern oder die unwürdige Altersfeststellung abzuschaffen – indem sie zum Beispiel die Presse auf Bedingungen vor Ort aufmerksam machen oder kein solches Verfahren durchführen.

Zum anderen ergibt sich eine Zuständigkeit bzw. Verantwortung der pädagogisch Professionellen aus den Gegebenheiten selbst: Sie sind diejenigen, die unmittelbar in der Praxis der Geflüchtetenarbeit tätig sind, sie erleben die alltägliche Unterbringungssituation, sie müssen rechtliche Regelungen in konkretes Handeln umsetzen und pädagogische Konzepte entwickeln. Wenn sie sich nicht als Sprachrohr für die Missstände und Probleme bezüglich der Unterbringung, Versorgung, Bildung und Integration junger geflüchteter Menschen verstehen, braucht es keinen weiterführenden Diskurs.

Es erscheint vor dem Hintergrund der hier skizzierten Lebensbedingungen geflüchteter junger Menschen allerdings angebrachter, das Tripelmandat der Pädagogik ernst zu nehmen und die noch ausstehende Entwicklung pädagogischer Konzepte und Curricula, Methoden und Materialien für die Arbeit mit jungen geflüchteten Menschen in Schule, Freizeit und Alltag anzugehen. Ebenso müssen dringend (pädagogische) Standards für ihre Unterbringung formuliert und umgesetzt werden. Zu klären bleibt auch, wie das Personal – Sozialarbeiter_innen, Lehrer_innen, Erzieher_innen – ausgebildet sein soll, um nicht nur den beschriebenen Lebenslagen der jungen Menschen gerecht zu werden, sondern um zu einem selbstbestimmten, partizipativen, menschenwürdigen und gesunden Leben in dieser Gesellschaft beitragen zu können.

Butler bringt es auf den Punkt: Es gibt keine Rückkehr zu einem ethnischen Verständnis von Nation. Es ist eine Chimäre, dass Nationen zu einem Zustand "zurückkehren" können, in dem es keine Zuwanderung gibt und die weiße Mehrheitsgesellschaft Kontrolle über den kulturellen Konsens und ausschließlichen Zugang zu den materiellen und immateriellen Gütern der Gemeinschaft hat – auch wenn jüngst Millionen Menschen in den USA derartigen Versprechen gefolgt sind und so die Präsidentschaftswahl entschieden haben. Deutschland ist schon heterogen und die geflüchteten Menschen leben bereits hier, ob für kurze Zeit oder auf Dauer. Es muss jetzt entschieden werden – und wie erläutert, trägt die Pädagogik hier eine große Verantwortung –, ob der Zuwanderung mit (temporärer) Gastfreundschaft begegnet wird, die im Gegenzug eine Anpassung der Zugewanderten an Deutschland einfordert (vgl. hierzu Butler, 2016). Oder es werden ernsthafte Konzepte zum gemeinsamen Zusammenleben, zur Akzeptanz der Vielfalt und zum gegenseitigen Austausch entwickelt. Dabei kann eine "Pädagogik bei geflüchteten jungen Menschen", wie sie hier angedeutet wurde, den Anfang machen.

9 Literatur

Adam, H., Bistritzky, H. & Inal, S. (2016). Seelische Belastungen von Flüchtlings-kindern und die Auswirkungen in Schule. *Sonderpädagogische Förderung heute, 61* (1), 12-22.

Ahmad, S. & Rudolph, E. (2000). Traumatisierung. In Woge e.V./ Institut für soziale Arbeit e.V. (Hrsg.), *Handbuch der Sozialen Arbeit mit Kinderflüchtlingen* (S. 581-588). Münster: Votum.

Angenendt, S. (2000). *Kinder auf der Flucht: minderjährige Flüchtlinge in Deutsch-land.* Opladen: Leske+Budrich.

Ardjomandi, M. & Streek, U. (2002). Migration - Trauma und Chance. In K. Bell, A. Holder, P. Janssen & J. van de Sande (Hrsg.), *Migration und Verfolgung: Psychoanalytische Perspektiven* (S. 37-52). Gießen: Psychosozial.

Auernheimer, G. (2009). *Schieflagen im Bildungssystem: die Benachteiligung der Migrantenkinder* (3. Aufl.). Wiesbaden: VS Verlag für Sozialwissenschaften.

Balluseck, H. v. (2003). Der Aufenthaltsstatus als wesentliche Variable für Akkul-turationsprobleme. In H. v. Balluseck (Hrsg.), *Minderjährige Flüchtlinge. Sozialisationsbedingungen, Akkulturationsbedingungen und Unterstützungs-systeme* (S. 92-105). Opladen: Leske+Budrich.

Bautz, W. (2009). Abschließender Ergebnisbericht „Clearingstelle für die Beratung Behandlung und Prävention psychisch kranker, insbesondere traumatisierter Migrantinnen und Migranten" – El Puente. In W. Bautz (Hrsg.), *Entwurzelt, ausgegrenzt, erkrankt. Psychotherapeutische und psychosoziale Versorgung von Asylsuchenden* (S. 37-54). Berlin: Frank Timme.

Borban, I. & Hinz, A. (2003): *Index für Inklusion. Lernen und Teilhabe in der Schule der Vielfalt entwickeln.* Abgerufen von http://www.csie.org.uk/resources/translations/IndexGerman.pdf

Bundesamt für Migration und Flüchtlinge (2004). *Migration und Integration - Erfahrungen nutzen, Neues wagen. Jahresgutachten 2004 des Sachver-ständigenrates für Zuwanderung und Integration.* Abgerufen von http://www.bamf.de/SharedDocs/Anlagen/DE/Downloads/Infothek/Zuwan-derungsratGutachten/gutachten-2004-zuwanderungsrat-lang.pdf?__blob=publicationFile

Bundesamt für Migration und Flüchtlinge (2016a). *Asylgeschäftsstatistik für den Monat September 2016.* Abgerufen von http://www.bamf.de/SharedDocs/Anlagen/DE/Downloads/Infothek/Statistik/Asyl/aktuelle-zahlen-zu-asyl-september-2016.pdf?__blob=publicationFile

Bundesamt für Migration und Flüchtlinge (2016b). *Persönliche Antragstellung.* Abgerufen von http://www.bamf.de/DE/Fluechtlingsschutz/AblaufAsylv/PersoenlicheAntragstellung/persoenliche-antragstellung-node.html

Bundesamt für Migration und Flüchtlinge (2016c). *Flughafenverfahren.* Abgerufen von http://www.bamf.de/DE/Fluechtlingsschutz/Sonderverfahren/Flughafen-Verfahren/flughafenverfahren-node.html

Bundesamt für Migration und Flüchtlinge (2016d). *Subsidiärer Schutz*. Abgerufen von http://www.bamf.de/DE/Fluechtlingsschutz/AblaufAsylv/Schutzformen/SubsidiaererS/subsidiaerer-schutz-node.html

Becker, D. (2006). *Die Erfindung des Traumas - verflochtene Geschichten*. Freiburg: Edition Freitag.

Behrensen, B. & Westphal, M. (2009). Junge Flüchtlinge - ein blinder Fleck in der Migrations- und Bildungsforschung. Bildung junger Flüchtlinge als Randthema in der migrationspolitischen Diskussion. In L. Krappmann, A. Lob-Hüdepohl, A. Bohmeyer & S. Kurzke-Maasmeier, *Bildung für junge Flüchtlinge - ein Menschenrecht. Erfahrungen, Grundlagen und Perspektiven* (S. 45-58). Bielefeld: Bertelsmann.

Berthold, T. (2014). *In erster Linie Kinder. Flüchtlingskinder in Deutschland*. Abgerufen von der Website des Deutschen Komitees für UNICEF e.V.: https://www.unicef.de/blob/56282/fa13c2eefcd41dfca5d89d44c72e72e3/fluechtlingskinder-in-deutschland-unicef-studie-2014-data.pdf

Berthold, T. & Espenhorst, N. (2013). Equal but not the same: Standards für junge Flüchtlinge in der Jugendhilfe. *Unsere Jugend, 65* (4), 146-153.

Berthold, T. & Schwarz, N. V. (2011). Speak up - Miteinander: Möglichkeiten politischer Repräsentation von jungen Flüchtlingen. *Sozial Extra, 35* (9), 31-34.

Binder, M. & Weiß, W. (2015). *Ich flüchte um nach vorne zu kommen. Und jetzt weiß ich nicht mehr, wo vorne und hinten ist. Traumapädagogische Hilfen für unbegleitete minderjährige Flüchtlinge [Folien der Fortbildung]*. Hanau: Zentrum für Traumapädagogik.

Bundesministerium für Justiz und Verbraucherschutz (2008). *Gesetz über den Aufenthalt, die Erwerbstätigkeit und die Integration von Ausländern im Bundesgebiet. Aufenthaltsgesetz- AufentG. §60 Verbot der Abschiebung*. Abgerufen von http://www.gesetze-im-internet.de/aufenthg_2004/__60.html

Brezinka, W. (1977). Grundbegriffe der Erziehungswissenschaft. 3. verb. Aufl. München/Basel.

Brezinka, W. (1995). *Erziehungsziele. Erziehungsmittel. Erziehungserfolg* (3., neubearbeitete und erweiterte Aufl.). München: Reinhardt.

Brumlik, M. (2016). Das alte Denken der neuen Rechten: Mit Heidegger und Evola gegen die offene Gesellschaft. *Blätter für deutsche und internationale Politik, 16* (3), 81-91. Abgerufen von https://www.blaetter.de/archiv/jahrgaenge/2016/maerz/das-alte-denken-der-neuen-rechten

Bundesfachverband unbegleitete minderjährige Flüchtlinge (2015). *Umverteilung*. Abgerufen von http://www.b-umf.de/de/themen/umverteilung

Bundesfachverband unbegleitete minderjährige Flüchtlinge (2016a). *Auswertung Bestandszahlen vom 23.08.2016: Unbegleitete minderjährige Flüchtlinge*.

Abgerufen von http://www.b-umf.de/images/160906_PM_Auswertung_
UMF_Zahlen.pdf

Bundesfachverband unbegleitete minderjährige Flüchtlinge (2016b). *Mehr Inobhut-
nahmen von unbegleiteten minderjährigen Flüchtlingen. Aber Unklarheit
über deren Versorgungssituation.* Abgerufen von http://www.b-umf.de/
images/20160802_bumf_inobhutnahmen_2015.pdf

Bundesfachverband unbegleitete minderjährige Flüchtlinge (2016c). *Die Aufnah-
mesituation unbegleiteter minderjähriger Flüchtlinge in Deutschland. Erste
Evaluation zur Umsetzung des Umverteilungsgesetzes.* Abgerufen von http://
www.b-umf.de/images/aufnahmesituation_umf_2016.pdf

Bundesfachverband unbegleitete minderjährige Flüchtlinge (2016d). *Der Zugang
zur Schule für Flüchtlinge.* Abgerufen von
http://www.b-umf.de/de/themen/bildung

Bundesfachverband unbegleitete minderjährige Flüchtlinge (2016e). *SCHULE FÜR
ALLE - Das Recht auf Bildung kennt keine Ausnahme. Pressemitteilung vom
06.10.2016.* Abgerufen von
http://www.b-umf.de/images/161006_PM_SchuleF%C3%BCrAlle.pdf

Bundesfachverband unbegleitete minderjährige Flüchtlinge (2016f). *Alterseinschät-
zung.* Abgerufen von http://www.b-umf.de/de/themen/altersfestsetzung

Bundesfachverband unbegleitete minderjährige Flüchtlinge (2016g). Beschluss der
Länder Jahreskonferenz: Zwei-Klassen-Jugendhilfesystem für junge Flücht-
linge geplant. Abgerufen von http://www.b-umf.de/images/20161108_PM_
Zwei-Klassen-Jugendhilfesystem.pdf

Die Bundesregierung (2016a). *Asylpaket II in Kraft: Kürzere Verfahren, weniger
Familiennachzug.* Abgerufen von https://www.bundesregierung.de/Content/
DE/Artikel/2016/02/2016-02-03-asylpaket2.html

Die Bundesregierung (2016b). *Integrationsgesetz setzt auf Fördern und Fordern.* Abgerufen von https://www.bundesregierung.de/Content/DE/
Artikel/2016/08/2016-08-05-integrationsgesetz.html

Butler, J. (2016). „Trump schürt zügellosen Hass" Interview von Rina Soloveitchik,
Cambridge. Abgerufen von: http://www.zeit.de/kultur/2016-10/judith-butler-
donald-trump-afd-populismus-interview/komplettansicht

Butterwegge, C. (2009). *Kinderarmut in einem reichen Land. Ursachen, Folgen und
Gegenstrategien.* Abgerufen von http://www.christophbutterwegge.de/texte/
Kinderarmut%20in%20einem%20reichen%20Land%202-2009.pdf

Butterwegge, C. (2010). *Armut von Kindern mit Migrationshintergrund: Ausmaß,
Erscheinungsformen und Ursachen.* Wiesbaden: VS Verlag für Sozialwissenschaften.

Bürgin, D. (1995). Psychic Traumatization in Children and Adolescents. In *Chil-
dren-War and Persecution,* edited by Stiftung für Kinder, 14-25. Proceedings
of the Congress, Hamburg, September 26-29, 1993. Osnabrück (Secolo).

Caritas (2013). *Die Arbeit der Clearingstelle.* Abgerufen von https://www.caritas.de/

magazin/zeitschriften/sozialcourage/magdeburg/die-arbeit-der-clearingstelle

Daphi, P. (2016). *Zivilgesellschaftliches Engagement für Flüchtlinge und lokale „ Willkommenskultur "*. Abgerufen von der Website der Bundeszentrale für politische Bildung: http://www.bpb.de/apuz/223923/engagement-fuer-fluechtlinge?p=all

Deutscher Caritasverband e. V. (Hrsg.). (2014). *Fluchtpunkte. Fakten. Positionen. Lösungen.* Abgerufen von https://www.caritas.de/fuerprofis/fachthemen/migration/fluchtpunkte/fluchtpunkte

Deutsches PISA-Konsortium (Hrsg.). (2002). *PISA 2000 — Die Länder der Bundesrepublik Deutschland im Vergleich.* Wiesbaden: VS Verlag für Sozialwissenschaften.

Espenhorst, N. (2016). Überlegungen zur Arbeit mit minderjährigen Flüchtlingen. In J. Fischer & G. Graßhoff (Hrsg.), *Unbegleitete minderjährige Flüchtlinge. "In erster Linie Kinder und Jugendliche!"* (sozialmagazin, 1. Sonderband, S. 10-18). Weinheim: Beltz Juventa.

Europäische Union (2013). *Verordnung (EU) Nr. 604/2013 DES EUROPÄISCHEN PARLAMENTS UND DES RATES vom 26. Juni 2013 zur Festlegung der Kriterien und Verfahren zur Bestimmung des Mitgliedstaats, der für die Prüfung eines von einem Drittstaatsangehörigen oder Staatenlosen in einem Mitgliedstaat gestellten Antrags auf internationalen Schutz zuständig ist (Neufassung).* Abgerufen von http://www.asyl.net/fileadmin/user_upload/gesetzetexte/Aenderungs_Dublin_VO.pdf

Fend, H. (2005). *Entwicklungspsychologie des Jugendalters* (3. Aufl.). Wiesbaden: Springer.

Friedrichs, B. (2003). Auswirkungen von Kriegstraumatisierungen auf das Lernen. *Zeitschrift für Heilpädagogik, 54* (8), 312- 319.

Giesecke, H. (2010). *Pädagogik als Beruf. Grundformen pädagogischen Handelns* (10. Aufl.). Weinheim: Juventa.

Gogolin, I. (2006). Chancen und Risiken nach PISA – über Bildungsbeteiligung von Migrantenkindern und Reformvorschläge. In G. Auernheimer (Hrsg.), *Schieflagen im Bildungssystem. Die Benachteiligung der Migrantenkinder* (2. Aufl.) (S. 33-50). Opladen: Leske+Budrich.

Gogolin, I. & Krüger-Potratz, M. (2010). *Einführung in die interkulturelle Pädagogik* (2. Aufl.). Opladen: Budrich.

Goldstein, L. (2007). *Displaced. Flüchtlinge an den Grenzen Europas.* Karlsruhe: Von Loeper.

Gomolla, M. (2006). Fördern und Fordern allein genügt nicht! Mechanismen institutioneller Diskriminierung von Migrantenkindern und -jugendlichen im deutschen Schulsystem. In G.

Gomolla, M. & Radtke, F.-O. (2002). *Institutionelle Diskriminierung. Die Herstellung ethnischer Differenz in der Schule.* Opladen: Leske +Budrich.

Gomolla, M. & Radtke, F.-O. (2009). *Institutionelle Diskriminierung. Die Herstel-*

lung ethnischer Differenz in der Schule (3. Aufl.). Wiesbaden: VS Verlag für Sozialwissenschaften.

Grob, A. & Jaschinski, U. (2003). *Erwachsen werden. Entwicklungspsychologie des Jugendalters.* Weinheim: BeltzPVU.

Harmening, B. (2005). *Wir bleiben draußen. Schulpflicht und Schulrecht von Flüchtlingskindern in Deutschland*, herausgegeben von terre des hommes Deutschland e.V., Osnabrück. Abgerufen von http://www.fluechtlingsrat-brandenburg.de/wp-content/uploads/2014/02/Wir-bleiben-draussen-Schulpflicht-und-Schulrecht-von-Fl%C3%BCchtlingskindern.pdf

Havighurst, R. J. (1964). *Developmental tasks and education.* New York: Davis McKay.

Hebebrandt, J., Anagnostopoulus, D., Eliez, S., Linse, H., Pejovic-Milovancevic, M. & Klasen. H. (2016). A first assessment of the needs of young refugees arriving in Europe: What mental health professionals need to know. *European Child and Adolescent Psychiatry, 25* (1), 1-6.

Herrmann, F. (2015). *Das Märchen vom überkochenden Brei. Narrative in der medialen Berichterstattung zum Flüchtlingsthema im Herbst 2015.* Abgerufen von http://ejournal.communicatio-socialis.de/index.php/cc/article/view/116_/1159

Holz, G. & Skoluda, S. (2003). Armut und Zukunftschancen von Kindern im frühen Grundschulalter – Ergebnisse der 2. AWO-ISS-Studie. *Theorie und Praxis der Sozialen Arbeit, 54* (5), 20-29.

Homfeldt, H. G. & Schmitt, C. (2014). Flüchtlingskinder besser verstehen: Die Transnationale Biographiearbeit. *DJI Impulse: (Über) Leben. Die Probleme junger Flüchtlinge in Deutschland.* Abgerufen von http://www.dji.de/fileadmin/user_upload/bulletin/d_bull_d/bull105_d/DJI_1_14_WEB.pdf

Johannsen, S. (2014). Begleitete Flüchtlingskinder in Deutschland: Einblicke in den Forschungsstand. *DJI Impulse: (Über)Leben. Die Probleme junger Flüchtlinge in Deutschland, 105* (1), 25-30. Abgerufen von http://www.dji.de/fileadmin/user_upload/bulletin/d_bull_d/bull105_d/DJI_1_14_WEB.pdf

Kindler, H. (2014). Flüchtlingskinder, Jugendhilfe und Kinderschutz. *DJI Impulse: (Über)Leben. Die Probleme junger Flüchtlinge in Deutschland, 105* (1), 9-11. Abgerufen von http://www.dji.de/fileadmin/user_upload/bulletin/d_bull_d/bull105_d/DJI_1_14_WEB.pdf

Jordan, S. (2000) *Fluchtkinder. Allein in Deutschland.* Karlsruhe: von Loeper.

Jütte, M. (2016). Sprachlernklassen. Möglichkeiten und Grenzen der Integration in intensivpädagogischer Förderung. *Sonderpädagogische Förderung heute, 61* (1), 64-76.

Kahle, F. & Meineke, C. (2015). *Marburger Standards für Unbegleitete minderjährige Flüchtlinge: Entwurf und Arbeitspapier.* Marburg: Fachbereich Kinder, Jugend, Familie, Jugendamt.

Katzenstein, H. & Meysen, T. (2016). Integration gelingt nur mit der Kinder- und

Jugendhilfe. Versuch einer Verortung. In J. Fischer & G. Graßhoff (Hrsg.), *Unbegleitete minderjährige Flüchtlinge. "In erster Linie Kinder und Jugendliche!"* (sozialmagazin, 1. Sonderband, S. 19-32). Weinheim: Beltz Juventa.

Keilson, H. (1979). *Sequentielle Traumatisierung bei Kindern. Deskriptiv-klinische und quantifizierend-statistische follow-up Untersuchung zum Schicksal der jüdischen Kriegswaisen in den Niederlanden.* Stuttgart: Enke.

Kornmann, R. (2003). Zur Überrepräsentation ausländischer Kinder und Jugendlicher in ´Sonderschulen mit dem Schwerpunkt Lernen´. In G. Auernheimer (Hrsg.), *Schieflagen im Bildungssystem. Die Benachteiligung der Migrantenkinder* (2. Aufl.) (S. 81-96). Opladen: Leske+Budrich.

Kothen, A. (2016). Sagt man jetzt Flüchtlinge oder Geflüchtete? *Heft zum Tag des Flüchtlings 2016.* Abgerufen von https://www.proasyl.de/hintergrund/sagt-man-jetzt-fluechtlinge-oder-gefluechtete/

Kunkel, P.-Ch. (2006). *Jugendhilfe für junge Ausländer.* Abgerufen von http://193.197.34.225/ZHEAF/diskussionspapiere/2006-02.pdf

Kurzendörfer, P. (2000). Psychische Störungen. In Woge e.V./ Institut für soziale Arbeit e.V. (Hrsg.), *Handbuch der Sozialen Arbeit mit Flüchtlingen* (S. 576-581). Münster: Votum.

Krüger-Potratz, M. (2010). Interkulturelle Pädagogik – Fachgebiet, Konzepte und Maßnahmen. In P. Dieckhoff (Hrsg.), *Kinderflüchtlinge. Theoretische Grundlagen und berufliches Handeln* (S. 151-158). Wiesbaden: VS Verlag für Sozialwissenschaften.

Massumi, M., Dewitz, N. v., Grießbach, J., Terhart, H.,Wagner, K., Hippmann, K. et al. (2015). *Bestandsaufnahme und Empfehlungen: Neu zugewanderte Kinder und Jugendliche im deutschen Schulsystem.* Abgerufen von http://www.mercator-institut-sprachfoerderung.de/fileadmin/Redaktion/PDF/Publikationen/MI_ZfL_Studie_Zugewanderte_im_deutschen_Schulsystem_final_screen.pdf

Mavruk, G. & Schmidt, E. (2016). Neu zugewanderte Kinder und Jugendliche im Unterricht. *Sonderpädagogische Förderung heute, 61* (1), 50-63.

Mecheril, P. (13. Januar 2016). *Flucht, Sex und Diskurse* [Gastrede im Rahmen des Neujahrsempfangs der Stadt Bremen]. Abgerufen von http://www.rat-fuer-migration.de/index.php?ID=64

Meier, M. (2010). Zum ersten Mal im Leben umarmt – Sport und Spiel als Mehrwert für Kinderflüchtlinge. In P. Dieckhoff (Hrsg.), *Kinderflüchtlinge. Theoretische Grundlagen und berufliches Handeln* (S. 169-183). Wiesbaden: VS Verlag für Sozialwissenschaften.

Menesch, C. & Keller, M. (2016). Unbegleitete minderjährige Flüchtlinge in Einrichtungen der Kinder- und Jugendhilfe. In W. Weiß, T. Kessler & S. B. Gahleitner (Hrsg.), *Handbuch Traumapädagogik* (S. 210-219). Weinheim: Beltz.

Möhrle, B., Dölitzsch, C., Fegert, J.M. & Keller, F. (2016). Verhaltensauffälligkeiten und Lebensqualität bei männlichen unbegleiteten minderjährigen Flüchtlingen in Jugendhilfeeinrichtungen in Deutschland. *Kindheit und Entwicklung, 25* (4), 204-215.

Möller, B. & Adam, H. (2009). Jenseits des Traumas: die Bedeutung von (schulischer) Bildung aus psychologischer und psychotherapeutischer Perspektive. In L. Krappmann, A. Lob-Hüdepohl, A. Bohmeyer & S. Kurzke-Maasmeier (Hrsg.), *Bildung für junge Flüchtlinge- ein Menschenrecht* (S. 83-98). Bielefeld: Bertelsmann.

Müller, C. & Schwarz, U. J. (2016). Psychosoziale Aspekte der pädagogischen Arbeit mit geflüchteten Kindern und Jugendlichen. *Sonderpädagogische Förderung heute, 61* (1), 23-38.

Oberwittler, D. & Lukas, T. (2010). Schichtbezogene und ethnisierende Diskriminierung im Prozess der strafrechtlichen Sozialkontrolle. In U. Hormel & A. Scherr (Hrsg.), *Diskriminierung: Grundlagen und Forschungsergebnisse* (S. 221-254). Wiesbaden: VS Verlag für Sozialwissenschaften.

Ottersbach, M. (2011). Die Lage der Flüchtlinge in Köln. In M. Ottersbach & C.-U. Proelß (Hrsg.), *Flüchtlingsschutz als globale und lokale Herausforderung* (S. 145-168). Wiesbaden: VS Verlag für Sozialwissenschaften.

Peucker, Ch. & Seckinger, M. (2014). Flüchtlingskinder: eine vergessene Zielgruppe der Kinder- und Jugendhilfe. *DJI-Impulse. (Über)Leben. Die Probleme junger Flüchtlinge in Deutschland, 105* (1), 12-14. Abgerufen von http://www.dji.de/ fileadmin/user_upload/bulletin/d_bull_d/bull105_d/DJI_1_14_WEB.pdf

Pletzer, K. (1995). Ethnokulturelle Konzepte von Trauma und deren Behandlung. In K. Pletzer, A. Aycha & E. Bittenbinder (Hrsg.), *Gewalt und Trauma. Psychopathologie und Behandlung im Kontext von Flüchtlingen und Opfern organisierter Gewalt* (S. 208-225). Frankfurt am Main: IKO.

Prengel, A. (2006). Pädagogik der Vielfalt. Verschiedenheit und Gleichberechtigung in Interkultureller, Feministischer und Integrativer Pädagogik (3. Aufl.). Wiesbaden: VS Verlag für Sozialwissenschaften.

Pro Asyl (Hrsg.). (2011). *Kinderrechte für Flüchtlingskinder erst nehmen! Gesetzlicher Änderungsbedarf aufgrund der Rücknahme der Vorbehalte zur UN-Kinderrechtskonvention.* Abgerufen von https://www.proasyl.de/wp-content/ uploads/2015/07/PRO_ASYL_Kinderrechte_ernst_nehmen.pdf

Pro Asyl (Hrsg.). (2015). *Asyl in Zahlen.* Abgerufen von https://www.proasyl.de/ thema/fakten-zahlen-argumente/

Rauschenbach, T. (2005). Krisensemantiken: Soziale Arbeit- die fehlende Seite der Bildung. *Neue Praxis, 35* (3), 231-237.

Reinelt, T., Vasileva, M. & Petermann, F. (2016). Psychische Auffälligkeiten von Flüchtlingskindern. Eine Blickverengung durch die Posttraumatische Belastungsstörung? *Kindheit und Entwicklung, 25* (4), 231-237.

Rieker, P. (2000). Schule/Schulbesuch. In Woge e.V./Institut für soziale Arbeit e.V

(Hrsg.), *Handbuch der Sozialen Arbeit mit Kinderflüchtlingen* (S. 420-427). Münster: Votum.

Rietzschel, A. (2016). *Bundesamt für Verfassungsschutz beobachtet "Identitäre Bewegung"* (Abgerufen von der Website der Süddeutschen Zeitung): http://www.sueddeutsche.de/politik/rechtsextremismus-bundesamt-fuer-verfassungsschutz-beobachtet-identitaere-bewegung-1.3118612

Scherr, A. (2015). Soziale Arbeit mit Flüchtlingen. *Sozial Extra, 39* (4), 16 -20.

Scherwath, C. & Friedrich, S. (2012). *Soziale und pädagogische Arbeit bei Traumatisierung.* München: Reinhardt.

Schmeling, A., Geserick, G., Tsokos, M., Dettmeyer, R., Rudolf, E. & Püschel, K. (2014). Aktuelle Diskussionen zur Altersdiagnostik bei unbegleiteten minderjährigen Flüchtlingen. *Rechtsmedizin, 24* (6), 475-479.

Schmitt, G. (2004). Kriegskinder in Schule und Unterricht. In C. Büttner, R. Mehl, P. Schlaffer & M. Nauck, *Kinder aus Kriegs- und Krisengebieten: Lebensumstände und Bewältigungsstrategien* (S. 47-54). Frankfurt a.M.: Campus.

Schumann, B. (2007). *"Ich schäme mich ja so!" Die Sonderschule für Lernbehinderte als "Schonfalle".* Bad Heilbrunn: Klinkhardt.

Soyer, J. (2014). Kinder zweiter Klasse: Junge Flüchtlinge in Bayern. *DJI Impulse: (Über)Leben. Die Probleme junger Flüchtlinge in Deutschland, 105* (1), 7-8. Abgerufen von http://www.dji.de/fileadmin/user_upload/bulletin/d_bull_d/bull105_d/DJI_1_14_WEB.pdf

Siebert, E. (2010). *Schwere Last auf kleinen Schultern. Aufgaben und Grenzen Sozialer Arbeit mit minderjährigen traumatisierten Flüchtlingen aus Kriegsgebieten.* Marburg: Tectum.

Statistisches Bundesamt (2016). *Asylbewerberleistungen: 169 % mehr Leistungsberechtigte im Jahr 201. Pressemitteilung Nr. 304.* Abgerufen von https://www.destatis.de/DE/PresseService/Presse/Pressemitteilungen/2016/09/PD16_304_222.html

Staub-Bernasconi, S. (2007): *Vom beruflichen Doppelmandat zum professionellen Tripelmandat. Wissenschaft und Menschenrechte als Begründungsbasis der Profession Sozialer Arbeit.* Zeitschrift für Sozialarbeit in Österreich, 43 (2), 8-17.

Stauf, E. (2011). Zwischen Subjektorientierung und Stereotypisierungen? Der sozialpädagogische Blick auf Kinder und Jugendliche mit Fluchterfahrungen. *Sozial Extra, 35* (9), 27-30.

Stein, B. v. d. (2006). Verborgene Traumatisierungen und transgenerationale Traumaweitergabe bei Nachkommen von Migranten. Psychoanalyse. *Texte zur Sozialforschung, 10* (2), 137-150.

Struck, N. (2014). Die abgeschottete Einwanderungsgesellschaft. *DJI Impulse: (Über)Leben. Die Probleme junger Flüchtlinge in Deutschland, 105* (1), 23-24. http://www.dji.de/fileadmin/user_upload/bulletin/d_bull_d/bull105_d/DJI_1_14_WEB.pdf

Munzinger, P. & Brunner, K. (04. September 2016). *Der AfD-Wähler ist männlich und ungebildet? So einfach ist es nicht.* Abgerufen von der Website der Süddeutschen Zeitung: http://www.sueddeutsche.de/politik/landtagswahl-in-mecklenburg-vorpommern-der-afd-waehler-ist-maennlich-und-ungebildet-so-einfach-ist-es-nicht-1.3148548

The UN Refugee Agency (2013). *The future of Syria. Refugee children in crisis.* Abgerufen von http://unhcr.org/FutureOfSyria/

The UN Refugee Agency (2015). *Flüchtlinge.* Abgerufen von http://www.unhcr.de/mandat/fluechtlinge.html

Thiersch, H. (2005): *Lebensweltorientierte Soziale Arbeit. Aufgaben der Praxis im sozialen Wandel.* 6. Aufl. Weinheim, München: Juventa.

Treber, M. (2009). Die Ressource Bildung in der Sozialen Arbeit mit jungen Flüchtlinge. In A. Lop-Hüdepohl, S. Kurzke-Maasmeiner, L. Krappmann & A. Bohmeyer, *Bildung für junge Flüchtlinge: ein Menschenrecht* (S. 71-81). Bielefeld: Bertelsmann.

United Nations Organization-Flüchtlingshilfe (2015). *Global Trends Jahresbericht.* Abgerufen von https://www.uno-fluechtlingshilfe.de/fluechtlinge/zahlen-fakten.html

United Nations Children's Fund (2016). *Unprooted_ The growing crisis for refugee and migrant children.* Abgerufen von http://www.unicef.org/publications/files/Uprooted_growing_crisis_for_refugee_and_migrant_children.pdf

United Nations Organization-Flüchtlingshilfe (2016). *Kinder auf der Flucht. Flüchtlingskinder.* Abgerufen von https://www.uno-fluechtlingshilfe.de/fluechtlinge/fluechtingsschutz/fluechtlingskinder.html

van Keuk, E. (2013). Stellungnahme des BDP. Herausgegeben vom Berufsverband Deutscher Psychologinnen und Psychologen. Berlin. Abgerufen von http://www.bdp-verband.org/bdp/politik/2013/130408_fluechtlinge.pdf

Voigt, C. (2010). Finanzielle Leistungen auf der Grundlage Gesetzlicher Vorgaben. In P. Dieckhoff (Hrsg.), *Kinderflüchtlinge. Theoretische Grundlagen und berufliches Handeln* (S. 49-58). Wiesbaden: VS Verlag für Sozialwissenschaften.

Weiss, K. (2009). Lebenslagen von jungen Flüchtlingen in Deutschland. In L. Krappmann, A. Lob-Hüdepohl, A. Bohmeyer and S. Kurzke-Maasmeier (Hrsg.), *Bildung für junge Flüchtlinge: ein Menschenrecht,* (S. 59-79). Bielefeld: Bertelsmann.

Zeit Online (2015). *SPD will keine Transitzonen für Flüchtlinge.* Abgerufen von http://www.zeit.de/politik/deutschland/2015-10/koalitionskonflikt-fluechtlinge-spd-union

Zeit Online (2016). *Beatrix von Storch will doch nicht auf Kinder schießen.* Abgerufen von http://www.zeit.de/politik/2016-01/alternative-fuer-deutschland-beatrix-von-storch-petry-schusswaffen

Zijlstra, A. E. (2012). *In the Best Interest of the Child? A study into a decision-*

support tool validating asylum-seeking children's rights from a behavioural scientific perspective. Thesis: Universität Groningen. Abgerufen von http://www.rug.nl/research/portal/files/2448739/Proefschrift_Elianne_Zijlstra_2012.pdf

Zimmermann, D. (2014). Trauma und Traumadiagnostik in der Schule. *Sonderpädagogische Förderung heute, 59* (3), 308-322.

Zimmermann, D. (2015). *Migration und Trauma. Pädagogisches Verstehen und Handeln in der Arbeit mit jungen Flüchtlingen* (3. Aufl.). Gießen: Psychosozial.

Tillmann Schulze

Welches und wie viel Licht braucht erfolgreiche Kriminalprävention?

Am Anfang war die Dunkelheit

Zu Beginn der Menschheit war es nachts im öffentlichen Raum ganz einfach eines: dunkel. Zumindest, wenn man das, was unsere Vorfahren ausserhalb ihrer Höhlen vorfanden, als öffentlichen Raum bezeichnen möchte. Licht in der Nacht, das kam höchstens vom Mond und von den Sternen. Später durchzog dann vielleicht einmal eine Fackel die Finsternis.

Auch als die Menschen sesshaft wurden, Häuser bauten und in diesen lebten, war es nachts weiterhin: dunkel. Mit den wenigen Öllampen und später Kerzen wurde sorgsam umgegangen. Lichtquellen waren teuer und damit wertvoll. Noch vor rund 300 Jahren war es eine Seltenheit, beleuchtete öffentliche Räume anzutreffen. Zwar gibt es Hinweise, dass schon weit vor Christi Geburt in der syrischen Hafenstadt Antiocha Öllampen die Strassen erhellt haben sollen. Und im 16. Und 17 Jahrhundert gab es in europäischen Städten wie Paris oder London erste beleuchtete Strassenzüge. Aber auch dies war immer noch eine klare Seltenheit und Licht gab es dort auch nur in den Abendstunden und nicht während der ganzen Nacht.

Es war dann Alva Edison, der Erfinder der Glühbirne, der den bis heute andauernden Siegeszug der künstlichen Beleuchtung öffentlicher Räume einleitete. Ende des 19. Jahrhunderts gab es im deutschsprachigen Raum in Berlin den ersten elektrisch beleuchteten Strassenzug. Heute, im Zeitalter der 24-Stunden-Gesellschaft, verjagt das künstliche Licht zumindest in den urbanen Räumen die Dunkelheit während der nächtlichen Stunden teilweise völlig.

Helligkeit schafft Wohlbefinden – Licht kann aber auch schaden

Wir Menschen fühlen uns zumeist wohler, wenn es hell ist. Auch dies ist noch aus der Zeit unserer Vorfahren zu erklären: Während die Menschen bei Tag Gefahren frühzeitig erkennen und auf diese reagieren konnten, waren sie nachts vor allem auf andere Sinne angewiesen als die Augen. Furcht und damit erhöhte Wachsamkeit waren überlebenswichtige Eigenschaft zum Überleben – vor allem bei Dunkelheit. Über viele Jahrtausende mieden wir Menschen daher die Dunkelheit. Denn in ihrem „Mantel" konnten unangenehme Dinge geschehen, durch die man Schaden nehmen konnte.

Auch wenn wir uns in einem erhellten Umfeld zumeist wohler fühlen, so hat sich in den letzten Jahren zunehmend das Bewusstsein für die Schädlichkeit von zu viel nächtlicher Beleuchtung geschärft. Die aus dem Weltraum aufgenommenen Fotografien der nächtlichen Erde, bei denen Europa oder die USA nur noch in den Gebirgsräumen dunkel zu sein scheinen, finden immer wieder den Weg in die Medien. Dieses illuminierte Geflecht hat Folgen – für uns Menschen und für Fauna und Flora. Heutzutage sind folgende Schadwirkungen von Lichtemissionen bei Dunkelheit nachgewiesen:

Nachtaktive Tiere

- Zerschneidung des Lebensraums

- Einschränkung des Aktionsradius'

- Verringerung des Nahrungsangebots / späteres Erwachen, weniger Zeit für Beutesuche

- Beeinflussung des Paarungsverhaltens

- Tod durch Verbrennen

Menschen

Gesicherte Auswirkungen:

- Störungen des Biorhythmus

- Schlafstörungen

- Veränderungen Hormonproduktion oder Herzschlagveränderungen

- Störungen ähnlich Jetlag

Vermutete Auswirkungen

- Störungen Hormonhaushalt

- Verminderung Abwehrkräfte

- Verfrühtes Einsetzen der Pubertät

Nicht nur hier in der Schweiz, auch in anderen Ländern befassen sich die Verwaltung, aber auch Interessensgruppen wie beispielsweise die „Dark Sky Asscociation" damit, wie sich künstliche Beleuchtung soweit reduzieren lässt, damit die schädlichen Auswirkungen von künstlichem Licht während der Nacht möglichst gering sind.

hell = sicher?, dunkel = unsicher?

Für die Sicherheit, vor allem auch in öffentlichen Räumen spielt Licht bzw. Beleuchtung eine wichtige Rolle. Wie oben schon beschrieben, ist das menschliche Unbehagen bei eingeschränkter Sehfähigkeit aus der Evolution bedingt. Und man könnte den Eindruck haben, dass die Assoziation Dunkelheit = unsicher/gefährlich und Helligkeit = sicher/ungefährlich regelmässig belegt wird, nicht zuletzt durch die Meldungen in den Herbstmonaten, wenn die Anzahl der Dämmerungseinbrüche in unseren Breiten wieder zunimmt. Aber ist der Zusammenhang zwischen Unsicherheit und Dunkelheit wirklich so einfach? Führt demnach nächtliche Beleuchtung direkt zu mehr Sicherheit?

Die Antwort auf diese Frage ist nicht ganz einfach. Seit Jahrzehnten befassen sich Studien, vor allem auch im Bereich der Kriminologie, genau mit dieser Fragestellung. Es würde im Rahmen dieses Beitrags zu weit führen, nun eine differenzierte Zusammenfassung all dieser Erkenntnisse aufzuführen. Dennoch gilt es die wichtigsten Erkenntnisse darzustellen. Ganz zentral ist dabei die Unterscheidung zwischen der objektiven, also der faktisch nachweisbaren Sicherheit (z. B. aufgrund der Anzahl erfasster Delikte) sowie dem subjektiven Sicherheitsempfinden. Denn wie sich zeigen wird, beeinflussen Dunkelheit und Helligkeit diese Formen von Sicherheit ganz unterschiedlich.

Die Wirkung von Licht auf die objektive Sicherheit

Die Wirkung von Dunkelheit auf unser Sehvermögen ist unzweifelhaft: Dunkelheit führt zu einer Einschränkung in der Wahrnehmung, die als unangenehm erlebt wird. Aufgrund dieser Einschränkung wird Dunkelheit mit dem Gefühl der Unsicherheit und Helligkeit mit dem Gefühl der Sicherheit assoziiert. Ausgehend von diesen physiologischen Zusammenhängen gab und gibt es durchaus Aussagen, die einen direkten Zusammenhang zwischen Helligkeit und einer erhöhten Sicherheit sehen. So heißt es in der Fachzeitschrift licht.wissen in einer Ausgabe von 2014 zur Beleuchtung von Straßen, Wegen und Plätzen: „Hohe Beleuchtungsstärken wirken abschreckend und präventiv. Sie helfen dabei, Details oder Absichten sich nähernder Personen schon aus größerer Entfernung besser zu erkennen und entsprechend zu reagieren. [Licht] schreckt zum anderen zwielichtige Gestalten von vornherein ab." Und in der gleichen Ausgabe heißt es: „Es ist evident, dass Delikte wie Einbruch, Überfall und Diebstahl häufiger im Dunkeln und Verborgenen passieren, wenn Täter sich bessere Chancen ausrechnen, nicht erkannt zu werden. Umgekehrt sind Menschen, die sich im Dunkeln unsicher bewegen, sind die leichteren Opfer für finstere Gestalten."

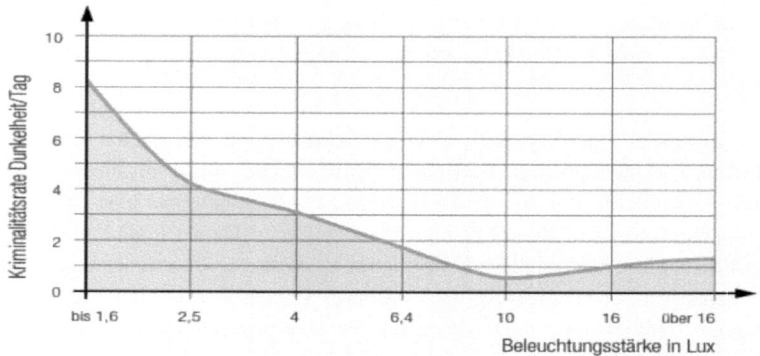

Abbildung 1: Abbildung aus der Zeitschrift licht.wissen03 von 2014, die einen direkten Zusammenhang zwischen Lichtstärke und Anzahl krimineller Delikte darstellt. Eine Quelle, aus der die Daten für diese Grafik stammen, sucht man leider vergebens...

Fakt ist aber: Es sind bis heute keine wissenschaftlichen Studien bekannt, die eine Zunahme an Delikten in Zusammenhang mit Dunkelheit nachweisen. Dies gilt nicht nur für den deutschsprachigen Raum, sondern auch auf internationaler Ebene, z. B. in Studien aus Großbritannien oder den USA. Dazu ein paar Beispiele:

Deutschland

„Schumacher und Leitner (1999) oder Loukaitou-Sideris u.a. (2001) können hingegen keinen signifikanten Zusammenhang zwischen der Beleuchtungsintensität und der Kriminalitätshäufigkeit erkennen und Eck (2002) fragt sogar, ob ein helleres Beleuchtungsniveau unter bestimmten Umständen nicht auch Kriminalität fördern könne, indem es dem potentiellen Delinquenten einen besseren Überblick verschaffe."[1]

Großbritannien

«No evidence could be found to support the hypothesis that improved street lighting reduces reported crime. Although some areas and some crime types did show reductions in night-time crime relative to the daylight control, the dominant overall pattern, from which this study draws its authority, was of no significant change.

---

[1] Katharina Krause: Funktionen der künstlichen Beleuchtung und der Dunkelheit – Ein Bericht zum Stand der sozialwissenschaftlichen Forschung, 2012

It was concluded that although street lighting was welcomed by the public and provided reassurance to some people who were fearful in their use of public space, the area-wide introduction of new street lighting did not reduce reported crime.»[2]

Liechtenstein

«Die Häufigkeit der Einbrüche hängt mit hoher Wahrscheinlichkeit nicht davon ab, ob die Straßenbeleuchtung in den späten Nachtstunden eingeschaltet bleibt, sondern von anderen Faktoren wie der Verkehrsdichte, der Nähe zu Schnellstraßen oder der Anwesenheit der Bewohner.»[3]

Nicht von der Hand zu weisen sind hingegen die oben schon kurz erwähnten Zunahmen von sogenannten Dämmerungseinbrüchen in der Herbst- und Winterzeit. Allerdings ist diese Zunahme weniger auf die herrschende Dunkelheit zurückzuführen, sondern vielmehr auf die Tatsache, dass die Menschen am späten Nachmittag und frühen Abend noch nicht von der Arbeit zurück sind und damit beim Einbruch der Dämmerung und in den frühen Phasen der Dunkelheit die soziale Kontrolle im öffentlichen Raum im Umfeld von Wohngebäuden fehlt und die Bewohner von Häusern und Wohnungen oftmals noch nicht zu Hause sind. Anders sieht es dann in der Nacht aus. Auch hier herrscht Dunkelheit. Die Bewohner sind aber zu Hause, die Gefahr bei einem Delikt erkannt oder überführt zu werden, ist entsprechend höher. In der Folge sind in den „dunklen Jahreszeiten" die die Einbruchszahlen in den Nächten nicht höher als in den anderen Jahreszeiten.

Die Wirkung von Licht auf das subjektive Sicherheitsempfinden

Im Gegensatz zur objektiven Sicherheit gibt es eine klar nachweisbare Wirkung von Dunkelheit auf das subjektive Sicherheitsempfinden. Diesmal belegen zahlreiche Studien klar den Effekt, dass eingeschränktes Sehvermögen sich negativ auf das Sicherheitsempfinden auswirkt. Auch dazu wieder Beispiele:

«Auch wenn mangelnde oder schlechte Beleuchtung nicht immer als einziger Grund für ein subjektiv erlebtes Unsicherheitsgefühl aufgeführt wird, können die meisten Studien zeigen, dass eine Verbesserung der Beleuchtungssituation von einem Großteil der Befragten erwünscht und nicht selten sogar an erster Stelle genannt wird.»[4]

„Dunkle und damit unübersichtliche Straßenräume machen Angst, unabhängig davon, ob in der Gegend je eine Straftat verübt wurde."[5]

---

[2] Atkins S, Husain S and Storey A (1991) The Influence of Street Lighting on Crime and Fear of Crime, Crime Prevention Unit Paper 28, London, Home Office

[3] Andrea Matt, Nachtabschaltung in Liechtenstein, Juni 2015

[4] Katharina Krause: Funktionen der künstlichen Beleuchtung und der Dunkelheit – Ein Bericht zum Stand der sozialwissenschaftlichen Forschung, 2012

[5] Gleichstellungsstelle für Frauen München; Nov. 2004

Die Brücke der Angst

Auf den provisorischen Überführungen bei Bellevue und Bürkliplatz ist es stockfinster in der Nacht. Passanten fürchten sich. Darum will die Stadt jetzt nachbessern.

Abbildung 2: So schnell kann es gehen: Eine enge provisorische Strassenüberführung kombiniert mit Lichtblendung führen dazu, dass Menschen sich unsicher fühlen – obwohl es hier nie zu einem sicherheitsrelevanten Ereignis kam.

Dabei sind es vor allem Frauen und ältere Menschen, die sich bei Dunkelheit unsicherer fühlen und Angst vor Übergriffen haben. Statistisch nachzuweisen ist diese Furcht, in der Dunkelheit zum Opfer krimineller Delikte zu werden, jedoch nicht. Vielmehr kann „falsches" Licht sogar das Gefühl von Unsicherheit erhöhen. Denn ein wirklich erhöhtes Sicherheitsempfinden entsteht vor allem dann, wenn auch die soziale Kontrolle sichergestellt ist. Dazu ein Beispiel: Nachts durch einen komplett dunklen Stadtpark zu laufen, in dem sich offensichtlich keine anderen Menschen aufhalten und der vom Umfeld nicht einsehbar ist, wird bei den meisten Personen mindestens zu einem Gefühl von Unwohlsein, wenn nicht sogar zum Empfinden von Furch führen. Licht allein würde jedoch diese Gefühle nicht nehmen. Vielmehr könnte falsche Beleuchtung diese Gefühle sogar noch verstärken. Wäre ein Weg durch den Park beispielsweise hell beleuchtet, das Umfeld bliebe aber vollständig im Dunkeln, so würden Personen sich sogar noch unsicherer fühlen. Der sogenannten „Bühneneffekt" tritt ein: Man selbst ist für das Umfeld leicht zu erkennen, das Umfeld selbst bleibt einem jedoch verborgen.

Lichtplanung ist hochgradig emotional

Wie sensibel die Bevölkerung auf das Thema Dunkelheit reagiert, zeigt sich auch in den zunehmenden Bestrebungen der öffentlichen Hand, in der Nacht die Beleuchtung zu reduzieren bzw. auf diese ganz zu verzichten. Vor allem die Dark Sky Assoziation setzt sich stark genau für solche Massnahmen ein, um die schädlichen Auswirkungen von

Lichtemissionen auf Menschen, Fauna und Flora zu reduzieren. Zudem führen nächtliche Reduktionen von Beleuchtung zu geringeren Stromkosten, ein Gemeinwesen spart dadurch Geld. Lichtreduktionen oder nächtliche Abschaltungen können funktionieren und die Bevölkerung akzeptiert diese Massnahmen. Die Erfahrung lehrt jedoch, dass dies nur dann der Fall ist, wenn vor allem nächtliche Abschaltungen unter dem Einbezug der Bevölkerung geplant und durch professionelle Kommunikation begleitet dann auch umgesetzt werden.

Ist dies nicht der Fall, kann es zu Folgen wie in der U.S.-Gemeinde Barrington Hills kommen, wo die Bevölkerung 2009 die Verantwortlichen für die nächtliche Abschaltung in harter Form an den medialen Pranger stellten und sich gezwungen sahen, sich in der Folge stärker zu bewaffnen. Dies war in der deutschen Stadt Krefeld im Jahr 2012 zwar nicht der Fall. Dennoch wehrte sich die Bevölkerung hier vehement gegen die rund 200'000 Euro teure Massnahme einer stundenweisen nächtlichen Abschaltung der Strassenlaternen. In der Folge bleibt die Beleuchtung bis heute so wie zuvor (nachts wird komplett beleuchtet), das Geld war hingegen umsonst investiert.

07.01.2013
Doch kein Lichtblick für die Krefelder Stadtkasse
Die Stadt macht nachts wieder die Laternen an und vergeudet so mehr als 200.000 Euro.

2010 beschlossen, 200.000 Euro investiert, im August 2012 eingeführt und gut einen Monat später wieder abgeschafft: Die Stadt Krefeld wollte mit der stundenweisen Nachtabschaltung der Straßenlaternen eigentlich Geld sparen, stattdessen wurde Geld vergeudet. Auf Grund von Bürgerprotesten wurde das Projekt schnell ad acta gelegt. Das Ganze hätte den Steuerzahlern erspart bleiben können, hätten sich die Verantwortlichen in Krefeld in ihren Nachbarstädten umgehört.

Abbildung 3: Das ging daneben: Krefeld hatte Gutes im Sinn, vergass aber bei der Planung der nächtlichen Abschaltung der Strassenlaternen die Bevölkerung mit einzubeziehen.

Gelingt es hingegen, die Bevölkerung in geeigneter Form einzubinden und die Massnahmen zielgruppengerecht kommunikativ einzubetten, dann zeigen Studien, dass die Bevölkerung durchaus bereit ist, nächtliche Abschaltungen von Strassenbeleuchtung oder zumindest Reduktionen der Beleuchtung zu akzeptieren: «When risks are carefully considered, local authorities can safely reduce street lighting, saving energy costs and reducing carbon emissions, without impacting negatively on traffic collisions and crime.»[6]

Fazit zur Wirkung von Beleuchtung auf Sicherheit

- Zur Wirkung von Licht auf die objektive Sicherheit sind die Meinungen unterschiedlich. Nachweise dafür, dass mehr Licht zu weniger Delikten führt, gibt es nicht.

---

[6] Steinbach R, Perkins C, Tompson L, et al.: The effect of reduced street lighting on road casualties and crime in England and Wales; 2015

- Licht kann dazu führen, dass gewisse Bevölkerungsgruppen öffentliche Räume als sicherer wahrnehmen und diese eher nutzen.

- Einigkeit besteht, dass es das «richtige Licht» braucht, «falsches Licht» kann sogar negative Auswirkungen erzielen.

- Es ist möglich, Beleuchtung zu reduzieren, ohne negative Auswirkungen auf die Sicherheit.

- Die Diskussion um Beleuchtung in Bezug auf Sicherheitsaspekte kann schnell emotional werden, es bedarf guter Kommunikation und auch «Durchhaltevermögen».

Warum interdisziplinäre Lichtplanung sinnvoll ist

Wie oben ausgeführt sind die Bedürfnisse an Licht bzw. an die richtige Beleuchtung vielfältig. Um die Auswirkungen von Lichtemissionen auf Menschen, Fauna und Flora zu reduzieren, wäre es der richtige Weg, die nächtliche Beleuchtung zu minimieren. Ein Strasse, die Wege eines Park oder ein öffentlicher Platz, die während der gesamten Dunkelphase gar nicht beleuchtet wären, würden sich jedoch auf das Sicherheitsempfinden der Bevölkerung auswirken, diese Räume würden gemieden. Dies wiederum würde die Lebensqualität der Menschen einschränken.

Die Nacht sprichwörtlich zum Tag zu machen und jede dunkle Ecke einer Stadt auszuleuchten würde zwar vermutlich dazu führen, dass sich ein Grossteil der Menschen sicherer fühlt. Aber die schädlichen Auswirkungen auf Mensch und Umwelt wären extrem, zudem käme die ökonomische Komponente zum Tragen: Beleuchtung kostet Geld. Auch wenn sich der Stromverbrauch im Vergleich zu den Leuchtmitteln der letzten Jahrzehnte durch LED-Technologien drastisch reduzieren lässt, so bleiben dennoch Stromkosten bestehen, zudem sind die teilweise hohen Anschaffungs- und Unterhaltskosten zu berücksichtigen.

Damit zeigt sich, dass es einer ausgewogenen Lichtplanung bedarf, um den Komponenten Ökologie, Ökonomie und Sicherheit in einem ausgewogenen Mass gerecht zu werden. Nicht zu vergessen ist dabei auch noch der Aspekt der Ästhetik und einer ansprechenden Illumination.

Gerade grössere Städte verfügen schon seit einigen Jahren über umfassende Lichtplanungen, die in der Fachsprache beispielsweise „Masterplan Beleuchtung" oder „Plan Lumière" heißen. Diese Pläne befassen sich mit „dem richtigen Licht" für das gesamte Stadtgebiet und definieren, wie welche Gebäude oder Stadtteile zu beleuchten sind. Dabei fällt auf, dass die meisten dieser Pläne dem Sicherheitsaspekt kaum Beachtung schenken. Einzig der Berliner Plan befasst sich in einem Sonderkapitel mit den Themen Verkehrssicherheit und Sicherheit im öffentlichen Raum.

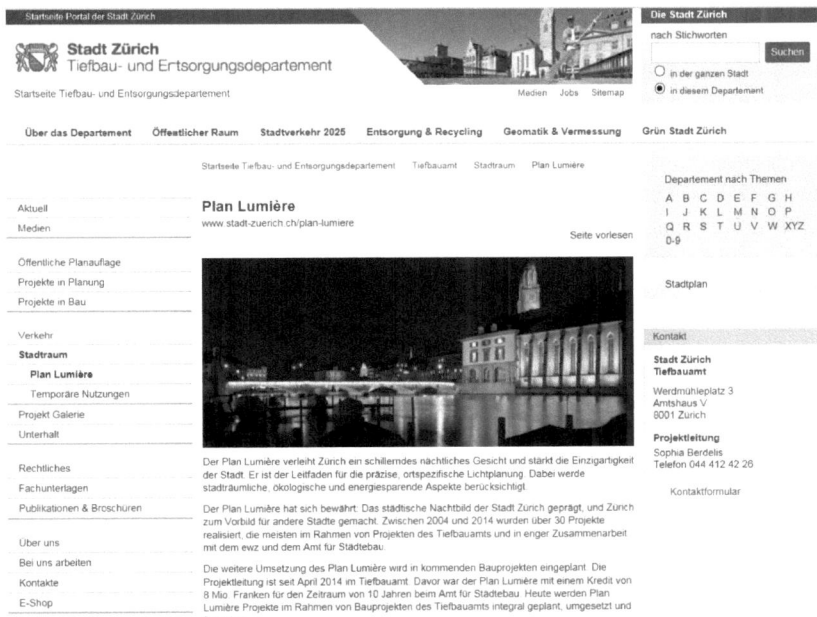

Abbildung 4: Grosse Schweizer Städte wie Zürich verfügen über einen Plan Lumière

Auch in der Schweiz ist der Grad der Auseinandersetzung mit der Schnittstelle zwischen Beleuchtung und Sicherheit höchst unterschiedlich. Städte, Gemeinden und Kantone haben teilweise eigene Regelwerke erarbeitet. So heisst es beispielsweise schon 2009 in den Richtlinien für öffentliche Beleuchtung der Stadt Bern:

„Öffentliche Aussenräume: (…) Besondere Aufmerksamkeit ist unübersichtlichen Stellen, Unterführungen oder Parkplätzen zu schenken sowie Abschnitten, die durch unbewohnte, menschenleere Gebiete oder an Baustellen entlang führen; die Fachstelle ‚Sicherheit im öffentlichen Raum' (SiöR)des Stadtplanungsamts ist für die Bezeichnung entsprechender Orte und der zu treffenden Massnahmen beizuziehen."

Oder der Kanton Aargau formuliert in seinen „Richtlinien Lichtplanung, Leuchten & Leuchtmittel, Beleuchtung" von 2014: „Bei Beleuchtungsanlagen im Freien ist immer zu prüfen, ob diese während bestimmter Nachtstunden ganz abgeschaltet werden können (visuelle Nachtruhe). Beleuchtungsanlagen im öffentlichen Raum, die der Sicherheit von Personen und Fahrzeugen dienen, sind mit der öffentlichen Beleuchtung zu synchronisieren (Abschaltung, Nachtabsenkung)"

Weitere Beispiele liessen sich aufführen. Und dennoch: Bislang fehlt eine strukturierte interdisziplinäre Lichtplanung, die die oben genannten Parameter Ökologie, Ökonomie, Sicherheit und Ästhetik ausreichend differenziert berücksichtigt. Erste Ansätze, die in diese Richtung gehen, zeigt die voraussichtlich 2017 veröffentlichte Schweizer „Vollzugshilfe zur Vermeidung von Lichtemissionen". Diese umfasst unter anderem auch Kapitel zu den Themen Sicherheit in öffentlichen Räumen und Sicherheit im Strassenverkehr und geht auf das Spannungsfeld zwischen der Notwendigkeit, auf Strassen und in öffentlichen Räumen zu beleuchten und dem Notwendigkeit, Lichtemissionen zu vermeiden, ein. So umfasst der Grundlagenbericht zur Vollzugshilfe beispielsweise Factsheets zu verschiedenen öffentlichen Räumen wie Haltestellen des ÖPNV, Parkanlagen oder öffentliche Parkplätze. Diese zeigen auf, wie sich Räume von der Beleuchtung her so gestalten lassen, dass die Lichtemissionen möglichst gering sind und gleichzeitig vor allem das subjektive Sicherheitsempfinden gefördert werden kann.

Schlussendlich lässt sich sagen, dass es nicht „das eine richtige Licht", die „DIE richtige Beleuchtung" gibt, um kriminelle Delikte zu vermeiden und erfolgreich Kriminalprävention zu betreiben. Folgende Hinweise können zwar im Kontext kriminalpräventiver Lichtplanung hilfreich sein:

Parkanlagen
- Gute Sichtverhältnisse (z. B. durch richtig beschnittenes Buschwerk und Bäume) sind für eine soziale Kontrolle mindestens genauso wichtig wie eine gute Beleuchtung.
- In einer Parkanlage mit Beleuchtung keine Sicherheit vorzutäuschen! Nutzende sollen immer noch abwägen, ob es für sie nicht ggf. angebracht ist, den Park bei Dunkelheit besser zu meiden.

ÖPNV-Haltestellen
- So beleuchten, dass der Busfahrer die Kanten und die wartenden Passagiere erkennen kann.
- Umfeld in die Lichtplanung einbeziehen: Es darf kein Bühneneffekt entstehen.
- (Teil-)transparente Haltestellen aus vandalismus-sicherem Material unterstützen soziale Kontrolle.

Die am besten geeignete Beleuchtung ist jedoch immer im Einzelfall zu prüfen und es ist dabei immer zu berücksichtigen, das Licht allein nicht automatisch kriminalpräventiv wirkt. Dies funktioniert nur unter Anwendung anderer Grundlagen der städtebaulichen Kriminalprävention wie den oben genannten Beispielen des Vorhandenseins sozialer Kontrolle oder dem ermöglichen von Orientierung und Sichtachsen.

Interdisziplinär Lichtplanung ist erfolgreich

Dieser Beitrag sollte zudem auch deutlich gemacht haben, dass Licht ein sehr emotionales Thema ist. Licht kann weder so einfach ganz abgeschaltet noch voll aufgedreht werden. Zu sensibel reagieren die Menschen auf das Thema Beleuchtung. Ohne den Einbezug der Bevölkerung kann die beste und unsichtigste Lichtplanung scheitern.

Und schliesslich muss sich auch kriminalpräventive Lichtplanung damit auseinandersetzen, dass es zumindest mit den Parametern Ökologie, Ökonomie und Ästhetik Planungsgrössen gibt, die nicht völlig aussen vor gelassen werden können.

Fazit: Trotz aller Potenziale, die Lichtplanung im Bereich der Kriminalprävention hat, gilt es sich immer die einfach, aber doch sehr prägnante Aussage von Herbert Glasauer zu vergegenwärtigen: „Licht kann viel, aber nicht alles."[7] Daher muss erfolgreiche Lichtplanung interdisziplinär sein. Findet eine solche Planung statt, ist es möglich, ganz unterschiedlichen Bedürfnissen in einem ausreichenden Mass gerecht zu werden – auch denen erfolgreicher Kriminalprävention.

---

[7] Glasauer, Herbert: „Unsicherheitsempfinden im öffentlichen Raum, Manuskript zum AEP-Forschungsschwerpunkt „offene Stadt", 2002

Daniel Wagner, Anabel Taefi, Thomas Görgen

Belastungserleben und Unterstützungsbedarf pflegender Angehöriger von Menschen mit Demenz

1 Einführung

Der Beitrag gibt einen kurzen Überblick über Ergebnisse aus der Begleitforschung zu einer praktischen Maßnahme zur Unterstützung pflegender Angehöriger von Menschen mit Demenz (MmD). Das Modellprojekt „Aktion Stress-Abbau" (AStrA) des Demenzforums Darmstadt e. V. (DFD) wurde durch ein Forschungsteam der Deutschen Hochschule der Polizei (DHPol) kontinuierlich über drei Jahre wissenschaftlich begleitet. Schwerpunkt der Begleitforschung war eine Interviewstudie, in deren Rahmen neben den 16 am Modellprojekt teilnehmenden Familien auch die im Projekt tätigen Praktikerinnen in teilstandardisierten, problemzentrierten (Witzel, 2000) Interviews zu für den Untersuchungsgegenstand relevanten Wahrnehmungen, Einschätzungen und Erfahrungen jeweils bis zu dreimal befragt wurden. Bei den Befragungen der pflegenden Angehörigen kam ergänzend zum eher narrativ ausgerichteten Interview (Weiterentwicklung eines Befragungsinstruments aus der Studie „Kriminalität und Gewalt im Leben alter Menschen"; Görgen, 2010) ein kurzer, auf dem Berliner Inventar zur Angehörigenbelastung – Demenz (abgekürzt BIZA-D; Schacke & Zank, 2009; 2010) basierender Fragebogen zum Einsatz. Die im Folgenden vorgestellten Ergebnisse basieren auf den Erkenntnissen, die aus insgesamt 39 Interviews mit 16 Teilnehmerinnen und Teilnehmern und der Befragung (zwei Interviews, eine Gruppendiskussion) der drei zentralen AStrA-Mitarbeiterinnen des Demenzforums gewonnen wurden.

2 Zum Modellprojekt und den teilnehmenden Familien

Die vom DFD im Rahmen eines Modellprojektes angebotene und durch die DHPol wissenschaftlich begleitete Unterstützungsmaßnahme für pflegende Angehörige von Menschen mit Demenz fokussiert die Frage, wie ein Entlastungsangebot für diese Zielgruppe gestaltet sein sollte, wie und womit man die Zielgruppe erreichen und deren Bedarfe erkennen und bedienen kann und welchen Aggressionen und in der Folge auch problematischen Interaktionen und Gewalt verhindernden Beitrag ein entsprechendes Angebot leisten kann.

Die häusliche Pflege von (demenziell beeinträchtigten) Angehörigen durch Familienmitglieder bedeutet insbesondere für die pflegenden Angehörigen, aber auch für die involvierte Familie und etwaige weitere informell helfende Personen unmittelbare und mittelbare Belastungen auf mehreren Ebenen. Zu nennen sind körperliche Herausforderungen durch Pflege- und Hausarbeit und der damit verbundene zeitliche Aufwand, was sich wiederum auf (andere) Beziehungen der Pflegenden und deren Freizeitgestaltung wie auch gegebenenfalls deren berufliche Tätigkeit auswirkt. Diese Beanspruchungen fordern auch emotional (und das über einen potenziell sehr langen, auch für die Betroffenen nicht abschätzbaren Zeitraum), dazu kommen Sorgen hinsichtlich der Erkrankung selbst und was sie für den nahestehenden Menschen bedeutet, und der eigenen bzw. gemeinsamen Zukunft. Des Weiteren können finanzielle Belastungen eine Rolle spielen, entweder unmittelbar durch Aufwendungen etwa für pflegegerechte Anpassungen im Haushalt, oder mittelbar durch eine nötige Einschränkung oder sogar Aufgabe der Berufstätigkeit.

Zusammenfassend können die genannten Belastungen die Lebensqualität der Pflegenden und letztlich auch die Pflegequalität und damit das Wohlergehen der Gepflegten negativ beeinträchtigen. Reduktion von Belastungen bzw. Unterstützung beim konstruktiven Umgang mit Belastungen kann entsprechend auch der Prävention von Misshandlung und Vernachlässigung dienen.

Die ursprüngliche Konzeption des Modellprojekts lässt sich als „Gesamtpaket für Alle" bezeichnen, sprich ein weitgehend standardisiertes Paket aus bewährten bzw. durch das DFD oder vergleichbare Einrichtungen bereits erprobten Angeboten, die zwar auch in individuellen, aber vorwiegend in Form von Kleingruppenangeboten zum einen Belastungen adressieren, zum anderen betroffene Familien zum Zwecke der Überwindung von Isolation zusammenbringen sollten. Schon bei der Gewinnung von Teilnehmerinnen und Teilnehmern wurden Akzeptanzprobleme deutlich, die Zielgruppe sah insbesondere die erlebte Verbindlichkeit des Angebots (gerade auch als evaluierte Maßnahme), die feste zeitliche Struktur (Voraussetzung für Gruppenangebote) und die geringe inhaltliche Flexibilität („Gesamtpaket") kritisch. Das „Paketmodell" schien als potenzielle zusätzliche Belastung und damit für die teils stark belasteten Familien nicht geeignet bzw. wirkte sogar abschreckend. Entsprechend fand auf Basis dieser ersten Erfahrungen früh im Projekt eine Neuorientierung in Richtung eines individualisierten Case Managements statt. Familien sollten Angebote individuell zusammenstellen und (auch spontan) nutzen können und die Möglichkeit aufsuchender, niedrigschwelliger Beratung trat stärker in den Mittelpunkt. Neben aufsuchender und telefonischer Kontaktpflege durch DFD-Mitarbeiterinnen wurden die auch in der ursprünglichen Konzeption vorgesehenen regelmäßig stattfindenden Angebote wie ein Café für Angehörige und MmD und ein Gesprächskreis nur für die Angehörigen bereitgestellt.

Der Teilnehmerkreis umfasste schließlich 16 Familien, davon jeweils acht in intragenerationeller Betreuungskonstellation, zusammengesetzt aus sieben (Ehe-)Paaren und einer Geschwisterbeziehung und acht Fälle intergenerationeller Betreuung durch erwachsene Kinder und Schwiegerkinder. In beiden Gruppen überwogen weibliche Pflegende, insgesamt elf der 16 begleiteten Angehörigen waren Frauen.

3 (Umgang mit) Belastungen

Der Übergang in die Pflege-/Betreuungssituation fand bei den begleiteten Angehörigen abrupt (typisch für die Fälle intergenerationeller Pflege) oder schleichend (typischerweise bei der intragenerationellen Pflege) statt. Der Wandel der Lebenssituation und die Übernahme von immer mehr Betreuungsverantwortung durch die Angehörigen kann also graduell vonstattengehen (in der Regel bei Ehepaaren, die mit den MmD jeden Tag und alle Lebensbereiche teilen), oder – jedenfalls was die Anforderungen an die Angehörigen betrifft – plötzlich eintreten (in der Regel wenn der MmD Elternteil der Befragten ist und bis zu einem bestimmten Zeitpunkt selbständig den Alltag bestreiten konnte).

Oft wäre es sinnvoll gewesen, wenn die betroffenen Angehörigen die geänderte Lebenssituation und die damit verbundenen neuen Herausforderungen und gegebenenfalls notwendigen Konsequenzen bzw. Anpassungen erst einmal bewusst und in Ruhe hätten reflektieren können, dafür fehlte aber entweder die Zeit oder es fand eine Verdrängung bzw. ein Hinausschieben entsprechender Überlegungen und Anpassungen statt.

> *„Man schiebt das natürlich ein Stück weit vor sich her. Man will es ein Stück weit nicht wahrhaben. "*

> *„Ich musste auch mich erst einmal sortieren! Also das war wirklich schlimm und Sie bekommen ja von Jedem was anderes gesagt auch. Erstens einmal die Diagnose [...], dann ‚Sie können die nicht alleine lassen!' Ich hatte so einen Druck [...] Diese ganzen Anrufe, der schriftliche Kram [...] ich war mit Allem überfordert. "*

Die damit verbundene Änderung gewohnter Rollen wird von den meisten der Befragten thematisiert, aber nicht unbedingt als Belastung geschildert. Sowohl in den partnerschaftlichen als auch den Eltern-Kind-Beziehungen wird offenbar, dass bei der Pflegeübernahme in der Regel ein Gefühl der Verbundenheit und/oder selbstverständlichen Verpflichtung im Mittelpunkt stand. Während bei letztgenannter Konstellation der Rollenwechsel weniger in seiner Eigenschaft als Verlust einer Vater- oder Mutterfigur, sondern vorwiegend aufgrund der objektiven Verantwortungszunahme als belastend beschrieben wird, fällt bei den Paaren der Verlust des gleichberechtigten Partners schwerer bzw. zusätzlich ins Gewicht.

> *„Er ist einerseits noch [...] mein Partner [...] und andererseits ist er auch einfach eine hilfsbedürftige Person, für die ich jetzt zuständig bin. "*

> *„Ja, weil man diesen Verlust gar nicht wahrnehmen kann. Wissen Sie: sie ist noch da und sie ist doch nicht da, ne? "*

In den Erzählungen spiegelt sich das Konzept des „ambiguous loss" von Pauline Boss (1999; 2011) wider. Demnach kann z. B. die demenzielle Erkrankung einer Person dazu führen, dass ihr nahestehende Menschen einen Verlust erleben und erleiden, während die erkrankte Person jedenfalls in körperlicher Form noch anwesend ist. Diese Uneindeutigkeit verlangt Auseinandersetzung und kann die Bewältigung der Lebenssituation erschweren.

Was das Belastungsempfinden hinsichtlich der Pflege- und Betreuungsaufgaben anbelangt, zeigt sich, dass die Art der zu erfüllenden Tätigkeiten und der mit der Erkrankung verbundenen Symptome (mit Ausnahme der für die Angehörigen sehr belastenden Stuhlinkontinenz; vgl. hierzu u.a. Cassells & Watt, 2003; Santini, Andersson, & Lamura, 2016) weniger ausschlaggebend sind als der zeitliche Aufwand, die Fremdbestimmung des Tagesablaufs, die mangelnden Freiräume und das ständige Gefühl der Verantwortung.

> *„Ja, unser ganzes Leben dreht sich nur um [MmD]. Wir haben eigentlich kein Leben mehr, wenn Sie so wollen."*

> *„Also mich belastet eigentlich, dass ich die nächste Zeit die totale Verantwortung habe über [MmD]!"*

Das eigene Wohlbefinden ist nicht nur direkt betroffen, die täglichen Anforderungen wirken sich auch auf (andere) Beziehungen und Lebensbereiche aus und können der Gesundheit der Pflegenden zuwiderlaufende Tendenzen zeigen.

> *„[...] dass man für sich selber keine Zeit mehr hat und eben für die Partnerschaft auch irgendwie keine Zeit mehr hat."*

> *„[...] dass ich [in meinem Job] halt jetzt einfach in den letzten Monaten richtig Konzentrationsschwierigkeiten habe und mir auch einfach Fehler unterlaufen."*

> *„ [...] wir sind beide auch körperlich eigentlich und nervlich nicht mehr so in der Lage, das auszuhalten und zu ertragen, aber wir haben ja keine Wahlmöglichkeit. Wir müssen es aushalten."*

Vereinzelt auftretende Spannungen zwischen Pflegenden und Gepflegten sind vor dem Hintergrund der Erkrankung zu betrachten, da sie mit vielfältigen Persönlichkeitsveränderungen einhergeht. Wegen ihres oftmals frühen Auftretens wird diesen Veränderungen auch diagnostische Bedeutung zugeschrieben, charakteristisch sind Stimmungsschwankungen und die Übersteigerungen vorhandener Persönlichkeitszüge (Helmes, Norton & Østbye, 2013).

> *„Manchmal denke ich, sie merkt halt ihre Situation und ist deswegen [so aggressiv]."*

> *„Ja, er hat sich ganz verändert und sein Charakter auch. [...] Er pöbelt ja auf*
> *der Straße dann die Leute an, wenn ihm was nicht passt."*

Auch die Qualität der Beziehung vor der Erkrankung spielt eine Rolle, bei manchen pflegenden Kindern der demenziell Erkrankten wurde eine schwierige Vorgeschichte mit dem MmD geschildert. Plötzlich sehen sie sich der Erwartung ausgesetzt (bzw. stellen entsprechende Erwartungen an sich selbst) einen Elternteil zu versorgen, mit dem sie über Jahre oder Jahrzehnte wenig Kontakt hatten und jedenfalls keinen so emotional und körperlich unmittelbaren wie ihn die Pflege erfordert.

> *„Ich bin ein ungewolltes Kind und das habe ich mein Leben lang gespürt und*
> *wo soll da die Zuneigung irgendwie herkommen? Das ist einfach nicht ange-*
> *legt in unserer Beziehung. Und deswegen fällt es mir halt auch schwer, [...]*
> *dass jetzt halt irgendetwas von mir erwartet wird quasi oder zwangsläufig, was*
> *im Prinzip nicht da ist."*

Teils kommt es auch zu problematischen Interaktionen, meistens in Form von Streit, gegenseitigem Anschreien, nur selten in Form von Handgreiflichkeiten. Öfter werden Auseinandersetzungen aber gemieden und etwaigem Ärger in Abwesenheit des MmD Luft gemacht.

> *„Ich versuche jetzt, allen Konflikten so möglichst aus dem Weg zu gehen, [...]*
> *ich habe ihm [den MmD] immer versucht, mit einzubinden, aber es war irgend-*
> *wann so konfliktreich [...]."*

> *„Ich habe schon im Auto Schreikrämpfe bekommen [...], ich wollte nur mal*
> *irgendwie zum Sport fahren und dann sagt sie: ‚Ach, ich habe mich so gefreut,*
> *dass Du jetzt schon zu Hause bist' und ‚Musst Du denn da hingehen?'"*

Zu Spannungen und Auseinandersetzungen kommt es auch in anderen Beziehungen der pflegenden Angehörigen. Beachtenswert sind insbesondere Konstellationen, bei denen sich die Partnerin / der Partner und ein Kind des MmD die Betreuung teilen. Das „Kind", selbst in der Regel bereits zwischen 50 und 60 Jahren alt, sorgt sich nicht nur um den demenziell erkrankten Elternteil, sondern auch um den (noch) gesunden. Auftretende Konflikte drehen sich entsprechend hauptsächlich um das Annehmen professioneller Unterstützung. Die Befragung zeigte, dass insbesondere pflegende Partnerinnen versuchen, mit möglichst wenig außerfamiliärer Unterstützung auszukommen, neben Selbstansprüchen ist dabei wohl auch ein Wunsch nach (jedenfalls demonstrierter) Normalität ausschlaggebend.

> *„Und vielleicht ist das die Art und Weise wie wir groß geworden sind nach*
> *dem Krieg und so weiter. Wir versuchen um jeden Preis, erst alleine zurecht-*
> *zukommen."*

Die Mehrheit der Befragten sucht allerdings gezielt nach Unterstützungsmöglichkeiten oder akzeptiert diese zumindest, wenn sie angeboten werden (was natürlich nicht verwundern kann, da gerade dies ja im Zentrum der angebotenen und von den Teilnehmenden eben auch wahrgenommenen Maßnahme steht).

> *„[D]as, was wir abgeben können, wollen wir auch abgeben."*

Grundsätzlich ist für beide Konstellationen, inter- wie auch intragenerationelle Pflege, festzustellen, dass die pflegenden Angehörigen unterschiedlich mit den Belastungen umgehen, Art und Ausmaß des Belastungsempfindens, die Verarbeitung der Lebenssituation und Hilfebedürfnis wie eben auch Hilfesuchverhalten unterscheiden sich deutlich. In den Interviews zeichnen sich einige Merkmale ab, die das Ausmaß der psychischen Belastung bei den Betroffenen zu beeinflussen scheinen. Von vergleichsweise hohen Belastungen berichten Interviewpartner, die die Hauptverantwortung für die Pflege tragen sowie Pflegende, die mit der/dem demenziell erkrankten Angehörigen zusammenleben oder deren erkrankte Angehörige besonders herausfordernde Verhaltensweisen zeigen (dies deckt sich mit den Ergebnissen anderer Studien, vgl. Chiao et al. 2015, S. 346ff). Die Selbsteinschätzungen der Betroffenen hinsichtlich der eigenen Belastungsstärke und Bewältigungsfähigkeit spiegeln den Druck wider, dem sich die Angehörigen ausgesetzt fühlen bzw. selbst aussetzen.

> *„Ich fühle mich soweit stabil, [...] ich stecke das weg. Ich bilde es mir zumindest ein [...]."*

> *„Um nicht nen Slang-Ausdruck zu nutzen, sag ich mal: ,[Es geht mir] bescheiden'. Aber das interessiert nicht. Ich habe mich zu kümmern."*

4 Unterstützung

Aus den Angaben der pflegenden Angehörigen (wie eben kurz umrissen) und den Beschreibungen der Bedürfnisse der Teilnehmerinnen und Teilnehmer aus den Befragungen mit Mitarbeiterinnen des Demenzforums kristallisieren sich drei zentrale Arten von Wünschen bzw. Unterstützungsbedarfen heraus.

1. Fachliche Auskunft und Beratung: Der zentralste explizite Bedarf der meisten Betroffenen ist auf der Informationsebene festzustellen. Hier stehen fundierte Informationen zum Krankheitsbild, zu den damit verbundenen Herausforderungen, zu rechtlichen Ansprüchen und zu (professionellen) Unterstützungsmöglichkeiten im Mittelpunkt. Wichtig ist dabei nicht nur die fachliche Qualität der gebotenen Aufklärung, sprich der Inhalt, sondern auch wie dieses Wissen vermittelt wird. Auch Nickel et al. (2011, S.113 f.) weisen darauf hin, „dass die Berater sowohl ein umfangreiches Fachwissen über Krankheiten als auch psychosoziale Kompetenzen besitzen müssen".

2. Soziale und emotionale Unterstützung: Beziehungsarbeit ist eine förderliche Voraussetzung für effektive Wissens- und Kompetenzvermittlung, wichtig ist sie aber auch auf einer weiteren Ebene, nämlich der sozialen und emotionalen Unterstützung von stark belasteten Menschen. Wie oben beschrieben, sind ja nicht nur die unmittelbar mit der Pflege einhergehenden Verpflichtungen von Mensch zu Mensch sehr vielfältig, sondern auch die berichteten mittelbaren Folgen. Für den Großteil des begleiteten Personenkreises erwies sich die angebotene intensive und individuelle Betreuung und in manchen Fällen schon alleine die den Betroffenen vermittelte Gewissheit, dass sie sich bei Fragen und Problemen an fachlich wie menschlich kompetente Ansprechpersonen wenden können, als positiv hinsichtlich ihrer Bewältigungsfähigkeit und allgemein ihrer Lebensqualität.

3. Perspektivenerweiterung und Überwindung dysfunktionaler Bewältigungsstrategien: Dieser Bedarfsbereich knüpft an den letztgenannten Aspekt an, liegt allerdings etwas zwischen den beiden zuvor dargestellten Kategorien Wissensvermittlung und soziale Unterstützung. Bei der intensiven Begleitung und Befragung kristallisierte sich bei manchen Betroffenen ein Bedarf heraus, der nur selten explizit geäußert wird oder den Betroffenen selbst überhaupt bewusst ist. Manche Angehörige sind (nach teils jahrelanger Pflegeverantwortung) so tief in der eigenen belastenden Lebenssituation versunken, dass es ihnen kaum mehr möglich ist, Optionen und eigene Wünsche und Bedürfnisse zu erkennen und zu verfolgen bzw. negativen Entwicklungen bei sich wie auch beim MmD entgegenzutreten. Auch bei Angehörigen, deren Blickwinkel nicht so stark verengt ist, konnte mehrfach das Bemühen festgestellt werden, allen Herausforderungen alleine oder innerhalb der Familie gerecht zu werden. Geeignete Unterstützung sollte entsprechend fähig sein, potenziell selbstschädigende Überzeugungen und Selbstansprüche zu adressieren.

Für den letztgenannten im Besonderen, aber auch für die anderen beiden geschilderten Komplexe gilt: Das Erkennen von Problemen und die Einschätzung des Unterstützungsbedarfs sowie die Identifikation geeigneter Wege zur Erfüllung dieser Bedarfe bzw. Behebung von Defiziten erfordern in manchen Fällen mehr als einen nur singulären oder punktuellen und funktional beschränkten Kontakt.

5 Fazit

Zusammenfassend ist festzustellen, dass pflegende Angehörige vielfältigen Belastungen ausgesetzt und ihre Ressourcen nicht nur hinsichtlich der Bewältigung dieser Herausforderungen, sondern auch hinsichtlich der Annahme von Hilfe begrenzt sind. Zur (insbesondere auch emotionalen) Entlastung gedachte Angebote können der Zielgruppe als zusätzliche Belastungen und Verpflichtungen erscheinen, die mit zumindest aus Gründen der Höflichkeit einzuhaltenden Terminen oder zusätzlichem „Papierkram" (so die Aussage einer Teilnehmerin bezüglich der Befragung im Rahmen der wissenschaftlichen Begleitung) verbunden sind. Auf Seiten des Anbieters ist Verbindlichkeit gewünscht, für die Teilnehmenden ist es gleichzeitig eine Erleichterung, wenn sie selbst nicht in die Pflicht genommen werden.

Die alltäglichen Herausforderungen in Form der zu erfüllenden Betreuungsaufgaben wie auch der beschneidenden Folgen, die diese ständige Verantwortung für die Verfolgung eigener Bedürfnisse hat, stellen gerade für die in der Regel selbst hochaltrigen pflegenden Partnerinnen und Partner ein gesundheitliches Risiko dar. Konfliktpotenzial findet sich nicht nur in der Beziehung zum MmD, sondern auch zu anderen Angehörigen und zu Akteuren des Gesundheitssystems.

Nicht nur in der vorliegenden Untersuchung hat sich bestätigt, dass der Umgang mit Belastungen wie auch Konflikten in hohem Maße individuell und nicht ohne Weiteres „von außen" sichtbar und zugänglich ist. Prävention, d. h. Vermeidung negativer Folgen sowohl auf Seiten der pflegenden Angehörigen (körperliche und seelische Gesundheit, soziale Einbettung) als auch auf der der demenziell Erkrankten (Prävention von Vernachlässigung und Gewalt) muss entsprechend auf individualisierter Unterstützung und gelungener Beziehungsarbeit aufbauen. Geeignete Angebote sollten überindividuell angelegt sein, das familiale System und dessen Umfeld in den Blick nehmen, um die pflegenden Angehörigen und über diese letztlich auch die Pflegebedürftigen zu erreichen. Eine breit angelegte Prävention (auch von Gewalt und Vernachlässigung) ist hierbei notwendig und sollte auch die Themenfelder Belastung/ Entlastung, Beziehung und Lebensqualität mit einschließen.

6 Literatur

Boss, P. (1999). Ambiguous loss: Learning to live with unresolved grief. Cambridge, Mass: Harvard University Press.

Boss, P. (2011). Loving someone who has dementia: How to find hope while coping with stress and grief (1st ed). San Fransisco: Jossey-Bass.

Cassells, C. & Watt, E. (2003). The impact of incontinence on older spousal caregivers. Journal of Advanced Nursing, 42(6), 607-616.

Chiao, C.Y., Wu, H.S., & Hsiao, C.Y. (2015). Caregiver burden for informal caregivers of patients with dementia: A systematic review. International Nursing Review, 62(3), 340-350.

Görgen, T. (Hrsg.) (2010). Sicherer Hafen oder gefahrvolle Zone? Kriminalitäts- und Gewalterfahrungen im Leben alter Menschen. Frankfurt a.M.: Verlag für Polizeiwissenschaft.

Helmes, E., Norton, M.C., & Østbye, T. (2013). Personality change in older adults with dementia: Occurrence and association with severity of cognitive impairment. Advances in Aging Research, 2(1), 27-36.

Nickel, W., Born, A., Hanns, S., & Brähler, E. (2011). Welche Informationsbedürf-
nisse haben pflegebedürftige ältere Menschen und pflegende Angehörige?
Zeitschrift für Gerontologie und Geriatrie, 44(2), 109-114.

Santini, S., Andersson, G., & Lamura, G. (2016). Impact of incontinence on the qua-
lity of life of care-givers of older persons with incontinence: A qualitative
study in four European countries. Archives of Gerontology and Geriatrics,
63, 92-101.

Schacke, C. & Zank, S. (2009). Das Berliner Inventar zur Angehörigenbelastung
- Demenz (BIZA-D): Manual zur Praxisversion (BIZA-D-PV). Siegen.
Universität Gesamthochschule Siegen – Zentrum für Planung und Evaluati-
on Sozialer Dienste.

Schacke, C. & Zank, S. (2010). Die Erfassung von Belastungen und Ressourcen bei
der Pflege demenzkranker Angehöriger. In J. Haberstroh & J. Pantel (Hrsg.),
Demenz psychosozial behandeln. Psychosoziale Interventionen bei Demenz
in Praxis und Forschung, S. 295-303. Heidelberg: Akademische Verlagsge-
sellschaft Aka.

Witzel, A. (2000). Das problemzentrierte Interview. Forum Qualitative Sozialforschung 1(1). Verfügbar unter http://www.qualitative-research.net/index.php/
fqs/article/view/1132/2520 [28.10.2016].

Autoren

Prof. Dr. Regina Ammicht Quinn
Eberhard-Karls-Universität Tübingen

Dr. Dirk Baier
Zürcher Hochschule für Angewandte Wissenschaften

Prof. Dr. Tillmann Bartsch
Eberhard-Karls-Universität Tübingen

Andreas Baur-Ahrens
Eberhard-Karls-Universität Tübingen

Dr. Peter Bescherer
Eberhard-Karls-Universität Tübingen

Sylwia Buzas
PariSozial – Gemeinnützige Gesellschaft für paritätische Sozialdienste mbH

Prof. Dr. Marc Coester
Hochschule für Wirtschaft und Recht Berlin

Deutsche Gesellschaft für Internationale Zusammenarbeit (GIZ) GmbH

Dr. Bettina Doering
Landespräventionsrat Niedersachsen

Arne Dreißigacker
Kriminologisches Forschungsinstitut Niedersachsen (KFN) e.V.

Friedrich Gabel
Eberhard-Karls-Universität Tübingen

Brigitte Gans
AKIM – Allparteiliches Konfliktmanagement in München

Prof. Dr. Thomas Görgen
Deutsche Hochschule der Polizei

PD Dr. Jessica Heesen
Eberhard-Karls-Universität Tübingen

Prof. Dr. Thomas Hestermann
Macromedia Hochschule für Medien und Kommunikation MHMK

Belinda Hoffmann
Innenministerium Baden-Württemberg

Sally Hohnstein
Deutsches Jugendinstitut e.V.

Dr. Sabrina Hoops
Deutsches Jugendinstitut e.V.

Dr. Christian Issmer
Zentrum für Schulpsychologie Düsseldorf

Dr. Anne Kaplan
Universität zu Köln

Leo Keidel
Polizeipräsidium Aalen

Prof. Dr. Hans-Jürgen Kerner
Deutsche Stiftung für Verbrechensverhütung und Straffälligenhilfe (DVS)

Daniel Köhler
Kompetenzzentrum zur Koordinierung des Präventionsnetzwerks gegen (islamistischen) Extremismus in Baden-Württemberg (KPEBW)

Staatsministerin Eva Kühne-Hörmann
Hessisches Ministerium der Justiz

Marco Krüger
Eberhard-Karls-Universität Tübingen

Dr. Cheonhyun Lee
Korean Institute of Criminology (KIC)

Dr. Matthias Leese
Eberhard-Karls-Universität Tübingen

Dr. Olaf Lobermeier
proVal – Gesellschaft für sozialwissenschaftliche Analyse, Beratung und
Evaluation

Erich Marks
DPT – Deutscher Präventionstag

Karla Marks
DPT – Deutscher Präventionstag

Dr. Tobias Matzner
Eberhard-Karls-Universität Tübingen

Adelina Michalk
WEISSER RING e.V., Landesverband Hamburg

Harkmo Daniel Park
Korean Institute of Criminology (KIC)

Isabell Plich
Landespräventionsrat Niedersachsen

Dr. Stefanie Roos
Universität zu Köln

Stefan Saß
Niedersächsisches Justizministerium Hannover

Lara Schartau
Technische Hochschule Köln

Laura Schlachzig
Universität zu Köln

Lisa Schneider
Universität Siegen

Dr. Tillmann Schulze
Ernst Basler + Partner AG

Dr. Wiebke Steffen
DPT – Deutscher Präventionstag

Dr. Jost Stellmacher
Philipps-Universität Marburg

Dr. Rainer Strobl
proVal – Gesellschaft für sozialwissenschaftliche Analyse, Beratung und
Evaluation

Anabel Taefi
Deutsche Hochschule der Polizei

Jan Tölle
EXIT-EnterLife

Daniel Wagner
Deutsche Hochschule der Polizei

Prof. Dr. Ulrich Wagner
Philipps-Universität Marburg

Gina Rosa Wollinger
Kriminologisches Forschungsinstitut Niedersachsen (KFN) e.V.